21世纪马克思主义文库

丛书主编 王伟光

中国开放型经济学

裴长洪 著

中国社会科学出版社

图书在版编目（CIP）数据

中国开放型经济学／裴长洪著．—北京：中国社会科学出版社，2022.5
（21世纪马克思主义文库）
ISBN 978－7－5227－0236－0

Ⅰ.①中…　Ⅱ.①裴…　Ⅲ.①中国经济—开放经济—研究
Ⅳ.①F125

中国版本图书馆CIP数据核字（2022）第089120号

出 版 人　赵剑英
责任编辑　张　潜
责任校对　周　昊
责任印制　王　超

出　　版　中国社会科学出版社
社　　址　北京鼓楼西大街甲158号
邮　　编　100720
网　　址　http://www.csspw.cn
发 行 部　010－84083685
门 市 部　010－84029450
经　　销　新华书店及其他书店

印　　刷　北京君升印刷有限公司
装　　订　廊坊市广阳区广增装订厂
版　　次　2022年5月第1版
印　　次　2022年5月第1次印刷

开　　本　710×1000　1/16
印　　张　32.25
插　　页　2
字　　数　529千字
定　　价　169.00元

目　　录

序　言
术语的革命：中国开放型经济理论的构建

研究国际贸易和国际投资，包括中国对外经济贸易各种活动，在现行教育系统的学科目录中是应用经济学下的国际贸易学。国际贸易学理论与现代经济学理论渊源很深，英国经济学家罗宾逊夫人（Joan V. Robinson）曾说过："政治经济学籍以发展的头一个问题就是国际贸易。……重商学派是随着英国海外贸易的增长而一同兴旺起来的。"[①] 亚当·斯密（Adam Smith）的《国富论》、大卫·李嘉图（David Ricardo）的《政治经济学及赋税原理》都对贸易理论有不少论述。[②] 进入20世纪，国际贸易理论被新古典经济学家进行了综合，吸收了国际经济政策协调、国际治理等理论，形成了当代主流国际经济学。现在我们的高校教科书主要讲的都是这些东西。[③] 西方经济学理论能否解释中国的事情，过去和现在都有人质疑它。我曾经长期担任商务部的经贸政策专家咨询委员，从2008年至2020年，先后有三任部长在不同时间问过我同一个问题：中国开放成就巨大，我们有什么理论？可见他们也不信服西方教科书理论。遗憾的是，我们自己也确实没有成体系的理论来完整、准确地解释中国对外开放的巨大成就。这在改革开放已经40多年、中国共产党已成立百年的今天，是我们这些经

---

① ［英］琼·罗宾逊、约翰·伊特韦尔：《现代经济学导论》，陈彪如译，商务印书馆1982年版，第7页。

② ［英］斯密：《国富论》，谢宗林、李华夏译，中央编译出版社2011年版；［英］李嘉图：《政治经济学及赋税原理》，郭大力、王亚南译，译林出版社2011年版。

③ 例如［美］克鲁格曼、奥伯斯法尔德《国际经济学》，黄卫平等译，中国人民大学出版社1998年版。

济学研究人员难以回避的责任。党的十九届六中全会总结党百年来“十个坚持”的历史经验中，其中一条就是“坚持理论创新”，“习近平指出，当代中国的伟大社会变革，不是简单延续我国历史文化的母版，不是简单套用马克思主义经典作家设想的模板，不是其他国家社会主义实践的再版，也不是国外现代化发展的翻版”，[①] 因此只能探索创新之路。1886年恩格斯在《资本论》第一卷英文版序言中对马克思政治经济学的科学革命意义作过如此评价，“一门科学提出的每一种新见解都包含这门科学的术语的革命”[②]。那么，总结和阐释中国对外开放的巨大成就也需要“术语的革命”，需要提出这个学科的新见解、新观点、新思想。理论源于实践，中国改革开放巨大实践成就也需要理论总结，需要站在中国人的立场，“坚持独立自主”，形成中国的观点和方法来解释对外开放成就的一套自己的话语体系。构建这套话语体系的新说法、新见解、新理论。中国人需要有中国自己的国际贸易理论、自己的国际经济学理论，我称之为中国开放型经济学，这就是“术语的革命”在这个学科的内涵。关于中国开放型经济学，它的概念和理论体系来自于中国共产党对社会主义对外开放实践经验的总结。

一 “术语的革命”的起源

“开放型经济”是中国自己的术语，它的创造者是中国共产党。这一提法最早出现在1993年11月党的十四届三中全会《决定》中，从1997年党的十五大报告开始，[③] 党和国家重要文献和党的领袖论述都一直沿用“开放型经济”的提法来概括经济贸易领域对外开放的实践活动以及各种商务活动，并且不断重复，内涵不断丰富，从而发展成熟了特有的经济学概念和范畴。党的十七大报告提出要“完善内外联动、互利共赢、安全高

---

① 《中共中央关于党的百年奋斗重大成就和历史经验的决议》，人民出版社2021年版。

② 引自1886年恩格斯《资本论》第一卷英文版序言，《资本论（纪念版）》第一卷，人民出版社2018年版，第32页。

③ 江泽民：《高举邓小平理论伟大旗帜，把建设有中国特色的社会主义事业全面推向二十一世纪》，1997年9月12日，引自《江泽民文选》，人民出版社2006年版。

效的开放型经济体系”，[①] 党的十八大报告改为“完善互利共赢、多元平衡、安全高效的开放型经济新体系”。[②] 党的十八届三中全会决定提出了“构建开放型经济新体制”。[③] 党的十九大报告提出发展更高层次的开放型经济，加快培育国际经济合作和竞争新优势。[④] 党的十九届四中、五中全会都反复强调要建设更高水平开放型经济新体制，而且涵盖了关于全球经济治理以及人类命运共同体等重大命题。[⑤]

我把这些党和国家重要文献中的提法和论述，梳理归纳为“六个一”：一个新体系（开放型经济新体系）、一个新体制（开放型经济新体制）、一种新优势（培育国际竞争与合作新优势）、一种新平衡观（开放型世界经济的多元平衡与国内大循环、国内国际双循环）、一个新的全球经济治理模式（新的国际公共品供给模式）、一个人类命运共同体的价值观（构建开放型世界经济的意识形态）。新体系是从生产力角度讲的；新体制则更多是从生产关系规则角度讲的；新优势则回答贸易发生的原动力变化问题；新平衡观则探讨大国开放型经济内外结构平衡问题；新的全球经济治理模式则是探索全球经济规则变化趋势；新的人类命运共同体的价值观，则是探索建立在开放型世界经济基础上的人类意识形态，物质世界与精神世界的对应问题。

作为经济学研究者的任务是什么呢？就是把这些最前沿性的概念和理念演绎成为学术意义上的经济学理论。按照中国开放型经济理论命题和逻辑架构，如果我们的经济学研究能够科学回答和总结中国经验、揭示中国

---

① 胡锦涛：《高举中国特色社会主义伟大旗帜，为夺取全面建设小康社会新胜利而奋斗——在中国共产党第十七次全国代表大会上的报告》，2007 年 10 月 15 日，引自《胡锦涛文选》第二卷，人民出版社 2016 年版。

② 胡锦涛：《坚定不移沿着中国特色社会主义道路前进，为全面建成小康社会而奋斗——在中国共产党第十八次全国代表大会上的报告》，引自《胡锦涛文选》第三卷，人民出版社 2016 年版。

③ 《中共中央关于全面深化改革若干重大问题的决定》2013 年 11 月 12 日，引自《中共中央关于全面深化改革若干重大问题的决定》辅导读本，人民出版社 2013 年版。

④ 《党的十九大报告辅导读本》，人民出版社 2017 年版。

⑤ 中国共产党第十九届中央委员会第四次全体会议通过的《中共中央关于坚持和完善中国特色社会主义制度、推进国家治理体系和治理能力现代化若干重大问题的决定》单行本，人民出版社 2019 年版；《〈中共中央关于制定国民经济和社会发展第十四个五年规划和二〇三五年远景目标的建议〉辅导读本》，人民出版社 2020 年版。

规律，那就将形成一个完全区别于西方正统的主流国际经济学的理论体系，而不是西方国际经济学理论的补充和修改；它是一个完全立足于中国自身实践基础上的演绎“中国故事”的理论认识和逻辑，而不是西方国际经济学理论的中国经验的验证。

二 “术语的革命”的创新之路：基本方法论和基本遵循

首先是要坚持辩证唯物主义和历史唯物主义，这是马克思主义的基本观点和方法论，也是中国经济学理论与西方经济学理论的分水岭。路径的基本遵循是：“从国情出发，从中国实践中来、到中国实践中去，把论文写在祖国大地上，使理论和政策创新符合中国实际、具有中国特色，不断发展中国特色社会主义政治经济学、社会学。”①

坚持辩证唯物主义和历史唯物主义，这是马克思主义的基本观点和方法论。② 这个道理我们未必懂得很深刻。毛泽东在1958年11月郑州会议上推荐领导干部读三本书，一本是斯大林的《苏联社会主义经济问题》，另一本是《马、恩、列、斯论共产主义社会》，还有一本是苏联的《政治经济学教科书》。他带了几个“秀才”一起学习后，1959年是怎么评论苏联社会主义政治经济学教科书的呢？总结出两大缺点：第一个缺点是一切从概念和定义出发，本末倒置，理论不联系实际；第二个缺点是不懂哲学、不懂辩证法。毛泽东为什么会这么说呢？大家想一想，邓小平主张改革开放，他在南行讲话中说“社会主义也有市场，资本主义也有计划”。邓小平没有读过西方经济学，他为什么能讲出这种话来？因为小平同志懂辩证法、懂马克思主义基本观点和方法论。所以，在中国共产党的思想理论体系中，社会主义和市场经济，公有制为主体，多种所有制经济共同发展是完全讲得通的，这就是“对立统一”的辩证法。外国人搞不明白，你们搞社会主义怎么还有市场经济，你们搞公有制怎么还鼓励民营经济发

---

① 习近平：《在经济社会领域专家座谈会上的讲话》，人民出版社2020年版，第12页。

② 习近平：《辩证唯物主义是中国共产党人的世界观和方法论》，《求是》2019年第1期。

展，因为他们不懂辩证法，他们认为经济学可以离开哲学。所以，毛泽东说不懂哲学写不好经济学的著作。[①]

这里，我们有必要简单回顾一下经济学的哲学基础。实际上，英国古典政治经济学是从近代哲学里衍生出来的。欧洲的近代哲学讲天赋人权，讲人的权利，人谋取幸福和物质利益是人的天性，这就是所谓的人本主义，那么由谁来管理公共事务和国家呢？亚当·斯密是哲学家，西方到现在，都不单独设立经济学博士，经济学博士都是哲学博士（Ph. D），就是因为哲学是经济学的母系学科。亚当·斯密认为从事商业交易是人的天性，人人都倾向于商业交易，这是人的普遍行为，既然商业交易是一个人人都参与的事情，那它属于公共事务，管理公共事务也必然要管理国家，这个使命自然就要由资本所有者来承担。这是亚当·斯密为英国资产阶级登上历史舞台掌握政权提供的理论依据，同时他也完成了政治经济学从近代哲学中的分离，从那时候起才有了政治经济学这一独立学科，他也成了英国古典政治经济学的鼻祖。实际上，亚当·斯密、大卫·李嘉图的经济学著作都包含着丰富的哲学思维，如劳动价值论，他们都认为价值的本质是劳动，价格是价值的表现形式，这就是关于本质与现象的哲学思维。1848 年，李嘉图的学生约翰·穆勒（John S. Mill）的《政治经济学原理》提出了国际均衡价格论，[②] 用相互需求学说引导后来的西方经济学只研究价格现象，不研究价值实体的本质，逐渐走向片面化。到了 18 世纪晚期（1890 年），马歇尔（Alfred Marshall）发表的《经济学原理》主要是从供给的角度研究了供给曲线、提出了均衡价格，[③] 西方经济学沿着供给与需求这样一个方法论发展成了现在的经济学理论。而马克思主义政治经济学则紧紧地和历史唯物主义、辩证唯物主义联系在一起。因此，马克思主义政治经济学和西方现代经济学最终在 19 世纪中叶，大约 1840 年前后就分道扬镳了。这是一个分水岭，因为后来当代的西方经济学不讲资本主义经济的本质，它越来越碎片化，实务化、数理化，和辩证哲学思维渐行渐

---

① 《毛泽东文集》第 8 卷，人民出版社 1999 年版，第 140 页。

② ［英］穆勒：《政治经济学原理》，赵荣潜、桑炳彦等译，商务印书馆 1991 年版。

③ ［英］阿弗里德·马歇尔：《经济学原理》（第 8 版），廖运杰译，华夏出版社 2006 年版。

远，这是经济思想史的大的逻辑脉络。因此，讲马克思主义政治经济学不讲辩证唯物主义、历史唯物主义不行，理解马克思主义政治经济学需要有辩证唯物主义、历史唯物主义的思维，这是中国经济学和西方经济学重要的分水岭。

此外，“术语的革命”的创新之路要从国情出发，要从实践出发。因为马克思主义理论强调的是实践性，实践性包含两个道理：一是要从实践中来；二是要对实践有用。它不是象牙塔里的理论，它是要能够指导实践行动的理论，这是现在我们讲的马克思主义经济理论和西方经济理论的区别，一个是要跟辩证唯物主义、历史唯物主义结合，另一个是要跟实践结合，这是我们要发展马克思主义的一个基本要求。另外，要创建中国的理论不仅要学习马克思主义经典著作，还要学习它的中国化理论，这是必修课。中国化的马克思主义理论当然就包括了毛泽东、邓小平、江泽民、胡锦涛、习近平这些党和国家领导人的重要论述，当然还有党和国家的重要文献，大量的路线方针政策，这都是马克思主义中国化的组成部分，它对于经济理论研究来讲是非常重要的中间品，这里借用了贸易理论的说法——中间品。中国的理论来源于实践。能够拥有最广泛、最深厚的实践依据、并具有最权威和最高层次理性认识的表达必定是党和国家或党的领袖的重大提法、重要观点和论述。它具有高度的概括性和对实践的认识抽象性。对于经济理论研究来说，这是最珍贵的理论研究的“中间品”。这要比经济学研究者个人盲目地在浩如烟海的实践案例中抽象和提取最本质的研究对象无疑具有最高的效率和最准确的命中率。很多同志不太重视这个，觉得这个东西不是理论，这种认识是肤浅的，它是你发展理论必要的原料甚至是中间品，是获得成本最低、可信成分最高的加工对象。有的人认为这个东西没什么学问，这个看法更是偏颇了。能够参加党和国家重要文献起草工作的专家学者，哪个不是被精心挑选出来的？哪个不是著名经济学家？你说他们没学问？他们都是中国顶尖的人才，都是顶尖的学问家，如果他们写的东西不是学问，那什么是学问呢？还有的同志认为看不懂的才叫学问，这是更大的误解。我认为越是高明的理论越要让人明白，大道至简，真理是朴素的，不需要故作高深、故弄玄虚；只有游戏是为了让人不明白，往往要摆迷魂阵，故意让人摸不着头脑，其实很浅薄。所以看不懂的不是理论，是游戏（game）。大家不要认为外国人写的东西看不懂就觉得它学问大。西方的许多经济学教授把自己的学问看作是小圈子里的游戏，没有理论联系实际的义务和责任，联系实际是政治家的事情，是政府官员的事情，教授们只要把经济模型摆弄的挺好看，能够自圆其说就行了，至于对你管不管用那不是我的事。相反，马克思主义政治经济学，向来是以人民为中心，充满着人文关怀、家国情怀、江山社稷情怀，这是我们需要深刻体会的一个重要认识。

2018 年习近平总书记在庆祝改革开放 40 周年大会上说，在中国这样一个有着五千多年文明史，十三亿多人口的大国推进改革发展，没有可以奉为金科玉律的教科书，也没有可以对中国人民颐指气使的教师爷。① 中国的对外开放不是按照哪本西方教科书来干的，相同的意思林毅夫教授也表达过很多次，他熟悉西方经济学的水平大概没有人怀疑，他讲按西方教科书干的国家往往结果都不好。要形成中国独创性经济理论，最终还是要遵照习近平总书记 2016 年在哲学社会科学座谈会上的讲话："要坚持中国人的世界观、方法论。如果不加分析把国外学术思想和学术方法奉为圭臬，一切以此为准绳，那就没有独创性可言了。如果用国外的方法得出与国外同样的结论，那也就没有独创性可言了。""要用中国人的习惯语言去说中国的故事，在指导思想、学科体系、学术体系、话语体系等方面充分体现中国特色、中国风格、中国气派。"②

三　构建中国开放型经济学理论要回答的基本问题

第一要回答什么是国际贸易和世界市场的马克思主义基本原理。

马克思在 1859 年撰写的《政治经济学批判》"序言"中写道："我考察资产阶级经济制度是按照以下的顺序：资本、土地所有制、雇佣劳动；

---

① 中共中央党校（国家行政学院）：《习近平新时代中国特色社会主义思想基本问题》，人民出版社、中共中央党校出版社 2020 年版，第 52 页。

② 习近平：《在哲学社会科学工作座谈会上的讲话》，人民出版社 2016 年版，第 19 页。

国家、对外贸易、世界市场。”[①] 可见，对外贸易和世界市场是马克思主义政治经济学的研究范畴。习近平总书记在庆祝中国共产党成立 100 周年大会上说，中国共产党为什么能，中国特色社会主义为什么好，归根到底是因为马克思主义行。[②] 这句话我理解有两层含义：第一层含义，我们党要明确我是谁、我从哪里来，这是我们意识形态的身份认定。马克思主义当然要中国化、时代化、大众化，但是我从哪里来？这个问题都说不清楚，中国化、时代化、大众化就没了根基。第二层含义，指出中国制度特色、理论特色和文化特色，是中国共产党执政、中国特色社会主义、马克思主义“三位一体”，这就是我们为什么要讲马克思主义的基本原理的原因。当然搞清楚马克思主义的源头，不是要我们搞成教条主义，它需要中国化。首先，马克思主义改变了中国。中国确实是按照马克思主义的理论、观念、指导完成了中国从革命到建设的不断胜利；其次，中国也发展了马克思主义。马克思主义中国化和原来讲的东西有很多地方不一样了，理论观点创新了；马克思主义中国化和马克思主义原来的表述不完全一样了，话语表达也创新了。为什么我们要讲这个基本原理，实际上连美国政治家现在明白了，中国没有变成他们原来希望的那样，美国政客对中国的认识是，你现在没有变成我当初希望的那样，你搞了四十多年改革开放，最后基本上还是社会主义、马克思主义这些东西。当然，他们也知道你有变化，但至于你有哪些变化他当然也说不清楚。

第二要回答社会主义经济发展对外经贸关系的理论依据和实践运用。

很多人误以为中国实行改革开放、发展对外关系是接受了西方的思想和理论，这种看法虽然没有明说，但好像心照不宣。其实这也是一个误解。社会主义国家发展对外经济贸易关系，其理论依据仍然是马克思主义基本原理，而不是西方经济学理论。马克思讲了国际贸易和世界市场，它对于发展世界生产力的作用，讲了世界市场对于资源配置和生产文明建立的作用，国际贸易规则、国际惯例好多都属于生产社会化、国际化的现代生产文明，比如说海关规则这套体系，国际交易规则体系，世界交易中心

---

① 《马克思恩格斯选集》第 2 卷，人民出版社 2012 年版，第 1 页。

② 习近平：《在庆祝中国共产党成立 100 周年大会上的讲话》，人民出版社 2021 年版，第 13 页。

和支付中心趋向于统一化、规则化，像这些东西都是现代世界性生产文明，它和什么制度有关系，但是它有它特殊的规定性。这就是辩证法中的对立统一和双重性原理。十月革命胜利后，列宁在实行新经济政策中就大力主张发展对外贸易，利用外资。1921 年列宁说："有一个极大的因素使我们能够在这种复杂而又十分特殊的情况下存在下去，这一因素就是一个社会主义国家开始同各资本主义国家建立贸易关系。"① 那时候利用外资的形式叫"租赁制""租让制"。有人认为，中国在改革开放之前封闭、半封闭的状况是因为我们党在那时候就没有开放思想。这也是一个误解，其实在抗战胜利之后，1946 年中共中央指示山东分局，要求山东解放区要利用条件吸收外国人来投资，在不违反政府法令，促进经济情况下、促进民生情况下，吸收外国资本，让他们来办工厂、办交通，② 这是最早中共中央关于利用外资的说法。毛泽东在党的七大也说了同样的话，③ 当然到了新中国成立以后毛泽东在新政治协商会议上的讲话都重申了这些观点。关于开展对外经济合作，实际上马克思主义经典作家很早就有这些论述，这都是马克思主义的基本原理。

第三要总结新中国前 30 年发展对外经济贸易关系的历史经验教训。

新中国 72 年历史，前 30 年和后 42 年是不能割裂的，习近平总书记讲，新中国前后两个时期"本质上都是我们党领导人民进行社会主义建设的实践探索"，"中国特色社会主义是社会主义，不是别的什么主义"。党的领导和社会主义，是新中国前后两个时期的本质规定性，"虽然这两个历史时期在进行社会主义建设的思想指导、方针政策、实际工作上有很大差别，但两者决不是彼此割裂的，更不是根本对立的"④。前 30 年我们为什么处于封闭、半封闭状态？不是我们党的思想不开放，是因为帝国主义的封锁禁令。正如邓小平所说："毛泽东同志在世的时候，我们也想扩大中外经济技术交流，包括同一些资本主义国家发展经济贸易关系，甚至引

---

① 《列宁全集》第 40 卷，人民出版社 1986 年版，第 25 页。
② 《中共中央文件选集》第 16 册，中共中央党校出版社 1992 年版，第 151—152 页。
③ 《毛泽东著作专题摘编》，中央文献出版社 2003 年版，第 493 页。
④ 习近平：《关于坚持和发展中国特色社会主义的几个问题》，《求是》2019 年第 7 期。

进外资、合资经营，等等。但是那时候没有条件，人家封锁我们。”[①] 在那种情况下，只能跟苏联、东欧发展经贸关系。20 世纪 50 年代，我们迎来第一次大规模引进外国资金和技术过程，特别是“一五”时期，我们对苏联、东欧的开放有很大的进展，156 个重点项目的建设是苏联给了援助的。对这段历史我做过认真考察，很多的开放方针是那时候定的，比如说对外开放和独立自主、自力更生的关系，“一五”时期就定了。一些人不了解情况把苏联对 156 个项目援助的意义过于夸大，事实并非如此。我查了文献，1952 年到 1957 年，苏联给了我国 11 笔贷款，大概折合 46 亿人民币，占我们财政收入的 3.4%。第二笔账是 156 个项目的直接投资，现在叫融资租赁方式，给你设备和机器，然后他按照贸易方式来收回投资成本，一共是 96 亿旧卢布，当时人民币与卢布的官方汇率牌价是 1 元人民币兑换 2 卢布，但是按照 1954 年和 1955 年的贸易汇率计算，人民币与卢布兑换率大约是 1∶1.05 与 1∶1。也就是说苏联给我们的援助大概不到 100 亿人民币。按照“一五”时期中国整个基本建设规模是 588 亿，苏联这笔投资占我们整个中国“一五”时期的基本建设投资 17%。也就是说，我们依然是独立自主、自力更生为主，但 17% 的比重也算很高了，因为我们改革开放以后，利用外商直接投资占我们整个固定资产投资规模没有超过 17%。70 年代初期到中期，我们第二次大规模地引进西方资金和技术，一共有 26 个大型成套项目，总投资大约 210 多亿人民币，主要涉及化肥、化学纤维、钢铁等重化工业，这为我们 80 年代搞家庭联产承包责任制，很快地改变农业面貌打下了坚实的物质基础。所以前 30 年这一段我们发展对外经济贸易的经验教训是要认真总结的。

第四要阐释党提出开放型经济早期理论观点的重要贡献。

首先是毛泽东提出的“三个世界划分”理论。这是 1974 年 2 月提出的，从政治经济学上该如何解释这个理论呢？政治经济学阐释就要遵循马克思主义基本原理。首先马克思讲无产阶级和资产阶级对立，在全世界的对立讲的是什么呢？讲的是全世界无产者联合起来，他把世界抽象为一般意义上的资产阶级和无产阶级的对立，但现实世界没有那么简单。到了第

① 《邓小平文选》第 2 卷，人民出版社 1994 年版，第 127 页。

一次世界大战爆发的前后，列宁就看到世界的矛盾很多，不单有世界资产阶级和无产阶级的矛盾，还有帝国主义国家之间的矛盾，帝国主义和被压迫国家、被压迫民族的矛盾，因此矛盾是多元的。所以，列宁提出了社会主义在一个国家首先胜利，在资本主义统治最薄弱的环节首先胜利的观点。到了20世纪六七十年代，毛泽东发现世界变得更为复杂，因为资本主义生产方式在每个国家的发展程度都不一样，特别是广大发展中国家内部的社会经济形态多元，就像旧中国那样。他的哲学思想要抓主要矛盾，这些矛盾既有无产阶级和资产阶级在国内外的矛盾，本国资本主义和普通民众的矛盾，还有美国、苏联争霸想控制世界的矛盾，等等，在各种阶级关系中抓住主要的阶级矛盾，这就是毛泽东的政治经济学。他判断，国际垄断资本和全世界无产阶级的矛盾，在这时候不是最突出的，不是最主要，而美苏争霸控制世界，成为对世界和平的最大威胁是最主要的矛盾，所以提出来“三个世界划分”理论。这一理论对于中国发展对外经济关系的实践指导意义在于，中国可以利用世界的各种矛盾关系来发展中国与西方的对外经济贸易关系，这也间接促进了1978年改革开放的伟大实践阶段的到来。其次是邓小平提出的和平与发展是时代的主题和特征的判断，以及关于利用外资、发展对外贸易的重要论述。马克思政治经济学基本的理论讲的是生产力与生产关系的矛盾，讲的是阶级关系和阶级矛盾。这种矛盾最尖锐的形式是战争，战争是政治的最高形式。所以判断会不会发生战争就成了政治家、政治经济学经常要深刻考问的问题。列宁说帝国主义必然导致战争，果然第二次世界大战就爆发了。到了七八十年代，邓小平讲世界情况变了，和平与发展是时代的主题。正是有了这样的理论支撑，我们才能腾出手来调整生产关系，改变资源配置结构和方式，大力发展经济，为今天的经济繁荣打下了坚实的基础。中华民族伟大复兴的希望，其根本就是对我们党能一次又一次抓住发展机遇。党在初期关于开放型经济的理论观点的总结和认识需要深化，这是今天我们的理论发展所必需的。再次是中国共产党提出的“两个市场、两种资源”观点的理论含义和历史贡献。过去斯大林讲的“两个市场”是两个平行的世界市场，资本主义和社会主义对立造成了两个平行的世界市场，这是斯大林的观点，是不对的。现在我们讲“两个市场”，讲的不是按照意识形态阵营划分的市场，我们是按照国家主权和经济制度来划分的两个市场，是中国国内和国外两个市场，国内、国外两个市场都统一在整个世界经济体系当中，是世界经济体系里的对立统一，我们讲“两个市场”是这个意思。现在我们为什么不认为和美国是冷战呢？冷战是什么？冷战就是两个平行的世界市场，两个对立的阵营之间的关系，是政治与经济完全分离的两个对立体。现在的情况是，孙悟空已经钻进了铁扇公主的肚子里，中国国内市场和整个世界资本主义市场有千丝万缕的联系，和美国脱不了钩。相互依存又相互矛盾，相互竞争又难以脱离。所以，为什么说我们不认为是冷战，理论依据就是我们现在讲的“两个市场”，是和资本主义市场有千丝万缕的联系，我们相互影响、相互依存，同时相互矛盾、相互竞争。这套理论不阐释清晰，后面就很难解释很多现象。如果不是有这套理论支撑，我们在与美国挑起的对华贸易战的斗争过程中，就会乱了方寸，这就是战略定力的理论源头。

第五要阐释开放型经济理论的基本内涵。

“六个一”的理论命题和逻辑架构贯穿起来分析，它的基本经济学理论是什么，什么是这六个理论命题的总纲？这要从马克思主义政治经济学的基本原理来概括分析这六个理论命题，才能形成一个有逻辑的理论架构。马克思的《资本论》开创了马克思主义政治经济学的基本研究范式，即研究生产力与生产关系、经济基础与上层建筑的矛盾关系及其运动规律。世界范围内的生产力与生产关系、经济基础与上层建筑的矛盾运动就是这六个理论命题的总纲。与此相配套的是要总结和梳理开放型经济的治理体系，它的形成过程，基本经验和规律，以及完善的方向。中国开放型经济理论是中国特色社会主义理论体系的重要组成部分，也是中国特色社会主义政治经济学的重大理论问题。

特别是要研究阐释习近平关于坚持对外开放的重要论述以及开放发展的新理念。党的十九届六中全会“决议”指出：“习近平新时代中国特色社会主义思想是当代中国马克思主义、21 世纪马克思主义，是中华文化和中国精神的时代精华，实现了马克思主义中国化新的飞跃。”① 习近平总书

① 参见《中共中央关于党的百年奋斗重大成就和历史经验的决议》，人民出版社 2021 年版。

记关于“世界百年未有之大变局”的科学论断；关于在经济高质量发展的新阶段，对于建设更高层次的开放型经济的论述；关于共建“一带一路”，以及构建面向全球的高标准自由贸易区网络，建设自由贸易试验区和海南自由贸易港，推动规则、规制、管理、标准等制度型开放，形成更大范围、更宽领域、更深层次对外开放格局，构建互利共赢、多元平衡、安全高效的开放型经济体系，不断增强我国国际经济合作和竞争新优势；关于“以国内大循环为主体、国内国际双循环相互促进”的理论观点；等等，既是马克思主义政治经济学理论中国化的重要成果，也是中国开放型经济理论的最新进展，需要我们深入研究和阐发。

第六要揭示渐进式贸易自由化的基本经验和规律。

我们的贸易自由化是很有特点的，是渐进式贸易自由化。首先对外开放和独立自主、自力更生统一，这个道理看似很简单，但世界上很少有发展中国家能做到，所以我们不要看不起自己的经验，全世界有哪个国家能做到又坚持独立自主、自力更生，又坚持对外开放？没有哪个国家能同时做到，要不就成为人家的经济附庸，像中南美、拉美以及世界上一些国家，实际上是美欧大国经济的附庸，印度的制药工业基本是“山寨版”的，没有自己的知识产权，其实也是美欧的附庸；要么就封闭，不开放，有的国家至今还很封闭。所以真正做到二者并不容易。还有就是贸易自由化，贸易自由化本身不复杂，马上把关税降下来，把非关税壁垒取消不就贸易自由化了！但如果我们真这样做，结果会怎样，连外商投资也不来了，很简单，我为什么要在你这儿建工厂？我卖东西给你就行了，你不是都没关税了吗？所以，这需要寻找一条积极、安全、高效的途径逐步走向贸易自由化，这条道路与西方理论推崇的模式不同，必然是中国自己独创的发展道路，它的基本经验和基本规律需要总结和揭示。渐进式贸易自由化是我们自己的经验，也是我们独创的道路，我们对自己的经验总结还不够。

第七要总结“中国制造”国际竞争力持久不衰的理论。

改革开放40多年来，中国制造业已经创造了持久不衰的国际竞争力，支撑了中国对外贸易持久发展的奇迹。对此，用西方国际贸易教科书的理论难以解释，西方的洋教师爷不能、也不愿意解释，这就给美国政客挑起贸易战留下了恶意歪曲借口。显然，这个任务只能由中国自己的开放型经济学去完成。总结这个理论也是论证中国走向贸易强国必然趋势的需要。2020年，我们货物贸易整体、进口、出口都是世界第一。机电设备出口也超过德国了，成为世界第一。2021年，三大需求表现最突出的是外需，保守估计全年货物贸易顺差超过5000亿美元，与美国贸易战打了这么久，却打成了现在这样，为什么？怎么解释？西方最新的贸易理论叫“新新贸易理论”,[①] “新新贸易理论”是在“新贸易理论”前又加了一个“新”字。“新贸易理论”是克鲁格曼讲的垄断竞争、规模经济那一套。[②] “新新贸易理论”讲什么呢？原来说具有比较优势的行业，那么这个行业以及这个行业内所有企业都具有出口竞争力。“新新贸易理论”认为这个假设不对，并不是说具有比较优势的行业整个行业都具有出口竞争力，只有其中一部分生产效率高的企业才有出口竞争力，这就是所谓“异质性企业”。这个理论2003年美国人提出以后，风靡世界，受到热烈追捧，国内的莘莘学子都去学，学完以后想方设法用中国的数据验证理论。其实这个理论与中国实际完全不符，中国有几百万家中小企业在搞出口，按照“新新贸易理论”的标准，咱们没有一家是“异质性企业”，没有一家能达到设备技术先进和高大上、生产效率高的要求。那这样的企业怎么能出口呢？所以，美国人认为你肯定有鬼，肯定你政府有补贴，肯定你采取不公平贸易措施，贸易战就是这么被美国政客挑起来了。美国经济学家提供了理论依据，而我们呢？没有自己的理论来反击人家，有理说不出，这就是我们在理论上落后的后果。

第八要构建中国与开放型世界经济关系的宏观理论。

西方国际经济学以单一的、静态的价格、汇率作为世界经济均衡的分析工具，并以这个理论作为世界经济政策协调的依据，作为干预别国汇率

---

① Melitz, M. J., “The Impact of Trade on Intra-industry Reallocations and Aggregate Industry Productivity”, *Econometrica*, Vol. 71, No. 6, 2003, pp. 695 - 725.

② ［美］保罗·克鲁格曼：《克鲁格曼国际贸易新理论》，黄胜强译，中国社会科学出版社2001年版。

政策和国际收支的工具，成为西方国际经济学的“经典理论”。中国开放型经济理论主张“互利共赢”和“多元平衡”以及“国内国际双循环互相促进”，这些理论观点需要学理化阐释。西方国际经济学理论讲宏观均衡价格，实际上就是以汇率制度为核心的国际货币体系，是马歇尔1890年发表的均衡价格论的国际经济延伸，“汇率操纵国”这样的帽子，它的理论依据就来源于此。我们要维护中国自身的权益和中国人民的利益，就不能认同这个理论。我们现在说要讲多元平衡，要讲国内国际双循环互相促进，要讲共建“一带一路”，我们讲的东西是我们的实践和我们的理论，这些是需要加以学理化阐释的内容。

第九要阐释全球经济治理的中国方案的理论含义。

全球经济治理在国际经济学中也有一套现成理论，基本的模式就是美国金德尔伯格（Charles P. Kindleberger）讲的“霸权稳定论”。[①] 就是世界的公共品是由一两个霸权国家提供的，别的国家没有能力提供，也不需要你们提供，这就是他的理论。这个理论过去不能说完全不对，他说的很霸道，但事实就是这样。但现在不一样了，现在世界经济多极化，所以才由G7、G8向G20的演进。G20开展国际经济政治协调，提出各种全球经济治理宏观方案，霸权国家不能再“一言堂”，你得搞民主化，而且世界宏观协调的范围和内容也在拓展，不单贸易治理，还有金融治理、能源粮食治理、网络数据治理、公共卫生治理、地区安全治理，全球竞争范围也很广，传统安全到现在的安全反映都不一样，这是我们要深入阐释的理论内容。要反对全球经济治理中的霸权主义、保护主义和单边主义，批判维护霸权主义的全球经济治理理论。要把政治理念的民主化、组织机制的多边主义；国际公共产品“共商共建共享”的供给与消费方式，改革和完善全球贸易治理、金融治理、能源与粮食治理、网络与数据治理、公共卫生治理以及地区安全治理的诉求理论化、学术化。

第十要阐释构建人类命运共同体的价值观。

大多数社会科学理论都有价值观问题，我们讲的中国的经济学是要以

---

① ［美］罗伯特·杰尔平：《国际关系政治经济学》，经济科学出版社1989年版，第96页。

人民为中心，中国开放型经济理论的价值观要讲人类命运共同体，西方占统治地位的主流经济学理论是以资本为中心，但是他们故意不说出来，好像是“纯理论”，它越来越商务化，越来越数理化，掩盖追求资本收益最大化的根本目的。当然我也不是说它毫无价值，它在不少实用层面对我们的经济工作还是有用的，但说它是纯理论这就不对了，并不是纯理论，看你为谁而用。因此，习近平总书记说，世界上没有纯而又纯的社会科学，它们都有一个为什么人服务的问题，这是一个基本的、原则的问题。这个话他在哲学社会科学工作座谈会上讲的，毛泽东也讲过类似的话，毛泽东在《实践论》中讲，阶级社会里，各种思想无不打上阶级的烙印。① 所以，我们要解释人类命运共同体的价值观。人类命运共同体概念也不是忽然提出来的，它也是中国共产党思想的历史传承。我查了一下最早讲这个话的是毛泽东。毛泽东在抗战时候讲过苏联利益与人类利益的一致性，提出怎么判断世界上的正义与非正义，价值观标准是什么？就是看你符合不符合人类利益，而当时最根本的人类利益就是打败法西斯，争取世界和平。② 这是毛泽东的价值观。中国共产党很早就提出了这样一个价值观。现在我们讲中国共产党不单是为中国人民谋幸福，我们还有一个责任义务是支持世界上一切的进步事业。所以中国共产党的使命不单是为中国人民谋幸福，还要促进全人类的进步和解放，“坚持胸怀天下”，是党的十九届六中全会总结的中国共产党百年历史经验“十个坚持”中的一个理念，③ 这就是我们现在的价值观，人类命运共同体就是当代的人类利益，就是现在和平发展这个时代的价值观，人类命运共同体既是当今人类利益追求的目标，它也是与共产主义的远大理想也是联系在一起的，我们今天的价值观，也是共产主义远大理想的现实内涵。

“一百年来，党坚持把马克思主义写在自己的旗帜上，不断推进马克思主义中国化时代化，用博大胸怀吸收人类创造的一切优秀文明成果，用

---

① 毛泽东：《实践论》，《毛泽东选集》第1卷，人民出版社1991年版，第283页。

② 《毛泽东选集》第2卷，人民出版社1991年版，第593页。

③ 《中共中央关于党的百年奋斗重大成就和历史经验的决议》，人民出版社2021年版。

马克思主义中国化的科学理论引领伟大实践。”[①] 这句话应当成为中国经济学理论研究者的座右铭，我们也应当坚持把马克思主义中国化时代化写在中国经济学的旗帜上，独立自主地走经济学理论体系、学科体系、话语体系的中国发展道路，继续促进世界范围内社会主义和资本主义两种意识形态、两种社会制度的历史演进及其较量发生了有利于社会主义的重大转变。

作者

2022 年 1 月 1 日

① 《中共中央关于党的百年奋斗重大成就和历史经验的决议》，人民出版社 2021 年版。

导　言
中国开放型经济学的马克思主义政治经济学逻辑
——在中国共产党百年奋斗精神指引下构建马克思主义中国化时代化学科体系

习近平总书记在庆祝中国共产党成立100周年大会上说："以史为鉴、开创未来，必须继续推进马克思主义中国化。马克思主义是我们立党立国的根本指导思想，是我们党的灵魂和旗帜。中国共产党坚持马克思主义基本原理，坚持实事求是，从中国实际出发，洞察时代大势，把握历史主动，进行艰辛探索，不断推进马克思主义中国化时代化，指导中国人民不断推进伟大社会革命。中国共产党为什么能，中国特色社会主义为什么好，归根到底是因为马克思主义行!"（"七一"讲话）① 怎样遵循"七一"讲话精神在哲学社会科学各个领域中推进马克思主义理论的研究，是当前学科建设中面临的重大任务；在开放型经济领域，如何构建马克思主义政治经济学中国化时代化的学科体系是题中应有之义。马克思在1859年撰写的《政治经济学批判》"序言"中写道："我考察资产阶级经济制度是按照以下的顺序：资本、土地所有制、雇佣劳动；国家、对外贸易、世界市场。"② 可见，对外贸易和世界市场是马克思主义政治经济学的研究范畴。实际上马克思在解剖整个资本主义经济体系过程中，涵盖了许多经济领域的现象和活动，如货币金融以及作为国家经济职能的税收和财政，因此经济学重要分支学科的理论基础都离不开政治经济学。

政治经济学与大多数哲学社会科学学科一样，没有纯而又纯的理论，

① 习近平：《在庆祝中国共产党成立100周年大会上的讲话》，人民出版社2021年版，第13页。

② 《马克思恩格斯选集》第2卷，人民出版社2012年版，第1页。

用习近平的话说，为什么人的问题是根本性、原则性问题；[①] 用毛泽东的话说，各种思想无不打上阶级的烙印。[②]《资本论》是马克思主义政治经济学的奠基之作。它分析资本主义生产方式的内在矛盾，揭示了资本剥削雇佣劳动的秘密，从而开创了马克思主义政治经济学的基本研究范式：一是分析生产力和生产关系、经济基础与上层建筑的矛盾及其客观规律；二是分析阶级关系和阶级矛盾；三是提出无产阶级革命的任务。在马克思的理论逻辑中可以分为以学术范式呈现的学理逻辑，和以价值观导向呈现的立场逻辑，前者着重于分析矛盾运动的现象关联，后者则揭示矛盾运动的本质。资产阶级学者只推演学理逻辑，往往是为了掩盖真正的立场逻辑，而显示纯粹的学术色彩。马克思分析问题的叙事方法，是这二者的有机统一，也是他与资产阶级政治经济学的重要区别。马克思的立场逻辑代表当时全世界无产者的利益诉求。

恩格斯说："政治经济学本质上是一门历史的科学。它所涉及的是历史性的即经常变化的材料。"[③] 因此，在分析不同时代的国内外社会关系和社会矛盾的基础上，不断地回答不同时代的问题是马克思主义政治经济学的使命，也是马克思主义不断发展的生命力。

一　马克思主义关于国际贸易与世界市场分析的基本原理

"七一"讲话要求我们要不断推进马克思主义的中国化时代化，因此首先必须回答：我们是谁，我们从哪里来？也就是要搞清楚马克思主义的基本原理以及在各个学科领域的基本观点，如果不认真地追本溯源，马克思主义中国化时代化就成了无源之水和无本之木。

（一）马克思研究国际贸易和世界市场的基本方法论

辩证唯物主义和历史唯物主义是马克思研究所有重要经济现象的基本

---

① 参见习近平《在哲学社会科学工作座谈会上的讲话》，人民出版社 2016 年版。

② 毛泽东：《实践论》，《毛泽东选集》第 1 卷，人民出版社 1991 年版，第 283 页。

③ ［德］恩格斯：《反杜林论 · 自然辩证法》，《马克思恩格斯文集》第 9 卷，人民出版社 2009 年版，第 153—154 页。

方法论，这是与资产阶级经济学理论的分水岭。国际贸易问题研究很早就进入资产阶级经济学家研究的视野，在某种意义上，国际贸易理论是西方现代经济学的思想源头。西方国际贸易理论，包括后来衍化成为独立学科的国际经济学，都把国际贸易现象看作是自然发生的。

贸易为什么发生？这是国际贸易理论的本源问题。亚当·斯密在《国富论》第一篇第二章《论分工的起源》中说，以物易物是人类天性中固有的交换倾向。例如邻居的产品比自己的便宜，就不必自己生产，可以向邻人购买，由家庭推及国家莫不如此。也就是说，分工源于天性，互相交换的规律是自然的，也是永恒的。他在《政治经济学及赋税原理》第七章中的一个小脚注中提出了一个极为抽象的分工交换公式，即两个生产者、生产两个相同的产品，甲的两个产品的生产效率均高于乙，只是两个产品之间效率高的程度有差别，于是产生分工和交换，这样彼此获利。他接着说，“由于使各国都生产与其位置、气候和其他自然或人为的便利条件相适应的商品，并以之与其他国家的商品相交换，因而使我们的享受得到增进”，而且“由于增加生产总额，它使人们都得到好处，并以利害关系和互相交换的共同纽带把文明世界各民族结合成一个统一的社会”。[①] 在李嘉图的描绘中，国际贸易和世界市场的形成与发展是一幅多么自然与和谐的过程，各民族结合的文明世界是各得其所、相互获利的伊甸园。按照李嘉图的理论，劳动生产率的差别是导致分工与专业化生产乃至交换的基础，而生产率差别的原因在于地理位置、气候以及其他自然或人为的有利条件，这些因素都与生产关系无关，与资产阶级创造世界市场的手段和历史进程无关，因此它也是自然和永恒的。

马克思批判了这种唯心主义的历史观：“经济学家们的论证方式是非常奇怪的，他们认为只有两种制度，人为的和自然的。封建主义的制度是人为的，资产阶级的制度是自然的。”[②] 马克思认为现代意义的国际贸易活动是与资本主义生产方式向世界范围扩张相联系的，“创造世界市场的趋势已经直接包含在资本的概念本身中”，[③] 而且这个过程并非自然的、不仅

① ［英］大卫·李嘉图：《政治经济学及赋税原理》，［英］斯拉法：《李嘉图著作和通信集》第1卷，寿勉成译，商务印书馆1983年版，引文分别见第114页脚注，第111、113页。

② 《资本论》第1卷，人民出版社2018年版，第99页脚注33。

③ 《马克思恩格斯全集》第46卷上，人民出版社1979年版，第391页。

仅是自然条件或某些人为条件的过程，更不完全是你情我愿的甜蜜过程。马克思写道："不断扩大产品销路的需要，驱使资产阶级奔走于全球各地。它必须到处落户，到处创业，到处建立联系。""资产阶级，由于开拓了世界市场，使一切国家的生产和消费都成为世界性的了。""它的商品的低廉价格，是它用来摧毁一切万里长城，征服野蛮人最顽强的仇外心里的重炮。它迫使一切民族——如果它们不想灭亡的话——采用资产阶级的生产方式；它迫使它们在自己那里推行所谓文明制度，即变成资产者。一句话，它按照自己的面貌为自己创造出一个世界。"① 所谓国际分工、专业化生产，在马克思看来绝不是自然的过程，而是资产阶级在建立世界市场过程中创造的事物。在马克思揭露现代国际贸易活动的本质和真相的年代，英国和法国均已经取得资产阶级革命的胜利，并建立起了资产阶级国家政权，而资产阶级国家政权也动员起本国全部的社会力量为资产阶级在全世界扩张提供政治、经济、军事、文化、教育、医疗和舆论等各方面的支持，世界市场和海外扩张成为整个资产阶级社会的历史任务，正如马克思所说："资产阶级社会的真正任务是建立世界市场……和以这种市场为基础的生产。"②

国际价值由劳动决定，还是由供求决定？这是国际贸易理论的另一基本问题。资产阶级学者关于国际交换价值的理论基本上是立足于供求关系基础上的国际价格论，它否定价值的客观存在和劳动本质。其基本逻辑是：当供求达到平衡时，出现均衡价格或自然价格，市场价格围绕它而随供求关系上下波动，当全部供求关系达到均衡时，市场全部出清。国际均衡价格论最早始于约翰．穆勒（John S. Mill）所著《政治经济学原理》第三编第十八章《论国际价值》中提出的，其基本观点就是，国际价值是由"相互需求法则"或"国际需求均等法则"决定的。为了把这个理论披上精密化的科学外衣上，马歇尔利用需求弹性、资本与劳动相互需求的实物交换等概念，将相互需求理论绘制成几何曲线，称之为"提供曲线"。从供给方面的解释在很长一个时期成为西方理论的主要脉络。历时百年时

---

① ［德］马克思、恩格斯：《共产党宣言》，《马克思恩格斯选集》第1卷，人民出版社2012年版，第404页。

② 《马克思恩格斯全集》第29卷，人民出版社1972年版，第348页。

间，西方经济学家孜孜不倦地修补由供求关系决定的国际价值理论，并不断重复至今，从而雄居西方国际经济学的主流地位。

马克思明确指出了这种只研究现象，不研究本质的形而上学方法论的错误，他说："你们如果以为劳动和任何一种商品的价值归根到底是由供给和需求决定的，那就完全错了——供给和需求可以说明为什么一种商品的市场价格会涨到它的价值之上或降到它的价值之下，但决不能说明这个价值本身。"① 马克思从辩证唯物主义的方法论出发，始终坚持认为国际价值仍然是由世界平均的必要劳动时间决定的，劳动一直是价值和国际价值的本质。他在《资本论》第一卷第二十章中阐述了"国际价值"概念，并分析了这个概念的基本内涵。他认为，仅仅从各国工资的差异情况来看，可以发现各国的"中位劳动强度"是不同的，按照强弱可以排成一个阶梯，最后可以用"世界劳动的平均单位"来衡量和定义国际价值的内在关系。这实际上是马克思关于国内交换活动中，社会平均必要劳动时间决定商品价值，价格是商品价值的外在表现这一劳动价值论在国际交换领域的延伸。二者的基本原理是一致的，同样，国际交换价格围绕国际价值上下波动，汇率则是两国交易货币的比率。价格与价值上下波动、既背离又趋近的现象，是一种矛盾的统一，这正是经济规律作用的表现。

（二）国际贸易和世界市场的基本经济规律

第一，国际价值规律。

国际价值的计量单位是世界劳动的平均单位。"棉花的价值不是由英国的劳动小时，而是世界市场上的平均必要劳动时间来决定。"② 但是各国国民的劳动强度是不同的，各国的中等劳动强度可以组成一个阶梯。强度较大的国民劳动比强度较小的国民劳动会在同一时间内生产出更多的价值，而这又表现为更多的货币。正如马克思所说："在一个国家内，亏损和盈利是平衡的。在不同国家的相互关系中，情况就不是这样。……一个国家的三个工作日也可能同另一个国家的一个工作日交换。"③ 因此，不同

① 《马克思恩格斯文集》第3卷，人民出版社2009年版，第42页。

② 《马克思恩格斯全集》第25卷（第3册），人民出版社1974年版，第112页。

③ 《马克思恩格斯全集》第25卷（第3册），人民出版社1974年版，第112页。

国家的同等劳动量并不意味着价值量相等。

第二，“自由贸易”掩盖下的国际利益分配规律。

由于国际价值规律在其发生作用的过程中，会出现一个国家一个工作日可能与另一个国家三个工作日交换的现象，按照国际价值规律，等价交换与平等交换实际上是两个不同的概念，价值量相同的劳动量并不是在任何情况下都等于劳动时间相同的劳动量，即等价未必等劳。只有在一种情况下，即国家间的劳动生产率基本相同，在单位时间内生产出的商品量和创造的国际价值量基本相等，这才能实现等价交换和平等交换的统一。而在国际价值量与国内价值量之间存在较大差异的情况下的两国贸易，即便按照国际价值规律实行的等价交换，但仍然是不平等的交换，因为富有的国家可以用少量劳动量换取贫穷国家较多的劳动量，落后国家即使得到利润，但总是吃亏。在各国国际价值量与国内价值量具有差异的条件下，国际贸易是不可能实现劳动的平等交换，所谓“自由贸易”也只是这种不平等交换的标签。“自由贸易”的结果，总是使一方获利更多，正如马克思所说：“两个国家可以根据利润规律进行交换，两国都获利，但是一国总是吃亏，——一国可以不断攫取另一国的一部分剩余劳动而在交换中不付任何代价。不过这里的尺度不同于资本家和工人之间的交换的尺度。”① 开展国际贸易，双方都获利，但一方利多，一方利少，这是总的格局，但使自己吃亏少一些，利益多一些，这是落后国家可以争取的回旋空间。

即便在今天，由国际价值规律决定的国际利益分配规律仍然在起作用。总体上看，劳动生产率愈高、国际价值量与国内价值量之间的差异愈大，受惠程度就愈高。这就是中国和广大发展中国家争取自由贸易中平等交换的努力方向。中国处在现实的世界市场中，只能按照国际商业规则的客观规律办事。我们所能做的事情是，遵从国际价值规律的“等价交换”，不以垄断价格方式违背国际价值规律的商业道德；一方面，在国内努力提高劳动生产率，缩小国际价值量与国内价值量之间的差异，从而实现与发达国家的平等交换；另一方面，在国外通过经济技术合作，帮助发展中国家进步，使之也缩小国际价值量与国内价值量之间的差异，从而促进它们与发达国家以及与其他发展中国家（包括中国）的平等交换。

---

① 《马克思恩格斯全集》第46卷下，人民出版社1974年版，第401—402页。

第三，垄断资本主义争夺世界市场的规律。

19 世纪末期之后，资本主义进入垄断阶段，世界市场规律发生了很大变化。列宁把垄断资本主义称作帝国主义阶段，他在《帝国主义是资本主义的最高阶段》（《帝国主义论》）一书中阐述了帝国主义的定义和五个基本特征。关于世界市场，他指出瓜分世界的资本家国际垄断同盟已经形成；最大的资本主义大国已把世界上的领土瓜分完毕。列宁与马克思所处的时代和国度不同，马克思处于自由资本主义时代的先进的资本主义英国，他所分析的阶级关系和阶级矛盾是一般意义上的世界性的资产阶级与无产阶级之间的矛盾。而列宁处于垄断资本主义时代落后的资本主义俄国，他在分析了资本主义进入垄断阶段之后的经济特征后，不仅看到了一般意义上的世界性的资产阶级与无产阶级之间的矛盾，而且他还看到了更错综复杂的国际阶级关系和阶级矛盾，他看到了帝国主义殖民主义与被压迫被剥削的民族国家之间的矛盾，看到了资本主义发展不平衡所造成的帝国主义列强之间的矛盾，而后两种矛盾要比第一种矛盾更尖锐、更突出，是这个时代的主要矛盾。在这三种矛盾交织迸发的时候，社会主义革命有可能在资本主义最薄弱的链条取得一个国家的首先胜利。这既是列宁时代的政治经济学逻辑，也是世界无产阶级和劳动人民的根本利益诉求。《帝国主义论》之所以继《资本论》之后成为马克思主义的政治经济学的经典著作，其思想和灵魂就在这里，但列宁超越马克思的是，他把无产阶级的愿望和口号转化为胜利的实践行动。

二　社会主义国家发展对外经贸关系的理论依据及其实践运用

辩证唯物主义方法论不仅是马克思主义经济理论与资产阶级经济学理论的分水岭，而且也是认识社会主义国家建立对外关系的基本思想方法，毛泽东在《矛盾论》一文中引用列宁的话说，辩证法认为统一物分成为两个互相排斥的对立，而两个对立又互相关联着。① 还说："双重性，任何事

① 毛泽东：《矛盾论》，《毛泽东选集》第 1 卷，人民出版社 1991 年版，第 300 页。

物都有，而且永远有，当然总是以不同的形式表现出来。”[①] 正如在资本主义世界市场内部，既存在资本主义剥削的本质属性，也存在生产力发展的客观要求的属性，深刻认识资本主义世界市场和国际贸易功能的对立统一和双重性，是社会主义国家发展对外经济贸易关系的基本理论依据。

（一）世界市场是配置全球资源的手段

利用世界市场配置全球资源，当然是为了提高资本报酬，但同时也提高了资源配置效率。世界市场之所以配置全球资源，首先是因为在世界市场日益扩展的情况下，一切国家的生产和消费都成为世界性的或具有世界主义的性质。马克思指出：“资产阶级，由于开拓了世界市场，使一切国家的生产和消费成为世界性的了。……这些工业所加工的已经不是本地的原料，而是来自极其遥远的地区的原料，它们的产品不仅供本国消费，而且同时供应世界各地消费。旧的、靠国内产品来满足的消费，被新的、要靠极其遥远的国家和地带的产品来满足的需要所代替了。”[②] 随着资本主义进入垄断阶段，生产和消费的世界性特征日益明显，世界市场支配着全球生产以及生产资源的流向已经成为世界经济的基本特点。

其次是大量商品进入国际流通领域，使货物价格出现“趋同性”、统一性，出现了国际商品行市现象，这成为市场机制发挥作用的杠杆。大量的商品货物进入国际流通，同类货物的价格不断接近并统一，在市场机制的作用下，逐渐使世界市场价格趋于统一，从而为世界市场配置全球资源提供了基本条件。

再次是在世界市场机制作用下，世界工业产品结构和生产结构发生了变化，它在促进发达国家产业结构升级的同时，也塑造了发达国家与殖民地附属国的垂直分工关系。在世界市场机制的作用下，广大不发达国家通过与发达国家的投资和贸易关系，它们向主要发达国家输出农业初级产品和矿物，从主要发达国家进口各类制成品和钢铁、石油及其制品，从而形成了全球垂直型的国际分工。[③] 在世界市场机制作用下，国际分工不仅在

---

① 《毛泽东文集》第 8 卷，人民出版社 1999 年版，第 107 页。

② 《马克思恩格斯选集》第 1 卷，人民出版社 1972 年版，第 254—255 页。

③ Richard A. Johns, *International Trade Theories and the Evolving International Economy*, London, Frances Pinter Publishers, 1985, pp. 85, 97.

发达国家与殖民地附属国之间展开，而且也在发达国家之间展开，从而形成了水平型分工。国际分工在世界的广泛展开，无疑提高了资本和资源配置的效率。

最后是在世界市场机制作用下，形成了国际市场中心化和世界货物定价中心化，不仅初步奠定了世界经济秩序的基础，而且增强了世界市场机制的功能，使资源配置范围和效率都达到新水平。伦敦波罗的海交易所几经变化，衍生出的波罗的海干散货指数（Baltic Dry Index，缩写 BDI），直到今天这个指数依然在世界航运业、国际交易活动中发挥重要影响，而且也是企业和经济研究者观察国际贸易发展趋势的先行指标之一。

（二）国际贸易发展的双重性

国际贸易的发展既意味着资本主义在世界范围的扩张，意味着对国内国外剥削的扩大和加深，但同时它又有促进世界经济发展、促进贸易双方都产生经济福利的另一面。马克思 1848 年发表的《关于自由贸易的演说》，阐述了国际贸易的双重性原理，他说：从短期看，“自由贸易扩大了生产力……生产资本增加了对劳动的需求……因而工资也就提高了”[①] 但从长期看，“随着生产资本的增殖，它就必然更加盲目地为市场生产，生产愈益超过了消费……危机的发生也就愈益频繁而且愈益猛烈”，结论是自由贸易制度加速了社会革命。至于国际贸易对于资本主义经济的循环和扩大的作用，对于国民福祉的改善，马克思也有很多论述，“如果某个国家闭关自守，那么，它的剩余产品就可能以这种剩余产品的既有的实物形式消费掉。在这个国家中，剩余产品可以交换的范围就会受到不同生产部门的数量的限制。这种限制通过对外贸易才能消除。……对外贸易可以增加某个国家的剩余产品能转化的形式和能用来消费的形式。”[②]

国际贸易的发展不仅促进世界经济发展，而且还创造了世界性的人类生产文明，如国际市场交易手段、商业规则与文明的创造与完善，这也是人类生产力发展和人类文明的宝贵财富。

首先是推进了国际交易支付体系的统一性。自从 1821 年英国实行了

---

① 《马克思恩格斯选集》第 1 卷，人民出版社 2012 年版，第 368 页。

② 《马克思恩格斯全集》第 48 卷，人民出版社 1985 年版，第 147 页。

金本位制以后，19 世纪 70 年代以后，欧洲主要发达国家都相继过渡到单一的金本位制，俄国与日本也于 1897 年过渡到金本位制。各国货币的金平价使得各国的汇率相对固定，一方面使世界市场上的价格水平更易于趋向统一，各国国内物价的相互联系也更趋密切；另一方面，也为国际商品交换和资本输出创造了有利条件。在金本位制下，货币能够自由兑换，这就为多边清偿和支付体系的形成和运作奠定了基础。国际支付体系的建立又促使贸易关系得以突破双边的限制，大大便利了国际资金的流动和债务的清偿。随着国际支付和国际清偿业务的扩大，逐渐形成了国际金融市场和中心化趋势。

其次是推动了国际贸易法律规则和贸易惯例趋于统一。世界市场的统一性并不意味着不同国家资产阶级各自利益的一致性，相反其经济利益矛盾有增无减。但是他们整体利益的一致性以及彼此联系的紧密与相互依存，又迫使他们不得不在冲突和利益斗争中寻求协调分歧和消弭争端的途径，其中可行的办法就是制定和调整国际经贸关系的法律规则以及统一有关方面都能接受的贸易惯例。前者是通过缔结国际公约和协定来实现，后者则是在长期业务实践中逐步形成的，成为非法律形态的潜规则，对贸易双方当事人行为具有心理上的影响并愿意在合同中明确采用。

最后是推动了世界航运与海事规则趋于统一。经过半个世纪的利益博弈，终于在 1924 年，制定的《海牙规则》是海上运输中一个十分重要的公约，海事仲裁制度也随之建立和完善，这都为后来近百年的资本主义海洋贸易发展和繁荣提供了重要保障。

（三）列宁时期和新中国前 30 年的实践运用

马克思主义关于世界市场和国际贸易的双重性原理为社会主义国家发展对外经贸关系提供了理论依据，但是它能否转化为现实，还取决于不同时代的国际环境以及社会主义经济决策者的认识。俄国十月革命后，列宁把苏维埃国家发展对外贸易、建立与世界市场的联系看作是社会主义命运攸关的重大问题。在实施新经济政策的 1921 年时列宁说：“有一个极大的因素使我们能够在这种复杂而又十分特殊的情况下存在下去，这一因素就是一个社会主义国家开始同各资本主义国家建立贸易关系。"[1] 他还说："从社会主义建设的观点看，现在多付几亿给外国资本家并因此获得恢复大工业所需要的机器和材料，这对于我们是有利的。这些机器和材料可以使我们恢复无产阶级的经济基础，使无产阶级变成一个坚强的阶级。"[2] 可见，在无产阶级取得国家政权之后，巩固新生的无产阶级国家政权是列宁主义首要的政治经济学逻辑。

当时的国际环境有无这种可能呢？当协约国对新生的苏维埃国家实施经济封锁时，列宁就预言道：帝国主义列强"明知同我们建立贸易关系会增强我们的力量，现在却不得不违心地走上这条道路"[3]，因为"有一种力量胜过任何一个跟我们敌对的政府或阶级的愿望、意志和决心，这种力量就是世界的共同经济关系"。[4] 列宁说的全世界的共同经济关系，就是随着生产力的发展，各国在经济上的相互依存不断加深，这是一个不以人的意志为转移的客观规律，这在社会主义与资本主义的贸易关系中也不例外。而事实正如列宁所料，在 1921 年资本主义经济危机来临情况下，世界市场供求矛盾尖锐化，这迫使英国不得不与苏联订立第一个临时贸易协定。列宁对此评论说："资产阶级国家需要同俄国作生意，因为它们知道，没有这种那种形式的经济联系，它们还会象以前那样继续垮下去"，[5] 由于英国在当时世界经济和国际政治中的领头羊地位，列宁把这个俄英贸易协定看作是具有"世界意义"的，它从根本上动摇了帝国主义国家对苏维埃国家的封锁体系，对苏联同资本主义国家经济贸易关系的发展起了重大作用。后来中华人民共和国成立后与帝国主义国家开展的封锁禁运与反封锁禁运的斗争，再一次证明了列宁的科学论断。

中国共产党关于新中国与外国发展经济贸易关系的态度始终很明确。在中华人民共和国成立前夕，毛泽东在 1949 年党的七届二中全会上就再次提到，"关于同外国人做生意，那是没有问题的，有生意就得做，并且现在已经开始做，几个资本主义国家的商人正在互相竞争。我们必须尽可

---

① 《列宁全集》第 40 卷，人民出版社 1986 年版，第 25 页。
② 《列宁全集》第 41 卷，人民出版社 1986 年版，第 305—306 页。
③ 《列宁全集》第 40 卷，人民出版社 2017 年版，第 25 页。
④ 《列宁全集》第 42 卷，人民出版社 2017 年版，第 343 页。
⑤ 《列宁全集》第 43 卷，人民出版社 2017 年版，第 3 页。

能地首先同社会主义国家和人民民主国家做生意，同时也要同资本主义国家做生意。”[①] 1949 年 9 月新政协制定的《共同纲领》就明确规定中华人民共和国在平等互利基础上与各国政府和人民恢复并发展通商贸易关系。在当时，主要是建立和发展了与苏联和东欧社会主义国家的经济贸易关系，此外，也努力发展与其他资本主义国家的经济贸易关系。1951 年中国派代表团参加了在莱比锡、布拉格举办的国际博览会，宣传介绍新中国进出口贸易及市场情况。1952 年 4 月在莫斯科的国际经济会议上，中国代表团与到会的 30 个不同社会制度国家的 100 多个工商团体和企业家进行了广泛接触和洽谈，同英国、法国、瑞士、荷兰、比利时等 11 个国家的 50 多个工商企业签订了总额达 2.24 亿美元的贸易协定，在西方禁运的壁垒上打开了缺口。5 月成立了中国国际贸易促进会，首先发展同日本的民间贸易，签订了价值 3000 万英镑的贸易协议。[②] 新中国积极开展对外经济贸易活动的姿态已在世界上树立了自己的形象。

在新中国前 20 多年历史进程中，由于美国等西方国家的封锁和禁运，再加上从 50 年代末期起苏联中断对中国的技术合作，大幅度削减贸易往来，中国实际处于封闭和半封闭状态，怎样突破重围，打破僵局，成为中国经济建设的重大问题。毛泽东是马克思主义中国化时代化的开创者，1974 年 2 月他提出了“三个世界”划分[③]，成为马克思主义政治经济学中国化时代化的重要里程碑。从马克思主义的政治经济学逻辑看，尽管资本主义生产方式在全世界占主导地位，但发展中国家的资本主义生产方式发展程度各不相同，社会经济形态多元，社会主要矛盾并不完全表现为资本与劳动的矛盾以及民族资本主义与落后经济形态的矛盾，而国际垄断资本扩张、帝国主义、霸权主义侵略掠夺是更为突出的社会矛盾，在多种矛盾交织中，国际阶级关系和阶级矛盾并不简单地表现为资本主义与社会主义的对立、垄断资本与全世界无产者的对立，而美苏争霸对世界和平的威胁则是最主要和最突出的矛盾，因此它们是人类利益的最危险的敌人。中国是世界大三角关系中一个不容忽视的力量，但中国不属于发达国家，中国

---

① 《毛泽东选集》第 4 卷，人民出版社 1991 年版，第 1435 页。

② 中共中央党史研究室著：《中国共产党历史》第 2 卷（1949—1978 年）（上），人民出版社 2002 年版，第 121—122 页。

③ 《毛泽东文集》第 8 卷，人民出版社 1999 年版，第 441 页。

是发展中国家，因此中国属于第三世界。在“三个世界划分”理论中，敌、我、友的界限很分明，国际政治分野十分清晰，而且也指明了中国经济与世界资本主义市场发生联系的现实可能性以及可能产生的贸易伙伴。在这个理论指导下，中国于70年代中后期与美国以及第二世界中的许多西方资本主义国家建立和发展了贸易和经济技术合作关系，成为中国在新的世界形势下进行对外开放和经济技术合作的重要理论依据和思想引领。正如党的十九届六中全会的《决议》所指出：“毛泽东思想是马克思列宁主义在中国的创造性运用和发展，是被实践证明了的关于中国革命和建设的正确的理论原则和经验总结，是马克思主义中国化的第一次历史性飞跃。”[①]

1972年初，中国政府考虑从西方国家进口成套化纤、化肥和钢铁设备的工作被正式提到议事日程上来。对于我国经济贸易方向的转变，陈云指出，过去我们的对外贸易75%面向苏联和东欧国家，25%对资本主义国家。现在改变为75%对资本主义国家，25%对苏联、东欧，我们外贸主要面向资本主义国家这个趋势已经定了。[②] 从1972年至1977年，前后总计进口总金额达到51.4亿美元。加上国内自力更生的生产和设备改造，共兴建了26个大型工业项目，总投资额约214亿元人民币，到1982年这些项目全部投产，[③] 成为20世纪80年代中国工业和国民经济发展的重要基础。

尽管新中国前30年我国对外贸易受到西方封锁禁运、苏联中断援助以及极“左”错误的严重干扰，但并没有从根本上阻止我国进出口贸易增长的势头。1950—1979年，我国进出口贸易总额从11.35亿美元增长到293.3亿美元，年均增长12%以上；其中，进口贸易从5.83亿美元增长到156.7亿美元，年均增长13%以上，出口贸易从5.52亿美元增长到136.6亿美元，年均增长12%左右。而且，随着国家工业化进程的发展，还促进了商品结构的改变和提升。

---

① 《中共中央关于党的百年奋斗重大成绩和历史经验的决议》，人民出版社2021年版。

② 《陈云文选》第3卷，人民出版社1995年版，第219页。

③ 中共中央党史研究室：《中国共产党历史》第2卷（下），中共党史出版社2002年版，第864页。

三　中国开放型经济发展中的理论总结与升华

1978年12月党的十一届三中全会决定中国实行改革开放，“开创、坚持、捍卫、发展中国特色社会主义，实现了从高度集中的计划经济体制到充满活力的社会主义市场经济体制、从封闭半封闭到全方位开放的历史性转变”,[①] 在对外开放实践中，马克思主义政治经济学与中国开放发展不断融合，得到进一步创新发展。

（一）邓小平对国际阶级矛盾的分析以及时代主题的战略新判断

从1914年爆发第一次世界大战以来，对战争与和平的分析和判断，就成为分析国际阶级关系和阶级矛盾的最核心和最突出问题，也是马克思主义政治经济学常问常新的时代命题。列宁认为在垄断资本按照实力不断争夺世界市场的规律下，帝国主义战争不可避免，第二次世界大战果然爆发。但无休止的战争也并不符合垄断资本的利益，妥协和休战在一定条件下也是垄断资本的需要，这就要看条件是否具备。马克思主义中国化时代化新的重大课题呼唤中国共产党继续回答面临的拷问。邓小平以马克思主义者的政治家战略眼光，及时洞察世界和战大势的走向。

一是对发生新的世界大战可能性的战略判断。

一方面，1977年12月28日，邓小平在中央军委全体会议上说，国际形势也是好的。我们有可能争取多一点时间不打仗。因为我们有毛泽东同志的关于划分三个世界的战略和外交路线，可以搞好国际的反霸斗争。另一方面，苏联的全球战略部署还没有准备好。美国在东南亚失败后，全球战略目前是防守的，打世界大战也没有准备好。所以，可以争取延缓战争的爆发。[②]

二是重新界定当今时代特征与主题。

邓小平根据世界形势的重大变化，扬弃了以往将所处时代定位为“帝

① 习近平：《在庆祝中国共产党成立100周年大会上的讲话》，人民出版社2021年版，第5页。

② 中共中央党史研究室著：《中国共产党历史》第2卷（下），人民出版社2002年版，第1039页。

国主义与无产阶级革命时代”、认为“革命和战争”是时代基本特征的观点，以敏锐的洞察力深刻地提出了和平与发展是当今时代两大主题的新观点。1985 年 3 月他明确指出：“现在世界上真正的大问题，带全球性的战略问题，一个是和平问题，一个是经济问题或者说发展问题”。[①] 这为我国战略中心转移和对外开放提供了客观依据。

（二）“两个市场、两种资源”观点的政治经济学逻辑

最早提出利用“两个市场、两种资源”观点的是 1982 年 1 月中共中央负责人胡耀邦在中央书记处会议上就对外经济关系问题发表意见：我们的社会主义现代化建设，要利用两种资源——国内资源和国外资源，要打开两个市场——国内市场和国外市场；要学会两套本领——组织国内建设的本领和发展对外经济关系的本领。[②] 到 1993 年 11 月党的十四届三中全会“决定”把这个观点正式表述为：“充分利用国际国内两个市场、两种资源，优化资源配置。”[③] 在整个 80 年代期间，邓小平做出的许多论述都在不断深化对这个理论观点的认识。把邓小平的有关论述加以归纳，可以总结出“两个市场、两种资源”这个理论观点的政治经济学逻辑。

第一，开放本身就是世界性问题，是世界人民的利益所在。

邓小平敏锐指出，开放是一个世界性的问题，“现在的世界是开放的世界”“经济上的开放，不只是发展中国家的问题，恐怕也是发达国家的问题”；只有各国都开放，世界市场才能扩大，否则“西方面临的市场问题、经济问题，也难以解决”。[④] 可见，当时国际阶级关系和国际阶级矛盾的突出问题是，中国要不要开放？世界上谁赞成开放，谁反对开放？这就是划分敌、我、友的主要标准。这是邓小平对马克思主义政治经济学的创新和发展。1984 年邓小平进一步说：“我们是三个方面的开放，一个是对西方发达国家的开放，我们吸收外资、引进技术等等主要从那里来。一个

---

① 《邓小平文选》第 3 卷，人民出版社 1993 年版，第 105 页。

② 《三中全会以来重要文献选编（下）》，人民出版社 1982 年版，第 1113 页。

③ 中共中央文献研究室编：《新时期经济体制改革重要文献选编（下）》，中央文献出版社 1998 年版，第 1091 页。

④ 《邓小平文选》第 3 卷，人民出版社 1993 年版，第 79 页。

是对苏联和东欧国家的开放，……还有一个是对第三世界发展中国家的开放”。[①] 他还在许多场合反复强调，我国的现代化建设，不是拿落后的技术作为出发点，而是要吸收世界先进的管理方法，要把世界一切先进技术、先进成果作为我们发展的起点，我们要充分利用国际市场的有利形势来开展这些工作。

第二，坚持开放与独立自主、自力更生相统一。

在明确强调扩大开放的同时，邓小平也反复强调中国坚持独立自主、自力更生的立场不变。1982 年邓小平就告诫全党：“中国的事情要按照中国的事情来办，要依靠中国人自己的力量来办。独立自主、自力更生，无论过去、现在和将来，都是我们的立足点。”[②] 这个方针与对外开放并不矛盾。早在中华人民共和国成立初期的 20 世纪 50 年代，毛泽东就多次阐述独立自主、自力更生与争取外援的关系。这个方针成为中国共产党一贯秉持的、毫不动摇的建设理念。自力更生精神表现在政治上，则是坚持独立自主的原则，经济上的自力更生是政治上的独立自主的基础。同时强调坚持反对一切侵略和霸权主义的立场不变、坚持用和平共处五项原则处理国际关系的立场不变、坚持建立国际经济新秩序的立场不变。邓小平的思想突破了传统战略思维，为新形势下我们坚持什么、赞成什么、反对什么找到了战略方向。

第三，“两个市场”是社会主义经济与世界经济体系的对立统一。

从邓小平许多论述中可以看出，从当时中国社会主义现代化建设的迫切需要看，主要应当向西方发达国家开放，而第三世界国家基本上也都融入了资本主义统一市场，尽管当时还存在苏联东欧的经济互助合作委员会的内部市场，但这个市场事实上已经十分萎缩并与资本主义世界市场发生了千丝万缕的联系。因此，中国当时提出的“两个市场”的理论含义，是指国内国外两个市场，主要是按照不同主权国家利益和经济制度划分的市场，而不是按照政治制度和意识形态特征来划分的市场；这两个市场不是对立的，而是相互影响、相互渗透的市场，实际上这就是中国国内市场与资本主义统一的国外市场，这就从理论上否定了苏联时期斯大林提出的

---

① 《邓小平文选》第 3 卷，人民出版社 1993 年版，第 99 页。

② 《邓小平文选》第 3 卷，人民出版社 1993 年版，第 3 页。

"两个平行的世界市场"的理论，提出了马克思主义中国化的理论，即社会主义国内市场与统一的资本主义国外市场的理论观点，也就是说，在一个紧密联系的世界市场体系中，存在两种制度不同的内部和外部市场，但绝不影响它们之间的贸易经济往来，它们之间的经济联系是难以割裂的；它们相互依存、又互相矛盾，各自的力量此消彼长，并按照历史发展的客观规律走向未来。这就是我们利用资本主义外部市场的理论依据，也是中国社会主义现代化建设的客观必然性。

（三）中国开放型经济理论命题的政治经济学分析

"开放型经济"是从中国实践中提炼出的一个专有名称，它没有在西方经济学理论中出现。它经历了从党的工作理念到理论观点、最后成为内涵丰富的经济范畴的发展过程。1993 年 11 月召开的党的十四届三中全会《决定》首次提出"发展开放型经济"。[①] 那时，这个概念是若干工作任务的集合体，并非就是理论观点，但是已经有了新理念的萌芽，后来它的内涵不断丰富完善、理性概括层次不断升高。

从党的十四届三中全会《决定》到党的十九届六中全会《决议》历时 29 年，把党关于"开放型经济"的许多反复表述及其主要内容加以整理，它的逻辑架构和理论命题是"六个一"：一个开放型经济新体系，一个开放型经济新体制，一个开放型经济新优势，一种中国与世界经济平衡的新方式，一种全球经济治理的新路径，一个开放型世界经济的新价值观。怎样归纳总结这"六个一"的命题呢？毛泽东指出："我们要以生产力和生产关系平衡和不平衡，生产关系和上层建筑的平衡和不平衡，作为纲，来研究社会主义社会的经济问题，政治经济学研究的对象主要是生产关系，但是要研究清楚生产关系，就必须一方面联系研究生产力，另一方面联系研究上层建筑对生产关系的积极作用和消极作用。"[②] 因此，"六个一"命题可以归纳为这样一个政治经济学总命题：在国际阶级矛盾不采取对抗（战争）的情况下，如何分析和处理两个市场中的生产力与生产关系、经

① 中国共产党第十四届中央委员会第三次全体会议 1993 年 11 月 10 日通过《中央中央关于建立社会主义市场经济体制若干问题的决定》，引自《十四大以来重要文献选编》，人民出版社 1996 年版，第 539 页。

② 《毛泽东文集》第 8 卷，人民出版社 1999 年版，第 130—131 页。

济基础与上层建筑的相互关系与矛盾。在两个市场中，国内生产力与国外生产力的同一性多，矛盾性少；但在一定条件下也会转化，也会走向各自的反面。而国内生产关系、上层建筑与国外生产关系、上层建筑的矛盾多，同一性少。例如，在实行对外开放后，我们就会遇到中国外贸发展与世界市场空间的矛盾，它反映了中国生产力发展与世界生产力之间的矛盾；我们就会遇到市场准入、资本自由流动、人民币汇率、外汇管理等问题，就会发生中国的生产力与全球产业链、价值链、供应链、服务链连接所形成的生产方式、分配方式之间的矛盾，它反映了中国的生产力发展与国内外生产关系的矛盾；我们还会遇到国际经贸规则、多双边组织规则以及全球经济治理及其观念问题，这就是中国的经济基础与世界性上层建筑的矛盾、开放型世界经济体系与旧有的世界上层建筑的矛盾。在发展中国开放型经济中，如何处理国内生产力与世界生产力的互动关系；如何处理生产力发展与国内外生产关系、国内外上层建筑的关系与矛盾；如何处理坚持构建开放型世界经济与全球经济治理及其观念的矛盾，这就是中国开放型经济发展中的基本政治经济学问题。中国开放型经济理论是中国特色社会主义理论体系的重要组成部分，而中国特色社会主义理论体系实现了马克思主义中国化新的飞跃。①

如何构建中国开放型经济新体系，涉及全方位、多层次、宽领域的对外开放，确保安全高效最重要。首先要坚持对外开放与独立自主、自力更生的统一，这是中国经济建设的基本方针，也是中国特色社会主义政治经济学的基本逻辑。这个道理看似简单，实际上世界上少有发展中国家能够做到。中国的成功经验具有世界性意义。中国开放型经济体系的建设，是一个国内生产力与开放型的生产关系、上层建筑不断互动、不断改革和促进的渐进式过程，不可能一蹴而就。因此寻找一条适合中国发展开放型生产力的道路至关重要。这条道路的基本经验是正确处理了开放的三对关系、六条线索的关系：第一是行业（产品）开放与区域开放的关系；第二是对居民开放与对非居民开放的关系；第三是边境开放与边境后开放的关系。这是一种不断推进商品、要素开放向规则、制度、标准和管理开放的渐进式路径。从 1980 年创办的经济特区，到 2001 年加入 WTO，再到 2013

① 《中共中央关于党的百年奋斗重大成绩和历史经验的决议》，人民出版社 2021 年版。

年后的自由贸易试验区、自贸港，都是在演绎这些基本关系并不断升级。由于开放的速度、节奏不同，在开始阶段，每对开放关系中的二者之间的开放程度往往分离，随着开放的逐步深入，二者逐渐呈现融合趋势。[①] 这个经验也是中国开放型生产力如何开放型生产关系和上层建筑相互适应与互助完善的基本规律。

构建开放型经济新体制提出的政治经济学命题则是，在开放型经济发展中，中国的生产关系和上层建筑如何吸收国外生产关系和上层建筑中的有益成分，从而把中国的经济体制改革成为有效促进生产力发展的开放型经济新体制。国外的，特别是西方国家的生产关系和上层建筑，既有反映其制度属性和价值观的内容，也有反映社会化大生产的人类生产文明和科学文明，如适应贸易自由化和经济全球化的规则、制度；多边组织、国际组织的条约等，以及世界市场在长期运行中形成的国际惯例等。我们要分清这二者的区别，不断适应和吸收后者，使其为我所用。当然这种适应和吸收，也不能是盲人摸象和囫囵吞枣，应当掌握时机和节奏，顺势而为。

一个新优势，即培育国际经济合作和竞争新优势提出的问题是如何在开放环境下，培育和形成中国生产力和国际竞争力的优势。正如列宁所说："劳动生产率，归根到底是使新社会制度取得胜利的最重要最主要的东西。"[②] 改革开放40多年来，中国制造业已经创造了持久不衰的国际竞争力，支撑了中国对外贸易持久发展的奇迹。对此，用西方国际贸易教科书的理论难以解释，这个任务只能由中国自己的开放型经济学去完成。中国制造业持久不衰的竞争力来自各种优势积累和叠加，是一种综合的竞争合作优势。按照实践逻辑和历史逻辑的顺序，中国制造业国际竞争力的优势积累和叠加过程是：要素禀赋优势、开放合作优势、基础设施和产业集聚优势、大规模市场优势、互联网技术与分工创新优势，这种综合竞争合作优势的形成过程同时也是与中国市场化改革的各种举措相互促进的过程。[③]

---

① 参见裴长洪、刘斌《中国开放型经济学：构建阐释中国开放成就的经济理论》，《中国社会科学》2020 年第 2 期。

② 《列宁全集》第 37 卷，人民出版社 2017 年版，第 18 页。

③ 参见裴长洪、刘斌、杨志远《综合合作竞争优势：中国制造业国际竞争力持久不衰的理论解释》，《财贸经济》2021 年第 5 期。

怎样建立中国与世界经济的平衡关系？实际上是要回答中国开放型经济与世界主要大国的经济政策协调问题，即国内外生产关系和上层建筑的协调问题。西方国际经济学理论以单一的、静态的价格、汇率作为世界经济均衡的分析工具，并以这个理论作为世界经济宏观调控的依据，作为干预别国汇率政策和国际收支的观察工具，成为西方国际经济学的“经典理论”。中国开放型经济理论主张“互利共赢”和“多元平衡”。它既包括货物贸易平衡，也包括服务贸易平衡；它还包括资本流动平衡、国际分工的地理和生产力布局平衡；在此基础上合作双方或多方的利益平衡，以及由此出发的国际经济政策协调平衡。这是中国“统筹兼顾”的政治经济学思想在对外关系中的运用，也是中国开放型经济学宏观理论的重要观点。中国提出的共建“一带一路”的倡议和实践，诠释了中国的理论和方案。

探寻全球经济治理的新路径事实上是改革当今世界经济体系的上层建筑的呼声。今天我们的时代特征是和平与发展，以全球产业链、价值链、供应链、服务链为基础的生产方式和分配方式已经建立，世界人民最基本的利益诉求是在现行世界经济体系中取得经济发展和改善民生。国际经济秩序、国际关系和代表“世界政府”的国际组织应当建设能够维护世界各国人民普遍利益的全球治理体制，实行政治理念的民主化、组织机制的多边主义；反对霸权主义和单边主义；实行国际公共产品“共商共建共享”的供给与消费方式，反对霸权国家“一国优先”的治理模式。改革和完善全球贸易治理、金融治理、能源与粮食治理、网络与数据治理、公共卫生治理以及地区安全治理。

构建人类命运共同体的新价值观，是构建开放型世界经济所必然要求的意识形态，它要求树立一种全人类利益的理念。习近平提出的人类命运共同体理念主张各国互利共赢、包容和谐，反对以邻为壑、零和博弈；主张文明互鉴，民族平等，反对文明歧视、种族偏见；主张不同社会制度和道路竞争并存，反对意识形态偏见和打压；主张在国际事务中实行有差别的共同责任，反对无视发展差别，以强凌弱；主张在全人类面临共同威胁面前，如战争、自然灾害、公共卫生和经济危机时，不冲突、不对抗，团结合作，互相支持；反对诉诸武力，隔岸观火，落井下石。

总之，中国开放型经济理论的政治经济学逻辑，不仅要求保护和发展中国的生产力，也要求保护和发展世界的生产力；不仅要求改革和完善中国的生产关系和上层建筑，也要求改革和完善世界经济体系的生产关系和上层建筑。这就大大拓展了马克思主义政治经济学的领域和空间，是21世纪马克思主义政治经济学的新发展。

四　习近平开放发展理念的马克思主义政治经济学逻辑

“七一”讲话指出：“新的征程上，我们必须坚持马克思列宁主义、毛泽东思想、邓小平理论、‘三个代表’重要思想、科学发展观，全面贯彻新时代中国特色社会主义思想，坚持把马克思主义基本原理同中国具体实际相结合、同中华优秀传统文化相结合，用马克思主义观察时代、把握时代、引领时代，继续发展当代中国马克思主义、21世纪马克思主义！”习近平总书记把马克思主义基本原理与中国特色社会主义新实践相结合，集中全党的智慧，创立了习近平新时代中国特色社会主义思想，它“是当代中国马克思主义、21世纪马克思主义，是中华文化和中国精神的时代精华，实现了马克思主义中国化新的飞跃。”① 在习近平新时代中国特色社会主义经济思想中，五个新发展理念以及其中的开放发展理念就是重要内容；与以往相比，它的时代特点和理论内涵是什么，这是需要我们深入研究的新课题。

（一）深刻理解“世界百年未有之大变局”的科学判断

这是习近平总书记对一百年来生产力与生产关系、经济基础与上层建筑在国际范围的矛盾运动、一百年来中国人民、世界人民与国际垄断资本的阶级矛盾运动得出的科学判断。

1. 中国经济崛起与世界各国的利益矛盾

它反映了中国生产力快速发展与世界经济（世界生产力）相互依存又相互矛盾的关系。中国经济的崛起，改变了世界历史发展的进程、改变了中国人民的命运、也改变国际经济政治格局和未来走向。一百年来，这一方面壮大了世界和平的力量，另一方面也加剧了中国与国际垄断资本控制

① 参见《中共中央关于党的百年奋斗重大成绩和历史经验的决议》，人民出版社2021年版。

世界市场的矛盾。在现象上表现为中国与某些大国或发展中国家在市场、资源问题上的矛盾日益增多，成为百年未遇的希望与挑战。

2. 文明单一与文明多样的矛盾

它反映了中国开放型的经济基础与世界旧有的意识形态的矛盾。现代化文明和发展道路从单一美国模式改变为包括中国道路在内的多种文明模式。美国梦不再是发展中国家追求现代化的唯一途径，中国的发展道路越来越引起世界的关注，特别是引起正在追求经济现代化发展的许多发展中国家的强烈兴趣。这种百年未有的变化对于美国右翼政客和知识精英来说，很刺激、很震撼，也很受伤。他们出于极端狭隘的种族主义和极端的意识形态偏见，感到以美国梦和美国道路为代表的西方文明受到了挑战，他们的价值观和意识形态受到了前所未有的撼动，从而激化了中国现代化发展道路与西方意识形态的矛盾，挑动了民粹主义的意识和骚乱，进一步激化了世界范围内的各种社会矛盾。

3. 新一代科技优势的竞争矛盾

它反映了中国科技发展要求世界合作开放与国际垄断资本控制技术的矛盾，是中国生产力与旧的世界生产关系矛盾的新形式。在百年来历史上曾经发生过的前三次科技革命和产业革命当中，中国由于自身的落后，始终都处于学习、模仿和追赶的状态中，在世界科技力量的对比中，西方发达国家对中国不屑一顾，中国与它们的矛盾也相对较少。现在，中国的科技力量日益壮大，在越来越多的领域参与世界竞争，特别是在高铁技术、5G 通信技术、数字技术、人工智能技术等方面，走在了世界科技力量的第一方阵，与一些西方大国展开了激烈的竞争与角逐，出现了百年未有之奇观，同时也成为国际垄断资本打压的对象。

4. 全球治理向何处去？成为世界之疑问

这是开放型世界经济与旧的世界上层建筑的矛盾。西方大国霸权治理的接力棒从英国传到美国已历百年，在世界多极化趋势和中国等新兴发展中国家日益走近世界历史舞台中心后，美国独家霸权治理事实上已经不可能持续，特别是没有中国与美国两个大国的平等对话协商和共识，全球治理只能是空话，这是当今包括美国在内的所有西方大国必须承认的现实。但是很遗憾，这种百年未有之变局，要让美国和某些西方大国心甘情愿地承认，还需要相当一个过程。

5. 经济全球化向何处去的两种历史观矛盾

这是对世界性生产力与生产关系、经济基础与上层建筑矛盾运动历史趋势的最终判断。第二次世界大战后在以美国为主导的经济全球化过程中，经济全球化的“双刃剑”的效果日益显现，许多国家和人民被边缘化，难以分享经济全球化的成果。这为贸易保护主义、单边主义和“逆全球化”思潮和行动提供了条件，2020 年全球新冠肺炎疫情又造成全球阻隔和保持距离，世界进入“逆全球化”的暂时倒退阶段。在这个历史关头，习近平指出，我们要站在历史正确的一边，顺应经济全球化的客观规律，积极推动经济全球化朝着开放、包容、普惠、平衡、共赢的新方向发展。这两种历史观深刻反映了历史唯物主义与历史唯心主义的再一次较量。

世界百年大变局突出矛盾的时代特点是，中国经济已经深度融入世界经济体系之中、这些矛盾是在中国开放型经济的生产力已经与世界生产力融为一体、中国的开放型经济体制与世界经济体系的生产方式、分配方式融为一体下产生的矛盾，实质上它反映了开放型的世界经济与原有的国际关系、国际经济秩序、全球经济治理的矛盾，也是两种世界历史观的矛盾；它比以往民族国家之间的矛盾更复杂，谈判妥协的难度更大，但它又极大地关乎世界历史的发展和人类命运前途。因此应争取在不对抗、不冲突的前提下改革与开放型世界经济不适应的世界性生产关系和上层建筑，“弘扬和平、发展、公平、正义、民主、自由的全人类共同价值，坚持合作、不搞对抗，坚持开放、不搞封闭，坚持互利共赢、不搞零和博弈，反对霸权主义和强权政治，推动历史车轮向着光明的目标前进！”① 世界百年大变局的最根本的理论意义在于：“一百年来，党坚持把马克思主义写在自己的旗帜上，不断推进马克思主义中国化时代化”“马克思主义中国化时代化不断取得成功，使马克思主义以崭新形象展现在世界上，使世界范围内社会主义和资本主义两种意识形态、两种社会制度的历史演进及其较量发生了有利于社会主义的重大转变。”②

（二）深刻认识中国开放型经济发展新阶段的客观规律

如何继续完善开放型的生产关系、上层建筑，这是在新的生产力发展

---

① 习近平：《在庆祝中国共产党成立 100 周年大会上的讲话》，人民出版社 2021 年版，第 16 页。

② 《中共中央关于党的百年奋斗重大成绩和历史经验的决议》，人民出版社 2021 年版。

阶段、新的开放型经济发展阶段的客观要求，也是新阶段发展的客观规律。党的十八届三中全会提出的构建开放型经济新体制、党的十九届四中全会提出的经济治理体系和治理能力现代化，实质上是提出了，在开放型经济发展的新阶段，中国开放型经济的生产力与生产关系、经济基础与上层建筑，既相适应又不相适应以及深化改革的新目标和新任务，也是建立在对中国开放型经济发展新阶段客观规律认识的基础上提出的目标和任务。开放型经济发展的初步阶段主要是通过货物贸易的开放，以及与货物贸易有关的投资开放来实现开放促改革、促发展的目的。这方面的体制和政策改变，主要表现为直接为生产力发展提供保障，在经济监管领域表现为边境和口岸的开放措施，从而促进了商品、技术和资本要素的流动，促进了中国对外贸易和国民经济的增长。随着开放的深入，新发展阶段对开放型经济提出了新要求。这个新要求就是要推动规则、规制、管理、标准等制度型开放，从而吸收世界上符合社会化、国际化大生产规律的商业文明，是我国开放型经济高质量发展的客观要求和必然趋势。这不仅是我国完善开放型经济治理体系的自身需要，也是参与构建开放型世界经济的规则和治理体系的需要。为此要把开放型经济更多引向服务贸易领域，从经济监管角度看，要求从边境上的开放延伸到边境后的开放。其三大主要举措是：第一，设立自由贸易试验区（港）吸引创新要素和资源。第二，把规则、规制、管理、标准等制度性的开放创新措施加以集成，形成开放型经济的治理体系，一方面向全国逐渐复制推广，另一方面为中国开放型经济治理体系的完善提供法律、法规等制度性基础。第三，推进共建“一带一路”，构建新的国际规则，提供新的国际公共品，为世界经济注入新的活力，承担中国构建开放型世界经济的大国责任。中国开放型经济发展新阶段的三大任务，是习近平开放发展理念的核心内容，也是中国开放型经济发展新阶段的政治经济学逻辑。

（三）“双循环相互促进”是中国与世界经济互动的科学答案

“以国内大循环为主体、国内国际双循环相互促进”的理论观点科学回答了中国开放型经济与世界经济政治关系基本走向和大逻辑，是马克思主义政治经济学的运用和发展。马克思主义政治经济学的分析表明，资本主义生产的本质，即绝对剩余价值和相对剩余价值的生产，都是建立在资本主义国内市场不断扩大基础上实现的。以英国经济的国内大循环为研究对象，马克思的《资本论》解剖了整个资本主义经济体系。资本主义不断扩大的社会再生产就是建立在国内经济循环不断扩大的基础上。尽管在资本主义原始积累阶段，海外殖民掠夺也起到了非常重要的作用，但是资本主义生产方式在一个经济体占据统治地位必然是先以民族国家的国内市场为基础，然后再扩展到海外市场。对于任何独立成熟的经济体，国内循环都是其经济发展的基础。英国之所以取代西班牙成为资本主义世界最早的霸主，依靠的主要就是本国的经济基础。马克思建立在资本主义经济基础上的“国内大循环为主体”的社会化大生产理论，除了说明生产的本质属性之外，其经济学分析范式和演绎逻辑同样适用于分析中国社会主义市场经济的运行与循环。

以国内大循环为主体来刻画和论证中国经济的客观性，并不意味着中国经济是封闭的，其开放性与国内大循环为主是并存的，其理论依据依然是马克思主义政治经济学。随着经济发展和生产力提高，与之相适应的较高资本有机构成会使数量越来越少的劳动者推动数量越来越大的生产资料。国内平均利润率的下降是资本追逐海外市场和扩张经济领土的最基本动因。世界市场的开拓是资本主义生产方式的必然产物。在资本主义世界经济体系中，越来越多的国家融入世界市场。不仅资本主义宗主国及其附属国，也包括其他参与世界市场的独立国家，其经济运行过程都必然遵循“国内国际双循环”的规律。正如马克思所指出：“世界市场不仅是同存在于国内市场以外的一切外国市场相联系的国内市场，而且同时也是作为本国市场的构成部分的一切外国市场的国内市场。”① 马克思关于经济循环的基本原理同样适用于指导社会主义国家在经济建设中利用国内国际两个市场、两种资源的实践。

从中国构建新发展格局的要求和未来趋势看，强调以国内大循环为主体，不是缩小开放，不是此消彼长，而是习近平要求的，要实现高水平的自立自强，即高水平的国内大循环。以往的国内大循环，只是处于中低水平的质量起点上，在这个基础上实现的国内国际双循环相互促进，即便对

---

① 中共中央马克思恩格斯列宁斯大林著作编译局：《马克思恩格斯全集》第 30 卷，人民出版社 1995 年版，第 239 页。

于双方都有促进，都有好处，但双方的收益也都受到局限。未来中国在高水平国内大循环基础上来促进国内国际双循环，就会大大提高开放型世界经济的水平，就会大大提高中国与合作伙伴双方的收益。这就是中国构建新发展格局中开放发展新理念的实践含义，[①] 也是习近平构建新发展格局重要论述对马克思主义政治经济学运用与创新发展的理论内涵。

（四）人类命运共同体是与开放型世界经济相适应的意识形态

“七一”讲话指出：“以史为鉴、开创未来，必须不断推动构建人类命运共同体。和平、和睦、和谐是中华民族五千多年来一直追求和传承的理念，中华民族的血液中没有侵略他人、称王称霸的基因。中国共产党关注人类前途命运，同世界上一切进步力量携手前进，中国始终是世界和平的建设者、全球发展的贡献者、国际秩序的维护者！”人类命运共同体是一种新的价值观，要构建开放型世界经济，就需要构建与之相适应的意识形态，这就是上层建筑要适应和保护新的经济基础的要求。构建人类命运共同体不仅是一种新的文明形态和价值观，是一种精神境界，也是一个行动口号。从当代世界范围的阶级关系和社会矛盾来看，构建人类命运共同体是当代世界各国现实行动的需要，也是世界和平与发展的需要。习近平说：“我们积极推动建设开放型世界经济、构建人类命运共同体，促进全球治理体系变革，旗帜鲜明反对霸权主义和强权政治，为世界和平与发展不断贡献中国智慧、中国方案、中国力量。”[②] 对于怎样实现命运共同体的追求目标，习近平总书记明确提出了四个坚持：必须坚持互相尊重、平等相待；必须坚持合作共赢、共同发展；必须坚持实现共同、综合、合作、可持续的安全；必须坚持不同文明兼容并蓄、交流互鉴。[③] 这是中国共产党处理当今世界性基本矛盾、处理世界性生产力与生产关系矛盾、经济与政治矛盾的基本方法论和指导原则，是马克思主义政治经济学在新时代的具体运用。

构建人类命运共同体也是崇高的全人类共同价值，它与共产党人的共

---

① 参见裴长洪、刘洪愧《构建新发展格局科学内涵研究》，《中国工业经济》2021 年第 6 期。

② 习近平：《在庆祝改革开放 40 周年大会上的讲话》，人民出版社 2018 年版，第 17 页。

③ 卢黎歌主编：《新时代推进构建人类命运共同体研究》，人民出版社 2019 年版，第 115 页。

产主义远大理想紧密联系在一起。构建人类命运共同体是新时代中国共产党着眼于为人类作出更大贡献而提出的重大构想和动员口号。中国共产党人从来都不把共产主义远大理想看作是虚无缥缈的宗教，而看作是现实的符合人类社会利益的、具有一个一个行动方案的阶段性目标组成的未来方向。它是未来的，也是现实的。在抗日战争期间，毛泽东提出了现实的人类利益就是反对德国日本发动的法西斯战争、争取世界和平。习近平总书记在党的十九大报告指出，中国共产党是为中国人民谋幸福的政党，也是为人类进步事业而奋斗的政党。中国共产党不仅要担负起实现中华民族伟大复兴的历史使命，还要“把为人类作出新的更大的贡献作为自己的使命”。当前，世界正处于大发展大变革大调整时期，“人类向何处去”成为时代之问，答案就是：“各国人民同心协力，构建人类命运共同体，建设持久和平、普遍安全、共同繁荣、开放包容、清洁美丽的世界。”①

构建人类命运共同体强调全人类的共同体本位，而不是个人本位和国家本位为中心；强调你中有我、我中有你，一荣俱荣、一损俱损。从这个意义上来说，人类命运共同体思想是对西方中心论的超越。其着眼点是整个人类的现代化而不是某一部分人的现代化，是一种超越民族国家和意识形态的“全球观”。人类命运共同体还是一种新的制度安排，它从整体意识、全球思维和人类观念出发，强调对现有制度体系进行改革，推动现有国际体系和国际秩序向着公正合理的方向发展。强调对话而不对抗、结伴但不结盟；重视求同存异、聚同化异；主张合作共赢、共同发展；强调综合安全、共同安全、合作安全和可持续安全；强调包容开放、交流互鉴。人类命运共同体还是一种新的经济全球化发展道路，它是针对以往西方国家单独现代化道路、以垄断资本利益为中心的经济全球化模式的扬弃和超越，它强调一方面要顺应经济全球化带来的利益相互交融的趋势，促进各国经济的发展，另一方面还要推动人类走向共同发展、协调发展、均衡发展和普惠发展，找到人类普遍利益的公约数，确立共享美好未来的利益汇合点，在推动经济全球化向新方向前进中使全人类都得到发展实惠。

---

① 《习近平谈治国理政》第 3 卷，外文出版社 2020 年版，第 40 页。

第一章　马克思主义国际贸易与世界市场基本原理

第一节　马克思研究国际贸易与世界市场的基本观点

一　马克思主义政治经济学是研究国际贸易和世界市场的理论基础

（一）马克思的《资本论》仍然具有普遍指导意义

《资本论》是马克思主义政治经济学的奠基之作，它从分析商品的矛盾运动入手，分析了商品到资本的转化过程、资本的运动过程、资本主义生产、分配、交换和消费整个社会化再生产的运动规律，揭露了资本剥削的秘密，揭示了资本主义私人占有与社会化大生产的内在矛盾，以及资本主义走向死亡的必然趋势。这种对资本主义生产方式的分析，实际上是阶级分析，私人占有与社会化生产的矛盾实际上反映的是资本与雇佣劳动的阶级矛盾，阶级关系的分析是无产阶级革命的理论基础。当资本跨越国界，资本主义生产方式造就了世界性的无产阶级与资产阶级矛盾的时候，马克思喊出了“全世界无产者联合起来”的口号，这是无产阶级革命的动员令，当时马克思所处的时代是自由资本主义的时代，因此这个口号也是自由资本主义时代的口号。由此看出，马克思主义政治经济学的任务，一是分析生产力和生产关系、经济基础与上层建筑的矛盾及其客观规律；二是分析阶级关系和阶级矛盾；三是提出无产阶级革命的任务。

政治经济学是马克思分析国际贸易和世界市场的理论基础，也是他观察具体某个领域经济现象与活动的理论逻辑。他的理论逻辑中又可以分为以学术范式呈现的学理逻辑和以价值观导向呈现的立场逻辑，前者着重于分析矛盾运动的表面现象，后者则揭示矛盾运动的本质。资产阶级学者只推演学理逻辑，往往是为了掩盖真正的立场逻辑，而显示纯粹的学术色彩。马克思分析问题的叙事方法，是这二者的有机统一，也是他与资产阶级学者的重要区别。马克思研究资本主义国际贸易和世界市场的立场、观点和方法论今天仍然没有过时，仍然具有重要的指导意义。

（二）马克思对古典政治经济学的吸收和批判

马克思主义的三个组成部分是辩证唯物主义哲学、政治经济学和科学社会主义，它来源于德国古典哲学、英国古典政治经济学和法国空想社会主义，在进行了批判性地吸收和改造之后，形成了马克思主义的科学学说。其中，英国古典经济学从吸取传统政治哲学的先验观念开始，建构了理解现代社会的经济理论，从而为马克思创立历史唯物主义奠定了必要的学科条件；以斯密和李嘉图为代表的古典政治经济学，对资产阶级生产关系的内部联系进行了初步揭示，朴素地描绘了资本主义生产关系的对抗性结构，这就为马克思批判资本主义提供了重要的思想前提，但二者却有本质的区别。

1. 古典政治经济学与马克思历史唯物主义的异同

古典政治经济学兴起于17—18世纪的英国和法国，其起源可以追溯到近代政治哲学的诞生，而近代政治哲学是对古典政治哲学实行决裂和反叛的产物。近代政治哲学彻底修正了古典政治哲学对人性的理解，用人的权利取代德性和义务，作为人性的新根基：文艺复兴时代人本主义的核心理念认为，原来那些基于人性的欲望并非罪恶，而是一些合理的需要；启蒙运动的本质是通过科学和艺术的进步和传播把人天性中的自私转化为开明的自利，使之成为公民社会的稳固基础。

政治经济学最初是作为政治哲学和伦理学的一个分支出现的。近代政治哲学深刻影响了法国经济学的重农学派，并且为资本主义“经济人”假设提供了伦理基础；这种“经济人”概念意味着，由于物品消费和财富积累构成了现世幸福的基础，每个具有理性的人都把追求自身利益最大化作为行动的直接目的。无疑，“经济人”概念代表了资产阶级走上历史舞台的自我理解。但是，古典政治哲学重视人的优异性，它主要体现为在公共领域参与政治活动，政治作为公共领域是精神的、自由的创造领域；经济活动则隶属于非政治的私人领域并由奴隶承担，经济事务只是生物性的生存需要强加于人身上的一种必然性强制。现代社会的一个重大变革是把经济从私人领域里解放出来，将其上升为公共事务和政治问题。这个变化构成了政治经济学诞生的前提。因为只有所有人都遵从牟利原则而行动，经济学作为一门独立科学才是可能的。随着一个全新的经济型社会取代了传统的政治型社会，一种区别于传统政治概念的理论，即政治经济学理论才能历史地由斯密等古典经济学家提出。

斯密把近代政治哲学对人性的新理解自然化为经验事实，在他看来，从自利原则出发并不会导致人对人像狼一样的冲突，因为人性中天生具有互通有无、以物易物的自然倾向，在现代世界里，“每个人都得靠交易过活，或者说，都在一定程度内变成了商人”。[①] 这种自发性的商业行为最终产生出一个超出任何个人意志的社会有机体，它就是在国家之外浮现出来的市场体系。在这个新型社会中，传统政治共同体赖以存在的道德权威失去作用，被一种悄无声息的商业运转所置换，虽然每个人都从自己的利益出发，但受一只“看不见的手”的引导，在无意中增进了社会整体的利益。

在经济学的平台上，斯密发现了透视人类社会和历史变迁的全新的理论范式，这就是把经济和财产权类型作为划分不同社会阶段的标准。斯密的社会概念在思想史上具有重大意义，斯密以政治经济学的实证研究取代传统政治哲学的先验建构，开创了西方学术史的新时代。就现代社会是一个经济型社会而言，政治经济学的本质就是现代社会的政治哲学，它绝不是一个与政治哲学完全分离的异质性学科领域，而是使经济取代伦理上升为现代政治哲学的核心议题。斯密开发的经济—社会视角启发了后来马克思对历史唯物主义的研究。

马克思通过对政治经济学的批判而最后得到历史唯物主义的一般原理：“人们在自己生活的社会生产中发生一定的、必然的、不以他们的意志为转移的关系，即同他们的物质生产力的一定发展阶段相适合的生产关系，这些生产关系的总和构成社会的经济结构，即有法律的和政治的上层建筑竖立其上并有一定的社会意识形式与之相适应的现实基础。物质生活的生产方式制约着整个社会生活、政治生活和精神生活的过程。不是人们

---

① ［英］斯密：《国富论》，谢宗林、李华夏译，中央编译出版社 2011 年版，第 22 页。

的意识决定人们的存在，相反，是人们的社会存在决定人们的意识。”① 马克思批判的是什么呢？就是斯密的社会和谐论，在斯密看来，近代世界的商业性行为是自发、和谐的，人的自利行为也是自发和谐的，这与马克思关于生产力与生产关系的矛盾、经济基础与上层建筑的矛盾，以及由此演化发生的阶级矛盾和阶级斗争的理论是完全相反的。正如马克思所说："政治经济学是现代资产阶级社会的理论分析”②，它在研究资本主义生产、分配、交换与消费整个经济体系的基础上，揭示了资本剥削的秘密，资本与雇佣劳动者的阶级矛盾和斗争，资本主义私人占有与社会化生产的内在矛盾，它是对资本主义社会的病理学诊断，它阐述了资本主义必然走向自我崩溃的逻辑。在马克思与政治经济学的具体关系中，如果说斯密和李嘉图的古典政治经济学为马克思提供了走进资本逻辑的入口，在他们就此止步的时候，马克思把资本主义制度彻底送进了火葬场。“庸俗经济学家”则是李嘉图之后政治经济学发展的另一理论支脉，它是马克思在《巴黎手稿》之后展开的政治经济学批判的主要对象。③

2. “劳动价值论”的异同

斯密为古典政治经济学奠定了基础。斯密的重大创见在于，他抛开劳动的一切自然规定，而把“一般劳动”视为财富和价值的绝对基础。“劳动是我们为一切东西所支付的原始代价。世上所有的东西，追根究底都不是用金银买来的，而是用劳动取得的。”④ 重商主义和重农主义的错误在于没有看到政治经济学不是关于金银、土地等物理对象的自然科学，而是从人的社会联系方面来探讨社会结构的社会科学。对于任何物品来说，“它的价值就等于能够用来购买或支配的劳动数量”“只有劳动才是测量与比较一切商品价值的基本真实标准。”⑤ 但斯密的劳动价值论只是一种理论上的理想状态，它以土地为主要的财富形态，只适用于劳动本身和劳动资料尚未分离的前资本主义社会。随着资本主义的出现，资本、土地和劳动分

① 《马克思恩格斯文集》第 2 卷，人民出版社 2009 年版，第 591 页。

② 《马克思恩格斯文集》第 2 卷，人民出版社 2009 年版，第 595 页。

③ 《马克思恩格斯全集》第 30 卷，人民出版社 1995 年版，第 4 页。［德］马克思：《资本论》第 3 卷，人民出版社 2004 年版，第 99 页。

④ ［英］斯密：《国富论》，谢宗林、李华夏译，中央编译出版社 2011 年版，第 31 页。

⑤ ［英］斯密：《国富论》，谢宗林、李华夏译，中央编译出版社 2011 年版，第 30、33 页。

化成三个独立的生产要素，劳动产出不再单独属于劳动者所有，劳动者必须和资本家、地主共同分享劳动产出。[①] 斯密认为，这时商品的价值不再由商品中所含的劳动量来决定，而是由工资、利润和地租三个因素共同构成，商品必然以高于生产中的劳动价值出货，工资、利润和地租共同构成了产品的“自然价格”，劳动者、资本家、地主阶级因其在生产中各自的投入也应获得其各自的合理收益。这一观点在经济学史上被称为“生产费用论”：“工资、利润与地租是一切收入，以及一切交换价值的三个根本来源。其他一切收入，追根究底，都源于这三种收入当中的一种”。[②]

马克思认为，斯密的价值论包含着内在矛盾，这反映在其方法的二重性：“一方面，他要研究诸经济范畴的内部的关联，或者说，要研究资产阶级经济体系的内部的构造。在另一方面，他又依照这种关联在竞争的现象中，在一个不科学的观察者眼里，并且在一个对资产阶级生产过程实际抱有私利的人眼里表现出来的模样，加以叙述。”前一种方法正确地表述了资本主义生产的内部关联，马克思称之为“资产阶级体系的生理学”；后一种方法则只是对资本主义外在现象的描述。[③] 斯密政治经济学方法的这种二重性产生了双重历史后果：前一种方法为英国社会主义者和马克思的剩余价值理论奠定了思想基础，后一种方法则成为庸俗经济学和各种功利主义经济学的理论前提。

李嘉图作为古典政治经济学的完成者，继承了斯密方法的革命方面，在揭示“资产阶级体系的生理学”的道路上继续前进，但是，“他在这种科学面前，高声喊了一声立正！”[④] 劳动价值论也是李嘉图体系的第一原理：“一件商品的价值，或所能换得的他种商品的数量，乃定于生产所必要的相对劳动量，非定于劳动报酬的多寡。”[⑤] 生产在本质上就是一系列过去的劳动和现在的劳动的投入。由此观之，当斯密把价值构成分析为工

---

① ［英］斯密：《国富论》，谢宗林、李华夏译，中央编译出版社 2011 年版，第 52 页。

② ［英］斯密：《国富论》，谢宗林、李华夏译，中央编译出版社 2011 年版，第 55 页。

③ ［德］马克思：《剩余价值学说史》第 2 卷，郭大力译，北京理工大学出版社 2011 年版，第 6 页。

④ ［德］马克思：《剩余价值学说史》第 2 卷，郭大力译，北京理工大学出版社 2011 年版，第 7 页。

⑤ ［英］李嘉图：《政治经济学及赋税原理》，郭大力、王亚南译，译林出版社 2011 年版，第 1 页。

资、利润、地租三者以取代劳动价值论，错误地混淆了价值生产和财富分配的关系，造成了价值源于交换的幻象。李嘉图则坚持认为，决定商品价值的不是交换，而是投入生产领域中的劳动，既包括生产商品时直接耗费的劳动，也包括生产这种商品所必需的生产资料所间接耗费的劳动，间接劳动不能产生新价值，它只不过把原有的价值转移到新生产的商品上，创造新价值的是直接劳动。

李嘉图理论使古典政治经济学完成了一次资本主义的自我批判。这就是为什么马克思说："［资产阶级］政治经济学的对立面，即社会主义和共产主义，是在古典政治经济学本身的著作中，特别是在李嘉图的著作中找到自己的理论前提的。"[①] 但是李嘉图并没有走完政治经济学继续革命的路程，他的关注点开始转向财富如何进行分配，确定财富分配的法则，成为政治经济学的新主题。[②]

马克思认为李嘉图的功绩在于从经济学角度指出了各阶级之间在经济上的对立性：李嘉图"终于有意识地把阶级利益的对立、工资和利润的对立、利润和地租的对立当作他的研究的出发点，因为他天真地把这种对立看作社会的自然规律，[③]1830 年是古典政治经济学崩溃和庸俗经济学兴起的分水岭。庸俗经济学在李嘉图"社会的自然规律"基础上，提出了"所谓生产，不是创造物质，而是创造效用"。[④] 按照效用理论，劳动力、资本和土地作为不同的"生产性服务"共同创造了产品的效用和价值，这三个生产要素在本质上并无区别：工人为了生产牺牲了自由时间和体力，资本家为了积聚资本而牺牲了消费和享受。在效用价值论视野中，古典政治经济学所发现的不同阶级间的对立和冲突消失了，剩下的只是资本主义经济的自然和谐。虽然马克思也承认："我的价值、货币和资本的理论就其要点来说是斯密—李嘉图学说的必然的发展。"[⑤] 由于市场和流通的确是资本主义社会最直观的领域，所有活动在这个范围内都可以简化为一系列交换

① 《马克思恩格斯全集》第 30 卷，人民出版社 1995 年版，第 4 页。

② ［英］李嘉图：《政治经济学及赋税原理》，郭大力、王亚南译，译林出版社 2011 年版，第 15 页。

③ ［德］马克思：《资本论》第 3 卷，人民出版社 2004 年版，第 16 页。

④ ［法］萨伊：《政治经济学概论》，陈福生、陈振骅译，商务印书馆 1963 年版，第 59—60 页。

⑤ ［德］马克思：《资本论》第 3 卷，人民出版社 2004 年版，第 19 页。

行为，而交换视角只能看到交换各方的互惠与和谐。但是问题在于："只要把商品或劳动还只是看作交换价值，只要把不同商品相互之间发生的关系看作这些交换价值彼此之间的交换，看作它们之间的等同，那就是把进行这一过程的个人即主体只是单纯地看作交换者……作为交换的主体，他们的关系是平等的关系。在他们之间看不出任何差别，更看不出对立，甚至连丝毫的差异也没有。"① 很显然，效用价值论的思想源头就是斯密"看不见的手"理论和李嘉图劳动价值创造、财富分配的自然和谐理论，背离了古典经济学理论的革命方面，只是站在自由主义和个人主义立场上对资本主义体系进行外在性描述，完全忽略了对资本主义生产领域的内部结构及其矛盾进行揭示。在《资本论》第3卷，马克思尖锐地指出，庸俗经济学观点的实质是将资本主义生产方式神秘化："这是一个着了魔的、颠倒的、倒立着的世界。在这个世界里，资本先生和土地太太，作为社会的人物，同时又直接作为单纯的物，在兴妖作怪。"②

3. 资本主义经济活动的本质

在马克思政治经济学批判的界面上，生产不仅仅是物质的和价值量的生产，而且再生产了整个资本主义的社会关系。而李嘉图政治经济学的拜物教在于，它把地租、资本、劳动抽象地用于一切时代的社会经济分析，从而把人和人的关系描述为物与物的关系，"这就是把资产阶级的生产关系当做永恒范畴的一切经济学家的通病"。而事实上，经济范畴只不过是生产关系的理论表现，"黑人就是黑人。只有在一定的关系下，他才成为奴隶。纺纱机是纺棉花的机器，只有在一定的关系下，它才成为资本。脱离了这种关系，它也就不是资本了"。③ 通过引入生产关系的概念，马克思完成了对古典政治经济学生产理论的一次超越。只有在生产关系的视域中，被遮蔽的资本主义的内部构造和生理机能才真正显现出来。李嘉图的局限性在于，"从来没有考虑到剩余价值的起源……他在谈到劳动生产率的时候，不是在其中寻找剩余价值存在的原因，而只是寻找决定剩余价值量的原因"。④ 然而，价值的本质是一种社会关系。马克思发现，资本主义

① 《马克思恩格斯全集》第30卷，人民出版社1995年版，第195页。
② ［德］马克思：《资本论》第3卷，人民出版社2004年版，第940页。
③ 《马克思恩格斯文集》第1卷，人民出版社2009年版，第644、723—724页。
④ ［德］马克思：《资本论》第3卷，人民出版社2004年版，第590页。

条件下创造财富的劳动一般不再抽象地是一切时代共有的简单劳动，而是表现为资本主义生产关系下与“他人的财产”相对立的“他人的劳动”。[①]资本主义的劳动是具体的、现实的社会化劳动，只有社会劳动才能创造一定量的交换价值；这种创造交换价值的劳动又是历史的产物，只有在社会化大生产和分工充分发展的资本主义社会，劳动的特殊规定才能被抽象掉而成为财富的一般本质。马克思揭示了，对生产当事人表现为不可抗拒地统治他们的“自然规律”是资本主义生产关系的物化形态，资本和劳动的对抗是资本主义生产关系的实质。资本主义生产的奥秘在于，一旦工人进入生产领域，对劳动力的使用就属于资本家了，资本家付给工人的是劳动力的价值，但劳动力的使用价值则与劳动力的价值完全不同，它创造了超出劳动力价值的一个余额，这个余额就是工人在生产中创造的剩余价值，它是资本家不断实现资本积累的秘密。对于雇佣劳动而言，它在法的形式上平等地参与契约，实际上却被逼无奈地出卖劳动力商品；它在市场上按其所值获得相应的报酬，实际上却遭受剥削；它在形式上是自由的，实际上却被奴役。

总之，对于古典政治经济学而言，资本主义社会中劳动的形式与内容是分离的，从斯密到李嘉图，劳动越来越被实证化，最终仅仅视为商品价值量的决定因素，这必然导致无视生产与人的生活、经济与社会制度的总体性联系。马克思对资本主义生产和雇佣劳动的考察，则不仅要揭示劳动过程的一般形式，更重要的是揭示劳动过程的本质以及由此产生的人们经济社会的总体联系和制度体系。

二　马克思研究国际贸易和世界市场的基本观点和方法论

（一）现代意义的国际贸易和世界市场

跨越民族国家的商品交换活动的历史可以追溯到很久以前。中国古代汉唐时期中原王朝与中亚地区王国通商所开辟的丝绸之路堪称世界经济史的奇迹；明王朝郑和六下西洋所开辟的海上丝绸之路，更是把中华文明的物质载体传播到亚洲、欧洲和非洲各地。

西方探险家和商人开辟海外通商活动的历史晚于中国。美洲的发现是

① 《马克思恩格斯文集》第 8 卷，人民出版社 2009 年版，第 100、120 页。

西方人发动的殖民与通商混为一体的冒险活动。1492 年意大利人哥伦布发现美洲新大陆，1498 年葡萄牙人达加玛绕过非洲最南端的好望角到达东方的印度。这些航海行动打开了东西方贸易的航线，不仅开拓了欧洲人的视野，也刺激了欧洲人海外通商殖民的欲望。

但是上述通商活动都不是现代意义的国际贸易，其活动所依以进行的分散的、碎片化的小市场也不是现代意义的世界市场。现代意义的贸易活动的基础是机器大工业进行的商品生产。生产者不主要是为自己的消费而生产，主要是为他人的消费而生产。马克思区分了简单商品生产与资本主义商品生产的不同，在简单商品生产中，生产者是以取得某种使用价值为目的。为买而卖；在资本主义生产中，资本家是以货币增值为目的，为卖而买。前资本主义时期的国际交换活动和通商，其基础都是简单的商品生产，贸易活动是以取得某种使用价值为目的。因此这些交换和通商活动尽管与后来的一切有密切联系，但终究不是现代意义的国际贸易，世界市场也并未形成。

现代意义的国际贸易和世界市场的出现，是建立在资本主义生产力发展的基础之上的。欧洲资本主义初期对世界地理的发现以及东西方航线的探知，固然为现代国际贸易提供了必要的知识准备，但这是远远不够的。推动现代国际贸易活动走上世界经济史舞台的第一个基本条件是机器大工业生产。马克思说："大工业建立了由美洲的发现所准备好的世界市场"①；"大工业便把世界各国人民互相联系起来，把所有地方性的小市场联合成为一个世界市场"②，恩格斯也说，"海上贸易的繁荣，银行业的繁荣，都依赖于工业的繁荣"③。从 18 世纪 60 年代到 19 世纪 70 年代，英、法等欧洲国家先后发生了人类历史上第一次工业革命，大机器工业取代了工场手工业，大规模商品生产取代了小商品生产，资本主义营利性生产取代了简单商品流通以及以物易物的生产。大机器工业还推动了交通工具和通信手段的革命，这是现代国际贸易和世界市场形成的第二个重要物质条件。正如马克思所说："由于交通工具的惊人发现——远洋轮船、铁路、电报、

① 《马克思恩格斯选集》第 1 卷，人民出版社 1995 年版，第 273 页。

② 《马克思恩格斯选集》第 1 卷，人民出版社 2012 年版，第 299 页。

③ ［德］恩格斯：《德国的制宪问题》，《马克思恩格斯全集》第 4 卷，人民出版社 1958 年版，第 60 页。

苏伊士运河——第一次真正地形成了世界市场。”①

在资本主义大规模商品生产和商品交换的基础上产生的一般等价物——货币，是现代国际贸易活动和世界市场发展的第三个重要物质条件。世界市场需要世界性的货币来统一国际贸易结算，因此贵金属作为世界货币天然成为国际贸易结算的手段。马克思说：“金银在开辟世界市场方面起着重要作用”“在发达的贸易中，金银的贸易却成为和整个生产等等有本质联系的一个要素。货币的出现不再是为了交换剩余物，而是为了结算国际商品交换总过程的差额。货币现在只有作为世界铸币才是铸币。但是，作为世界铸币，货币实质上同它作为流通手段的形式规定无关，它的材料就是一切。在这一规定中，金银作为形式仍然是到处通行的商品，是商品本身。”② 在国际交换的结算中，特别是在结算交换总过程的差额的业务过程中，交换双方的契约关系演化为信用关系，最终形成了以货物提取、货币差额结算为主要内容的信用制度，这种信用制度也成为现代国际贸易和世界市场的重要特征，“信用制度加速了生产力的物质上的发展和世界市场的形成。”③

（二）辩证唯物主义和历史唯物主义的基本方法论

马克思主义经典作家历来对社会经济问题的研究所秉持的都是辩证唯物主义和历史唯物主义方法论。马克思研究资本主义经济制度的基本方法论就是经典性案例。马克思在1859年写的《〈政治经济学批判〉序言》中说：“我考察资产阶级经济制度是按照以下的次序：资本、土地所有制、雇佣劳动；国家、对外贸易、世界市场。”④ 由此可以看出两点：第一，马克思是把对外贸易和世界市场作为政治经济学的研究对象，而他研究政治经济学的基本方法论自然是他所坚持的辩证唯物主义和历史唯物主义。第二，对外贸易和世界市场并非自然的，也不存在什么“自然秩序”，它是与资本、土地所有制、雇佣劳动以及资产阶级国家相联系的产物，是资本主义生产方式由国内向国外的延伸。

---

① 《资本论》第3卷，人民出版社2018年版，第554页。

② 《马克思恩格斯全集》第31卷，人民出版社1998年版，第326页；《马克思恩格斯全集》第30卷，人民出版社1995年版，第180页。

③ 《资本论》第3卷，人民出版社2018年版，第498页。

④ 《马克思恩格斯选集》第2卷，人民出版社2012年版，第1页。

国际贸易问题研究很早就进入资产阶级经济学家研究的视野，在某种意义上，国际贸易理论是西方现代经济学的思想源头。罗宾逊夫人曾说："政治经济学借以发展的头一个问题就是国际贸易。——重商学派是随着英国海外贸易的增长而一同兴旺起来的。"① 但是西方国际贸易理论，包括后来衍化成为独立学科的国际经济学，却把国际贸易现象看作是自然发生的，并且混淆现代意义的国际贸易与前资本主义国际通商活动的区别，认为这是世界自然遵循的秩序。在资产阶级看来，工商业的自由是人的自由的首要体现，是天赋人权。私有财产是人性的基本要求，因而资本主义制度就是自然秩序的体现，其经济活动和规律也是自然和永恒的。马克思批判了这种唯心主义的历史观："经济学家们的论证方式是非常奇怪的，他们认为只有两种制度，人为的和自然的。封建主义的制度是人为的，资产阶级的制度是自然的。"② 在资本主义世界中，资产经济经济学家认为对外贸易和世界市场是自然的、永恒的，而马克思认为并非如此，国际贸易和世界市场是历史的、社会的，建立在社会生产方式基础上，是资本主义生产方式向外扩张的结果。

在把现代国际贸易活动曲解为自然的、永恒的经济现象的基础上，西方经济学家构建了一套解释它的"纯理论"，并把它作为超越历史的普世理论。1879 年西方经济学剑桥学派鼻祖马歇尔出版了题为《对外贸易纯理论/国内价值纯理论》的小册子，主张解释国际交换的方法应用实物方法，而用货币计量十分复杂，难以解释清楚。③ 他主张的方法被西方经济学广泛接受，并流传久远。到 20 世纪末美国经济学家克鲁格曼（Paul R. Krugman）在他写的《国际经济学》教科书第一章"绪论"中说："国际经济学可以分成两个次一级的研究领域，国际贸易和国际金融，国际贸易分析主要集中于国际经济中的实物交易，即经济资源实体的流动；国际金融分析则集中于国际经济的货币方面。"④

---

① ［英］琼·罗宾逊、约翰·伊特维尔：《现代经济学导论》，陈彪如译，商务印书馆 1982 年版，第 7 页。

② 《资本论》第 1 卷，人民出版社 2018 年版，第 99 页脚注 33。

③ Alfred Marshall, *The Pure Theory of Foreign Trade*, *The Pure Theory of Domestic Value*, Reprinted in Scarce Works of Political Economy, No. 1, London School of Economics, 1930.

④ ［美］克鲁格曼、奥伯斯法尔德：《国际经济学》，黄卫平等译，中国人民大学出版社 1998 年版，第 8 页。

所谓实物分析的“纯理论”无非是要证明，国际贸易活动是自然的、永恒的，与资本扩张的社会属性没有关系，从而为“自由贸易”披上道德的外衣。马克思批判了“纯理论”的方法论，他说：“经济范畴只不过是生产的社会关系的理论表现，即其抽象”“所以，这些观念、范畴也同它们所表现的关系一样，不是永恒的。它们是历史的、暂时的产物”。[①] 可见，马克思研究国际贸易和世界市场的基本方法论与西方资产阶级经济学家的方法论是决然对立的。今天我们在研究国际贸易和世界市场理论中坚持马克思主义的哲学和世界观，应当成为理论创新所必须学习的必修课。

三　怎样解释国际贸易的本源

（一）贸易为什么发生

解释国际交换现象是早期资产阶级经济学家最初的理论命题之一。亚当·斯密在《国富论》第一篇第二章“论分工的起源”中说，以物易物是人类天性中固有的交换倾向。例如，邻居的产品比自己的便宜，就不必自己生产，可以向邻人购买，由家庭推及国家莫不如此。也就是说，分工源于天性，互相交换的规律是自然的，也是永恒的。李嘉图原本无意解释国际交换现象，他只是在《政治经济学及赋税原理》第七章中的一个小小脚注中提出了一个极为抽象的分工交换公式，即两个生产者，生产两个相同的产品，甲的生产效率均高于乙，只是两个产品之间效率高的程度有差别，于是产生分工和交换，这样彼此获利。他接着说，“由于使各国都生产与其位置、气候和其他自然或人为的便利条件相适应的商品，并以之与其他国家的商品相交换，因而使我们的享受得到增进”，而且“由于增加生产总额，它使人们都得到好处，并以利害关系和互相交换的共同纽带把文明世界各民族结合成一个统一的社会。”[②] 在李嘉图的描绘中，国际贸易和世界市场的形成与发展是一幅多么自然与和谐的过程，各民族结合的文明世界是各得其所、相互获利的伊甸园。李嘉图无意插柳之作却在西方经济学界引起了既深刻又长远的影响，西方经济学界多数人盛赞李嘉图的比

---

① 《马克思恩格斯选集》第 1 卷，人民出版社 2012 年版，第 222 页。

② ［英］李嘉图：《政治经济学及赋税原理》，［英］斯拉法：《李嘉图著作和通信集》第 1 卷，寿勉成译，商务印书馆 1983 年版，引文分别见第 114 页脚注，第 111、113 页。

较利益原理是经济学中最深刻最卓越的研究成果。[①] 按照李嘉图的理论，劳动生产率的差别是导致分工与专业化生产乃至交换的基础，而生产率差别的原因在于地理位置、气候以及其他自然或人为的有利条件，这些因素都与生产关系无关，与资产阶级创造世界市场的手段和历史进程无关，因此它也是自然和永恒的。

马克思的观点是与此相对立的，马克思认为现代意义的国际贸易活动是与资本主义生产方式向世界范围扩张相联系的，“创造世界市场的趋势已经直接包含在资本的概念本身中”，[②] 而且这个过程并非自然的、不仅仅是自然条件或某些人为条件的过程，更不完全是你情我愿的甜蜜过程。马克思写道：“不断扩大产品销路的需要，驱使资产阶级奔走于全球各地。它必须到处落户，到处创业，到处建立联系。”“资产阶级，由于开拓了世界市场，使一切国家的生产和消费都成为世界性的了。”“它的商品的低廉价格，是它用来摧毁一切万里长城，征服野蛮人最顽强的仇外心里的重炮。它迫使一切民族——如果它们不想灭亡的话——采用资产阶级的生产方式；它迫使它们在自己那里推行所谓文明制度，即变成资产者。一句话，它按照自己的面貌为自己创造出一个世界。”[③] 所谓国际分工、专业化生产，在马克思看来绝不是自然的过程，而是资产阶级在建立世界市场过程中创造的事物。在马克思揭露现代国际贸易活动的本质和真相的年代，英国和法国均已经取得资产阶级革命的胜利，并建立起了资产阶级国家政权，而资产阶级国家政权也动员起本国全部的社会力量为资产阶级在全世界扩张提供政治、经济、军事、文化、教育、医疗和舆论等各方面的支持，世界市场和海外扩张成为整个资产阶级社会的历史任务，正如马克思所说：“资产阶级社会的真正任务是建立世界市场和以这种市场为基础的生产。”[④]

列宁在《俄国资本主义的发展》一书中也用同样的逻辑回答了国际贸

---

① ［英］约翰·伊特维尔等：《比较利益》，《新帕尔格雷夫经济学大词典》第1卷，经济科学出版社1992年版。

② 《马克思恩格斯全集》第46卷上，人民出版社1979年版，第391页。

③ ［德］马克思、恩格斯：《共产党宣言》，《马克思恩格斯选集》第1卷，人民出版社2012年版，第404页。

④ 《马克思恩格斯全集》第29卷，人民出版社1972年版，第348页。

易为什么发生。他说："资本主义只是广阔发展的、超出国家界限的商品流通的结果。"[①] "当资产阶级的市场达到很高发展程度时，它就不可能局限于本国的范围；竞争迫使资本家不断扩大生产并为自己寻找大量推销产品的国外市场。"[②] "资本主义生产的规律，是生产方式的经常改造和生产规模的无限扩大。……资本主义企业必然超出村社，地方市场、地区和国家界限。因为国家的孤立和闭关自守的状态已被商品流通所破坏，所以每个资本主义工业部门的自然趋向使它需要寻找国外市场。"[③] 由此可见，资产阶级和资产阶级国家在资本利益的驱动下向海外市场的扩张，是现代国际贸易发生、发展的根本动力和来源。联系到当代世界经济的现实状况来看，代表垄断资本的跨国公司的全球生产和销售布局以及主要发达国家推动的贸易投资自由化进程，是全球经济、全球价值链和供应链趋向一体化的根本动力和来源，同样不是自然而然发生的历史过程。

（二）国际价值由劳动决定，还是由供求决定

国际贸易活动离不开结算与支付，国际交换价值自然成为国际经济学的又一基本理论问题。在马克思研究资本主义经济制度的次序中，对外贸易和世界市场是置于末端的，他生前没有来得及系统性完成，因而对于国际价值这一经济范畴的论述并不充分，但是他在《资本论》第一卷第二十章中已经提到"国际价值"这个概念，并叙述了关于这个概念的基本内涵。他认为，仅仅从各国工资的差异情况来看，可以发现各国的"中位劳动强度"是不同的，按照强弱可以排成一个阶梯，最后可以用"世界劳动的平均单位"来衡量和定义国际价值的内在关系。这实际上是马克思关于国内交换活动中，社会平均必要劳动时间决定商品价值，价格是商品价值的外在表现这一劳动价值论在国际交换领域的延伸。两者的基本原理是一致的，同样，国际交换价格围绕国际价值上下波动，汇率则是两国交易货币的比率。价格与价值上下波动、既背离又趋近的现象，是一种矛盾的统一，这正是经济规律作用的表现。

西方国际经济学关于国际交换价值的理论基本上是立足于供求关系基

① 《列宁选集》第1卷，人民出版社1972年版，第186页。
② 《列宁全集》第1卷，人民出版社1972年版，第85页。
③ 《列宁选集》第1卷，人民出版社1972年版，第187页。

础上的国际价格论，它否定价值的客观存在。基本的理论逻辑是：当供求达到平衡时，出现均衡价格或自然价格，市场价格围绕它而随供求关系上下波动，当全部供求关系达到均衡时，市场全部出清。国际均衡价格论最早始于约翰·穆勒（John S. Mill）所著《政治经济学原理》第三编第十八章“论国际价值”，其基本观点就是，国际价值是由“相互需求法则”或“国际需求均等法则”决定的，所谓国际需求均等，即用一国进出口商品总量的交换比率，即总实物交易条件改写成的一个均等方程式。在这个方程式中，进口商品价格由抵偿进口所需支付的出口商品的数量决定；出口商品价格则由购买进口品的数量决定。这个鸡生蛋、蛋生鸡的理论很难说清国际价值是什么，因此也遭到西方经济学家的批评。[①]

尽管约翰·穆勒的理论并不精致，但是整个西方经济学界都不能，也不愿意摆脱供求关系决定国际价值的基本理论框架，以至于后来者都把理论研究的精力投放在为这个理论披上精密化的科学外衣上。马歇尔利用需求弹性、资本与劳动相互需求的实物交换等概念，将相互需求理论绘制成几何曲线，称之为“提供曲线”。从供给方面的解释在很长一个时期成为西方理论的主要脉络。之后，美籍爱沙尼亚经济学家里昂惕夫（Wassily W. Leontief）把前人提出的消费无差异曲线扩展为反映一国消费偏好的社会无差异曲线，从需求方面来解释即使两国的生产可能性完全相同，只要其社会消费偏好不同，两国仍然能够发生贸易，[②] 并通过供求曲线的平衡点找到均衡价格。从而形成了从供给与需求两方面解释国际价值的不同理论流派。第二次世界大战之后的 20 世纪 50 年代，英国经济学家米德（James E. Meade）对两个流派的分析视角进行了综合和总结，出版了《国际贸易几何学》，提出了“贸易无差异曲线”。[③] 历时百年，西方经济学家孜孜不倦地修补由供求关系决定的国际价值理论，并不断重复至今，从而雄居西方国际经济学的主流地位。

但是，马克思理论的真理光芒是无法掩盖的，他一针见血地指出：

---

① C. Y., Wu, *An Outline of International Price Theories*, London, George Routledge & Sons Ltd, 1939, p. 166.

② 引自王林生《蹉跎与求索——国际经贸问题研究文选》（上册），人民出版社 2021 年版，第 16 页。

③ James Edward Meade, *A Geometry of International Trade*, George Allen & Unwin London, 1952.

“你们如果以为劳动和任何一种商品的价值归根到底是由供给和需求决定的，那就完全错了——供给和需求可以说明为什么一种商品的市场价格会涨到它的价值之上或降到它的价值之下，但决不能说明这个价值本身。”①

第二节　国际贸易和世界市场的基本经济规律

一　国际价值规律

按照马克思的理论，国际价值的计量单位是世界劳动的平均单位。“棉花的价值不是由英国的劳动小时、而是世界市场上的平均必要劳动时间来决定。”② 但是各国国民的劳动强度是不同的，各国的中等劳动强度可以组成一个阶梯。强度较大的国民劳动比强度较小的国民劳动会在同一时间内生产出更多的价值，而这又表现为更多的货币。这就使不同国家的劳动的交换有了比较和计量的方法。用这种比较和计量的方法，就会出现国际价值量大于、小于和等于一国国内价值量这三种状态。正如马克思写道：“在一个国家内，亏损和盈利是平衡的。在不同国家的相互关系中，情况就不是这样。……一个国家的三个工作日也可能同另一个国家的一个工作日交换。”③ 因此，不同国家的同等劳动量并不意味着价值量相等。

首先，它与劳动生产力（劳动生产率）形成正比、反比和等比三种状况。在国内市场上，“商品的价值量与体现在商品中的劳动量成正比，与这一劳动的生产力成反比。”④ 价值量运动的规律在国际交换中表现得更为复杂，就一定劳动时间内创造的价值总量而言，“不同国家在同一劳动时间内所生产的同种商品的不同量，有不同的国际价值”“强度较大的国民劳动比强度较小的国民劳动，会在同一时间内生产出更多的价值”，⑤ 在这里，国际价值量与劳动生产率（劳动强度）成正比。一个国家的技术和人力资本越多，国民劳动强度和效率越高，它所创造的国际价值量也就越多。依据生产技术提高和劳动生产率的提高，从而创造更多的国际价值

---

① 《马克思恩格斯文集》第 3 卷，人民出版社 2009 年版，第 42 页。

② 《马克思恩格斯全集》第 25 卷，人民出版社 1974 年版，第 112 页。

③ 《马克思恩格斯全集》第 25 卷，人民出版社 1974 年版，第 112 页。

④ 《马克思恩格斯全集》第 23 卷，人民出版社 1974 年版，第 64 页。

⑤ 《马克思恩格斯全集》第 23 卷，人民出版社 1974 年版，第 613—614 页。

量，这是资本主义制度建立以来直至今天，国际贸易扩张和世界市场扩大的基础。就一般趋势而言，一定劳动时间内生产某种商品时，随着技术和劳动生产率的提高，使用价值总量和价值总量都会增加，但是不同国家在增加二者的程度、速度上可能出现大于、小于和等于三种状态，因而使某种单位商品的价值量与劳动生产率的关系可能出现正比、反比和等比三种对应状态。

其次，国际价值量与劳动力价格（工资）成正比关系。在技术水平高和劳动生产率较高的国家，同一劳动时间形成的国际价值量较多，衡量单位商品的货币的相对价值较小，因而以货币表现的劳动力价格（工资）较高；反之，在劳动生产率低的欠发达国家，同一劳动时间形成的国际价值量较少，衡量单位商品的货币的相对价值较大，因而以货币表现的劳动力价格（工资）较低。这是针对劳动力价格的绝对水平而言的。如果考虑劳动力价格的相对水平，将劳动力价格同由劳动创造的国际价值量联系起来，也可发现，一些欠发达国家的劳动力价格占其国际价值量的比重并不低。因此，一国劳动力是否属于廉价劳动力，不能只看劳动力的绝对价格水平，而应当观察其相对价格水平。

最后，国际价值量同各国单位商品相对价值量成反比。不同国家在同一劳动时间内所生产的同种商品的不同量，产生不同的国际价值量，劳动生产率高的国家，其生产的国际价值量多，但单位商品所包含的相对价值量却较小，单位商品价格高于价值的空间比较大；劳动生产率低的国家，其生产的国际价值量较少，但单位商品所包含的相对价值量却较多，单位商品价格高于价值的空间比较小。因此，国际价值量同各国单位商品所包含的相对价值量成反比，但这使发达国家的价格水平往往高于欠发达国家，也使发达国家的劳动力价格面临不断提升的压力。

二　“自由贸易”掩盖下的国际利益分配规律

由于国际价值规律在其发生作用的过程中，会出现一个国家一个工作日可能与另一个国家三个工作日交换的现象，因此“在这种情况下，比较富有的国家剥削比较贫穷的国家，甚至当后者像约翰·穆勒在《略论政治经济学的某些有待解决的问题》一书中所指出的那样，从交换中得到好处的时候，情况也是这样。”[①] 按照国际价值规律，等价交换与平等交换实际上是两个不同的概念，价值量相同的劳动量并不是在任何情况下都等于劳动时间相同的劳动量，即等价未必等劳。只有在一种情况下，即国家间的劳动生产率基本相同，在单位时间内生产出的商品量和创造的国际价值量基本相等，这才能实现等价交换和平等交换的统一。而在国际价值量与国内价值量之间存在较大差异的情况下的两国贸易，即便按照国际价值规律实行的等价交换，仍然是不平等的交换，因为富有的国家可以用少量劳动量换取贫穷国家较多的劳动量，落后国家即使得到利润，但总是吃亏。

在先进国与落后国开展国际贸易活动中一方面受到剥削，另一方面也会获利，这是一个问题的两个方面，是矛盾的对立统一。落后国家在与先进国进行国际交换中，“所付出的实物形式和物化劳动多于它所得到的。但是它由此得到的商品比它自己所能生产的更便宜”[②]。这就是说，落后国家在出口方面吃亏，但在进口方面可能得利。但这仅仅是理论分析上的结论，仅仅是把先进国的资本家想象得那么遵守自己高喊的“自由贸易”规则，事实上他们采取的“垄断价格”也可以做到使落后国在进口方面也吃亏。因此，即便是要实现落后国已经吃亏的“自由贸易”，也需要落后国的抗争和国际贸易治理的干预。在各国国际价值量与国内价值量具有差异的条件下，国际贸易是不可能实现劳动的平等交换，所谓“自由贸易”也只是这种不平等交换的标签。“自由贸易”的结果，总是使一方获利更多。正如马克思所说：“两个国家可以根据利润规律进行交换，两国都获利，但是一国总是吃亏，——一国可以不断攫取另一国的一部分剩余劳动而在交换中不付任何代价。不过这里的尺度不同于资本家和工人之间的交换的尺度。”[③] 开展国际贸易，双方都获利，但一方利多，一方利少，这是总的格局，但使自己吃亏少一些，利益多一些，这是落后国家可以争取的回旋空间。

发达国家在国际贸易活动中不仅从不发达国家得到好处，而且还从对本国劳动者的剥削中得到好处，从而实现更高的利润率。马克思说：“只

---

① 《马克思恩格斯全集》第 26 卷，人民出版社 1974 年版，第 112 页。
② 《马克思恩格斯全集》第 25 卷，人民出版社 1974 年版，第 265 页。
③ 《马克思恩格斯全集》第 46 卷（下），人民出版社 1974 年版，第 401—402 页。

要较发达国家的劳动在这里作为比重较高的劳动来实现，利润率就会提高。因为这种劳动没有被作为质量较高的劳动来支付报酬，却被作为质量较高的劳动来出售。"① 也就是说，在国内把劳动力价格压低到价值之下来支付，而在国外却抬高到价值之上来出售，从而得到双重的好处，这就是为什么资本家和资产阶级国家高度重视国际贸易以及开拓世界市场的真实原因。正如马克思所说："资本主义生产离开对外贸易是根本不行的。"②"因此，没有对外贸易的资本主义国家是不能设想的，而且的确没有这样的国家。"③

在今天经济全球化日益深入发展，世界市场已经把大多数国家卷入其中，全世界大多数商品都已经形成了国际价值，即世界性的社会平均必要劳动情况下，参与世界市场经济贸易活动的国家固然都受惠，但受惠程度是不同的。总体上看，劳动生产率越高、国际价值量与国内价值量之间的差异越大，受惠程度就越高。这就是中国和广大发展中国家争取自由贸易中平等交换的努力方向。那么，中国既与发达国家开展贸易活动，也与发展中国家开展贸易，是否也存在"等价交换"与平等交换的不统一问题呢？这是肯定的，但是，这不是中国自己的意愿问题，而是现实中世界性资本主义世界市场的经济规律，即按照国际价值规律进行交换必然导致的国际利益分配的结果，中国身处这个市场之中，只能按照国际商业规则的客观规律办事。中国所能做的事情是，遵从国际价值规律的"等价交换"，不以垄断价格方式违背国际价值规律的商业道德；一方面在国内努力提高劳动生产率，缩小国际价值量与国内价值量之间的差异，从而实现与发达国家的平等交换；另一方面在国外通过经济技术合作，帮助发展中国家进步，使之缩小国际价值量与国内价值量之间的差异，从而促进它们与发达国家以及与其他发展中国家（包括中国）的平等交换。

三　垄断资本主义争夺世界市场的规律

从 19 世纪末到 20 世纪初期，资本主义由自由竞争阶段发展到私人垄

① 《马克思恩格斯全集》第 25 卷，人民出版社 1974 年版，第 264—265 页。

② 《马克思恩格斯全集》第 24 卷，人民出版社 1972 年版，第 528 页。

③ 《列宁全集》第 1 卷，人民出版社 1972 年版，第 186 页。

断阶段，世界市场也发生了很大变化（见表 1－1）。

表 1－1　　1720—1900 年各个时期世界工业生产与世界贸易年均增长率的比较　　单位：%

时间段	世界工业增长	世界贸易增长
1720—1780 年	1.5	1.1
1780—1820 年	2.6	1.37
1820—1840 年	2.9	2.81
1840—1860 年	3.5	4.84
1860—1870 年	2.9	5.53
1870—1900 年	3.7	3.24

资料来源：Walt W. Rostow, The World Economy: History and Prospect, Macmillan, London, 1978, p. 67。

19 世纪 40—60 年代英国在世界市场上独占鳌头，但到 19 世纪 80 年代美国发展成为世界第二工业国，[①] 同时德国也开始发展为重要的资本主义大国，进入 19 世纪 90 年代后，英国在世界市场的垄断地位终于"无可挽回地失去了"。[②] 随着欧美主要国家产业革命的完成，国际贸易的扩大，世界市场发生了质的变化。其主要表现如下。

（一）资本主义经济周期规律在世界经济中开始发生作用

1867 年欧美主要资本主义国家发生了第一次世界经济危机。[③] 这说明由于世界市场功能的放大，欧美主要资本主义国家的经济周期有了同步性。10 年后，1876 年从英国开始，世界经济再次陷入普遍的"慢性萧条"，实际上也是一次强度不大但波及面甚广的世界经济危机。经济危机的根源在于资本主义生产方式的内在矛盾，经济周期波动的同步性反映了周期规律已经在世界经济中发生作用，表明资本主义生产方式的内在矛盾已在世界范围内展开，这标志着世界市场已经成熟发展，而向世界经济体

① 《资本论》第 1 卷，人民出版社 2018 年版，第 520 页脚注 234。原文是恩格斯加注的一句话："从那时以来，美国发展成为世界第二工业国，但它的殖民地性质并没有因此完全失掉。"

② 《马克思恩格斯选集》第 4 卷，人民出版社 1972 年版，第 282 页。

③ 《资本论》第 3 卷，人民出版社 1975 年版，第 554 页脚注 133。

系迈进。

(二) 第二次工业革命不仅推动了资本主义从自由竞争走向垄断，而且也促进了世界经济向全球体系过渡

第一次工业革命以蒸汽为主要动力，以纺织、采煤、铁路、铸造等为主导产业，第二次工业革命则以电气和内燃机为动力基础，以汽车、化工、钢铁、机械制造为主导产业。在第二次工业革命推动下，远洋交通工具功能空前提高，开凿运河缩短了远洋航线，无线电报的使用等，都大大压缩了国际贸易的时间。1841—1845 年蒸汽轮船的平均载重量只有 184 吨，1890 年提高到 902 吨，20 世纪初再提高到 3000—5000 吨。通过苏伊士运河的船舶数量 1870 年只有 486 艘，载货 435911 吨，1913 年增至 5085 艘，载货 20035000 吨，货运量增长了近 45 倍。[①] 1914 年巴拿马运河修建完成，沟通了大西洋与太平洋，大大缩短了欧洲至美国、拉美西海岸的航程。1886 年横跨大西洋的海底电缆铺设完毕，1895 年无线电报开始发展。这一切都使更多国家和地区卷入资本主义世界市场，推进了世界经济体系的扩大和成熟。

(三) 资本输出成为世界市场的最重要新特征

与远洋交通发展的同步，还出现了全球兴建铁路的热潮。这使大量资本输出成为可能。列宁说："其所以有输出资本的可能，是因为许多落后国家已经卷入世界资本主义的流转，主要的铁路线已经建成或开始兴建，发展工业的起码条件已有保证，等等。"[②] 1840 年全球铁路长度仅为 8000 千米，1860 年增至 10.8 万千米，1900 年达到 79 万千米。伴随着资本输出，资本主义再生产过程深入到落后国家经济的内部结构中去，加速了自然经济的瓦解，促进了资本主义再生产过程在世界范围的扩展。正如列宁所说："帝国主义最基本的特性之一恰恰在于，它加速最落后的国家中的资本主义发展"，[③] 但帝国主义加速落后国家的资本主义发展往往通过扭曲的形式，即基于自身利益和统治的需要，又部分保存落后国家前资本主义的生产方式，使落后国沦落为半殖民地半封建性质的社会。这种扭曲的社

① Richard A. Johns, *International Trade Theories and the Evolving International Economy*, London, Frances Pinter Publishers, 1985, p. 83.

② 《列宁全集》第 27 卷，人民出版社 2017 年版，第 377 页。

③ 《列宁全集》第 28 卷，人民出版社 2017 年版，第 87 页。

会经济形态无一例外也成为资本主义世界经济体系整个链条中的一环。

(四) 主要资本主义国家对世界市场的瓜分导致世界领土被分割完毕

在资本主义自由竞争时期，世界上还有许多地方未被西方列强占领，列宁在《帝国主义论》中引用的统计资料说明，直到1876年只有英、俄两国占有较多殖民地，法国、荷兰、比利时占有较少，而德、美、日三国则根本还没有殖民地。随着资本主义进入垄断阶段，殖民地领土迅速扩张，到1914年法国和过去没有殖民地的德、美、日三国合计的殖民地领土面积已达到整个欧洲面积的1.5倍，“在19世纪和20世纪之交，世界是分割‘完毕’了”。[①] 从此，帝国主义的政治统治覆盖全球，世界各国都不同程度、不同方式融入资本主义世界市场和世界经济体系。

恩格斯说：“政治经济学本质上是一门历史的科学。它所涉及的是历史性的即经常变化的材料。”[②] 列宁把垄断资本主义称作帝国主义阶段，他在《帝国主义是资本主义的最高阶段》(《帝国主义论》) 一书中阐述了帝国主义的定义和五个特征：(1) 生产和资本的集中发展到这样高的程度，以致造成了在经济生活中起决定作用的垄断组织；(2) 银行资本和工业资本已经融合起来，在这个“金融资本”的基础上形成了金融寡头；(3) 和商品输出不同的资本输出具有特别重要的意义；(4) 瓜分世界的资本家国际垄断同盟已经形成；(5) 最大资本主义大国已把世界上的领土瓜分完毕。帝国主义是发展到垄断组织和金融资本的统治已经确立、资本输出具有突出意义、国际托拉斯开始瓜分世界、一些最大的资本主义国家已把世界全部领土瓜分完毕。列宁与马克思所处的时代不同，所处的国度不同，马克思处于自由资本主义时代的先进的资本主义英国，他所分析的阶级关系和阶级矛盾是一般意义上的世界性的资产阶级与无产阶级之间的矛盾，因此他要求“全世界无产者联合起来”。而列宁处于垄断资本主义时代落后的资本主义俄国，他在分析了资本主义进入垄断阶段之后的经济规律后，不仅看到了一般意义上的世界性的资产阶级与无产阶级之间的矛盾，而且他还看到了更错综复杂的国际阶级关系和阶级矛盾，他看到了帝国主义殖民主义与被压迫被剥削的民族国家之间的矛盾，看到了资本主义发展不平衡

① 《列宁选集》第2卷，人民出版社1972年版，第801页。

② 《马克思恩格斯文集》第9卷，人民出版社2009年版，第153—154页。

所造成的帝国主义列强之间的矛盾，而后两种矛盾要比第一种矛盾更尖锐、更突出，是这个时代的主要矛盾。在这三种矛盾交织迸发的时候，社会主义革命有可能在资本主义最薄弱的链条取得一个国家的首先胜利。这就是列宁时代的政治经济学逻辑。《帝国主义论》之所以继《资本论》之后成为马克思主义的政治经济学的经典著作，其思想和灵魂就在这里。在这个逻辑基础上，列宁揭示了帝国主义争夺世界市场、争夺世界经济体系主导权的基本规律。

首先，资本输出是金融资本瓜分世界市场的直接手段。资本输出这种利益的性质说明了金融资本和垄断组织的时代的特征——金融资本导致对世界的直接瓜分。近代以来的殖民侵略战争都是帝国主义金融资本瓜分世界市场的直接手段，殖民侵略战争养肥了帝国主义列强，也制造了被殖民国家的苦难史，造成了不平等的世界政治经济秩序。

其次，按资本实力瓜分世界，导致了资本主义政治经济发展的不平衡。列宁指出："资本家瓜分世界，并不是因为他们的心肠特别狠毒，而是因为集中已经达到这样的阶段，使他们不得不走上这条获取利润的道路；而且他们是'按资本'、'按实力'来瓜分世界的，在商品生产和资本主义制度下也不可能有其他的瓜分方法。实力则是随经济和政治的发展而变化的；要了解当前发生的事情，就必须知道哪些问题要由实力的变化来解决，至于这些变化是'纯粹'经济的变化，还是非经济的（如军事的）变化，却是次要的问题，丝毫不能改变对于资本主义最新时代的基本观点。"[①] 也就是说，按"资本""实力"瓜分世界是近代以来世界格局发生重大变化的基本原因之一，也是资本主义政治经济发展不平衡的重要原因。

最后，在资本主义政治经济发展不平衡规律作用下，帝国主义战争不可避免。因为在资本主义政治经济发展不平衡规律作用下，无论垄断资本主义从经济上对世界市场已经瓜分完毕，还是从政治上对殖民地等领土已经瓜分完毕，为了重新瓜分世界市场和攫取更多的殖民地，必然要发生帝国主义侵略战争。所以列宁指出："在生产资料私有制还存在的这种经济

① 《列宁全集》第27卷，人民出版社2017年版，第388页。

基础上，帝国主义战争是绝对不可避免的。”① 同时，列宁在帝国主义战争中也看到了社会主义革命的前途：“关于帝国主义战争，关于金融资本所实行的目前左右着全世界的国际政策（这种政策必然会引起新的帝国主义战争，必然会导致极少数‘先进’强国变本加厉地压迫、抢劫、掠夺和扼杀各落后的弱小民族）的问题，从1914年起就成为世界各国全部政策中的基本问题。……在这个问题上，我们的十月革命也开辟了世界历史的新纪元”。②

第三节 马克思主义关于社会主义经济与世界市场的基本观点

辩证唯物主义方法论不仅是马克思主义经济理论与资产阶级经济学理论的分水岭，而且也是认识社会主义经济建立对外关系的基本思想方法，毛泽东在《矛盾论》一文中引用列宁的话说，辩证法认为统一物分成为两个互相排斥的对立，而两个对立又互相关联着。③ 还说：“两重性，任何事物都有，而且永远有，当然总是以不同的形式表现出来。”④ 正如在资本主义世界市场内部，既存在资本主义剥削的本质属性，也存在生产力发展的客观要求的属性，深刻认识资本主义世界市场和国际贸易功能的对立统一和双重性，是社会主义经济发展对外关系的基本理论依据。

一 资本主义世界市场的双重性

资本主义世界的国际贸易和世界市场无疑存在国内剥削和国际剥削的本质属性，但是也存在市场经济规律的一般特征，其中最主要的特征就是，它成为资源配置的一种手段。也就是说，世界市场是配置全球资源的手段，这对于提高资源配置效率是有利的。

（一）世界性的生产与消费

世界市场之所以配置全球资源，首先是因为在世界市场日益扩展的情

① 《列宁全集》第22卷，人民出版社1958年版，第182页。
② 《列宁全集》第42卷，人民出版社2017年版，第184页。
③ 毛泽东：《矛盾论》，《毛泽东选集》第1卷，人民出版社1991年版，第300页。
④ 《毛泽东文集》第8卷，人民出版社1999年版，第107页。

况下，一切国家的生产和消费都成为世界性的或具有世界主义的性质。马克思指出："资产阶级，由于开拓了世界市场，使一切国家的生产和消费成为世界性的了。……这些工业所加工的已经不是本地的原料，而是来自极其遥远的地区的原料，它们的产品不仅供本国消费，而且同时供应世界各地消费。旧的、靠国内产品来满足的消费，被新的、要靠极其遥远的国家和地带的产品来满足的需要所代替了。"① "现在纺纱工人可以住在英国，而织布工人却住在东印度。……分工的规模已使脱离了本国基地的大工业完全依赖于世界市场、国际交换和国际分工。"② 随着资本主义进入垄断阶段，生产和消费的世界性特征日益明显，世界市场支配着全球生产以及生产资源的流向已经成为世界经济的基本特点。

（二）货物价格"趋同性"

大量商品进入国际流通领域，使货物价格出现"趋同性"、统一性，出现了国际商品行市现象，成为市场机制发挥作用的重要杠杆。19 世纪前 30 年，英国消费的粮食只有 2.5% 需要进口，而到了 20 世纪初叶，英国消费小麦的 80%，肉类的 50%，黄油的 70%，乳酪的 52% 均需依赖进口才能满足。布哈林的研究发现，从前世界市场每年吸收的产品还不到现今世界市场吸收量的 1%。③ 库兹涅茨（Simon Kuznetts）的估算是，剔除价格波动因素后，世界贸易在世界生产中的比重，由 1800 年的 3% 上升至 1913 年的 33%，百余年增长了 10 倍。④ 大量的商品货物进入国际流通，同类货物的价格不断接近并统一，最典型的例子是"英美两国生产小麦的条件迥异，可是伦敦和纽约市场的小麦价格几近相同，即分别为每吨 139 马克和 141 马克，这是由于有大量的美国小麦越过大西洋源源不断输入英国和西欧的缘故"⑤。可见，在市场机制的作用下，逐渐使世界市场价格趋于统一，从而为世界市场配置全球资源提供了基本条件。

---

① 《马克思恩格斯选集》第 1 卷，人民出版社 1972 年版，第 254—255 页。

② 《马克思恩格斯选集》第 1 卷，人民出版社 2012 年版，第 246 页。

③ ［苏］布哈林：《世界经济和帝国主义》，蒯兆德译，中国社会科学出版社 1983 年版，第 5—6、16 页。

④ Richard A. Johns, *International Trade Theories and the Evolving International Economy*, London, Frances Pinter Publishers, 1985, p. 82.

⑤ ［苏］布哈林：《世界经济和帝国主义》，蒯兆德译，中国社会科学出版社 1983 年版，第 5—7 页。

（三）劳动要素的流动

国际移民和劳动力价格均等化增强了世界市场配置全球资源的作用。在市场机制的作用下，要素流动不仅只是资本输出，国际移民即劳动力要素的流动的增长，也是劳动要素价格向世界市场价格靠拢的重要迹象。19世纪末和20世纪初是洲际移民的高潮，这是与美洲工农业生产和开垦拓殖迅速发展，需要大量劳动力有关（如表1－2）。布哈林有关的研究披露，1905—1914年每年移民美国的人口几乎都在一百万人左右，“资本主义新世界（指美洲新大陆——引者注）这个巨大的蓄水池吸收了欧亚两洲的过剩人口”，他还认为洲际“劳动力移动是受工资均等化规律调节的”。劳动力价格的均等化，进一步增加了世界市场经济规律配置全球资源的力度。

表1－2　　**1846—1932年洲际移民**　　单位：万人

欧洲（移出地区）		美洲（移入地区）	
英国（包括爱尔兰）	1802	美国	3423
意大利	1009	阿根廷	640
奥匈帝国	519	加拿大	520
德国	488	巴西	443
西班牙	465	西印度群岛	158
俄国	225	古巴	85
其他	665	其他	112
合计	5173	合计	5381

资料来源：A. H. Carr-Saunders, *World Population : Past Growth and Present Trends*, Oxford University Press, 1936, p. 49。

（四）工业生产结构的变化

在世界市场机制作用下，世界工业产品结构和生产结构发生了变化，它在促进发达国家产业结构升级的同时，也塑造了发达国家与殖民地附属国的垂直分工关系。由于世界市场配置全球资源，世界消费的变化也引起了世界生产结构的变化。马克思说：“大工业造成的新的世界市场关系也引起产品的精致和多样化。”① 第二次工业革命后，发达国家新兴产业迅速发展，新产品的需求旺盛，其产品在国际贸易中的比重不断攀升。由于铁路修建的热潮和重工业的发展，1900—1913 年德、美、英三国的钢铁出口额分别增长了 5. 6 倍、2. 8 倍和 1. 2 倍。又由于内燃机的发明和使用，石油的消费需求增加，当时美国是主要的石油生产国和出口国，从 1896—1913 年，其石油及其制品的出口由 5700 万美元骤增至 1. 3 亿美元，增长了 1. 6 倍。英、美、法、德等主要发达国家各种机器设备出口额，1890 年到 1913 年增长了 3. 8 倍。② 特别是主要发达国家出口额中的制成品占比明显增大，1900—1913 年，主要发达国家制成品出口额的增速远高于其出口总额的增速，如，德国在此期间出口总额增长了 119%，而其制成品出口额则增长了 200%，③ 这种现象证明，主要发达国家的产业结构发生了变化。由于主要发达国家制成品出口额的增长，到 1913 年世界出口总额的结构已经发生很大变化：食品（粮食、饲料等谷物及其他）占世界出口总额 23%，农业性原料占 14%，矿物占 20%，制成品占 23%。在世界市场机制的作用下，广大不发达国家通过与发达国家的投资和贸易关系，日益融入世界市场体系，它们与发达国家形成垂直型分工关系，它们向主要发达国家输出农业初级产品和矿物，从主要发达国家进口各类制成品和钢铁、石油及其制品，这类货物在世界总出口中的比重达到 57%，这说明在世界市场机制作用下，形成了全球垂直型的国际分工。④

在世界市场机制作用下，国际分工不仅在发达国家与殖民地附属国之间展开，而且也在发达国家之间展开，从而形成了水平型分工。这种分工的发展，无疑提高了资本和资源配置的效率。在 1913 年，除了英国，欧洲各国相互间的贸易仍然占首要地位。例如，1913 年欧洲市场在德国的进出口额中分别占 54. 1% 和 75. 2%；法国分别为 52. 2% 和 69%；意大利分别为 65. 4% 和 63. 7%；比利时分别为 64. 1% 和 81. 7%；荷兰分别为 65. 4% 和 88%；可见欧洲主要资本主义国家相互间的贸易，在其贸易总额

① ［德］马克思：《资本论》第 1 卷，人民出版社 2018 年版，第 512 页。

② ［苏］包达包夫：《国际贸易》上册，财政经济出版社 1957 年版，第 184 页。

③ ［苏］包达包夫：《国际贸易》上册，财政经济出版社 1957 年版，第 184 页。

④ Richard A. Johns, *International Trade Theories and the Evolving International Economy*, London, Frances Pinter Publishers, 1985, pp. 85, 97.

中的比重至少超过 1/2，一般都在 60%—70%，高的则达 80% 以上。英国由于占据大量殖民地，垂直型分工和贸易比重较高，欧洲在其进出口总额中的比重较低，只占 30%—40%。[①] 这反映了欧洲工业发达资本主义国家之间的分工和专业化程度已经比较高，而且这种分工属于水平型的。

（五）世界市场中心化

在世界市场机制作用下，形成了国际市场中心化和世界货物定价中心化，不仅初步奠定了世界经济秩序的基础，而且增强了世界市场机制的功能，使资源配置范围和效率都达到新水平。1570 年在伦敦就出现了皇家交易所，后来它分解为几个专业交易所，到 19 世纪这些交易所进一步发展成为不同的国际交易中心。例如，有伦敦金属交易所，1881 年它改组成为注册的有限公司；铜、锡、铅、锌等有色金属和一些稀有金属的国际贸易大多是通过该交易所进行的。尽管到 21 世纪后它的实际交易量已经大减，但是它的收盘行市（LME Quotation）仍然是全世界金属交易的主要依据。又如，伦敦商品交易所一直是咖啡、可可、天然橡胶等热带和亚热带产品的世界交易中心，其行市至今仍对加尔各答、新加坡等集散地的价格有重大影响。伦敦波罗的海交易所原来以经营来自波罗的海沿岸的谷物和干散货为主，后来转变为世界租船市场，成为世界航运业的风向标，后来由此衍生出的波罗的海干散货指数（Baltic Dry Index，缩写 BDI），既包含了航运业的经济指标，也包含了航运业的干散货交易量情况。该指数是由几条主要航线的即期运费（Spot Rate）加权计算而成，反映的是即期市场的行情，因此，运费价格的高低会影响到指数的涨跌。假设原料需求增加，表示各国对货轮运输的需求也跟着提高，在此情况下，运费的涨幅如果可以大过油价成本的涨幅，航运获利就可预期，于是波罗的海指数会上涨，运输股的股价也会上涨；假设原料需求虽然增加，但货轮供给也增加而且下挫运费市场，此时 BDI 波罗的海指数会下跌，当然运输股的股价也会跟着下跌。因此，运费高低的影响远比原料价格的涨跌更能影响航运股的盈亏。直到今天这个指数依然在世界航运业、国际交易活动中发挥重要影响，而且也是企业和经济研究者观察国际贸易发展趋势的先行指标之一。

---

① ［苏］包达包夫：《国际贸易》（上），财政经济出版社 1957 年版，第 188 页。

二　国际贸易发展的双重性

国际贸易的发展既意味着资本主义在世界范围的扩张，意味着对国内国外剥削的扩大和加深，但同时它又有促进世界经济发展、促进贸易双方都具有经济福利的另一面。认识国际贸易发展的双重性，是社会主义经济建设发展对外经济贸易关系的重要理论依据。

马克思1848年发表的《关于自由贸易的演说》，阐述了国际贸易的双重性原理，他说：从短期看，“自由贸易扩大了生产力……生产资本增加了对劳动的需求……因而工资也就提高了。”[①] 但从长期看，“随着生产资本的增殖，它就必然更加盲目地为市场生产，生产愈益超过了消费……危机的发生也就愈益频繁而且愈益猛烈”“生产资本越扩大，工人之间的竞争就越加剧，而且其激烈的程度大大超过以前，大家的劳动报酬都减少了”。[②] 马克思的结论是：“自由贸易制度加速了社会革命。先生们，也只有在这种革命意义上我才赞成自由贸易。”[③] 显然，马克思对自由贸易发展的评价是辩证唯物主义和历史唯物主义方法的，他既肯定自由贸易加速了生产力的发展，具有历史的进步性一面，而在另一方面，他又指出随着它对国内工人阶级的剥削以及对殖民地附属国的剥削的加深，必然加剧资本主义生产力和生产关系的内在矛盾，即生产资料的私人占有与生产社会化、国际化的内在矛盾，从而推动社会革命的到来。

至于国际贸易对于资本主义经济的循环和扩大的作用，对于国民的福祉的改善，马克思也有很多论述，他说：“如果一个国家自己不能把资本积累所需要的那个数量的机器生产出来，它就要从国外购买。如果它自己不能把所需要的生活资料（用于工资）和原料生产出来，情况也会如此”[④] “如果某个国家闭关自守，那么，它的剩余产品就可能以这种剩余产品的既有的实物形式消费掉。在这个国家中，剩余产品可以交换的范围就会受到不同生产部门的数量的限制。这种限制通过对外贸易才能消除。……对外贸易可以增加某个国家的剩余产品能转化的形式和能用来消

---

① 《马克思恩格斯选集》第1卷，人民出版社2012年版，第368页。

② 《马克思恩格斯选集》第1卷，人民出版社2012年版，第369页。

③ 《马克思恩格斯选集》第1卷，人民出版社2012年版，第375页。

④ 《马克思恩格斯全集》第26卷，人民出版社1973年版，第560页。

费的形式。”① 马克思还认为，国际贸易对于消费福利的作用是很大的，他说，“国家通过对外贸易，能够把这种简单的产品变成任何形式的使用价值”“对外贸易使资本家能够拿剩余产品去交换外国的奢侈品，从而自己把它消费掉”“必需品通过对外贸易变成奢侈品，本身是很重要的”“要使奢侈品花样繁多和增加，对外贸易的确是一个相当重要的条件”。②

国际贸易对于资本主义扩大再生产的作用，马克思是这样论述的：“对外贸易一方面使不变资本的要素变得便宜，另一方面使可变资本转化成的必要生活资料变得便宜，它具有提高利润率的作用，因为它使剩余价值率提高，使不变资本价值降低。一般来说，它在这方面起作用，是因为它可以使生产规模扩大。因此，它一方面加速资本积累，但是另一方面也可以加速可变资本同不变资本相比的相对减少，从而加速利润率的提高。”③

19 世纪下半叶之后，世界贸易长期处于两位数高速增长，不仅大大提高了世界的生产力水平，造就了世界经济的繁荣期，而且也把资本主义生产方式从自由竞争推向垄断阶段。根据德国经济学家库钦斯基所著《现代资本主义的问题》书中的资料，按照不变价格计算，每个十年国际贸易额的增长率是：1855—1864 年为 70%；1865—1874 年为 55.3%；1875—1884 年为 54.8%；1885—1894 年为 30.6%；1905—1919 年为 37.3%。特别是资本主义进入垄断阶段的 1900—1913 年，贸易额增长了 95%，贸易量增长了 62%。国际贸易额的增长快于贸易量的增长，一方面说明第二次工业革命提高了生产力，降低了单位商品的价值，从而世界市场价格水平趋于下降；另一方面也说明，随着国际贸易促进生产力的发展，各国的购买力水平提高，从而刺激了世界需求，扩大了贸易量。

由于国际贸易具有提高生产力的作用，具有促使垄断资本取得更多更大利润的作用，因此“自由贸易”一直是资产阶级的口号和旗帜。即便是垄断资本和跨国公司，它们都更需要在世界上开展“自由竞争”，因此降低各国关税的保护始终成为垄断资本斗争和争取的目标。在这种力量的作

---

① 《马克思恩格斯全集》第 48 卷，人民出版社 1985 年版，第 147 页。
② 《马克思恩格斯全集》第 26 卷，人民出版社 1974 年版，第 246、266、268 页。
③ 《马克思恩格斯全集》第 25 卷，人民出版社 1974 年版，第 264 页。

用下，除少数国家外，主要发达国家的关税水平并不算高。例如，在 1914 年，主要发达国家工业品进口关税水平是：英国为零，荷兰为 4%，瑞士和比利时均为 9%，德国为 13%，丹麦为 14%，奥匈帝国和意大利均为 18%，法国和瑞典均为 20%，只有美国高达 25%。而大多数殖民地附属国的关税虽然较高，但主要目的是为了保障财政收入，而不主要是为了保护本国工业和市场。可见在垄断资本“自由贸易”的努力下，当时全球的关税水平都不算高，这也是国际贸易发展的必然趋势，它为货物和要素国际自由流动开辟了道路。

国际贸易的发展还推动了国际市场交易手段、商业规则与文明的创造与完善，这也是人类生产力发展和人类文明的宝贵财富。

（一）推进了国际交易支付体系的统一性

自从 1821 年英国实行了金本位制以后，19 世纪 70 年代以后，欧洲主要发达国家都相继过渡到单一的金本位制，俄国与日本也于 1897 年过渡到金本位制。各国货币的金平价使得各国的汇率相对固定，一方面使世界市场上的价格水平更易于趋向统一，各国国内物价的相互联系也更趋密切；另一方面也为国际商品交换和资本输出创造了有利条件。在金本位制下，货币能够自由兑换，这就为多边清偿和支付体系的形成和运作奠定了基础。国际支付体系的建立又促使贸易关系得以突破双边的限制，大大便利了国际资金的流动和债务的清偿。随着国际支付和国际清偿业务的扩大，逐渐形成了国际金融市场和中心化趋势。在伦敦泰晤士河北岸，围绕伦巴第街聚集了各类金融机构，除了英格兰银行和商业银行外，还有贴现行（Discount House）和承兑行（Acceptance House），后来统称为商人银行（Merchant Bank），进行短期和长期的金融业务，这个方圆不足 3 平方千米的地区成了世界金融中心，被人称为“伦敦城”。

在金融操作中，贴现业务是最通常的贸易融资业务，它是一种短期融资方式。它按照商业票据的面额扣除未到期的利息后，将现金付给票据持有人，这使得国际贸易商不必等到票据期满就可以收回货款。有的票据需要得到承兑行的保证，加强信誉后才能贴现。贴现行将收进的票据拿到商业银行或英格兰银行办理再贴现，便于自己周转，这种贸易融资业务大大便利了国际贸易的发展。伦敦还是当时世界保险业务的中心。1688 年在泰晤士河畔的一家咖啡馆成立了劳动合作社，这是一个承保人的团体，1871

年以公司名义向政府注册，取得法人资格。但它本身并不从事保险业务，只是为会员（社员）的承保人（Underwriter）和经纪人（Agent）提供经营的条件。今天会员已超过 3 万名，成为世界上最大的保险业务市场。

（二）推动了国际贸易法律规则和贸易惯例趋于统一

世界市场的统一性并不意味着不同国家资产阶级各自利益的一致性，相反，其经济利益矛盾有增无减。但是他们整体利益的一致性以及彼此联系的紧密与相互依存，又迫使他们不得不在冲突和利益斗争中寻求协调分歧和消弭争端的途径，其中可行的办法就是制定和调整国际经贸关系的法律规则以及统一有关方面都能接受的贸易惯例。前者是通过缔结国际公约和协定来实现，后者则是在长期业务实践中逐步形成的，成为非法律形态的潜规则，对贸易双方当事人行为具有心理上的影响并愿意在合同中明确采用。

1. 法律规则

国际货物买卖合同及其有关法律是国际贸易业务中最重要的文件和规范，它关系到买卖双方的权利和义务以及法律保障问题。国际货物买卖合同是营业地点设在不同国家的当事人之间所订立的，由于各国的商业法并不统一，一旦发生诉讼，究竟是采用“合同成立地法”“合同履行地法”还是“适用法院所在地法”等，最容易引起争议，而其裁定结果对买卖双方利害关系影响极大，所以大多数国家允许当事人在合同中订立“法律选择条款”，即事先规定合同所使用的法律。同时各国也在这方面致力于协调和统一。履行国际贸易合同而产生的争议，一般通过仲裁解决，如仲裁无效，将通过司法诉讼解决，这就是涉外民事诉讼。1986 年产生了《关于民事诉讼的海牙公约》（*Convention Concerning the Civil Suit*, *Hague*），有助于缔约各国民事诉讼的程序趋于统一。这为后来的贸易法律规则提供了司法经验和基础，也为第二次世界大战以后国际贸易法律规范文本《国际货物买卖统一法公约》（*Convention on Uniform Law for the International Sale of Goods*）和《国际货物买卖合同成立统一法》（*Convention on Uniform Law for the Formation of Contracts for International Sale of Goods*）提供了法治实践与法条基础，前者是关于统一各国货物买卖实体法的公约，后者是统一解决国际货物买卖合同成立的法律问题的公约。

2. 贸易惯例

贸易惯例不具有法律的强制性，只有当事人同意采用时才具有约束力，使用范围超越国界，就成为国际惯例。在长期贸易实践中，一些重要惯例也被有关组织写成书面文件。最重要的例子是“国际贸易术语”（International trade Terms）的定义和解释，其中主要是价格术语，最常见的是FOB（装运港船上交货），这一术语早在19世纪初期已流行，它不仅与货物品质、数量有关，更与交货地点、方式有关，涉及运输、保险等费用的负担，也涉及买卖双方其他权利、义务、责任和风险。后来较为复杂的术语CIF（装运港交货，运输、保险费在内）等也陆续被使用。1928年至1932年国际法协会经过长期讨论，制定了统一的解释和规定，被称为《华沙—牛津规则》，广泛流传，沿用至今。1936年国际商会又制定了《国际贸易术语解释通则》（简称INCOTERMS），成为当今使用最广的国际贸易惯例。在保险业方面的国际惯例有1860年的理算共同海损（General Average），1864年和1877年制定与修订的《约克—安特卫普规则》（York-Antwerp Rules），被普遍采用。1912年伦敦保险协会（Institute of London Underwriters）制定了“协会货物保险条款”（Institute Cargo Clause，ICC），后经过多次修订，是至今最广泛运用的国际保险条款。

（三）推动了世界航运与海事规则趋于统一

19世纪中期，英国是世界海运的霸主，它通常把从事海上杂货运输的船舶所有人视为“公共承运人”（Common Carrier），在坚持“公共承运人”对发生在其掌管期间的货损货差承担严格责任的同时，英国也一直坚持“合同自由”，允许承运人通过合同条款来改变委托制度和普通法下的默示义务。这样，承运人就开始凭借自己的优势地位，在提单上规定一些条款，以减轻自己的责任或排除普通法为承运人规定的义务。到1880年，免责条款的数量甚至连承运人照料货物的过失、船员的故意行为以及船舶不适航等，都在免责之列。以至于有人说，承运人除收取运费以外，似乎已无其他责任可言。为了保护美国货主的利益，美国决定拟定规范提单上的免责条款的法律。1892年，来自俄亥俄州的国会议员哈特向国会提交了一项议案，被称为《哈特法》。美国国会讨论并修改了这个法案，特别是修改后的草案更好地平衡了货主和承运人的利益，1893年2月美国总统签署了该法案，《哈特法》正式成为美国法律。《哈特法》（The Harter Act）是处理海上货物运输中货损风险分担的第一部立法，其全称是《关于船舶航行、提单以及与财有关的某些义务、职责和权利的法律》，被誉为是

“海事立法上的一项创新”。随着美国在世界经济地位中的上升，美国国内法也随之成为国际法的参照。1924 年，按照《哈特法》的法律精神，产生了《关于统一提单若干法律问题规定的国际公约》（International Convention for the Unification of Certain Rules of Law Relating to Bills of Lading），简称《海牙规则》。《海牙规则》是海上运输方面一个十分重要的公约，后来几十年许多国家的航运公司都在其所制发的提单上规定采用该规则，据以确定承运人在货物装船、收受、配载、承运、保管、照料和卸载过程中所应承担的责任与义务，以及其应享受的权利与豁免。

此外，海事仲裁制度也是海洋运输方面的重要规则。英国作为一个历史悠久、曾经拥有世界上最庞大殖民体系和海上运输舰队的海运大国，凭借其优势，几百年来逐步形成了一套成熟和完备并具广泛国际影响力的海事仲裁制度，自 1698 年首次以专门立法形式出现发展至今，已历经 1889 年、1934 年、1950 年、1975 年、1979 年、1996 年多次重要的充实与完善，先后融入和吸收了 1923 年、1927 年的两部日内瓦公约及 1958 年的《纽约公约》，编纂、整理了散见于判例法中的大量的仲裁法新规则。同时还造就和培养了一支业务素质堪称世界一流的海商、海事、法律专业队伍。伦敦海事仲裁员协会连续推出了一系列海事仲裁程序规则。对这些规则的成功运作及适时修订，使伦敦海事仲裁在国际海事仲裁业中始终保持着世界领先地位。

第四节　列宁关于社会主义对外贸易和世界市场的思想和实践

一　建立世界市场联系与社会主义命运攸关

十月革命后，列宁把苏维埃国家发展对外贸易、建立与世界市场的联系看作是同社会主义命运攸关的重大问题。当协约国对新生的苏维埃国家实施经济封锁时，列宁就预言道：帝国主义列强“明知同我们建立贸易关系会增强我们的力量，现在却不得不违心地走上这条道路”①，因为“有一种力量胜过任何一个跟我们敌对的政府或阶级的愿望、意志和决心，这种

① 《列宁全集》第 40 卷，人民出版社 2017 年版，第 25 页。

力量就是世界的共同经济关系”。[①] 列宁说的全世界的共同经济关系，就是随着生产力的发展，各国在经济上的相互依存不断加深，这是一个不以人的意志为转移的客观规律，这在社会主义与资本主义的贸易关系中也不例外。在实施新经济政策的1921年，列宁说：“现在，我们的目的就是同英国签订贸易协定，以便较正常地进行贸易，使我们能够尽快地买到实现恢复国民经济庞大计划所需要的机器。这个工作进行得愈快，我们不依赖资本主义国家的经济独立就愈有基础。”[②] “从社会主义建设的观点看，现在多付几亿给外国资本家并因此获得恢复大工业所需要的机器和材料，这对于我们是有利的。这些机器和材料可以使我们恢复无产阶级的经济基础，使无产阶级变成一个坚强的阶级。”[③] “有一个极大的因素使我们能够在这种复杂而又十分特殊的情况下存在下去，这一因素就是一个社会主义国家开始同各资本主义国家建立贸易关系。”[④] 可见，在无产阶级取得国家政权之后，巩固新生的无产阶级国家政权是列宁主义首要的政治经济学逻辑。

而事实正如列宁所料，十月革命后，帝国主义国家一开始对新诞生的世界上第一个社会主义国家采取武装干涉的极端仇视态度，继而又千方百计采取禁运封锁手段，妄图把新生的苏维埃政权扼杀在摇篮里。但在1921年资本主义经济危机来临的情况下，世界市场供求矛盾尖锐化，这迫使英国不得不与苏联订立第一个临时贸易协定。列宁对此评论说：“资产阶级国家需要同俄国做生意，因为它们知道，没有这种那种形式的经济联系，它们还会像以前那样继续垮下去。”[⑤] 由于英国在当时世界经济和国际政治中的领头羊地位，列宁把这个俄英贸易协定看作是具有“世界意义”的，它从根本上动摇了帝国主义国家对苏维埃国家的封锁体系，对苏联同资本主义国家经济贸易关系的发展发挥了重大作用。后来中华人民共和国成立后与帝国主义国家开展的封锁禁运与反封锁禁运的斗争，再一次证明了列宁的科学论断。

---

① 《列宁全集》第42卷，人民出版社2017年版，第343页。
② 《列宁全集》第40卷，人民出版社1986年版，第104—105页。
③ 《列宁全集》第41卷，人民出版社1986年版，第305—306页。
④ 《列宁全集》第40卷，人民出版社1986年版，第25页。
⑤ 《列宁全集》第43卷，人民出版社2017年版，第3页。

二　利用外资是国家资本主义经济的重要措施

列宁不仅主张积极开展与资本主义国家的贸易活动，而且还主张积极利用外国的资金，当时利用外资的形式是“租赁租让制”。1921 年 5 月俄共召开了第十次全国紧急代表会议，会议做出的有关新经济政策的事项中，提出了“以租赁或租让形式发展国家资本主义，即允许外国资本在苏维埃俄国开办工厂和开采自然资源。”① 按照马克思主义对资本主义本质的分析，西方资本主义国家愿意同社会主义国家开展经济贸易活动，当然是为了牟取更大利益，这是不言而喻的，但是我们为什么还要同它们做买卖呢？列宁的回答是：我们不要幻想资本家会白白地给我们各种好处，“国家资本主义制度下的租让是向资本主义交纳贡赋。但我们赢得了时间，而赢得时间就是赢得一切。”② 不仅如此，按照马克思的理论，虽然社会主义国家在向资本主义国家出口商品中多付出了物化劳动，但以此换回的商品却比在社会主义国家自行生产所耗费的劳动要少。这样通过对外贸易不仅换回社会主义经济建设所需的先进技术和设备，而且实现了社会劳动的节约。所以列宁要求苏维埃工作人员：“大家都去做经济工作吧！资本家将同你们在一起，外国资本家，即承租人和租借人，也将同你们在一起，他们将从你们那里攫取百分之几百的利润，他们将在你们那里大发横财。就让他们发财吧，但你们要跟他们学会做经济工作。只有这样，你们才能够建成共产主义共和国。”③

列宁关于社会主义国家同资本主义国家开展经济贸易活动，建立与资本主义世界市场的联系是苏维埃俄国经济建设的重要指导思想，而且列宁从 1921 年提出新经济政策到 1924 年逝世这段时间，他的全部精力都用于研究这一政策的制订与如何有效地付诸实施。在遭受帝国主义的武装干涉后，苏维埃俄国经济面临十分严峻的形势：农业，1921 年全国播种面积只为 1913 年的 86%，1920 年谷物总产量只相当于 1909—1913 年平均水平的 54%；工业，1920 年工业产值只相当于 1913 年的 13.8%，由于缺乏燃料

① 参见《联共（布）党史简明教程》，人民出版社 1975 年版，第 276 页。

② 《列宁全集》第 42 卷，人民出版社 2017 年版，第 56—57 页。

③ 《列宁选集》第 4 卷，人民出版社 2012 年版，第 584 页。

和原料，国家企业的开工率只有3/5；国家财政十分困难，财政赤字加剧通货膨胀，到1920年底，纸币的购买力仅为1919年的1/13000。[①] 实施新经济政策以后，苏维埃俄国加快了经济恢复的步伐。农业中各类农作物播种面积从1921年的9030万公顷恢复增加到1930年的12720万公顷，增长了41%，谷物产量从1920年的4519万吨，恢复增加到1930年的8354万吨，增长了85%；工业生产加快，1928年工业总产值增长速度比1917年提高了80%，1932年比1917年提高270%；发电量从1913年的19亿度增长到1928年的50亿度，1932年达到135亿度；煤炭产量从2910万吨提高到3550万吨，再到6440万吨；钢产量从420万吨提高到430万吨，再到590万吨；对外贸易总额从1920年的0.24亿卢布增长到1927—1928年的13.62亿卢布。[②]

三　社会主义对外经济贸易管理体制初步探索

1924年列宁逝世以后，苏联关于社会主义经济建设与发展对外经济贸易活动关系的指导思想有了新的变化，成为需要探索和研究的问题，特别是关于社会主义对外贸易国家垄断制，即社会主义对外经济贸易活动的管理体制问题，是今天我们仍然需要继续研究和总结的问题。在制定新经济政策的时候，列宁主张允许国内贸易自由化，但不允许对外贸易自由化，国家垄断制正是针对自由化而言的。为此列宁与布哈林还产生过争论。布哈林主张在个别港口对某些商品的进出口实行自由经营。列宁认为这种试验是极端危险的。列宁的顾虑在于，从政治上考虑外贸自由化有可能使苏维埃政权丧失农民的基础。因为当时农业尚未实现集体化，个体小农犹如汪洋大海，国营经济在外贸领域也没有足够优势，如果允许自由进出口，那么由于“亚麻在俄国值4.5卢布，在英国值14个卢布”，通过私商与外国资本的勾连，就会把农民吸引在他们周围，这时“有什么力量能不让农民和商人去作最有利的买卖呢?”[③] 列宁强调，既要同边境上的走私犯作斗争，也要同农民走私作斗争；他担心的是，农民被外国资本吸引将危及工

① 引自陆南泉《苏联经济体制改革史论》，人民出版社2007年版，第12—13页。

② 引自陆南泉等编《苏联国民经济发展七十年》，机械工业出版社1988年版，第128、131、250、253、651页。

③ 《列宁全集》第43卷，人民出版社2017年版，第224—225页。

农联盟，而这是苏维埃政权的基础。他还担心，经济实力强大的外国垄断资本也将利用外贸自由化，通过苏联国内的私商进行倾销，挤垮苏联民族工业。列宁并不认为依靠关税保护能够有效保护本国工业，他批评“布哈林几次提到关税保护，但没有看到……任何一个富有的工业国都能够把这种关税保护完全摧毁。因此，它只要对输入俄国的那些我国征收高额关税的货物给予出口补贴就行了。”[①] 可见，当时列宁坚持采取外贸国家垄断制的出发点是考虑国家安全问题，即预防新生的苏维埃政权被颠覆，出于国家安全考虑来构建国家的对外经济活动体制和管理是所有国家都无法回避的，也是十分正常和必要的。

出于国家安全考虑设置管理体制，既需要实现国家安全的有效性，又需要有利于促进对外经济贸易活动的发展。能否做到两者兼顾，这就有一个经验摸索以及以唯物主义认识论指导经验总结的问题了。当时的贸易国家垄断制的实际内容是什么呢？列宁的原意是进出口贸易不得由私人自由经营，只能由政府授权的机关和单位经营，并接受国家的监督管理。也就是说，除了私商以外，“公商”是允许多种经营主体的。从 1918 年 4 月 22 日列宁亲自签署的《关于对外贸易国有化》法令中看，可以经营对外贸易的“这些机关”是复数，而不是独家。1921 年 12 月俄共十一大决议、1922 年 3 月 13 日苏维埃政府法令，以及 1922 年 3 月 13 日全俄中央执行委员会主席团决定等权威文件中，都反复阐释国家垄断制的内容是，有关单位（多个经营主体）经政府批准授权，就可以经营外贸，但管理权集中在一个部门。列宁逝世后，外贸国家垄断制的内容逐步发生变化，主要变化是属于不同部门和不同层级政府的多种外贸经营主体被逐步整合为只属于中央外贸部和各经济部属的“合股公司”，再改变为只属于外贸部主管的按照商品类别的“进出口联合公司”。1935 年 7 月，苏联政府进一步把驻外商务处的经营业务归并到“联合公司”，最终完成了经营权从多个经营主体到单一经营主体的集中过程，1936 年 11 月的苏联新宪法第十四条赋予了这种外贸体制以法律地位。可见，列宁逝世后的 12 年，苏联外贸国家垄断制的内容已经发生了很大变化，从经营体制和管理体制上看，列宁时期的外贸国家垄断制还是比较灵活的，能够兼顾国家安全和贸易发展

---

① 《列宁全集》第 43 卷，人民出版社 2017 年版，第 334 页。

的关系，列宁之后的外贸国家垄断制是比较僵硬的。

与这种僵硬的外贸体制和管理体制思想相伴随的是关于外贸功能的认识也是片面的。当时苏联学术界和决策部门都认为："苏维埃出口的基本任务是换取外汇以偿付进口"？"苏维埃进口的基本任务是利用出口产品换回外国商品，首先是各种机器，以便尽快地完成社会主义建设计划，以达到苏联在技术上、经济上的独立"？[①]"出口首先是获得加速社会主义建设所必需的进口物资的源泉"？[②]"工业化的胜利和国民经济的技术改造使得苏联可以大量地缩减进口。因为……出口的目的主要是为了偿付进口，所以在第二个和第三个五年计划时期出口额也大大缩减了？"[③] 这些认识显然是只把对外贸易的功能局限于国民经济计划内的物资平衡的需要，用国内商品交换国外急需或不足的商品，主要功能是实现物质形态的转换，重点在于使用价值，而不是价值。而没有从劳动的国际交换中，节约本国社会劳动，从而有利于创造更多社会劳动，获得更多国民收入的角度来考虑对外贸易和世界市场，从而导致了直到1930年苏联出口值占国民生产总值依然很低的现象。根据苏联学者计算，1913年俄国出口值占国民生产总值的比重为11.6%，而到1929年只占3.2%，1930年为3.5%，此后一直处于下降趋势，比重始终很低。[④]

---

① ［苏］米苏斯基：《苏联对外贸易》，莫斯科1941年版，第6—7页。

② ［苏］包达包夫主编：《对外贸易组织和技术》，北京外贸学院中译本讲义，1957年版，第417页。

③ ［苏］乌菲莫夫：《苏联与中华人民共和国对外贸易原理》，北京外贸学院中译本讲义，中国人民大学出版社1953年版，第365页。

④ ［苏］乌菲莫夫：《苏联与中华人民共和国对外贸易原理》，北京外贸学院中译本讲义，中国人民大学出版社1953年版，第311页。

第二章　新中国前30年对外经贸关系的实践与认识

第一节　国际环境：东西方两个世界市场的形成

一　第二次世界大战后世界经济恢复的新特点

第一次世界大战结束后的几年，资本主义主要国家陷于政治动乱和经济危机之中，工业生产和贸易出现停滞。直到1925—1926年，世界贸易额才勉强接近战前水平。但不久又爆发了1929年大危机，经济与贸易都出现下降。直到1937年世界贸易额仍然没有恢复到1929年的水平，紧接着又爆发了1938年的经济危机。如果以不变价格计算，第一次世界大战前的25年（1888—1913年）世界贸易额增长了120%，而后来的25年（1913—1938年）仅增长了11%。① 如按当年价格计算，由于危机中价格大跌，整个20世纪30年代价格都徘徊在低水平上，因此1938年的世界贸易额仅为1929年的40%。② 国际贸易的商品结构向电气产品、汽车、化学产品以及相关的金属和原材料方向发展，美国替代英国在世界出口贸易排名中上升为第一，英国只在进口贸易中仍然保持老大的地位。1929年大危机后，主要资本主义国家纷纷加强保护主义政策，非关税壁垒、配额制、许可证制、外汇管制、进出口奖出限入等措施都被使用。

1939年爆发了第二次世界大战，它对世界经济和国际贸易造成了严重破坏，从1945年大战结束到1948—1949年，国际贸易才大体恢复或略超

---

① ［苏］包达包夫：《国际贸易》上册，财政经济出版社1957年版，第147页。

② ［苏］包达包夫：《国际贸易》上册，财政经济出版社1957年版，第228页。

过战前 1938 年的水平。这个水平实际上也很低，按照不变价格计算，1938 年世界贸易额仅比 1913 年高 12.1%；按照当年价格计算，1938 年则比 1913 年低 28.6%。[①] 从 1950 年开始，资本主义世界的贸易开始转入增长。根据世界贸易组织（WTO）的报告，1950—1994 年，世界生产总值增长了 4.2 倍，而国际货物贸易额增长了 13 倍。[②] 与过去相比，这个增长是空前的。按照 1913 年价格计算，1871 年国际贸易额为 188.6 亿美元，1913 年为 624.3 亿美元，增长了 2.3 倍，[③] 按此测算，1865—1913 年，按当年价格计算的国际贸易额仅增长了 4 倍。[④] 虽然在 1950—1994 年也发生了 5 次经济危机，对国际贸易也造成影响，但由于石油价格陡然狂涨和世界性通货膨胀，资本主义的世界贸易仍然持续增长（如表 2－1）。

表 2－1 **第二次世界大战后各阶段世界生产和贸易量年均增长率** 单位：%

	第一阶段	第二阶段	第三阶段	
	1945—1973 年	1974—1982 年	1985—1990 年	1990—1995 年
世界生产年平平均增长率	5.0	2.7	3	1.5
世界货物出口量年均增长率	9.1	2.4	6	6

资料来源：Tadeusz M. Rybczynski, *Structural Changes in the World Economy and Business*, Kiel University 1983, WTO, *International Trade 1995*, p. 25; WTO, *Annual Report 1996*, Vol. 1, p. 13。

第二次世界大战后，随着世界经济和国际政治格局的变化，资本主义世界的贸易也出现了阶段性发展的明显特征。从第二次世界大战结束到 1973 年是第一阶段，这是世界主义国际贸易发展的“黄金时代”。第二阶段从 1974—1975 年的经济危机到 1980—1982 年的危机，这是世界经济动荡和发生转折的时期，石油危机打破了传统的国际收支平衡关系，也刺激了世界产业结构的调整，再加上“布雷顿森林体系”的瓦解，导致了国际

① ［苏］包达包夫：《国际贸易》上册，财政经济出版社 1957 年版，第 226 页。

② WTO, Annual Report, 1996.

③ ［苏］包达包夫：《国际贸易》上册，财政经济出版社 1957 年版，第 181 页。

④ ［苏］法明斯基：《当代国际贸易》，金茂远译，中国对外经济贸易出版社 1983 年版，第 54 页。

贸易发生急剧变化。第三阶段从20世纪80年代中期到90年代，“关税贸易总协定”下的乌拉圭回合谈判被启动，资本主义主要国家都在“贸易自由化”的旗帜下调整各自的贸易政策，垄断资本的组织形式向大型跨国公司转变，要求世界各国在更广的范围和更深的层次开放市场，经济自由主义浪潮逐渐向经济全球化新趋势演化，刺激了国际贸易新一波的发展。

但是，第二次世界大战之后，世界经济领域最深刻的变化并不是资本主义世界贸易在各个不同阶段的曲折发展，而是随着东西方两大阵营国际政治格局的出现而相应形成的东西方两个平行对立的世界市场。斯大林写道：“第二次世界大战及其经济影响在经济方面的最重要结果，应当认为是统一的无所不包的世界市场的瓦解。”“两个对立阵营的存在所造成的经济结果，就是统一的无所不包的世界市场瓦解了，因而现在就有了两个平行的也是相互对立的世界市场。”①

由于新经济政策的实施，到1925年苏联的经济基本恢复到战前1913年的水平。但是苏联现代工业还比较落后，钢铁、电力生产远远不能满足国民经济需要。汽车、飞机制造、化学合成、大型机器设备制造（发电站成套设备、自动生产线设备）等最新的大工业几乎一片空白。到1928年，苏联的工业产值还不到德国的一半，美国的八分之一，全国只有不到三万辆拖拉机，99%的耕种要靠畜力和人力来完成。为使苏联成为先进的社会主义工业化强国，1927年12月联共（布）召开第十五次代表大会，通过了关于制订发展国民经济第一个五年计划（1928—1933年）的指示。1933年1月，苏联政府宣布第一个五年计划提前9个月完成。

在四年零三个月的时间内，苏联建成了1500多个现代化技术装备的大型工业企业，在苏联历史上首次出现了拖拉机、飞机制造、汽车、重型机械、机床制造、化学合成工业、精密仪器制造等新兴的工业部门。1932年的工业产值是1913年的234.5%。其中，机器制造业产值比1913年增加9倍，比1928年增加3倍。工业产值在工农业总产值中占的比重，由1928年的48%上长为70.7%；工业内部轻重工业的比重也由1927年的60.5∶39.5，变成46.6∶53.4。整个国民收入从1928年的244亿卢布增

① 《斯大林文选》，人民出版社1978年版，第593—594页。

加到1932年的455亿卢布，增长了68%。[①]

1934年1月召开的联共（布）第十七次代表大会通过了发展国民经济的第二个五年计划（1933—1937年）。1936年第二个五年计划提前完成，1937年该计划超额完成。在“二五”计划期间，苏联总共有4500个大企业建成投入生产，工业总产值增长了120%，其中重工业增长了139%，轻工业增长了100%，农业总产值由第一个五年计划期间的负增长，到增长了54%；国民收入增长了109%，人民的工资基金增加了1.5倍，集体农庄农民收入增长了2倍多。到1937年，大工业总产值比1932年增加了1倍，比1913年增加了7倍，到1937年，苏联的钢产量达1770万吨，钢材为1300万吨，生铁为1450万吨，煤为1.28亿吨，发电量为365亿度。经过两个五年计划，苏联建成了六千多个大企业，建立起钢铁、飞机、汽车、拖拉机、化学、重型机械、精密仪器等部门，工业水平大幅提升，工业企业的现代化程度和管理水平大为提高。1937年苏联的工业总产值占世界的10.6%，仅次于美国，超过德国、英国、法国跃居欧洲第一位，世界第二位。在整个国民经济中，公有经济在国民经济的比例占到99.8%。据美国世界经济研究所经济史研究学会推算，按照2011年现价美元计算1928年苏联的国民生产总值约为409亿美元，人均为258美元；1937年增长到1228亿美元，人均792美元。[②]

按照美国学者的研究，经过两个五年计划（1928—1937年）苏联的国民收入从244亿卢布提高到963亿卢布，煤产量从3540万吨提高到1.28亿吨，钢产量从400万吨增至1770万吨，电力增长7倍，机床增产20倍以上，拖拉机产量几乎增加40倍。在20世纪30年代末，苏联的工业总产量不仅超过了法国、日本和意大利，而且可能超过了英国。[③] 而这一切，只用了13年时间。按美元计算，1937年美国国民收入为680亿美元，英国为220亿美元，而苏联已达到190亿美元，德国为170亿美元，

---

① 《联共（布）党史简明教程》，人民出版社1975年版；［苏］布拉金斯基、刘国光、乌家培：《苏联第一个五年计划（1929—1932）国家计划的发展》，《经济研究》1956年第1期。

② 参见人民出版社编辑《论苏联第二个五年计划》，人民出版社1953年版；庞俊编著《苏联第二个五年计划》，华东人民出版社1954年版。

③ ［美］保罗·肯尼迪：《大国的兴衰》，陈景彪等译，国际文化出版公司2006年版，第316页。

法国100亿美元，意大利60亿美元，而日本仅为40亿美元。按照钢铁产量计算，1938年美国为2880万吨，德国2320万吨，苏联1800万吨，英国1050万吨，法国610万吨，日本700万吨；同年，美国制造业在世界制造业总产量中的比重为28.7%，苏联为17.6%，德国为13.2%，英国为9.2%，法国为4.5%，日本仅为3.8%。①

从1938年开始的第三个五年计划，迫于战争危险临近，重点发展军事工业，1938年飞机产量比1937年翻了一番，达到7500架，1939年达到1万架。1940年武器生产总值达到50亿美元，相当于英美总和，仅次于德国，1941年达到85亿美元，超过了德国。1941年6月因苏德战争爆发，中断了第三个五年计划。从1946年至1950年进行了第四个五年计划，1948年工业生产恢复到战前的总体水平。1950年与1940年相比，苏联工业总产值增加了73%，国民收入实际增长了64%。苏联的重工业增长了107%，轻工业增长了24%。1950年苏联国内生产总值（以1970年美元计算）达到1710亿美元，当时几个主要资本主义大国分别是：美国4280亿美元，英国870亿美元、法国710亿美元、德国650亿美元、日本410亿美元、意大利370亿美元。在经济总量方面苏联跃居世界第二位。②这是形成东西方两大阵营和两个世界市场的最重要的基础条件。

但东西方两个世界市场形成的实际导火索是“马歇尔计划”。第二次世界大战结束时，欧亚各国残破，即便原本富足的欧洲也亟须从美国大量进口商品才能维持民生和经济运转，但欧洲经济尚未恢复，出口能力很差，对外支付难以平衡，普遍陷入“美元饥荒”。仅1947年西欧对美国的贸易赤字就高达57亿美元，长此下去，西欧继续进口美国商品难以为继。为此，1947年6月5日时任美国国务卿的马歇尔（George Marshall）提出“欧洲复兴计划”（European Recovery Program，俗称“马歇尔计划”），企图一石三鸟：首先是保障和扩大美国剩余产品在欧洲的市场，为美国经济注入新的活力；其次是拉拢欧洲，使欧洲的战后恢复纳入到以美国为主导的世界经济体系，形成对美国全球政治经济格局的战略支撑；最后是重建

① ［美］保罗·肯尼迪：《大国的兴衰》，陈景彪等译，国际文化出版公司2006年版，第194、322、324页。

② 参见［苏］维更捷夫《第四个五年计划时期苏联经济发展概要》，葛辛译，生活·读书·新知三联书店1955年版；《联共（布）党史简明教程》，人民出版社1975年版。

欧洲经济和西方制度体系，形成对苏联社会主义思潮和影响的遏制，成为东风西渐的防火墙。讨论马歇尔计划的会议于 7 月 12 日至 15 日在巴黎举行，除苏联及其东欧盟国以及西班牙外的 16 个欧洲国家参加了会议，他们向美国提出了一个互助和自助的计划，作为与美国财政援助相对应的方案。12 月 19 日杜鲁门政府以欧洲经济合作委员会总报告为基础，向国会提交了“经济合作法案”，国会批准通过了《1948 年对外援助法》，规定美国将在 15 个月内向欧洲提供 68 亿美元援助，并保证在以后三年中继续援助。[①] 该计划从 1948 年开始实施至 1951 年底跨 4 个财政年度，先后拨款 125 亿美元，其中 2/3 是西欧用来偿付美国商品的进口。马歇尔计划的出台，标志着美苏战时同盟关系正式破裂、美苏之间“冷战”的开始。1947 年美国总统杜鲁门向国会提出咨文，正式阐述美国对苏联政策及整个对外方针，这是美国政府内部酝酿已久的遏制苏联、称霸世界的全球战略，后来被称为杜鲁门主义，杜鲁门主义是美苏“冷战”正式展开的重要标志，成为美国对外政策的重要转折点。

二　以苏联为首的“经济互助合作委员会”组成

马歇尔计划引起了苏联的警觉，苏联科学院世界经济与政治研究所所长瓦尔加院士向苏联领导人莫洛托夫报告说，美国向国外没有偿还能力的债务国提供价值数十亿美元的产品，那就必须从中获取最大的政治利益。[②] 1947 年 9 月在第二届联合国大会上，苏联代表团声明：“这个计划的一项重要特征是企图以包括德国在内的西欧集团国家来对付东欧国家。”[③] 为了抵御马歇尔计划对苏联和东欧国家可能产生的冲击，特别是防止东欧国家可能出现的对苏联的离心倾向，同时也考虑苏联与东欧各国经济恢复的需要，苏联决定加强与东欧各国的经济贸易合作，先后签订了一系列合作协议，并于 1949 年 1 月成立了由苏联和东欧国家结合的“经济互助合作委员会”（简称经互会）。成员开始有苏联、保加利亚、匈牙利、波兰、罗马尼亚、捷克斯洛伐克、民主德国和阿尔巴尼亚（1961 年退出）。从 20 世

① 中国历史网：1947 年 6 月 5 日，马歇尔计划提出，2020 年 7 月 31 日。

② 引自［苏］《近现代史》1993 年第 2 期。

③ 陆南泉：《苏联经济体制改革史论》，人民出版社 2007 年版，第 109 页。

纪60年代起，经互会由于先后接纳了蒙古（1962年）、古巴（1972年）和越南（1978年），已超越了欧洲大陆范围，成为一个横跨欧、亚、美三大洲的国际性经济组织。1952年，斯大林宣布说，中国和欧洲各人民民主国家“脱离了资本主义体系，和苏联一起形成了统一的和强大的社会主义阵营，而与资本主义阵营相对立。”① 两大阵营是两个平行的世界市场的政治基础。

第二次世界大战结束以后，苏联国民经济恢复较快，到1950年，按照1964年美元价格计算，苏联国民生产总值达到1260亿美元，在世界上仅次于美国的3810亿美元，远高于英国的71亿美元，法国50亿美元，西德48亿美元，日本32亿美元，意大利29亿美元；人均国民生产总值也超过意大利和日本。② 特别是工业生产的恢复很快。苏联从1940—1980年工业生产增长速度情况如表2－2。

表2－2　**苏联主要工业部门工业总产值每十年的增长速度**　单位:%

工业部门	1941—1950年（1949＝100）	1951—1960年（1950＝100）	1961—1970年（1960＝100）	1971—1980年（1971＝100）
全部工业	173	203	227	178
电力工业	187	263	174	180
燃料工业	145	143	81	154
黑色冶金工业	177	170	94	141
化学和石油化学工业	196	293	249	218
机器制造与金属加工工业	215	320	213	258
其中：机器制造业	235		224	268
建筑材料工业	217	442	129	156
玻璃和陶瓷工业	197	235	150	226
轻工业	112	150	71	148
食品工业	－3	135	89	140

资料来源：《苏联国民经济统计年鉴》1970年，第135—137页；1980年，第127页。引自陆南泉等《苏联国民经济发展七十年》，机械工业出版社1988年版，第130页。

① 《斯大林选集》下卷，人民出版社1979年版，第561页。

② ［美］保罗·肯尼迪：《大国的兴衰》，陈景彪等译，国际文化出版公司2006年版，第363页。

随着苏联工业生产的恢复和发展，对外贸易增长也很快，但其对外贸易规模并不很大，国民经济基本是国内循环为主。1950 年苏联对外贸易总额为 29. 25 亿卢布，其中出口 16. 15 亿卢布，进口 13. 10 亿卢布；1960 年分别提高到 100. 73 亿卢布，50. 07 亿卢布，50. 06 亿卢布；1970 年分别为 220. 85 亿卢布，115. 20 亿卢布和 105. 65 亿卢布；1980 年分别为 940. 97 亿卢布，496. 35 亿卢布和 444. 62 亿卢布，1981 年苏联外贸总额跃上千亿卢布台阶，1985 年达到 1415. 06 亿卢布，出口额达到 724. 64 亿卢布，进口 691. 02 亿卢布。① 由于苏联实行两个平行的世界市场的对外经济政策，因此苏联的对外贸易业务主要是与其他社会主义国家进行，表 2 – 3 是苏联与不同类型贸易伙伴发展对外贸易的比重。

表 2 – 3 **各种类型国家在苏联对外贸易中所占的比重** 单位：%

年份	总计	社会主义国家（其中经互会）		发达资本主义国家	发展中国家
1950	100	81. 1	57. 4	15	3. 9
1955	100	79. 3	53. 3	15. 6	5. 2
1960	100	73. 2	54. 0	19	7. 8
1965	100	68. 8	58. 0	21. 1	12
1970	100	65. 2	55. 6	21. 3	13. 5
1975	100	56. 3	51. 8	31. 1	12. 4
1980	100	53. 7	48. 7	33. 6	12. 7
1985	100	61. 1	54. 9	26. 7	12. 2

资料来源：《苏联外贸统计年鉴》各年各有关数据，引自陆南泉等《苏联国民经济发展七十年》，机械工业出版社 1988 年版，第 652—653、656 页。

三 “两个平行的世界市场”在实践和理论上的错误

从表 2 – 3 可以看出虽然在长达 35 年时间里，苏联都主要与社会主义国家发展贸易关系，但比重是趋于下降的，与发达资本主义国家贸易的比重逐渐上升，最高的 1980 年曾达到 33. 6%，而与其他发展中国家的贸易

① 《苏联外贸统计年鉴》各年各有关数据，引自陆南泉等《苏联国民经济发展七十年》，机械工业出版社 1988 年版，第 652—653 页。

也趋于上升，最高也曾占 13% 以上的比重。这说明，苏联声称的“两个平行的世界市场”实际上是存在交叉和互相依存的关系，二者完全割裂实际上是不可能的。在苏联与社会主义国家的贸易活动中，又主要是以经济互助合作委员会的东欧国家为主，这些国家在苏联的对外贸易比重中基本上都占据半数以上的份额，只有个别年份比重降到 50% 以下。这说明，苏联的对外经济活动的主要目的是为了维持与东欧卫星国家的国际分工和合作关系，从而把它们绑定在苏联国民经济体系上。

斯大林低估了第二次世界大战后科学技术深入发展和产业革命对于资本主义发达国家产业变革和世界市场的深刻影响，而且高估了经互会成员市场对比西方市场的实力和潜力。他对资本主义经济总危机的认识仍然停留在第二次世界大战之前的世界经济格局上，他说：“各主要资本主义国家（美、英、法）夺取世界资源的范围，将不会扩大而会缩小；世界销售市场的条件对于这些国家将会恶化，而这些国家的企业开工不足的现象将会增大。世界市场的瓦解所造成的世界资本主义体系总危机的加深就表现在这里。”① 他忽视了第二次世界大战以后随着产业内分工与贸易的发展，资本主义发达国家之间的产业内分工扩大和市场扩大的新现象；同时又盲目骄傲地认为在苏联“极度便宜的，技术头等”的优势下，经互会国家不仅不需要从资本主义国家输入商品，而且还有多余商品输出别国。② 但结果却事与愿违。“两个平行的世界市场”理论是客观历史条件下的产物，今天我们运用辩证唯物主义和历史唯物主义的观点来认识和检验它，可以得出以下的结论。

首先，践行这个理论的“经济互助合作委员会”对于苏联和东欧国家的经济恢复发展以及保卫社会主义国家的安全还是发挥了积极作用的。从经互会的经济发展速度看，不仅超过了资本主义国家，而且还超过了第三世界国家。例如，1950—1983 年，经互会国家的国民收入的年增长速度为 6.7%，而发达资本主义国家只有 3.8%，工业产值的年增长速度分别为 8.3% 和 4.2%。即使从经互会国家经济开始转入缓慢发展时期的1970—

---

① 《斯大林选集》下卷，人民出版社 1979 年版，第 562 页。

② 《共产党情报局会议文集》，第 68—73 页。转引自陆南泉《苏联经济体制改革史论》，人民出版社 2007 年版，第 113 页。

1983 年看，它在国民收入、工业产值两个方面的增长速度仍快于发达资本主义国家和第三世界国家，它的国民收入共增长 181%，而发达资本主义国家增长 142%，发展中国家增速为 167%，三者的工业产值增长分别为 200%、137% 和 174%。其中，苏联早在 20 世纪 70 年代中期，已在 20 多种重要产品，其中包括 19 种重要工业产品的年产量方面超过了美国而跃居世界首位，如钢铁、石油、焦炭、水泥、机车、拖拉机、联合收割机等。而从前曾是农业国的成员国，也都在各自的国民经济中建立起了一些比较发达的工业部门，如保加利亚创建了电机工业，匈牙利建立了电子工业，罗马尼亚建设了机床制造业。即使是经济落后的蒙古，也建成了 200 多个工业企业。经过 20 多年的发展，它按人口计算的产品总值和国民收入，也达到了世界中等水平。经互会作为一个整体，就国民收入而言，1950 年它仅占世界 20 世纪的 15%，20 世纪 80 年代中期上升到 25%，同时期工业产值占比从 18% 增长到 33% 左右。①

其次，"两个平行的世界市场"理论在实践上不可能完全行得通，在理论上是错误的。且不说苏联自身不可能不与发达资本主义国家发生经济贸易联系，而且苏联自身的对外贸易在世界贸易总额中占比重很小。1950 年苏联对外贸易总额为 29.25 亿卢布，约折合 33 亿美元，世界贸易总额为 1257 亿美元，占比重为 2.6%；1986 年苏联外贸总额提高到 1515 亿卢布，约折合 1712 亿美元，世界贸易总额为 43461 亿美元，占比重为 3.9%（见表 2－4）。

表 2－4　**苏美对外贸易额的比较**　单位：亿美元

年份	苏联	美国	苏联占美国的%
1950	32.5	190.0	17.1
1955	64.9	269.4	24.1
1960	111.9	354.8	31.5
1965	162.3	485.4	33.4
1970	245.3	823.5	29.8
1975	702.9	2091.4	33.6

① 引自杨家荣《经互会生四十年：成就、问题与前景》，《俄罗斯东欧中亚研究》1988 年第 8 期。

续表

年份	苏联	美国	苏联占美国的%
1978	1027. 7	3239. 4	31. 7
1980	1450. 0	4723. 3	30. 7
1981	1524. 2	5002. 3	30. 5

资料来源：陆南泉等：《苏联国民经济发展七十年》，机械工业出版社 1988 年版，第 670 页。

就整个经互会整体而言，1950 年其外贸总额也仅为 73. 76 卢布，约折合 82. 6 亿美元，占世界比重不足 6. 6%；1986 年其外贸总额提高到 2951. 35 亿卢布，约折合 4102 亿美元，占世界比重为 9. 4%。[①] 这说明，无论是苏联，还是经互会整体，其对外贸易规模占世界比重都太小，很难保证其自身的独立性，很难不与经互会以外的国家发生经济贸易联系。1988 年“经济互助委员会”不得不与欧洲资本主义国家以及欧洲经济共同体签订经济贸易协议，可见当初所谓平行的独立世界市场只是一厢情愿。

其理论上的错误则是明显违反了列宁主义的基本观点：世界市场的形成是生产力发展的必然结果。世界市场的形成和扩大，其前提是国际分工和国际交换的产生和扩大，而产生国际分工和国际交换的根源又在于社会生产力和科学技术的进步。各国的社会生产力和分工发展到一定阶段，必然超越国界，走向国际社会化，产生统一的世界市场。由于各国生产力和科技发展的不平衡，自然资源和劳动力条件上的差异、经济管理水平的不同，必然造成各国科学技术的互相引进、取长补短和经济发展中的相互依存，而这种互相引进、互相依存都是通过统一的世界市场实现的，同时又反过来扩大了世界市场。社会主义阵营的出现并不能改变世界市场存在和发展的客观规律。

同时，实践检验证明：社会主义国家通过互相协作，完全可以不从资

---

① 有关数据引自陆南泉等《苏联国民经济发展七十年》，机械工业出版社 1988 年版，第 652—653、658 页；杨家荣《经互会生四十年：成就、问题与前景》，《俄罗斯东欧中亚研究》1988 年第 8 期。根据各数据测算，20 世纪 50 年代卢布与美元的兑换率为 1∶1. 12；70 年代以后卢布升值，80 年代达到 1∶1. 39。1986 年世界贸易额数据来源于世界贸易组织数据库：https//data. WTO. org。

本主义国家输入商品、资金、技术就可以满足需要的观点是错误的。经互会成员间的经济贸易合作实践表明，仅在经互会范围内的经济合作远不能满足各国经济社会建设的需要，因为世界上大部分先进科技、资金、先进的经济管理方法，都掌握在发达资本主义国家手里，不与它们发生经济合作关系，就等于拒绝吸收外来先进事物，这也是违反马克思主义基本观点的。

因此我们得到的重要理论启示是：社会主义国家和社会主义经济体系的出现，确实使统一的资本主义世界经济体系发生分裂，但这并不等于形成了单独的社会主义世界市场，不等于使无所不包的资本主义统一的世界市场瓦解和终结。由于资本主义经济体系仍在世界市场上占主导地位。所以，社会主义国家和经济的出现，只是使统一的资本主义世界市场内部出现了资本主义经济和社会主义经济并存的局面。这就是事物运动中存在着内在的矛盾对立统一的认识。社会主义经济只有在更好地利用资本主义世界市场的实践中才能发展壮大自己。

第二节　中国共产党对外经济关系的认识与选择

一　自力更生，但也要积极发展对外经济联系

在中华人民共和国成立之前的新民主主义革命时期，毛泽东就在1940年提出了实行“新民主主义经济”，它“并不禁止‘不能操纵国计民生’的资本主义生产的发展”，[①] 在经济工作中，“我们是主张自力更生的。我们希望有外援，但是我们不能依赖它”；[②] 在1945年中国共产党第七次全国代表大会上，毛泽东就提出：“为着发展工业，需要大批资本。从什么地方来呢？不外两方面，主要地依靠中国人民自己积累资本，同时借助于外援。在服从中国政府法令、有益中国经济的条件下，外国投资是我们所欢迎的。”[③] 1946年5月中共中央指示山东解放区，在不被垄断、不受控制、互惠互利的前提下，可以与外国商人、政府签订经济合同，吸收外资

① 《毛泽东选集》第2卷，人民出版社1991年版，第678页。
② 《毛泽东选集》第3卷，人民出版社1991年版，第1016页。
③ 《毛泽东著作专题摘编》，中央文献出版社2003年版，第493页。

建工厂、发展交通和贸易。[①] 与此相对应，他还说，“对于外国文化，排外主义的方针是错误的，应当尽量吸收进步的外国文化，以为发展中国新文化的借鉴；盲目搬用的方针也是错误的，应当以中国人民的实际需要为基础，批判地吸收外国文化。”[②] 可见，中国共产党人的世界观，本质上是开放的，而不排外。

新中国需要与外国发展经济贸易关系，中国共产党的态度就更明确。在中华人民共和国成立前夕，毛泽东在 1949 年党的七届二中全会上强调了全党工作的中心将从农村转向城市、从军事斗争为主转向生产建设和经济工作为主；他详细论述了中国共产党发展对外经济关系的两项主张：第一，积极发展对外经济贸易。“关于同外国人做生意，那是没有问题的，有生意就得做，并且现在已经开始做，几个资本主义国家的商人正在互相竞争。我们必须尽可能地首先同社会主义国家和人民民主国家做生意，同时也要同资本主义国家做生意。”[③] 第二，实行对外贸易统制。“人民共和国的国民经济的恢复和发展，没有对外贸易的统制政策是不可能的”，“对内的节制资本和对外的统制贸易，是这个国家在经济斗争中的两个基本政策。谁要是忽视或轻视了这一点，谁就将要犯绝大的错误。”“立即统制对外贸易，改革海关制度，这些都是我们进入大城市的时候所必须首先采取的步骤。”[④] 有关中国共产党对国内、国际问题的认识主张与政策，美国人并非一无所知。

二　一些美国人曾幻想可以用经济利益引诱中国

在抗日战争前后，除了美军在延安的军事联络机构之外，不少美国记者在延安和其他抗日根据地还进行过采访和报道。1936 年后，美国记者埃德加·斯诺、斯特朗、史沫特莱等一批新闻记者来到中国陕北延安，他们不带意识形态偏见，以职业精神和道德操守，将自己的所见所闻所思所想忠实介绍给了世界。特别是斯诺于 1936 年 10 月离开延安后，便开始在一些英美报刊发表系列新闻通讯报道，并出版了《红星照耀中国》一书。美

---

① 《中共中央文件选集》第 16 册，中共中央党校出版社 1992 年版，第 151—152 页。
② 《毛泽东选集》第 3 卷，人民出版社 1991 年版，第 1083 页。
③ 《毛泽东选集》第 4 卷，人民出版社 1991 年版，第 1435 页。
④ 《毛泽东选集》第 4 卷，人民出版社 1991 年版，第 1433—1434 页。

国军人约瑟夫·史迪威（Joseph Stilwell），抗战期间先后担任过中国战区参谋长、中缅印战区美军总司令、东南亚盟军司令部副司令、中国驻印军司令和分配美国援华物资负责人等职务，属于美国统治阶层的人物。作为在华13年的“中国通”，史迪威对中国共产党并不陌生。他欣赏、佩服中国共产党的抗日主张和清廉、艰苦的工作作风和生活作风；对国民党政府的政治腐败、贪污渎职的作风深恶痛绝，他通过助手多渠道获得了关于中共的第一手资料。这些信息在美国的统治阶层中都不是什么秘密。因此这必然激发一些美国人的天真幻想，如果有像中国共产党这样得到人民拥护的政治力量作为他们在中国的代理人，行将就木的蒋介石政府为什么不能抛弃呢？

1949年初北平和平解放，以美国驻华大使司徒雷登为代表的一部分人士认为，为了防范苏联对中国的拉拢，为了防范共产主义势力在亚洲的蔓延，可以抛弃蒋介石政权并在有条件的前提下与中国共产党建立联系。这种条件就是必须依附以美国为首的西方势力，从而去共产主义，这是一部分美国人的天真想法。在中国人民解放军渡江前夕，许多与国民党当局有外交关系的代表机构都离开了南京，而美国大使馆依然坚守南京，等待中国共产党的答复。“人民解放军横渡长江，南京的美国殖民政府如鸟兽散，司徒雷登大使老爷却坐着不动，睁起眼睛看看，希望开设新店，捞一把。”[①] 毛泽东和中共中央当然明白这些美国人的用意，“美国有很多钱”，可以用来引诱人，但美国送钱给人是有条件的，“送是可以的，要有条件。什么条件呢？就是跟我走。”[②] 对美国人的态度，中国共产党是明确的，可以建立经济联系，但是不能附带政治条件，这是不允许的。中国共产党坚持民族政治独立的态度使西方势力企图用经济贸易联系的好处来控制蒋介石政权垮台之后的中国新政权的图谋破产了。恼羞成怒的美国当权派依旧选择了蒋介石政权。尽管1949年8月美国国务院发布了《中美关系白皮书》，白皮书把蒋介石政权骂得狗血淋头，专制独裁、腐败无能，意思是美国对华政策的失败都是蒋介石政权的原因，推卸他们自己的责任。但是美国对华政策的立场没有变。因此，美国驻中国大使司徒雷登在《白皮

① 《毛泽东选集》第4卷，人民出版社1991年版，第1496页。
② 《毛泽东选集》第4卷，人民出版社1991年版，第1495页。

书》发表前后灰溜溜地走了，毛泽东发表了《别了，司徒雷登》，揭露了那些装着爱美国也爱中国，颇能迷惑一部分中国人的美国民主人士、自由人士的真实面目。当然，毛泽东在当时就预见到，中美关系问题将对中国的经济建设造成困难，帝国主义势力还将阻挠新中国与外国开展正常的经济贸易联系，他说："多少一点困难怕什么，封锁吧，封锁十年八年，中国的一切问题都解决了。"[①] 因此，反对西方国家的封锁和禁运将成为新中国经济工作的重要任务。他说："生意总是要做的。我们只反对妨碍我们做生意的内外反动派，此外并不反对任何人。大家须知，妨碍我们和外国做生意以至妨碍我们和外国建立外交关系的，不是别人，正是帝国主义者及其走狗蒋介石反动派。团结国内国际的一切力量击破内外反动派，我们就有生意可做了，我们就有可能在平等、互利和互相尊重领土主权的基础之上和一切国家建立外交关系了。"[②]

三　主要与苏联等国发展经济贸易关系的客观历史条件

毛泽东的政治经济学观点十分鲜明，《毛泽东选集》第一卷第一篇文章就是《中国社会各阶级的分析》，其第一句话就是"谁是我们的敌人？谁是我们的朋友？这个问题是革命的首要问题"。[③] 在国际阶级关系中，在当时的国际环境下，中国属于以苏联为首的反帝国主义战线一边，因此毛泽东对新中国的外交路线和外部事务的基本观点是："积40和28年的经验，中国人不是倒向帝国主义一边，就是倒向社会主义一边，绝无例外。骑墙是不行的，第三条道路是没有的。"[④] 在开展新中国的经济建设的问题上，毛泽东说我们将从过去熟悉的环境和工作转向不熟悉的环境和工作，因此要学习借鉴苏联的经验。"他们已经建设起来了一个伟大的光辉灿然的社会主义国家。苏联共产党就是我们最好的先生，我们必须向他们学习。"[⑤] 1949年9月新政协制订的《共同纲领》就明确规定中华人民共和国在平等互利基础上与各国政府和人民恢复并发展通商贸易关系。在当

① 《毛泽东选集》第4卷，人民出版社1991年版，第1496页。
② 《毛泽东选集》第4卷，人民出版社1991年版，第1473页。
③ 《毛泽东选集》第1卷，人民出版社1991年版，第3页。
④ 《毛泽东选集》第4卷，人民出版社1991年版，第1473页。
⑤ 《毛泽东选集》第4卷，人民出版社1991年版，第1481页。

时，主要是建立和发展了与苏联和东欧社会主义国家的经济贸易关系，此外，也努力发展与其他资本主义国家的经济贸易关系。1951 年中国派代表团参加了在莱比锡、布拉格举办的国际博览会，宣传介绍新中国进出口贸易及市场情况。1952 年 4 月在莫斯科的国际经济会议上，中国代表团与到会的 30 个不同社会制度国家的 100 多个工商团体和企业家进行了广泛接触和洽谈，同英国、法国、瑞士、荷兰、比利时等 11 个国家的 50 多个工商企业签订了总额达 2. 24 亿美元的贸易协定，在西方禁运的壁垒上打开了缺口。5 月成立了中国国际贸易促进会，首先发展同日本的民间贸易，签订了价值 3000 万英镑的贸易协议。尽管后来遭受美国等西方国家政府的干涉和阻挠，这些民间贸易协议未能完全履行,[①] 但新中国积极开展对外经济贸易活动的姿态已在世界上树立了自己的形象。

相对而言，新中国前 30 年我国与西方发达国家处于相互封闭的状态。这与新中国成立以后的世界政治经济形势有密切关系。在当时的世界政治经济大格局中，新中国不是不愿意，而是外部条件不允许我们与西方国家建立正常的经济贸易关系。正如邓小平所说：“毛泽东同志在世的时候，我们也想扩大中外经济技术交流，包括同一些资本主义国家发展经济贸易关系，甚至引进外资、合资经营，等等。但是那时候没有条件，人家封锁我们。”[②] 新中国要在保持政治独立的前提下发展对外经济贸易关系，只能主要与社会主义国家建立联系。因此中共中央在当时制订了一边倒的政策，即在政治关系上中国属于社会主义国家阵营，在对外经济关系上主要与苏联和东欧社会主义国家发展经济贸易。新中国成立前夕刘少奇秘密访问苏联，表明了中国共产党对外关系的立场。这决定了新中国成立以后的对外开放只能向苏联和欧洲社会主义国家开放，当时以美国为首的西方国家仍然众口一词地把偏居海岛的蒋介石国民政府作为中国唯一合法政府，不承认中国共产党和中华人民共和国，而且对新中国实施了不同阶段不同内容的经济封锁和禁运，这种状态延续了 20 多年。新中国与西方国家的相互封闭状态，是西方国家的意识形态偏见和歧视造成的，也是那个时期

① 中共中央党史研究室：《中国共产党历史》第 2 卷（1949—1978 年）上册，人民出版社 2002 年版，第 121—122 页。

② 《邓小平文选》第 2 卷，人民出版社 1994 年版，第 127 页。

不正常的历史产物，它的终结是必然的。

从1950—1955年，苏联借给我国11笔贷款，用以购买抗美援朝军事物资以及经济建设设备和器材。在“一五”计划建设时期，工业化开始起步，中国从苏联获得了贷款和实物的价值为66亿旧卢布的有偿援助，最早的3亿美元贷款属于抗美援朝期间的军事采购，不在其内，此后的援助共建设实施了156个大型工业项目。在苏联的带领下，东欧各国向中国提供了其他项目的援助，共计30.8亿卢布，中国从社会主义国家阵营中总共获得了总计大约96.8亿卢布的工业化外来资本。[①] 按照当时美元与卢布1比4的汇率，[②] 这些外来资本约折合24.2亿美元。苏联和社会主义国家的援助加上我们自己的经济积累，新中国在很短时间里奠定了工业化的基础。这个事情我们不能忘记，苏联人曾经援助过我们。这是20世纪50年代初期中国对外开放的一次重大事件，也可以说，我国利用外国资本、外国技术是从这个时候开始的。

四　中苏经济贸易合作历史经验的总结

20世纪50年代后期和60年代初期，苏联领导人赫鲁晓夫的大国沙文主义思想膨胀，出于本国利益，提出要在中国建立长波电台、建立“联合舰队”，企图控制中国沿海地区，并以断绝经济技术援助相要挟。新中国不允许美国附带政治条件，也同样不允许任何国家这样做，哪怕同样是社会主义阵营的国家也不行。苏联因此断绝了经济援助，撤走了专家，中断了建设项目和技术合作，导致中国经济遭受严重困难，这是不能忘记的，它是新中国在对外开放中经历的第一次安全风险的考验。新中国不仅赢得了尊严，渡过了难关，而且照样取得了“两弹一星”的重大技术突破。在发展与苏联、东欧社会主义国家的经济贸易关系中，中国获取了资金、技术的援助，以及管理企业和国民经济的经验，同时也学习复制了单一公有制和国民经济计划管理的体制机制、国有工商业企业的管理制度和运行机制。

对于中国争取外援并学习别国社会主义经济建设的经验，中国共产党

---

① 沈志华：《1950年代苏联援华贷款的历史真相》，《中国经济史研究》2002年第3期。

② 吴念鲁、陈全庚：《人民币汇率研究》，中国金融出版社2002年版，第15页。

并不是一味盲目的。首先，苏联和东欧国家对我国经济建设的资金援助并没有人们想象的那么巨大。苏联对中国的第一笔 3 亿美元贷款用于购买苏联武器，其余主要用于经济建设。1952—1957 年，中国总共获得了 46.13 亿元人民币的国外借款。[①]“一五”时期，5 年国家财政收入累计 1355 亿元，其中 69.4% 来自国营经济的上缴利润，同时依靠全国各族人民踊跃认购国家建设公债，而这 6 年国外借款只占 5 年财政收入的 3.4%，如果扣除 1952 年借款，来自国外的借款仅占同期财政收入的 2.7%。[②] 在建设 156 个重大项目和其他项目中，一部分援助是以实物计价，是租赁融资的方式，贷款加实物折价即便按照 96.8 亿卢布计算，当时人民币与卢布的官方汇率牌价是 1 元人民币兑换 2 卢布，[③] 但是按照 1954 年和 1955 年的贸易汇率计算，人民币与卢布兑换率大约是 1：1.05 与 1：1[④] 之间。那么苏联的援助按人民币计算不足 100 亿元，往大了说它只占“一五”时期中国中央和地方、企业合计的基本建设投资完成额 588.5 亿元[⑤]的 17%。而且“一五”时期的工业项目还规定了一个原则，凡是自己能解决的就不依赖外援。可见，中国工业化资金主要还是靠内部积累。从 1955 年开始，中国不仅以出口贸易偿还苏联贷款，而且还动用黄金储备偿还，1955 年以每两黄金 35 美元的价格拨付苏联 40 万两，1957 年还曾以折合 3125 万美元的 28 公吨（合 88.8 万两）的黄金拨付苏联国家银行，委托其在欧洲和香港市场代为出售。[⑥]

其次，确立了中国经济建设的基本方针是“独立自主、自力更生”。这个方针与对外开放并不矛盾。早在建国初期的 20 世纪 50 年代，毛泽东就多次阐述独立自主、自力更生与争取外援的关系。毛泽东的独立自主包

---

① 资料来源于中国人民银行统计司《中国金融统计（1952—1987）》，中国金融出版社 1988 年版，第 180 页。

② 董志凯等主编：《中华人民共和国经济史（1953—1957）》上册，社会科学文献出版社 2011 年版，第 92、126 页。

③ 吴念鲁、陈全庚：《人民币汇率研究》，中国金融出版社 2002 年版，第 15 页。

④ 董志凯等主编：《中华人民共和国经济史（1953—1957）》下册，社会科学文献出版社 2011 年版，第 782—786 页。有关中苏双边贸易额以人民币和卢布不同计价的数额推算。

⑤ 董志凯等主编：《中华人民共和国经济史（1953—1957）》上册，社会科学文献出版社 2011 年版，第 135 页。

⑥ 转引自董志凯等主编《中华人民共和国经济史（1953—1957）》下册，社会科学文献出版社 2011 年版，第 784 页。

括三个含义：独立地确定经济建设的目标和任务；不容许帝国主义国家的干涉；不接受苏联指挥棒的指挥。自力更生的含义主要是依靠国内经济循环，他说："我们这类国家，如中国和苏联，主要依靠国内市场，而不是国外市场。这并不是说不要国外联系，不做生意。不需要联系，需要做生意，不要孤立，但不能把国外市场作为主要依靠。"[①] 这个方针成为中国共产党一贯秉持的、毫不动摇的建设理念。自力更生精神表现在政治上，则是坚持独立自主的原则，经济上的自力更生是政治上的独立自主的基础。在改革开放大幕拉开的1982年，邓小平就告诫全党："中国的事情要按照中国的事情来办，要依靠中国人自己的力量来办。独立自主、自力更生，无论过去、现在和将来，都是我们的立足点。"[②] 2013年12月，习近平总书记在纪念毛泽东诞辰120周年座谈会上阐述了独立自主的时代内涵，强调独立自主"既是我们党全部理论和实践的立足点，也是党和人民事业不断从胜利走向胜利的根本保证"。[③]

最后，不迷信和盲从苏联的经济发展模式，特别是它的计划经济体制，要探索中国自己的道路。尽管在新中国前30年历史中，苏联的计划体制被我们模仿和运用，但中国共产党领导人，包括毛泽东本人以及中国经济理论界都对苏联经济发展模式提出过质疑和讨论，在许多重要著述和文献中，如20世纪50年代的《论十大关系》《关于正确处理人民内部矛盾问题》，以及在党的八届三中全会文献中都有许多记载。毛泽东关于按照农、轻、重为序安排国民经济计划的思想、关于商品生产和价值规律的作用、对苏联社会主义政治经济学教科书的评价等理论问题，都有许多精辟的论述。由此可见，毛泽东关于社会主义经济建设的理论探讨也成为政治经济学的重要内容和任务，并且开拓了马克思主义政治经济学的新领域、新境界。同时，中国经济学界也就经济理论有关问题，如两大部类生产、积累与消费的比例关系展开过热烈讨论。这与当时的苏联的经济理论界和西方主流经济学相比，中国人对自己在怎样建设现代化国家问题上的认识都是独到和空前深刻的，从而为20世纪80年代后中国改革开放的思

---

① 《毛泽东文集》第6卷，人民出版社1999年版，第340页。

② 《邓小平文选》第3卷，人民出版社1993年版，第3页。

③ 习近平：《在纪念毛泽东同志诞辰120周年座谈会上的讲话》，《人民日报》2013年12月27日第2版。

想解放以及所采取的改革开放政策提供了必要的思想基础和政策储备。

在中国工业化过程中，国有企业管理与企业制度建设都是一个不可回避的重要问题。中华人民共和国后，中国共产党一直探索国有企业管理的办法，但在中华人民共和国成立初期，受列宁“一长制”理论的影响，苏联专家在援建马鞍山钢铁厂中灌输了一套由苏联模板复制的管理制度，被誉为国有企业管理的“马钢宪法”。但中国工人阶级认为这一套高度集中的管理体制并不符合中国国情，20 世纪 60 年代初，鞍钢工人在党委领导下总结出一套自己的企业管理基本经验，即“两参一改三结合”制度。毛泽东高度赞赏这个管理制度，称之为中国工人阶级创造的“鞍钢宪法”。[①] 1961 年，党制定的“工业七十条（草案）”，将该套制度确定下来，明确规定“国营工业企业实行党委领导下的行政管理上的厂长负责制。”[②] 直至今日，由“鞍钢宪法”确立的党在企业中的政治核心和领导地位、在企业中开展党建工作和实行群众路线等重大原则被我国国有企业始终遵循，并被越来越多的非公有制企业吸收和参照执行。

第三节 毛泽东“三个世界”划分的理论与新的开放实践

从 20 世纪 50 年代后期到 70 年代，国际环境经历深刻的变化。首先，东西方阵营进入长期“冷战”并影响了中美关系。1958 年，为了制止美国制造“两个中国”的阴谋，从当年 8 月 23 日开始中国人民解放军福建前线部队发起了炮击金门，并反对美国军舰护航的战斗，此后很长时期与美国进入“‘冷战’共处”。[③] 其次，中国退出了以苏联为首的政治阵营。毛泽东说，中苏闹翻实际上是在 1958 年，他们要在军事上控制中国，我们不干。[④] 1956 年中国以观察员身份参加经互会例行会议，1961 年停止参加例会。1960 年 7 月 16 日苏联突然单方面宣布召回参加援华工作的 1390

---

① 《毛泽东文集》第 8 卷，人民出版社 1999 年版，第 135 页。

② 《中国共产党党史》第 2 卷，中共党史出版社 2011 年版，第 588 页。

③ 《毛泽东文集》第 8 卷，人民出版社 1999 年版，第 181 页。

④ 1966 年 3 月 28 日，毛泽东与日共代表团的谈话。引自中共中央党史研究室《中国共产党历史》第 2 卷（1949—1978 年，下），中共党史出版社 2002 年版，第 641 页。

名专家，撕毁两国政府签订的12项协定和两国科学院签订的1个议定书以及343个专家合同与合同补充书，废除了257个科学技术合作项目。①1961年10月苏共二十二大进一步加剧了中苏矛盾。1962年古巴导弹危机和中印边境冲突发生后，苏共领导人公开指责中国的原则立场，中国共产党以论战形式发表文章批判苏联，中苏矛盾尖锐化。与此相对应的是，苏联对华贸易额急剧下降，1950年苏联对华贸易额为5.189亿卢布，占苏联外贸总额17.7%，1955年和1956年双边贸易分别为12.527亿卢布和13.475亿卢布，占比分别为21.4%和20.8%，此后二者均呈下降趋势，到1967年，降为9630万卢布，占比只有0.6%。② 从此，在国际政治格局中，形成了中、美、苏三角关系；在世界经济格局中，中国与苏联的经济贸易关系处于冻结状态。

一　毛泽东提出了“两个中间地带”的国际分析观点

20世纪50年代中后期，毛泽东一直在思考未来的国际形势走向。他多次提出“中间地带”的国际格局问题，并作出了新的分析。他说他在写《新民主主义论》时关于殖民地和半殖民地国家只能分化为站在帝国主义一边或反帝国主义一边的看法，并不完全符合现在的实际情况，现在有些国家“不是帝国主义国家，也不是社会主义国家，而是民族主义国家，拉丁美洲也有许多这样的国家，将来还会多”。他们站在中立的立场，“中立立场可以维持相当长的时期，维持到还有必要的时候”。③ 1963年底至1964年初，毛泽东进一步深化了“两个中间地带”的认识，他指出：“中间地带有两部分：一部分是指亚洲、非洲和拉丁美洲广大经济落后的国家，另一部分是指以欧洲为代表的帝国主义国家和发达的资本主义国家。这两部分都反对美国的控制。在东欧各国则发生反对苏联控制的问题。”④由此认为，第一个中间地带和民族民主运动是社会主义的同盟军，第二个中间地带的国家与美苏的矛盾，是可以利用的因素，是我们的间接的同

---

① 中共中央党史研究室：《中国共产党历史》第2卷（1949—1978年，下），中共党史出版社2002年版，第642页。

② 陆南泉等：《苏联国民经济发展七十年》，机械工业出版社1988年版，第680页。

③ 《毛泽东文集》第7卷，人民出版社1999年版，第401—402页。

④ 《毛泽东文集》第8卷，人民出版社1999年版，第344页。

盟军。

毛泽东“两个中间地带”的理论观点大大拓展了中国在世界经济政治舞台的驰骋空间，不仅成为中国政府外交工作的指导方针，也开辟了新的对外经济贸易合作的新渠道。1964 年 1 月中法两国正式建交，震惊了整个世界。1960 年 8 月周恩来接见日本友人时，除了重申中日关系“政治三原则”外，还提出了“贸易三原则”，即（1）政府协定；（2）民间合同；（3）个别照顾。赢得了日本商界的热烈欢迎，开创了中日经贸关系新局面。1962 年 10 月与 12 月，中国与日本企业界先后签订了《中日长期综合贸易备忘录》和《中日友好贸易议定书》，这两个协议成为 20 世纪 60 年代中日贸易的主渠道，中日贸易额从 1960 年的 2345 万美元，快速上升到 1963 年的 1 亿多美元。1964 年 8 月双方互派商务联络处，中日关系进入半官半民的新阶段。

二　中、美、苏“大三角”关系的重新认识与对外关系新格局

1969 年党的九大后，毛泽东委托叶剑英、陈毅、徐向前、聂荣臻四位元帅研究国际形势和战略问题，从 6 月上旬至 9 月中旬，他们先后写出并向中央提交了两份研究报告。在这两份研究报告中，具有重大战略意义的判断是：第一，当前国际形势的主导力量是中、美、苏三大力量之间的斗争，而不是第二次世界大战以前的“七强”并立，也不同于战后初期的美苏对峙。第二，美苏均以中国为敌，但又互以对方为敌。欧洲和中东是美苏的重要市场，也是其安全屏障，这是美苏争夺战略利益的重点。在对付中国问题上，美苏都希望对方当出头鸟，自己在后面捡便宜。他们单独或联合打中国，现在都有困难。第三，中苏矛盾大于中美矛盾、美苏矛盾大于中苏矛盾。[①] 这些战略判断提出了利用美苏矛盾的战略设想，对 1970 年之后中美关系的战略调整产生了重大影响。1971 年 7 月和 10 月，美国总统特使基辛格连续两次访华，1972 年 2 月 21 日美国总统尼克松访问中国，标志着中美关系正常化进程正式开始。

中、美、苏三大力量之间的斗争以及中国坚定支持亚非拉国家争取民族解放和经济独立斗争的立场，深刻影响了世界政治格局。1970 年第二十

---

① 熊向晖：《我的情报与外交生涯》，中信出版集团 2019 年版，第 214—220 页。

五届联合国大会投票，支持驱逐台湾国民党当局“代表”的已经达51票，反对仅47票，这是第一次出现票数对比，预示着美国阻挠中国恢复联合国合法权利的日子已经屈指可数了。第二年的第二十六届联大的投票，驱蒋并恢复中国合法席位赞成票达76票，仅35票反对，17票弃权，中国重返联合国赢得压倒多数的支持。这种新的国际关系格局和外交局面，是毛泽东提出“三个世界”划分理论的现实基础。

三　“三个世界”划分的理论及开放新举措

1974年2月毛泽东提出“三个世界”划分，[①] 是马克思主义政治经济学的重要里程碑。这个理论认为，美国、苏联是第一世界，亚非拉和其他地区的发展中国家是第三世界；处于这两者之间的发达国家是第二世界。这个观点是历史发展逻辑、现实逻辑和马克思主义理论逻辑的必然结论，在中国共产党国际政治经济学中具有里程碑的意义。首先，从历史演变看，20世纪60年代后，苏联大国沙文主义急剧膨胀，走上对外侵略扩张的道路，派几十万军队占领捷克斯洛伐克，对中国领土珍宝岛进行武装挑衅，已经从社会主义国家蜕变为具有很强侵略性的超级大国。而且从地缘政治看，它对中国威胁最大。其次，从现实状况看，在中、美、苏“大三角”关系中，美、苏两个超级大国的矛盾是主要矛盾，左右国际政治经济基本格局。世界上大多数发达国家与发展中国家既与两大超级大国有各种政治经济联系，同时也有各种矛盾，形成了“两个中间地带”。[②] 从马克思主义的政治经济学逻辑看，国际阶级关系和阶级矛盾主要表现为美苏两个超级大国都想统治世界，世界上只有美苏两国的经济、政治、军事、科技力量最强，最有资格挑起世界大战、破坏世界和平。因此，它们是人类利益的最危险的敌人。中国是世界“大三角”关系中一个不容忽视的力量，但中国不属于发达国家，中国是发展中国家，因此中国属于第三世界。在“三个世界划分”理论中，敌、我、友的界限很分明，国际政治分野十分清晰，而且也指明了中国经济与世界资本主义市场发生联系的现实可能性以及可能产生的贸易伙伴。在这个理论指导下，中国于20世纪70年代中

---

① 《毛泽东文集》第8卷，人民出版社1999年版，第441页。

② 《毛泽东文集》第8卷，人民出版社1999年版，第344页。

后期与美国以及第二世界中的许多西方资本主义国家建立和发展了贸易和经济技术合作关系，这一理论成为中国在新的世界形势下进行对外开放和经济技术合作的重要理论依据和思想引领。

20世纪70年代中后期中国的对外经济技术合作，也带有受到苏联启发的特征。苏联从第一个五年计划开始，就大量引进西方先进技术、技术人员和资金，在各主要工业部门建立了一大批骨干企业。在1929—1933年资本主义大危机期间，全球最大的移民国家——美国，也第一次出现向外移民的倾向，先后有10万美国技术工人和工程师申请移居苏联。苏联的马格尼托哥尔斯克钢铁厂是以当时世界最大的钢铁联合企业——美国钢铁公司的格里工厂为模型设计的。苏联最大的第聂伯河水电站是引进美国技术设备，雇用美国技术专家，于1933年建成的。著名的高尔基汽车厂是30年代初由美国福特汽车公司援建的新厂。斯大林格勒拖拉机厂是整套建于美国，再拆运至苏联的，哈尔科夫拖拉机厂设备是德国和美国制造的，并由美国人担任建设总工程师。在飞机和发动机的生产方面，美国供应苏联飞机或飞机附件，并给予技术援助。1931年苏联购买的机器设备约占世界机器设备出口总额的1/3，1932年上升至50%左右。①

从1970年开始，周恩来就开始为恢复我国的外贸工作而努力，在计划、外贸等经济工作中批判极“左”思潮。毛泽东在1972年2月与尼克松谈话中也风趣地说，你们要搞人员往来，要搞点小生意，还是你们对。在随后的上海公报中，双方同意为逐步发展两国间贸易提供便利。1972年初，中国政府考虑从西方国家进口成套化纤、化肥和钢铁设备的工作被正式提到议事日程上来。对于我国经济贸易方向的转变，陈云指出，过去我们的对外贸易的75%面向苏联和东欧国家，25%对资本主义国家。现在改变为75%对资本主义国家，25%对苏联、东欧，我们外贸主要面向资本主义国家这个趋势已经定了。② 在1972年引进6亿美元23套化工设备的基础上，1973年国务院决定在今后三五年内引进43亿美元的成套设备，其中包括：13套大化肥、4套大化纤、3套石油化工、1个烷基苯工厂、43

① 《联共（布）党史简明教程》，人民出版社1975年版；［苏］布拉金斯基、刘国光、乌家培：《苏联第一个五年计划（1929—1932）国家计划的发展》，《经济研究》1956年第1期。

② 《陈云文选》第3卷，人民出版社1995年版，第219页。

套综合采煤机组、3 个大电站、武钢 1.7 米轧机，以及透平压缩机、燃气轮机、工业汽轮机工厂等项目。这后来被简称为“四三方案”，是继一五计划后第二次规模最大、种类最多的引进外国先进技术的方案。在“四三方案”基础上后来又追加了一批项目，前后总计进口总金额达到 51.4 亿美元。利用这些设备，加上国内通过自力更生的生产和设备改造，共兴建了 26 个大型工业项目，总投资额约 214 亿元人民币（见表 2－5），到 1982 年这些项目全部投产，[①] 成为 20 世纪 80 年代中国工业和国民经济发展的重要基础。

表 2－5　20 世纪 70 年代中后期中国引进西方技术的 26 个大型工业项目（即“四三方案”中成套引进的 26 个项目建设情况）

序号	项目名称	地址	进口国	开始建设时间	全部建成投产时间	签约时间/年	投资/亿元
1	上海石油化工总厂	上海	日本、德国	1974 年 1 月	1978 年 12 月	1973	20
2	四川维尼纶厂	长寿	法国、日本	1972 年 2 月	1981 年 12 月	1973	9.6
3	天津石油化纤厂	天津	日本、德国	1977 年 6 月	1983 年 11 月	1975	13.5
4	辽阳石油化纤总厂	辽阳	法国、意大利	1973 年 6 月	1981 年 12 月	1973	29
5	燕山石油化工总厂（原前进化工厂）	北京	日本、德国	1969 年 3 月	1976 年 12 月	1972	26
6	北京化工二厂	北京	德国	1974 年 10 月	1977 年 12 月	1973	1.2
7	吉林化学工业公司	吉林	德国、日本	1976 年 12 月	1983 年 12 月	1975	6.9
8	南京栖霞山化肥厂	南京	法国	1974 年 9 月	1981 年 2 月	1974	3.2
9	元宝山电厂	赤峰	日本	1974 年 9 月	1978 年 12 月	1974	3.7
10	沧州化肥厂	沧州	美国、荷兰	1973 年 7 月	1977 年 4 月	1973	2.4
11	辽河化肥厂	盘山	美国、荷兰	1973 年 6 月	1977 年 12 月	1973	3.4
12	大庆化肥厂	大庆	美国、荷兰	1974 年 5 月	1977 年 6 月	1973	26.7
13	安庆化肥厂	安庆	法国	1974 年 3 月	1982 年 6 月	1974	4

① 中共中央党史研究室：《中国共产党历史》（第二卷下册），中共党史出版社 2002 年版，第 864 页。

续表

序号	项目名称	地址	进口国	开始建设时间	全部建成投产时间	签约时间/年	投资/亿元
14	齐鲁第二化肥厂（胜利石油化工总厂）	淄博	日本	1974 年 4 月	1976 年 7 月	1973	2.6
15	湖北化肥厂	枝江	美国、荷兰	1974 年 10 月	1979 年 8 月	1973	2.9
16	洞庭氮肥厂	岳阳	美国、荷兰	1974 年 4 月	1979 年 11 月	1973	3.1
17	广州化肥厂	广州	法国	1974 年 12 月	1982 年 10 月	1974	5
18	四川化肥厂	成都	日本	1974 年 5 月	1976 年 12 月	1973	1.6
19	泸州天然气化工厂	泸州	美国、荷兰	1974 年 4 月	1977 年 12 月	1973	2
20	赤水天然气化工厂	赤水	美国、荷兰	1976 年 1 月	1978 年 12 月	1973	1.7
21	云南天然气化工厂	水富	美国、荷兰	1975 年 1 月	1977 年 12 月	1973	1.8
22	南京烷基苯厂	南京	意大利	1976 年 10 月	1981 年 12 月	1975	2.6
23	北大港电厂	天津	意大利	1974 年 12 月	1979 年 10 月	1973	4.5
24	唐山陡河电厂	唐山	日本	1973 年 12 月	1978 年 3 月	1974	5.8
25	南京钢铁公司绿化球团工程	南京	日本	1978 年 1 月	1980 年 12 月	1976	1.3
26	武汉钢铁公司一米七轧机工程	武汉	日本、德国	1972 年 3 月	1980 年 3 月	1974	27.6

资料来源：陈东林：《七十年代前期的中国第二次对外引进高潮》，《中共党史研究》1996 年第 2 期；吴承明、董志凯：《中华人民共和国经济史》，社会文献出版社 2010 年版；汪海波、吕政：《新中国工业经济史：1979—2000》，经济管理出版社 1998 年版；周磊：《冷战时期中法经济关系发展的里程碑："四三方案"期间中国大规模进口法国工业技术和成套设备情况》，《中共党史研究》2017 年第 1 期。

第四节　新中国前 30 年对外经济贸易实践的发展

一　中华人民共和国成立前旧中国对外贸易的基本特征

中华人民共和国成立之前，中国半殖民地半封建的对外贸易是畸形的，它一方面成为帝国主义、官僚买办资产阶级掠夺、剥削和奴役中国人民的工具，给中国人民带来了深重的灾难，这是基本的一面。另一方面它加速了中国封建买办的对外贸易的解体和自然经济的瓦解，促进了中国资本主义的发展，使中国日益融入资本主义世界市场，商品交换的范围和数量都超过了中国历史上任何一个时代，它对于中国现代工业的建立和开展国际的经济技术交流，客观上也起过一定程度的积极作用。这种形态的对外贸易，其基本特征是：

第一，帝国主义和官僚买办资产阶级控制整个对外贸易。帝国主义列强于 1843 年取得了协定关税特权，1845 年又霸占了中国海关行政管理权，掌握了中国大门的钥匙。自 1882 年至 1913 年，中国各通商口岸的外商由 440 家猛增到 3805 家，并完全控制了中国对外贸易以及外汇、金融、航运、保险、商品检验等有关事业。在帝国主义支持下，官僚买办资产阶级，特别是蒋、宋、孔、陈四大家族，利用政权的力量，通过出卖国家主权，开办了各式各样的“贸易公司”，为帝国主义掠夺资源、倾销商品效劳。这些贸易公司垄断了丝、茶、桐油、猪鬃、锑、钨等重要物资的出口以及钢铁、车辆、机械、粮食、棉花、原油等物资的进口。出口以各种资源性初级产品为主，进口以各类消费品和奢侈品为主的进出口商品结构完全适应帝国主义的利益，并一直延续到新中国建立为止。

第二，贸易对象基本集中于少数帝国主义国家，宗主国与殖民地附属国的贸易关系十分明显。帝国主义列强按照在中国的瓜分的势力范围开展贸易，在第二次世界大战之前，英国、日本、沙皇俄国、法国是中国最主要的贸易对象国；第二次世界大战以后，中国的对外贸易基本被美国把持。根据统计，中国从美国的进口，1936 年只占进口总额的 22.6%，1946 年上升至 51.2%；中国向美国的出口，1938 年只占出口总额的 19.7%，1946 年猛增至 57.2%。到国民党反动政府崩溃前夕，美货充斥蒋管区。①

第三，中国在对外贸易中长期逆差、贸易条件恶化。帝国主义长期在中国倾销商品，使中国对外贸易自 1877 年至 1949 年的 73 年，年年处于贸易逆差状态，总额达 64 亿美元。这还不包括大量的走私进口货物在内。其中，国民党统治时期的贸易逆差达到 33 亿美元，仅在 1945 年至 1948

---

① 裴长洪主编：《共和国对外贸易 60 年》，人民出版社 2009 年版，第 31 页。

年，即美帝国主义垄断中国对外贸易的 4 年，贸易逆差达 12 亿美元。长期的贸易逆差造成大量黄金白银外流，加剧了中国的通货膨胀，加重了人民负担。由于帝国主义垄断资本掌握进出口商品的定价权，中国的贸易条件处于持续恶化状态。如果以 1913 年进出口物价指数为 100，到 1936 年，进口物价指数上升到 153.3，而出口物价指数只上升到 139.2。进口汽油的价格，1944 年比 1925 年上涨约 1480 倍，而中国出口桐油的价格只上涨 360 倍；进口人造丝的价格，1944 年比 1925 年上涨 626 倍，而中国出口生丝的价格仅上涨 129 倍。①

第四，民族进出口贸易发展艰难。中国自鸦片战争后，清政府特许的“行商”垮台，民族进出口商开始出现，但当时的对外贸易被“洋行”把持，民族进出口商生存艰难，不得不与外商和买办有千丝万缕的联系。第一次世界大战后，中国民族工业获得一定程度发展，民族进出口商也扩展了生存空间，各式各样的进出口行号在各地陆续出现，仅上海一地，1936 年这类行号就有 306 家。第二次世界大战后，经营美国倾销的商品成为畸形发展的现象，中华人民共和国成立前夕全国已有 4000 多家外贸商业机构。但是美国垄断资本往往把重要物资交由在华美商经营，中国民族进出口商的生存空间并不大，经常处于破产状态。中华人民共和国成立初，全国各口岸的民族资本主义外贸企业共 4600 家，从业人员 35000 人，资本约 1.3 亿元（按新币值计算）。其中 10 万元以上资本的大企业为数很少，多数都是中小企业。1950 年，民族私营进出口企业经营额只占全国外贸总额的 33.12%。

中华人民共和国成立后，中国立即废除了帝国主义在中国的一切特权，收回了长期被外国霸占的海关管理权，取消了外国资本在金融、航运、保险、商检、公证仲裁等方面的垄断权，实行了对外贸易统制。这是当时新中国掌握对外贸易独立自主权的重要保障。随后，全国统一的社会主义外贸体制的建立，是从没收官僚资本的对外贸易企业和新建国营外贸企业，改造民族资本主义外贸企业这两方面入手。中华人民共和国成立前夕，官僚资本的外汇资产已被卷逃一空；所遗留下来的机器设备、厂房等实物资产，中华人民共和国成立后即被我人民政府没收。对于外国在中国

---

① 裴长洪主编：《共和国对外贸易 60 年》，人民出版社 2009 年版，第 31 页。

的进出口企业，没有采取没收的措施，而是允许它们在服从我国政府法令的条件下继续经营。但是，由于它们丧失了在华特权，特别是在美国及其追随者对华实行封锁禁运后，大都申请歇业，或作价转让给中国政府。此后，外资企业基本停止了经营活动。中华人民共和国成立第一批的国营外贸企业，是在山东、东北、华北、华东等解放区的外贸企业基础上重新组建的由中央人民政府直接领导的国营外贸企业。新中国前 30 年的对外贸易和经济活动大体可分为以下四个时期。

二　1949—1952 年国民经济恢复时期的对外贸易

中华人民共和国成立后经过三年的艰苦努力，完成了国民经济恢复工作。1952 年底全国工农业生产都超过了历史最高水平。1952 年工农业总产值比 1949 年增长了 77. 5%，其中工业总产值增长 145%，农业总产值增长 48. 5%。这一年钢产量达到 135 万吨，比中华人民共和国成立前最高年产量多 43 万吨，发电量 73 亿度，比中华人民共和国成立前最高年产量多 13 亿度；原油 44 万吨，比中华人民共和国成立前最高年产量多 12 万吨；水泥 286 万吨，比中华人民共和国成立最高年产量多 56 万吨；棉纱 65. 6 万吨，比中华人民共和国成立前最高年产量多 21. 1 万吨；粮食 16390 万吨，比中华人民共和国成立前最高年产量多 1390 万吨；棉花 130. 4 万吨，比中华人民共和国成立前最高年产量多 45. 5 万吨。三年间全国修复和新建铁路通车线路 2. 4 万千米，公路 12. 7 万千米。三年间全国职工的平均工资提高了 70% 左右，各地农民的收入一般增长了 30% 以上。这一时期中国的对外贸易也得到恢复和发展，摆脱了中华人民共和国成立前对外贸易的半殖民地的依附性（见表 2 – 6）。

表 2 – 6　　1950—1952 年中国货物进出口贸易的恢复与发展　　单位：亿美元

年份	世界	中国	比重（%）
1950	1260	11. 3	0. 9
1951	1720	19. 6	1. 14
1952	1700	19. 4	1. 14

资料来源：世界贸易组织数据库：https//data. WTO. org。

这个阶段中国对外贸易的特点是：第一，贸易对象国以苏联和东欧社会主义国家为主。由于美国政府对中国实行“封锁”和禁运，1951 年中美贸易额只及 1950 年的 3.3%，1952 年起中美贸易彻底断绝。中国香港是中国对外重要的转口贸易基地。第二，进出口商品结构与中华人民共和国成立前相比发生重大变化。进口商品转变为以机器设备、钢铁和有色金属等生产资料为主，出口商品仍然以农副产品及其加工品为主。第三，新民主主义经济特点在外贸领域表现为企业所有制结构多元化：国营、私营、公私合营、合作社经营。其中，国营包括中央经营（直接经营、委托经营）、地方国营；私营包括华商经营、外商经营、中外合营。这五类经营成分中，以国营和私营为主。对苏联和社会主义国家的贸易，95% 以上是国营公司经营，而对资本主义国家的贸易，国营公司只在进口贸易中占主要地位，而在出口贸易中，国营公司只占私营企业的 1/2。同时，国家对各类经营成分的企业实行监督指导，国家主要采取委托经营和公私联营的办法，在职工群众监督下进行对外贸易活动，从而把它们的经营纳入国家计划的轨道。并逐步将其纳入计划管理轨道。

这个阶段也是新中国对外贸易制度开始建立和奠定基础的三年。1949 年 10 月 19 日新中国中央人民政府成立了中央贸易部和中国海关，这标志着新中国收回了中国对外贸易和海关行政管理的主权，是中国走向经济独立的重要标志。同时，中国的计划经济体制和管理制度也开始在外贸领域逐步实施和建立。这个体制和管理的基本内容是：（1）国家统一领导管理对外贸易。1952 年 8 月 7 日中央人民政府采取对国内外贸易分开管理，单独成立了对外贸易部。该部会同其他部门，采取商品分类管理、进出口许可证、外贸企业审批、外汇管制、出口限价、保护关税、货运监督、查禁走私、商品检验等行政管理措施，运用信贷、税收等经济手段，逐步加强计划管理。（2）设立各专业外贸国营公司，对国营外贸公司实行进出口业务的计划管理，财务由中央财政统负盈亏，盈利一律上交，亏损由中央财政负责。（3）允许私营企业经营进出口业务，但进出口商品均需要申请许可。（4）实行外汇管制。严禁外汇在市场流通。同时对解放初期持有外汇的居民，采取存兑办法以及有管理的自有外汇进口的办法，促进外汇退出国内私人储户。在进出口贸易中推行结售汇制度，实行严格的供汇计划审批，以保证外汇使用符合国家的政策方向。

三　1953—1966 年与国民经济同步成长的对外经贸关系

这个时期经历了第一个五年计划（1953—1957 年）、第二个五年计划（1958—1962 年）和 1963 年至 1965 年的国民经济调整。既出现了“一五”时期的大发展，也发生了“二五”时期“大跃进”的挫折、1959 年、1960 年和 1961 年连续三年的自然灾害以及中苏关系恶化导致的严峻困难。与此相对应的是，“一五”时期我国对外贸易在国家工业化作用增强中得到发展，“二五”时期随着国民经济严重困难局面的产生，对外贸易也出现了倒退现象。1963 年后在国民经济的调整中，对外贸易也进行了必要调整，特别是随着 1963 年中日民间贸易的开辟，1964 年中法建交带来的与西欧国家贸易的机遇，我国对外贸易形势也回升好转。1965 年贸易规模接近了中华人民共和国成立以来的最高水平（见表 2 - 7），而且还提前还清了对苏联的全部债务。

表 2 - 7　　1953—1966 年中国进出口贸易总额

年份	人民币（亿元）进出口总额	出口总额	进口总额	差额	美元（亿元）进出口总额	出口总额	进口总额	差额
1953	80.9	34.8	46.1	-11.3	23.7	10.2	13.5	-3.3
1954	84.7	40.0	44.7	-4.7	24.4	11.5	12.9	-1.4
1955	109.8	48.7	61.1	-12.4	31.4	14.1	17.3	-3.2
1956	108.7	56.7	53.0	2.7	32.1	16.5	15.6	0.6
1957	104.5	54.5	50.0	4.5	31.0	16.0	15.0	1.0
1958	128.7	67.0	61.7	5.3	38.7	19.8	18.9	0.9
1959	149.3	78.1	71.2	6.9	43.8	22.6	21.2	1.4
1960	128.4	63.3	65.1	-1.8	38.1	18.6	19.5	-0.9
1961	90.7	47.7	43.0	4.7	29.4	14.9	14.5	0.4
1962	80.9	47.1	33.8	13.3	26.6	14.9	11.7	3.2
1963	85.7	50.0	35.7	14.3	29.2	16.5	12.7	3.8
1964	97.5	56.4	42.1	13.3	34.7	19.2	15.5	3.7
1965	118.4	63.1	55.3	7.8	42.5	22.3	20.2	2.1
1966	127.1	66.0	61.1	4.9	46.2	23.7	22.5	1.2

资料来源：国家统计局国民经济综合统计司编《新中国五十年统计资料汇编》，中国统计出版社 1999 年版，第 60 页。

这个阶段我国对外贸易的特点是：（1）贸易对象发生了较大变化。随着与苏联东欧国家的贸易额大幅度下降，贸易对象逐步转向第三世界国家，同时也发展了对日、欧的贸易。特别是中法建交后，中欧贸易获得较大发展，到1965年，我国对西方国家贸易额占全国外贸总额的比重由1957年的17.9%上升到52.8%，与我国有经贸关系的国家和地区发展到118个，中国香港的贸易地位也首次超过苏联。（2）进出口商品结构和贸易方式的变化。进口以生产资料为主的基本格局没有改变，但出口商品结构发生显著变化。由新中国初期的以出口农副产品为主，转变为以出口矿产品为主和农副产品加工品为主。贸易方式中，补偿贸易方式下降，而加工贸易，特别是进料加工贸易在国家政策扶持下，在20世纪60年代初期获得较大发展。（3）外贸企业所有制走向单一公有制。从1953年开始了对私营外贸企业的社会主义改造，到1955年底，私营外贸企业由1950年的4600家减少到1083家，从业人员由3.5万人减少到9994人，资本由1.3亿元减少到4993万元，其进出口额在全国进出口额中的比重由31.6%降至0.8%。1956年私营外贸企业迅速实行了全行业公私合营，成立了54个公私合营专业外贸公司，私营企业主除了拿定息之外，已经不能支配原来占有的资产。少数企业还直接并入国营外贸公司。与此同时，国营外贸公司也进行了更新调整，组建了14个专业进出口公司以及分管海运和陆运的两个外贸运输专业公司。（4）外贸管理体制进一步走向集中统一。1954年在各省市建立对外贸易局（厅）后，实行了“条块结合、条条为主”的集中统一的行政管理体制。由此我国对外贸易基本形成了单一的全民所有制，从而保障了高度集中的计划体制和少数国营公司垄断经营体制的建立与运行。从中华人民共和国成立初期国家面临的内外经济、政治形势来看，这种体制的建立不仅是一种深刻的社会经济变革，而且也是适应当时国民经济最急迫发展的需要。与此相适应的是进一步加强了外贸业务的计划管理以及有关法律法规的建设，为形成一套基本完整的、以计划管理为基础的外贸法律、法规体系奠定了基础。（5）创立了广州中国商品出口交易会。1957年4月在周恩来亲自过问下，首届中国出口商品交易会在广州中苏友好大厦成功举办，成为中国对外贸易的一扇重要窗口。

四　1966—1976年“文化大革命”时期的曲折发展

在“文化大革命”十年时间中，由于长期的“左倾”错误，工农业生产受到严重影响，国民经济处于严重困难和倒退。但在20世纪60年代末期和70年代初期，国际形势发生很大变化，美国总统尼克松从1969年起，炮制了一个所谓“美、苏、中、欧、日共治世界”的五极世界理论，试图通过结盟欧、日和中国，构建一个对苏联进行东西夹攻的战略联盟。①这为中国利用美苏矛盾，提出“两个中间地带”以及“三个世界”划分提供了外部条件，拓展了与西方国家开展经济技术合作的空间，从而使这个时期的对外贸易出现了起伏很大的波动现象（见表2－8）。

表2－8　　1966—1976年中国对外贸易规模及增速　　单位：亿美元

年份	进口贸易	同比增速（%）	出口贸易	同比增速（%）	外贸总额	同比增速（%）	进出差额	同比增速（%）
1966	22.5	11.4	23.7	6.3	46.2	8.7	1.2	－42.9
1967	20.2	－10.2	21.4	－0.7	41.6	－10.0	1.2	0.0
1968	19.5	－3.5	21.0	－1.5	40.5	－2.6	1.5	25.0
1969	18.3	－6.2	22.0	4.8	40.3	－0.5	3.7	146.7
1970	25.3	27.3	22.6	2.7	45.9	13.9	－0.7	－118.9
1971	22.0	－5.6	26.4	16.8	48.4	5.5	4.4	728.6
1972	28.6	30.0	34.4	30.3	63.0	30.2	5.8	31.8
1973	51.6	80.4	58.2	66.2	109.8	74.3	6.6	13.8
1974	76.2	47.7	69.5	19.4	145.7	32.7	－6.7	－201.5
1975	74.9	－1.7	72.6	4.5	147.5	1.2	－2.3	－65.7
1976	65.8	－12.2	68.5	－5.7	134.3	－9.0	1.7	173.9

资料来源：国家统计局《中国统计年鉴》，中国统计出版社1984年版。

在这十年时间里，世界经济和世界贸易增长十分迅速，是国际贸易迅速增长的“黄金期”。1966—1976年，世界经济年平均增长率达到4.4%，

① 夏亚峰：《“尼克松主义”及美国对外政策的调整》，《中共党史研究》2009年第4期。

其中，美国年平均增长率为2.9%，日本为7.3%，欧共体为3.8%，巴西为8.7%，印度为3.9%，苏联为3.9%，而中国却只有3.8%。[1] 经济扩张带动了贸易增长，根据联合国贸发会议统计，这十年世界贸易出口从2070亿美元增加到10052亿美元，年均增长17.1%；世界贸易进口额从2182亿美元增加到10248亿美元，年均增长率为16.7%。世界进出口贸易的年平均增速为16.9%，这一增速不仅远远高于此前20年年均8.2%的增速，也远远高于此后30年8.7%的年平均增速（见表2-9）。

表2-9　1966—1976年世界主要经济体进出口贸易年平均增速的比较　单位：%

时间段	全球出口	美国	联邦德国	日本	发达国家	发展中国家	苏联东欧	中国
1966—1976年平均	17.1	14.8	17.6	21.3	16.3	19.8	15.4	10.0
1966—1976年平均	16.7	16.9	17.1	21.3	16.6	17.1	17.0	10.4

资料来源：联合国贸发会议，2008年。Handbook of Statistics，http：//www. Unctad. Org。

从表2-9可以看出，这十年是中国经济发展和对外贸易同世界拉开差距的十年。这个时期中国对外贸易的主要特点是：（1）贸易伙伴继续从社会主义国家为主向以亚洲国家为主转变。这个时期中国与社会主义国家的贸易的年平均增速只有6.8%，其占中国对外贸易总额的比重从25.2%降至16.7%。中国与亚洲国家双边贸易的年平均增速达到14.3%，比重上升至将近60%。与西方国家的贸易年平均增长也达到12.6%。（2）中国对西方国家贸易多逆差，而对亚洲地区和社会主义国家则多顺差。这说明从西方国家的贸易主要是进口生产资料和资本品。（3）中国进出口产品结构仍然比较落后，出口多以农副产品和纺织品为主，进口则以机械设备、五金矿产为主，呈现出农业国的贸易结构特征。（4）高度集中统一的外贸体制集中反映在外贸经营主体的特点上。外贸企业既是中央政府部门的直属企业，也是外贸行政管理的参与者。更具有计划管理的特点是，从

① 参见安嘎斯·麦迪森《世界经济千年史》，北京大学出版社2004年版。

事外贸的企业“屈指可数”。从“文化大革命”暴发到 1978 年 4 月第 43 届广交会开幕前，全中国的外贸企业只有 13 家。其中粮油食品、轻工工艺、土产畜产、五矿冶金、机械、化工、技术、仪器等全国性、行业性进出口总公司占 8 家，另外 5 家分别是广州、大连、上海、青岛、天津 5 市的进出口公司。

五　1976—1979 年拨乱反正和改革开放前夜

这是一个重要的历史转折期——中国改革开放的酝酿和起步阶段。1976 年 10 月随着“四人帮”被粉碎，中国的现代化建设步伐加快了。尤其是 1978 年后国民经济和对外贸易走向活跃（见表 2 - 10）。

表 2 - 10　**1976—1979 年中国进出口贸易的增长**　单位：亿美元

年份	进出口		出口		进口	
	总额	增长%	总额	增长%	总额	增长%
1976	134. 33	- 8. 9	68. 55	- 5. 6	65. 78	- 12. 1
1977	148. 04	10. 2	75. 90	10. 7	72. 14	9. 7
1978	206. 38	39. 4	97. 45	28. 4	108. 93	51. 0
1979	293. 3	42. 1	136. 640. 1	156. 7	14. 7	

资料来源：世界贸易组织（WTO）数据，世界贸易组织数据库：https//data. WTO. org。

1978 年 2 月日本同我国签订了 1978—1985 年为期八年的长期贸易协定，贸易额达到 200 亿美元。4 月欧洲经济共同体和中国签订贸易协议，向中国提供最惠国待遇。9 月日本政府又向中国建议，将中日长期贸易协定期限再延长五年，贸易额扩大至 600 亿美元。与此同时，我国还加快了引进先进技术和设备的步伐。1978 年 3 月 13 日，中共中央批准了国家计委《关于一九七八年引进新技术和进口成套设备计划的报告》，当年我国同西方发达国家先后签订了 22 个成套引进项目的合同，共需外汇约 130 亿美元。① 其中投资规模最大的上海宝山钢铁厂，建设规模为年产钢铁各

① 中共中央党史研究室：《中国共产党历史》（第 2 卷），中共党史出版社 2002 年版，第 1043、1045 页。

600 万吨，引进了世界一流的生产技术和管理方式，使我国钢铁工业同世界先进水平的差距大大缩短了。

这一时期我国对外贸易的特点是：（1）中国与发达国家和地区的贸易开始居于主导地位，中国既需要从这些国家和地区进口大量经济建设所需要的物资，也需要把这些国家和地区作为主要出口市场。除中日贸易增长较快的亮点外，1979 年 1 月 1 日中美正式建立外交关系后，当年签署了《中美贸易关系协定》，明确规定相互给予最惠国待遇。自此中美贸易开始驶向快车道。（2）开始酝酿外贸体制与政策的改革。1979 年 10 月 4 日邓小平在中央召开的座谈会上说："过去我们统得太死，很不利于发展经济。有些肯定是我们的制度卡得过死，特别是外贸。好多制度不利于发展对外贸易，对增加外汇收入不利。"① 1979 年 8 月 13 日国务院颁发了发展外贸和增加外汇收入的"十五条"文件，决定实行贸易和非贸易外汇留成制度，适当留给地方、部门和企业一定比例的外汇，以调动各方面积极性。1979 年全国出口外汇留成达到 8.54 亿美元。当年还开始着手实行关税政策，特别是关税税率的调整。（3）在创办经济特区前夕，即 1979 年 8 月 13 日，国务院决定在沿海少数省市划出一定地区进行单独管理，作为华侨和港澳商人的投资场所。这是在 1980 年创办广东三市和福建厦门创办经济特区之前开启的改革开放的试验决定。

总体来说，新中国前 30 年我国对外贸易得到了空前发展，特别是 1975 年在邓小平实行整顿工作的当年，进出口总额达到 147.5 亿美元，创中华人民共和国成立以来最高水平，而且从 1970 年以来的 5 年年平均增长速度高达 26.3%。尽管新中国前 30 年我国对外贸易受到西方封锁禁运、苏联中断援助以及"极左"错误的严重干扰，但并没有从根本上阻止我国进出口贸易增长的势头。1950—1979 年，我国进出口贸易总额从 11.35 亿美元增长到 293.3 亿美元，年均增长 12% 以上。其中，进口贸易从 5.83 亿美元增长到 156.7 亿美元，年均增长 13% 以上，出口贸易从 5.52 亿美元增长到 136.6 亿美元，年均增长 12% 左右。而且，随着国家工业化进程的发展，还促进了推动了商品结构的改变和提升。

从图 2－1 和图 2－2 可以看出，从 20 世纪 70 年代开始，我国工业生

---

① 《邓小平文选》第 2 卷，人民出版社 1994 年第 2 版，第 200 页。

产的出口竞争优势开始形成，工业制成品出口和矿产品出口的比重开始明显上升，初级产品特别是农产品出口的比重开始下降。出口商品结构发生了重大变化和提升。与此相对应的是，进口商品结构在不同时期也有明显的变化。在第一个“五年计划”时期，国家工业化刚开始进行，急需进口大量机器设备，我国积极发展与苏联、东欧国家的经济贸易关系，机器设备在总进口比重中一直占 52% 以上，这种状况持续到 1960 年，1961 年和 1962 年由于受自然灾荒影响，再加上苏联援建项目的停止，机器设备进口比重呈下降趋势，这个趋势到 1966 年有短暂回升，随后的“文化大革命”

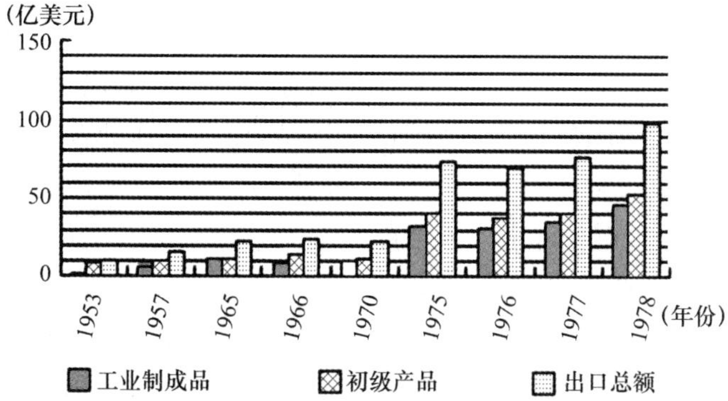

图 2－1　我国出口贸易结构（1953—1978 年）

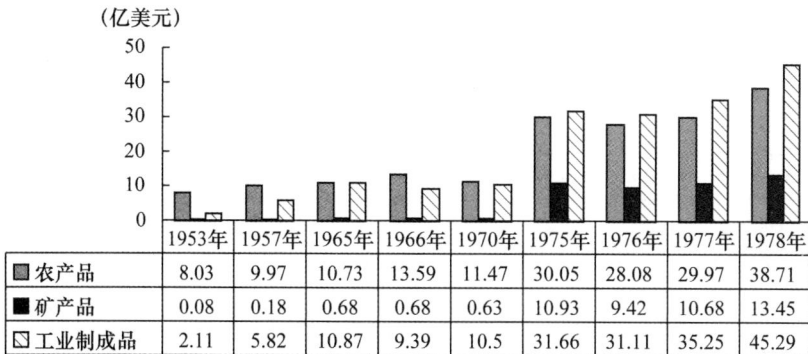

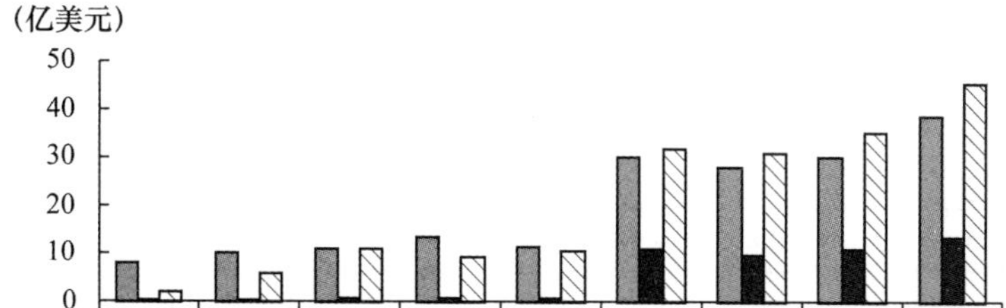

	1953年	1957年	1965年	1966年	1970年	1975年	1976年	1977年	1978年
农产品	8.03	9.97	10.73	13.59	11.47	30.05	28.08	29.97	38.71
矿产品	0.08	0.18	0.68	0.68	0.63	10.93	9.42	10.68	13.45
工业制成品	2.11	5.82	10.87	9.39	10.5	31.66	31.11	35.25	45.29

图 2－2

资料来源：《1988 年中国对外经济贸易年鉴》。

四年又连续下降，进入70年代情况发生了变化，特别是从1972年到1977年，我国先后从美国、日本等十多个国家引进技术和设备222项，用汇39.6亿美元。主要有化肥设备、化纤设备、数据处理设备、一米七轧钢机设备、采煤机组等。1974—1976年三年间，机器设备进口比重迅速回升，1975年和1976年该比重回升到30%以上。1977年和1978年该比重又下降到20%以下，1979年回升到25%。工业原料在进口中的比重一直占重要地位，而且没有太大的起伏波动，从60年代初期开始取代机器设备在进口比重中第一的地位，60年代后期起该比重进一步上升到50%左右的压倒地位。农用物资的进口仅仅在1963—1970年呈现较快增长，比重有所提高，其他年份其比重都只在5%—6%左右。消费品进口比重也有较大起伏变化，50年代和60年代初期，消费品进口占比重一直较低，但在1963—1966年经济恢复阶段，该比重高达36%，此后十多年又下降但稳定保持在18%—20%（见表2-11）。可见，改革开放前30年进口商品结构变化主要受是否有条件进口国外技术设备和能否处理好国内生产与消费关系两方面的影响。工业原料的进口不太受政治运动和经济决策的影响，客观性比较强，当时的工业原料，主要是中间投入品，这类产品在进口比重中的增长，说明了国家工业化还在进行中，国内工业生产的配套条件还比较弱，这在改革开放30年后发生了显著的变化。

表2-11 **1953—1979年中国进口商品结构** 单位：亿美元，%

	进口总值	机械设备	工业原料	农用物资	消费品
1953—1957年	74.35	36.74	23.63	2.84	5.64
占比（%）		49.4	31.8	3.8	7.6
1958—1962年	85.81	34.42	33.19	4.35	5.25
占比（%）		40.1	38.7	5.1	6.1
1963—1966年	70.78	11.51	27.93	5.89	25.45
占比（%）		16.3	39.4	8.3	36.0
1967—1970年	81.16	12.95	42.57	9.15	16.46
占比（%）		16.0	52.5	11.3	20.2
1971—1975年	248.3	58.2	121.63	17.36	51.07

续表

	进口总值	机械设备	工业原料	农用物资	消费品
占比（%）		23.4	49.0	7.0	20.0
1976—1979 年	403.65	91.74	211.0	24.8	75.4
占比（%）		23.0	52.3	6.1	18.7

资料来源：《1988 年中国对外经济贸易年鉴》。

对新中国前 30 年我国高度集中、国家统制、国家专营、统负盈亏、政企合一的外贸体制也应当历史的、客观地进行总结。这是当时经济社会发展的客观需要，它不仅与高度集权的计划经济模式相吻合，也是应对当时国际经济环境和外交格局所必然的产物。中华人民共和国成立初期，它对于打破西方国家对我国的经济封锁，保证国民经济的恢复和重建，起了极其重要的作用。后来，这种贸易体制又使我国在很长一段时期内保证了国际收支和财政收支的基本平衡，维持了国民经济的稳定。毫无疑问，在这种体制下，我国对外贸易的增长与发展受到了很大局限，越到后来，这种体制的弊端就越显示出其不合理和落后的一面。在 20 世纪 70 年代初期，当国际经济环境和外交格局发生新变化的条件下，就必然产生变革的要求，这种变革要求被当时“左”的政治错误所打消，它只能留待纠正“文化大革命”错误之后的历史去重新提起。

第三章　“两个市场、两种资源”的理论观点与对外开放

第一节　邓小平对国际形势和时代主题新的战略判断

从1914年爆发第一次世界大战以来，对战争与和平的分析和判断，就成为分析国际阶级关系和阶级矛盾的最核心和最突出问题，也是马克思主义政治经济学常问常新的时代命题。列宁认为在垄断资本按照实力不断争夺世界市场的规律下，帝国主义战争不可避免，第二次世界大战果然爆发。但无休止的战争也并不符合垄断资本的利益，妥协和休战在一定条件下也是垄断资本的需要，这就要看条件是否具备。庆幸的是，中国有邓小平这样具有非凡眼光的政治家，能够及时洞察世界和平战争的大势走向。20世纪70年代末和80年代初，邓小平对国际形势和时代特点新的战略判断是中国共产党提出“两个市场、两种资源”理论观点的现实依据。

一　对发生新的世界大战可能性的战略判断

1977年12月28日，邓小平在中央军委全体会议上说，国际形势也是好的。一方面，我们有可能争取多一点时间不打仗。因为我们有毛泽东同志关于划分三个世界的战略和外交路线，可以搞好国际的反霸斗争。另一方面，苏联的全球战略部署还没有准备好。美国在东南亚失败后，全球战略目前是防守的，打世界大战也没有准备好。因此，可以争取延缓战争的爆发。[①] 这个判断与1969年四位元帅的判断是基本一致的。从表面上看，

---

① 中共中央党史研究室：《中国共产党历史》第2卷，人民出版社2002年版，第1039页。

当时美苏两个超级大国的军事对峙依然严峻，战争威胁的局势似乎也并无改观，能否从错综复杂的现象中认识到世界形势发展变化，制定出正确的方针政策，成为中国共产党当时面临的重要课题。

邓小平具有战略家的非凡眼光，他在美苏两国激烈争夺，战争危险严重存在的现象中看出了事情的本质，透视出一种新的不以人们主观意志为转移的趋势，这种正在孕育和发展的趋势，就是和平与发展的趋势。出现这种趋势，不仅是由于包括美苏两国人民在内的世界人民反对霸权主义的斗争，更主要更深刻的原因在于经济方面。经济发展是制定对外政策的基本依据，美苏两国之所以能成为超级大国，主要就是凭借其长期积累起来的经济优势和实力。庞大的战争机器若没有经济实力做后盾，既不能发挥效力，也难以持续。历史经验证明，一旦走上霸权主义道路，任何强大的经济力量都将被挥霍掉。霸权主义的推行者可以不考虑这种经济因素，但经济因素却可以制约任何霸权主义势力，并最终使它们破产。最明显的是，美苏两国的军备竞赛已经受到经济困难的制约。在争夺世界霸权中，困难和问题的增加远远超过了自身实力的增长。这些困难和问题又集中反映在经济方面，到 1970 年，美国在侵略越南战争中已耗资 3000 亿美元；美国在资本主义世界中工业生产总值的比重已经由 1948 年的 54.6% 下降到 1970 年的 37.8%，财政赤字逐年增大，到 1968 年已累计达 605 亿美元。美国的经济衰退和国力的削弱，使它在与苏联争夺中不得不处于守势。而且在西方盟国中也失去了以往左右全局的能力。苏联的经济总量在 1950 年只相当于美国的 30%，1970 年上升到占其 70%；从 1965 年到 1978 年这 14 年，苏联的军费开支年平均增长速度达到 8%；1969 年中，苏联的洲际导弹增至 1060 枚，赶上了美国；1975 年其战略导弹已达到 2402 枚，超过美国 40%；1979 年苏联在战略核力量上的开支几乎是美国的 3 倍；在整个 20 世纪 70 年代，苏联在亚、非、拉共攫取了 20 多个海空军基地使用权。① 尽管苏联表现出咄咄逼人的进攻态势，但这一时期也暴露出经济力量过度消耗的窘迫状态。为了与美国争霸，苏联不得不一再增加军费开支，1975 年到 1978 年其军费开支的年增长率超过了 10%，军事工业增长率则高达 16%。为了支撑这种畸形发展的国民经济，弥补资金的

① 参见谢益显《中国当代外交史》，中国青年出版社 2009 年版，第四节“美苏力量对比”。

不足，苏联不得不向西方国家举借外债（见表3－1）。经济困难的苏联虽然到处扩张，但遭到第三世界各国和西方国家的强烈反对，又不得不有所收敛，暂时收缩，虽然耗费巨大国力投入军备竞赛，却始终无法在争夺中取得压倒优势，更不敢贸然发动世界大战。于是美苏两国都只有借助谈判来约束对方以取得暂时妥协。仅1977年美苏两国就举行了10场裁军谈判，这既表明他们双方对谈判并无诚意，同时也表明它们对继续对抗争夺又力不从心。

表3－1 苏联欠西方国家的债务 单位：亿美元

年份	金额
1959	0.6
1960	1.3
1961	1.7
1962	1.8
1963	1.4
1964	1.7
1965	1.9
1966	2.8
1967	3.1
1968	5.1
1969	6.3
1970	7
1971	18.1
1972	24.1
1973	37.5
1974	51.8
1975	105.8
1976	148.5
1977	157.3

续表

年份	金额
1978	172.3
1979	172
1980	140
1981	190
1981—1985	152

资料来源：转引自陆南泉等《苏联国民经济发展七十年》，机械工业出版社 1988 年版，第 697—698 页。

与此同时，第三世界被侵略国家反抗斗争取得的胜利，也是使美苏两霸不敢再轻易发动战争的重要原因。1975 年 4 月 17 日，柬埔寨爱国武装力量解放金边，4 月 19 日宣告全国解放。柬埔寨抗美救国战争首先取得胜利。在越南战场上遭到惨败的美国于 1973 年 1 月 27 日签订《巴黎协定》，同意结束战争，撤出在越南的美军及其盟国全部军队。1975 年 4 月，越南南方军民发起总进攻，4 月 30 日解放西贡。5 月 1 日，十七度线以南的国土全部解放。1976 年 7 月，越南实现全国统一。1975 年 5 月以后，老挝人民在越、柬人民胜利的鼓舞下，展开全国范围的夺权斗争。8 月底斗争胜利完成。12 月 1 日，老挝全国人民代表大会在万象举行，宣布废除君主制，成立老挝人民民主共和国。至此，印支三国人民抗美救国战争取得最后胜利。1977 年和 1978 年扎伊尔人民在其他国家支援下反抗苏联雇佣军入侵的胜利以及苏联雇佣军在亚洲、非洲其他国家遭到的反抗等，都显示了广大发展中国家联合斗争的力量。[①] 这对于争夺世界霸权的超级大国来说，无疑是一个不可忽视的制约因素。

二 重新界定当今时代特征与主题

1973 年 8 月周恩来在党的第十次全国代表上仍然说，毛泽东经常教导我们：我们仍然处在帝国主义和无产阶级革命的时代。[②] 邓小平根据世界形势的重大变化，扬弃了以往将所处时代定位为“帝国主义与无产阶级

① 人民日报社论：《苏联全球战略的新动向》1978 年 9 月 19 日第 1 版。

② 孙孺、卓炯主编：《政治经济学讲话（资本主义部分）》，人民出版社 1978 年版，第 219 页。

革命时代”、认为“革命和战争”是时代基本特征的观点，以敏锐的洞察力深刻地提出了和平与发展是当今时代两大主题的新观点。1985 年 3 月他明确指出：“现在世界上真正大的问题，带全球性的战略问题，一个是和平问题，一个是经济问题或者说发展问题”。[①] 这为我国战略中心转移提供了科学依据。邓小平关于时代特征与主题的新判断的主要依据是以下四点。

（一）资本主义世界经济危机的深化，使以美国为首的西方国家需要集中力量解决各国国内的经济问题，对外扩张从攻势转为守势

从 1973 年冬到 1975 年是第二次世界大战后世界经济发展中一个重大转折点。这时产生了能源危机、周期性经济危机和严重的通货膨胀三者叠加的复杂局面。由于阿拉伯产油国对石油的减产禁运，欧美国家油价飙升，带动了物价上涨。在油价暴涨的同时，西方国家又陷入了一次周期性危机，形成了经济停滞和通货膨胀并存的局面。最明显的特征是，国内生产总值和出口贸易额双双下降。

由表 3 -2 可以看出，1973 年后的经济危机使西方发达国家的经济和出口都比上一阶段下降了 40% 左右，而在 1974—1975 年和 1982 年的危机年份，无论是西方国家还是发展中国家的出口量都下降了，而以西方国家下降尤其突出。连第二次世界大战以后出口量从未下降的联邦德国，1975 年也发生了首次下降。而且降幅还高于其他西方国家。

表 3 -2　　1965—1983 年发达国家和发展中国家 GDP 和出口量的年均增长率

单位：%

年份	GDP 年均增长率 西方发达国家	发展中国家	出口量年均增长率 西方发达国家	发展中国家
1965—1973	4.7	6.6	9.2	5.0
1973—1980	2.8	5.4	5.5	4.6
1981	1.9	3.5	2.4	2.1
1982	-0.6	2.0	-1.6	-0.5

① 《邓小平文选》第 3 卷，人民出版社 1993 年版，第 105 页。

续表

年份	GDP 年均增长率 西方发达国家	发展中国家	出口量年均增长率 西方发达国家	发展中国家
1983	2.3	2.0	3.2	4.7

资料来源：World Development Report，1986，World Bank，Washington，D. C.，pp. 155 - 158。

美国的对外贸易在1971年发生了80多年来的第一次贸易逆差，其差额约20亿美元，它标志着美国贸易地位的相对衰落。第二次世界大战结束以后很长时间，美国对西欧的贸易一直保持顺差，但从1965年开始美国对日本的贸易就一直处于逆差状态，而且日益扩大并成为长期趋势。过去美国大量的贸易盈余可用来弥补资本账户的逆差，实际是弥补对外支出的不断增加。仅以海外军事开支和军事援助，20世纪50年代年均支出24亿美元，60年代年均支出35亿美元，到1970—1979年年均达到50亿美元。[①] 如果加上非军事的对外援助和官方贷款，则负担更重。进入20世纪70年代后，贸易收支的逆转使整个国际收支失去了平衡，1971年和1979年贸易赤字分别为20亿美元和64亿美元，整个国际收支逆差分别为298亿美元和138亿美元，从而动摇了美元的地位。1971年8月9日法国带头掀起以美元挤兑黄金的风潮，国际贸易和金融秩序陷入一片混乱。1971年12月美元宣布自1934年以来的第一次贬值；1973年2月美元再度贬值，从一盎司黄金等于35美元贬值为42.22美元，西方几种主要货币在此前后纷纷宣布自由浮动，取代了第二次世界大战后以来以美元为中心的固定汇率制，“布雷顿森林体系”宣告瓦解。

由于美国等西方主要国家陷入三重经济危机，所以考虑国内问题成为政策聚焦点。其政策的基本点从原来的对外攻势转为守势，在政治与军事上，美国于1975年以后基本完成了从印度支那撤军，在经济上则从原来的贸易自由化转向保护主义。20世纪70年代前，素有保护主义传统的美国已经先后取消了石油、钢材、肉类、蔗糖的进口配额，贸易自由化向前推进，但这时却发生了逆转。最突出的表现是重新启用了“自愿出口限制”（Voluntary Export Restraint，VER）和“有秩序销售安排”（Orderly

① 《战后美国国际收支的变化和展望》，《经济导报》1973年2月28日。

Marketing Arrangement，OMA）政策，其基本内容就是贸易双方经过磋商达成某种商品每年的出口额度。由于这两个政策形式上是“自愿达成”的，关税贸易总协定对此既未明文禁止，也未承认其合法，处于“灰色区域”。它不仅具有隐蔽性，而且具有选择性和长期性。各种非关税壁垒的广泛设置，使得这部分直接处于政府干预下的贸易份额不断加大，西方学者把它称为“管理贸易”。以经济合作组织（OECD）当时的22个成员为例，“管理贸易”在其外贸总额中的比重从1974年的36.3%提高到1980年的44.3%，制成品贸易中的这一比重则从4.0%上升至17.4%。[①]

（二）发展中国家在取得政治独立后，经济独立的意识高涨，对西方国家不公平贸易的抗争精神增强，这种力量的发展对于帝国主义战争是一种前所未有的遏制力量

第二次世界大战后，广大发展中国家普遍面临着摆脱贫困、发展经济的严峻任务。这些国家虽然已取得了政治上的独立，但并没有在经济上摆脱帝国主义的剥削和控制。再加上西方发达国家又纷纷向发展中国家转嫁经济危机，从而使发展中国家所受的剥削越发加重，处境更加恶化。除少数石油输出国和新兴工业化国家外，多数发展中国家都是越来越穷。多数国家在对外贸易上都是逆差，负债越来越多。为了改变这种处境，广大发展中国家越来越强烈地反对外来压迫和要求发展民族经济，并为此进行了持续斗争。1974年发展中国家提出“建立国际经济新秩序”的主张。这一斗争在20世纪70年代后期，已成为许多国家的首要任务。尤其是1973年10月阿拉伯石油出口国以石油减产禁运为武器，沉重打击了西方国家的经济及其不合理的国际经济秩序。70年代以前西方国家的能源消费普遍从煤炭转向廉价的石油，不仅支撑了汽车工业的发展，而且降低了整个西方国家经济运行的成本。西欧的原油进口中80%—90%来自中东北非的伊斯兰国家。1960—1970年原油标价（Posted Price）每桶仅为1.8美元，第四次中东犹太教赎罪日战争爆发后，原油价格飙升，1973年10月16日每桶标价升至5.12美元，1974年1月升至11.65美元，市价更远高于标价。1979—1980年又出现第二次能源危机，油价上涨一倍，最高时达到每桶

---

① Shiela A. B. Page，“The Revival of Protectionism and Its Consequences for Europe”，*Journal of Common Market Studies*，No. 20，1981，p. 29.

34 美元，西方享受廉价能源的时代从此结束了。

经济上的共同目标又必然促成政治上的联合斗争，发展中国家政治上联合反霸的斗争也不断高涨。这种斗争在广大发展中国家本来就有传统，这一时期不仅有了长足的进展，而且还取得了一系列胜利。发展中国家联合斗争的政治目的是要争取世界和平，因为发展经济需要以和平的环境为前提，和平的维护又需要经济的实力作保证。因此，当时多数国家都把恢复和发展经济同反对霸权、维护和平一起，并列为自己的首要任务。

（三）第三次科学技术革命中科技转化为生产力的突破，导致最发达国家争夺世界市场形势的变化

第二次世界大战前后，世界进入第三次科技革命产业化阶段，其具有标志性的技术是：原子能技术、航天技术和电子计算机的应用。进入 20 世纪 70 年代，世界前沿科学技术的特点是，科技转化为直接生产力的速度加快，提高劳动生产率的手段改变了。美国国会的调查报告披露，一项新技术从研发、试制、孵育再到商业性投产所需的时间，1885—1919 年需要 37 年；1920—1944 年需要 24 年；1945—1964 年只需 14 年。[①] 美国另一份官方报告则称，一项新技术的应用、推广和普及，20 世纪初期需要 20 年，第二次世界大战以前需要 18 年，第二次世界大战以后只需要 9 年。[②] 这些加速运用的新技术，既包括机器设备等硬件，也包括知识、技术和市场信息、经济数据、图纸、软件、设计、工艺诀窍等软件，而且后者的重要性日益增强，日益成为增殖价值和创造财富的新源泉。这些新技术的运用，日益改变国际分工的形态。过去国际分工主要受要素禀赋的制约，新技术的运用减轻甚至摆脱了对自然资源的依赖，突破了地理区位的限制，生产要素在全球范围的优化配置得以更自由的进行。将产品的零部件、主辅料的生产或工艺流程，分布到最适宜的国家和地区，更能保证效率和资本收益。新技术运用和国际分工的变化，使 70 年代中期以后的国际贸易及企业组织发生了如下变化。

---

① *Technology and American Economy*, U. S. Govt. Printing Office, Washington, D. C., Vol. 1, 1996, p. 4.

② *The Employment Impact of Technological Changes*, Washington, D. C., 1966, p. 41.

第一是产业内贸易比重逐步加大，产业间贸易比重日趋缩小。由于生产的专业化、国际化程度的提高，原来属于国内同一工业部门的内部分工，甚至同一企业内部各个分厂、车间或工序之间的分工，扩展到国际范围，形成了产业内分工，这种国际分工形成的国际交换就是产业内贸易，即各国同时既输出又输入同一产业的产品及其中间品等。1964 年经济合作组织国家全部制成品贸易中，产业内贸易占 53.7%，1974 年上升到 60.4%，英、法等国则高达 70%。到 20 世纪 80 年代中叶，英、美、德、加拿大进口的制成品约有 50% 是同一产业的中间投入品，法国则高达 60%。①

第二是发达国家之间的水平型贸易的趋势增强，“北北贸易”有超越“北南贸易”之势。由于产业内贸易主要发生在加工程度复杂的制造业中，主要发生在工业化程度和居民收入水平比较接近的国家之间。而在发展程度较低的国家，工业化发展水平对于产业内分工和贸易都还处在发育阶段。

从表 3 -3 可以看出，产业内贸易主要发生在高收入国家之间，于是这就导致了国际贸易在地理方向上的变化。第二次世界大战前，发达国家（北方）出口的制成品有一半以上是输往发展中国家（南方），用以换取初级产品；第二次世界大战后则改变为有 3/4 的出口制成品是在发达国家相互间交换。而北方出口的初级产品也是如此。1980 年北方相互之间的初级产品贸易占世界初级产品贸易比重达到 44.7%，而南方对北方出口的初级产品贸易在世界初级产品贸易中仅占 17.7%。② 这说明，由于新技术的应用，使得每单位工业品的原料和能源耗费量减少，而且不断出现新型的合成材料取代天然原料，从而使第二次世界大战后，无论在制成品还是初级产品的国际贸易中，南北贸易的地理方向发生逆转，南北方的地位越发不相称。这一方面说明南方所处的地位不利，经济发展面临进入北方市场发生困难的矛盾，另一方面也说明北方垄断资本在发达国家内部开拓市场空间获得了新的机遇。

---

① WTO，“International Trade : Trends and Statistics”，1995，p. 20；Andrew W . Wyckoff，*The Extension of Networks of Production Across Borders*，STI Review，Dec.，1993，p. 64.

② 姚曾荫：《国际贸易概论》，人民出版社 1987 年版，第 448、467 页。

表 3－3　　1978 年 62 个国家产业内贸易在其对外贸易中的比重

国家分组	人均 GDP（美元）	产业内贸易在外贸中的比重（%）
15 个低收入国家	261	21.4
18 个中等收入国家	1273	25.7
6 个新兴工业化国家和地区	1466	36.6
23 个高收入国家	7722	60.3
所有 62 个国家	2909	55.7

资料来源：［美］彼得·H. 林德特：《国际贸易经济学》，范国鹰等译，经济科学出版社 1994 年版，第 115 页。

第三是跨国垄断组织体系向当代跨国公司制度发展，弱化了跨国垄断组织旧有的争夺世界市场的尖锐矛盾，强化了跨国公司以产业链、价值链、供应链新形式对世界市场的控制。资本主义跨国经营的历史久远，早期资本主义跨国经营组织，如荷兰东印度公司在海外经营种植园，生产初级产品运销欧洲。资本主义生产方式确立、特别是进入垄断资本主义阶段后，随着资本输出的扩大，跨国垄断组织也不断成长起来。但是在第二次世界大战之前，跨国垄断组织在世界范围内展开的一体化的国际生产销售体系，并没有形成紧密结合的内部关系。即母公司与海外子公司之间以及各个海外子公司之间，在生产和销售过程中并未形成整体性的整合，也没有形成相互依赖、相互交错并密切编织的网络体系。到 20 世纪 70 年代后，由于科技的突破，产业内分工的发展，它要求国内外价值增殖活动的各个环节之间形成全面的紧密联系，即更成熟、更完善的一体化国际产销体系，其特征是产业链、供应链、价值链的高度一体化、国际化，其实质是在同一资本的支配下，价值增殖活动在全球分散进行，但又结合成一个统一的有机网络，按照全球战略运营。从严格的意义上说，当代跨国公司已经完成了组织结构的蜕变，对于全球资源配置具有更明显的“内部化”性质，对于世界市场的开拓也更加高效和灵便，对于世界人民的剥削和掠夺也更加隐蔽并具有很强的欺骗性。对于国家垄断资本来说，旧式的跨国垄断组织主要以机构协议、股权为纽带的国际化体系来争夺势力范围和市场的形式已经过时了，当代意义的跨国公司以占据全球价值链核心地位，以分工、非股权安排但强大的经济粘合力来争夺势力范围和世界市场的方式则更符合世界非殖民化潮流和各国家垄断资本之间相互妥协的需要。

（四）世界产业结构转移使一些新兴经济体得到发展，既缓和了发达国家内在的经济矛盾，也激励了发展中国家和平发展的预期和愿望

20世纪70年代后有两方面因素促进了70年代后发达国家向外转移产业：一是随着石油价格的大幅度上涨，迫使西方发达国家加紧调整产业结构，降低单位产品的能耗，压缩能源和原料的进口，并将高耗能、高污染的产业转移到发展中国家或发达程度稍低的国家。二是随着发达国家之间产业分工和产业内贸易的发展，发达国家将原有的体现产业间分工的企业陆续转移到发展中国家，出现自北向南的产业转移。日本就是在这个时期加快了向东南亚转移所谓“边际产业”，并大力促进国内产业升级，降低了石油和原料的消耗。从全世界来看，燃料贸易额所占比重在1953—1973年20年间约11%，由于油价上涨，1980年其占比重上升到24%。[①] 但日本却相反，从70年代中期到1983年和1984年，日本的进口量分别上升了10%和11%，但石油和原料（农业和矿物原料）的进口分别只上升了4%和8%，石油和原料在日本总进口中的比重由过去的65%下降为59%。[②]发达国家的产业转移客观上促进了一些发展中国家的工业发展，从而出现了新兴工业化经济体，所谓“亚洲四小龙”就是在这样的国际经济环境下涌现出来的突出案例，它们的工业发展使自己登上了国际贸易的舞台（见表3-4）。

表3-4　**20世纪60—90年代发达国家和新兴经济体在世界制成品出额中的比重**　单位：%

年份	美国	英国	德国	日本	亚洲四小龙	东盟四国
1965—1969	19.1	10.6	17.1	8.5	2.0	—
1970—1974	15.4	8.3	17.7	10.3	3.4	—
1975—1979	14.4	7.9	16.9	11.1	4.8	—
1980—1985	14.6	6.8	14.8	13.4	6.8	—
1986—1990	11.9	6.2	15.6	13.3	8.6	—

① Tadeusz M. Rybczynski, *Structural Changes in the World Economy and Business*, (*lecture*), Kiel University, Institute of World Economy, April 12, 1983.

② Bank of International Settlement 55th Annual Report, Basel, 1987.

续表

年份	美国	英国	德国	日本	亚洲四小龙	东盟四国
1991—1995	13.0	5.9	14.2	12.9	9.0	—
1994	—	—	—	—	9.2	3.3

注：东盟四国指泰国、印度尼西亚、菲律宾、马来西亚。

资料来源：UNCTAD，“Trade and Development Report 1996”，Geneva，1996，p.72；1994 年数据来源于 WTO，International Trade：Trends and Statistics，1995。

一些发展中国家、特别是新兴经济体的工业化发展，鼓舞了广大发展中国家希望在和平环境下发展本国经济的愿望，成为不可阻挡的历史潮流，而两个超级大国出于修复本国经济的需要也暂时维持“冷战”状态，世界处于难得的和平发展时期。这些因素，正是邓小平做出世界大战打不起来，时代的主题已经从“帝国主义与无产阶级革命”转变为和平与发展两大主题的战略新判断，他的判断是对毛泽东关于时代命题的创新发展，不仅为我国战略中心转移提供了科学依据，而且成为中国迎来改革开放大潮的理论指南。

第二节 “两个市场、两种资源”的理论含义及其主要实践

最早提出利用“两个市场、两种资源”观点的是 1982 年 1 月中共中央负责人胡耀邦，他在中央书记处会议上就对外经济关系问题发表意见：我国的社会主义现代化建设，要利用两种资源——国内资源和国外资源；要打开两个市场——国内市场和国外市场；要学会两套本领——组织国内建设的本领和发展对外经济关系的本领。① 到 1993 年 11 月党的十四届三中全会《决定》把这个观点正式表述为：“充分利用国际国内两个市场、两种资源，优化资源配置。”② 但在整个 20 世纪 80 年代，邓小平做出的许

① 顾钰民、孙麾主编：《当代中国马克思主义研究报告（2007—2008）——聚焦党的十七大和纪念改革开放 30 周年》，人民出版社 2009 年版，第 372 页。

② 《中共中央关于建立社会主义市场经济体制若干问题的决定》，人民出版社 1993 年版，第 25 页。

多论述都在不断深化对这个理论观点的认识。把邓小平的有关论述加以归纳和分析，可以总结出“两个市场、两种资源”这个理论观点的主要含义。

一 邓小平对外开放的政治经济学逻辑

（一）开放本身就是世界性问题，是世界人民的利益所在

进入新的时期，特别是“冷战”结束以后，如何在对外开放新形势下回答“谁是我们、谁是合作伙伴、谁是敌人?”这一国际政治经济学的最大问题，摆在了新一代领导人的面前。邓小平认为，开放是一个世界性的问题，“现在的世界是开放的世界”，“经济上的开放，不只是发展中国家的问题，恐怕也是发达国家的问题”；只有各国都开放，世界市场才能扩大，否则“西方面临的市场问题、经济问题，也难以解决”。[①] 可见，当时国际阶级关系和国际阶级矛盾的突出问题是，中国要不要开放？世界上谁赞成开放，谁反对开放？这就是划分敌、我、友的主要标准。这是邓小平对马克思主义政治经济学的创新和发展。1984 年邓小平进一步说：“我们是三个方面的开放，一个是对西方发达国家的开放，我们吸收外资、引进技术等等主要从那里来。一个是对苏联和东欧国家的开放，……还有一个是对第三世界发展中国家的开放”。[②] 他还在许多场合反复强调，我国的现代化建设，不是拿落后的技术作为出发点，而是要吸收世界先进的管理方法，要把世界一切先进技术、先进成果作为我们发展的起点，我们要充分利用国际市场的有利形势来开展这些工作。

（二）坚持开放与独立自主、自力更生相统一

在明确强调扩大开放的同时，邓小平也反复强调中国坚持独立自主、自力更生的立场不变，1982 年邓小平就告诫全党：“中国的事情要按照中国的情况来办，要依靠中国人自己的力量来办。独立自主，自力更生，无论过去、现在和将来，都是我们的立足点。”[③] 这个方针与对外开放并不矛盾。早在中华人民共和国成立初期的 20 世纪 50 年代，毛泽东就多次阐述

① 《邓小平文选》第 3 卷，人民出版社 1993 年版，第 79 页。
② 《邓小平文选》第 3 卷，人民出版社 1993 年版，第 99 页。
③ 《邓小平文选》第 3 卷，人民出版社 1993 年版，第 3 页。

独立自主、自力更生与争取外援的关系。这个方针成为中国共产党一贯秉持的、毫不动摇的建设理念。自力更生精神表现在政治上，则是坚持独立自主的原则，经济上的自力更生是政治上的独立自主的基础。同时强调坚持反对一切侵略和霸权主义的立场不变，坚持用和平共处五项原则处理国际关系的立场不变，坚持建立国际经济新秩序的立场不变。邓小平的思想突破了传统战略思维，为新形势下我们坚持什么、赞成什么、反对什么找到了战略方向。

（三）“两个市场”是社会主义经济与世界经济体系的对立统一

从邓小平的这些论述中可以看出，从当时中国社会主义现代化建设的迫切需要看，主要是应当向西方发达国家开放，而第三世界国家基本上也都融入了资本主义统一市场。尽管当时还存在苏联东欧的经济互助合作委员会的内部市场，但这个市场事实上已经萎缩并与资本主义世界市场发生了千丝万缕的联系。因此，中国当时提出的“两个市场”的理论含义，是指国内国外两个市场，主要是按照不同主权国家利益和经济制度划分的市场，而不是按照政治制度和意识形态特征来划分的市场；这两个市场不是对立的，而是相互影响、相互渗透的市场，实际上这就是中国国内市场与资本主义统一的国外市场，这就从理论上否定了苏联时期斯大林提出的“两个平行的世界市场”的理论，提出了马克思主义中国化的理论，即社会主义国内市场与统一的资本主义国外市场的理论观点。也就是说，在一个紧密联系的世界市场体系中，存在两种制度不同的内部和外部市场，但绝不影响它们之间的贸易经济往来，它们之间的经济联系是难以割裂的。这是我们利用资本主义外部市场的理论依据，也是中国社会主义现代化建设的客观必然性。

二 利用两个市场、两种资源的核心是如何定义社会主义对外经济贸易的作用

按照苏联的经验，我国在改革开放之前通常也习以为常地把发展对外贸易局限于“互通有无、调剂余缺”的水平上，把出口贸易的功能简单化为是为了获得进口技术和资源的需要，目标锁定在使用价值上，完全忽略了价值增值的需要，没有认识到贸易是利用国际分工的形式，是节约社会劳动，加速经济增长的杠杠。这样就大大降低了社会主义对外贸易的地位

和作用，这实际上是与生产力不发达和简单商品经济相联系的思想和观念，反映了简单商品生产者的狭隘性和落后性，难以适应社会主义大生产和现代化的需要。邓小平对这些陈旧的观念是不赞成的，他虽然没有做过长篇大论的论述来反驳这些观念，但他往往一针见血地指出了问题的要害。

1984 年他说："现在我国的对外贸易额是四百多亿美元吧？这么一点进出口，就能实现翻两番呀？"① 可见他是把对外贸易与经济增长目标相联系的。虽然他没有说什么经济学的理论，但我们都知道对外贸易规模、特别是出口产业与国民经济增长存在着密切的相关度，外需是拉动国民经济增长的三大动力之一。对外贸易在国民经济长期发展中的作用，他也说了一句很经典的话。随着进出口规模扩大，国民经济发展了，对外贸易是否还有作用呢？斯大林曾经断言，随着国民经济发展，社会主义经济建设就越来越不需要大量从国外进口技术和设备，因此对外贸易也必然缩减。但邓小平的观点恰恰相反，他认为到那时仍然要大力发展对外贸易，它的重要性丝毫不能减，否则我们就不能继续发展。他说："我国年国民生产总值达到一万亿美元的时候，我们的产品怎么办？统统在国内销？什么都自己造？还不是要从外面买进来一批，自己的卖出去一批？所以说，没有对外开放政策这一着，翻两番困难，翻两番之后再前进更困难。"② 这里邓小平是把发展对外贸易作为对外开放政策的核心内容来说的，他的开放思想实际是总结了历史经验和世界经济发展的客观规律，阐明了对外贸易关系到搞活国民经济全局和现代化建设的大局，从而把社会主义对外贸易的地位和作用提高到应有的战略高度，是中国对外开放理论上的一个重要突破。

正是由于他高度重视对外贸易的作用，因此就十分关注外贸逆差以及如何减少外贸逆差问题。1986 年他指出外贸逆差会拖住整个国民经济的后退，要求"逐年减少外贸逆差是个战略问题。否则，经济长期持续稳定发展就不可能，总有一天要萎缩下去"。③ 怎样减少外贸逆差呢？对于这样的微观问题，邓小平也把它作为重要问题来考虑，1986 年他说，第一是要研

---

① 《邓小平文选》第 3 卷，人民出版社 1993 年版，第 90 页。

② 《邓小平文选》第 3 卷，人民出版社 1993 年版，第 90 页。

③ 《邓小平文选》第 3 卷，人民出版社 1993 年版，第 160 页。

究多方面打开国际市场；第二是“要研究提高产品质量。……产品不能只讲数量，首先要讲质量。要打开出口销路，关键是提高质量。质量不高，就没有竞争能力”①。他还认为打开出口销路还需要研究许多课题，例如商品包装，他也认为需要好好研究一番。② 邓小平对这些细小问题的议论与他举重若轻的工作风格似乎很不吻合，由此正说明他把发展对外贸易确实放到了对外开放全局、现代化建设全局的高度来考虑。

在邓小平的高度关注和指导下，中国货物进出口总额于1988年跃上了千亿美元大关，更重要的是，为了更快发展对外贸易，减少贸易逆差，推广了“三来一补”的加工贸易形式，制定实施了“两头在外、大进大出”的政策。其主要内容是：（1）对加工贸易料件实行保税政策；（2）对加工贸易进口料件出口，不实行进口数量限制；（3）除特殊规定外，对外商提供的加工贸易进口设备免征关税和进口环节增值税。整个20世纪80年代，加工贸易都处于探索和鼓励发展阶段，从海关监管视角和海关管理业务分类，加工贸易分为“来料加工”和“进料加工”两种，前者是完全意义上的“两头在外”，为执行贸易合同所设立的生产单位并非真正意义上的企业，不具有法人地位；后者只具有部分意义的“两头在外”，生产单位必须注册为法人。这两种加工贸易方式都具有利用中国劳动力资源优势，又利用外商资金、技术和市场渠道优势的双重有利因素，因此得到快速发展。80年代初期，最迅速发展的是以“三来一补”为特征的来料加工装配业务，它适应了中国既缺乏原材料和中间品，又缺乏市场渠道的现实情况，因此得到最快速发展。到了80年代末期，随着中国工业化的普及，以及国内市场的发育，国产配套的原材料、中间品以及国内市场条件逐渐成熟，可以部分替代原来完全意义的“两头在外”贸易形式，国家加大了对进料加工的鼓励和扶持，因此从90年代开始，加工贸易方式就出现了从“来料加工”为主向“进料加工”为主的转型升级。

从表3－5可以看出，由于实行加工贸易，外贸逆差大为缩小，1985年中国贸易逆差曾达到149亿美元，1989年转为顺差66亿美元，其中加工贸易实现贸易顺差达到34亿美元。

---

① 《邓小平文选》第3卷，人民出版社1993年版，第159—160页。

② 《邓小平文选（1975—1982）》，人民出版社1983年版，第29页。

表 3 - 5　　1980—1989 年中国进出口贸易与加工贸易进出口统计数据　　单位：亿美元

年份	进出口总额					出口					进口				
	全国		加工贸易			全国		加工贸易			全国		加工贸易		
	进出口	同比增长（%）	进出口	同比增长（%）	占比（%）	出口	同比增长（%）	出口	同比增长（%）	占比（%）	进口	同比增长（%）	进口	同比增长（%）	占比（%）
1980	381. 4	30. 0	14. 2	—	3. 7	181. 2	32. 6	—	—	—	200. 2	27. 8	—	—	—
1981	440. 3	15. 4	26. 4	85. 9	6. 0	220. 1	21. 5	11. 3	—	5. 1	220. 2	10. 0	15. 1	—	6. 85
1982	416. 1	-5. 5	3. 3	-87. 5	0. 79	223. 2	1. 4	0. 53	-53. 1	0. 24	192. 9	-12. 4	2. 76	-81. 2	1. 43
1983	436. 2	4. 8	42. 2	11. 8	9. 7	222. 3	-0. 5	19. 4	4. 88	8. 7	213. 9	10. 9	22. 7	7. 2	10. 6
1984	535	22. 7	59	40. 5	11	261	17. 6	29	52. 6	11. 1	274	29	30	31. 4	11. 9
1985	697	31. 3	75	27. 1	10. 8	274	5	34	17. 2	12. 4	423	54. 4	41	36. 7	9. 7
1986	738	5. 9	123	64	16. 7	309	12. 8	56	64. 7	18. 1	429	1. 4	67	63. 4	15. 6
1987	826	11. 9	190	54. 3	23. 0	394	27. 5	88	57. 1	22. 3	432	0. 7	102	52. 2	23. 6
1988	1029	24. 5	287	51. 1	27. 9	475	20. 6	140	59. 1	29. 5	553	28	147	44. 1	26. 6
1989	1116	8. 6	362	26. 1	32. 4	525	10. 5	198	44. 4	37. 7	591	6. 9	164	11. 6	27. 7

资料来源：1980 年至 1983 年加工贸易数据来源于傅自应《中国对外贸易三十年》，中国财政经济出版社 2008 年版；其余来源于中国国家统计局《中国统计年鉴》（1981—1990 年）。

三 利用两个市场、两种资源的关键是如何更有效利用外资

在对外开放的重大决策上，邓小平敏锐洞察到利用外资是一个关键问题。1979 年在讨论经济工作时他提出利用外资是一个大政策的判断。① 同时，邓小平在 20 世纪 80 年代和 90 年代初期都反复不断地强调和说明利用外资的必要性和重要性。② 1979 年全国人大常委会颁布了第一部外商投资企业法，③ 说明了当时利用外资对于实行对外开放的紧迫性。邓小平的决策基于以下认识。

（一）利用外资是发展中东道国或经济体接受先进生产力辐射和带动的必然要求

经济史的客观规律说明，穷国与富国的差距，并不是资源禀赋的天然差距所形成，而是生产力形成的条件与高低的差距所形成。固然，发展中经济体可以通过自身积累和国际贸易的方式来接受先进生产力的辐射和带动，但它的速度太慢，难以缩小与先进国家的差距。第二次世界大战后的世界经济史表明，通过吸引外资，特别是利用外国直接投资的方式，接受先进生产力辐射和带动更直接，速度快得多，有可能在较短时间内缩小与发达国家的差距。亚洲一些新兴工业化国家和经济体成长的例子说明了这一点。西方学者在 20 世纪 80 年代就观察到全球外国直接投资增长速度快于世界贸易增长速度，而世界贸易增长速度又快于世界经济增长速度的现象，并据此作为世界经济景气趋势的先行观察指标。④

（二）利用外资必然使发展中国家在接受先进生产力带动过程中构建与之相应的经济体制、企业管理制度和社会文化

随着外资的大量流人，必然要求引进和建设适应市场经济的制度。包

---

① 《邓小平文选》第 2 卷，人民出版社 1994 年版，第 198 页。原文是：“利用外资是一个很大的政策，我认为应该坚持。”

② 参见《邓小平文选》第 3 卷，人民出版社 1993 年版，第 52—53、65、79、91、98—99、106、110、117、130、138、149、165、171、193、286、308、313、365、373 页。

③ 指 1979 年 7 月 8 日第五届全国人大第二次会议通过的《中华人民共和国中外合资经营企业法》。

④ 1992 年，联合国贸发会议跨国公司与投资司曾以对外直接投资和跨国公司是“经济增长的发动机”为该年度报告的副标题，在国际学术界引起很大反响。1995 年度的《世界投资报告》指出，1986—1990 年，世界对外直接投资存量增长了 19.8%，而全世界的 GDP 和商品、非要素劳务出口分别只增长了 10.6% 和 14.3%；1991—1993 年，这三者的增长比例分别是 7.2%、3.3% 和 3.5%。

括新的产权制度、市场运行机制和市场管理制度的各种法律法规，还包括为这种新制度做宣传的各种媒体和传播，以及认同新制度的社会认知和行为方式，而承载所有这些新制度文化的话语，也同样令人耳目一新。这种制度文化的变迁，是建立现代化国家过程中，变化最缓慢的社会组成部分。外商投资的大量进人，大大加快了这种变化过程，因为它为传统社会注入了变革制度文化的内生活跃因素。

（三）利用外资必然导致更新传统的民族国家利益观念

它改变过去那种认为本国利益以敌损我得、他失我赢及只能单方受益的传统看法。因为资本跨国流动造就了国际化生产和产业内贸易，扩大了世界市场，它不仅模糊了产品的国别界限、技术的国别界限，而且造就了大量超越民族国家界限的生产力组织——跨国公司，进而模糊了资本的国别界限。尽管跨国公司在全球的价值链生产中可以做利益不平衡的安排，但不可能消灭发展中国家基于自身优势所得到的国民利益，而且双方各自的利益都只能在利他的基础上才能充分实现，经济全球化已经造就了损人并不利己的世界利益格局。在新形势下，我国既要坚持自己的民族国家观念，但也要更新这种观念。坚持社会主义国家制度的根本利益观念，更新非此即彼的零和意识观念，谋求共赢的共同利益。

新中国前 30 年我们有过利用外资的经验，但主要通过外国贷款所形成的债务形式利用外资，1979 年后我国仍然延续外债形式引进外资，但为了适应大规模引进外资防范风险的需要，这一时期对外债进行了规范管理，到 1987 年形成了规范的外债管理制度。即外债统计监测体系（EDSS），及时地了解和掌握全国的外债规模、币种、期限和偿付等情况。该统计监测体系主要包括三方面的内容：外债统计的法律保障、外债数据的采集、外债数据的处理。①

以外债形式利用外资，采取了“放”与“管”结合的方针，始终使外债规模保持在安全警戒线内。从图 3. 1 可以看出，整个 20 世纪 80 年代外

① 1987 年国家外汇管理局颁布《外资统计检测规定》，并指定《外债登记实施细则》，初步建立起了全国外债统计检测系统，可对全国外资的总额、期限、币种、利率结构等进行全民监测分析，为外债总体战略和具体实施策略的制定提供了依据。直接投资合同金额中，外商投资于房地产项目的比重高达 39. 3% 。这在一定程度上助长了当时房地产行业的投机性行为，1995 年开始，房地产行业由旺转滞，1996 年外商投资房地产业的比重已经下降到 19% 。

债余额规模都小于500亿美元，整个90年代外债余额规模都在1500亿美元之内，只是到2003年以后我国国际收支出现大量顺差，外债余额规模才有较大幅度增长。从外债期限结构来看，2001年以前短期外债余额所占比重一直处于25%的国际标准警戒线以下（见图3－1），短期和中长期外资结构比较合理。

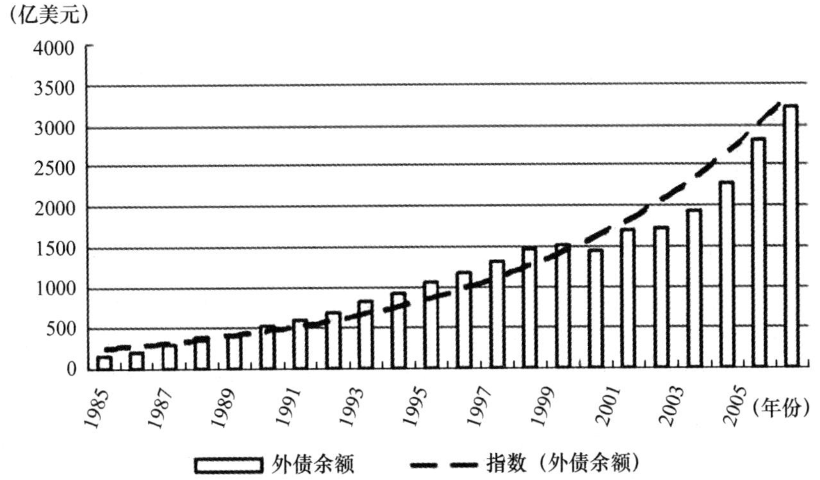

图3－1 1985—2006年中国外债余额变化趋势图

资料来源：根据《中国统计年鉴》相关年份数据整理。

邓小平和中国的决策者意识到，要大规模利用外资，应当主要以利用外商直接投资为主，这样才能避免国际收支的不平衡。继1979年7月《中外合资经营企业法（草案）》出台后，1986年，六届全国人大四次会议通过了《外资企业法》；1988年，七届全国人大一次会议通过了《中外合作经营企业法》，共同组成了利用外资的三部基本法律（统称外资三法）。这些基础性变革，为中国大规模利用外商直接投资创造了法治条件。

1978—1987年是我国利用外商直接投资的起步阶段。截至1987年底，共批准设立了10528家外商投资企业，合同外商直接投资额231.22亿美元，实际利用外资额为106.18亿美元。这一阶段外商直接投资主要集中在第三产业旅游宾馆、娱乐设施等房地产项目以及第二产业中纺织、服装、食品饮料、塑料制品、电子元器件等以劳动密集型为主的中小工业项目。1988—1995 年是我国利用外资发展和突破的阶段。在这个时期，中国共批准外商投资项目 248735 个，是第一阶段的 26.62 倍；合同外商投资额为 3729.92 亿美元，是第一阶段的 1613 倍；实际利用外资额为 12425 亿美元，是第一阶段的 11.7 倍。1993 年中国实际利用外商直接投资额在发展中国家居第一位，在世界各国中仅次于美国而居第二位。

把利用外商直接投资与发展对外贸易结合起来，是中国利用外资战略的又一重大决策，这就是学者们所说的采取了出口导向型利用外资战略。这种选择，并不是对某些东亚经济体的盲目模仿，而是具有内在客观要求和必然性。

首先是改革对外贸易体制的现实路径。当时能够生产出口产品的工业企业，仍然在计划体制的束缚下，不仅难以释放竞争优势，而且也缺乏国际市场的联系渠道。而外商投资企业，可以通过灵活的用工制度释放我国劳动力优势，利用境外投资者的市场联系解决产品销售，利用境外资金市场解决外汇平衡问题；整个 20 世纪 80 年代和 90 年代初期，我国都要求外商投资企业的生产经营自我解决外汇平衡问题，直到 1994 年我国建立银行间外汇市场后才实现了经常项目下货物贸易的人民币可兑换。同时，在中国关税的保护下，外商投资企业的一部分产品还可以内销，得到国内市场利润的激励，从而有利于出口导向制造业的发展，增加中国本土的生产和经济总量，加快中国的经济发展速度。

其次是利用国际市场的需要。改革开放初期，人民不富裕，解决温饱是民生的头等大事，社会购买力低，国内市场狭小。工业化的市场在国内回旋余地不大，只有开拓国外市场才能加快工业发展的速度。

最后是符合国际资本的投资选择。从 20 世纪 80 年代开始，当东亚经济体的制造业生产的优势开始弱化后，国际资本就已经在寻找更具有竞争优势的投资区位，并酝酿国际化生产布局和跨国公司价值链的重新调整。中国的改革开放立刻吸引了国际投资者的目光。对于国际投资者来说，中国有着即定现存的劳动要素禀赋优势，而且比其他发展中经济体更具有竞争优势。中国在渐进式贸易自由化过程中采取的暂时的贸易保护，既给予了国内产业发展的过渡期，也为外商投资生产提供了有效的激励。它与国际资本的投资策略不谋而合，从而为中国赢得了国际资本产业转移的历史性机遇。

在20世纪80年代初期，外商直接投资主要进入非工业领域，表3－6显示，1984—1988年5年间，大约仅有45%的外商投资协议金额投向工业部门，但从1988年开始，外商投资方向发生明显变化。1988年国家确定了沿海地区经济发展战略，扩大了沿海开放地区，进一步完善了外商投资环境，加上港台投资因两岸关系松动出现热潮，这些因素促使外商对工业投资，特别是出口加工工业投资大量增加。

表3－6 **1984—1988年外商协议金额的部门结构** 单位：百万美元

部门	1984年	1985年	1986年	1987年	1988年	1984—1988年
总金额	2875	6333	2834	3709	5297	21048
工业	496	2384	785	1776	4022	9463
房地产、公用设施和服务业	1017	2271	1617	1471	530	6906
建筑业	78	133	53	55	119	436
商业、饮食业	230	527	100	29	64	950
农、林、渔业	79	126	62	125	209	601
通信业	84	106	33	16	91	331
其他	891	797	184	237	262	2361

资料来源：有关年份《中国对外经济贸易年鉴》。

20世纪80年代末期以后，外商投资的工业项目迅速增加，到90年代初期已占支配地位。1991年全国批准外商投资企业项目12978个，其中工业类项目11632个，占总项目数的89.6%；协议外资金额96.23亿美元，占协议总金额的80.3%。可见，到90年代初期，工业部门外商投资已占绝对优势。从1992—1994年情况看，工业类外商投资仍然占明显优势，但也呈现投资领域多元化现象。

四 利用两个市场、两种资源的全局观是沿海先发展，再带动内地发展

利用两个市场、两种资源的理论认识落实在行动上，不仅需要有以上

两方面重点内容，还需要有区域部署的节奏和全局观。中国幅员广大，生产力分布不平衡，而且差距很大，人们的观念意识造成制度文化成本差异，交通运输条件也造成财务成本差异，因此先易后难，先从沿海和口岸地区开始实施对外开放是必然的选择。设立沿海四个经济特区、开放沿海14个港口城市，就是为了使对外开放有一个良好开局，形成示范，从而带动全国。正如邓小平所说：“沿海地区要加快对外开放，使这个拥有两亿人口的广大地带较快地先发展起来，从而带动内地更好地发展，这是一个事关全局的问题。”① 沿海开放事关全局，已经为今天的事实所证明。当时东南沿海的工业外商投资大多数投向于出口导向加工业和加工装配行业，这可以从外商投资企业迅速扩大的进出口贸易活动中反映出来。从表3－7看出，从1993年起，外商投资企业的进出口额已占我国对外贸易进出口总额的三分之一以上。在出口方面，外商投资企业出口份额超过四分之一，在进口方面，则大有接近半数的趋势。1994年，全国出口增加值中的60.8%是通过三资企业实现的。据中国海关统计，在1994年三资企业的进出口总额中，扣除作为投资进口的设备、物品203亿美元，经营性进出口顺差20.7亿美元，比1993年的0.4亿美元有大幅度的增长。1994年外商投资企业工业制成品出口320.9亿美元，占其出口总额的92.5%，占全国工业制成品出口总额的32.7%。其中机电产品出口132.8亿美元，占其出口总额的38.3%，占全国机电产品出口总额的41.5%。

表3－7 1989—1994年外商投资企业进出口额增长及在全国进出口总额中的比重

单位：亿美元，%

年份	(1)	(2)		(3)	(4)		(5)	(6)	
	外商企业进出口额	全国进出口额	(1)/(2)	外商企业出口额	全国出口额	(3)/(4)	外商企业进口额	全国进口额	(5)/(6)
1989	139.2	1116.8	12.5	49.2	525.4	9.4	90.0	591.4	15.2
1990	201.1	1154.4	17.4	78.1	620.9	12.6	123.0	533.5	23.1
1991	289.6	1356.3	21.4	120，5	718.4	16.8	169.1	637.9	26.5

① 《邓小平文选》第3卷，人民出版社1993年版，第277—278页。

续表

年份	(1) 外商企业进出口额	(2) 全国进出口额	(1)/(2)	(3) 外商企业出口额	(4) 全国出口额	(3)/(4)	(5) 外商企业进口额	(6) 全国进口额	(5)/(6)
1992	437.6	1665.3	26.3	173.8	849.4	20.5	263.8	805.9	32.7
1993	670.7	1957.1	34.3	252.4	917.6	27.5	418.3	1039.5	40.2
1994	876.5	2369.0	37.0	-347.1	1210.0	28.7	529.4	1157.0	45.8

资料来源：各年《中国对外经济贸易年鉴》。

出口导向型的外商投资企业多集中在沿海地区，1994 年沿海 12 个省市三资企业出口 336.6 亿美元，占全国三资企业自营出口总额的 97%。出口超过 10 亿美元的沿海省市为广东、福建、上海、江苏、辽宁、山东、浙江、天津。其中广东省出口 98.4 亿美元，占三资企业出口总额的 57.2%，中西部地区 18 个省区的外商投资企业的出口总额只有 10.5 亿美元，仅占三资企业出口总额的 3%。进料加工出口仍然是外商投资企业的主要贸易方式，1994 年进料加工出口 305.8 亿美元，占其出口总额的 88%，比重比上年有所提高。

以上说明，在外商投资最为密集的沿海地区，已经形成出口导向加工业的发展，它充分利用了沿海的区位优势和劳动力供给优势，迅速发展起“两头在外”的外向型加工业，从而利用了我国的要素禀赋优势。这种工业化发展模式与我国过去几十年以内向经济为主的模式，即完全依靠国内交换和内需增长拉动的方式有了很大区别，它使国内外资源都得到利用，通过国际交换得到价值增殖。

第三节 中国开放型经济建设大幕开启（1980—2001 年）

一 探索开放型经济道路的中国式路径和基本思路

中国对外贸易体制改革的路径与次序很大程度上区别于传统国际贸易理论所推崇的方式。关于对外贸易体制改革的次序，西方理论一般认为，第一步应将配额、外汇控制等非关税手段关税化；第二步再将关税水平降低，进而实现贸易自由化。中国对外贸易体制改革与一般发展中国家贸易体制改革的条件和环境存在根本的差别。西方学者讨论对外贸易体制改革主要是指贸易自由化过程，即由保护型对外贸易体制向自由、开放的对外贸易体制转变，其体制基础是市场经济体制，改革的是政府干预对外贸易的方式与力度。中国的对外贸易体制改革虽然也存在贸易自由化的转变过程，但中国原先保护对外贸易体制的基础是计划经济体制，对外贸易自由化过程必须在经济体制从计划体制向市场经济体制的转变过程中完成。因此中国对外贸易体制改革就不是一个单纯的贸易自由化问题，而必须顺应经济体制总体改革的次序和步骤。

由于上述原因，在我国向市场化转轨过程中，就贸易措施而言，先逐步放松对外贸易计划，代之以许可证、配额及其他行政控制手段。与计划相比，数量控制手段是许多市场经济国家都采用的贸易干预措施。之后，随着国内市场化改革的深入，市场扭曲的程度逐步减轻，对外贸易数量控制也随之减少，直至最后取消数量控制措施。就改革目标而言，是要通过体制改革，释放国内经济优势，扩大出口贸易，以解除经济发展中的外汇约束；通过贸易保护，发展新兴产业与特定产业，从而促进经济发展。我国计划体制下的对外贸易保护体制，具有强烈的“反出口倾向”，因为保护使进口替代产业的产品价格上升，缺乏国际竞争力，限制了出口。中国对外贸易体制改革的措施组合是，一方面继续维持对国内产业的有选择保护；另一方面采取出口补贴、外汇留成、出口退税等大力度出口鼓励措施，抵消保护政策造成的扭曲，优化资源配置，使一部分产业和产品的竞争优势得以发挥，扩大出口规模。运用扭曲理论进行分析，我国消除贸易扭曲不是从扭曲根源上消除，即不是通过解除贸易保护来消除对出口的歧视，而是运用其他的出口鼓励扭曲抵消保护扭曲，是一种适应国情的扭曲纠正做法。这种在进口替代保护还必须存在的背景下，采取附加出口鼓励的政策组合，实践证明是有效的。

20 世纪 80 年代初期，邓小平关于如何进行改革开放有一句名言，那就是“摸着石头过河”。这句话虽然很通俗，但绝不是盲目的，这里既包括了一切从实际出发的哲学思想，也包括他对具体探索的一些基本考虑。在对外经济贸易体制的改革方面，他认为最必要的起步是下放管理权力，调动多方面积极性，1978 年 12 月他就指出：“现在我国的经济管理体制权力过于集中，应该有计划地大胆下放，否则不利于充分发挥国家、地方、企业和劳动者个人四方面的积极性”，有必要“在经济计划和财政、外贸等方面给予更多的自主权”。① 因此在整个 80 年代，新体制探索主要围绕扩大地方、企业和劳动者个人自主权展开。1993 年 11 月中共中央通过了《中共中央关于建立社会主义市场经济体制若干问题的决定》，明确了建立社会主义市场经济体制的改革方向，就是要使市场在国家宏观调控下对资源配置起基础性作用。要进一步转换国有企业经营机制，建立适应市场经济要求，产权清晰、权责明确、政企分开、管理科学的现代企业制度。在这个“决定”的指导下，90 年代探索开放型经济新体制的实践就进入了改革计划管理、扩大市场调节；外贸企业从承包经营责任制改革转向建立独立的市场经济主体的探索方向上去。

二 开放型经济建设探索阶段的主要措施与内容

1980—2001 年，对外贸易体制经历了下放外贸经营权改革；进出口商品计划管理体制改革；外贸企业两轮承包经营责任制改革；设立沿海开放城市和经济特区；设立经济技术开发区；外汇管理体制改革；关税管理改革；沿江、沿边对外开放；加入世界贸易组织的配套改革；有力地支撑了对外经济贸易的快速发展。

（一）下放对外贸易经营权，扩大地方政府对外贸易自主权

1979 年，以给广东、福建两省灵活经贸政策为起点，对外贸易体制拉开了序幕。下放外贸进出口总公司的经营权，扩大地方的对外贸易经营权，同时扩大地方政府对引进技术、进口商品的审批权，给地方政府一定比例的外汇留成等，旨在调动地方发展对外贸易的积极性。这在一定程度上改变了对外贸易的中央高度集权的状况，加速了我国对外贸易的发展。但这种政策调整并没有改变政企不分的体制基础。而且还为地方保护主义抬头埋下了隐患。当然，后来发生的各地抬价争购、削价竞销的现象不仅仅是下放外贸经营权的结果，其根本原因还在于对外贸易经营统包盈亏，出口创汇的体制与政策目标。

---

① 《邓小平文选（1975—1982）》，人民出版社 1983 年版，第 135 页。

（二）扩大对外贸易经营渠道，打破垄断经营

在传统计划经济体制下，我国对外贸易几乎全部由国家外贸专业总公司独家垄断经营，对外贸易领域所有制结构呈单一公有制。其改革的措施是：继广东、福建两省之后，各地方经过批准可以成立地方外贸公司；批准19个中央有关部委成立进出口公司，原先由外贸部所属进出口公司专营的产品也分散到其他部委的进出口公司去；陆续批准一些大中型生产企业经营本企业产品的出口业务和生产所需的进口业务；对外商投资企业实行优惠政策，允许其经营本企业产品的出口和有关原材料的进口。随着外商投资企业对外贸易业务的扩大，对外贸易领域单一公有制的所有制结构被打破，逐步形成了以公有制为主体，多种经济形式并存的格局。

改革开放前，我国对外贸易业务主要掌握在十几家外贸专业总公司手中，至1987年，全国已设有各类外贸公司2200多家，到1995年进一步发展到9000多家，1999年达到2.6万家①，加上“三资”企业对外贸易业务的发展，我国对外贸易高度垄断的局面有了根本的改变，行业集中度大大降低（见表3－8）。

表3－8　**十大外贸公司在我国进出口贸易中比重的变化**

年份	出口（%）	进口（%）	年份	出口（%）	进口（%）
1981	81.3	76.6	1987	64.3	30.3
1982	78.5	71.5	1988	21.8	19.1
1983	77.9	60.6	1989	20.2	17.8
1984	74.0	51.0	1990	19.3	14.7
1985	76.7	42.3	1991	21.6	9.8
1986	65.7	37.6	1992	16.9	10.0

注：十大外贸公司为：机械、五矿、化工、技术、粮油食品、纺织、土畜、轻工、工艺仪器进出口总公司。资料来源：对外经济贸易部，转引自林桂军《人民币汇率问题研究》，对外经济贸易大学出版社1997年版，第6页。

① 《中共中央关于制定国民经济和社会发展第十个五年计划的建议：学习辅导讲座》，人民出版社2000年版，第282页。

（三）工贸结合，推行代理制

传统对外贸易体制下的出口收购制、进口拨付制，使生产方和消费方式被严重隔离开。出口生产企业和进口商品用户都被阻隔在国际市场之外，只有国营对外贸易专业公司在国际市场上参与运作。改革的措施是，鼓励工（农、技）贸结合，发展多种形式的工贸联营体，包括以大中型生产企业为骨干，以出口产品为龙头，生产和经营一体化的企业集团。对外贸易专业进出口公司也逐步将部分产品的出口收购制改为出口代理制，并开始开展代理进口业务。

（四）逐步缩小外贸计划控制范围，启用关税与非关税手段

自1985年起，外经贸部不再编制和下达原计划体制下进出口两大核心计划出口业务中的收购计划和调拨计划。在出口方面，只下达出口总额指标和属于计划列名管理的主要商品和数量指标，前者是指导性计划，后者是指令性计划。其余出口商品，除履行政府间贸易协定必须保证交货者外，都由生产企业和外贸企业根据国内外市场情况自行决定。在进口计划方面，由中央外汇进口的少数几种关系国计民生的大宗商品、大型成套设备和技术引进项目，以及同协定国家的贸易，仍由外经贸部根据国家计划按商品（项目）下达计划，并指定公司经营，这部分是指令性计划，其余进口均不再下达分商品的进口计划，由用货单位或订货部门委托有对外贸易经营权的外贸公司代理进口，有对外贸易经营权的生产企业也可自行进口。

1988年以后，实行指令性计划、指导性计划和市场调节三种管理形式，指令性计划的商品约占出口总额的30%；指导性计划的商品约占出口总额的15%；其余商品实行放开经营，市场调节，不再列入计划，由市场调节的这一部分大约占出口总额的55%。在进口计划方面，属于指令性计划的商品约占进口总额的20%；另外对进口总额中的20%只规定专项用途和金额；其余商品的进口全部实行放开经营，市场调节，不再列入计划，市场调节的部分约占进口总额的40%。到1994年，对外贸易领域全部取消了指令性计划，所有的计划都成为指导性的，没有强制约束力。

为了进一步与WTO规范相衔接，首先，进一步减少进口计划的控制范围。20世纪90年代中期我国进口贸易总额的40%左右仍在国家指令性计划和指导性计划管理之下，此后继续缩小计划管理的比重，扩大自由进

口的比重。到20世纪末，进口贸易的80%以上按市场调节自由进口。其次，削减直至取消行政性进口审批制度。行政审批实际上扩大了计划管理。此后大量压缩行政审批机构，削减行政审批的进口商品种类，在20世纪末完全取消行政审批制度。1994年国家取消按限额审批一般机电产品，改为登记管理的做法，是取消行政审批的过渡措施，后来逐步扩大实行。最后，进一步完善许可证制度。90年代中期我国对49种重要的、国际市场敏感的大宗商品实行进口许可证管理。进口许可证的发证依据是《中华人民共和国进口货物许可制度暂行条例》及其实施细则。各地方、各部门凡进口属于进口许可证管理的商品，均须经过国家规定的主管部门批准，凭配额证明到指定的发证机关申领进口许可证。同时对一些重要原材料进口商品，如原油、成品油、钢材、粮食、棉花等12种目录商品实行核定公司经营，目录以外的进口商品放开经营。此外，国家还对18种机电产品和26种一般商品实行进口配额管理，对171个税号的机电产品实行进口配额管理，对171个税号的机电产品实行非配额管理或自动登记管理，对12种一般商品实行进口自动登记管理。关贸总协定不禁止许可证制度，但要求方法透明、配额公开、手续简便。此后的改革方向是，一方面进一步减少配额许可证管理的商品种类，采取非配额管理和招标竞争的过渡性措施，减少重复交叉的管理措施，简化手续；另一方面应参照东京回合《进口许可证手续协议》，使我国许可证制度进一步接近国际规范。

计划逐步退出后，市场机制尚不能有效调节出口生产与保护国内市场，而是启用关税及非关税手段，也就是国际上通用的商业性政策（Commercial Policy）手段来取代计划作为过渡。

20世纪80年代后期，尤其20世纪90年代以来，我国的平均关税不断下调，到2000年已降到接近发展中国家的平均关税水平，为16.7%，2001年再降到15.3%。但关税结构仍保持递升的结构，即关税水平从原材料、到中间产品、再到最终产品是逐步递升的。在削减计划的同时，我国开始采用非关税措施，如许可证、配额、指定经营等措施，这些措施从无到有、从少到多。因此，改革开放以后，我国非关税保护是呈上升趋势的。1992年以后，随着进口体制改革步伐加快，许可证、配额管理范围逐步缩小，到1997年，受配额、许可证控制的进口商品，大约只占进口总税目的5%。到2000年，进口许可证管理商品从1992年的53种减少到35

种，出口许可证管理商品从1992年的138种减少到2000年的50种，同时在出口配额管理中逐步引进了市场化分配机制。

（五）改革外汇管理体制

在计划经济体制下，汇率与价格一样，只是作为一种记账工具，而不起调节进出口贸易的作用。对外汇实行“统收统支”的管理制度，人民币汇率长期处于高估状态，保持在1.5元/美元左右，国家通过进口赢利来弥补出口亏损。从1981年1月1日起，我国试行人民币对美元的贸易内部结算价，2.8元人民币兑换1美元，而非贸易外汇仍按官方价1.5元人民币兑换1美元，形成双重汇率。随着官方汇率不断贬值，1985年1月1日起，官方汇率调至贸易内部结算价的水平，贸易与非贸易汇率得到统一。与此同时，实行了企业外汇留成制度，用以补偿出口换汇成本的上升。出现了外汇调剂市场和外汇调剂价格，并由此形成双轨制汇率。企业的出口收汇被分成两部分，一部分必须按较低的官方汇率（1985年为2.94元/美元，1987年为3.72元/美元，1990年为4.78元/美元，1993年为5.76元/美元）上缴国家，余下部分可按调剂市场汇率售出或可自行根据市场供求信号进口赢利商品。根据估算，外汇留成加上未进入调剂市场而由企业自行进口支出的留成外汇，在1994年汇率并轨前已占到外汇收入的80%左右，这意味着外汇收支中由市场供求决定汇率的部分在不断增加，而官方汇率支配的外汇比例在不断下降，为汇率市场化演进创造了条件。

1994年，国家取消官方汇率，形成由银行间市场供求决定的单一汇率，在结售汇制度方面，规定所有的外汇收入都必须结售给指定银行及金融机构，进口用汇则凭进口有效凭证用人民币从银行按当时汇率购买。汇率由银行间的外汇交易，依供求决定。这为取消贸易项下的外汇限制创造了条件。这主要是指没有出口创汇的企业在使用外汇时要经过外汇管理局的审批，而不能直接凭借进口合同在外汇指定银行购买外汇。而对于具有出口创汇实绩的企业，则放松对其进口用汇的限制，凡获得任何其他一种进口管理措施允许的进口合同，企业用汇不再经审批；外汇管理当局只审批自由进口的用汇需求，而且建立公开、透明的审批政策。

（六）实行对外贸易承包经营责任制

对外贸易承包经营责任制是外贸企业改革的起点。开始于1987年，并只在部分企业试点。结果当年出口额增长28.5%，出口成本降低了

1.5%，出口单位美元占用资金下降12.6%。1988年试点推向全国。由外贸总公司、工贸总公司及地方政府分别向中央政府承包出口收汇、上缴外汇和出口盈亏三项指标，同时在轻工、工艺、服装三个行业试行自负盈亏改革。承包经营责任制的目的是在保证出口收汇增长的前提下，冻结国家财政补贴。

（七）改革统包盈亏的对外贸易财务体制

1987年以前，中国对外贸易的财务收支一直隶属于中央财政，对外贸易的赢利除很少的比例留给企业及主管部门，全部上缴中央财政，对外贸易亏损也全部由中央财政消化。1985年以后实行的外汇留成制度，一定程度上将企业的经营活动与企业经济利益联系起来。1988年在全国全面推行对外贸易承包经营责任制，将财政补贴封顶，实行超亏不补，结余留用，使企业经营成果与企业、职工的经济利益进一步联系起来。但由于仍存在大量的政府财政补贴，统包盈亏的体制还未从根本上取消。1990年，取消了对出口的财政补贴，1994年全部取消对进口的财政补贴，并取消对外贸易的指令性计划，使企业基本上能按照市场经济规律自主经营、自负盈亏。

虽然1990年国有外贸企业开始取消经营亏损补贴，但相当一部分国有外贸企业还不能成为有效率的市场竞争主体，甚至有少数企业经营严重亏损，银行挂账，债务沉重。企业改革滞后，是制约我国进一步扩大对外开放的一个重要因素。因此，整个20世纪90年代，提高外贸企业经营活力成为“八五”和“九五”外贸发展和改革的重要议题。

国有外贸企业缺乏效率的主要原因是：长期靠政府补贴养成的旧习惯依然存在；国家只允许国有企业经营外贸，形成国家垄断，缺乏竞争；工贸脱节、产销不协调，产品不适应市场需要；外贸经营权由行政审批，经营外贸成为政府恩赐的特权，一旦获得，便可永久享用，缺乏筛选和淘汰机制；在外汇留成制度激励下，各地批准的外贸企业过多过滥，大量外贸企业经营规模太小，不具备经营外贸的条件，导致成本高，效率低。

针对上述原因，改革的内容应包括：实行政企分开，改变企业依赖政府的旧习惯，允许非国有企业（包括一部分外商投资企业）进入非生产性外贸领域，打破垄断，形成不同所有制的竞争；促进国有外贸企业走联合、兼并的道路，对少数资不抵债，严重亏损的企业允许招标拍卖。外贸企业实行工贸结合，采取实业化、集团化、多元化经营，通过投资、互相持股、企业产权重组等方式，改变企业组织结构和经营方式。改变行政审批制度，逐步向企业登记制过渡，建立不同所有制企业公平进入非生产性外贸领域的机制，以及相应的兼并、淘汰和退出机制，使外贸企业的数量和经营规模达到合理与适度。到 1995 年我国共有外经贸企业（不含三资企业）9000 多家，相当多的企业达不到合理经营规模，只能加快联合兼并，实现企业规模经济，增强企业活力。

（八）逐步将关税率降至发展中国家的平均水平

从 1992 年 1 月至 1995 年底，我国已 4 次降低了关税，按国际现行通用的“协调制度税则目录”计算，在此期间我国算术平均关税率从 47.2% 降至 35.9%，1996 年 4 月我国再次大幅度降税后，算术平均关税率会降至 23%，与 WTO 中的发展中国家平均关税水平 14%—15% 相比，我国名义关税率的差距将大为缩小。而且，由于我国制订了大量减免关税的优惠措施，并对加工贸易企业的进口料件免征关税，因此实际关税率比名义关税率低得多。例如按实征关税金额除以进口货值，1994 年实际关税率为 4%，1995 年为 3%，即使加上海关代征进口环节税，也只达到 6.4%。法定关税率偏高，而实际关税率很低，这也是税制不健全、税法不严肃、政策不透明的表现。此后的目标是，逐步清理和取消过时的减免税优惠措施的基础上，继续降低关税总水平，降至发展中国家 14%—15% 的平均水平，并维护税法、税则的严肃性，依法征税，依率计征。

（九）逐步扩大农产品和服务贸易的市场准入程度

随着我国经济增长和需求增加，农产品供给和农业生产结构调整均应得到国际贸易的支持。由于需求增长以及对农业的保护，我国农产品市场价格上涨幅度较大，越来越接近甚至超过世界市场价格，过度的农业保护政策已失去其合理性。因此适当扩大农产品进口，进一步调整农业生产结构，达到增加有效供给和提高农民收入，将被提上对外贸易的议程。扩大国际交换将在我国农业和食品政策中占有应有的位置。因此，应当逐步弱化过度的农业保护，进一步开放农产品市场，使我国农业，主要是东部沿海地区的农业有可能按照区域分工原理优化生产结构，实行农业国际化经营，提高农业的效率。

在服务贸易方面，我国必将逐步允许一部分外商投资企业进入零售商业。这种开放措施将对我国开放服务贸易市场产生积极影响。在这个时期，金融领域的市场准入有突出进展。截至 1995 年 11 月底，中国人民银行共批准 470 家外资银行代表处和 135 家营业性外资金融机构，其中外国银行分行 115 家，中外合资银行 5 家，外商独资银行 5 家，中外合资和外商独资财务公司 5 家，外资保险公司分公司 4 家，中外合资投资银行 1 家。同时，我国还将选择上海作为在华外资银行试办人民币业务的城市。这些说明，在服务贸易市场开放中，一些原来由国家垄断经营的行业已先于国内投资者向外国投资者开放，此后必然还要研究中外企业公平进入的国民待遇原则，以及在服务贸易中公平竞争的原则。

（十）深化外汇体制改革，2000 年实现人民币可兑换

1994 年，我国外汇体制改革是推动人民币走向可兑换的重要步骤。未来的改革还包括取消进口货物用汇的审批制度、实现经常项目下的自由兑换和实现资本项目下有管理的可兑换。

改革的难点是实现资本项目下的可兑换。在战略上，我国采取渐进式的改革方针。先放松对与贸易有关的资本流动的限制，然后放开对长期外国直接投资和证券投资的限制，最后再放开对短期资本流动的限制。由于资本项目的自由兑换，要求具备一些重要的前提条件，如大幅度削减财政赤字，大大降低通货膨胀率；适度的内外债规模；国内利率与国际金融市场利率接轨；提高国内金融体系的竞争力；国内金融机构的资本状况符合一定标准；加强对国内金融体系的监管，建立金融体系开放的政府保障措施，等等；创造这些条件需要持续不断地深化改革，因此在 2000 年左右，人民币可兑换的含义主要是：实现经常项目下人民币的自由兑换；实现资本项目下有管理的可兑换，即与贸易有关的资本进出实行可兑换，对长期外国直接投资（包括外商在华投资和我国企业海外投资）的进出实行可兑换。即使达到这样的目标，还要取决于我国外汇市场的发育状况和国内金融体制改革的进展。

三　吸收外商直接投资的法制建设与政策环境

（一）积极吸引外商投资的法律、法规和政策

从 1979 年起，中国政府继制定“外资三法”之后，又陆续制定了有关法律法规，如 1988 年 7 月发布《国务院关于鼓励台湾同胞投资的规

定》、1990年8月发布《国务院关于鼓励华侨和香港澳门同胞投资的规定》、1991年4月七届人大四次会议通过《中华人民共和国外商投资企业和外国企业所得税法》。从1979年到1994年16年间，我国制定、颁布了总计500多个涉外经济法规，其中有关利用外资的法规条例达70多项。我国还与世界上65个国家签订了投资保护协定。

为了吸引外商来华投资，在我国计划经济体制仍然覆盖许多经济领域的情况下，为了使外商能够按照国际通行的做法开展经营活动，我国给予外商投资企业较多的优惠待遇：（1）外资股权比例规定较灵活。对外商资本的出资比例，以25%为下限，而未规定上限，且允许设立独资企业。但对注册资本与投资总额的比例有风险控制。例如，投资总额在300万美元以下的，其注册资本至少应占投资总额的7/10；投资总额在3000万美元以上的，其注册资本至少应占投资总额的1/3。（2）对外资的投资期限比较灵活。一般项目的合营期限为10—30年，有的大项目经过批准，其合营期限可延长到50年。（3）投资地点、投资规模、投资形式可以自由选择。中国政府不仅允许外商自由选择投资地点，而且在沿海最好区位鼓励外商投资；不仅欢迎大项目，对于小到10万美元的小投资也同样给予优惠待遇；不仅可以选择股权投资，中外合资经营，也可以独资经营，还可以以非股份出资方式采取中外合作经营。（4）设立外汇调剂市场解决合资企业外汇收支平衡问题。我国法律允许境外投资者在依法纳税后，将其纯利润、工资及其他正当收益自由汇出境外，但必须以该企业的外汇收支平衡为前提，即企业必须有一定数量的产品出口。为了解决一些外商投资企业外汇收支不能自求平衡问题，允许外商投资企业之间，在外汇管理部门监督下，相互调剂外汇余缺。（5）税收优惠。在所得税率方面，中外合资企业采用固定比例税率，合营企业所得税加上附征地方所得税，实际总税负为33%。外国企业（包括独资企业和中外合作经营企业）所得税采用累进税率，实际税率为30%—50%，在经济特区，这两种企业所得税率一律为15%。（6）优惠的土地使用政策和收费。外商投资企业项目的建设用地可以向政府主管部门申请一定期限的土地使用权，政府采取土地批租的形式向外商投资企业出让土地使用权。在海南和厦门经济特区，土地使用权出让甚至可延长到70年，而且合营企业还可以向别的企业转让土地使用权，并可将土地使用权作为抵押而获得贷款。许多地方还允许外商成片开发土地，可以建设工业、商业和居民住宅并可以出售、出租和抵押建筑物。（7）鼓励出口和高新技术项目。1986 年 10 月，我国政府颁布了《鼓励外商投资的二十二条》，对外资兴办的出口导向型和高新技术项目，在税收、关税、土地开发和使用费、利润汇出等方面给予更多的优惠；在工资、管理和生产方面给予更多的自主权；在原料、能源供给和产品销售上给予照顾。“二十二条”突出了我国吸引外资的政策含义，对引导外资投向出口创汇和高新技术项目发挥了积极作用。

（二）外商投资准入范围不断扩大

20 世纪 90 年代以后，允许外商投资的范围逐渐扩大，投资领域的政策规定也不断放宽。在采矿业方面，允许外商开发有色金属矿、冶炼和加工；非金属矿的开采和加工；煤炭、石油的勘探、开发等。在基础设施建设方面，允许外商投资于高速公路、铁路、汽车运输、码头建设等领域，并允许外商参与经营。允许外商以合资经营形式投资于车厢制造、车站的管理、道路沿途加油站等服务设施项目；允许外商独资建设货主专用码头、专用航道。在航空领域，机场建设、飞机维修、候机楼服务和航空食品等行业可以合资经营。在服务业领域，有步骤地在商业、外贸、金融、房地产、旅游等行业放宽准入条件。商业零售业在 90 年代初期取得外商投资的试点；在旅游行业，允许在 11 个国家级的旅游度假区开发旅游设施，并可合资举办国际旅行社。房地产业由限制改为允许外商投资，适度发展。鼓励外商进行工业用地、旧房改造和普通住宅开发。1997 年 12 月经国务院批准，国家计委、国家经贸委、外经贸部联合发布了《外商投资产业指导目录》，标志着我国吸收外商投资进入更开放、更理性、更具有宏观经济目标的新阶段。

我国金融服务业的开放为中外瞩目。自 1982 年香港南洋商业银行在深圳开设分行后，我国积极进入了银行业的开放过程。1996 年 12 月，中国开始允许部分外资银行在上海浦东地区经营人民币业务，1997 年 8 月，经营区域扩大到深圳。截至 1999 年上半年，被正式批准在中国大陆经营人民币业务的外资银行已有 25 家，其中 19 家设在上海浦东，6 家设在深圳。1999 年 1 月 27 日，中国取消了外资银行在华设立营业性分支机构的地域限制，从过去的上海、北京、深圳、天津等 23 个城市和海南省，扩大到所有中心城市。截至 1999 年 2 月底，外资金融机构在华设立的营业性机构已达 191 家，总资产达到 360 多亿美元，占中国全部金融资产的比重为 2.58%，外汇资产则占金融机构全部外汇资产的 16.4%。其中贷款余额 270 多亿美元，约占国内全部外汇贷款余额的 23%；存款余额 48 亿多美元，约占国内全部外汇存款余额的 5%。

1999 年后，中国人民银行进一步对外资银行经营人民币业务采取了四项开放政策。首先是在外资银行经营人民币业务遇到资金不足时，人民银行将以个案审批的方式允许其增资，最高可达 1 亿元人民币；其次是允许外资银行在适当时候发行大额可转让存单筹集资金；再次是允许外资银行进入全国人民币同业拆借市场，从事人民币资金拆放业务；最后是允许外资银行参与发放人民币银团贷款，其人民币资金来源的不足部分，可向中资银行借款。可见，中国银行业的对外开放速度和程度，即便同当时世界上的一些发达国家相比，也不算低。

通过上述改革，到 2001 年 12 月中国加入世界贸易组织前夕，在对外经济贸易领域已经初步搭建了开放型经济新体制的基本框架，为进一步深化改革和扩大开放奠定了牢固坚实的基础。

第四章　当代国际贸易新发展与经济全球化

第一节　20世纪80年代中期以后国际贸易新现象、新特点

一　20世纪80年代中期以后国际贸易发展概况

继1973—1974年西方世界第一次能源危机之后，1979—1980年又出现了第二次能源危机，油价再度上涨，直至1982年之后油价始告回落。这导致世界经济明显停滞和下降。1973—1980年西方发达国家年均增长率为2.8%，1981年、1982年、1983年连续三年分别降为1.9%，-0.6%，2.3%；1973—1980年发展中国家年均增长率为5.4%，1981年、1982年、1983年连续三年分别降为3.5%，2.0%，2.0%。世界贸易也同样陷于停滞状态，1981—1985年世界货物进出口总额一直徘徊不前，1985年的世界货物进出口总额甚至低于1980年（见表4-1）。

表4-1　　1980—1990年世界货物贸易进出口总额　　单位：百万美元

年份	出口	增长%	进口	增长%	进出口总额	增长%
1980	2036136	—	2077186	—	4113322	—
1981	2014387	-1.1	2070487	-0.3	4084874	-0.07
1982	1885811	-6.4	1943873	-6.1	3829684	-6.2
1983	1845977	-2.1	1891558	-2.7	3737535	-2.4
1984	1955714	5.9	2015655	6.6	3971369	6.3
1985	1952890	-0.1	2015516	-0.01	3968406	-0.01

续表

年份	出口	增长%	进口	增长%	进出口总额	增长%
1986	2138506	9.5	2207607	9.5	4346113	9.5
1987	2515500	17.6	2583723	17.0	5099223	17.3
1988	2868916	14.0	2965273	14.8	5834189	14.4
1989	3098920	8.0	3205459	8.1	6304379	8.1
1990	3489739	12.6	3599975	12.3	7089714	12.5

资料来源：世界贸易组织数据库 https：//data. wto. org/。

从 1986 年以后，世界贸易复苏上升，1990 年世界进出口贸易总额比 1980 年增长了 72.4%；1990—2003 年，世界 GDP 按市场汇率计算的平均增长率为 2.2%，按购买力平价计算为 3.3%，其中国际货物出口贸易的平均增长速度达到 5.4%（见表 4 - 2），服务出口贸易的平均增速为 6.4%。

表 4 - 2　　1990—2020 年世界货物贸易情况　　单位：百万美元

年份	出口	进口	总进出口	出口增长率（%）	进口增长率（%）	总进出口增长率（%）
1990	3489739	3599975	7089714	12.6	12.3	12.5
1991	3511359	3628449	7139808	0.62	0.79	0.71
1992	3779172	3900517	7679689	7.63	7.50	7.56
1993	3794694	3894426	7689120	0.41	-0.16	0.12
1994	4328264	4428573	8756837	14.06	13.72	13.89
1995	5167620	5285272	10452892	19.39	19.34	19.37
1996	5406052	5547270	10953322	4.61	4.96	4.79
1997	5592319	5738660	11330979	3.45	3.45	3.45
1998	5503135	5682580	11185715	-1.59	-0.98	-1.28
1999	5719381	5926281	11645662	3.93	4.29	4.11
2000	6454020	6647491	13101511	12.84	12.17	12.50
2001	6196440	6406946	12603386	-3.99	-3.62	-3.80
2002	6500713	6656539	13157252	4.91	3.90	4.39

续表

年份	出口	进口	总进出口	出口增长率（%）	进口增长率（%）	总进出口增长率（%）
2003	7590832	7771071	15361903	16.77	16.74	16.76
2004	9222553	9473361	18695914	21.50	21.91	21.70
2005	10510292	10785263	21295555	13.96	13.85	13.90
2006	12131449	12368788	24500237	15.42	14.68	15.05
2007	14032003	14268847	28300850	15.67	15.36	15.51
2008	16170529	16496984	32667513	15.24	15.62	15.43
2009	12565091	12714737	25279828	-22.30	-22.93	-22.61
2010	15303993	15438092	30742085	21.80	21.42	21.61
2011	18343601	18438364	36781965	19.86	19.43	19.65
2012	18514486	18657296	37171782	0.93	1.19	1.06
2013	18969946	18966119	37936065	2.46	1.66	2.06
2014	19011072	19060809	38071881	0.22	0.50	0.36
2015	16558147	16733507	33291654	-12.90	-12.21	-12.56
2016	16045249	16211194	32256443	-3.10	-3.12	-3.11
2017	17742931	17985896	35728827	10.58	10.95	10.76
2018	19550439	19836342	39386781	10.19	10.29	10.24
2019	19014680	19284167	38298847	-2.74	-2.78	-2.76
2020	17582919	17812107	35395026	-7.53	-7.63	-7.58

资料来源：世界贸易组织数据库 https：//data. wto. org/。

在这40年中，1991年至1993年世界贸易处于停滞，1994—1997年是一个恢复和增长期，1998年受亚洲金融危机影响，以后接连几年处于波动期，2003—2008年是一个罕见的高速增长期。2009年受国际金融危机影响，大幅度下滑，2010年和2011年连续两年恢复后，从2012年开始，世界贸易就处于长时期的低增长和负增长状态，其间只有2017年和2018年有所恢复，这种状态由于2020年的全球新冠肺炎疫情而持续。

二　当代国际贸易的增长机制与信息技术革命的影响

虽然国际贸易的增长快于生产的增长是第二次世界大战以后国际贸易

领域中表现出的一般规律，但20世纪90年代以后，国际贸易的快速增长表现出不同的内在增长机制和外在增长动力。一方面，生产领域由于信息科技革命的技术变革，各国生产专业化分工程度不断深化，经济联系程度日益加强，贸易商品结构不断从产业间贸易向产业内贸易，再到跨国公司内部活动分工过渡，构成了国际贸易增长的内在机制；另一方面，由于信息技术在生产以外领域的广泛应用，极大改善了贸易环境与贸易手段，构成了国际贸易增长的外在动力。正是由于国际贸易增长内外机制的共同作用，使得当代国际贸易呈现创新迭出、生机盎然的繁荣局面。

法国人 Dicken（1998）把自第一次工业革命以来的经济史划分为5个技术—经济时代，并对每一技术—经济时代主要行业、基础设施、企业组织以及主要经济体进行了详细划分（见表4－3）。[①] 20世纪90年代以来，以信息技术为核心的新科技革命使世界产业结构发生重大变革，从而也构成了世界经济贸易出现新增长、新变化的最本源动力。这次科技革命是一次全新的技术—经济范式的革命，不仅带来一系列新产品、新产业，而且对已有的生产、贸易、投资体系带来巨大冲击，新的分工形式和管理模式不断创新，进而改变了全球经济体系赖以运行的基础。

表4－3　**工业革命以来5个技术—经济时代及特征**

早期机器工业时代：18世纪七八十年代—19世纪三四十年代
主要行业：纺织、纺织化学、纺织机器、铸铁、水力、制陶 基础设施：运河、公路 企业组织：私人小企业、合伙企业制度开始出现
全球主要经济体：英国、法国、比利时
蒸汽动力和铁路时代：19世纪三四十年代—19世纪八九十年代 主要行业：蒸汽机、蒸汽船、机床、钢铁、铁路设施 基础设施：铁路、船舶 企业组织：大型企业出现、有限责任和股份公司出现 全球主要经济体：英国、法国、比利时、德国、美国

① Peter Dicken, *Global Shift*: *Transforming the World Economy*, Paul Chapman Publishing Ltd, 3rd edition, 1998.

续表

电气和重型机器时代：19 世纪八九十年代—20 世纪三四十年代
主要行业：电气工程、电气机械、电缆、重型工程/武器、钢铁、造船、重化工业、合成燃料 基础设施：电力供应和分配 企业组织：巨型企业、卡特尔、托拉斯、垄断和寡头垄断成为主流，对自然垄断行业和公用事业实行国有制 全球主要经济体：德国、美国、英国、法国、比利时、荷兰、瑞士
福特主义的大规模生产时代：20 世纪三四十年代—20 世纪八九十年代
主要行业：汽车、卡车、拖拉机、坦克、飞机、消费类耐用品、合成材料、石化 基础设施：高速公路、机场 企业组织：以外国直接投资为主的跨国公司，实行垂直一体化管理 全球主要经济体：美国、德国、欧洲共同体成员国、日本、瑞士、瑞典、欧洲自由贸易同盟成员国、加拿大、澳大利亚
信息和通讯时代：20 世纪八九十年代以后
主要行业：计算机、软件、电信、光纤、机器人、信息服务 基础设施：数字网络、卫星 企业组织：大小企业共同发展、实行温特尔主义灵活管理方式 全球主要经济体：美国、日本、德国、欧洲其他发达国家、中国台湾、韩国、加拿大、澳大利亚

资料来源：Peter Dicken, *Global Shift: Transforming the World Economy*, 3rd edition, 1998, Paul Chapman Publishing Ltd。

从概念范畴来说，当代技术革命始于 20 世纪 40 年代以电子计算机和原子能为标志的第三次科学技术革命。自此，人们认识世界的角度和深度发生颠覆性变革，表现出主导技术群体化的特征。20 世纪 90 年代以后，这种特征表现得尤为突出，除了电子计算机、原子能、空间等技术向纵深方面发展外，在微电子、超导、新材料、遗传工程等新领域也取得显著拓展，形成包括信息技术、新生物技术、新材料技术、新能源技术、空间技术、海洋技术、新加工装备技术等当代科学技术革命的主导技术群。当代高技术群具有内部相关层次结构：新材料技术、新能源技术和信息技术分别对应着人类文明的三大支柱——物质、能量和信息，构成整个高技术群的基础；空间技术、海洋技术和生物技术代表了人类向宇宙空间、海洋和复杂系统三个方向的发展；新加工装备技术和激光技术则是可以在各项技术和实践中应用的技术手段。

为适应这一技术特征发展趋势，世界各国政府以信息技术为核心积极制定了针对这一特征的科技发展计划，如美国全面实施“星球大战计划”，以信息技术为中心带动国民经济、科学技术和国防全面发展；西欧国家经协商制定出“尤里卡计划”，即“欧洲技术复兴计划”，联合发展包括信息技术在内的高科技等，从而在全球范围内使第三次科学技术革命最终实现向以信息技术和信息革命为核心的阶段跨越。以信息技术和信息革命为核心的第三次科学技术革命崭新阶段对整个人类社会的经济、政治、文化等各个领域产生强烈的振荡，这种振荡的结果是表现出一种新的机制、规则、标准、尺度的形成和最终确立。从一般意义上讲，科学技术的概念、方法和手段向人文社会科学的渗透，以及人文社会科学的价值观念和理论思维方法在科学技术中的广泛应用，带来了社会各方面的深刻变革，从而最终表现为知识经济的形成。

所谓知识经济，是指20世纪90年代的“信息技术革命”以来，自然资源在经济增长中的作用日趋弱化，知识的生产、传播与应用成为经济发展的最主要因素，知识经济也从萌芽向最终成熟确立逐渐完成量的积累过程。“知识经济”是相对传统的“农业经济”和“工业经济”的一种新型的经济形态，是直接以生产、分配和利用知识与信息为基础的经济。知识经济使人们的价值取向发生改变，知识含量高低将成为人们衡量商品、服务质量的尺度。在知识经济的量的积累过程中，信息技术革命成果与应用是知识经济最终确立不可替代的前提。首先，信息技术产业作为知识经济主导产业的超越式发展，带动了相关知识产业的发展。20世纪90年代，随着信息技术产业的发展，经济合作与发展组织（OECD）国家出现知识产业产值占GDP 50%以上，对知识产业投资占总投资50%以上等转折性迹象。其次，计算机和网络成为关键性生产工具，生产工具正发生质的变化。计算机软硬件的不断升级，以及以互联网为核心的网络革命，成为知识经济的助推器。最后，由于信息产业自身的超越式发展，以及其作为生产工具的广泛应用，加速了知识的生产、传播和应用，并最终使知识密集型产业，以及以知识为基础的高技术产业如信息工程、基因工程、环保工程、新能源和新材料工程等得到迅猛发展，并最终构成国民经济中最主要的部分，从而使国民经济表现出知识经济的特征。

知识经济的兴起对当代国际贸易产生了深远的影响，使得当今国际贸易的三大构成内容——国际货物贸易、国际服务贸易、国际技术贸易，出现了一些显著的变化特征。

（一）高技术产品贸易快速增长成为货物贸易的最显著特征

按国际上的有关规定，利用高技术生产的产品，以及利用被高技术改造的传统技术生产出来的产品，只要其高技术成分超过70%都可视为高技术产品。高技术产品是以知识为基础开发生产出来的。在国际贸易商品结构中，高技术产品所占比重越来越高。据WTO统计，20世纪90年代以来，主要工业化国家高技术产品出口增长均高于全部出口的增长速度。1985—1995年，美、日、欧高技术产品出口额增长了353%；而全球高科技产品在制造品出口贸易中的份额也日益上升，2002年占制造品出口比重已达1/4，高新技术产品的出口已成为国际贸易新的增长点。而在各类高技术生产部门中，由于信息通信技术类产品的物理可分性强，适应于国际化配置生产模式，国际贸易在产品、服务、效率、企业、生产、流通交易等各方面都与信息技术产品联系在一起，对信息技术产品的需求不断增强，因此信息通信技术类产品在国际贸易中的增长最为迅速。据统计，1985—2000年，全球出口增长最快的前10种产品中有9种都是信息通信技术类产品。2000年，这9类产品在全球货物出口中的比重已占到12.4%。①

（二）新型知识产业的蓬勃兴起促进了国际服务贸易发展

为了应对全球市场竞争，跨国公司不断调整资源配置和公司经营战略，按照成本—收益原则不断剥离非核心的后勤与生产服务业务，增强了服务产品的可贸易性，服务贸易增长异军突起，服务产品生产日益成为国际投资的重要领域。1980—2003年，国际服务贸易增长速度总体上快于货物贸易增长速度，同期服务贸易规模从3643亿美元增加到17626亿美元，增长了3.8倍，占国际贸易总量比重超过19%。②而随着知识经济的逐步深入，新的服务部门不断涌现，国际服务贸易进入高速发展时期。从服务贸易结构上看，以提供各类知识服务为主要标志的知识密集型服务贸易发展最为迅速，服务贸易日益向金融、保险、电信、信息、咨询等新兴知识服

---

① 联合国贸发会议：《世界投资报告》（2002年）。

② WTO，*World Trade Report 2004*，p. 15.

务业延伸，传统的运输业、旅游业所占份额趋于下降。另据联合国估算，1990—2002 年，全世界制造业的直接投资流入存量增长了 2.03 倍，其中发达国家和发展中国家分别增长了 1.46 倍和 3.81 倍；而同期全世界服务业的直接投资流入存量增长了 3.60 倍，其中发达国家和发展中国家分别增长了 2.99 倍和 5.74 倍。[①]这种投资流量结构的变化也反映了服务业发展的潜力和趋势。2004 年联合国贸发会议《世界投资报告》以“转向服务业”为副标题，显示了国际直接投资的最新动向：一方面，信息和通信技术的发展促使银行、保险、商品零售等得以在全球范围内开展业务；另一方面，知识经济日益专业化要求，以及国内和国际市场激烈的竞争，也迫使跨国企业分散生产链，使追加性服务部门日益为提高效率而从工业部门独立出来，促进了服务活动、交换以及产出的发展和增长。跨国公司凭借对服务产品生产中核心技术的垄断以及服务分工的发展，不断以“代工”或离岸业务形式发展服务外包，使之成为贸易发展的新趋势。

（三）“第三方技术提供”的出现，使高技术贸易在技术贸易中的地位日益重要

随着各国产业结构和发展战略调整的深化，发达国家将加快自身过剩技术、设备和资本的向外转移，以求产业结构的进一步高级化。而发展中国家也将相应地加快吸收国家间的技术和设备的步伐，以求优化原先落后的产业结构。[②] 而随着电子计算机与互联网的运用，信息、知识和技术的传播速度更为便捷，促进了技术要素的跨国转移。20 世纪 90 年代中期以来，企业的研发活动大量跨国界流动，越来越多环节的技术活动从本企业分离出去，纳入到企业间国际技术合作和创新网络之中。西方学者的研究指出 1992—2001 年 10 年间，发达国家高度依赖外部技术合作的企业比重从平均不到 20% 迅速上升到 80% 以上。[③] 与此同时，研发与设计活动从制造业企业中分离，分工更加专业化，出现了研发设计企业，即第三方技术供给。推动了全球竞争性技术市场的形成。

---

① UNCTAD, *World Investment Report 2004*, p. 377.

② 赵长虹：《试论知识经济时代的国际贸易创新》，《黑龙江财专学报》2001 年第 6 期。

③ Kimzey, Charles H. and Sam, Kruokawa, *Technology Outsourcing in the U. S. and Japan*, Researh Technology Management, July-August, 2002.

三 产业间贸易的扩展

科技革命使国际产业间贸易范围不断扩大。一方面，科学技术尤其是信息技术作为生产工具运用于生产过程，极大提高了劳动效率，从而使传统产业间分工效率不断提高，为国际市场提供更多的商品和劳务，增加了国际贸易的流量；另一方面，科技革命的直接成果表现为信息产品、新生物产品、新材料、新能源产品、空间技术产品、海洋技术产品、新加工装备技术产品等新产品不断涌现，极大丰富了国际产业间的交换空间。

信息技术革命使国际分工进一步削弱了自然条件对分工的限制，国际生产的分工已经从传统的以自然资源为基础的分工逐渐发展为以现代化科技和工艺为基础的分工。当代科技革命催生了“宝塔型”产业间国际分工模式的产生。由于新科技革命首先在美国、日本和西欧等发达国家兴起，微电子、生物工程、新型材料、光导纤维、激光、核聚变、宇航工业和海洋工程等新兴工业群被进一步开发。发达国家的产业结构、能源结构、消费结构发生巨大变革，知识型与技术密集型产业迅速成为这些国家的支柱产业，劳动密集型和资本密集型产业开始向发展中国家转移，这种国际的产业大迁移，使世界经济出现了发达国家与发展中国家之间“大脑—手脚”分工的新格局。新的国际分工导致了国际上产业的梯度转移，形成了从发达国家—新兴工业化国家—发展中国家的世界产业链。在这条产业链中，发达国家发展高新技术产业，生产高知识附加值产品，处于“宝塔顶部”；新兴工业化国家发展中等技术产业，生产知识附加值产品，处于“宝塔中部”；发展中国家发展资本密集型和劳动密集型产业，生产低知识附加值产品，处于“宝塔底部”。在宝塔的每一个层次内部，分工也是不均匀的：（1）在“宝塔顶部”，美国在世界高级技术贸易中占有较大优势，但同时受到来自日本的挑战。20 世纪 70 年代以后，美国对日本技术密集型产品贸易出现逆差，特别是在电信器材，收录设备，小型信息设备和半导体方面，在第五代“人工智能”计算机方面，美国在研究方面略占上风，日本则在实践方面居首。西欧在这场革命中也不甘落后，它们联合起来通过 20 世纪 80 年代制订的“欧洲信息技术研究和开发战略计划”试图在微电子技术方面赶上并且超越美日的垄断地位。由此可见，位于“宝塔顶部”的发达国家都面临着新科技革命的挑战，这些国家根据各国不同的经济实力和技术实力，在国际分工中的地位不断发生变化。（2）位于“宝塔中部”的新兴发展中国家受到来自新科技革命的影响是双方面的。一方面，科技革命促使工业发达国家将技术相对落后的工业转移到新兴工业国，加速了后者工业化的进程，使纺织、皮革、汽车以及电子产品装配业及一些劳动密集型行业成为它们支柱产业，从而摆脱了过去原料供应国的地位；另一方面，新科技革命对这些国家来说也是一场挑战，只有不断进行产业调整，适应科技革命的需要，才能够跳跃式前进，而不是总跟在发达国家后面永远得不到超越的机会。（3）广大的低收入发展中国家在“宝塔底部”，生产一般技术产品，这些国家人口众多，生活贫困。新科技革命加快了这些国家农业和加工工业的发展，它们当中有些国家通过制定并执行正确的产业政策，在一段时间内将分工地位提高到“宝塔中部”；但绝大部分国家则由于缺少先进的技术和开发能力，很难突破分工的底层地位，与工业发达国家之间的鸿沟也进一步拉大。总而言之，国际分工立体化新格局使世界各国之间在经济发展上形成了互补性、融合性和相互依存性。世界产业结构的梯度转移有力地促进了经济全球化的新发展，国际分工立体化新格局的出现，进一步加深了世界各国在经济发展上相互依存性和融合性，国与国之间在市场、资金、技术和人才的互求性大大增强，极大促进了当代国际产业间贸易的增长。

在科技革命和新的国际分工影响下，出现了全球经济重心东移的新迹象。新科技革命在亚太地区的蓬勃发展为全球经济重心由大西洋向亚太地区转移奠定了坚实的物质基础。在这一地区，美国和日本两个科技高度发达的国家拥有全世界最尖端的创新科技。美国太平洋沿岸的加利福尼亚州，其人口和财富高居各州之首，成为全美国防、太空、航空、电子和通讯等尖端工业的重点。日本经济在战后经历了高速发展，在机器人、光学、第五代电子计算机等方面均走在世界前列。进入 21 世纪后，美国和日本对亚太地区的依赖程度有所提高，美国进口的 50%，出口的 40%；日本进口的 58%，出口的 55% 均来自于亚太地区。一方面，20 世纪 70 年代以来，经济发展最快的新兴工业化国家和地区也大多环绕太平洋地区，如韩国，中国台湾，新加坡，香港，墨西哥，智利等。这些国家或地区的进出口贸易大多也发生在亚太地区。另一方面，亚太地区拥有丰富的自然资源和人力资源。美国、加拿大、澳大利亚以及中国拥有丰富的煤炭、木材和石油储备资源。东南亚地区是橡胶、木材以及锡等原料的重要产地。加拿大、澳大利亚、新西兰和泰国是世界粮食的重要出口国；亚太地区居住着二十多亿人口，不仅是重要的劳动力资源，也是巨大的购买力市场。

20 世纪 90 年代以来的信息技术革命，为产业间贸易的发展提供了一次新生的机会，同时也为发展中国家改变在国际分工中的地位提供了契机，成为当代国际贸易增长的一个重要推动力。科学技术创造出许多的新兴的产业，一方面发达国家为了给这些新兴产业部门提供发展空间，对外转移传统产业的步伐急剧加快；另一方面一些发展中国家也抓住信息技术革命的机遇，加快了资本以及人力资本等生产要素的积累，改变了传统的要素禀赋格局，使世界产业间贸易格局发生了重大调整，贸易经济中心开始向亚太地区倾斜，整个国际分工出现了纵向的“宝塔型”国际分工与横向的水平型分工格局并存的局面。这种立体化的分工格局使世界各国之间在经济发展上形成了互补性、融合性和相互依存性。对国际产业间贸易的发展、地理方向、商品结构和贸易方式都带来了积极影响。

四　产业内贸易的新变化

早在 1960 年，沃顿（Verdoorn，P. J.）考察荷比卢经济联盟内部贸易形式的变化时，发现经济联盟内部各国专业化生产的产品大多属于同一贸易分类目录下，即一个国家既出口同时又进口同一个产业的产品——产业内贸易。① 之后三四十年，发达国家间出现以产品差异化和规模经济为基础的产业内水平分工不断深化的现象，最典型的产业内贸易形式是不同类型汽车产品的生产分工与交换；而发达国家与发展中国家之间则是以不同生产要素的差异优势为依据，按照同一产业的不同工程阶段建立产业内的垂直型分工，形成另一形式的贸易与投资关系，最典型的产业内贸易形式是化学纤维行业——即从石油冶炼到化学中间体生产，再到化学纤维，最后到纺织的工业生产流程的分工结构。而 20 世纪 90 年代以后，发达国家之间产业内水平分工、发达国家与发展中国家之间产业内垂直分工的发展得到进一步加强外，还出现了一些新的情况，即一些新兴工业化国家之间

---

① Verdoon，P. J.，“The Intra-Block Trade of Benelux”，Edited by Robinson，E. A. G，Economic Consequences of the Size of Nations，London：Macmillan，1960，pp. 291 – 329.

以及新兴工业化国家与发达国家之间的水平分工不断发展壮大，极大刺激和促进了当代国际贸易的发展。20 世纪 60 年代以后，随着西欧、日本经济的高速增长以及一些新兴工业化国家的兴起，发达国家之间资本—劳动比越来越相近，技术和劳动生产率的差距日趋缩小，世界经济贸易格局发生了重大变化。发达工业国家之间的贸易量大大增加，在 50 年代，西方发达工业国家之间的贸易量在世界贸易总额中只占 40% 左右，大部分贸易都发生在发达国家与发展中国家之间；到了 60 年代，这种格局开始出现变化，发达国家之间的贸易比例逐渐上升，占到世界贸易总量的 2/3 左右，到了 20 世纪七八十年代，已占到世界贸易总量的 3/4 以上，成为国际贸易的主要组成部分。

进入 20 世纪 90 年代以后，由于信息技术的广泛应用，产业内分工模式的进一步深化，为产业内贸易的发展提供了新契机。随着电子计算机与互联网的运用，信息、知识和技术的传播速度更迅速，促进了技术要素的跨国转移，发达国家中出现研究与技术开发活动本身专业化分工的重要变化。随着企业的研发活动大量跨国界流动，越来越多环节的技术活动从本企业分离出去，纳入到企业间国际技术合作和创新网络中。这种分工推动了全球竞争性技术市场的形成，从而加强了发达国家与发展中国家之间的产业内垂直分工，提升了发达国家之间的产业内水平分工。对于发达国家而言，这种技术分工合作使创新型产品在产品生命周期的创新期内就由多个国家的企业生产相似产品，因此表现出产业内贸易的性质；而对于一些自身消化吸收能力较强的发展中国家而言，不仅有可能改变引进技术的苛刻条件，从而相对容易地获得先进技术，与发达国家开展垂直型产业内贸易，而且也有可能实现某一领域生产的技术跨越，参与发达国家生产的工程分工，扩大与发达国家之间的产业内水平贸易。总而言之，国际分工的不断分化和细化，中间产品和服务产品的交换不断增加，是 90 年代以来货物贸易和服务贸易增长的基本原因。

五　公司内贸易：当代跨国公司价值链与国际分工新模式

当代国际分工已经深化到产业内部、企业内部和单个产品的内部。行业内部贸易、行业内部交叉直接投资、企业内部贸易、中间产品贸易等现象的出现，说明当代国际分工正在不断走向深化。20 世纪 90 年代以来，当代的国际分工在跨国公司的组织下正在演变为真正的全球分工，价值链分工在世界范围得以迅速发展，由于价值链的各个环节对生产要素条件的需求存在着很大的差异，即不同的价值链环节对劳动力、技术、投资、生产规模的要求是不同的；世界各国的生产要素构成比例也是不同的，即存在着要素禀赋与竞争能力的差异。这样，国与国之间的竞争优势就体现在价值链某一特定环节上，从而导致各国之间按不同的价值链环节进行分工的现象。跨国公司沿着新型的跨国经营路线的调整，大大拓展了国际交换形式。

首先，跨国公司在其国际生产体系中不仅可以直接管理监督的母子公司联系和公司内贸易，而且还通过特许、许可、转包、共同技术标准与合约制造等商业关系与各种形式上独立的厂商和中介机构建立了生产与贸易关系。其次，跨国公司在许多工业制成品生产中按照价值链组织国际化生产，尽量使链条上的众多企业的经营智能分化成越来越专业化的活动，使每个企业都越来越依赖整个价值链，也就是依赖只掌握该链条核心环节的跨国公司，形成跨国公司的供应链体系。跨国公司只需要用最必要的小额资本便可控制整个供应链。再次，跨国公司日益寻求在全球范围内重新整合资源，尤其重视企业之间的研发与技术联盟的建立，重视对东道国创新资源的控制，为其改变国际化生产布局以适应市场变化，或适应发展中国家特定优势的动态变化提供新的机遇，从而导致新的贸易投资关系的建立。最后，伴随跨国公司国际化生产的各种重组活动，加速了直接投资和产业转移，制造业外包和加工贸易成为国际化生产和国际贸易的普遍现象并日趋重要。而正是跨国公司和跨国公司供应链网络内部交易的日益重要，导致产业内贸易出现若干新形式。20 世纪 90 年代以前的产业内贸易，主要是基于不同技术系统的产品差异化的交换，或者是由垂直型分工形成的各协作企业间的交换。90 年代以后的产业内贸易，主要是基于同一技术系统的水平型分工交换，或者是市场标准创新引起的产品差异化交换。由于分工的细化，不仅制成品各生产中间产品的环节可以分工，而且制造与其他活动也可以分离。从而使产业内贸易在业务开展中出现了以下四种新形式：

OEM，是指品牌拥有者将生产制造业务外包给其他厂商的业务模式；

OLM，是指品牌拥有者将生产制造、物流等环节外包给其他厂商的经营模式；

ODM，是指品牌拥有者将生产制造和部分设计环节外包给其他厂商的业务模式；

EMS，是指品牌拥有者将设计、制造和物流环节都外包给其他厂商的业务模式。

上述4种产业内贸易的新形式基本上都是由跨国公司主导的，跨国公司与生产商间的贸易可以一对一发生，也可以一对几发生，其中EMS是分工最细的业务模式。它被运用的领域最多，在全球网络通信业务中占21%、电脑周边产品占16%、电脑占14%、移动通信占10%、消费品占10%、工业品占12%、医疗占5%、汽车占4%，其他占8%。2000年全球通过EMS贸易模式实现的交易额达到1410亿美元，国际上有五大EMS厂商位居全球IT 100强。美国著名的信息市场研究公司国际数据公司（IDG）的调查报告指出，世界正进入经济全球一体化第二波阶段。这个阶段的发展特点和趋势是跨国公司产业外移、生产外包和电子商务。

伴随产品生命周期不断缩短，国际经济环境的变化以及技术进步，跨国公司改变了国际生产战略，逐渐按专业分工原则在全球范围内组织生产活动，形成全球生产网络：跨国公司内部生产网络和跨国公司外部生产网络。无论是内部生产网络还是外部生产网络，都贯彻专业分工原则，都是在跨国公司的严格管理和控制之下，将内部网络与外部网络紧密联系在一起。因此，可以将当代跨国公司参与国际分工总体特征概括如下。

（一）价值链与国际垂直劳动分工

劳动分工最初是在给定地理区位的企业内部进行的，随着企业的发展，开始在国内跨地域扩张，扩张的形式包括设立新的生产设施和进行兼并收购，由此出现大型现代企业。大型现代企业的出现，大大改善了一国内部的劳动分工，使一国内部的区域经济形成紧密的联系。随后，国内大企业跨越国界从事国际生产，形成跨国公司。跨国公司的生产经营活动先是跨越临近少数几个国家或地区，或政治、经济、文化上有密切关系的国家；而后，不断向新的区域扩张。到20世纪80年代，美、欧、日主要发达国家的跨国公司在全球的战略布点已经基本完成。跨国公司依据自己制定的竞争战略，以占有全球市场为目标，对在世界各地已经建立的生产据点进行合理化的调整并连接成网络，在全球范围内进行生产布局，根据各国的要素禀赋情况进行跨国公司系统内外的优化配置，从而形成“全球工厂与车间”一体化的全球生产网络。每个国家参与的是跨国公司整个生产的一个环节，构成了价值链的一部分。价值链各个环节要求的生产要素差别很大。例如，产品的研发环节要求有受过高等教育、具有专业技术和创新精神的科技人员；而产品的装配环节需要大量的具有一定技能的工人。由于各国所具有的生产要素禀赋不同，尤其是发达国家和发展中国家之间的差别很大，国与国之间的竞争优势体现在价值链上某一个特定环节，从而导致了国与国之间按不同的价值链环节进行国际分工。同时，跨国公司并不需要自己承担所有价值活动，而是把一些具有战略意义的核心环节放在企业内部，其余则交由联盟企业或市场完成。价值链的这种国际垂直分工的组织协调模式如表 4 -4 所示。

表 4 -4　**价值链地理分离以后的组织协调模式**

组织分离		组织不分离
市场协调	网络协调	
价值链不同的环节由不同国别的企业独立完成。企业之间的关系是一种纯粹的市场交易关系	跨国公司把一些非核心的价值环节交给国外的分包商或联盟企业完成。以跨国公司为核心，组成外部分工网络	价值链环节分属于不同的国别，但控制在同一家跨国公司内部完成。跨国公司组成内部网络化国际分工

价值链不同的环节由不同国别的企业独立完成。企业之间的关系是一种纯粹的市场交易关系。跨国公司把一些非核心的价值环节交给国外的分包商或联盟企业完成。以跨国公司为核心，组成外部分工网络。价值链环节分属于不同的国别，但控制在同一家跨国公司内部完成。跨国公司组成内部网络化国际分工。

（二）跨国公司在全球范围内配置价值链的两种基本类型

跨国公司为了追求竞争优势，需要在全球范围内配置其价值链，以降低生产成本和夺取更大市场，不同行业的跨国公司具有不同的特点。格里夫（Gary Gereffi）抽象了生产全球化的共同规律，将跨国公司组织的全球商品生产链划分为两种基本类型。[①] 一种是由资本技术密集型产业的跨国

① Gary Grereffi & Miguel Korzeniewicz, *Commodity Chains and Global Capitalism*, Greenwood Press, 1994, p. 98.

公司所组织的，如汽车、电子计算机、半导体、飞机与电器设备等。这种生产链主要由大的跨国公司或一体化的大型工业企业来控制和协调。在这种生产链中，跨国公司把核心技术和零部件的生产控制在自己手中，同时，一些非核心零部件由跨国公司组织的外部生产网络或干脆由市场提供，如国际分包网络或战略联盟网络等多种组织形式。跨国公司生产的国际产品面向区域或全球市场销售。这种全球生产网络属于产业资本控制型。如图 4 -1 所示。

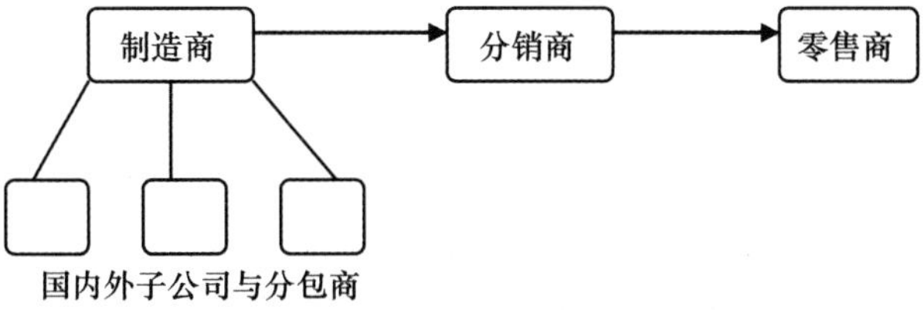

图 4 -1　产业资本控制型生产网络

另一种是由劳动密集型行业或商业、服务业的跨国公司所组织和控制的，如纺织、服装、鞋类、玩具等。这种生产链主要由大的零售商、批发商、品牌销售商、贸易公司和品牌制造商来控制和协调整个生产网络。这种跨国公司主要通过构建外部网络方式，包括委托生产、国际分包、少数股权参与等。这种生产网络属于商业资本控制型，格里夫称之为买方驱动型商品链。如图 4 -2 所示。

跨国公司所组织的全球生产网络非常复杂且种类繁多，远非格里夫的简单分类所能概括。跨国公司不仅组织垂直型生产网络，而且也组织水平型的生产网络；不仅组织生产销售网络，而且组织创新网络。产业资本驱动与商业资本驱动价值链的区别在于，两种不同类型的跨国公司组织国际分工的模式不同。生产型跨国公司的全球网络更多的是建立在自己的技术知识积累与资本实力上，研究开发与生产经验是其核心能力，跨国公司生产的产品大多是耐用消费品、中间产品以及资本品，国际垂直分工大多是工序型的。而商业型跨国公司则更像虚拟企业，本质上通过合约联结起来的网络企业。它是建立在对市场的垄断和先进设计技术、营销管理、供应链管理技术的掌握的基础上。其中，最核心的是对品牌这种无形资产的垄

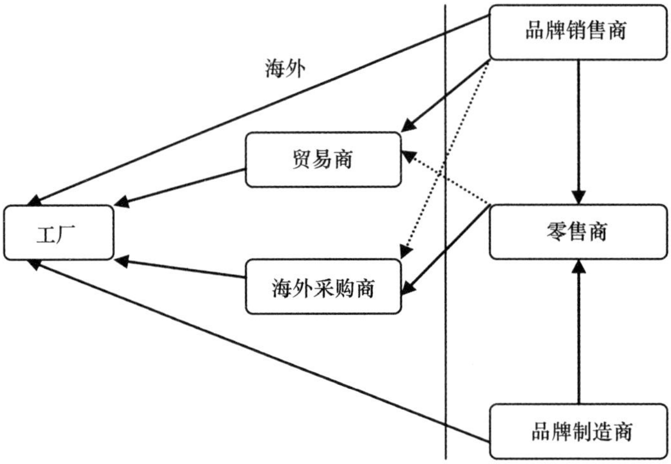

图4－2　商业资本控制型生产网络

资料来源：GaryGrereffi & Miguel Korzeniewicz, *Commodity Chains and Global Capitalism*, Greenwood Press, 1994, p. 98。

断和控制。因为，对许多劳动密集型产品（一般是非耐用消费品或具备时装性的产品）而言，核心的价值创造活动并不在生产环节中，而是在市场营销环节中，这就需要巨额的广告支出来保证对市场的占有。这对缺乏市场营销经验、技能和资金实力的发展中国家的企业来说，要实现从产品生产向品牌生产的转变，将面临巨大的困难。因而，商业型跨国公司更多的是利用国际分包而不是通过在世界各地设立自己的内部子公司形式来开展国际生产。这一点和资本技术密集型跨国公司完全不同，尽管后者也采用国际分包的形式，但其构造国际生产网络的主要方式还是通过内部分（子）公司网络形式进行。

（三）跨国公司价值链管理模式——虚拟垂直一体化

以上论述的跨国公司全球范围配置的两种类型的价值链实质上是虚拟垂直一体化的形式。他们在组织上已经突破有形界限，虽有设计、生产、行销、财务等功能，但组织内却没有完整执行这些功能的组织。也就是说，企业在有限的资源下，为了快速响应市场机遇，仅保留其中最关键的功能，而将其他功能虚拟化，通过借助外力，同具有不同个性的企业结为合作伙伴，来最大限度地发挥企业的有限资源，创造企业本身的竞争优势。虚拟垂直一体化组织的特点包括：（1）企业界限模糊。实施虚拟垂直一体化企业作为一种由独立的供应商、制造商、销售商及顾客以各自独立的优势为节点而结成的网络，这种合作是出于战略考虑而临时组建的动态合作方式，不是一个完整的经济实体，打破了传统企业间明确的组织界限，形成一种“你中有我，我中有你”的网络形式。（2）横向自主管理。虚拟垂直一体化企业打破了传统内部垂直一体化企业的纵向管理模式，强调横向自主管理。各个组成企业拥有相对较大的自由度和独立性，他们可以自由组合，自由拆分，可以自行调整以适应整体价值形成过程的需要，与其他成员进行交流以实现最优运转。（3）以信息网络为依托。实施虚拟垂直一体化的企业选用不同公司的资源，把具有不同优势的企业综合成单一的靠电子手段联系的经营实体，企业成员之间的信息传送、业务往来和并行分布作业模式都主要由信息网络提供技术支持。（4）并行的作业分布模式。由于企业把非核心业务交给其他不同的企业完成，这使得传统内部垂直一体化企业运作方式中时间和流程上处于先后关系的有关环节得以改变，他们之间的各项活动在空间上是分布的，但在时间上是可以并行的。这种方式可以大大缩短生产周期，提高企业反应速度，提高工作的协同性。（5）机会集中的团队的动态协作。虚拟垂直一体化企业是以机会为中心组建起来的临时团队组织。团队成员不仅是共同工作的人，也是共同的思想者、共同的决策者和共同责任的承担者。成员企业彼此信任，相互学习、共同合作。在团队协作中，成员和过程并不是具体固定的，需要不断进行动态配置，以快速响应市场机会。虚拟垂直一体化价值链的以上特点决定了它具有单纯内部垂直一体化无可比拟的优势，这些优势包括市场优势、规模经济优势、技术创新优势、成本风险优势、标准化优势以及学习优势。

第二节　国际直接投资增长概况

一　20世纪80年代后期国际直接投资增长加快

与国际贸易情况相似，20世纪80年代上半叶，国际直接投资增长缓慢，自80年代后期开始，国际直接投资增长加快。1980年全球国际直接投资流量约为570亿美元。1985—1989年，按照国际收支统计口径，全球国际直接投资年均增长33%，大大超过80年代上半期的6%。进入1991

年和1992年，受世界经济停滞的影响，又连续两年下降，1993年回升。1990年国际直接投资的流出量为2337亿美元，至1995年增至3552亿，流入量由2337亿美元增至3311亿美元，分别增长了51%和40.7%，1999年流入量和流出量都突破了一万亿美元。2000年分别达到11499亿美元12708亿美元分别比1995年增长2.23倍和2.89倍（见表4-5）。

表4-5　　1990—2007年国际直接投资流入量　　单位：亿美元

年份	1990	1995	1997	1998	1999	2000	2001	2002	2003	2004	2005	2006	2007
流入量	2337	3311	4779	6925	10750	12708	7350	6252	5611	7177	9587	14110	19790

资料来源：2000年之前数据来源于日本贸易振兴会编《日本贸易振兴会投资白皮书》，1993年、1998年、2002年版；2001年之后数据来源于联合国贸发会议《世界投资报告》各年。

从20世纪90年代初期开始，联合国贸发会议跨国公司和投资司承担起统计和分析全球直接投资这项任务，从1991年起开始编撰《世界投资报告》，这些文献不仅记录了世界投资流量和结构的变化，而且反映了全球最富有该领域学识和经验的经济学家对国际直接投资所做观察和分析的视觉与观点。

二　国际直接投资成为经济增长新动力

从联合国贸发会议跨国公司和投资公司专家的视觉看，对外直接投资、跨国公司通过国际化生产的组织与安排，成为经济增长与发展的动力，这是国际直接投资最主要的表现。这种判断的依据是，20世纪60年代，国际直接投资出现第一个“黄金时期”，其增长率约为全球GDP增长率的2倍，比同期的国际贸易增长率也高出40%；1985年之后，全球直接投资又出现超过全球生产和全球贸易的增长，在这些过程中，一些新兴经济体成长起来，一些原先贫穷落后的国家较快地赶上了世界先进水平。中国大量吸收外商直接投资也发生在20世纪80年代以后，其促进增长和发展的效果也相同。

三　国际直接投资对全球产业、环境等其他方面的影响

从1999年开始，《世界投资报告》的作者们对全球直接投资的观察视

野发生了一个很大的转折。他们注意到，国际直接投资和跨国公司除了在促进增长之外，对经济发展的其他方面以及保护环境方面已经有或将继续有哪些影响。特别是2000年的年度报告，关注跨国并购问题，从跨国并购在国际直接投资中占有很大份额的现象分析，国际直接投资在全球产业重组和产业结构调整中发挥了重要作用。由于国际投资和跨国公司的推动，全球生产迅猛发展，出现了生产过剩，产业重组和结构调整的需求提供了国际直接投资发挥新功能的动力。在全球产业重组和结构调整之后和新的需求出现之前，国际直接投资流量出现了下降和萎缩。2000年，世界直接投资流入量达历史最高点1.27万亿美元，此后连续下跌，2003年跌至0.56万亿美元。但在这种下降中，专家们已经发现全球经济中新的需求和国际直接投资的新的增长点，2004年的年度报告用最醒目的副标题提示了这个新趋势。根据联合国专家估算，1990—2002年，全世界制造业的FDI流入存量增长了2.03倍，其中发达国家和发展中国家分别增长1.46倍和3.81倍；而同期全世界服务业的FDI流入存量增长了3.60倍，其中发达国家和发展中国家分别是2.99倍和5.74倍。这种流量结构变化造成服务业成为吸引外资的主要领域。服务业跨国直接投资主要集中在贸易和金融领域。2002年贸易和金融领域占服务业跨国直接投资存量的47%和35%。供电、供水、电信和企业商务服务业等领域的比重也在上升。1990—2002年，发电和电力配送领域的跨国直接投资存量增长了14倍；电信、仓储和运输领域增长了16倍；企业服务领域增长了9倍。

服务业外包成为产业跨国转移的新内容。20世纪90年代末期以来，跨国公司适应信息技术的飞跃发展，其全球经营战略发生新的调整。其主要特征是企业内部的分工继续深化，服务资本进一步从产业资本中分离出来，形成公司内部服务的离岸外包、跨国外包，兴起白领岗位跨国转移的新潮流。在信息技术迅速普及的其他领域，服务资本从工商资本、财政资本、金融资本中分离出来的趋势也方兴未艾，服务外包或跨国转移已成为当今世界产业转移的新现象和新领域，有强大的生命力和发展前景。联合国贸发会议和世界服务外包协会预测，全球服务外包市场将以每年30%—40%的速度递增，到2005年和2007年分别增至5850亿美元和1.2万亿美元。目前，国际外包业务只占全部业务流程的1%—2%，说明跨国公司内部的新分工刚刚开始。这种离岸业务也还主要发生在发达国家之间，

2002—2003 年全部以出口为导向的服务业跨国直接投资项目 90% 源于发达国家。美国公司居主导地位，占全部面向出口的信息和电信服务项目的 2/3、呼叫中心项目的 60% 和共享服务项目的 55%。离岸外移的很大一部分由发达国家获得，如 2002—2003 年所有面向出口的与呼叫中心有关的跨国直接投资项目一半以上流入发达国家。但是，也有一些发展中国家捷足先登，在服务业跨国转移潮流中获取了不小的份额，如爱尔兰、印度的软件业就是在国际服务外包的带动下成长起来的产业。

从国际专家对全球直接投资发展与趋势的观察、分析与判断，可以得出这样一个印象：从 1985 年开始掀起的新一轮国际直接投资高潮，使跨国公司得以在更大范围和更大规模组织国际化生产，从而扩大了世界商品市场和世界商品贸易，进而促进了世界各国的经济增长。跨国公司成为经济增长的发动机是这一时期国际直接投资对全球经济影响的最鲜明的写照。国际直接投资对中国经济的影响也是与此相呼应的。从 20 世纪 90 年代中期开始出现的第五次跨国并购，把国际直接投资流量推向历史最高点，同时也标志着全球性产业重组和结构调整在经济增长中加速进行，这同样也为发展中国家接受世界性的产业转移提供了机遇，中国吸收外资和工业化的进展在这个背景下达到了空前的辉煌。2001—2003 年，国际直接投资流量的持续下降说明全球制造业的产业结构调整已告一段落，世界经济处在蓄积新的需求阶段，但它的苗头已见端倪，国际直接投资转向服务业，标志着世界经济结构更深刻的调整阶段即将到来，其影响也将是全球性的。

2008 年美国次贷金融危机引发了全球金融危机，重创了全球直接投资，自 2008 年开始全球直接投资流入量连续五年持续下降，2013 年开始回升，到 2015 年恢复到 2007 年的最高水平并略微超过，但 2017 年再次下降，2020 年又遭遇全球新冠肺炎疫情的冲击，全球直接投资再度大幅度下降（见表 4 -6）。

表 4 -6 **2008—2020 年国际直接投资流入量** 单位：亿美元

年份	2008	2009	2010	2011	2012	2013	2014	2015	2016	2017	2018	2019	2020
流入量	16974	10403	11220	15238	13360	14563	14039	20418	19835	17005	14952	15399	9239

资料来源：联合国贸发会议（UNCTAD）统计数据库。

2015 年全球直接投资之所以大幅度回升，联合国贸易和发展组织（UNCTAD）认为，其主要原因是大规模公司内部重组驱动 FDI 增长。公司内部重组相关的跨国并购交易导致相关国家国际收支资本项下巨额资金流动，但此类交易并没有对公司运营产生实质影响。如果在统计中剔除此类公司重组带来的“水分”，2015 年全球 FDI 的实际增幅只有 15%。因此，发达国家 FDI 流入好于发展中国家。2015 年发达国家经济体的 FDI 流入几乎增加一倍达 9620 亿美元，占全球 FDI 比重从 2014 年的 41% 增至 2015 年的 55%。欧洲 FDI 流入增长强劲，美国则在 2014 年的历史低位基础上翻了两番。发展中国家经济体 FDI 流入增长 9%，达 7650 亿美元。2015 年全球 FDI 流入排名前 10 个经济体中，发展中国家继续占据半壁江山。同时，欧洲成为全球 FDI 第一大来源地。从全球 FDI 来源地看，发达国家经济体的对外投资增长 33%，达到 1.1 万亿美元，仍比 2007 年的峰值低 40%。欧洲对外投资增至 5760 亿美元，从而成为全球最大的对外投资地区，北美的对外投资与 2014 年基本持平。第一产业 FDI 减少，制造业 FDI 增加。受大宗商品价格大跌影响，跨国公司大幅削减资本开支，同时影响其利润再投资规模，因此第一产业 FDI 下降。服务业占比继续保持在全球 FDI 存量 60% 以上。[①] 2017 年大规模公司内部重组告一段落后，全球直接投资也就开始下降了。

第三节　国际服务贸易发展概况

一　服务与服务业基本范畴

伴随世界经济发展的全球化与知识化，服务业尤其是一些新兴服务业在各国国民经济中的重要性不断提高，服务贸易在全球贸易中的地位日益上升。学术界一直以来对服务业的界定存在两种方法：一种是理论研究上采用服务业内涵定义方式，即通过把从事生产、经营符合服务内涵的行业称之为服务业；另一种是统计定义，就是把第一、第二产业之外的产业部门称之为服务行业。根据联合国贸易与发展会议（UNCTAD）在《2004 年

① 联合国贸易发展会议：《世界投资报告 2016》，冼国明、葛顺奇译，南开大学出版社。

世界投资报告》中对服务业分类[①]，包括：（1）供电、供气和供水服务业；（2）建筑服务业；（3）贸易服务业；（4）饭店和餐饮服务业；（5）运输、仓储和交通服务业；（6）金融服务业；（7）商务服务业；（8）公共行政和国防服务业；（9）教育服务业；（10）医疗和社会服务业；（11）社区、社会和个人服务业；（12）其他服务业。GATS 涉及国际服务贸易包括 12 个部门，具体细分为 160 多个分部门。包括：（1）商务服务（专业服务、计算机及相关服务、研发服务、房地产服务、租赁服务、其他商务服务）；（2）通讯服务（邮政服务、速递服务、电信服务、视听服务、其他通讯服务）；（3）建筑和相关工程服务；（4）分销服务（佣金代理服务、批发服务、零售服务、特许经营、无固定地点的批发和零售）；（5）教育服务（初等、中等、高等、成人教育服务和其他教育服务）；（6）环境服务（排污服务、废物处理服务、卫生和类似服务、自然和风景保护服务、其他环境保护服务）；（7）金融服务（保险和保险相关服务、银行和其他金融服务、证券服务）；（8）与健康相关的服务和社会服务；（9）旅游和与旅游相关的服务（饭店和餐馆、旅行社、导游服务）；（10）视听服务除外的娱乐、文化和体育服务（文娱服务、新闻社服务、图书馆、档案馆、博物馆和其他文化服务、体育和其他娱乐服务）；（11）运输服务（海运服务、内河运输服务、航空运输服务、航天运输服务、铁路运输服务、公路运输服务、管道运输服务、运输辅助服务、其他运输服务）；（12）其他未包括的服务。此外，服务业的分类还有两个特殊因素需要说明：1）第三产业与服务业。三次产业是从经济体系的供给角度进行的分类，即三次产业分类的逻辑顺序是下游产业的发展单向依赖上游产业，第二产业的发展依赖第一产业提供的原料，而第三产业的发展又依赖第二产业和第一产业的产品供应。2）市场型服务业与非市场型服务业。非市场型服务业指政府较大程度利用行政手段和直接调控措施干预价格、准入条件、提供规模以及竞争行为的服务业。[②]

---

① UNCTAD, *World Investment Report* 2004: *The Shift Towards Services*, United Nations Publications, 2004.

② 非市场型服务业多属于非营利性服务业，其不以营利为目的，主要是由政府和社会团体和事业单位提供的社会公益性服务，如基础义务教育、公共卫生、科研院所。

二　2000 年之前世界服务贸易的发展

20 世纪 70 年代以前，国际服务贸易在世界经贸关系中还不是一个引人注目的领域。关税及贸易总协定组织的多轮谈判都还没有考虑到要涉及这一议题。只是在这以后，国际服务贸易的发展潜力和重要性才开始为人们所重视。20 世纪 70 年代以来，世界服务贸易规模伴随货物贸易的增长而迅速扩大。1970 年，世界服务贸易出口额只有 710 亿美元，而到 1980 年则猛增至 3650 亿美元，10 年增长 4 倍多。1980 年以后，国际服务贸易依然保持着迅速增长的势头，年平均增长率约 5%，是同期国际货物贸易年平均增长率 2.5% 的两倍。80 年代后期年均增幅更是高于 10%。到了 90 年代，服务贸易平均增速呈波动下降趋势，约为 6%，恢复到与货物贸易基本持平的状态。其间"乌拉圭回合"《服务贸易总协定》（GATS）于 1994 年最终签署，成为世界服务贸易全球化发展的标志性事件。当年世界服务贸易额突破 2 万亿美元（见表 4－7）。

表 4－7　　1980—2000 年世界服务贸易的增长数据　　单位：亿美元

年份	进出口总额	增长%	出口额	增长%	进口额	增长%
1980	7675	—	3650	—	4025	—
1986	8978	17.0	4478	22.7	4500	11.8
1987	10744	19.7	5344	19.3	5429	20.6
1990	16008	30.4	7804	46.0	8204	51.1
1994	20770	29.7	10222	31.0	10548	28.6
1999	27939	34.5	14058	37.5	13881	31.6
2000	29718	6.4	14922	6.1	14796	6.7

资料来源：国际贸易统计数据库，International Trade Statistics Database。

三　2000 年以来世界服务加速增长及结构变化

2000 年以来，全球服务贸易规模迅速扩大。根据 WTO 官方统计数据，2000 年至 2006 年，全球服务贸易进出口保持 10% 左右的年增长率。2000 年，全球服务贸易总额为 29694 亿美元，其中服务出口 14928 亿美元，服务进口 14766 亿美元。2006 年全球服务贸易总额达到 53304 亿美元，较 2000 年增长了 79.5%；其中服务出口 27108 亿美元，较 2000 年增长了 81.6%；服务进口 26196 亿美元，较 2000 年增长了 77.4%。21 世纪以来世界服务贸易的发展呈现以下特点。

第一是结构逐步高级化。服务贸易结构逐渐向新兴服务贸易部门上升，但旅游、运输等传统服务贸易部门仍然保持稳定增长。1990 年至 2005 年，运输服务占世界服务贸易的比重从 28.6% 下降到 23.3%，旅游服务占比从 33.9% 下降到 28.9%，而以通讯、计算机和信息服务、金融、保险、专有权利使用费和特许费为代表的其他服务类型占比则从 37.5% 逐步增长到 47.8%。不过，运输和旅游服务在 21 世纪前 10 年还是保持了稳定增长。在货物贸易快速增长和运输成本的大幅提升的双重推动下，世界运输服务出口 2004 年增长 23%，2005 年增长 12%。世界旅游服务出口主要受亚洲旅游业的大幅反弹影响，也有较大程度的增长，2004 年增长了 18%，2005 年增长 10%。

伴随着金融、保险、房地产和商务服务为主的现代服务业在国民经济中的比重不断提高，服务贸易结构也不断由传统劳动密集型服务贸易向现代知识、资本密集型服务贸易转变。1980 年，国际运输服务出口贸易占 36.8%、国际旅游服务出口贸易占 28.4%、其他商业服务出口贸易占 34.8%；进入 21 世纪，其出结构发生很大变化到 2006 年，国际运输服务出口贸易比重下降到 23.1%，国际旅游服务出口贸易比重下降到 27.2%，其他商业服务出口贸易比重则上升到 49.7%（见表 4－8）。

表 4－8　　2003—2006 年世界服务贸易出口结构变化　　单位：亿美元

	出口额				占比（%）				年增长率（%）			
	2003 年	2004 年	2005 年	2006 年	2003 年	2004 年	2005 年	2006 年	2003 年	2004 年	2005 年	2006 年
总额	1795	2125	2415	2710	100	100	100	100	14	20	11	11
运输服务	405	500	570	626	22.6	23.5	23.3	23.1	13	25	12	9
旅游服务	525	625	685	737	29.2	29.4	28.9	27.2	18	18	8	7
其他商业服务	865	1000	1160	1347	48.2	47.1	47.8	49.7	19	19	12	13

资料来源：WTO：International Trade Statistics Database。

第二是发达国家仍然是全球服务贸易的主体。从服务贸易出口总量和顺逆差来看，美国、英国等发达国家在世界服务贸易中占据主导地位。1980 年以来，美国、英国、德国、法国和日本一直居服务贸易出口前 5 名。据统计资料显示，1986 年工业化国家在世界服务贸易中所占的比例为 78.6%，其中运输、投资净收益、旅游收入等均占各项目的 75% 以上。世界前 20 位服务出口大国中，发达国家占了绝大多数。一般来说，工业化国家是服务贸易的顺差国。将要素服务考虑在内，美国是主要的出口国。但是，就狭义上的服务出口而言，法国、英国和意大利最为成功，而美国的地位则相对次之。日本和德国是明显的例外，两国在货物贸易上大幅度出超，但是在服务业上却有结构性赤字。2005 年，这五个国家服务贸易出口额合计占全球服务贸易出口总额的为 37.2%，服务贸易出口前十位国家中仅有中国、印度两个发展中国家。2005 年，服务贸易顺差前五名国家（地区）依次是美国、英国、中国香港、西班牙和瑞士，均为发达地区，顺差分别为 646 亿美元、332 亿美元、287 亿美元、259 亿美元和 199 亿美元。2006 年，美国、英国、德国三国服务贸易进出口总额分别为 6941.11 亿美元、3924.7 亿美元、3787.34 亿美元，分别占全球服务贸易 13.02%、7.36%、7.11%。并且服务贸易优势多表现在金融、保险、计算机和信息服务等资本、技术以及知识密集型的服务业领域。而反观发展中国家，服务贸易规模偏小，且多处于贸易逆差，服务贸易多集中在旅游、建筑工程承包、劳务输出、海运等传统劳动密集型服务业领域。发达国家向服务业的转型以及服务产品的国际化促进了世界服务贸易的增长（见表 4－9）。

表 4－9　**1990—2020 年世界服务贸易情况**　单位：百万美元

年份	出口额	进口额	进出口总额	出口增长率（%）	进口增长率（%）	进出口总额增长率（%）
1990	788672	823017	1611689			
1991	832576	853228	1685804	5.57	3.67	4.60
1992	931832	949249	1881081	11.92	11.25	11.58
1993	950043	962741	1912784	1.95	1.42	1.69
1994	1042530	1047241	2089771	9.74	8.78	9.25

续表

年份	出口额	进口额	进出口总额	出口增长率（%）	进口增长率（%）	进出口总额增长率（%）
1995	1179435	1189123	2368558	13.13	13.55	13.34
1996	1273083	1263044	2536127	7.94	6.22	7.07
1997	1329776	1299123	2628899	4.45	2.86	3.66
1998	1346855	1306596	2653451	1.28	0.58	0.93
1999	1405852	1378300	2784152	4.38	5.49	4.93
2000	1491319	1463740	2955059	6.08	6.20	6.14
2001	1492725	1482306	2975031	0.09	1.27	0.68
2002	1597573	1561255	3158828	7.02	5.33	6.18
2003	1851369	1792782	3644151	15.89	14.83	15.36
2004	2250430	2146007	4396437	21.55	19.70	20.64
2005	2516187	2384272	4900459	11.81	11.10	11.46
2006	2845410	2665979	5511389	13.08	11.82	12.47
2007	3421351	3174475	6595826	20.24	19.07	19.68
2008	3847065	3635060	7482125	12.44	14.51	13.44
2009	3488683	3300083	6788766	-9.32	-9.22	-9.27
2010	3827680	3613441	7441121	9.72	9.50	9.61
2011	4295417	4055857	8351274	12.22	12.24	12.23
2012	4396998	4173930	8570928	2.36	2.91	2.63
2013	4644377	4381350	9025727	5.63	4.97	5.31
2014	5169650	5026580	10196230	11.31	14.73	12.97
2015	4929609	4788473	9718082	-4.64	-4.74	-4.69
2016	5018378	4823979	9842357	1.80	0.74	1.28
2017	5451488	5208133	10659621	8.63	7.96	8.30
2018	5948892	5604743	11553635	9.12	7.62	8.39
2019	6065637	5730627	11796264	1.96	2.25	2.10

资料来源：https：//data.wto.org/。

第三是由新的国际分工导致的商业模式和投资促进了世界服务贸易的

发展。随着跨国公司的战略调整以及系统、网络、存储等信息技术的迅猛发展，由业务流程外包（BPO）和信息技术外包（ITO）组成的服务外包正逐渐成为服务贸易的重要形式。世界发达国家和地区是主要服务外包输出地，在全球外包支出中，美国占了约2/3，欧盟和日本占近1/3，其他国家所占比例较小。发展中国家是主要的服务外包业务承接地，其中亚洲是承接外包业务最多的地区，约占全球外包业务的45%。印度是亚洲的外包中心，墨西哥是北美的外包中心，东欧和爱尔兰是欧洲的外包中心，中国、菲律宾、俄罗斯等国家也正在成为承接外包较多的国家。

全球服务贸易的另一个显著特征是，随着服务离岸外包发展以及服务业转移由制造业追随型向服务业自主扩张型转变，使得通过商业存在实现的服务贸易规模日益扩大。据 WTO 估算，目前通过商业存在实现的服务贸易大约是跨境贸易的 1.5 倍。根据美国经济分析局依据 FATS 服务贸易统计体系提供数据显示，2005 年美国拥有多数股权的境外附属机构的服务销售额为 5285 亿美元，远远高于 3678 亿美元的跨境服务贸易出口；而外国在美国境内拥有多数股权的在美附属机构的服务销售额为 3890 亿美元，也远远高于美国 2816 亿美元的跨境服务贸易进口。另外，全球通过跨国并购形式转移服务业趋势不断增强，1990 年，全球服务业并购额占全球并购额比重为 46.4%。2000 年，全球服务业并购额达到 8423.42 亿美元，占全球并购额比重 73.6%。到 2005 年，虽然服务业并购额仅为 3939.66 亿美元，占全球并购比重 55%，仍然是跨国并购的最重要领域。

第四节 经济全球化发展的历史大趋势

一 广义和狭义的经济全球化

广义的经济全球化可以从资本主义生产方式向全世界广泛扩张算起，即开始于第一次工业革命。1830—1879 年的第一次经济全球化浪潮主要归功于第一次和第二次工业革命的兴起及其在全世界范围的扩散。作为当时世界上最强大的军事、科技、经济和贸易强国，英国主导了此次经济全球化进程。

第二次世界大战之后，美国替代英国完全主导世界秩序，经济全球化不断深化，极大超出了历史上任何时期。这就是狭义的经济全球化。值得指出的是，第二次世界大战之后的经济全球化进程可进一步划分为两个阶段。1946—1986 年为经济全球化开始提速阶段，1987—2008 年是经济全球化加速发展阶段。这个长达 60 多年的时期，它也不是始终上升的，经历了许多短期的下降过程，如 1980—1986 年就经历了较为严重的下降过程。

特别是 20 世纪 90 年代以来，资本、技术、劳动力等生产要素更大规模在全球范围内的流动和配置，使各国经济越来越依赖于世界统一市场体系，国家间相互依存关系达到了前所未有的广度和深度。生产全球化、贸易全球化、资本全球化以及金融全球化成为经济全球化最迫切的要求。在双边层次上，各国不仅修改有关限制外国投资的法令法规，而且相互之间签订了多项旨在促进跨国投资、促进全球生产经营更为自由进行的投资协议书；在多边层次上，世界银行、世界贸易组织、国际货币基金组织以及各种区域一体化化组织，都致力于制定更加有利于资本跨国直接流动的规则体系，不同程度地取消了对于跨国投资的限制，实现投资自由化。

二 跨国公司及其跨国经营是经济全球化最重要的载体

国际垄断资本的主要组织形式是跨国公司，是经济全球化的根本推动力量。跨国公司拥有全球化的生产、销售服务、科研、信息机构体系，其经营活动已渗透到各个领域，对全球的政治、经济、文化和社会生活等方面都产生了重要的影响。跨国公司通过资源全球直接流动和配置，要求破除国家之间传统的限制和障碍，按照统一的市场机制要求来行事，因而在实践中极大地推进了全球范围内的经济一体化进程。

跨国公司促进了全球贸易自由化。20 世纪 80 年代以来，由于跨国公司发展了新的国际分工体系，使跨国公司内部贸易和跨国公司之间的贸易额迅速增长，达到世界贸易总额的 2/3。跨国公司发展所需要的是建立在规模经济上的产业内分工，即实现部门和行业内部的国际分工，把产品生产过程分解为更多的环节，并把这些生产环节安排到不同国家的不同企业，是产品生产环节之间的分工、产品零部件之间的分工。跨国公司借助这种分工，实现了全球生产、全球销售，极大促进了国际贸易的自由化。跨国公司还促进全球金融自由化进程。跨国公司促进全球金融自由化主要来自两方面力量的作用：一是发达国家跨国公司垄断控制着最具盈利能力的金融和服务业，本身就是国际垄断资本。为了国际垄断金融资本这种跨国经营和拓展的需要，金融跨国公司凭借其雄厚的实力，积极游说和推动全球金融市场的开放，这是金融自由化最主要的推动因素；二是发达国家大的产业跨国公司与金融跨国公司的结合，增长了对金融自由化的需求。由于产业跨国公司的全球经营活动，使其资金的流动遍布全球，为了加速资金的流动，提高资金的流动效率，产业跨国公司需要一个全球开放的金融市场，以及高效金融服务的提供商。国际产业金融资本的结合极大满足了产业跨国公司的要求，而随着产业资本向全球进一步扩张，产业金融资本相结合的形式越来越渴望一个全球自由化的金融市场的形成，从而加速促进了金融自由化的进程。

三 20 世纪 90 年代以后经济全球化的主要特征

第一是跨国公司在全球生产和贸易中的作用日趋重要。跨国公司的经济地位日益重要，它垄断了全球生产的 60% 和全球贸易的 80%，以及国际直接投资的 90%。[①] 世界 500 强跨国公司主要集中在美国、欧洲和日本等发达国家，一些新兴市场国家虽然也出现了数量可观的跨国公司，但这些跨国公司也主要集中在少数经济增长较快的经济体中。

第二是中国融入新经济地理。国际分工的深化和扩大恰恰与中国的改革开放历史性相遇，广袤的中国版图和庞大的中国人口进入新的国际分工体系，极大扩展了国际分工的能量，扩大全球贸易投资的规模，成为这个时期经济全球化的最大加速器，推动形成了北美、欧洲、东亚大三角国际分工网络体系和国际经济循环的主渠道。

第三是美元作为全球资源配置工具仍雄居首位。虽然布雷顿森林体系已经瓦解，但美元依然是全球资源配置的主要工具，美元在全球外汇市场中的交易比重、在贸易结算支付、投资计价以及官方储备中始终占据主导地位；美元汇率在很大程度上影响贸易平衡、资本流动以及能源的生产和供给。全世界都追逐美元，美元把自己捧上了国际交易的神坛，美元的衍生品都成为可贸易性的商品。

第四是国际经贸政策、国际规则的自由化取向。无论是国际经济贸易

---

① UNCTAD，*World Investment Report*，*2013*。

政策的协调，还是国际交易的规则制定，都围绕制造业国际分工深化和贸易投资的自由化以不断开辟新的经济地理，不断为跨国公司的全球网络扫清障碍，不断为美元制造范围更大的“特里芬”难题。世界贸易组织成立以及中国加入世界贸易组织，树立了全球经济治理的两大里程碑。

第五是促进世界贸易持续稳定增长，成为世界经济增长的稳定器。自20世纪80年代到2008年金融危机，世界经历了很长一段时间的稳定时期，GDP稳步增长，世界贸易增速更是GDP增速的将近两倍。资本跨国流动的规模使世界经济一体化程度更高。为了参与经济全球化，各国纷纷取消对外投资和引进外资方面的壁垒，这使得外商直接投资（FDI）呈现爆发性增长态势，FDI的增速远远快于世界生产和贸易的增速（见表4-10）。

表4-10　**1978—2017年世界GDP和进出口增长率**　单位:%

年份	名义出口增速	实际出口增速	名义进口增速	实际进口增速	名义GDP增速	实际GDP增速
1978—1982	11.50	3.13	11.33	2.41	9.65	2.53
1983—1987	7.16	5.00	6.34	5.30	8.88	3.57
1988—1992	11.03	5.36	9.53	4.92	8.32	2.90
1993—1997	6.87	7.50	7.22	7.37	4.47	2.94
1998—2002	3.06	4.87	3.35	5.21	1.98	2.85
2003—2007	16.51	7.28	16.40	8.04	10.80	3.98
2008—2012	6.74	2.71	6.84	2.52	5.46	2.01
2013—2015	-2.03	3.18	-2.12	2.71	-0.16	2.60
2008	13.79	2.74	15.52	2.91	9.68	1.84
2009	-19.43	-10.23	-20.81	-11.96	-5.21	-1.7
2010	19.2	11.7	18.95	12.37	9.67	4.37
2011	18.67	6.44	19.17	6.81	11.11	3.1
2012	1.48	2.88	1.39	2.46	2.06	2.45
2013	2.9	2.91	2.61	2.43	2.8	2.48
2014	1.86	3.49	2.17	3.21	2.41	2.69
2015	-10.85	3.14	-11.14	2.48	-5.69	2.63

续表

时间	名义出口增速	实际出口增速	名义进口增速	实际进口增速	名义 GDP 增速	实际 GDP 增速
2016				1.7—1.8		2.3
2017				1.8—3.1		2.7

资料来源和说明：作者根据世界银行的世界发展指标（WDI）数据库计算；2017 年的 GDP 增速为世界银行《全球经济前景报告》（2017 年 1 月）估计值；2016 年和 2017 年的贸易增速为 WTO 的预测。

第六是经济全球化的负面效应。这主要表现为无论在一国内部还是国际社会都产生了经济全球化中的利益受损者。这些利益受损者以发达国家中的普通民众更为敏感，此外也产生了其他负面效应，如全球环境恶化、全球经济治理失衡、地区不稳定等。正如习近平总书记所说："发展失衡、治理困境、数字鸿沟、公平赤字等问题也客观存在。这些是前进中的问题，我们要正视并设法解决但不能因噎废食。[①]"最突出的事实是：

（1）国家之间利益分配不平衡。从全球价值链（GVC）角度，美国、欧洲和日本等发达国家攫取了 GVC 的绝大部分收益。1995 年少数高收入国家占制造业 GVC 收益高达 73.8%，尤其以美国、日本、德国所占份额最大，美日两国所占份额就超过所有中低收入国家。1995—2008 年，GVC 收益的这种不平等分配状况有所改善，主要由少数几个新兴经济体崛起引起，中国占制造业 GVC 收益的份额提高到 12.8%，是中低收入国家份额提高的主要贡献者。而世界其他国家和地区占制造业 GVC 份额仍只有 17.5%，增加幅度非常有限。总体来看，经济全球化的收益在国家之间的分配仍是严重不平衡的。[②]

（2）市场主体利益分配不平衡。第一，承载经济全球化列车高速运行的微观主体跨国公司占有了经济全球化的大部分利益。它们垄断了全球生产的 60% 和全球贸易的 80%，以及国际直接投资的 90%。而世界 500 强的跨国公司主要集中在美国、欧洲和日本等发达国家。一些新兴市场国家

---

① 习近平：《共同构建人类命运共同体——在联合国日内瓦总部的演讲》，《人民日报》2017 年 1 月 20 日第 2 版。

② 裴长洪、刘洪愧：《习近平经济全球化思想学习与研究》，《经济学动态》2018 年第 4 期。

虽然也出现了数量可观的跨国公司，但这些跨国公司也主要集中在少数经济增长较快的新兴经济体中，其他大部分发展中国家基本上没有大型跨国公司。这导致跨国公司和中小企业的处境和获得的利益截然不同，进而使得跨国公司和中小企业的从业人员对经济全球化的感受和支持也不同。第二，经济全球化导致各国劳动力需求发生剧烈变化，使得各类劳动力之间的收入差距不断扩大。1980—2016 年，全球经济增长的收益主要被最高收入阶层的群体所占有，而占总人口数 50% 的低收入阶层的群体获得的收益非常少。表 4 - 11 进一步表明，对于世界整体而言，全球价值链中的增加值大部分被资本家和高技术劳动力占有，中低技术劳动力的收入份额不增反减。因此，即便在发达国家内部和发展中国家内部，不同技术程度的劳动力、不同阶层的人对经济全球化的感受是不同的，对经济全球化的支持程度的差异更是巨大。

表 4 - 11　1980—2016 **年全球经济增长中不同收入群体所获得的份额**　单位：%

收入群体	中国	欧洲	印度	俄罗斯	美国和加拿大	世界
所有群体	100	100	100	100	100	100
50% 的低收入群体	13	14	11	-24	2	12
40% 的中间收入群体	43	38	23	7	32	31
10% 的高收入群体	43	48	66	117	67	57
1% 的高收入群体	15	18	28	69	35	27
0.1% 的高收入群体	7	7	12	41	18	13
0.01% 的高收入群体	4	3	5	20	9	7
0.001% 的高收入群体	2	1	3	10	4	4

资料来源：Alvaredo et al（2017）：《全球不平等报告：2018》（*World Inequality Report* 2018）。

四　经济全球化的历史潮流不可逆转

2008 年国际金融危机和 2020 年全球新冠肺炎疫情，都使世界经济陷入停滞，贸易投资萎缩，保护主义抬头，在经济全球化利益受损者中产生民粹主义思潮，鼓吹“逆全球化”的舆论甚嚣尘上。但是历史潮流不可逆转，这是客观规律。

首先，经济全球化从来就不是一帆风顺的。无论第二次世界大战以前还是以后，经济全球化都经历过低潮，潮起潮落本身就是事物发展的客观规律。而且历史经验表明，贸易保护主义措施的作用其实非常有限。WTO的一项统计研究表明，WTO 成员方自从 2008 年全球金融危机以来已经推出了 2100 多项限制贸易的措施。美国更是高举保护主义大旗，数据显示，2015 年实施贸易保护措施 624 项，为 2009 年的 9 倍。[①] 贸易保护主义措施的上升确实反映各国经济趋向于保护，但是它们并不会对各国进出口有大的影响。一是因为这些保护措施都是细枝末节性的，很多只是无关大局的情绪性表达。二是这些贸易保护主义措施也不一定能够起到作用。一些学者的研究甚至表明，贸易保护主义措施很少有作用。[②] 数据也表明，虽然美国出台了许多贸易保护措施，但是根据 UNCTAD《世界贸易和发展报告：2016 年》（UNCTAD，2016b）的数据，美国 2014 年和 2015 年的货物进口量仍高达 4.3% 和 4.8%。事实上，贸易保护主义从没有停歇，经济全球化一直是在克服贸易保护主义的阻挠中前行的。当今的贸易保护主义有扩大之趋势，只是从一个侧面反映出经济全球化可能走得太快太远，没有处理好经济全球化与国内收入分配之间的关系（各国收入分配差距加大，低收入阶层把不利处境迁怒于全球化和市场开放），也没有处理好区域一体化与主权国家权力分配的关系以及没有处理好各国之间的利益分配关系。2018 年以来的经济全球化减速，是经济全球化进程中不可避免的调整期，是事物发展非直线上升，而是螺旋式上升的反映。

其次，虽然 WTO 框架下的多边贸易投资自由化谈判进程受阻，多哈回合谈判历时近 20 年无果，但是国家之间的区域贸易协定（RTAs）（双边自由贸易协定）快速增加。此外，一国自主设立的自由贸易试验区也越来越多，开放度越来越大，如中国已经设立 21 个自贸试验区（港）。区域贸易协定、自由贸易区、自由贸易港将成为新的推动经济全球化的举措，使得世界经济联系依然日益紧密，相互依存继续提高。

最后，推动经济全球化的力量不仅存在而且正在成长。（1）中国的崛

① 张茉楠：《“特朗普主义”下的逆全球化冲击与新的全球化机遇》，《中国经济时报》2017 年 2 月 16 日第 5 版。

② Bairoch，P.（1993），*Economics and World History：Myths and Paradoxes*，University of Chicago Press，Chicago.

起以及持续稳定发展。历史发展规律表明，一个全球性大国的崛起将有利于经济全球化。19 世纪英国的崛起，其作为主导者推动了长达一个多世纪的经济全球化进程。第二次世界大战之后美国担负起维护世界秩序、推动经济全球化的任务，使得世界经历从第二次世界大战到 2008 年金融危机长达半个多世纪的经济全球化浪潮。2008 年金融危机之后，中国继续崛起并开始担当经济全球化引领者，也将推动经济全球化继续深入发展，并呈现新的特色。(2) 全球生产分工体系已经建立，很难逆转。(3) 跨国资本寻求最优化资源配置的动机没有改变。只要各国的资源、要素禀赋仍然存在差异，跨国资本全球配置资源的动力就不会停滞。(4) 新的科技革命不仅已经孕育出生，有的已转化为生产力因素，新产业、新业态已经出现,新的经济发展周期终将到来。(5) 服务的跨国贸易、服务生产的跨国外包日益成为可能，已经成为经济全球化的新动力。(6) 中国倡导的共建“一带一路”将使得更多国家作为新经济地理因素融入经济全球化。(7) 以平台网络企业为代表的新国际贸易微观载体的兴起，将继续深入改造经济微观组织和生产分工网络，以更紧密的组织形式、更高效的分工合作方式引领广大中小微企业直接参与经济全球化进程，从而强化经济全球化的动力机制。

第五章　全球经济治理与西方国际经济理论评介

第一节　多边贸易体制形成与世界贸易组织成立

一　第二次世界大战后全球经济治理架构的雏形

总体来看，第二次世界大战以前世界各国在贸易政策方面均在不同时期、不同程度实施以高关税为主要特征的保护贸易政策，尤其在经济不景气时期采用高关税保护的做法很盛行。1929 年美国通过了一项大幅对 890 种商品全面提高关税的《斯摩特—霍利关税法》，使美国对进口商品的平均税率达到 53% 的历史最高水平，这一法案遭到世界各国的普遍抵制。而与此同时，资本主义世界在 20 世纪 30 年代爆发了空前的经济危机，各资本主义国家工业生产迅速下降，美国工业生产缩减 55%，德国缩减 52.1%，英国缩减 23.8%。危机的产生使原有的贸易保护门槛骤然升高，高关税成为保护国内市场给本国企业以喘息之机的无奈选择。因而世界贸易额急剧下降了 70%，其中美国下降了 70%，德国下降了 76%，英国下降了 40%。[①]“关税战”并没有解决资本主义的基本矛盾，高关税严重阻碍了国际商品流通，使生产过剩的矛盾更加突出，整个资本主义陷入严重危机，并最终通过帝国主义之间战争的毁灭得以释放。第二次世界大战后，西方资本主义世界以史为鉴，试图着手从金融、投资、贸易三个方面创建一个相对自由的国际经济新秩序。美国凭借其政治、经济和军事上的绝对优势，被西方资本主义世界推上了盟主地位，掌握了建立战后国际经济新秩序的主导权。

---

① 参见宋永明《WTO 的由来与运作》，中国财政经济出版社 2001 年版。

1944 年 7 月，44 个国家在美国召开了布雷顿森林会议，决定成立国际货币基金组织（IMF）和国际复兴开发银行（IBRD）；1945 年世界银行成立，它由国际复兴开发银行、国际开发协会、国际金融公司、多边投资担保机构和国际投资争端解决中心五个成员机构组成，1947 年 11 月成为联合国的一个专门机构。世界银行成立的初衷是帮助欧洲国家和日本在第二次世界大战后的重建，一开始世界银行的贷款主要集中于大规模的基础建设，如高速公路、飞机场和发电厂等。1946 年 6 月 25 日，世界银行开始运行，1947 年 5 月 9 日它批准了第一批贷款，向法国贷款 2.5 亿美元。在日本和西欧国家人均收入达到一定水平后，则被世界银行批准“毕业”，之后世界银行的目光转向发展中国家。从 20 世纪 90 年代初开始，世界银行也开始向东欧国家和原苏联国家贷款。这些金融信贷措施反映了美国试图恢复世界经济以扩大资本主义世界市场，为美国和国际垄断资本谋求更大的利益。

根据美国战后国际经济新秩序构想的安排，为了构建完整新秩序的“三驾马车”，必须构建全球贸易治理体系。围绕全球贸易治理，美国准备了两个手段，一个是签订具有组织化的全球治理架构，因此于 1946 年向联合国经济与社会理事会提交了《国际贸易组织宪章草案》，建议成立国际贸易组织（ITO），使 ITO 与 IMF 和 IBRD 成为支撑战后世界经济秩序的三大支柱，构成以美国为核心的世界经济体系。1947 年 11 月，联合国世界贸易和就业会议上通过了《国际贸易组织宪章》，但以美国为首的许多国家内部利益并不一致，以《宪章》与国内法相冲突而最终被否决。美国的另一手是，早在 1947 年召开的日内瓦国际贸易组织筹委会上，美国就主张各国在互利互惠的基础上进行多边关税减让谈判。23 个国家经过谈判，签订了 123 项双边关税减让协议，并与宪章中有关商业政策的部分加以合并，形成一个单一协定——《关税及贸易总协定》（GATT），规定协定于 1948 年 1 月 1 日生效并开始临时实施，待国际贸易组织正式成立后取而代之。GATT 实质上是指导缔约国进行贸易以及有关商业行为的“游戏规则”，是缓和缔约国间贸易摩擦与矛盾的“对话窗口”，其核心内容是非歧视原则，包括最惠国待遇和国民待遇两项。GATT 前几轮谈判采用产品对产品的方式，即两国谈判达成关税减让协议，再根据最惠国原则适用于全体。但关税减让谈判并非在每两个国家间都要进行，而只是在主要供应国与主要进口国间进行，美国作为最大的进口国与出口国，对关税水平降低的幅度起着决定性作用。关税税率的下降以及 GATT 所确立的一系列原则极大地促进了国际贸易的发展，1970 年世界出口、进口总值分别比 1947 年增长了 659.24% 和 645.38%。据有关统计，世界贸易年均增长率在战前的 1913—1938 年的 25 年间仅为 0.7%，而在 GATT 创立后的 1948—1973 年的 25 年中为 7.8%。[①]

二　乌拉圭回合谈判孕育了新的全球经济治理体系

进入 20 世纪 70 年代以后，美国经济遭受了一连串的打击。1971 年，美国的对外贸易首次出现了 10.2 亿美元的逆差。同年，尼克松总统宣布美元与黄金脱钩，布雷顿森林体系解体。1971 年 12 月和 1973 年 2 月美元两次对主要竞争对手的汇率平均降低 20% 以促进出口，欧共体也针锋相对地采取措施鼓励出口限制进口。1974 年爆发的石油危机又严重冲击了美国经济，而 70 年代后，欧共体的发展引人注目，1972 年，欧共体和欧洲自由贸易联盟合并，并决定五年之内完全取消相互之间的工业品关税，使欧共体在世界贸易中所占比例达到了 50%，成为世界最大的贸易集团。1974 年，日本的进出口总额也达到了 1176.3 亿美元（进口 621.1 亿美元，出口 555.2 亿美元），占到世界进出口总额的 6.95%。而同年美国的进出口总额已下降到占世界的 12.06%（进口 1071 亿美元，出口 971.4 亿美元）。[②] 1975 年 11 月西方七国在法国召开了第一次首脑会议，西方发达国家开始进行“政策协调”。由于美国经济霸权的相对衰落，美国与西欧、日本的经济实力对比发生变化，美国采取了对丧失优势的部门实行贸易保护主义，并通过扩大多边贸易谈判的范围，推动其多个优势部门的开放。1974 年，美国国会通过了《1974 年贸易法》，其中最突出的特征是将贸易纳入到国内法约束范围内，如 301 条款，成为“新贸易保护主义”的开端。而东京回合中最终对反补贴、反倾销等非关税措施达成框架协议，为美国保护主义措施寻找合法依据。70 年代末，美国经济遭受了第二次石油

---

① 张龙：《世界贸易体制的历史反思——从关贸总协定到世界贸易组织》，《太平洋学报》2001 年第 4 期。

② 张龙：《世界贸易体制的历史反思——从关贸总协定到世界贸易组织》，《太平洋学报》2001 年第 4 期。

危机的严重打击，增长缓慢。欧共体内部矛盾重重，发展不畅。发展中国家初级产品出口减少，陷入严重的债务危机之中。在此背景下，保护主义再次盛行，世界贸易出口在80年代初出现了负增长。新贸易保护主义的兴起给GATT多边贸易机制造成严重侵蚀。

但是，贸易自由化、便利化的呼声不可阻挡，国际社会为推动国际贸易的发展，各有关国际组织从交易磋商到标准合同，从运输、保险到价格术语，从货物通关到结算单据，从索赔到调解、仲裁，从产品责任到知识产权保护等先后制定了一系列的规则和惯例，涵盖范围日益广泛，不仅各种传统的非关税壁垒明显减少，“自愿出口限制”等灰色区域措施被限制使用，而且新规则也不断呈现。例如，1990年7月生效的国际商会《INCOTERMS》、1990年国际海事委员会通过的《海运单统一规则》和《电子提单规则》、1994年6月生效的国际商会《UCP500》、1994年5月国际统一私法协会通过的《国际商事合同通则》、1994年10月国际海事委员会通过的《1994年约克—安特卫普规则》等，都反映了国际社会要求建立新的全球贸易治理新规则的不懈努力，在相当程度上也反映了美国于20世纪90年代进入信息技术新经济阶段以后，垄断资本要求改变贸易保护主义而转向贸易自由化的新要求。

同时，随着欧洲和日本经济的崛起，它们也同样认识到GATT对保障贸易正常发展和本国利益所起的作用，它们也希望全球贸易规则走向深入。这使国际贸易机制不可避免地走向重建。为此，GATT部长会议决定发起新一轮谈判，即1986年5月开始的乌拉圭回合谈判。这一轮谈判涉及的议题内容远远超出关税的范围，包括非关税措施、农产品贸易、服务贸易、与贸易有关的投资问题、知识产权保护、纺织品与服装、保障条款及争端解决等问题。这已经远远超出了贸易治理的范围，而成为全球经济治理的主要框架。但也正是由于谈判议题的深入多样，逐渐暴露出GATT的先天缺陷。它是没有得到各国正式承认的机构，是无法人地位的临时协议，所以在处理国际问题时表现出极大的局限性：一方面其管理能力有限，另一方面其争端解决机制不具有权威性。随着乌拉圭回合的深入，谈判内容越来越广，如何执行乌拉圭回合形成的各项协议成为日益被关注的问题，而GATT由于上述的缺陷，已不可能胜任这种任务，为了克服GATT的缺陷，在美国主导下，西方国家达成一致并推动全体成员在乌拉圭回合谈判中，一致同意签订了《建立世界贸易组织协定》，创立世界贸易组织来协调、执行和监督乌拉圭回合谈判的成果。世界贸易组织（WTO）自1995年1月1日正式成立运行，部长级会议为WYO的最高决策权力机构。1996年12月，首届部长级会议在新加坡召开，通过了《新加坡部长宣言》，承诺要建立一个更加公平、开放、在规则基础上的自由贸易体制。1999年11月，WTO在美国西雅图举行第三次部长级会议，即著名的“西雅图会议”，拟定在2000年WTO成立以来开始第一个回合的多边贸易谈判。在西雅图会议之前，世界主要国家都针对一些贸易问题向WTO提交了谈判意向书，但由于发达国家与发展中国家在一些问题上分歧太大最终未能达成协议，从而宣告西雅图会议失败。2001年11月，WTO在多哈举行了第四次部长级会议，期望能够借此解决西雅图会议所未能解决的问题，启动新一轮多边谈判。经过艰苦努力，发达国家与发展中国家各自做出了一些让步，欧盟终于同意开放其农产品市场，取消所有形式的出口补贴；发展中国家也以赞同将环境保护、人口、动植物和健康保护列入谈判议题作为交换。多哈会议最终达成了共识，新一轮多边贸易谈判在艰难中启动。

三　多边体制与全球经济治理的双重性

多边体制和世界贸易组织的产生既是经济全球化的历史产物，也是全球经济治理的客观需要。无疑，无论从宏观经济主体的国家还是从全球市场微观主体的跨国公司来看，发达资本主义国家在经济全球化中的主导性力量都是非常明显的。正是由于它们在国际分工中的主导性，使以跨国公司为载体的国际垄断资本的国际扩张达到空前规模。但伴随跨国公司之间的竞争加剧，其自身生产经营的有序性不断得到加强同时，整个国际垄断资本的生产日益处于无政府状态，表现为国际垄断资本之间的矛盾日益突出。以调整成员国之间货物贸易的GATT已不能胜任这种变化，WTO应国际垄断资本发展需要孕育而生，并适应当代国际分工的需要，不断将服务、投资、环境、知识产权等国际垄断资本发展出现的新问题纳入到WTO全球统一规则下，缓解国际垄断资本全球生产的无规则可寻状态，防止了对整个资本主义体系的侵害。因此，在WTO规则制定中，发达国家的垄断资本同样控制着WTO的发展和走向，按照市场经济的“游戏规则”，把触角不断扩大到世界经济活动的各个领域，制定反映国际垄断资本利益的规则，使WTO逐渐成为名副其实的调节跨国经营有序性与全球生产无政府状态的“世界政府”。其中，美国凭借其强大的经济实力，掌握着为经济全球化制定规则的最大话语权，它控制着世界银行，对国际货币基金组织也拥有很大的发言权，因而这些组织在规则的制定和修改上受到美国利益的左右，带有很大的政治色彩，不符合美国利益的规则是难以通过的。同样，世贸组织“有节制的自由贸易组织特征”[①] 也反映了发达国家的这种需求。正是由于发达国家制定WTO规则的主导权，使发达资本主义国家可以在“合理的”经济秩序下，加强对发展中国家的经济剥削和危机转嫁，从而进一步加深了发展中国家在经济全球化中的边缘化处境。

世界贸易组织对资本主义体系的重要性不言而喻。WTO组织制度的深化以及协调领域的拓展，是资本主义发展到国际垄断资本阶段的必然要求。从最初协调美日欧发达国家间的贸易冲突，到将众多发展中国家纳入到冲突协调体系；从最开始的贸易领域的协调，到投资、生产、服务领域协调一致，无不反映国际垄断资本向全球各经济领域扩张的需要。但这种协调必然受到国际垄断资本主义发展阶段主要矛盾的制约，如跨国公司经营有序性与全球生产无政府状态的矛盾，生产日益扩大与相对需求减少之间的矛盾，发达国家国际垄断资本之间的矛盾，以及发达国家国际垄断资本与发展中国家之间的矛盾等，都必将反映在WTO这一全球贸易的多边体制中，WTO所背负的历史使命将更加沉重。

世界贸易组织承载着以美国为首的垄断资本的利益需求，这是毋庸讳言的；但是它在特定的历史条件下又可能反映发展中成员的利益诉求，从而对垄断资本构成一定程度的约束，这就是事物的内在矛盾和双重性。多边体制和世界贸易组织所反映的全球经济治理体制也具有这种双重性。这种双重性是有经济全球化本身的双重性决定的。什么是经济全球化？联合国贸易和发展会议（UNCTAD）认为：“经济全球化是指生产者和投资者的行为日益国际化，世界经济由一个单一市场和生产区域组成，而不是由各国经济通过贸易和投资流动连接而成，区域或国家只是分支单位而已。”[②]国际

---

① 薛荣久：《世界贸易组织（WTO）确立与发展的基础》，《经济经纬》2004年第1期。

② UNCTAD，“*Informational Encounter on International Governance: Trade In a Globalization World Economy*”，Jakarta，Indonesia，1991，June.

货币基金组织（IMF）则指出："经济全球化是指跨国商品与服务贸易及国际资本流动规模和形式的增加，以及技术的广泛迅速传播使世界各国经济的相互依赖性增强。"① 显然，这些定义和表述都只反映了生产力的发展、生产力在世界范围扩展的一面，虽然是片面的，但并非不重要。

经济全球化表现出的双重性，一方面是生产力不断发展的结果，另一方面是资本主义生产关系全球扩展的产物。生产力变革决定着经济全球化的自然属性，而资本主义生产关系的扩展决定着经济全球化的社会属性。经济全球化的自然属性表现为，伴随着世界科学技术革命的兴起导致的生产力革命性变革，生产力变革引起国际分工深化、日益要求各种生产要素全球配置。因此，全球统一贸易、投资、金融市场成为生产力高度发展的必然要求，是不依人们主观意愿为转移的世界经济发展总趋势。经济全球化的社会属性表现为，资本主义生产方式的全球扩张是其发展的内在联系。换句话说，经济全球化的社会属性是由占统治和主导地位的生产关系决定的，是与资本主义对全球市场的争夺，以及资本主义生产方式在全球扩张相伴而生的。发展中国家参与经济全球化是历史发展的必然趋势，也是获得现代文明进步的必然途径，舍此难以得到生产力的发展和经济利益，参与经济全球化就不可能不与反映世界生产关系和上层建筑的世界规则、体制发生联系，不可能不受到全球经济治理的约束，这些规则需要全球共同遵守，这就为发展中成员利用规则、利用全球经济治理平台反映自己的诉求、争取自身发展的利益提供了现实的可能性，因此发展中成员，包括中国，都应当珍惜并利用既定的全球多边规则为本国的发展谋求合法利益，同时利用成员的身份伸张民主治理的诉求。

第二节　国际货币体系及国际金融治理改革的议题

一　美元金融市场仍然主导世界经济循环体系

1971 年美国宣布美元对黄金脱钩，美元不再兑换黄金，布雷顿森林体系瓦解。1976 年的"牙买加协议"，对布雷顿森林体系了进行"修补"，

① IMF，"IMF Survey"，Washington，D. C. 1996，1 July.

建立了国际浮动汇率制度，这是形成当代国际货币体系的基础，其核心思想是：汇率安排多样化，黄金非货币化，国际储备多元化，国际收支调节机制多样化。它取消了关键货币国家对国际货币体系承担的稳定责任，其中潜伏着制度缺陷和系统性风险。也使国际金融监管和国际储备资产管理难度加大，导致汇率波动加剧、金融危机频发等一系列问题。在此之后，除少数发达国家实行本币与美元的市场浮动汇率机制外，大多数发展中国家采取本币钉住美元政策，以美元为世界储备货币为中心的国际货币体系又重新复活。虽然美元同黄金脱钩和国际储备货币多元化使世界经济失衡的矛盾得到了一定的缓解，但国际货币体系的矛盾继续积累，1985 年美国迫使日本签订“广场协议”①，日元对美元大幅度升值。美元作为一国主权货币充当国际储备货币不仅天然导致世界经济失衡与危机，而且可能引发储备货币国的金融政策损害别国利益。这是国际货币体系无法消除的内在缺陷。

长期以来，美元作为国际支付手段和主要外汇储备工具，世界贸易额约 80% 以美元定价，全球外汇储备中美元占 64%、欧元占 27%、英镑占 5%、日元占 3%. 据美联储公布数据，2009 年奥巴马接任美国总统时，美国国债累计总额已达到 10.02 万亿美元，年支付利息 4511 亿美元，年利率 4.5%，但考虑到美国财政部持有外国债券约为 7 万亿美元，美国净国家债务总额不足 3 万亿美元，占 GDP 比重不到 25%。② 美国债务承受能力仍具备一定的伸展空间。世界形成了功能完备的美元金融市场，美元的霸权地位在短期内任何一种货币难以比肩。就拿经济规模超过美国的欧盟来说，欧元金融市场在一体化程度、规模、流动性和便利性等各方面都无法与美元金融市场相竞争。而出于安全和保值增值的考虑，亚洲顺差国因拥

---

① 1985 年 9 月，美国财政部长詹姆斯·贝克、日本财长竹下登、前联邦德国财长杰哈特·斯托登伯（Gerhard Stoltenberg）、法国财长皮埃尔·贝格伯（Pierre Beregovoy）、英国财长尼格尔·劳森（Nigel Lawson）五个发达工业国家财政部长及五国中央银行行长在纽约广场饭店（Plaza Hotel）举行会议，达成五国政府联合干预外汇市场，使美元对主要货币有秩序地下调，以解决美国巨额的贸易赤字。此后美元兑日元大幅度地下跌，日本经济陷入长期低迷。表面上“广场协议”解决美国因美元定值过高而导致的巨额贸易逆差问题，但实际上损害了当时美国最大债权国——日本的利益。不过日元升值可能有助于日本提升产业结构，扩张海外投资。

② 《如何看待美国国债突破 27 万亿美元，最终结局会是什么?》，https://www.zhihu.com/question/312115311。

有大量外汇储备更倾向于投资美国金融市场，这也为美国的金融市场和美元资产的实际价值提供了额外的信用保障而强化了美元金融市场地位，使外部世界不得不继续依赖美国的金融市场。

二 国际货币体系的内在矛盾与国际金融治理的缺陷

美国次贷危机爆发后，为拯救美国经济，美国政府实行了巨额救市计划，财政赤字和对外负债空前上升。美联储实行了低利率的宽松货币政策，向市场大量提供流动性，利用美元在国际货币体系中的这种霸权地位向全球转嫁救援金融危机的干预成本，导致美元长期大幅贬值和通胀预期，长期持有美元资产的国家外汇储备大幅缩水。长期来看，美国财政收支赤字扩大与美元贬值是总趋势。

美元大幅贬值，迫使人民币升值，是美国试图调整国际收支、弱化财政赤字严重后果的“以邻为壑”之举。通过美元贬值，降低外国人持有美元金融资产的实际价值以及吸引世界资本流入美国等办法来缓解美国的利益损失，让中国等大量持有美元金融资产的国家承担调整国际收支不平衡的成本。这是美国鼓吹世界经济再平衡的本质。

由一个国家控制的在全球流通和储备的主权货币，注定会出现主权货币国与流通储备国在经济利益上的矛盾。美国利用美元作为世界储备货币使其拥有向世界发行货币的特权，通过金融政策影响其他国家汇率和国际收支的能力，利用印钞权转嫁通货膨胀和经济危机，抹平调整国际收支失衡的损失。美元所主导的国际货币体系实际就是美国从其他国家转移财富的一种机制，这是世界经济失衡的总根源。

全球经济金融治理架构主要由国际货币基金组织（IMF）、世界银行和世界贸易组织（WTO）三个机构组成。IMF 缺乏反危机和对潜在国际金融危机进行预警的机制。IMF 除了向成员提供短期贷款之外，一项重要功能就是保障国际货币体系稳定，帮助成员平衡国际收支，促进国际金融政策合作。但是事实是，IMF 在给予陷入亚洲金融危机和 2008 年全球金融危机困境的许多国家财政融资中所提出的贷款条件没有起到反危机效果，相反却起了加重世界经济下行、促进危机加深的负面效果。IMF 没有建立起应对金融危机的预防、阻断和反制机制，面对危机手足无措，对于稳定成员国内金融和恢复经济的积极作用很有限。现行国际金融框架的主要缺陷和系统性风险在历次世界性金融危机中暴露无遗，改革势在必行。

而且，IMF 对主要储备货币发行国和世界金融中心缺乏有效的金融监管。由于金融全球化发展和放松金融管制，过去几十年中各国金融部门拆除了“防火墙”，增加了全球金融体系脆弱性，使得一个国家金融危机很快演变成为全球性的系统性金融危机，并且向实体部门快速蔓延。IMF 把监管目光过多关注新兴市场和发展中国家，对美国等主要储备货币国家金融部门监管失察，疏于对国际金融中心监管，尤其疏于对新金融工具的使用进行国际规制和监管，没有看到国际金融系统的脆弱性以及信任危机的传染效果。例如，美国金融市场上复杂的债券交易更加依赖评级机构，其道德风险和资质有可能得不到金融监管机构的监管，其谨慎性监管被大大忽略，金融市场存在严重缺陷。加之美国政府监管严重失职，致使金融衍生工具盲目发展，虚拟经济发展失控，投机无度。金融危机爆发的根本原因是金融过度虚拟化发展并和实体经济脱节，结果引发股市、期货和房地产等虚拟资产交易泡沫的最终破灭。

（一）国际货币基金组织的代表性和合法性问题

2008 年 11 月 15 日，美国前总统小布什在二十国集团金融市场和世界经济峰会结束后在华盛顿发表讲话。他表示，IMF 和世界银行很重要，但它们是建立在 1944 年经济秩序基础之上的，我们应该改革国际金融机构，目前应考虑扩大发展中国家在这两个机构中的投票权和代表性。1944 年布雷顿森林体制所设计创建的 IMF 和世界银行的治理结构虽然经过一些改进，但已经不符合当前国际经济发生的新变化。当前 IMF 投票结构和治理结构仍然体现的是 1944 年世界经济力量的分布，没有合理反映当今世界经济中发展中国家的重要性，没有增加发展中国家利益代表性。IMF 治理的一个方面体现在配额和投票比例中，其合法性和有效性取决于成员运用投票权的制度框架。IMF 每个成员的投票权和贷款权由它的注资份额决定。美国是 IMF 最大注资国，拥有否决权。美国、日本、德国、法国、英国是 IMF 份额和投票权最多的 5 个国家，总额高达 37.8%。据 2008 年 IMF 公布的成员份额与投票权数字显示（见表 5－1）美国占有 16.5% 投票权，日本占 5.9%，德国占 5.8%，法国、英国分别占 48% 投票权，中国投票权仅占 3.6%。直至目前，世界银行行长由美国人担任是惯例，而 IMF 总裁一职一直由欧洲人把持也是传统。在国际金融机构领导权问题上，美、欧高层一向相互支持。这样的全球经济治理结构已经缺乏代表性和合法性，与当前新的世界经济力量分布发生了偏差，结果在国际政策协调中缺乏具有广泛代表性的可信机制，限制了快速、有效地应对当前金融危机的成效。

表 5-1　　　　2008 年 IMF 成员份额及投票权比例单位

国别	美国	日本	德国	法国	英国	高收入石油国家	中国	意大利
投票权比例	165	59	58	48	48	43	3.6	3.1
国别	加拿大	俄罗斯	印度	澳大利亚及新西兰	韩国及新加坡	墨西哥	巴西	其余国家
投票权比例	28	26	1.9	1.8	1.7	1.4	1.4	37.7

资料来源：International Monetary Fund（2008），IMF Members'Quota sarid Voting Power and IMF Board of Governors，http：//www. imforg/external/np/sec/memclir/membershtim。

（二）国际金融机构缺乏可信性和可靠性

IMF 有限的资源难以满足潜在要求金融援助的巨大需求，在经济危机时刻维护世界经济稳定的能力受其有限的资源障碍。而且 IMF 还受到一些国际组织，如 G7 或 G8 的削弱。IMF 在处理当前危机中被边缘化。自 20 世纪 90 年代以来 IMF 资源下降导致其赤字运转。这也危及其在国际金融体系中发挥作用的能力。

世界银行功能发挥不足。尤其是在提供长期信贷，投资某些建设周期长、利润率偏低的开发项目，促进世界经济复苏和发展上做得很不够。而且，目前世界银行的发展援助总量规模少，政府开发援助占援助国 GDP 比重低，发展援助常常附带政治条件，带有一定的国别歧视。占官方开发援助较大比重的减债资金减少了实际援助资金流入，向发展中国家投入的资金、智力和制度设计都严重不足，导致发达国家与发展中落后国家之间发生严重的两极分化和世界经济的不平衡。

WTO 对世界经济复苏没有发挥建设性作用。WTO 在世界性金融危机中对于其成员各种形式的贸易保护主义兴起没有起到有效的约束作用，没有保障贸易投资有序开展，对世界经济复苏没有发挥建设性作用。一些欧美国家在救市计划中体现出贸易保护主义做法，一些刺激经济复苏政策实际带有违反WTO原则的色彩，WTO没有提出主动解决问题的办法。危机期间需要国际协商一致的政策行动，避免全球金融危机陷入20世纪30年代那场大衰退。那场大衰退由于“以邻为壑”的政策、全球经济解体和保护主义复活而加重。正是由于缺乏国际政策协调的有效机制，一旦全球经济深陷危机就难以尽快摆脱，充分暴露了全球经济治理结构存在的严重缺陷和旧的国际经济秩序的危机根源，全球经济治理陷入了国际货币体系无序、国际金融机构无能、多边贸易体系无助和世界宏观政策协调无效的尴尬境地。

三　国际金融治理改革议题与发展趋势

国际经济金融治理改革应当提到议事日程上来。IMF和世界银行自身已经认识到改革的必要性，已经采取了一些行动以适应新形势、新变化和新要求。IMF启动了加速贷款机制的危机紧急程序。2008年10月中旬IMF对匈牙利、冰岛、巴基斯坦和乌克兰等请求金融援助的国家贷款条件减少，并比以前更加具有针对性。IMF有2000多亿美元资金可用来贷款，如果需要还可以向其成员融资。西方七国在2009年4月二十国集团领导人的伦敦金融峰会上同意为IMF增资，将这一组织的资金规模由2500亿美元增加到7500亿美元，其中美国最多增资1000亿美元。

世界银行展开了自身改革，增加撒哈拉非洲执行董事席位，提高其基础投票权。2008年5月世界银行宣布启用12亿美元基金来帮助摆脱全球食品危机。2009年4月25日世界银行行长佐利克发起发展中国家基础设施建设投资计划，世界银行所属的基础设施恢复与资产平台和国际金融公司所成立的基础设施危机机构在未来3年将拨款550亿美元帮助发展中国家建设基础设施，提供就业机会并为未来的经济发展和减少贫困奠定基础。

2009年4月26日，世界银行和IMF联合发展委员会会议在美国华盛顿举行，会议主要讨论在全球面临金融危机和经济衰退的背景下如何进一步促进世界经济与社会的发展等问题。世界银行和IMF不仅需要主动进行小修小补的改革也需要借助外部力量推动其进行深层次改革。金融危机扩大了全球经济治理和国际金融架构改革的一致性。国际社会需要共同协商探讨国际金融机构改革的方向。全球金融危机已经把中国推到了世界经济的前台。中国积极主动地参与到 IMF 和世界银行等国际经济组织的改革之中既是责任也是利益所在，并在这些国际经济组织改革过程中争取国家的最大利益。探索切实可行的国际金融机构改革路径是一项具有重大意义的理论研究。

（一）强化 IMF 的功能，让其监控国际储备货币的发行和保持国际汇率相对稳定是改革的首要任务

由于短期内国际储备货币体系发生根本改变的可能性很小，全球经济失衡的根源没有消除，因而，全球再次发生大规模金融危机的可能性很大。IMF 要建立国际协调一致的强势反危机机制，达到对主要国际储备货币发行国家金融部门进行规制与监管的改革目标，避免再次发生全球性金融危机，确保国际金融安全。IMF 要建立快速有效的金融救援机制，优先向最不发达国家提供融资支持。国际社会要赋予 IMF 协调、监督国际储备货币国家金融政策的职责，对于这些国家可能引起的高金融风险与汇率动荡的政策加以预警和监督，并提出政策修正建议。

（二）重组 IMF 和世界银行内部治理的权力架构使其适应当前世界经济结构的变化是一项紧迫的任务

过去国际金融机构曾经进行过缓慢的“微小调整”已经不足以反映 21 世纪世界经济的新变化。与时俱进地改革国际金融体系，提高其关联性、代表性、合法性和可信性，可以增强其履行职能的有效性。实现发展中国家和转轨国家与发达国家拥有合理的投票权安排是国际金融体系发言权和代表性改革的核心目标。国际金融体系改革不能再依赖某个国家的力量，而是要共同参与，共同制定新的全球金融体系架构。发达国家需要表现出改革诚意，大幅度提高发展中国家和转轨国家在 IMF 和世界银行决策过程中的地位，加快国际金融机构发言权和代表性改革进程，提高发展中国家代表性和发言权，避免国际金融组织变成某个国家或者某个国家集团掌控的“家族机构”。

2009 年 9 月 24 日 G20 美国匹兹堡领导人金融峰会《领导人声明》中，领导人承诺将新兴市场和发展中国家在 IMF 的份额提高到至少 5% 以

上，决定发展中国家和转型经济体在世界银行将至少增加3%的投票权。这是一个积极的信号。国际金融机构要完善现行决策程序和机制，推动各方更加广泛有效参与，推进国际金融监管体系改革。加强金融监管合作，扩大金融监管覆盖面，尽快制定普遍接受的金融监管标准。领导人遴选程序要能够真正适应时代要求，体现现代治理理念，遵循公开、竞争、择优的原则，使机构治理结构真正发挥效率。国际金融机构领导人必须要在全球范围内遴选，赋予其相应的、明确的权责，实行问责制，对于决策失误和不作为的失职需要明确责任追究，并且对于造成的损失按照出资份额比例进行补偿。

（三）加强IMF、世界银行反危机能力和干预协调世界经济能力

在重新调整注资份额基础上，增加IMF、世界银行的资本实力，积极拓宽融资渠道，从而增强其反危机能力和干预、协调世界经济能力，使其发挥积极有效的作用。目前这一任务已经基本落实，资金实力从2500亿美元增资到7500亿美元。担忧给予IMF扩张权力会对未来世界经济以及对受其影响的中低收入国家造成不利影响的疑虑没有很充分的根据。这是因为，现实中现有国际金融机构应对金融危机的能力非常有限，不仅不应削弱其履行职能的资金能力，而且需要进一步增强其资金实力，使其能有效协助成员面对挑战；但同时要限制其职能范围和行为，必须限制国际金融机构对其成员内政的干预，约束贷款条件与内政之间的联系。IMF要发挥积极、有效的最后贷款人（a lender of last resort）角色。世界银行要增加发展资源，坚持发展和减贫使命，增强减贫和发展职能，加大对发展中国家区域合作和南南合作的支持力度，为世界经济复苏稳定做出应有贡献。

（四）国际金融治理的未来趋势

首先，超主权货币作为国际储备货币不具有现实可行性。超主权货币的信用如何维持？没有信用基础的货币是不可能成为价值媒介的。另外，如果按照某种建议，将全部经济体货币纳入计值范围，那么以SDR作为超主权货币的现实选择存在的最大问题是汇率平价如何确定。另外，超主权货币技术经济也不具有可行性。当前国际贸易中，各种价格形成机制所依赖的交易工具、软件等信息手段均是以美元作为结算货币开发的，引入超主权货币所引发的转换成本必然引起商品市场混乱。并且，历史上SDR的

创设和分配一直受到以美国为首的发达国家的反对、阻挠和抵制。目前全球经济由少数发达国家主宰，在这种格局下创建一种超主权的、与各国的经济实力相脱离的国际储备货币，替代发达国家主权货币体系构成的国际货币体系既不现实，也不可能。因此，目前并没有解决全球货币体系一劳永逸的方法，

其次，现实的路径，也是长远的趋势是尊重和维护金融货币生态多样性。一方面是增强欧元、日元、英镑等传统国际货币的储备功能；另一方面是不断在国际储备货币中添加竞争性货币，即人民币、卢布、巴西里尔以及未来可能产生的东盟货币等。由于货币信用及价值与货币发行国经济规模、增长潜力、政府信用、金融市场等因素密切相关，因此预计在未来几十年，欧元、日元、人民币、卢布、东盟货币等有可能成为全球有一定分量的储备货币，并且随着全球经济格局的变动，美元在全球储备货币中的比重将会下降，而其他货币比重将会上升。因此，对于目前仍无法改变的国际金融货币体系格局仅能够采取适当调整的方式来约束美元霸权。推动国际社会设计一种国际协调机制，保持储备货币币值稳定。加强对主要储备货币发行国金融风险必要的监督，对财政赤字和货币政策制定必要的约束机制，促其币值稳定，确保新的金融危机不再出现。

最后，目前国际货币体系“一强多元”的格局暂时不会改变，在多种储备货币并行体系下，国际社会要建立新的协调平台，明确制定储备货币发行国家的责、权、利等制度体系，非储备货币国家对储备国货币发行国家的货币金融政策要拥有监督、约束权力。长远的目标是要创建一个全球流通，但又不能受制于单一国家或地区的“世界货币”，但也不能超脱主权国家，而是在各主权国家货币流通基础上建立一种协调一致的新世界货币。但并不是哪国货币强势，就选择哪国货币作为世界货币。这种新的世界货币必须不受任何单一国家控制，而是各参与方充分发挥民主，协商一致，体现各方利益和意志的新制度产物。因此，新的世界货币不是短期内能够协商达成的，而要通过各区域内逐步形成的各种国际货币这个中间环节最终协商创建出来。欧元成功创建的经验对于新的世界货币诞生具有启示意义。欧元是在区域货币同盟基础上形成的新国际货币，与美元是一国主权货币不同，它是建立在各主权国家经济基础之上的协商一致的国际货币。

无论主权货币还是区域货币，作为国际主要储备货币，主要储备货币发行国都要平衡和兼顾货币政策对国内经济和国际经济的影响，确保国际金融市场稳定。主权储备货币国家或者区域组织的货币政策不能只考虑货币政策变化对本国或本区域经济影响，不能以储备货币谋取一个国家私利，还应平衡考虑对其他国家经济的影响。这是作为国际主要储备货币国家或者区域组织的责任。为了保持全球经济稳定、平衡增长，国际社会要对主要货币储备国的货币政策进行评估，要加强包括货币政策在内的宏观经济政策协调，特别是要加强主要经济体之间货币政策的协调。

第三节　区域经济一体化与二十国集团协调机制

20 世纪 70 年代世界性的区域经济一体化组织还仅有 28 个，到 80 年代增加到 32 个，90 年代中期超过 40 个，进入 21 世纪后，全世界区域经济一体化组织已超过 100 个，可以看出区域经济组织中的 60% 是 90 年代中期以后建立的。并且 20 世纪 90 年代以来，各区域一体化组织积极酝酿进行跨洲扩大成员国范围。在欧洲，随着欧盟一体化程度不断深化，其成员国也在不断扩大，并计划进一步东扩，分步骤把几乎所有中东欧、南亚国家都吸纳进去；在美洲，美国也酝酿和筹划在北美自由贸易区的基础上建立泛美洲自由贸易区；在亚洲，随着亚太经合组织于 1994 年茂物会议上以自愿承诺为原则，宣布不迟于 2020 年前实现区域内贸易自由化的目标，这个涵盖了亚洲、北美洲、拉美和大洋洲等 21 个成员国的一体化组织，成为一个真正意义上跨洲的区域经济一体化组织。

一　区域经济一体化的主要特征

（一）区域经济一体化组织成员的同质性减弱，不同层次结构性增强

通常认为，社会经济制度和政治制度同一、经济发展水平相近、地理位置相邻和具有共同历史文化背景被认为是建立区域经济一体化组织的基本条件。因此，发达国家间的区域经济一体化组织以及发展中国家间的区域经济一体化组织被认为是区域经济一体化组织的常态。而进入 20 世纪 90 年代以来，现实情况发生了变化，不同发展水平的国家、甚至发展水平

差距很大的国家组成区域经济一体化组织。如北美自由贸易区的建立及运行一个例证。又如东盟接纳了经济发展水平差距较大的越南、缅甸和柬埔寨等国扩大到 10 国。现实情况表明，随着国际形势的发展和变化，区域经济一体化组织在体制和机制上有了新的重大开拓和突破。不仅出现了区域一体化成员在不同层次上的合作，还出现了互相交叉现象，有的国家既参加某一大区域组织，又成为其中某一个或某几个次级区域组织的成员。

（二）区域经济一体化组织的开放性趋势日益加强

随着区域经济一体化组织形式多样化的发展，区域组织对成员国的开放性特点日趋明显。这表现在两个方面：一是越来越多的区域经济组织都强调开放性与合作的多样性，认为区域经济一体化组织与多边贸易体系决非对立的和相互排斥的。APEC 把坚持对外开放作为其组织的宗旨和原则之一，强调“亚太经合组织成员强烈反对成立一个同全球贸易自由化目标相偏离的内向型贸易集团”。二是区域经济一体化组织之间开展对话和加强联合的趋势。例如，20 世纪 90 年代产生的“亚欧会议”、欧盟与南方共同市场和欧盟与拉美 48 国首脑会议等一系列洲际性区域组织之间对话和合作。

（三）发展中国家在区域经济一体化发展进程中的作用逐渐突出

20 纪 90 年代以来，南南合作型区域经济一体化组织的增多以及南北混合型区域经济一体化组织的出现，表明发展中国家在国际经济合作中和推进区域经济一体化方面的地位与作用大大提高与增强。中国、东盟等发展中国家在推动和加强亚太经合组织方面的作用日益凸显。东盟倡议和成功组织了曼谷召开的首届亚欧会议并使亚欧会议制度化；美欧日益重视拉美区域经济一体化的发展；等等，所有这一切都是发展中国家在推进区域经济一体化和国际经济合作方面，地位不断提高及发言权逐步增强的表现。

（四）贸易投资自由化是区域经济一体化的基本推进目标

区域经济一体化通过降低内部关税、削减非关税措施，鼓励投资等措施，努力消除成员国之间的贸易障碍，消除生产要素流动的障碍，使成员国之间的对外贸易，特别是区域内部的贸易得以迅速增长。例如，东盟自由贸易区成立后，各国区内贸易有了较大比重的增加，其中印尼、菲律宾和泰国的区内贸易比重有较大幅度的提高，年均增长率分别达 6.67%、

7.92%、4.73%，说明自由贸易区的建设使区域内原先保护程度比较高的国家加强了同区域内其他国家的贸易联系。[①] 北美自由贸易区自建立以来，区内成员国之间的贸易由1993年的2970亿美元发展到2000年的6760亿美元，增长了128%。自1994年起，北美自由贸易区内投资活跃，截至1999年底，该区域的外国直接投资数额达到1.3万亿美元，占世界对外直接投资总量的28%。[②] 而作为世界最大的一体化组织，欧盟在内部市场和外部市场的贸易额总计约占世界的40%，而对外贸易占世界20%。

二 区域经济一体化的后果

（一）在一定程度上改善了国际贸易格局，减少了贸易摩擦

相对于区外的国家和经济体，区内成员国之间的国际分工和专业化水平的不断提高，有利于企业实现规模经济，发展产业内贸易。因而，发达国家之间某种区域性安排，使发达国家可以运用彼此的优势开展产业内分工，减少出口产品结构的相似性，降低摩擦的概率。南北型国家之间的某种区域安排，则以产业间分工为主导，一方面避免了二者之间的结构相似可能带来的竞争，另一方面发展中国家也逐步通过参与产业内分工提升自身的产业结构。南南型国家之间的某种区域安排，则因跨国公司的在区域内的普遍存在，使得成员国彼此之间的区内贸易表现出更多产业内分工的特征，尤其是中间产品的分工。因而，区域内贸易的发展不断使出口商品结构优化、差异化，并一定限度避免了区内成员国之间产生的贸易摩擦。

（二）区域自由贸易安排与全球多边体制有一定矛盾

WTO依据最惠国待遇原则，通过多边谈判，逐步削减关税和取消非关税壁垒，在全球范围内实现自由贸易。按照GATT第一条规定："一缔约国对来自或运往其他国家的产品所给予的利益、优待、特权或豁免，应立即无条件地给予来自或运往所有缔约国的相同产品"，即个别成员国之间相互给予的优惠必须同等地给予所有的成员国。这显然与各种区域经济一体化组织成立的宗旨不一致。因此，区域经济一体化组织对无条件最惠国

---

① 陈雯：《东盟自由贸易区区内贸易的产业内贸易研究》，《世界经济研究》2003年第1期。

② 参见冯雷等《经济全球化与中国贸易政策》，经济管理出版社2004年版。

待遇原则有一定的排斥性。随着各种区域经济一体化组织的涌现和发展，多边贸易体制受到了挑战。

（三）区域经济一体化改变了大国竞争方式

区域经济一体化一般都有一个或若干发达经济体领头，区域一体化组织的竞争实际上是大国竞争的新形式。20 世纪 70 年代以前，美国经济地位处于主导地位，随着欧共体的发展，美国经济在世界经济地位下降，西欧、日本主要国家经济实力则稳步上升。统计显示，1965—1980 年，美国的 GDP 年均增长率 2.7%，日本为 6.6%，德国为 3.3%，法国为 3.8%，英国为 2.9%，意大利为 4.3%。1993 年北美贸易自由区建立后，美国又重新走在了其他西方大国的前面，仅 1997 年，在对主要大国的 GDP 实际增长率对比中，美国为 3.7%，日本为 1.1%，德国为 2.3%，法国为 2.2%。区域经济的增强，在一定程度上加剧了各地区间的竞争。区域经济一体化组织的形成既促进了区内跨国公司的扩张，也促进了区外跨国公司的对内扩张，而不同区域内跨国公司的相互扩张又促进区域经济一体化组织在疆界上的扩大。而区域跨国公司拥有本区市场的同时，会进一步加大对其他区域的投资，并努力发展成为全球性跨国公司，跨国公司的全球兼并浪潮反映了这一趋势。跨国公司在不同区域经济一体化组织之间的相互投资形成一条条联系区域间经济的纽带，这种纽带将会再次发挥跨国公司微观一体化对宏观一体化的促进作用，而使区域经济一体化组织向洲际化发展。欧盟—地中海经济圈、大西洋共同体、环印度洋自由贸易区等就是在跨国公司全球扩张的基础上对洲际联合和一体化的新构想。这些由区域经济一体化导致的全球性扩张，事实上也反映了世界大国在全球竞争中的意图和全球化的趋势。

三　区域经济一体化促进了世界经济多极化

（一）亚太地区的区域经济一体化为世界经济中心东移提供了现实基础

2008 年亚洲发展中国家和新兴工业化经济体的经济规模分别为 72387.3 亿美元、17370.6 亿美元，分别占世界经济总量的比重为 11.9%、2.9%。2008 年亚洲发展中国家经济占世界 11.9% 的比重中，中国经济占了 7.3%。2008 年亚洲发展中国家在世界经济总量中比重得到进一步提高，比 2000 年提高了 4.7 个百分点。而新兴工业化经济体在世界经济总量中比重略微下降，比 2000 年下降 0.6 个百分点。按照 IMF 的预测，2009 年亚洲发展中国家在世界经济总量中比重进一步提高到 13.8%；新兴工业化经济体在世界经济总量中比重进一步下降到 2.6%。除日本外，亚洲国家经济在世界经济中的份额由 1980 年的 7.8% 上升到 2008 年的 14.8% 和 2009 年的 16.4%。[①] 可以看出，亚洲国家在世界经济中的地位日益提高，而且正在加快发展。如果算上日本，亚洲经济规模已经占到世界经济总量的 1/4。亚洲经济体的实力与日俱增，规模日益接近欧盟，而且亚洲经济呈现快速上升势头，不久会超过欧盟。中国、日本、印度、韩国和东盟是推动世界经济重心移向亚洲的核心力量。亚洲将日益成为国际经济贸易的活跃地区。特别是中国、日本、韩国与东盟形成的 10 +3 的区域经济合作，以及日益加强贸易投资自由化的区域安排，必然使其成为世界经济多极化中的重要一极，在世界经济发展趋势中具有越来越重要的地位，反映自身利益的呼声也将越来越高。

在亚太区域经济中，中国经济的崛起是最引人注目的。2008 年底中国工业品产量居世界第 1 位的产品已有 210 余种。中国成为全球最大生产基地。彩电、手机、计算机等电子信息产品产量居全球首位，自行车、缝纫机、电池、啤酒等 100 多种轻工产品的产量居世界第一，家电、皮革、家具、羽绒制品、陶瓷、自行车等产品占国际市场份额 50% 以上。纺织工业是中国最具国际竞争力的优势产业之一。中国日益成为名副其实的“世界工厂”和工业及制造业中心。

中国制造业已经占据世界重要地位，并且呈现快速提高的势头。2000 年中国制造业增加值占世界的份额为 6.66%，到 2005 年这个份额提高到了 9.78%，2007 年进一步提高到了 11.24%，2007 年份额比 2000 年提高了 4.58 个百分点（见表 5 -2）。2000 年中国工业制成品出口占世界的份额为 4.47%，到 2005 年占世界份额上升到 8.73%。中国制成品出口占世界份额每年以超过 0.8 个百分点的速度增长。由此可见世界工业生产结构日益向中国集中。

---

① 数据来自于国际货币基金组织 2009 年 4 月发布的世界经济展望数据库（IMF World Economic Outlook Database, April 2009），http://www.imf.org/cxtcrnal/pubs/ft/wco/2009/0i/wcodata/indcx.aspx。

表 5－2　　中国制造业增加值和制成品出口占世界的份额　　单位：%

类别	年份	世界
制造业增加值份额（以 2000 年美元为基数）	2000	6.66
	2005	9.78
	2007	11.24
制成品出口份额	2000	4.47
	2005	8.73

资料来源：联合国工业发展组织统计。

2000 年中国占世界经济总量的比重上升到 3.7%。2008 年中国 GDP 规模达到 44016.1 亿美元，比 2000 年增长了 2.67 倍。2008 年中国占世界经济总量的比重上升到 7.3%，比 2000 年在世界经济中比重提高了 3.6 个百分点。2008 年中国经济规模超过了英国、德国，仅次于美国和日本，居世界第三位。2008 年亚洲发展中国家和新兴工业化经济体的经济规模分别为 72387.3 亿美元、17370.6 亿美元，分别占世界经济总量的比重为 11.9%、2.9%。2008 年亚洲发展中国家经济占世界 11.9% 的比重中，中国经济占了 7.3%。

（二）欧洲经济联盟成为与美国经济争霸的力量

1980 年欧盟 27 国经济总规模达到 37348.9 亿美元，占世界经济的比重达到 31.7%（见表 5－3）。1990 年欧盟经济规模扩大到 71327.5 亿美元，占世界 GDP 总额的比重略为下降到 31.2%。2000 年美国 GDP 占世界 GDP 总量的比重重新冲高到 30.7% 的水平。但当年欧盟 27 国经济总量增加到 85043.9 亿美元，比 1990 年仅增长了 19.2%，在世界经济总量中的份额下降到 26.6%。2008 年欧盟 27 国 GDP 累计达到 183941.2 亿美元，占世界经济总量的比重达到 30.3%。2008 年美国经济规模只达到 142646 亿美元，占世界经济总量 606898.1 亿美元的比重下降为 23.5%。2008 年欧盟重新成为世界第一大经济联合体。

表 5－3　　若干年份世界区域国家集团 GDP 变动趋势　　单位：10 亿美元

国家集团	1980 年	1990 年	2000 年	2008 年	2009 年
世界总计	11769.93	22823.02	31941.92	60689.81	54863.55
发达经济体	8200.35	17682.99	25531.74	42099.54	38033.07
欧元区 16 国	n.a.	n.a.	6264.41	13633.36	11680.35
主要发达经济（G7）	6638.43	14366.35	21031.00	32220.55	29779.29
亚洲新兴工业化经济体	149.322	553.563	1116.91	1737.06	1443.67
除 G7 和欧元区之外其他发达经济体	781.804	1748.56	2574.15	5088.93	4119.50
欧盟 27 国	3734.89	7132.75	8504.39	18394.12	15342.91
崛起和发展中经济体	3569.58	5140.03	6410.18	18590.27	16830.48
非洲 48 国	352.157	394.155	444.838	1277.90	1123.52
中东欧 12 国	307.821	463.76	589.089	1859.58	1463.16
独联体和蒙古	905.004	1580.21	353.359	2189.84	1559.96
亚洲发展中 23 国	765.346	1111.48	2315.04	7238.73	7577.53
东盟 5 国	212.963	306.022	489.124	1265.64	1195.09
中东	419.843	433.532	630.832	1813.96	1584.75
西半球 32 国	819.409	1156.89	2077.02	4210.26	3521.57

资料来源：IMF 统计。

注：2009 年数字为 IMF 预测数。亚洲新兴工业化经济体指中国香港特别行政区、中国台湾省、韩国、新加坡。东盟 5 国指印度尼西亚、马来西亚、菲律宾、泰国、越南。崛起和发展中经济体指包括中国在内的 140 个国家。发展中亚洲指除日本和亚洲新兴工业化国家之外亚洲国家。

（三）世界经济格局由一超独霸向“一超多强”及多极化转变

“金砖四国”的发展进一步改变了世界经济结构和全球利益格局。2008 年世界各国国内生产总值 GDP 前 20 位排名，发达国家 11 个，新兴经济体占 9 个，分别是中国、俄罗斯、巴西、墨西哥、印度、韩国、土耳其、波兰、沙特阿拉伯。其中俄罗斯、巴西、沙特阿拉伯经济快速增长得益于近年来能源资源价格高涨。墨西哥、印度、韩国、土耳其、波兰经济增长更多受益于美国以及欧盟的好处。在世界经济 50 强中，发达经济体占 22 个，发展中经济体（包括中国台湾和香港）占了 28 个，发展中经济体数量超过一半以上。发展中国家崛起分享了世界经济发展带来的利益，而且中国、印度等一些新兴经济国家经济成长迅速，与发达国家经济联系日益紧密，改变了全球利益格局，提升了话语权和利益分享权。

四　全球利益格局多极化及协调机制平台的改变

1997 年的亚洲金融危机发生后，使国际社会认识到，需要加强与发展中国家特别是亚太国家在在经济金融政策上的协调，于 1999 年 9 月 25 日成立了二十国集团（G20），成员包括：G8 成员国美国、日本、德国、法国、英国、意大利、加拿大、俄罗斯以及中国、阿根廷、澳大利亚、巴西、印度、印度尼西亚、墨西哥、沙特阿拉伯、南非、韩国、土耳其和作为一个实体的欧盟。G20 成员国人口占全世界三分之二，GDP 总值占全世界近 90%；贸易占全球的 80%。G20 机制是为应对 1997 年亚洲金融危机而成立的。在 2008 年再次发生国际金融危机的近 10 年间，世界经济大致平稳，二十国集团的协调机制多多少少有一些作用。

亚洲金融危机使 G8 首脑俱乐部扩张成 G20，体现出全球利益格局的多极化趋势。第二次世界大战后美国主导确立的布雷顿森林体系，包括国际货币基金组织和世界银行等一直是世界经济和金融领域的重要调节机制，后来，由主要发达国家组成的西方七国集团（G7）对协调世界经济起着重要的补充作用。随着俄罗斯和一些主要发展中大国崛起，G7 在吸纳俄罗斯成立 G8 基础上形成了 G8 +5 的发达国家与发展中大国沟通对话机制。如果没有中国和印度这些新兴势力的参与，G8 已经越来越无力应对全球性问题。G20 比 G8 更具有广泛代表性，更能反映世界大国经济力量的现实，能够比较平衡地反映各方观点，已经成为全球经济治理的重要平台之一。为应对 2008 年全球金融危机，到 2009 年 11 月为止召开了三次 G20 峰会。匹兹堡 G20 峰会《领导人声明》指定 G20 成为“国际经济合作的主要平台”；继续实施经济刺激计划，支持经济活动，直到经济复苏得到明显巩固。在这次全球金融危机处理中，G20 进一步显示出超过 G8 的广泛代表性和解决危机的协调作用。

但是，2008 年国际金融危机后的世界经济面临更多的挑战，全球经济的协调内容，除了原来的经济金融政策、资源、市场等问题外，新的更突出的问题是与气候变化密切联系的人类发展环境问题，这是二十国集团磋商协调机制新的聚焦点。

（一）未来低碳经济技术开发与应用对全球经济利益格局将产生重大影响

与低碳经济有关的新能源、新环保技术已经成为欧美摆脱经济困境的主要途径，也成为未来欧美经济争霸和欧元、美元争雄的重要手段。西方发达国家为了摆脱金融危机造成的经济困境寻找发展新能源、新环保技术作为重要的突破口。欧盟早已投入大量资金开发与利用新能源、新环保技术，在一些相关技术领域已经处于世界领先地位，在全球大力推进减少碳排放的谈判，以减少欧洲沿海低地国家领土被海洋淹没的损失。碳减排规则制定实际上就是一种以技术规则形式出现的技术性贸易壁垒制定。一旦全球达成碳减排协议，必将改变全球贸易和经济格局。在现有能源标准下，美国国内制造业日益衰弱。在当前世界各国劳动力成本和高碳能源消费成本严重差异的格局中，美国为了挽救制造业将在自由贸易大旗下推行低碳技术标准的贸易保护主义，碳关税手段将成为新形式的贸易保护武器打击劳动力成本低、高碳成本高的发展中国家。美国奥巴马政府在金融危机困扰下试图把新能源作为振兴美国经济的增长点，促进美国经济转型，实现从消费型经济向“再实体化”经济转变，减少每年数以万亿美元的能源和消费品进口，把美国内需转变为拉动低碳经济的动力。美国通过碳关税限制中国等新兴经济体对美出口，同时又使美国实体经济重获新生，这将重新调整世界经济利益格局。世界各国在低碳经济有关的新能源技术、新环保技术发展进程中所处地位以及经济发展在向低碳经济方式转变的程度将决定在新世界经济格局中所处的地位。

（二）低碳经济技术博弈事关各国之间巨大的经济利益格局和国际经济地位的变化

欧美国家通过开发低碳经济技术和将实体经济转变为低碳经济，可以达到5项目标：第一，摆脱对石油、天然气、煤炭等化石能源的严重依赖局面；第二，削弱俄罗斯、中东、中亚、非洲、拉美等石化能源输出国家发展能力；第三，打压中国、印度、巴西等发展中国家高碳经济的发展；第四，利用其领先的新能源技术、新环保技术作为技术标准的贸易壁垒，以碳关税为技术性贸易保护手段，重振开始衰退的实体经济，保持经济强劲增长和国际竞争力；第五，夺得引领世界经济的话语权。中国能否在这轮新能源、新环保技术所推动的低碳经济和循环经济竞赛中占据技术开发与产业应用先机，事关中国经济在这轮竞赛中的输赢，事关中国经济与主要发达国家经济规模之间的差距是拉大还是缩小，事关中国能否真正崛起为技术强国和经济强国。中国必须抓住这轮新能源、新环保技术和产业革命的战略机遇，为中国崛起奠定坚实的经济技术基础。

第四节　西方主流国际经济学理论评介

当代西方主流国际经济学理论是一个综合性的体系，有从微观层面反映古典经济学的贸易理论、新古典经济学的要素禀赋理论以及后来的继承者产业内贸易理论、规模经济和不完全竞争理论以及国际直接投资理论和跨国公司理论等；有宏观层面反映新古典经济学的世界市场均衡理论、汇率理论、国际收支理论等；有把反映把各种经济学流派（包括新凯恩斯经济学和新自由主义）加以综合的理论内容，如贸易政策、关税同盟、区域经济一体化、经济全球化和国际经济政策协调等。从 1776 年亚当·斯密发表《国民财富的性质和原因的研究》（简称《国富论》）之后 200 多年时间里，西方经济学理论演化为庞大的体系，国际经济学是其中重要的分支。

一　国际经济学的微观理论

（一）古典贸易理论

贸易为什么会发生？这始终是贯穿国际经济学的主线。这个命题还包括哪些商品应当进口和出口，国际商品交换比率是如何确定的，贸易的利益是什么，它是如何衡量和分配的。马克思称大卫·李嘉图（David Ricardo）是古典经济学“最后的伟大代表”和“完成者”，同时也指出了他的理论局限性和错误。首先，李嘉图的比较成本说，充当了 19 世纪上半叶工业资产阶级争取自由贸易的理论武器。1815 年英国的《谷物法》是维护封建地主阶级利益的贸易保护措施，也是英国工厂主自由走向世界市场的障碍。1817 年在伦敦李嘉图出版了他的代表作《政治经济学及赋税原理》（简称《原理》）。英国贵族地主阶级要求制订《谷物法》的依据是，既然英国像俄国、波兰一样能生产价廉物美的谷物，为什么还要从那里进口呢？李嘉图的回答是，即使英国能够生产更为廉价的谷物，仍然应当进口谷物，因为英国在制造业上所占的优势较之在农业上的优势更为巨大。他写道："一个在机器和技术方面占有极大优势，因而能够用远少于邻国的劳动制造商品的国家，即使土地较为肥沃，种植谷物所需的劳动也比输出国（指邻国——引者注）更少，也仍然可以输出这些商品以输入本国消费所需的一部分谷物。"① 1846年英国议会通过废除《谷物法》，马克思热烈赞扬说："英国谷物法的废除是19世纪自由贸易所取得的最伟大的胜利"，并充分肯定"英国自由贸易的传道者，本世纪最杰出的经济学家李嘉图"的贡献。同时，马克思也尖锐地指出，"在现代的社会条件下，到底什么是自由贸易呢？这就是资本的自由。"② 这是马克思对李嘉图理论的"一分为二"的评价。

李嘉图比较成本说的合理成分主要在于它是建立在劳动价值论基础上的，并从而推导出由两国劳动生产率的差异而产生的比较利益，论证两国通过分工实现这种比较利益即节约社会劳动的可能性。但李嘉图与所有资产阶级经济学家都犯有的通病是：第一，他把国际分工看作是不受社会生产方式制约的，自然的，永恒的范畴。他说，"如果……使各国都生产与其位置、气候和其他自然或人为的便利条件相适应的商品，并以之与其他国家的商品相交换，便能使我们的享受得到增进"。③ 这与马克思历史唯物主义的观点是相悖的。马克思历史唯物主义认为，国际分工并不是仅仅简单地由李嘉图所说的成本差异所决定，在资本主义制度下，资本主义国际分工的格局，即生产力在国际范围的配置，是由资本主义经济规律，即资本收益最大化规律决定的，国际分工是受生产方式制约的历史范畴。第二，比较成本说宣扬自由贸易会导致建立一个各国都普遍受惠的国际分工体系。他说："在商业完全自由的制度下，各国都必然把它的资本和劳动用在最有利于本国的用途上。……并以利害关系和互相交往的共同纽带把

---

① ［英］李嘉图：《政治经济学及赋税原理》，王亚南、郭大力译，商务印书馆1972年版，第114页。

② 《马克思恩格斯选集》第1卷，人民出版社1972年版，第195页。

③ ［英］李嘉图：《政治经济学及赋税原理》，王亚南、郭大力译，商务印书馆1972年版，第113页。

文明世界各民族结合成一个统一的社会。”[①] 李嘉图对资本主义国际分工的美化，直至今日都成为资产阶级维护旧的国际经济秩序的理论依据。最典型的例子是，后来的新古典经济学家俄林（Bertil G. Ohlin，1899 – 1979）和新自由主义经济学家萨谬尔森（Paul A. Samuelson，1915 – 2009）都用一般均衡理论论证了自由贸易的合理性。

（二）新古典贸易理论

在西方国际贸易理论上占有重要里程碑地位的另一学说是赫克歇尔—俄林的要素禀赋理论，即 H-O 理论。从方法论上看，他们都运用一般均衡分析方法来建立理论架构，彻底割断了劳动成本与国际贸易理论的联系，成为资产阶级经济学的新潮流，由于他们也推崇自由贸易，因此被称为新古典经济学。什么是一般均衡？在西方经济学中，这既是一种理论观念，也是一种分析方法。19 世纪后半叶，由于力学、数学和生物学的发展，自然科学中的“对称”“均衡”概念也被移植到经济学中来，资产阶级学者把“均衡”说成是资本主义经济的常态，这与马克思所讽刺的一样：“万事万物都处在至善世界的至善处”[②]。所谓均衡，即供给与需求的均衡，供给方面主要用机会成本和生产可能性曲线，需求方面主要用边际效用和消费无差异曲线。20 世纪 50—60 年代以后，西方学者在这两面投注了很大努力，成为经济学的经典。例如，1970 年的诺贝尔奖获得者萨谬尔森就是用数学方法将个人无差异曲线推演为社会无差异曲线而得到西方学界的一片喝彩。在解释贸易为什么发生问题上，H-O 理论的基本回答是：（1）各国要素禀赋的差异决定其要素相对价格的差异，这是贸易发生的必要条件，一国必然输出其丰裕要素密集的产品，而输入其稀缺要素密集的产品。（2）国际贸易的结果是，将使各国要素价格趋于均等化，从而提高生产效率，这是贸易利益。但是什么是要素丰裕，什么是要素稀缺，可以有两种定义，1）价格定义。但不是指土地、资本品、建筑物作为资产买卖的价格，而是以各项要素提供服务所获得的酬金，如工资、利息、地租等；2）实物定义。如人口劳动力数量、土地面积以及资本品的实物量等

① ［英］李嘉图：《政治经济学及赋税原理》，王亚南、郭大力译，商务印书馆 1972 年版，第 113 页。

② 这是法国启蒙学大师伏尔泰的话，马克思借用来揭露剩余价值剥削的秘密。参见《资本论》第 1 卷，人民出版社 1953 年版，第 191 页，此系郭大力、王亚南 1953 年旧译。

等。这就有了价格对比和实物对比的区别，俄林使用价格比率，里昂惕夫使用实物比率，因此产生了“里昂惕夫之谜”。

H-O 理论是根据一系列假设前提下推导出来的，具有一定的合理性，但也有很大的漏洞。其基本前提假设是：两个国家、两类产品（资本密集与劳动密集）、自由贸易、要素禀赋既定而且是同质的、两国居民消费偏好既定、同一产品在两国生产函数相同、要素密集度不可改变。显然这种脱离实际的假设前提和推导，完全是形而上学的主观想象，在现实中完全可能被颠覆。在资产阶级学术界也遭到诟病。一些学者的实证研究表明，要素密集度是可能发生变化的，而不是不可逆转。[①] 连萨谬尔森都认为俄林模型有两个最重要的、但都是站不住脚的假设，一个是两国生产函数划一，另一个是两国生产要素都是同质的。并可同一计量。[②] 由这些假设推导的结论就可想而知了。要害在于，要素禀赋理论的逻辑是，垄断资本的活动是通过要素结合比例的合理化，增进人类的福利，因此它具有辩护士的理论功能，因此尽管缺陷随处可见，但依然成为西方国际贸易理论的主流。

（三）当代产业内贸易理论

20 世纪 80 年代以来，产业内贸易成为国际生产分工的主要形式，以保罗·克鲁格曼（Paul Krugman）为代表的经济学家认为，国际贸易的基础发生了根本性变化，要素禀赋的差异并不是产生国际贸易的主要动因，传统贸易理论认识的落后性在于忽视了生产中的技术变化，古典国际贸易理论中的“完全竞争”和“规模报酬不变”这两个关键假设在现实中并不存在。在不完全竞争市场下，建立在模块化、标准化技术基础之上的规模经济成为国际贸易的主要驱动力，这就形成了新贸易理论，[③] 该理论为解释国际贸易动因开辟了新的路径。同一产业内企业是同质的是新贸易理论的基本假设。但随着国际贸易的深入发展，这一假设显然与现实相违背，新贸易理论一个暗含的重要结论是：由于企业是同质的，同一产业内只要

① 王林生：《蹉跎与求索——国际经贸问题研究文选》，人民出版社 2021 年版，第 136 页。

② Paul A. Samuelson, *International Trade and the Equalization of Factor Price*, Economic Journal, Vol. 58, 1948, pp. 178 – 183.

③ 参见［美］保罗·克鲁格曼《克鲁格曼国际贸易新理论》，黄胜强译，中国社会科学出版社 2001 年版。

有一家企业出口，那么所有企业都应该出口，这与现实世界明显不符。据此，Melitz（2003）开创了异质性企业贸易理论来解释企业国际化行为，企业异质性主要表现为生产率的差异，只有高生产率企业才能够迈过出口“门槛”进入国际市场，这就形成了“新新贸易理论”。[①] 而这个理论既不能解释所有国家的贸易现象，更不能解释21世纪之后跨境电商的发展。近些年许多中国学者提出的“中国企业出口的生产率悖论”问题，实际上也是对“新新贸易理论”的质疑。在中国对外贸易中，企业数量占比超过90%以上的中小企业创造了超过60%的贸易额，这一比重还在呈现上升趋势。这种现象也是运用“新新贸易理论”难以解释的。

二　国际经济学的宏观理论

尽管西方国际经济学的微观理论存在立场逻辑以及方法论等方面的明显缺陷，但其推演形式是精巧的，在技术突破与分工发展的学理逻辑上也存在一定合理性，某些观点能够解释当时部分贸易现象特别是发达国家之间的贸易现象。但西方国际经济学宏观理论始终没有得到现实的验证。西方国际经济学宏观理论主要是国际收支理论。以价格为中心的一般均衡方法论基本主导国际经济学宏观层面的分析，汇率代表了国际市场上不同货币的相对价格，所以汇率制度和国际货币体系成为西方国际经济学中宏观分析的核心。由此出发，运用汇率干预手段平衡国际收支成为所谓的西方国际经济学的“经典理论”。

国际收支理论之所以失效主要原因在于以下三个方面：第一，不完全竞争市场导致了汇率机制失灵。建立在一般均衡分析方法上的汇率理论的基本假设是市场的充分竞争，但国际经济贸易实践中却并不存在完全竞争市场。发达国家对战略性资源（石油、自然景观）、技术的垄断以及发达国家针对发展中国家的出口管制必然会导致贸易失衡，即便通过汇率（价格）干预也无济于事，石油出口国、技术出口国、旅游出口国现象并不因为价格和国际收支调整而改变，比如美国对华贸易逆差很大程度上是由美国高技术出口管制导致的；第二，伴随资本输出的贸易品输出也不随汇率

---

① Melitz, M. J, 2003, “The Impact of Trade on Intra-industry Reallocations and Aggregate Industry Productivity”, *Econometrica*, Vol. 71 (6), 2003, pp. 695 - 725.

变化而改变。跨国公司是全球价值链体系的主导力量，跨国公司在全球的产业布局势必会促进中间品贸易的跨境流动，汇率变动无法改变跨国公司内部的贸易流动；第三，低储蓄率与货币霸权的双重作用。美国的储蓄率相对较低，美国人超前消费的观念和低储蓄意愿势必会导致美国大量进口。[①] 西方部分学者甚至认为外围国家的储蓄过剩更加放大了美国的储蓄缺口，全球过剩储蓄通过房价、股价、利率、汇率传导到实体经济，加大了美国经常项目的赤字。[②] 当然，美国的低储蓄率并不能从根本上解释贸易逆差。因为同样低储蓄率的欧洲经济体并未表现出明显的贸易逆差，甚至德国是贸易顺差国。在本质上，贸易逆差体现为对外负债，负债需要清偿。因此为了降低外债比率，欧洲经济体会适度降低国外进口。而美国则不受清偿“约束”，依赖于美元世界货币的地位，美国可以通过“印刷”美元实现对外支付，因而汇率变动无法改变由美元霸权引致的贸易逆差。一国主权货币充当世界货币的功能越大，越会导致国际收支不平衡，贸易不平衡本质上是国际货币体系不平衡在货物、服务流上的表现。

货币贬值不但对解决贸易不平衡问题无能为力，甚至会导致国际收支失衡问题越发严重，主要表现为货币贬值“陷阱”与国际游资冲击。从经常账户看，货币贬值后会在短期内进一步恶化贸易赤字，而且导致各国掀起“货币贬值竞赛”，“广场协议”后日元、马克升值的结果都验证了，干预货币汇率并不能解决贸易失衡（见表5－4），人民币汇率与中美贸易情况也是如此（见表5－5）。从资本账户看，随着经济金融化迅猛发展和各国资本账户的逐步开放，国际资本流动的速度和规模不断提升，短期资本对汇率变化的反应非常灵敏，汇率波动势必会导致短期资本的“大进大出”，进而造成对国际收支的巨大冲击。总之，运用货币贬值手段平衡国际收支很难达到预期目标。

---

① Elwell, Craig Kent, and Alfred Reifman., 2005, “The U. S. Trade Deficit: Causes, Consequences and Cures”, Congressional Research Service, Library of Congress, 2005. Catherine L. Mann and Katharina Plück, 2005. “The US Trade Deficit: A Disaggregated Perspective,” Working Paper Series WP05-11, Peterson Institute for International Economics.

② Bernanke Ben, *Global Imbalances: Recent Developments and Prospects*, Bundesbank Lecture, Berlin, Germany, 2007.

表 5 - 4　　**美元对西德马克和日元的汇率以及贸易差额**　　单位：亿美元

国家	西德马克	日本日元	美国对西德	美国对日本
年份	兑美元汇率	兑美元汇率	贸易差额	贸易差额
1975	2.460	296.79	4.50	3.715
1976	2.518	296.55	12.60	-40.594
1977	2.322	268.51	-4.266	-76.052
1978	2.009	210.44	-13.612	-104.328
1979	1.833	219.14	-2.513	-61.386
1980	1.818	226.74	23.411	-73.428
1981	2.260	220.54	11.08.8	-136.082
1982	2.427	249.08	0.381	-123.612
1983	2.553	237.51	-19.259	-185.442
1984	2.846	237.52	-54.622	-335.425
1985	2.944	238.54	-80.655	-405.846
1986	2.171	168.52	-131.681	-525.164
1987	1.797	144.64	-135.950	-530.607
1988	1.756	128.15	-94.377	-479.778
年份	兑美元汇率	兑美元汇率	贸易差额	贸易差额
1989	1.880	137.96	-44.732	-457.010
1990	0.826	144.79	-61.038	-382.796

注：1. 汇率为直接标价法，即单位美元的马克或者日元价值，数据来自于 UNCTAD 数据库。西德和东德在 1990 年统一，该年德国马克对美元升值比较大。

2. 贸易差额由美国对西德或者日本的货物（merchandise trade）出口减去进口得到，负值表示美国是贸易逆差。进出口原始数据来自于 IMF 的 Direction of Trade Statistics（DOTS）数据库。

表 5 - 5　　**人民币兑美元汇率和中美贸易差额**　　单位：亿美元

年份	2003	2004	2005	2006	2007	2008	2009	2010	2011	2012	2013	2014
人民币兑美元	827.70	827.68	819.17	797.18	760.40	694.51	683.10	676.95	645.88	631.25	619.32	614.28
中国贸易顺差	586.13	802.7	1141.7	1442.6	1632.2	1708.6	1433.6	1813.0	2023.4	2189.1	2158.5	2370.4

注：人民币汇率为年平均价。资料来源：《2015 中国统计年鉴》第 637 页，《海关统计》各年。

三　全球经济治理理论

从 G7 到 G20，从 GATT 到 WTO，多边主义是国际公共品供给机制的改革潮流，那种认为国际公共品只能由极个别霸权主义国家来提供，大多数国家只能被动消费的观点是违反历史潮流的。基于“霸权稳定论”的全球经济治理模式导致了国际公共产品供需矛盾不断加剧。现行的全球经济治理模式本质上是以西方国家为中心的“霸权领导体系”，所依据的基本理论是霸权稳定论。“霸权稳定论”（Hegemonic Stability Theory）最早由查尔斯·金德尔伯格（Charles P. Kindleberger）提出，他认为 1929—1933 年世界资本主义经济危机的原因是由于英国霸主地位的衰落，而美国缺乏担当领导者的意愿，导致全球经济治理的缺失。因此，当一个民族国家成为世界主导力量或霸权国家时，国际体系更有可能保持稳定。[①] 不可否认，该理论对解释 20 世纪全球经济治理体系具有历史意义。西方学者认为国内市场规模赋予了大国独有的市场权力和强制性权力，进而可以维系全球经济治理体系的正常运行。[②] 在很长时间内霸权稳定论是维护全球三大经济体系（世界贸易体系、国际货币体系、国际金融体系）的理论支柱。1929—1933 年全球经济大萧条期间，全球经济治理失败导致危机深化，随后 1939—1945 年第二次世界大战导致全球经济崩溃。借此机会，美国成为世界霸主，通过“怀特计划”建立了以“关税和贸易总协定”（GATT）、国际货币基金组织（IMF）、世界银行集团（WB）为支柱的布雷顿森林体系。以美国为首的发达国家通过“霸权国—国际组织”之间的“委托—代理”关系提供国际公共产品，并运用投票权对国际公共产品进行“选择性供给”。这一安排既弥补了国际公共产品的供给缺位，也保证了霸权国的利益，使战后十余年的国际经济秩序保持相对稳定。

“冷战”之后的全球经济治理体制实质上是一种霸权治理，西方媒体在不断鼓吹这种思想，霸权后合作理论甚至认为全球经济治理的“单极化”在后霸权时代依然会发挥作用，即使在美国经济衰落之后，“关系型

---

① ［美］查尔斯·P. 金德尔伯格：《1929—1933 年世界经济萧条》，宋承先、洪文达译，上海译文出版社 1986 年版。

② Drezner，Daniel W.，“Globalization，Harmonization，and Competition：The Different Pathways to Policy Convergence”，*Journal of European Public Policy*，Vol. 12，No. 5，2005，pp. 841 – 859.

权威”仍然能够凭借其功能而独立运行，进而可以保持美国的制度性霸权地位。但事与愿违，霸权之后，制度并没有成为霸权国相对衰落后维护霸权稳定的工具，反而成为国家争夺全球经济治理话语权的重要手段，在世界政治经济秩序中更多的是各国对当前制度的不满，要求对其加以改革（如发达国家强烈要求进行 WTO 改革）。从全球经济治理的现状看，当前全球经济治理面临制度失灵、治理工具失效、治理主体缺位等诸多问题。

2019 年 3 月，习近平主席在巴黎出席中法全球治理论坛闭幕式上提出当前全球经济治理体系面临的“四个赤字”，分别是治理赤字、信任赤字、安全赤字与发展赤字。治理赤字源于公共产品的供需不匹配。当前国际公共产品供给主体的经济实力此消彼长，供需不匹配问题凸显。首先，近年来美国提供国际公共产品的意愿明显降低，国际公共产品的供给质量显著下降。[①] 以官方对外发展援助为例，全球官方对外发展援助与美国官方对外发展援助的时间变化趋势呈现明显的“剪刀差”特征，国际金融危机后，全球官方对外发展援助呈现不断增长的发展态势，而美国官方对外发展援助出现了明显下滑。[②] 尽管美国不愿意“免费”提供国际公共产品，但仍然想维系国际经济治理的话语权；其次，发展中国家特别是转型经济体提供国际公共产品的意愿在不断增强。随着经济实力的提高，转型经济体希望通过主动提供国际公共产品提升本国在全球经济治理体系中的话语权；最后，国际公共产品供需存在结构性矛盾。一是国际公共产品供需不匹配问题突出，当前全球公共产品主要是由“霸权国”美国提供，可供其他国家选择的“全球治理”公共产品并不多。二是全球公共产品提供的全球性与区域性之间的矛盾，区域供给的不对称是全球公共产品供需失衡的主要表现，当前全球公共产品的空间可达性越来越低，公共产品难以传导到“神经末梢”，许多发展中国家被“边缘化”。

信任赤字源于单边主义的兴起。当前经济发展的外部环境发生了巨大变化，民粹主义、保护主义和孤立主义在一些西方国家迅猛抬头，地缘博弈色彩明显加重，各国贸易保护壁垒高筑，严重冲击了多边贸易体制的稳

---

① 裴长洪：《全球经济治理、公共品与中国扩大开放》，《经济研究》2014 年第 3 期。

② 裴长洪、刘斌：《中国开放型经济学：构建阐释中国开放成就的经济理论》，《中国社会科学》2020 年第 2 期。

定性和权威性。甚至有些国家将本国出现的一系列经济与社会问题（如贸易逆差、制造业空心化、失业率上升等）归咎于经济全球化的冲击，鼓吹并采取单边贸易保护政策，大国间的“竞合关系”开始偏向竞争、脱钩甚至局部对立。逆全球化加剧了全球市场的不确定性，严重影响了国际社会信任与合作，引起了信任赤字的不断增加。

安全赤字源于文明冲突的加剧。尽管和平、发展、合作、共赢仍然是时代主题，但以“冷战”思维、零和博弈、霸权主义为代表的陈旧安全理念依旧根深蒂固，大国角力、民族矛盾、教派冲突、能源争夺、网络安全等问题相互交织，全球地区安全受到极大威胁。全球安全问题根源在于文明冲突。西方的文明冲突论、文明优越论的核心观点是西方文明高于其他文明，全球其他文明必须顺应西方文明，或长期演变为西方文明，如果不遵从这一路径，势必会发生冲突，甚至诱发战争。在这样的文明观下，西方学者又引申出所谓的“修昔底德陷阱”，认为追赶国必然与守成国发生冲突。西方国家按照该理念制定对外经济外交政策，有些国家甚至以“人权”为幌子直接干预别国内政，给世界发展稳定带来了极大挑战。

发展赤字源于贫富悬殊的拉大。科学技术的发展和全球化生产分工极大提升了全球范围内的生产力水平。然而部分地区和人群被排除在科技革命和全球化分工的“红利”之外，不同国家之间、同一个国家的不同地区之间不平衡不充分的发展状态广泛存在，贫富差距不断加大。许多被“边缘化”的发展中国家甚至已经陷入“贫困化增长陷阱”，部分地区恐怖主义、难民潮等全球性挑战此起彼伏。西方国家“利润最大化”“效率优先”和“中心—外围”的发展理念难以推动全球普惠平衡的发展，无法弥补国家间、地区间日益扩大的贫富鸿沟。总之，西方国际经济学的全球经济治理理论已经严重脱离现实世界的各种主要矛盾，已经完全蜕变成为维护和怀念昔日霸权主义衰落的世纪挽歌。

第六章　中国开放型经济基本实践及其理论的形成

第一节　对外经贸体制改革深化与全方位参与经济全球化

一　适应世界贸易组织多边规则的改革

（一）完善市场经济法律体系，深化涉外经济体制改革

2001 年 12 月我国加入世界贸易组织后，全面接受了多边贸易协定与协议，并根据 WTO 规则和所作承诺，有计划地对与贸易有关的法律、行政法规、部门规章等进行了大范围的清理与调整；中央各部委清理 2000 件左右，废除 500 件，地方一级清理与调整的法规、政府规章和其他政策措施数量更为庞大。这是一项浩大的系统工程，我国由此建立起与世贸组织规则相容、较为完善的市场经济法律体系。

2004 年 4 月我国修订了《中华人民共和国对外贸易法》，该法规定："国家实行统一的对外贸易制度，鼓励发展对外贸易，维护公平、自由的对外贸易秩序"，中国的对外贸易政策由此在法律层面明确了从保护贸易政策向公平与自由贸易政策的转变。新制定的《立法法》《行政法规制定程序条例》等法律法规使立法公开进一步制度化、规范化，成为立法活动必须遵循的一项基本原则，对政府行为的透明度提出了更加严格、具体的要求。我国还设立了中国世贸组织通报咨询局，根据 WTO 具体协定的要求，履行通报中国贸易政策和措施的义务。

经过 10 年的努力，遵守国际贸易规则、按国际规则办事的观念逐步深入人心，各级政府在出台新政策、新规定时注意保持与国际规则的一致性，为我国今后长期坚持改革开放提供了重要保障。正是通过持续不断的

创新，我国推进了国内计划体制、价格体制、劳动用工制度、分配制度、投资体制、金融体制、户籍制度、产权制度和市场体系等一系列改革探索，降低了经济发展的制度成本。

（二）全面履行降税承诺，协调内外贸一体化发展

入世后，我国逐步调整进出口关税税则，按世贸原则渐次调整最惠国税率、年度暂定税率、协定税率、特惠税率以及税则税目等项目。到 2011 年，中国所有关税都被约束，且税率处于约束水平或接近于约束水平，这使关税措施具有高度可预见性。中国的平均关税从 2002 年的 15.3% 下降到 2005 年的 10%，继而降至 2010 年的 9.8%。其中，农产品平均税率由 2002 年的 18.1% 下降到 2005 年的 15.3% 和 2010 年的 15.2%；工业品平均税率由 2002 年的 11.7% 下降到 2005 年的 9.5% 和 2010 年的 8.9%。至此，我国加入 WTO 的降税承诺已全部履行完毕，关税水平不仅在发展中国家中是最低的，还低于欧盟的平均水平，在部分细分行业也低于一些发达国家。

这一时期，我国建立了内外贸统一协调的政府商务管理机构，在管理层面终结了内外流通隔绝的历史；取消了进口配额和进口许可证等非关税措施，彻底放开了对外贸易经营权，有力地推动了贸易自由化和便利化。随着国内民营企业贸易权的放开，越来越多民营企业加入对外经济合作与贸易的行列。根据全国工商业联合会发布的《中国民营经济发展形势分析报告 2011》，我国民营企业 2010 年的出口总额达 4812.66 亿元，较 2005 年增长 223%，年均增长 26.4%。

（三）审慎运用世贸规则，维护国内产业安全

加入世贸后，国内相关部门及产业运用国际通行规则保护自己的意识不断增强，调查机关实施反倾销措施和参与制定国际规则的能力不断提高，妥善化解了企业经营风险，维护了企业合法权益。应国内产业申请，我国对进口产品发起了一定数量的反倾销调查，涉案产品涵盖了化工、钢铁、造纸等传统行业，并逐步向高科技、涉农产品和医药产品拓展。我国的反倾销法律制度从点到面，渐成体系；反倾销实践从无到有，渐趋成熟。这些举措限制了国外产品低价倾销行为，使受损产业得以恢复发展。同时，我国还积极运用世贸规则，广泛实施贸易救济工作，保护了幼稚产业，促进了产业结构调整。

加入世贸组织以来，截至2011年8月，我国参与了30起世贸组织争端解决案件，其中起诉其他成员8起，其他成员起诉我国22起。同时，中国还作为第三方参与了78起其他成员之间的争端解决案件。在直接涉及我国的争端案件中，有近1/3的案件通过双方磋商获得解决。其他经过专家组及上诉机构最终裁决的案件中，我国赢得了与其他成员国共同起诉美国的钢铁保障措施案、美国限制中国禽肉产品进口措施案和欧盟对中国紧固件反倾销措施案等。这一结果与美国和欧盟参与争端解决结果不相上下，作为新成员，我国取得这样的成绩实属不易。

（四）沉着应对与防范贸易摩擦，维护出口贸易环境

入世后，我国面临日益严重的贸易摩擦形势。各级政府对此高度重视，有关部门积极配合，努力推动有关国家承认中国“市场经济地位”，充分发挥中介组织和涉案企业的积极性，全力应对对华反补贴调查，扎实做好反倾销应诉指导工作，妥善处理特保调查，并注意通过解释澄清防范贸易摩擦的发生，取得了显著成绩。

“市场经济地位”问题具有明显的政治性和歧视性，它不仅降低了国外对我国反倾销立案的门槛，而且刺激了国外对我国反倾销的滥用，使我国涉案企业遭受损失，相关行业和关联产业受到冲击。通过多层次、多渠道交涉，目前已有新西兰、南非、东盟十国、巴西、韩国、瑞士、乌拉圭等国家正式承认我国完全市场经济地位，我国企业应诉倾销的国际环境得到逐步改善。

面对国外对我国发起的反补贴调查，我国多层面进行交涉和抗辩，会同相关行业协会，指导企业积极应对，取得了一些成效。美对华铜版纸反补贴案，美国际贸易委员会做出无损害终裁，不采取任何救济措施。在加拿大铜制管案中，我国两家应诉企业在原审和再调查中均被裁定反倾销和反补贴税率为零。在反倾销应诉活动中，也取得较好成绩。例如，欧盟冻草莓案和烫衣板案中均有企业获得市场经济待遇和零税率；哥伦比亚纺织品案、墨西哥电极案都取得不征收反倾销税的结果；印度显像管案和维生素案经我国积极交涉使申请方撤诉。我国还妥善处理特保调查，有效维护国内企业的利益。此外，就其他成员国关注的诸如“绿坝”过滤软件、信息安全产品强制认证、手机WAPI标准要求、禁止使用莱克多巴胺等问题，我国对相关国家积极进行解释澄清，防范了贸易摩擦的发生。

（五）“引进来”和“走出去”相互协调，完善双向开放格局

加入世贸后，我国持续改进对外资企业的管理和服务，优化外商投资的软硬环境，鼓励外资继续发挥积极作用。支持国内企业与跨国公司的技术研发合作，发挥外资对自主创新的积极作用。把服务业作为新的开放重点，有序推进教育、医疗、文化等社会事业领域的对外开放；在按 WTO 规则分类的 160 多个服务贸易部门中，中国已经开放了 100 个，并承诺进一步开放 11 个分部门，远高于发展中国家的平均水平。我国从过去主要以东南沿海地区的对外开放，转向以发达地区为主导，中西部并重的全方位对外开放的新格局。2001—2010 年，中国利用外商直接投资从 468 亿美元增加到 1057 亿美元，连续 19 年居发展中国家首位。外资在促进国内产业升级、区域协调发展等方面仍具有重要意义。

同时，我国开始鼓励企业实施“走出去”战略，支持有条件的企业开展国际资源合作，鼓励企业通过跨国并购等途径，到科技资源、技术人才富集的国家投资，加快提升企业的国际竞争力，培育我国的跨国公司和国际知名品牌；进步转变对外承包工程增长方式，提高劳务合作的质量；引导中资企业尊重东道国文化，守法诚信经营，承担必要的社会责任。2001—2010 年，中国对外直接投资从不足 10 亿美元增加到 590 亿美元，居世界第 5 位，10 年累计对外直接投资存量超过 3000 亿美元。至此，中国企业对外投资已覆盖全球 170 多个国家和地区，呈现出市场多元化发展态势。

（六）同步推进多双边合作，实现互利共赢

加入世贸后，我国一方面积极参加世界贸易组织等多边组织的活动，发挥建设性作用；另一方面，按照“平等互惠、形式多样、注重实效”的原则，以周边地区、资源富集地区、主要市场和战略伙伴为重点，逐步构建自由贸易区。截至 2011 年，中国已经签署了 10 个自贸协定，之后陆续商建的自贸区有 5 个。同时，中国已经完成了与印度的区域贸易安排联合研究；与韩国结束了自贸区联合研究，并着手开展中日韩自贸区官产学联合研究。此外，中国还加入了《亚太贸易协定》。

我国不断深化和拓展双边合作领域，商签各类双边贸易投资保护协定，营造良好的国际经贸环境，促进共赢。为化解贸易摩擦，我国积极加强双边贸易救济调查机构的交流，截至 2010 年底，已同南非、埃及、韩

国、巴基斯坦、阿根廷、巴西、美国、澳大利亚等国正式建立了贸易救济合作机制。

二　中国加入世界贸易组织后对全球多边治理体系的重要贡献

（一）国际经贸发展的有力推动者

加入WTO以来，中国积极融入世界经济，与世界各国优势互补、利益共享。

中国出口优质、廉价，特别是适用于普通百姓需要的产品，如家用电器、鞋、服装和玩具等，实际上帮助其他国家，尤其是美国、欧盟国家和巴西，减轻了对方国内所面临的通货膨胀压力。中国的廉价商品帮助了一些发达国家长期维持、特别是应对全球金融危机中实行的低利率货币政策。2001年，中国出口额为2662亿美元，2010年为15779亿美元，10年增长了4.9倍。2009年，中国超过德国成为世界第一出口大国，在世界贸易中的份额达9.6%。

中国大量进口原料和技术产品，使出口这些产品的国家获得了巨大的商业利润，尤其是铁矿石和粮食等原料输出国。美国作为世界上最大的农产品出口国，在向中国出口大豆、小麦、高粱和玉米上获得了巨大经济利益。到2011年，中国是日本、韩国、东盟、澳大利亚、巴西、南非等国和地区的第一大出口市场，欧盟的第二大出口市场，美国的第三大出口市场。2001年，中国进口额为2436亿美元，2010年为13948亿美元，10年增长了4.7倍，跃居为全球第二大进口国。

（二）贸易保护主义的坚决反对者

2001—2011年，中国一方面认真履行承诺，大幅度降低进口关税，取消非关税措施，开放服务贸易市场，加强知识产权保护，同时大规模清理与贸易有关的法律法规，以自身重承诺、担责任、守信用的实际行动，推动国际贸易自由化的进程；另一方面面对近年来许多国家和地区贸易保护主义的重新抬头，中国始终坚持反对贸易保护主义的立场，并依靠自身不断增长的贸易与经济影响力，利用WTO规则，积极应对国外针对中国产品滥用反倾销、反补贴措施，反击贸易保护主义。我们加入欧盟、日本、加拿大、印度、巴西的行列，对美国的钢铁保障措施在争端解决框架下提出起诉。在该案件中，欧盟是牵头者，中国与其他几个国家合理分工，协调良好，最后打赢了官司，对美国的贸易保护主义势力予以有力一击。

在应对2008年国际金融危机过程中，中国一方面采取了以扩大内需为重点的举措，积极应对危机，为稳定世界经济做出重要贡献；另一方面继续保持市场开放，以实际行动反对各种形式的保护主义。据美国美中贸易全国委员会2011年8月发布的《美国国会选区对中国出口报告》，中国加入世界贸易组织以来的10年中，美国对华出口增幅高达468%；相比之下，美国对世界其他地区的同期出口增幅仅为55%。中国还努力减少顺差，促进贸易平衡。据中国海关统计，2009年中国贸易顺差比2008年减少了1000亿美元，2010年又进一步减少了126亿美元。2010年，中国贸易顺差1831亿美元，主要是对美顺差，我们对东盟、日本、韩国，对整个非洲和南美洲都已经是逆差。

（三）多边贸易规则的模范履行者

加入世界贸易组织10年来，中国不仅兑现了加入WTO时的所有承诺，而且踏踏实实地履行多边贸易规则，为其他WTO成员树立了良好榜样。中国已逐步建立起符合世贸组织规则的经济贸易体制，成为多边贸易体系中重要的市场组成部分。WTO总干事拉米对中国履行入世承诺的表现给予“A+”的评分，称赞“中国创造了更加透明、公平和可预见性的商业环境”。

在争端解决机制中，中国严格按照最后裁决来积极修改贸易政策。在经专家组和上诉机构裁决的案件中，比如汽车零部件案，我国在败诉之后按有关的裁决调整了汽车零部件征税的政策，执行了专家组及上诉机构的有关裁决。2008年，美国、墨西哥、危地马拉三国就中国中央和地方政府推动“中国世界名牌”“中国出口品牌”的做法分别提出申诉（DS387/DS388/DS390），我国政府在认识到相关做法违反了世贸规则之后，立即废止了《关于扶持出口名牌发展的指导意见》与《关于开展中国世界名牌产品评价工作的通知》，删除了《中国名牌产品管理办法》中的违规条款，迅速终止了相关措施及项目。2009年底，中国与三国就此案签署“双方满意的解决方法”时，该结案文件已无须包含任何承诺内容，因为中国已经用实际行动主动地提前进行了彻底整改。这一案例在WTO被传为美谈，广受赞誉。

（四）多边贸易协调的重要平衡力量

中国充分利用既是发展中国家，又是贸易大国的特殊地位，在坚持从发展的角度出发，努力维护发展中国家利益的同时，注重加强与发达国家之间的政策协调，从而多次在谈判的关键时刻担当了协调者的角色，促进成员间的相互沟通，2003 年，中国加入了由巴西牵头发起的发展中国家重要的谈判集团 G20，努力与集团成员进行沟通，提出“农产品消减关税公式”“发展中成员国营贸易企业”与“新成员的待遇”等建议，这些建议在 G20 内部均得到采纳。在多哈农业谈判中，中国所处的 G20 阵营很快占据了谈判的中心位置，中国在其中所起的作用备受瞩目。2004 年 7 月，在日内瓦的小型部长会议上，通过中方代表团的努力，“国有贸易企业”“农业特殊产品”和“新成员待遇”等问题在框架协议中得到较为妥善的处理。2005 年 12 月的香港部长级会议上，中国同巴西、印度等发展中成员积极协调立场，显著增强了发展中成员的谈判力量，推动会议最终确定了发达国家严重扭曲公平贸易的农业出口补贴要在 2013 年前全面取消，通过了对最不发达国家免关税、免配额待遇的特殊安排，通过了对棉花补贴问题的特殊安排。2008 年 7 月，中国受邀参与了仅由美国、欧盟、日本、巴西、印度、澳大利亚和中国 7 方部长与会的小范围磋商，首次进入多边贸易谈判核心决策圈，成为重要的一极，在弥合各方分歧方面做了许多工作，这是多边贸易体系历史性的重要进展。

（五）多边贸易机制的重要建设力量

在世贸组织中，中国已从一个注重学习和熟悉世贸机制与规则的新成员，逐渐成为能够运用世贸机制与规则维护国家经济利益，并积极参与相关机制建设的重要成员。10 年期间，中国主动参与 WTO 规则制定，单独或联合其他国家共提交了 100 多份提案，其中单独递交的提案超过半数，在各个层面为推动多边贸易机制建设做出了实质性贡献。中国在规则谈判中关于反倾销日落条款的提案、关于渔业补贴的提案、关于贸易便利化的提案都受到成员的重视与好评。WTO 总干事拉米在参加 2009 年世界银行与国际货币基金组织春季会议时表示，“中国是多哈谈判的最积极成员之一”。

2005 年 6 月，在大连举办的 WTO 小型部长级会议上，中国推动会议就“非农产品采用双系数瑞士公式”和“非约束产品增加值”等问题初步达成共识，为年底的贸易部长会议打下了良好基础，各参会成员对中方周密的会议安排倍加赞誉。在2008年总干事拉米召集的G7会议上，中国代表团在服务贸易出价介绍会上的发言获得欧盟、澳大利亚等要价方的一致好评。中国在非农谈判部门减让、反集中条款及优惠侵蚀等敏感问题上采取务实与建设性立场，与其他成员共同努力寻找达成妥协的方案，反映出中国维护多边贸易体制的高度负责态度。2009年，为打破僵局，推动多哈谈判，中国及时提出“尊重授权、锁定成果、多边谈判为基础”的三项谈判原则，获得大多数成员的支持，并体现在G20、G8+5、APEC领导人宣言中。

我国积极参与贸易政策审议机制，尤其重视对美国、欧盟、日本等主要发达成员的审议，对他们违反世贸组织规则的贸易保护主义措施提出质疑，对在双边经济合作中久拖未决的问题在多边场合表达关注。在世贸组织理事会与委员会的例会上，中国的参与越来越深入，对其他成员尤其是发达成员出台的贸易保护主义措施不断地提出质疑与挑战，通常都得到其他发展中成员的支持与响应。WTO的上诉机构、TBT委员会、与贸易有关的投资措施委员会等机构中出现了越来越多中国官员和学者的身影，这是中国为多边贸易机制建设所提供的智力支持。

（六）发展中国家利益的坚定维护力量

中国从多哈谈判初期就坚定地和广大发展中成员站在一起，强调这一轮谈判是发展回合，应当重点解决广大发展中国家所关注的问题，包括大幅度削减发达国家扭曲贸易的农产品补贴，大幅度削减发达国家农产品的关税高峰，对发展中成员农产品和工业品的关税削减给予特殊和差别待遇，对乌拉圭回合所遗留的实施过程中遇到的问题给予妥善处理等。坎昆会议前后，中国与广大发展中成员团结一致，最终使欧盟等发达国家放弃了贸易与投资、竞争政策和政府采购透明度三个新加坡议题。在非洲棉花生产国关于发达成员削减棉花补贴和开放棉花市场，最不发达国家要求免关税、免配额待遇的正当要求面前，中国也及时给予了有力支持。

中国依据自身条件参与WTO促贸援助，提升发展中国家参与WTO的能力建设。2007年11月20—21日，中国代表团出席首次“全球促贸援助审议大会”，推动国际社会对最不发达国家的援助，提高其参与国际贸易的能力。中国政府通过邀请越南和老挝政府代表团访华及派有关人员赴越南、老挝授课的形式，向他们介绍了我国履行加入 WTO 承诺、经济改革及地方应对 WTO 工作的经验。中国还多次向促贸援助框架下的多哈发展议程全球信托基金进行捐助，帮助其他发展中成员从多边贸易体制中全面获益。截至 2011 年 4 月，中国商务部已成功举办 4 届“发展中国家贸易救济措施官员研修班”对巴西、肯尼亚、印度尼西亚、乌克兰、罗马尼亚、古巴等几十个发展中国家的上百位官员进行培训，增进了发展中成员贸易救济调查机关间的理解、交流与合作。

三 应对国际金融危机期间的深化改革

（一）出口退税政策的改革

1985 年，我国将工商税分为产品税、增值税、营业税和盐税。同年 3 月，国务院批准了《关于对出口产品征、退产品税或增值税的规定》。此规定从当年 4 月 1 日起开始实行，标志着我国出口退税制度的重新确立。此时确立的出口退税的政策目标，可以概括为“鼓励企业出口创汇，增加国家外汇储备”。1994 年的税制改革，确立了在商品流通环节普遍课征增值税，选择性课征消费税的税收制度。与此相适应，出口商品则应退增值税和消费税。从 1994 年之后，我国一直处于贸易顺差状态，特别是 2002 年后，我国出口贸易又出现连续几年的高速增长现象，2003 年和 2004 年的增长速度甚至超过了 30%。2005 年，我国出口贸易增长速度仍然保持 28% 的高增长率，同时还出现了超千亿美元的大额贸易顺差。2007 年贸易顺差甚至高达 2622 亿美元；加上资本项目的顺差，国家外汇储备急剧增加，2006 年达到了万亿美元的规模。这不仅引起国内外社会各界的关注，这标志着从 1985 年重新确立的出口退税政策，已经实现了“鼓励企业出口创汇、增加国家外汇储备”的政策目标，并进入了调整与转换阶段。因此中共中央在 2006 年 12 月召开的经济工作会议上明确提出了减少贸易顺差的任务，并以此作为 2007 年国家宏观经济管理和调控的一项重要任务。

截至 2007 年 6 月末，国家外汇储备比上年末增加 2663 亿美元，达到 13326 亿美元。我国外汇储备的迅速增加（见表 6－1），意味着人民币基础货币投放的增加和银行资金流动性过剩的加剧。到 2007 年 9 月末，我国外汇储备已达 1.43 万亿美元，比 2006 年末增加 3673 亿美元，按 2007 年以来人民币/美元汇率平均水平 7.6 元计算，中央银行为收购外汇储备投放的基础货币为27900亿元。尽管中央货币当局自2003年以来不断采取了公开市场操作，即发行中央银行票据来对冲基础货币投放，但发行央票的成本和数量都难以缓解流动性过剩问题，也难以抵消外汇占款的增长速度。截至2007年1月，外汇占款余额已近10.2万亿元，比上年同期增长38%。外汇占款占我国基础货币投放的比重从2004年下半年的50%上升到2007年下半年的85%。中央货币当局不得不多次提高银行存款的法定准备金率。2007年12月，银行存款的法定准备金率已高达14.5%。2006年12月召开的中央经济工作会议不仅提出了减少贸易顺差的任务，而且提出了促进国际收支基本平衡的方针。这说明，我国宏观经济的持续健康发展与对外经济的协调发展已经空前紧密地联系在一起，国家的宏观经济调控已经离不开对外经济的宏观管理的加强与改善。这就使转变外贸增长方式问题，以及与此相联系的出口退税政策目标转换问题与整个国家的宏观经济管理与调控都联系在一起了。

表6-1 **1994—2007年中国国际收支状况与外汇储备** 单位：亿美元

年份	贸易差额	经常项目差额	资本金融项目差额	外汇储备
1994	72.90	76.57	326.44	-305.27
1995	180.50	16.18	386.74	-224.81
1996	195.35	72.43	399.67	-316.51
1997	462.22	297.17	229.59	-357.24
1998	466.14	293.24	-63.21	-50.69
1999	362.06	156.67	76.42	-85.05
2000	344.73	205.19	19.22	-105.48
2001	340.17	174.05	347.75	-473.25
2002	441.67	354.22	322.91	-755.07
2003	446.52	458.75	527.26	-1170.23
2004	589.82	686.59	1106.60	-2063.64
2005	1341.89	1608.18	629.64	-2070.16
2006	2177.46	2498.66	100.37	-2470.25
2007上半年	1356.91	1628.58	901.64	-2662.81

资料来源：《中国统计年鉴》历年。2007年上半年数据引自《金融时报》2007年11月1日第2版。

从2005年开始之后几年，国家分期分批调低和取消了部分“高耗能、高污染、资源性”产品的出口退税率，同时适当降低了纺织品等容易引起贸易摩擦的出口退税率，提高重大技术装备、IT产品、生物医药产品的出口退税率。这次调整拉开了出口退税政策目标转换的序幕。出口退税的政策目标，就要从“鼓励企业出口创汇、增加国家外汇储备”，转换到改善和提高出口退税的使用效率，优化出口商品结构上来。

（二）加工贸易出口产品转内销：实施内外贸一体化改革

2009年4月广交会首次允许有意愿将外贸产品内销的参展商和有意愿采购外贸产品的国内经销商参会释放出一个积极信号，即长期割裂的内外贸终于在危机压力下开始了一体化探索实践。长期以来，我国对外贸易的两种主要方式——一般贸易和加工贸易，在管理上一直采取内外分割，形成外销产品不对内的格局。面对危机压力，加工贸易企业（简称加贸企业）被迫转型。但对于长期习惯于专注出口业务的加贸企业，并不熟悉国内市场，综合运用国内和国外两个市场、两类贸易方式的能力严重不足，加贸企业转型面临很大障碍。2009年3月19日，海关总署发布《关于加工贸易保税货物内销缓税利息征收及退还》公告，规定加工贸易保税货物内销征收缓税利息适用利息率调整为参照中国人民银行公布活期存款利率，一定程度上缓解加贸企业资金压力。但对于加贸企业内销问题，仅仅依赖局部政策松动无助于全局，必须适应内销特点，全局联动，多管齐下才能顺利实现内外贸一体化格局。

（三）跨境贸易人民币结算试点、人民币国际化“破冰”

货币国际化必须满足具备计价功能和价值储藏功能，计价功能包括贸易交易结算功能和各类金融交易结算。因此，人民币国际化必然经历人民币贸易结算、人民币金融交易结算和人民币国际储备货币三个阶段。2008年4月8日，国务院批准在上海、广州、深圳、珠海、东莞开展跨境贸易人民币结算试点工作，标志着人民币国际化“破冰”。跨境贸易人民币结算试点的前期准备包括：2008年2月22日，东盟10+3财长会议将筹建的亚洲外汇储备基金规模增至1200亿美元。另外，东亚地区在双边和多边交叉货币互换协议，下一步将考虑建立货币互换的区域性管理组织，进一步扩张功能，为区域内各国商业银行和企业融资、结算提供保证，使区域内任何国家的货币都可以进行相互计价、结算和融资。2008年11月之后，中央银行一系列货币互换协议，不仅是基于短期救助、稳定外汇市场，更多的是基于便利双边贸易结算考虑。而与我国开展货币互换的6个国家和地区，是我国主要贸易伙伴或潜在重要贸易伙伴，贸易额占我双边贸易总额的35%左右。一系列货币互换协议签订，为人民币跨境结算提供了资金基础。反过来，人民币结算也为货币互换协议搭建融通贸易平台，以实现货币互换所设定的预期目标。2009年3月25日，国务院常务会议原则通过关于推进上海加快建设国际金融中心的意见，2020年将上海基本建成与我国经济实力和人民币国际地位相适应的国际金融中心。人民币用于跨境贸易结算，有利于进一步完善人民币汇率形成机制，而随着人民币结算范围和规模不断扩大，上海将逐步成长为人民币清算中心，金融功能将进一步完备，有助于推动上海国际金融中心建设。

四 设立中国（上海）自由贸易试验区掀起新一轮开放序幕

2013年9月29日，中国（上海）自由贸易试验区的设立，揭开了我国新一轮对外开放的序幕，是党的十八大提出的“必须实行更加积极主动的开放战略”的标志性事件。掀起新一轮对外开放的基础条件和面临的主要问题是以下几点。

（一）货物贸易领域开放水平较高

在中国加入世界贸易组织10年后，中国的对外开放水平已经达到全新的历史起点上。在2010年降低鲜草莓等6个税目商品进口关税后，我国加入世界贸易组织承诺的关税减让义务全部履行完毕（见表6－2）。此外，中国还不断削减非关税措施，取消了424个税号产品的进口配额、进口许可证和特定招标，分批取消了800多个税务商品的管理。中国进口关税从可比国家水平以及进口关税在财政收入中的比重来看，都已经相当低（见表6－3，表6－4）。

表6－2　2011年中国与其他经济体的平均关税水平　单位：%

国别	平均关税水平
印度	48.5
巴西	31.4
南非	19.0

续表

国别	平均关税水平
印度尼西亚	37. 1
墨西哥	36. 1
阿根廷	31. 9
美国	3. 50
欧盟	5. 30
中国	9. 10

资料来源：根据 WTO 网站 International Trade Statistics Database，2011 年。

表 6 – 3　　**2011 年“金砖四国”关税税率**　　单位:%

国别		平均税率	农产品	非农产品
中国	最惠国税率	9. 6	15. 6	8. 7
	加权税率	4. 6	11. 7	4. 2
印度	最惠国税率	9. 4	14. 3	8. 7
	加权税率	9. 5	17. 5	8. 1
俄罗斯	最惠国税率	13. 7	10. 3	14. 2
	加权税率	10. 2	11. 4	10. 1
巴西	最惠国税率	12. 6	31. 4	9. 8
	加权税率	7. 2	44. 7	5. 8

资料来源：根据 WTO 网站 International Trade Statistics Database，2011 年。

表 6 – 4　　**“金砖四国”及部分 OECD 国家进口税收收入占 GDP 比重**　　单位:%

国别	2012 年	2011 年	2010 年
巴西	—	0. 64	0. 56
中国（不含进口增值税、消费税）	0. 54	0. 54	0. 51
中国（包含进口增值税、消费税）	3. 38	3. 41	3. 12
印度	—	1. 69	1. 69
俄罗斯	—	1. 45	1. 24
美国	—	0. 21	0. 20
日本	—	0. 19	0. 16

续表

国别	2012 年	2011 年	2010 年
OECD 国家平均水平	—	0. 2	0. 2
国别	—	0. 64	0. 56

资料来源：根据 WTO 网站 International Trade Statistics Database，2011 年。

（二）服务贸易领域开放面较广，但开放深度不够

按照世界贸易组织达成的《服务贸易总协定》，中国也积极履行了服务贸易部门开放的承诺。中国服务贸易部门的开放也很广泛，截至 2012 年，在按 WTO 规则分类的 160 多个服务贸易部门中，中国已经开放了 110 个，新开放的分部门，涉及银行、保险、电信、分销、会计、教育等重要服务部门，远高于发展中国家平均水平，为外国服务提供者提供了广阔的市场准入机会。但是，相对于货物贸易，服务贸易部门开放的深度和广度仍然很不够。由于现代服务业尤其是金融业、信息服务业、社会服务业及各类知识密集型的服务业对国民经济有更为重大的影响，而上述产业中国与国际水平差距较大，造成外资垄断的可能性也更大。因此在 21 世纪的初期，我国采取的开放步骤是谨慎的。在世界贸易组织对服务贸易的四种分类模式中，即跨境交付、境外消费、商业存在、自然人流动这四种模式中，我国在商业存在与自然人流动两个领域的开放尤其显得不足。

根据加入世界贸易组织达成的《服务贸易总协定》，中国服务贸易的开放承诺所达到的开放水平可由表 6 - 5 所显示。

表 6 - 5　**中国在不同模式下服务贸易总体承诺**

贸易模式		模式 1 跨境交付			模式 2 境外消费			模式 3 商业存在			模式 4 自然人流动		
承诺范围		无限制	有限制	未承诺	无限制	有限制	未承诺	无限制	有限制	未承诺	无限制	有限制	未承诺
市场准入	部门（%）	21	21	57	52	3	45	1	52	46	0	55	45
	部门（个）	33	33	88	81	5	70	2	81	71	0	85	70
国民待遇	部门（%）	44	1	54	55	0	45	30	20	50	0	55	45
	部门（个）	68	2	84	85	0	70	47	31	78	0	85	70

注：笔者根据我国 2001 年入世的承诺，按照 Hoekman（1995）Index 频度法计算。

与世界贸易组织部分成员、特别是发达成员相比，中国服务贸易开放的深度和水平还有较大差距（见表6－6），甚至在某些方面，开放水平低于较晚加入世界贸易组织的俄罗斯。

表6－6　**WTO成员服务贸易开放承诺的比较**　单位：部门比例%

贸易模式		模式1 跨境交付			模式2 境外消费			模式3 商业存在			模式4 自然人流动		
承诺范围		无限制	有限制	未承诺	无限制	有限制	未承诺	无限制	有限制	未承诺	无限制	有限制	未承诺
市场准入	俄罗斯	64	30	6	75	19	6	25	71	4	2	93	5
	中国	22	21	57	52	3	45	2	52	46	0	55	45
	发达	64	11	25	86	12	2	39	60	1	0	100	0
	发展中	44	10	46	70	2	28	20	75	5	5	81	14
	转型	52	11	37	79	11	10	27	61	12	0	99	1
国民待遇	俄罗斯	63	33	4	69	26	5	17	81	2	2	96	2
	中国	45	1	54	55	0	45	30	20	50	0	55	45
	发达	70	5	25	95	3	2	0	97	3	17	82	1
	发展中	52	3	45	66	1	33	28	63	9	45	34	21
	转型	70	3	27	93	3	4	0	88	12	51	48	1

资料来源：WTO网站，根据世界贸易组织秘书处整理，2011年。

与开放程度较高的美国相比，中国服务贸易开放的承诺水平显得较低（见表6－7）。

表6－7　**服务业开放度中美比较**　单位：部门比例%

贸易模式		模式1 跨境交付			模式2 境外消费			模式3 商业存在			模式4 自然人流动		
承诺范围		无限制	有限制	未承诺	无限制	有限制	未承诺	无限制	有限制	未承诺	无限制	有限制	未承诺
市场准入	中国	21	21	57	52	3	45	1	52	46	0	55	45
	美国	67	12	21	84	11	5	56	43	1	0	99	1
国民待遇	中国	44	1	54	55	0	45	30	20	50	0	55	45
	美国	70	10	20	90	8	2	87	13	0	67	33	0

资料来源：WTO网站，根据世界贸易组织秘书处整理，2011年。

中国加入世界贸易组织后，与一些经济体开展了区域合作的谈判，这些区域合作也涉及服务贸易开放的内容，因此，中国服务贸易的开放程度事实上比加入世界贸易组织所承诺的水平要高。根据截至2011年中国签署的10个FTA协议中的区域服务贸易开放承诺，中国服务业开放度由高到低排列依次为：环境服务、视听服务、计算计服务、专业服务、旅游服务、保险服务、建筑服务、分销服务、空运服务、银行服务、海运服务、电信服务、娱乐服务、教育服务、邮政服务、健康和社会服务。

表6-8　**中国服务业各部门开放比例**　单位:%

	承诺开放比例	完全开放比例	部分开放比例	不开放比例
商用	60.9	22.8	38.1	39.1
通信	62.5	19.8	42.7	37.5
建筑	100	25.0	75	0
分销	100	35	65	0
教育	100	25	75	0
环境	100	25	75	0
金融	76.5	16.2	60.3	23.5
旅游	50	25	25	50
运输	20	11.3	8.7	80
娱乐	0	0	0	100
健康	0	0	0	100
其他	0	0	0	100
总体平均	67	21	46	33

注：计算方法是根据多边或区域承诺开放的部门比例（开放分部门占该项大部门比例）和开放程度（没有股权限制、部分限制、完全限制）综合计算。例如GATS项下中国对健康服务没有做任何开放承诺，开放度就为0，保险服务的开放程度是50，是因为做了部分开放承诺，有股权比例限制。区域开放度是选择了承诺水平最高的标准计算，目前CEPA水平最高，所以选的是CEPA。

（三）根据2012年前对外商投资的管理规定，服务业开放的限制主要有：

第一，不发放新的许可或者发放许可的程序冗长。

外资保险公司获得保监会（CIRC）设立省市分支保险公司的申请批复

非常缓慢。近五年里中国未发放过新的企业年金服务许可。如果申请，也需要通过人力资源和社会保障部、银监会、证监会、保监会等部委的审批，过程非常复杂。

第二，外资股权比例限制。

对外资进入中国服务业，有一定的股权比例限制。寿险比例不得超过50%的持股比例。现行法律：单一银行的外资持股占比不得超过25%，单个外资投资者持有国内银行股权比例不得超过20%。2012年中国将外资券商的股权比例从33%提高到了49%，但是仍存在比例限制。

第三，过度的资本规模要求。

电信服务和建筑服务，对外资企业资本规模要求较高，加重了外资企业负担。外资银行在中国设代表处需2年，拥有总资产约为10亿美元以上，才可以申请在中国设立。外资电信企业必须与现有内资电信企业设立合资企业，移动、固话等基础电信业务外资持股比例不得超过49%，增值电信业务外资持股比例不得超过50%。

第四，业务范围限制。

邮政快递业：仅开放包裹递送业务，维持信件的邮政专营权，并限制外资企业的网点设立数量及经营地域范围；建筑业：外国建筑公司仅可承担外方出资或是中方因技术原因无法承担的项目；法律服务：外国律师事务所可设立代表处，但不得雇佣中国注册律师。保险服务：不允许外资企业提供政治险（political risk insurance）；保险服务：外资保险公司不得经营法定财产险业务；证券公司从事A股交易受到限制。

以保险服务为例，要求投资者总资产达到50亿美元或以上，而香港保险公司多为中小型企业，因此难以进入大陆市场，而且核心业务也未开放。例如，资产管理这种在香港已经非常成熟的业务还没有开放。已经开放的行业往往审批繁复，有的审批要花一两年时间，有的申请在某个城市被批准，到另一城市又要重新申请。以香港的怡和公司曾申请在大陆设立一个4S店为例，根据“外资零售企业申请经营程序”，每一次开设分店的审批必须分别通过分店所在地区外经贸局、经贸局、工商局等7个审批部门，9道程序，每道程序大约需要10—15个工作日，合计约4—6个月。该公司曾经开过一个店，店铺租下来每月租金30万元，等所有环节走完，可以开门营业时，租金已经缴了700万元。外商投资企业强烈期待“一章通”。

以上说明，我国在服务业领域的开放不仅还有很大的空间和潜力，而且相对于经济全球化的深入发展，已经显得明显滞后了。服务业开放的滞后，有两方面原因：一方面，在许多现代服务业领域，我国的竞争力不强，属于弱势行业，从国家经济安全因素考虑，采取了实施保护与有限开放的策略；另一方面，许多服务行业部门的开放，涉及国内的法律、法规以及相关政策与国际规则（包括新规则）的接轨，即管辖国内经济活动的治理权的让渡，这与边境开放和让渡关税主权不同，是我国在加入世界贸易组织过程中以及加入后的一段时期内未曾遇到的新问题和新实践。

设立中国（上海）自由贸易试验区，目的就是为深化服务贸易领域的开放先行先试，积累经验，逐步推广。根据中国政府正式公布的该试验区的总体方案，归纳起来是五项任务，涉及90多个政策问题。

第一个任务是加快转变政府职能。主动改革，重在制度创新，不搞政策洼地。推行政府管理由注重事先审批转为注重事中、事后监管，建立一口受理、综合审批和高效运作的服务模式。加强对试验区内企业在区外经营活动全过程跟踪、管理和监督。

第二个任务是扩大投资领域开放。服务业选择金融服务、航运服务、商贸服务、专业服务、文化服务以及社会服务领域扩大开放，暂停或取消投资者资质要求、股比限制、经营范围限制等准入限制措施（银行业机构、信息通信服务除外），营造有利于各类投资者平等准入的市场环境。

实行负面清单管理。对负面清单之外的领域，按照内外资一致的原则，将外商投资项目由核准制改为备案制（国务院规定对国内投资项目保留核准的除外）。将外商投资企业合同章程审批该为上海市备案管理，工商登记和商事登记制度改革相衔接，并在试验区内试点开展涉及外资的国家安全审查，完善国家安全审查制度。

第三个任务是推进贸易发展方式转变。鼓励跨国公司设立亚太地区总部，建立整合贸易、物流、结算等功能的营运中心，深化国际贸易结算中心试点，拓展专用账户的服务贸易跨境收付和融资功能，发展离岸业务，统筹开展国际国内贸易；探索在试验区设立国际大宗商品交易和资源配置平台，开展能源产品、基本工业原料和大宗农产品的国际贸易。试点建立相适应的海关监管、检验检疫、退税、跨境支付、物流等支撑系统。

第四个任务是深化金融领域的开放创新。在试验区内对人民币资本项目可兑换、金融机构利率市场化、人民币跨境使用等方面先行先试；探索面向国际的外汇管理改革试点；促进跨国公司设立区域性或全球性资金管理中心。金融服务业对外资和民资开放，允许金融机构设立面向国际的交易平台；鼓励金融市场产品创新，支持股权托管交易机构在试验区内建立综合金融服务平台。

第五个任务是营造相应的监管和税收制度环境。采取“一线放开”：探索建立相对独立的以贸易便利化为主的货物贸易区域和以扩大服务领域开放为主的服务贸易区域。“二线安全高效管住”：加强电子账册管理，推动试验区内货物在各海关特殊监管区之间和跨关区便捷流转。试验区内企业不受地域限制，可到区外再投资或开展业务，推进企业运营信息与监管系统对接。在税收政策方面，在维护现行税制公平、统一、规范的前提下，从培育功能为导向，完善相关政策：实施促进投资的税收政策；实施促进贸易的税收政策；在符合税制改革方向和国际惯例，以及不导致利润转移和税基侵蚀的前提下，积极研究完善适应境外股权投资和离岸业务发展的税收政策。

第二节　“开放型经济”新的经济概念及其理论内涵

“开放型经济”是我国实行对外开放政策的必然结果，它经历了从工作理念到理论观点、最后成为成熟的经济理论概念的发展过程。

一　“开放型经济”的提法不断被党和国家重大决策重复

早在1978年9月，邓小平就提出要吸收外国资金、技术和管理经验，也要大力发展对外贸易，之后他经常重申这些主张。到党的十二大召开时，他正式提出了我国实行对外开放的基本政策：“独立自主、自力更生，无论过去、现在和将来，都是我们的立足点”“我们坚定不移地实行对外开放政策，在平等互利的基础上积极扩大对外交流”①。从而极大促进了我国对外经济贸易活动的发展。进入20世纪90年代后，我国货物贸易进出

① 《邓小平文选》第3卷，人民出版社1993年版，第3页。

口和利用外资双双跃上新台阶。1993年11月召开的党的十四届三中全会《决定》首次提出“发展开放型经济”。[①] 当时提出这个概念所包含的主要内容是，首先是在空间布局和区域上扩大开放，除了推进经济特区和沿海开放以外，还要着力推进沿边、沿江和内陆中心城市的开放；其次是深化外贸体制改革，加速转换各类企业的对外经营体制；最后是积极引进外来资金、技术、人才和管理经验。所以在那时，这个概念是若干工作任务的集合体，并非就是理论观点，但是已经有了新理念的萌芽，它经历了内涵不断丰富完善、理性概括层次不断升高，最后成为理论观点创新的过程。党的十五大报告中进一步提出，“完善全方位、多层次、宽领域的对外开放格局，发展开放型经济”[②]。对比过去，这里所说的“开放型经济”，增加了扩大服务贸易、积极参与区域经济合作和全球多边贸易体系、有步骤推进服务业对外开放、鼓励能够发挥我国竞争优势的对外投资，更好利用国内国外两个市场、两种资源等新内容。2000年中共中央在“十五”计划《建议》中再次提出，“进一步扩大对外开放，发展开放型经济”。指出我国应充分利用加入世界贸易组织的发展机遇，并首次提出实施“走出去”战略，努力在利用国内外两种资源、两个市场方面有新的突破[③]。

党的十六大报告总结对外开放的成就时指出，“开放型经济迅速发展，商品和服务贸易、资本流动规模显著扩大，国家外汇储备大幅度增加，我国加入世界贸易组织，对外开放进入新阶段。”并指出未来五年开放型经济发展的重点是坚持“引进来”和“走出去”相结合。[④] 为了进一步发展开放型经济，党的十六届三中全会提出了“深化涉外经济体制改革”和

---

① 中国共产党第十四届中央委员会第三次全体会议1993年11月10日通过《中央中央关于建立社会主义市场经济体制若干问题的决定》，引自《十四大以来重要文献选编》，人民出版社1996年版，第539页。

② 江泽民：《高举邓小平理论伟大旗帜，把建设有中国特色的社会主义事业全面推向二十一世纪》，1997年9月12日，引自《十五大以来重要文献选编（上）》，人民出版社2001年版，第28页。

③ 中国共产党第十五届中央委员会第五次全体会议2000年10月11日通过《中央中央关于制定国民经济和社会发展第十个五年计划的建议》，引自《十五大以来重要文献选编（上）》，人民出版社2001年版，第1389—1399页。

④ 江泽民：《全面建设小康社会，开创中国特色社会主义事业新局面》，2002年11月8日，引自《十六大以来党和国家重要文献选编（上）》，人民出版社2005年版，第5、24页。

“完善对外开放的制度保障”的改革任务。[①] 党的十六届五中全会关于“十一五”规划《建议》提出的任务是，“开放型经济达到新水平”，首次提出促进全球贸易和投资自由化便利化和实施互利共赢的开放战略。[②]

党的十七大报告宣告，我国开放型经济进入新阶段，未来的任务是提高开放型经济水平，总的要求是，扩大开放领域、优化开放结构、提高开放质量，完善内外联动、互利共赢、安全高效的开放型经济体系，形成经济全球化条件下参与国际经济合作和竞争新优势。[③] 这里第一次提出了“开放型经济体系”的概念。2010 年 10 月中共中央通过了“十二五”规划的《建议》，进一步提出完善更加适应发展开放型经济要求的体制机制，并首次提出积极参与全球经济治理和区域合作，推动国际经济体系改革的主张。[④]

党的十八大报告对开放型经济有了更完整的表述，提出全面提高开放型经济水平。适应经济全球化新形势，必须实行更加积极主动的开放战略，完善互利共赢、多元平衡、安全高效的开放型经济体系。[⑤] 对比党的十七大报告的表述，开放型经济体系的三个定语发生了调整和改变，互利共赢成为第一个定语，原来的“内外联动”改成了“多元平衡”，成为第二个定语。这种变化绝不是文字游戏，它包含着复杂的背景和深刻的含义。党的十八届三中全会的《决定》明确提出要“构建开放型经济新体制”，这是在继续扩大服务业开放和外资准入以及推出中国上海自由贸易

---

① 《中共中央关于完善社会主义市场经济体制若干问题的决定》，中国共产党第十六届中央委员会第三次全体会议 2003 年 10 月 14 日通过。引自《十六大以来党和国家重要文献选编（上）》，人民出版社 2005 年版，第 91 页。

② 《中央中央关于制定国民经济和社会发展第十一个五年规划的建议》，中国共产党第十六届中央委员会第五次全体会议 2005 年 10 月 11 日通过，引自《深入学习实践科学发展观活动领导干部学习文件选编》，中央文献出版社 2008 年版，第 93、108 页。

③ 胡锦涛：《高举中国特色社会主义伟大旗帜，为夺取全面建设小康社会新胜利而奋斗》，中国共产党第十七次全国代表大会上的报告，2007 年 10 月 15 日，引自《深入学习实践科学发展观活动领导干部学习文件选编》，中央文献出版社 2008 年版，第 286—287、311 页。

④ 《中央中央关于制定国民经济和社会发展第十二个五年规划的建议》，中国共产党第十七届中央委员会第五次全体会议 2010 年 10 月 18 日通过，引自《中共中央关于制定国民经济和社会发展第十二个五年规划的建议》辅导读本，人民出版社 2010 年版，第 43 页。

⑤ 胡锦涛：《坚定不移沿着中国特色社会主义道路前进，为全面建成小康社会而奋斗》，在中国共产党第十八次全国代表大会上的报告，2012 年 11 月 8 日，引自《中国共产党第十八次全国代表大会文件汇编》，人民出版社 2012 年版，第 22 页。

试验区举措、加快自由贸易区建设和“一带一路”建设的重大背景下提出的任务。[①] 党的十八大以后，习近平总书记也不断重申，“中国将在更大范围、更宽领域、更深层次上提高开放型经济水平”“完善互利共赢、多元平衡、安全高效的开放型经济体系”；第一次提出了“共同维护和发展开放型世界经济”的新理念。[②] 党的十八届五中全会提出，必须顺应我国经济深度融入世界经济的趋势，奉行互利共赢的开放战略，发展更高层次的开放型经济，积极参与全球经济治理和公共产品供给，提高我国在全球经济治理中的制度性话语权，构建广泛的利益共同体。并提出要丰富对外开放内涵，协同推进战略互信、经贸合作、人文交流。[③]

党的十九大报告提出，“发展更高层次的开放型经济”，其主要内容是：要以“一带一路”建设为重点，坚持引进来和走出去并重，遵循共商共建共享原则，加强创新能力开放合作，形成陆海内外联动、东西双向互济的开放格局。拓展对外贸易，培育贸易新业态新模式，推进贸易强国建设。实行高水平的贸易和投资自由化便利化政策，全面实行准入前国民待遇加负面清单管理制度，大幅度放宽市场准入，扩大服务业对外开放，优化区域开放布局，加大西部开放力度。赋予自由贸易试验区更大改革自主权，探索建设自由贸易港。创新对外投资方式，促进国际产能合作，形成面向全球的贸易、投融资、生产、服务网络，加快培育国际经济合作和竞争新优势。[④] 党的十九届五中全会《建议》提出“建设更高水平开放型经济新体制”，重点论述了立足国内大循环，协同推进强大国内市场和贸易强国建设，实现国内国际双循环相互促进。同时，积极参与全球经济治理体系改革，推动二十国集团等发挥国际经济合作功能。维护多边贸易体制，积极参与世界贸易组织改革，推动完善更加公正合理的全球经济治理体系。积极参与多双边区域投资贸易合作机制，推动新兴领域经济治理规则制定，提高参与国际金融治理能力。实施自由贸易区提升战略，构建面

---

① 《中共中央关于全面深化改革若干重大问题的决定》，2013 年 11 月 12 日中国共产党第十八届中央委员会第三次全体会议通过，人民出版社 2013 年版，第 25—27 页。

② 中共中央文献研究室编：《习近平关于全面深化改革论述摘编》，中央文献出版社 2014 年版，第 129—130、132 页。

③ 肖冬松主编：《治国理政现代化》，人民出版社 2017 年版，第 130 页。

④ 《习近平谈治国理政》（第 3 卷），外文出版社 2020 年版，第 27 页。

向全球的高标准自由贸易区网络。[①]

二　“开放型经济”已经成为中国特色的理论概念

从1993年党的十四届三中全会《决定》第一次出现“开放型经济”的提法之后28年来，伴随着我国对外开放实践的扩大和发展，“开放型经济”的提法不仅被党和国家重要文献以及领导人不断重复使用，而且其内容也不断丰富，包含了经济体系和体制、开放战略、贸易强国建设、培育参与国际经济竞争合作新优势、积极参与全球经济治理以及中国对外开放的价值观等重大理论命题，事实上它已经成为指导中国对外开放的政治经济学理论。

开放型经济理论，作为一个成熟的理性思维，其基本要件是：总结了新中国70多年对外开放的基本实践和基本经验，揭示了事物发展的客观规律；提出了我们党的价值观和追求目标；规划了未来的行动纲领。新中国70多年，特别是40多年来我国对外开放的基本实践是，不断改革不适应对外开放发展的对外经济贸易体制，全方位、宽领域、多层次努力扩大各种形式的对外经济贸易联系；顺应经济全球化发展趋势，在深度融入世界经济中发展壮大自己，并接受、适应和引领国际经济规则。我们的基本经验是，坚持独立自主、自力更生的方针，又善于利用两个市场和两种资源；在改革和开放的相互促进中统筹国内国际两个大局；在实施开放战略的行动部署中坚持两种思维，既抓住和利用机遇，又防范风险并加强安全意识。我们揭示的客观规律是：经济全球化是资本主义生产方式和世界经济发展的新的历史阶段，我国对外开放和参与经济全球化，必然使我国深度融入世界经济并参与未来开放型世界经济体系的构建，必将促进国际经济秩序朝着平等公正、合作共赢的方向发展。我们党的价值观和追求目标是：完善互利共赢、多元平衡、安全高效的开放型经济体系，构建平等公正、平衡和谐、合作共赢的开放型世界经济。我们未来的行动纲领是：构建开放型经济新体制，培育参与和引领国际经济合作竞争新优势，积极参与全球经济治理和公共产品供给，在迈向更高层次开放型经济中推动构建

---

① 《中共中央关于制定国民经济和社会发展第十四个五年规划和二〇三五年远景目标的建议》，人民出版社2020年版，第31页。

开放型世界经济，推动构建人类命运共同体。中国开放型经济理论的基本品格是实践先行与理论创新。

三　中国开放型经济理论形成的鲜明特征

（一）政治决定、实践先行

开放型经济理论的形成，离不开对外开放这个政治决定的大前提。中国实行对外开放是以邓小平为核心的中国共产党第二代领导集体的政治决定，这个政治决定来源于对世界大势的深刻认识和把握。20世纪80年代初期，邓小平对世界大势有以下清醒认识，他认为在较长时间内不发生大规模世界战争是有可能的，应当改变原来认为战争危险很迫近的看法。随着世界新科技革命蓬勃发展，经济、科技在世界竞争中的地位日益突出，没有硝烟的战争是世界的主要矛盾，这是我们党可以把工作重心转移到经济建设上来的国际环境。他还认为，经济上的开放，不只是发展中国家的问题，也是发达国家的问题，世界市场如果只在发达国家兜圈子，那很有限度。这是中国可以实行对外开放的国际条件。同时他还认为，在国际垄断资本控制世界经济和市场的情况下，封闭孤立地奋斗竞争不过他们，要靠开放政策打开出路。进入90年代以后，经济全球化加速发展，经济和综合国力的较量日益成为各国竞争的主要方式。我党敏锐洞察这一世界大势的变化，党的十五大报告首次提到了“经济、科技全球化趋势”，随后党的领导人指出，经济全球化是社会生产力和科学技术发展的客观要求和必然结果，有利于促进资本、技术、知识等生产要素在全球范围内的优化配置，是世界经济新的发展机遇，我国应当顺应潮流、趋利避害。这就为我国继续扩大开放，发展开放型经济提供了新的认识依据。因此可以说，对外开放的政治决定是中国开放型经济理论形成的政治基础和前提。

同时，中国开放型经济理论的形成过程是问题导向、实践导向的，它要解决当前和未来一个时期干什么，怎么干的问题，因此它是一个动态发展、补充和完善的过程。这与西方经济学理论以解释和验证过去发生的事情有很大不同。粗略划分，改革开放以来，我国开放型经济经历了三个发展阶段，开放型经济理论也经历了与时俱进的三个发展时期。整个20世纪80年代至90年代中期是我国开放型经济的初步发展时期，也是开放型经济理念的开始酝酿时期。这个时期的主要任务是，不断深化外贸、外汇体制改革，发展对外贸易，特别是货物出口贸易，争取更多外汇收入；吸引境外资金和技术，创办“三资企业”；创办经济特区并进而完成从沿海开放城市到沿江、沿边的对外开放的空间布局。

1994 年中国对外贸易总额迈上了两千亿美元大关，更重要的是，通过外贸体制改革的深化和出口导向型外商投资企业的成长，我国出口贸易的国际竞争优势已经形成，并能够连续创造贸易顺差。到 1990 年，我国出口商品结构中，工业制成品比重已达到 80%，1995 年，我国机电产品的出口比重上升到 29.5%，开始大幅度超过纺织品和服装的比重，首次成为中国出口的第一大类商品；1990—1994 年，外贸企业第二轮的承包经营责任制已经完成，对外贸企业的财政补贴已基本取消，外贸企业已基本成为市场主体，人民币汇率改革进入新的阶段，外汇调剂市场已演进为全国的银行间外汇市场，原先的双重汇率已变为单一汇率。外商投资企业的出口导向特征已基本形成（见表 6－10）。

表 6－10　**1990—1994 年中国对外贸易情况**　单位：亿美元;%

年份	出口	进口	差额	外资企业出口	占比重
1990	620.9	533.5	87.5	78.13	12.6
1991	719.1	637.9	81.2	120.47	16.77
1992	849.4	805.9	43.5	173.6	20.44
1993	917.4	1039.6	－122.2	252.4	27.5
1994	1210.1	1156.1	53.9	347.13	28.7

资料来源：《海关统计》，《中国统计年鉴》各有关年份。

从 20 世纪 90 年代中期至 2007 年党的十七大召开前的十多年，是我国开放型经济加速发展时期，开放型经济这一理念不断被充实、被赋予新的内涵。这个时期的主要任务是，除了继续发展对外贸易和利用外资外，重点是围绕中国恢复关税贸易总协定缔约国地位和加入世界贸易组织，开展了深化对外经济贸易体制改革和贸易自由化的新举措，以便更深入参与经济全球化的进程。这个时期，适应全球多边贸易体制的建立的要求，发展服务贸易以及要求在利用两个市场、两种资源方面有新的突破，从而把实施“走出去”战略等新的重大实践课题引入了开放型经济的理念之中。

这一时期，中国全面履行加入世界贸易组织的承诺，平均关税水平从2001年的15.3%降低至2006年的9.9%；取消了进口非关税壁垒、全面放开了对外贸易经营权。2004年4月新修订的《对外贸易法》明确将外贸经营权获得改为登记制，并删除了关于经营资格条件的要求。这个时期中国的外经贸法律法规与WTO基本规则接轨，为提高贸易政策的透明度，中国政府制定、修订、废止了近3000余件法律、行政法规和部门规章。在服务业开放中，中国承诺开放100个服务业领域，占WTO分类的服务部门的62.5%，已经全面履行承诺的有证券、建筑、旅游、教育、商业服务业等12个行业。同时，加大了知识产权保护的力度。可见这个时期“开放型经济”这一理念已经从刻画经济活动形式深入到刻画与世界经济接轨的制度、体制形式。

这一时期，开放型经济的硬实力迅速增强。1996年我国货物进出口总额仅为2900亿美元，2001年跃升为5096亿美元，2004年攀上1.15万亿美元，2006年达到1.76万亿美元，这十年间年年贸易顺差，2005年贸易顺差超千亿美元，2006年则达到1775亿美元。在吸收外商投资方面，1996年我国吸收外商直接投资达到548亿美元，之后连年保持在500亿—600亿美元，2006年达到670亿美元。随着服务业开放的扩大，服务贸易发展迅速，1996年我国服务进出口总额仅为430亿美元，2006年增长到1917亿美元，其中进口额从206亿美元增长到1003亿美元。中国企业对外直接投资从2003年的28.5亿美元跃升为2006年的211亿美元。这个时期，硬实力和软实力都为开放型经济理论的形成提供了必要的准备。

第三个时期是从2007年至2020年。党的十七大报告提出“完善内外联动、互利共赢、安全高效的开放型经济体系”，标志着中国特色开放型经济理论基本形成。2008年后发生了由美国次贷危机引发的全球金融经济危机，世界经济进入衰退、恢复和调整时期，经济全球化面临新的形势，我国的开放型经济不仅面临要培育参与国际经济竞争和合作新优势的挑战，同时又面临更深入参与全球经济治理的新机遇，这就对开放型经济的内涵以及提法提出了修改、充实和完善的进一步要求。党的十八大报告修改了开放型经济体系的三个定语的位置和提法，党的十八届三中全会提出了“构建开放型经济新体制”、党的十八届五中全会提出发展更高层次的开放型经济，完善互利共赢开放战略，这些都是在新形势下对开放型经济理论的补充和完善。

（二）与时俱进、大胆创新

对马克思主义理论的创新发展贯穿于中国特色社会主义现代化建设的各个时期。1992 年，江泽民就指出过我党对马克思主义政治经济学的新发展，“十二届三中全会通过了关于经济体制改革的决定，这个决定提出我国社会主义经济是公有制基础上的有计划商品经济，突破把计划经济同商品经济对立起来的传统观念，是对马克思主义政治经济学的新发展”①。在我国对外开放实践中产生的开放型经济理论在哪些方面对马克思主义理论有创新发展呢?

第一个理论创新是对马克思世界市场理论的创新。马克思认为，世界市场的产生和发展是资本主义生产方式的历史使命，因此，资本主义生产方式创造的是一个统一的世界市场。苏联社会主义革命成功后，斯大林认为这个统一的世界市场瓦解了，取而代之的是两个平行的世界市场，或两个对立的世界市场——资本主义世界市场和社会主义世界市场。② 在我国开放型经济理论中，突破了斯大林两个平行和对立的世界市场的理论，我们说的两个市场，是指国内国外两个市场，主要是按照不同主权国家利益和经济制度划分的市场，而不是按照政治制度和意识形态特征来划分的市场；这两个市场不是对立的，而是相互影响、相互渗透的市场，从而融合形成“开放型的世界经济”（习近平语）。因此我们需要充分利用两个市场和两种资源。

第二个理论创新是对马克思国际分工理论的创新。马克思认为，在一个统一的资本主义世界市场体系中，少数工业国家利用技术优势，形成对生产条件的垄断，扩大与落后国家的差距，将落后国家长期固定于不利的国际分工地位。③ 在第二次世界大战之前，这确实是国际分工体系的真实

---

① 江泽民：《加快改革开放和现代化建设步伐，夺取有中国特色社会主义事业的更大胜利》，中国共产党第十四次全国代表大会上的报告，1992 年 10 月 12 日，引自《十四大以来重要文献选编》，人民出版社 1996 年版，第 6 页。

② 1951 年斯大林写给“经济问题讨论会”有关经济问题的意见，引自斯大林《苏联社会主义经济问题》，人民出版社 1979 年版，第 23 页。

③ 马克思：《关于自由贸易的演说》，1848 年 1 月 9 日发表于布鲁塞尔民主协会的公众大会上，《马克思恩格斯全集》第 4 卷，人民出版社 1958 年版，第 444—459 页。

写照。第二次世界大战以后，围绕这种分工格局，出现过“中心—外围”说、“比较优势陷阱”等理论，但是随着科学技术的发展和国际分工的深化，类似“亚洲四小龙”这样的新兴经济体脱颖而出，原有的国际分工格局被打破，世界呈现多极化发展趋势，国际分工理论滞后于实践的发展，暴露了局限性。中国的开放型经济理论顺应和总结了世界经济新的发展趋势，不仅提出了发挥我国比较优势，积极参与国际分工，大力发展对外经贸易活动的主张，而且提出了攀升全球价值链新台阶的战略目标，提出了“培育参与国际经济竞争与合作新优势”的新要求，成为马克思主义国际分工理论创造性运用的典范。

第三个理论创新是对毛泽东三个世界划分理论的创新。20 世纪 70 年代初期，毛泽东提出了三个世界划分的重大理论观点，而且搞了“一条线”的战略，即与日本、欧洲和美国结成统一战线以应对苏联霸权主义的主要矛盾。① 在这个理论指导下，中国的对外经济贸易关系也有了恢复和发展，1975 年在邓小平实行整顿工作的当年，中国进出口总额达到 147. 5 亿美元，创中华人民共和国成立以来最高水平，而且从 1970 年以来的 5 年年平均增长速度高达 26. 3% 。进入新的时期，特别是“冷战”结束以后，如何在对外开放新形势下回答“谁是我们、谁是合作伙伴、谁是敌人?”这一国际政治经济学的最大问题，摆在了新一代领导人的面前。邓小平提出了对外开放是向西方发达国家、苏联东欧国家、第三世界发展中国家全方位开放的主张；一再重申中国坚持独立自主、自力更生的立场不变、坚持反对一切侵略和霸权主义的立场不变、坚持用和平共处五项原则处理国际关系的立场不变、坚持建立国际经济新秩序的立场不变。② 邓小平的思想突破了传统战略思维，为新形势下我们反对什么找到了战略方向。1992 年江泽民分析了世界多极化趋势导致“大国关系不断调整，多个力量中心正在形成。广大发展中国家总体实力增强，地位上升，成为国际舞台上不容轻视的一支重要力量。……世界多极化格局的形成尽管还是一个长期的过程，但这种趋势已成为不可阻挡的历史潮流”③。这个分析指明

① 《邓小平文选》第 3 卷，人民出版社 1993 年版，第 127 页。

② 《邓小平文选》第 3 卷，人民出版社 1993 年版，第 3、70、98—99、281—283 页。

③ 江泽民：《关于建立社会主义的新经济体制》，1992 年在中央党校省部级干部进修班上的讲话，引自江泽民《论社会主义市场经济》，中央文献出版社 2006 年版。

了中国与经济全球化趋势中的历史方位，以及中国与新兴力量的关系。胡锦涛指出，在世界多极化和经济全球化深入发展中，必须建立和谐世界，致力于全球经济和谐发展，“各国应该重视并采取有效措施推动经济全球化朝着均衡、普惠、共盈的方向发展，努力缓解发展不平衡问题”“努力建立开放、公平、规范的多边贸易体制，实现优势互补、互利共赢，使所有国家都从中受益”[①]。这个声明反映了我国参与经济全球化的价值观和目标追求。习近平根据世界经济深度调整和我国开放型经济深入发展的新形势，提出了共建“一带一路”的新理念，这既是我国扩大开放的行动纲领，又是扩大开放的理论指引，成为我党继三个世界划分理论脉络的又一个新的理论创新成果。共建“一带一路”理念，继承了邓小平在对外开放形势下的战略新思维，从江泽民、胡锦涛的分析和声明中获取了更高层面的理性认识来源；既具有想象和憧憬，又具有行动感；既具备地缘政治经济学的主要特征，又具备具体的战略思维逻辑，回答了“谁是我们”（基于一带一路沿线60多个国家）、“谁是伙伴”（不限于一带一路沿线的所有经济体）、“谁是敌人”（霸权主义、发展不平衡、不公正和不合理的国际经济政治秩序以及一切威胁人类安全与和平发展的行为），从而也更具有广泛的号召力和影响力。这个理论观点的创新，使开放型经济理论更加丰满。

第三节　“开放型经济”“六个一”命题的政治经济学理论含义

从党的十四届三中全会《决定》到十九届五中全会《建议》历时28年，党关于“开放型经济”的许多反复重申和表述，已经形成了“六个一”的逻辑命题：一个开放型经济新体系，一个开放型经济新体制，一个开放型经济新优势，一种中国与世界经济平衡的新方式，一种全球经济治理的新路径，一个开放型经济建设目标的新价值观。怎样归纳总结这“六个一”的命题呢？毛泽东指出：“我们要以生产力和生产关系平衡和不平

① 胡锦涛：《促进中东和平　建设和谐世界》，2006年4月23日在沙特阿拉伯王国协商会议的演讲，《人民日报》2006年4月24日。

衡，生产关系和上层建筑的平衡和不平衡，作为纲，来研究社会主义社会的经济问题，政治经济学研究的对象主要是生产关系，但是要研究清楚生产关系，就必须一方面联系研究生产力，另一方面联系研究上层建筑对生产关系的积极作用和消极作用。”① 因此，“六个一” 命题可以归纳为这样一个政治经济学总命题：在国际阶级矛盾不采取对抗（战争）的情况下，如何分析和处理两个市场中的生产力与生产关系、经济基础与上层建筑的相互关系与矛盾。在两个市场中，国内生产力与国外生产力的同一性多，矛盾性少；但在一定条件下也会转化，也会走向各自的反面。而国内生产关系、上层建筑与国外生产关系、上层建筑的矛盾多，同一性少。例如，在实行对外开放后，我们就会遇到中国外贸发展与世界市场空间的矛盾，它反映了中国生产力发展与世界生产力之间的矛盾；我们就会遇到市场准入、资本自由流动、人民币汇率、外汇管理等问题，它反映了中国的生产力发展与国内外生产关系的矛盾；我们还会遇到国际经贸规则、多双边组织规则以及全球经济治理及其观念问题，这就是中国的经济基础与世界性上层建筑的矛盾。在发展中国开放型经济中，如何处理国内生产力与世界生产力的互动关系；如何处理生产力发展与国内外生产关系、国内外上层建筑的关系与矛盾，这就是中国开放型经济发展中的基本政治经济学问题。

一　构建开放型经济新体系

如何构建中国开放型经济新体系，涉及全方位、多层次、宽领域的对外开放，确保安全高效最重要。首先要坚持对外开放与独立自主、自力更生的统一，这是中国经济建设的基本方针，也是中国特色社会主义政治经济学的基本逻辑。这个道理看似简单，实际上世界上少有发展中国家能够做到。依附西方大国，成为西方大国经济附庸，多数都发展不起来，闭关锁国，只能更落后。中国的成功经验具有世界性意义。中国开放型经济体系的建设，是一个国内生产力与世界的生产力以及开放型的生产关系、上层建筑不断互动、不断改革和促进的渐进式过程，不可能一蹴而就。因此寻找一条适合中国发展开放型生产力的道路至关重要。

---

① 《毛泽东文集》第8卷，人民出版社1999年版，第130—131页。

互利共赢，是这个开放型经济体系的第一个属性。首先当然是中国自己市场的开放。货物与服务市场的开放都是贸易伙伴关切的问题，除了关税和非关税壁垒，还要实现市场的公平竞争。其次是中国企业对外投资活动的福利效应。对东道国的就业、贸易创造以及税收产生了什么结果。如果只对自己有利，而对东道国贡献甚少，那就可能产生"新殖民主义"的曲解。最后是要研究贸易的国际规则对不同国家的影响，公平合理的国际经济秩序对国际规则制定有哪些要求。最早西方发达国家鼓吹贸易投资自由化，说自由贸易的中性规则（或竞争中立）可以使交易双方都有利。中国接受了这个说法和人家制定的商业规则，并努力使自己适应和运用规则，创造条件使自己在交易中获取相应利益，但这是需要付出代价的，而且也不是每个发展中经济体都能够像我们这样做到。因此所谓的"中性规则"其实并非完全公平合理。现在我们已经成长为贸易投资大国，而且有条件接过贸易投资自由化的旗号去与西方发达国家交涉自己应得的利益，对发达国家而言，贸易投资自由化也好、中性规则也罢，在一定程度上已经成为我们的武器。但是，如果我们今天拿着这些说辞去对第三世界的穷国说，就显得虚伪了。在发达国家面前，我们需要研究如何加强在规则制定中的能力，同时研究如何让这些规则照顾不发达国家的利益。在发展中国家面前，我们需要研究对双方都有真实利益的商业规则。

多元平衡，是这个开放型经济体系的第二个属性。我们讲的多元平衡，主要是三方面的平衡。首先是中国经济的内在性与外部条件的平衡，集中表现为内外需的平衡。通常外需指的是商品和服务的净出口，由国际收支平衡表中的经常项目反映。同时要兼顾促进国内经济平衡的政策与贸易伙伴利益得失的平衡。其次是与贸易伙伴利益关系的平衡，集中体现为进出口贸易平衡以及资本进出流动的平衡。其衡量标准不仅要看国际收支，还要看贸易投资活动的互补性以及双方社会福祉的增进。最后是国内深化改革与营商活动规则日益国际化之间的平衡。

安全高效，是这个开放型经济体系的第三个属性。资本主义经济危机是资本主义生产方式不可克服的内在矛盾，资本主义世界的经济金融危机从来就没有间断过。因此我们一方面要大胆开放，利用国外市场和资源，另一方面要防范危机对我们的冲击。防范经济金融风险是我国开放型经济体系必须具备的安全阀。因此要研究这个安全阀的设计、制造、安装、监测以及运行管理。所谓高效，是要求这个开放型经济体系的运行成本最低化、效率最大化。因此要研究是什么因素导致成本高、效率低。一般而言，体制障碍导致制度的交易成本高、效率低；机制障碍导致管理成本高、效率低；技术障碍导致操作成本高、效率低。

二　构建开放型经济新体制

构建开放型经济新体制提出的政治经济学命题则是，在开放型经济发展中，中国的生产关系和上层建筑如何吸收国外生产关系和上层建筑中的有益成分，从而把中国的经济体制改革成为有效促进生产力发展的开放型经济新体制。国外的，特别是西方国家的生产关系和上层建筑，既有反映其制度属性和价值观的内容，也有反映社会化大生产的人类生产文明和科学文明，如适应贸易自由化和经济全球化的规则、制度；多边组织、国际组织的条约；等等，以及世界市场在长期运行中形成的国际惯例，等等。我们要分清这两者的区别，不断适应和吸收后者，使其为我所用。当然这种适应和吸收，也不能是盲人摸象和囫囵吞枣，应当掌握时机和节奏，顺势而为。

（一）建立与服务业扩大开放相适应的新体制和新机制

由于我国服务业开放程度还不够，因此要促进服务业开放潜力的释放。关于我国产业开放度的研究已经有不少文献，但是承诺开放与实际开放的差别需要在研究中加以区别。承诺开放可以从中国在多边贸易体系或各种区域合作的议定书和协议中找到，但这不等于实际开放，还需要从服务业吸收外资的数量和结构中服务贸易发展的数量和结构中以及在国际比较中发现需要改进的空间。

（二）营造具有法治化、国际化的营商环境

重点是如何进行法律、法规的修订和重建。要研究“国际化”的坐标是什么，它是静态的还是动态的过程，我们的建章立规工程如何适应动态化的国际规则。要研究塑造新的营商环境的主要内容，在不依靠优惠政策体现的条件下，优良的营商环境需要哪些条件和努力，建设法治化、国际化营商环境的主要措施。

（三）促进政府管理方式的转变

要推进贸易便利化改革涉及的有关问题，如海关等各监管部门的协调

以及如何简化程序提高效率；要研究投融资改革，如何适应准入前国民待遇和实行负面清单管理，从重事前审批转为重事中事后监管；要研究服务产品市场化所涉及的问题，如市场构建、价格改革以及市场监督管理等问题；要研究人员流动以及劳动力市场管理改革、境外人员居留等一系列管理改革；要研究信息沟通所涉及的网络、移动互联等领域扩大开放后所面临的管理工作的转变和完善。

三　培育参与和引领国际经济合作竞争新优势

它提出了如何在开放环境下，培育和形成中国生产力中的国际竞争力规律问题。正如列宁所说："劳动生产率，归根到底是使新社会制度取得胜利的最重要最主要的东西。"[①] 改革开放 40 多年来，中国制造业已经创造了持久不衰的国际竞争力，支撑了中国对外贸易持久发展的奇迹。对此，用西方国际贸易教科书的理论难以解释，西方的洋教师爷不能、也不愿意解释，这就给美国政客挑起贸易战留下了恶意想象的借口。显然，这个任务只能由中国自己的开放型经济学去完成。新中国 70 多年，特别是改革开放 40 多年的实践说明，中国制造业持久不衰的优势来自各种优势叠加，是一种综合的竞争合作优势。按照实践逻辑和历史逻辑的顺序，中国制造业国际竞争力的优势叠加过程是：要素禀赋优势、开放合作优势、基础设施和产业集聚优势、大规模市场优势、网络技术与分工创新优势，这种综合竞争合作优势的形成过程同时也是与中国市场化改革的各种举措相互促进的过程。在向更高层次的开放型经济发展进程中，培育和发展国际合作竞争新优势的基本经验是：

第一，新的技术和分工优势。随着我国产业的技术进步和资本有机构成的提高，以及资本要素价格均等化趋势的作用，我国部分产业中资本和技术密集的要素禀赋优势正在形成，如高铁设备和一些基础设施装备，这些产品将成为我国有国际竞争力的产品；随着我国教育和职业技术教育的发展，新一代劳动者的文化教育水平已经明显提高，相对低廉的人力资本将成为我国新的劳动要素禀赋优势，进而成为一些新产业和新产品在国际市场有竞争力的产品。特别是进入 21 世纪之后，互联网在我国内外贸易

---

① 《列宁全集》第 37 卷，人民出版社 2017 年版，第 18 页。

中广泛运用，出现了网络服务平台服务商和运营商，引起了分工的进一步细化、专业化，形成了新的供应链网络，涌现了各类跨境电商的新业态、新企业组织、新商业模式，提高了中国产品的国际竞争力。

第二，“走出去”形成的价值链、供应链优势。随着我国企业境外投资的发展，不仅布局国际生产，而且形成国际营销网络，形成由我国企业自主的价值链和供应链网络，这将使我国经济利用两个市场、两种资源的国际竞争力大大增强。

第三，超大规模国内市场优势。2020 年我国货物贸易进口额达到 2.60 万亿美元左右，向全世界提供了 11.5% 的货物市场份额，服务进口达到 6000 亿美元左右，提供了 8.5% 左右的世界市场份额。这样庞大的贸易规模必然吸引全世界投资者的关注和青睐，必然对我国在全球资源配置中主动作为提供有利因素和必要条件。

第四，体制优势。如何使我国社会主义市场经济体制成为参与国际经济合作与竞争的优势要素，是一个需要研究的课题。尽管现阶段我国社会主义市场经济体制还不完善，但它继续完善和与时俱进的更新动力很强，自我发展能力也很强；而国际经济领域中的规则和制度规范也是一个不断发展和变化的过程，在某种意义上说，发达国家一旦适应原来的国际规则，它要比发展中国家更不适应需要不断变化的国际规则，特别是不适应世界多极化发展趋势影响下的国际规则变化。而我国的社会主义市场经济体制的更新和发展能力恰恰具备这种适应国际经贸环境变化的优势。而且，我国的社会主义市场经济体制，不仅强调“有效的市场”，而且也强调“有为的政府”，从而使我国经济体制的竞争力得到更有力的保障。

四　构建中国与世界经济新的宏观平衡

怎样建立中国与世界经济的平衡关系？实际上是要回答中国开放型经济与世界主要大国的经济政策协调问题，即国内外生产关系和上层建筑的协调问题。西方国际经济学理论以单一的、静态的价格、汇率作为世界经济均衡的分析工具，并以这个理论作为世界经济宏观调控的依据，作为干预别国汇率政策和国际收支的观察工具，成为西方国际经济学的“经典理论”。中国开放型经济理论主张“互利共赢”和“多元平衡”。它既包括货物贸易平衡，也包括服务贸易平衡；它还包括资本流动平衡、国际分工的地理和生产力布局平衡；在此基础上合作双方或多方的利益平衡，以及由此出发的各国经济政策的协调平衡。这是中国“统筹兼顾”的政治经济学思想在对外关系中的运用，也是中国开放型经济学宏观理论的重要观点。中国提出的共建“一带一路”的倡议和实践，诠释了中国的理论和方案。

“多元平衡”是中国开放型经济学宏观理论的重要观点。党的十八大报告中明确提出要实现以“互利共赢、多元平衡、安全高效”为目标导向的开放模式。“多元平衡”突破了西方仅追求贸易平衡、过度运用汇率手段的局限性。在国际分工体系下，中国作为“世界工厂”的要素配置效率最高，是经济客观规律发展的必然性。“一带一路”倡议不仅遵从这个客观规律，而且按照这个客观规律辐射和带动周边经济体的产业分工和发展，促进双边、区域的贸易和投资，以期实现多元平衡。而且，“一带一路”倡议通过开辟陆路国际贸易和投资，避免中国出口市场的过度集中，减少贸易摩擦。与西方的平衡观不同，中国的多元平衡是通过扩大生产分工和开辟新的经济分工合作区域来平衡贸易盈余，是一种新的平衡观的创新实践。习近平总书记提出的“国内国际循环相互促进”是新的动态平衡观，进一步发展了中国与开放型世界经济的平衡理论。未来中国经济所要参与的国际循环，以及实现国内循环与国际循环的相互促进，绝不应当仅仅局限于共建“一带一路”经济地理意义上的新循环，而应当立足于技术创新引领的以塑造新产业为核心的国际循环以及内外相互促进。中国塑造的国际新产业链将以这些产品为主要特征，依托国内超大规模市场优势，形成要素禀赋、产业配套、开放合作、技术创新叠加的综合竞争优势，形成中国生产核心技术产品和部分一般中间品、部分最终品，出口核心技术产品和部分一般中间品；进口部分一般中间品和部分最终品的国际循环新格局，形成国内国际循环互相促进。打通国内国际循环，形成产品一体化、市场一体化、要素一体化、供应链一体化的双循环格局。

五　参与全球经济治理的中国新方案

探寻全球经济治理的新路径事实上是改革当今世界经济体系上层建筑的呼声。今天我们的时代主题是和平与发展，世界人民最基本的利益诉求是经济发展和改善民生。国际经济秩序、国际关系和代表“世界政府”的国际组织应当建设能够保护和促进世界生产力发展、维护世界各国人民普遍利益的全球治理体制，实行政治理念的民主化、组织机制的多边主义；反对霸权主义和单边主义；实行国际公共产品“共商共建共享”的供给与消费方式，反对霸权国家“一国优先”的治理模式。改革和完善全球贸易治理、金融治理、能源与粮食治理、网络与数据治理、公共卫生治理以及地区安全球经济治理就是生产和提供一种全球公共品。国际公共产品，第一类是各种技术标准和国际商业规则，包括多边的国际规则和区域的国际规则。第二类是主权经济体为国际规则提供运行载体和平台所提供的成本，还包括为特殊国际经济问题提供的援助，这些都属于全球或国际性的公共品。这种公共品的供给与供给能力有关，供给能力取决于经济硬实力，也取决于文化软实力。硬实力以经济、金融、科技和重要资源为后盾，软实力则需要话语权以及自身的体制、机制的优势。因此，我国应在不断扩大开放中增强国际性公共产品的供给能力，从而更有效地参与全球经济治理。

还要研究我国参与全球经济治理的新议题、新内容。国际金融治理、气候变化与国际能源治理都是关系我国经济建设、生态文明建设的大问题，也是全球性的共同问题，中国作为经济大国、能源生产和消费大国，既具有国际义务和责任，也有提出参与治理的权利。同时随着数字经济、数字贸易的发展，有关数字贸易的国际规则和数据传输的自由与安全问题，也必然成为国际规则制订的聚焦点，我国是数字经济和数字贸易大国，也需要着手研究这些新议题，积极提出全球治理的中国方案。

六　构建人类命运共同体的新价值观

提出开放型世界经济的新价值观，实际上是要树立一种全人类利益的理念，一种维护开放型世界经济体系的意识形态，这就是当今世界的意识形态要与世界的经济基础相适应的政治经济学命题。当初，中国实行对外开放的时候还只是一个在经济总量上很不起眼的穷国，我们的目标还只是实现人民生活的小康水平，还谈不上有多大世界性的影响。经过 40 多年改革开放的发展，中国已经成长为世界第二大经济体，世界第一贸易大国，历史已经把中国推到了世界舞台的中心，世界希望中国承担更大的责任和使命。当中国已经全面建成小康社会，实现第一个百年奋斗目标，并开启全面建设社会主义现代化国家建设目标的征程，为实现第二个百年奋斗目标继续前进的历史关头，中国建设开放型经济的追求目标和价值观导向就成为全世界瞩目的重大问题。

中国共产党洞察这一重大的历史转折，对我国对外开放的追求目标和价值观导向进行了调整并进行了新的宣示。2012 年党的十八大报告就明确提出“要倡导人类命运共同体意识，在追求本国利益时兼顾他国合理关切”。[①] 之后习近平总书记相继提出了构建开放型世界经济和构建人类命运共同体的新理念。正如他所说，“中国共产党是世界上最大的政党。我说过，大就要有大的样子。中国共产党所做的一切，就是为中国人民谋幸福、为中华民族谋复兴、为人类谋和平与发展。”[②] 大国大的样子，那就是要承担更多的人类责任。不仅要承担发展世界经济、增进人类福祉的责任，而且还要与世界各国一起共同克服日益增多的普遍性问题：霸权主义、地区安全、恐怖主义、气候变化、自然灾害、疾病和公共卫生等。当人类的生存与发展成为世界性问题的时候，任何民族与国家都不可能置身事外，独善其身，更不可能做到以邻为壑、嫁祸于人。

中国开放型经济建设的追求目标和价值观导向的转变，不仅标志着中国已经成长为世界性的贸易投资大国和经济大国，而且标志着中国开放型经济的治理体系和治理能力正在提高和完善，还标志着中国共产党在开放型经济理论上思考和总结正在走向成熟。它必将对世界经济发展的进程产生重大影响，对世界人民的命运产生重大影响，从而也将对世界历史的发展产生重大影响。

总之，中国开放型经济理论的政治经济学逻辑，不仅要求保护和发展中国的生产力，也要求保护和发展世界的生产力；不仅要求改革和完善中国的生产关系和上层建筑，也要求改革和完善世界经济体系的生产关系和上层建筑。这就大大拓展了马克思主义政治经济学的领域和空间，是 21 世纪马克思主义政治经济学的新发展。

---

① 《中国共产党第十八次全国代表大会文件汇编》，人民出版社 2012 年版，第 43 页。

② 《习近平谈治国理政》（第 3 卷），外文出版社 2020 年版，第 436 页。

第四节 中国自主渐进式贸易自由化的规律性总结

一 坚持独立自主与对外开放相统一

中国经济建设的基本方针是“独立自主、自力更生”。早在新中国初期的20世纪50年代，毛泽东就多次阐述独立自主、自力更生与争取外援的关系。毛泽东的独立自主包括三个含义：独立地确定经济建设的目标和任务；不容许帝国主义国家的干涉；不接受苏联指挥棒的指挥。自力更生的含义主要是依靠国内经济循环。1982年邓小平告诫全党：“中国的事情要按照中国的情况来办，要依靠中国人自己的力量来办。独立自主、自力更生，无论过去、现在和将来，都是我们的立足点。”[①] 2013年12月，习近平在纪念毛泽东诞辰120周年座谈会上阐述了独立自主的时代内涵，强调独立自主“是我们党全部理论和实践的立足点，也是党和人民事业不断从胜利走向胜利的根本保证”。[②] 这个方针与对外开放并不矛盾。它同时要求我们顺应世界大势和生产力发展的客观规律，善于利用两个市场和两种资源；在改革和开放的相互促进中统筹国内国际两个大局；在实施开放战略的行动部署中坚持两种思维，既抓住和利用机遇，又防范风险并加强安全意识。

二 从计划体制转向开放、贸易自由化的基本途径和规律

改革开放是中国实现历史性转折的伟大实践，中国从计划体制下的封闭、半封闭走向开放，更是波澜壮阔般亿万人民群众参与的活动，尽管这些史诗般的故事内容丰富、精彩纷呈，但所有故事基本都围绕三对关系、六条线索展开：第一是行业（产品）开放与区域开放的关系；第二是对居民开放与对非居民开放的关系；第三是边境开放与边境后开放的关系。中国制度变迁路径是一种渐进式开放路径。从1980年创办的经济特区，到

---

① 《邓小平文选》第3卷，人民出版社1993年版，第3页。

② 习近平：《在纪念毛泽东同志诞辰120周年座谈会上的讲话》，《人民日报》2013年12月27日第2版。

2001 年加入 WTO，再到 2013 年后的自由贸易试验区、自贸港，都是在演绎这些基本关系并不断升级。由于开放的速度、节奏不同，在开始阶段，每对开放关系中的二者之间的开放程度往往分离，随着开放的逐步深入，两者逐渐呈现趋近和融合趋势。

（一）行业（产品）开放与区域开放的关系

从第一对关系（行业、产品开放与区域开放）看，中国遵循的是"点—轴—面"的实践路径。行业（产品）开放和区域开放主要涉及国外产品的行业准入和空间准入问题，开放方式是减少关税与非关税壁垒。不管是行业开放还是区域开放均走的是渐进式开放路径，从局部地区和部分行业开始，逐步将强制性与诱致性相结合的成功经验复制到全国和全行业，进而实现产业上下游和区内外开放的联动。在行业选择上，从制造业领域开始，在某些敏感行业，采取逐步减让关税的策略。在区位选择上，以"园区式"开放模式集聚政策资源是中国渐进式开放的基本经验，从 20 世纪 80 年代经济特区，20 世纪 90 年代海关特殊监管的保税区，到 2000 年建立的出口加工区、保税港区，再到 2007 年开始建立的综合保税区，直到 2013 年开始建立的自由贸易试验区，中国对外开放一直以"园区式"开放作为行业开放和地区开放不断融合的突破口。当前中国对外开放已经进入了新阶段，对标国际最高开放标准的自由贸易港开始启动。随着开放进程的不断加快，经济功能区相关政策陆续在各地复制推广，区域开放与行业开放不断趋近并接近融合。

（二）对居民开放与对非居民开放的关系

从第二对关系（对居民开放与对非居民开放）看，中国遵循的是市场准入的所有制差别待遇到国民待遇的实践路径。对居民与非居民的开放也是从分离开始的。对居民的市场准入政策主要体现于《政府核准的投资项目目录》的不断调整。在改革开放初期，由于市场经济不完善、民营企业小而散等问题，在关系到国计民生且具有公共品属性的上游行业，政府对民营企业设置了市场进入限制，随着市场经济的日臻完善，上述行业对民营企业的限制越来越小。对非居民的准入政策也在不断放宽，由投资准入的正面清单到负面清单、从差别待遇到准入前国民待遇。在金融领域，对居民与非居民的开放顺序也有所不同，由对非居民资金存放、金融市场投资等业务的差别待遇，如股票市场投资的居民与非居民差别，发展到合格的机构投资者（QFII 和 QDII）以及沪港通、深港通的部分融合，再发展到上海自由贸易试验区居民与非居民金融业务的逐步趋向接近。

（三）边境开放与边境后开放的关系

从第三对关系（边境开放与边境后开放）看，中国遵循的是先“边境开放”、后“边境后开放”的实践路径。货物贸易属于“边境开放”内容，而服务贸易与投资主要涉及“边境后措施”。在对外开放的初始阶段，货物贸易开放与服务贸易开放也是分离的，中国遵循的先“边境开放”、后“边境后开放”的实践路径可以解决不同阶段中的主要矛盾。由于货物贸易较少涉及国内市场规制问题，且存在劳动力禀赋引致的要素优势，市场开放意愿相对较高，体制障碍相对较低，因此中国货物贸易开放步伐相对较快，2019 年中国平均关税率降为 7.5%，而服务贸易和投资开放程度仍然相对较低。中国金融、电信、物流等服务行业，发展起点低，国内体制机制改革面临的障碍较大，且全面大范围开放会引致巨大的经济冲击（吸取了 1998 年亚洲金融危机的深刻教训），因此服务业开放速度较慢。2013 年之后，随着中国服务业的不断发展，中国开始逐步放宽服务业的市场准入，金融等领域中外资持股比例限制逐步减少，外资金融机构在华业务范围持续扩大。在投资领域同样如此，改革开放初期中国面临两个主要问题，一是国内资本供给不足，亟须招商引资，二是中国各行业发展不平衡，需要保护幼稚产业。基于此，中国在不同行业实施了具有差异化的外资准入管制机制，在制造业竞争力较强的部门，率先降低投资的市场准入门槛，在汽车等敏感行业仍保留部分限制直至 2019 年才取消。随着中国科技水平的不断提升，这些行业取得了较大进步，放宽外资持股比例限制可以从根本上提升这些行业的竞争力，从而使中国制造业实现更为平衡、更为充分的发展。在金融领域，上海自由贸易试验区设计了封闭的自由贸易账户，通过电子监控手段使边境后开放与边境开放（在区内设立外资银行）成功融合。电子网络与物理网络监管相结合，成为自由贸易试验区在服务贸易领域扩大开放、边境开放与边境后开放融合发展的创新方式。

改革开放 40 多年来，中国经济领域对外开放的基本规律就是在不断寻找这三对关系中六种开放形式不断趋近和融合的突破口，探寻它的发展路径，得出的基本经验就是：不断分解矛盾（包括时空矛盾和对象矛盾）、先易后难，摸着石头过河，通过顶层设计，以特殊政策突破体制束缚，从而为经济从封闭向开放转型开辟道路。揭示中国对外开放的基本实践和基本规律，不仅为中国特色开放型经济理论建立了重要的理论支撑，而且也成为中国开放型经济学的基本学术范式，即实践逻辑、历史逻辑与经济学理论逻辑的三者统一。

第七章 “中国制造”国际竞争力持久不衰的微观理论

第一节 中国外贸发展奇迹与美国对华贸易战

一 中国成长为世界贸易大国的奇迹

1981 年中国货物贸易总额只有 440 亿美元，占世界比重只有 1% 左右；1988 年贸易总额跃上千亿美元台阶，2000 年为 4700 亿美元左右，20 年增长了 10 倍，后 20 年再增长了近 10 倍，超过 46000 亿美元，占世界比重达到 13.13%（见表 7－1）。

表 7－1 **中国货物贸易发展及占世界比重指标** 单位：百万美元

年份	中国货物进出口总额	出口额	进口额	世界货物进出口总额	中国占比（%）	世界出口额	中国出口占比（%）	世界进口额	中国进口占比（%）
1981	44021	22007	22014	4084874	1.08	2014387	1.09	2070487	1.06
1985	69602	27350	42252	3968406	1.75	1952890	1.40	2015516	2.10
1988	102784	47516	55268	5834189	1.76	2868916	1.66	2965273	1.86
1990	115436	62091	53345	7089714	1.63	3489739	1.78	3599975	1.48
1994	236621	121006	115615	8756837	2.70	4328264	2.80	4428573	2.61
1995	280864	148780	132084	10452892	2.69	5167620	2.88	5285272	2.50
2000	474297	249203	225094	13101511	3.62	6454020	3.86	6647491	3.39
2005	1421906	761953	659953	21295555	6.68	10510292	7.25	10785263	6.12
2007	2176572	1220456	956116	28300850	7.69	14032003	8.70	14268847	6.70

续表

年份	中国货物进出口总额	出口额	进口额	世界货物进出口总额	中国占比（%）	世界出口额	中国出口占比（%）	世界进口额	中国进口占比（%）
2010	2974001	1577754	1396247	30742085	9.67	15303993	10.31	15438092	9.04
2013	4158995	2209005	1949990	37936065	10.96	18969946	11.64	18966119	10.28
2015	3953034	2273468	1679566	33291654	11.87	16558147	13.73	16733507	10.04
2019	4577843	2499457	2078386	38298847	11.95	19014680	13.14	19284167	10.78
2020	4646873	2591121	2055752	35395026	13.13	17582919	14.74	17812107	11.54

资料来源：https：//data.wto.org/。

中国服务贸易起步较晚，1990 年其总额只达到 98 亿美元，占世界比重只有 0.6%，到 2019 年总额超过 7786 亿美元，占世界比重达到 6.6%（见表 7－2）。

表 7－2 **中国服务贸易发展及占世界比重** 单位：百万美元

年份	中国服务进出口总额	出口额	进口额	世界服务进出口总额	中国占比（%）	世界出口额	中国出口占比（%）	世界进口额	中国进口占比（%）
1990	9861	5748	4113	1611689	0.61	788672	0.73	823017	0.50
1994	32135	16354	15781	2089771	1.54	1042530	1.57	1047241	1.51
1995	43065	18430	24635	2368558	1.82	1179435	1.56	1189123	2.07
2000	66004	30146	35858	2955059	2.23	1491319	2.02	1463740	2.45
2005	157253	73909	83344	4900459	3.21	2516187	2.94	2384272	3.50
2007	250913	121654	129259	6595826	3.80	3421351	3.56	3174475	4.07
2010	353384	161210	192174	7441121	4.75	3827680	4.21	3613441	5.32
2013	534142	204718	329424	9025727	5.92	4644377	4.41	4381350	7.52
2015	650545	217570	432975	9718082	6.69	4929609	4.41	4788473	9.04
2019	778618	281651	496967	11796264	6.60	6065637	4.64	5730627	8.67
2020	615745.49	235209.04	380536.45	9679000	6.36	5005000	4.70	4674000	8.14

资料来源：https：//data.wto.org/，2020 年数据来自 https：//data.worldbank.org/。

中国经济的崛起以及对外贸易发展的奇迹，引起了美国政治精英的疑忌，他们在奥巴马政府时期就开始把中国列为“战略竞争对手”，遏制中国发展日益成为美国政府对华政策的基本走向。代表美国极右势力和民粹思潮的特朗普上台后，中美关系进入逆转。

二　美国发起对华贸易战

2018 年 7 月 6 日，特朗普政府挑起的对华贸易战打响，中国被迫反击，世界瞩目。人们不仅关心谁是谁非，还应当关心这是非背后的道理。美国指责中国采取不公平贸易，依据是什么？唯一的依据就是美国对中国的货物贸易逆差，这在全球多边贸易规则中根本找不到根据。中美在货物贸易领域的差额，是中美经济结构、产品国际竞争力、美元在国际货币体系中的地位等多种市场因素相互作用和公平竞争的结果，贸易差额不等于不公平竞争。迄今为止，中国只有接近连续 27 年货物贸易顺差的历史，与美国曾经有过连续 70 年货物贸易顺差的历史一样，都是由各自可贸易的生产部门的效率决定的。

美国还指责中国越来越不开放，这符合事实吗？中国加入世界贸易组织后，从来就没有停止过扩大开放的步伐。无论在关税和非关税领域，还是在市场准入、金融交易、服务贸易等领域，中国都是越来越开放，与世界贸易组织中的发展中成员相比，中国的开放程度已经大大超过多数成员。中国自由贸易试验区实行的准入前国民待遇和负面清单准入政策，使我们的开放程度接近了发达成员。我们只能以这把尺子来衡量我们的开放程度，我们不接受美国标准的衡量尺度，我们也不可能变成美国那样的“民主国家”。

（一）特朗普政府公然挑战全球公理

中国加入世界贸易组织，积极参与经济全球化，使自己发展壮大起来，这并非美国当权派的初心，也确实出乎其意料，然而，美国自己也从全球贸易规则的建立中得到了很大好处。2002—2017 年，美国无论对全球，对加拿大、墨西哥还是对中国的货物贸易出口累计增速都超过了进口增速（见表 7 - 3）。

表 7-3　**美国进出口额及其增长率比较**　单位：亿美元,%

	出口额		增长率	进口额		增长率
	2002 年	2017 年		2002 年	2017 年	
全球	6931.03	15462.73	123.1%	11613.66	23419.62	101.7%
加拿大	1609.23	2822.65	75.4%	2090.88	2993.19	43.2%
墨西哥	974.70	2433.14	149.6%	1346.15	3142.67	133.5%
中国	221.28	1298.94	487.0%	1251.92	5054.70	303.8%

资料来源：美国商务部国际贸易署，并据此计算。

这使美国当权派对全球多边贸易规则心里很纠结。他们希望自己书写的贸易规则可以约束别人、放任自己。既然 WTO 已经实现不了这个目标，那就另起炉灶。奥巴马时代的 TPP 就是这种政策转向的重要标志。尽管如此，奥巴马政府还是顾忌“规则”和西方人标榜的“契约精神”，它们还不敢公然违反 WTO 规则，它们的算盘是用新规则取代原规则。特朗普则代表了美国社会中的极端势力，他利用了美国部分民众在经济全球化进程中由于美国自身制度的固有缺陷导致的财富分配不公平、受益不平衡的不满心理，利用单边主义和贸易保护主义、“美国优先”等旗号上台施政，以为强力推行他的竞选纲领就可以巩固他的选票政治，因此甘冒天下之大不韪，公然弃全球多边贸易规则于不顾，以一伙之私，背弃国家公信，以个人选票利益背弃国家公众利益。他挑动的贸易战除了霸道，毫无道理可言。

首先，单方加征关税不符规则。2018 年 3 月 22 日，特朗普签署总统备忘录，授权贸易代表依据对华 301 调查对中国 500 亿美元输美产品征收 25% 关税。这种做法违反了 WTO 规则。根据关贸总协定争端解决机制第 22—23 条形成的 WTO《争端解决规则与程序的谅解》，禁止任何一个成员实施单方限制或关税。美国是 WTO 成员方，是有承诺履行协议义务的。如今它无视 WTO 规则和自己的承诺，任意对其他成员加征关税，明显破坏贸易规则。而在 WTO 规则中，采取贸易救济措施的惩罚性关税仅仅是针对违规倾销和违规补贴并调查属实的产品，与 301 调查的裁决和处理方式无关。

其次，即便实施 301 调查，美国的做法也与该调查的程序和规则不符。只要看一看美国贸易代表办公室公布的对中国 818 项产品征税 25% 的清单，可以发现，这里绝大多数产品同 301 调查没有多大关系。301 调查是针对违反技术转让和知识产权规则的问题，不是贸易领域本身的问题。如果中国存在 301 调查的问题，相应的行动是将与此有关的案例上诉到 WTO，WTO 将依据与贸易有关的知识产权措施协定（TRIPS），和与贸易有关的投资措施协定（TRIMS），对成员上诉案例进行调查，而所有这些问题都有清楚而完整的规定。按照其中相关规定进行判定和处理，本来并非难事。对于侵犯知识产权的行为，WTO 将依据相关规则以及根据被侵权方的损失，要求被告方予以赔偿。美国既没有向 WTO 提出上诉，也没有相应案例和举证，明显是一个借口。1998 年美国曾对欧盟发起 301 调查。欧盟则诉诸 WTO 并胜诉。美国因此承诺不再离开世贸规则体系实施 301 调查。如今它无视 WTO 规则和自己的承诺，仅仅根据其国内法，单方面对其他成员进行调查，征收关税，一错再错。

美国之所以如此肆无忌惮，是因为曾有某个成员畏惧美国霸权，有理不争，助长了它的气焰。美国曾对某个成员征收钢铁和铝的关税，该成员不敢抗争，用自贸协定上的让步换取“豁免”，WTO 规则由此被弃置不顾，这使美国以为它对谁都可以采用这一套办法。如果中国也妥协让步，尽量满足美国的条件，以求“豁免”，那全球公理何在？特朗普政府实行的美国第一的单边主义，以美国有无逆差作为贸易规则的基本标准，将顺差国定位为不公平贸易方，反对自由贸易，排斥多边规则，其赤裸裸的单边贸易保护主义正在挑战全世界。由于美国反对，2017 年 7 月 G20 汉堡峰会未能就支持自由贸易、反对保护主义达成一致，这是 G20 历史上未曾有过的。2017 年 12 月在布宜诺斯艾利斯举行的第十一次 WTO 部长级会议，由于美国不支持，大会基本无果而终。2018 年 6 月 8—9 日加拿大 G7 峰会，由于特朗普坚持钢铝税和美国第一的“公平贸易”，G7 变成 G6 + 1。对华 301 调查和大面积加征关税，已使 WTO 多边贸易规则的权威性和有效性面临严重威胁。

历史上，在中国加入世界贸易组织之前，美国对中国的“301 调查”都是以双方谈判协商解决的，并未诉诸惩罚性关税。中国加入世界贸易组织后，美国对中国的“301 调查”那就只能交给 WTO 争端解决机制项下来解决了。这就是国际规则和国际公理，美国政府过去是遵守规则的。

（二）美国对中国第7次“301调查”的举措完全违反WTO规则

特朗普政府上台后，他的贸易保护主义和单边主义观点开始侵蚀WTO准则。《2017年美国总统贸易议程》是一份美国新贸易政策的纲领性文件，它列举了美国贸易政策的原则、目标和优先议程。它所谓的原则和目标强调侧重于双边谈判而非多边协商、通过重新谈判和修改一些贸易协议以实现目标。它在优先议程中写道，世贸组织通过争端解决机制作出的发现、政策建议和法律要求不能增加或减少美国在世贸组织协议下的权利和义务。强调严格执行美国贸易法，强调美国国会过去通过了一系列保护美国市场不被不公平贸易行为（倾销、进口商品的补贴等）所扭曲的法律，这些法律符合关税协定。这些表述的言下之意就是，美国强调争端解决机制的非约束性。这与前些年强调争端解决机制的强约束性相反；这就是特朗普政府强调美国在贸易上采取单边行动的权利、寻求绕过世贸组织争端解决机制的政策声明。其离经叛道之心昭然若揭。在行动上，特朗普政府阻止世贸组织争端解决机构任命新法官，导致该机构拖延甚至停止发布取证调查结果，则实际是弱化世贸组织争端解决能力的行为。2018年3月22日，特朗普依据美国贸易代表办公室所作的“301调查”，快速响应，对从中国进口的航天、信息、通信、机械等行业1300种产品施以25%的关税（涉及500亿美元商品）；向世贸组织发起争议解决程序。

这种措施本末倒置、违反规则。根据关贸总协定争端解决机制第22—23条形成的WTO《争端解决规则与程序的谅解》，禁止任何一个成员实施单方限制或关税。美国是WTO成员方，是有承诺履行协议义务的。如今它无视WTO规则和自己的承诺，任意对其他成员加征关税，明显破坏贸易规则。而在WTO规则中，采取贸易救济措施的惩罚性关税仅仅是针对违规倾销和违规补贴并调查属实的产品，与301调查的裁决和处理方式无关。即便实施301调查，美国的做法也与该调查的程序和规则不符。

第二节 中国外贸企业新优势对西方“新新贸易理论”的否定

美国对华贸易战有十分鲜明的理论背景。从2003年美国学者提出

"企业异质性主要体现于企业生产率"基本假设的所谓"新新贸易理论"后，被西方学术界奉为圭臬。按照这个理论，中国数以百万计的中小企业参与国际贸易活动，怎么可能产生高的企业生产率和国际竞争力呢？但现实情况是，中国外贸的奇迹发生了，这是美国人很难理解的，也是中国人自己还没有解释的问题。既然美国的"教师爷"解释不了这个问题，美国政客自然可以随心所欲给中国扣上"不公平贸易"的帽子，提出种种猜测来怀疑中国的诡计和阴谋。这就是中美贸易战背后的理论斗争和学术争论的问题实质。

从2010年以来，中国外贸新旧动能转换已经释放出强劲动力，外贸新业态不断涌现，中国外贸竞争新优势初步形成。这主要表现在以下三方面。首先，互联网与跨境电商挑战了"新新贸易理论"中"企业异质性主要体现于企业生产率"的基本假设，异质性消费偏好为中小企业跨境电商竞争优势的形成提供了市场环境。互联网与跨境电商深度改变了全球价值链体系中的分工模式、组织结构与微观主体，提高了服务的可贸易性，促进了制造业与服务业的深度融合，为中国向全球价值链高端跃升提供了绝佳的"弯道超车"机会；其次，中欧班列的运行重塑了世界海运贸易的传统范式，重构了国际贸易的经济地理，改变了临海港口的经济模式，扩展了国际陆港的经济辐射范围，加快了中国"向西开放"的步伐；最后，中国自由贸易试验区的试验优势、新要素禀赋优势和制度优势三重优势叠加，复合比较优势初现，自由贸易港建设将会把动态优势推进到更高层面。

一　互联网技术运用对生产结构和企业组织的深度影响

互联网与跨境电商深度改变了全球价值链体系中的分工模式、组织结构和微观主体。跨境电商作为互联网领域在国际贸易的深入应用，正在引起全球价值链体系的巨大变革。对企业而言，以跨境电商为代表的平台企业和平台经济构建的开放、多维、动态、立体、即时的贸易模式，极大地拓展了企业国际化的路径，优化了全球资源配置，促进了企业间的互利共赢。跨境电商加速了全球生产、分工等环节的重新整合，改造了全球价值链的基本结构，使原来冗长的全球价值链逐渐扁平化，改变了全球价值链中的微观主体，使得中小企业越来越有机会成为国际贸易的重要载体，从而为发展中国家向全球价值链高端跃升提供了绝佳的“弯道超车”机会。

（一）互联网和跨境电商减少了全球价值链各环节间的协调成本和信息成本，降低了企业间的搜寻——匹配成本

第一是从生产链的协调成本看，产品生产环节的“区域化”分离是全球生产分工格局的主要表现形式，随着跨区域链条的不断延伸，生产一项最终产品可能会涉及多次中间品的进出口以及频繁跨境流动，产品“工序化”和“分段化”生产越发平常。在生产最终品之前，中间品会经过生产链条的多个生产环节，产品“工序化”和“分段化”对生产链条不同环节间的协调和沟通成本产生“放大”作用。互联网疏通了生产环节间信息流通的“脉络”，缩减贸易的交货时间，降低了企业进入国际市场的“门槛”，推动了全球生产分工的进一步细化。第二是从生产链的信息成本看，大量文献研究表明，信息技术的发展能够打破信息不对称等非正式性贸易壁垒。[①] 国界分割导致信息流通受阻提高了企业参与国际分工的“门槛”，信息流通障碍加大了企业参与全球生产分工面临的不确定性，企业在获取信息时面临有效信息不足、质量不高、及时性不够、信息同质等问题，无形中增加了企业贸易的隐性成本。互联网的高速发展搭建起全球信息自由流动“桥梁”，“互联网 + 贸易”的电子商务模式突破了时空限制，加速了各个经济体之间的高速融合。[②] 跨境电商的发展大幅削减了由于信息不对称而导致的不确定性，降低企业在参与国际分工前因未了解外部市场信息而导致的大量人力、物力和财力的盲目投入。互联网提供了更多的供应商渠道，降低了业间的搜寻匹配成本，改变了以往过度依赖贸易中间商的出口模式，减少了国际贸易的中间环节。2010 年以来，中国跨境电商呈现出“爆发式”增长态势，已经成为中国对外贸易的生力军。2010—2017 年我国跨境电商出口额占中国货物出口贸易额的比重，已经从 2010 年的 5.94% 上升到 2017 年的 27.35%，根据阿里研究院的预测，预计到 2020 年跨境电商占外贸出口比重将会接近 40%。而且中国跨境电商平台类型繁多，既有专注于 B2B 业务的阿里巴巴国际站、中国制造网、敦煌网等，从

---

① 蒙英华、黄建忠：《信息成本与国际贸易：亚洲华商网络与 ICT 对中国外贸影响的面板数据分析》，《南开经济研究》2008 年第 1 期。

② 施炳展：《互联网与国际贸易——基于双边双向的网址链接数据的经验分析》，《经济研究》2016 年第 5 期。

事于 B2C 领域的天猫国际、京东全球购、苏宁海外购、聚美优品等，也有专注于 C2C 领域的淘宝全球购、洋码头、小红书等，同样也有在支付领域的支付宝、微信等。这就给大量不同类型的中小制造商、贸易商提供了进入国际市场的更多渠道和方式，提供了更广阔的商业机会，从而无形地降低了国际贸易的行业“门槛”。

（二）互联网和跨境电商重构了全球价值链体系的组织结构、要素结构和网络关系

首先，互联网和跨境电商改变了全球价值链的组织结构。产品的生产结构分为“蛛行”和“蛇形”两种，[①] 前者表现为某一个生产环节处于核心节点，其余环节均与之相连；后者则代表了从上游至下游的依次生产模式。在实际生产中，两种组织方式往往交互出现。[②] 互联网可以促进全球价值链由“蛇形”生产模式向“蛛行”生产模式转换，使得全球价值链分工体系更为扁平化，形成了既具有线性分层特性、又具有多节点交互的新型生产布局。其次，互联网和跨境电商改变了全球价值链的要素结构。数据成为国际生产分工中的关键要素，国际生产分工的响应时间可被完整记录。在经典的柯布道格拉斯生产函数中，劳动、资本是决定产出的主要因素。但当前数据已经成为生产函数中的关键要素。在传统贸易理论中，由于实际贸易时间难以测度，其对全球价值链分工的影响也就很难判断，出于简化的目的，贸易时间这一变量往往被忽略。在全球价值链体系中，企业生产的响应时间可被“记录”，企业库存能够实现最优化管理。全球价值链体系中的生产环节依托互联网和数字技术完成，生产分工能够实现即时响应。最后，互联网和跨境电商改变了全球价值链的网络关系。集身份认证、授权管理、责任认定于一体的跨境电商促进了全球价值链的网络信任体系的建立，提高了全球价值链分工的“韧性”。基于信任传递，供应链金融可以有效缓解企业面临的融资约束，进而建立有效的激励约束安排。代表未来发展方向的区块链“智能合约”可以建立“去中心化”的信任机制，让溯源成为可信任的保障，进而破除了横亘在供应链上下游企

---

① Baldwin R. E. and Venables A., *Relocating the Value Chain? Offshoring and Agglomeration in the World Economy*, Department of Economics, University of Oxford, 2011.

② 鞠建东、余心玎：《全球价值链研究及国际贸易格局分析》，《经济学报》2014 年第 2 期。

业、企业与消费者之间的“信任”鸿沟，进而提高了分工的效率。

（三）互联网和跨境电商改变了全球价值链中的微观主体及其组织结构

这实际上挑战了“新新贸易理论”中“异质性主要体现为生产率差异”这一假设，使得按照“新新贸易理论”验证的大量非高生产率的中小企业进入国际市场成为可能。Melitz 的文章是“新新贸易理论”的奠基之作，该文解释了在垄断竞争的市场环境下企业国内生产和出口之间的选择问题，该文经典假设是：需求函数是相同的，供给函数是不同的，且供给函数不同仅表现为成本函数的不同。[①] 不可否认，生产率的企业异质性很大程度上被证实对企业出口的影响巨大，企业生产率是企业进入国际市场的关键因素，在许多国外实证文献中也得到了验证。但是企业生产率既不能解释所有国家的贸易现象，更不能解释 21 世纪之后互联网技术运用于商业交易条件下的贸易现象，“新新贸易理论”实际上已经滞后于贸易实践的发展。正如习近平所说，中国的改革发展，没有可以奉为金科玉律的教科书。近些年许多中国学者提出的“中国企业出口的生产率悖论”问题，实际上也是对“新新贸易理论”的质疑。因为，中国企业生产率的“同质性”是普遍的。在中国 4000 多万家中小企业中，有 500 多万家中小企业专注于国际贸易，出口额占中国出口总额的 60% 以上。2011 年以来，在跨境电商平台新注册的企业中，中小企业与个体商户数量占比超过 90% 。中国既存在数量庞大的同质性生产性企业群体，也存在大量综合服务型外贸企业，它们利用互联网技术平台，把大量中小制造商整合为上下游价值链，形成供应链商业模式，通过高速联通的互联网形成的社会分工网络赢得了竞争力，数量庞大的同质性生产性企业因此进入国际市场。互联网技术应用下的社会分工网络，以最高的效率将生产和交换链接在一起，创造了社会化生产的再组织形式，它改变了微观主体和市场交换的组织形式，这是中国在劳动要素优势弱化后创造的一个新优势。

“新新贸易理论”不仅忽略了供给端的技术革新和组织变革，而且还忽略了需求端消费者偏好的异质性问题。消费者对不同产品的偏好是不一

---

① Melitz, M. J., “The Impact of Trade on Intra-industry Reallocations and Aggregate Industry Productivity”, *Econometrica*, Vol. 71, No. 6, 2003, pp. 695 – 725.

样的，需求函数随着产品改变而改变。显然，贸易伙伴国消费者偏好的差异性会对一国出口具有重要影响。当前零售业的全球贸易日益蓬勃，消费者逐渐把目光投向个性化、多样化、高品质、国际化的商品和服务，产品的差异化、定制化、高频率交易为中小企业跨境电商的发展提供了契机，跨境电商拓展了国际贸易的空间，将中小企业直接与终端市场对接，帮助中小企业在国外建立自身品牌，提高中小企业的议价能力。“中小企业 + 跨境电商”的产销模式既可以有效发挥跨境电商在配送速度、售后服务、信任度等用户体验优势，也充分发挥中小企业柔性化、差异化、小规模生产的优势，从而满足国际贸易零售行业“碎片化”订单的需求。对贸易理论一知半解的国外某些政客和媒体，由于解释不通中国企业发生了什么，因此就武断地说，中国采取了不公平竞争措施，导致中国的外贸顺差和对外不公平贸易。这是多么可笑和无知。

（四）互联网和跨境电商提高了服务的可贸易性，培育了国际贸易的新业态

全球化的进程可以形象看作是两种形态的“分离”：第一次“分离”发生在生产者和消费者之间的空间分离。交通运输的飞速发展使得消费者可以购买到任何地区的产品。第二次“分离”则是指生产者之间的空间分离。运输成本的进一步下降使得不同地区的生产者之间可以合作生产，国际生产分工成为可能。[①] 这两次“分离”过程主要发生在货物贸易。当前互联网和大数据可以实现全球化的第三次“分离”，第三次“分离”主要指服务贸易领域中生产者和消费者的空间分离。在传统贸易理论中，服务贸易的生产和消费是同时发生的，在时间上具有不可分割性。因此服务要素是否能由生产者向消费者的即时传输是决定服务是否可贸易的最关键因素。互联网为服务要素跨区域即时转移提供了路径，使得服务“生产”和“消费”的远程交易成为可能，实现了服务“生产”和“消费”的区域分离，拓展了服务的可贸易边界，延伸了服务的生产分工链条。

进入 21 世纪以来，中国服务贸易实现了飞跃式发展，2018 年，我国服务进出口规模创历史新高。2018 年服务出口 17658 亿元人民币，同比增

---

① Baldwin, R. E., “Multilateralising Regionalism: Spaghetti Bowls as Building Blocs on the Path to Global Free”, *Trade. World Economy*, Vol. 29, No. 11, 2006, pp. 1451 - 1518.

长14.6%，进口34744亿元人民币，增长10%，服务贸易进出口增速排世界第一。但相对于货物贸易，中国服务贸易发展相对滞后，服务链条相对较短。与发达国家相比，中国服务贸易企业的竞争力处于弱势地位。2018年中国服务贸易占总贸易额不到17%，低于美国的26%，远低于印度的31%。互联网和电子商务的发展有利于发挥中国服务贸易的后发优势。互联网加快了服务贸易的技术转移，提高了后入企业的学习能力，减少了服务企业的试错成本。互联网引致的学习效应和技术溢出效应提高了后动者的追赶能力。通过观察先动者的行为来减少自身面临的不确定性，进而采取更有利的行动，获得更多的市场份额。中国数字技术的发展引发交易形式的变革，不断创造出新的可贸易的服务产业。例如，中国互联网金融充分发挥后发比较优势迅速崛起，微信、支付宝等移动支付逐步拓展国际市场，正在成为服务贸易的增长新热点。

（五）互联网促进了服务业与制造业的高度融合，促进了企业的价值链升级

制造业和服务业的发展经历了分工深化到高度融合的发展过程。工业革命以来的数百年间，技术进步推动服务业和制造业的专业化生产，促使服务业特别是金融、电信、分销、运输等生产性服务业从制造业中分离出来，服务业为制造业提供支撑，制造业为服务业提供需求。在新一轮科技革命的背景下，以互联网为纽带，服务业和制造业呈现再度高层次融合的趋势，服务业与制造业的边界逐渐消失，产业链、供应链、价值链实现了深度整合，未来的制造业都将具有服务业的明显特征，未来的服务业也必须是新型制造业。中国依托强大的制造业基础，大力推动物联网、纳米技术、云计算等数字技术在制造业中的应用，促进了生产性服务贸易和传统制造业的快速融合。中国制造业服务化与服务业制造化趋势不断加快，① 据WIOD最新数据测算，2014年中国制造业的服务化水平达到了45%，

---

① 制造业服务化是指制造企业由以制造为中心向以服务为中心转变的过程。制造业服务化依据实现路径可分为两种，一种是“制造业投入服务化”，即服务要素在制造业的全部投入中占据着越来越重要的地位；另一种是“制造业产出服务化”，即服务产品在制造业的全部产出中占据越来越重要的地位。服务业制造化是指制造要素在服务业投入和产出中的作用变得越来越重要，如人工智能在服务行业的使用。参见刘斌、魏倩、吕越、祝坤福《制造业服务化与价值链升级》，《经济研究》2016年第3期。

接近发达国家水平。制造业服务化可以通过上、中、下游的价值链延伸，增加服务中间投入品的种类，降低企业生产管理成本，提高企业研发与自主创新能力，扩大营销渠道，提升制造业企业的出口附加值。以深度学习为代表的人工智能就是制造业向服务业延伸、服务业引领制造业发展的成功案例。

二 中欧班列扩大了中国进入世界市场的新机遇

中欧班列不仅改变了企业运营管理，降低了成本，而且弱化了开放经济对临海口岸的依赖，给予中国中西部地区参与世界市场竞争的新机遇。

（一）中欧班列降低了企业出口的固定成本和可变成本，拓展了出口的集约边际和扩展边际

第一，中欧班列是“点对点”的出口模式，可以有效解决出口市场的信息不对称问题，减少企业出口的不确定性和沉没成本，降低了企业出口的门槛，促使更多企业特别是中小企业选择出口，从而优化了出口的扩展边界。

第二，中欧班列能够减少出口厂商的可变成本，增加企业的出口规模与贸易流量，进而优化出口的集约边际。相对于空运而言，中欧班列运输成本更低，相对于海运而言，中欧班列速度更快。中欧班列全部采用标准集装箱运输，实现了各国间海关检查检疫的协作机制，一票到底、中途免检，降低了“冰山运输成本”，这对配送效率要求极高的全球价值链产业（电子、汽车等）显得尤为重要。中欧班列“点对点”的出口模式可以选择最优的运输距离，可以避免海洋运输过程中因气候变化、海盗活动等因素导致的航线绕道。近代地理学鼻祖麦金德甚至非常具体地指出：“在商业方面，我们不应该忘记海洋运输虽然比较便宜，但通常要包括四次装卸货物的工序……而陆上的铁路货车可以直接从输出的工厂开到输入的仓库。”另外，“商品属性越是复杂多样和易变，则越容易受到外部风险和不确定性的影响”，[①] 中欧班列具有灵活性、安全性、时效性和区域可达性等特点。因此，中欧班列对于那些高复杂度产品的出口具有格外显著的促进

① 王永进、盛丹、施炳展、李坤望：《基础设施如何提升了出口技术复杂度?》，《经济研究》2010 年第 7 期。

作用，当前手机、电脑、机械设备等高端产品已成为中欧班列的主要“乘客”。

（二）中欧班列的运输服务有助于优化企业库存管理体系，提高企业全球价值链的响应速度，改变了微观企业的供应链管理模式

今后的国际竞争更多地体现为供应链的竞争，中欧班列可以实现供应链的创新。中欧班列日行一班的高频率满足了国内生产商小批量、多频度的运输需求，有助于企业压缩库存投资，提高库存周转率，减少企业的资金占用，这对企业供应链管理十分重要。传统的订单式产销模式（Build to Order）意味着企业只在接到订单之后才开始安排车间生产，产品生产完毕后才进入运输链条，产销之间势必存在时间差。中欧班列具备很强的分销优势，可以下沉到细分市场，企业可以通过精致化生产和零库存管理提升市场的响应速度，保持物质流、信息流和资金流在生产中的同步，进而实现准时化生产（Just in Time），提高用户的体验。

（三）中欧班列改变了临海港口经济及其经济地理，促进了内陆城市的“口岸化”，国际陆港具有了更深入的经济辐射功能

改革开放40多年来，沿海城市始终位于中国对外开放的最前沿，中西部内陆省份一直处于从属地位，在国际产业分工中位于末端。沿海与内陆的差距并未得到明显改观，最直接的原因是沿海地区具有内陆地区所没有的国际物流的区位禀赋优势。沿海城市拥有便捷的远洋航线、优质的港口、完善的海运规则以及优惠的制度安排。而内陆城市除极少数物品通过空运外，没有直连海外的便捷通道，必须经由陆运或水路的支线运输与远洋航线相衔接，内陆地区企业出口在成本和时间上的初始禀赋劣势显而易见。“中欧班列 + 国际陆港”的组合改变了传统意义上的经济地理，可以使内陆城市在国际物流上拥有了与沿海地区相匹配的条件。另外，与海港相比，国际陆港具有了更深入的国内经济辐射功能，以中欧班列为链接，陆港内两国共建的物流集群和特色产业园区悄然形成。以西安陆港为例，中欧班列最大辐射范围包括贵州省、四川省、湖北省西部地区、湖南省西部地区、内蒙古西部地区、河南省西部地区、山西省西南部地区以及西北地区等。另外，由于中欧班列对劳动密集型行业和资本密集型行业具有非对称影响，资本密集型产品对中欧班列的依赖度更高，随着中欧班列运输成本的进一步下降，依据克鲁格曼提出的中心—外围模型，资本密集型行

业会收敛于节点城市，进而成为国内价值链分工的中心。[①] 当前重庆、成都、西安、郑州、武汉的陆港保税区域经核准升级为自贸试验区。中欧班列“轴心—辐网”的空间模式有助于形成以“节点”城市为中心的国内价值链体系，促进国际陆港间的网络协同，进而实现了“一带一路”沿线国家区域价值链和国内价值链的高度融合。

三　中国自由贸易试验区的试验优势与要素集聚优势

中国自由贸易试验区的试验优势、新要素禀赋优势和制度优势三重优势叠加，复合优势显现。中国改革开放走的是渐进式路径。在区位选择上，从小范围试点开始，由点及面，在取得一定经验的基础上再复制推广到全国。在改革深度上，循序渐进、由浅入深。自由贸易区的建设正是中国改革开放渐进式路径的生动实践。自贸试验区建设最根本的目的是为全面深化改革和扩大开放探索新途径、积累新经验。自 2013 年 10 月上海自贸试验区建立到 2018 年海南自贸试验区开启“全域性”探索，我国自贸试验区（港）数量已达 21 个，逐渐形成了东中西协调、陆海统筹的“雁阵”格局。当前中国自由贸易试验区同时具备了试验优势、要素禀赋优势和制度优势，三重优势叠加形成了复合比较优势。

（一）中国自由贸易试验区具备很强的“试验优势”

自贸区的试验既包括制度创新的测试，也包括企业创新的先行先试。从制度创新的视角看，制度创新是“顶层设计”与“摸石头过河”认识论与实践论的双重体现。自贸区提供了金融、贸易、投资等领域一系列“试错”机制。与 2017 版自贸区负面清单，2018 版自贸区负面清单再缩短 50 条，减至 45 条，不到第一版负面清单的 1/4，逐步实现了国内制度与国际高标准规则的融合。自贸区充分发挥示范效应，截至 2018 年 5 月，自由贸易试验区已形成 153 项可复制、可推广的改革创新成果。2018 年自由贸易试验区代表性制度创新中，既有中欧班列的贸易便利化议题，也涉及了供应链金融的改革问题，同时也包含了首次建立的服务贸易清单（见表 7 - 4），自由贸易试验区“试验田”的作用充分彰显。从企业的先动优势看，行业的“有序进入”和“同时进入”的结果迥异。在“有序进入”

---

① Krugman, P., *Geography and Trade*, MIT Press, Cambridge, M. A., 1991.

的情形下，先动企业可以通过设置行业标准阻碍后进企业。这种“先动效应”在具有网络外部性的服务领域表现得尤其明显，并且这种先动优势具有持续性，具有先动优势的次优厂商仍难以被最优厂商所取代。[①] 当前企业生存必须具备时间竞争能力，先动企业市场“通吃”现象日益明显，在不远的未来速度经济将取代规模经济。在新业态行业，加快企业创新步伐显得尤为重要。自贸试验区施行“法无禁止即可为的“负面清单”管理模式，使得各个行业的准入门槛较低，退出机制灵活，这就为企业“先动优势”的发挥创造了“得天独厚”的条件。另外，自贸试验区内完善的知识产权机制保障了先动企业的技术创新不会被轻易模仿。在数字贸易领域，中国自由贸易试验区可以先行一步，制定相关标准，进而在国际竞争中取得“先动优势”。

表 7-4　　2018 年中国自贸试验区十大代表性创新成果

自由贸易试验区	代表性创新成果	主要目标
中国（上海）自贸区	首推服务贸易负面清单	建立全球服务贸易新增长极
中国（陕西）自贸区	铁路运输方式舱单归并	促进内陆地区贸易便利化
中国（四川）自贸区	中欧班列集拼集运新模式	提升中欧班列铁路运输效率
中国（福建）自贸区	工程建设项目审批制度改革	改善营商环境
中国（重庆）自贸区	“四自一简”监管新模式	创新海关监管方式
中国（浙江）自贸区	首个船舶进出境无纸化通关口岸	促进贸易通关便利化
中国（河南）自贸区	跨境电商“网购保税 + 实体新零售”模式	丰富跨境电商进口销售途径
中国（辽宁）自贸区	首个船舶航运专业性融资中心	构建供应链金融
中国（湖北）自贸区	“保贷联动”创新产品	缓解科技型中小企业融资约束
中国（陕西）自贸区	一带一路”跨国农业产业发展产业链	促进“一带一路”与自贸试验区融合发展

资料来源：每日经济新闻。

① 周念利：《中国服务业改革对制造业微观生产效率的影响测度及异质性考察——基于服务中间投入的视角》，《金融研究》2014 年第 9 期。

（二）中国自由贸易试验区资本技术密集型行业的集聚效应初现，规模经济和资本要素禀赋引致的内生性比较优势逐渐形成

产业结构取决于要素丰裕度，在各种要素中，资本存量变化对一国要素丰裕度的影响最大，资本存量的积累取决于储蓄倾向和经济绩效。近年来，中国已经发生了“要素密集度逆转”，中国人口规模红利的逐渐消失，人力资本红利显现。中国的储蓄率居高不下，位列世界第一，资本要素积累明显加快（见图 7 - 1），企业技术创新能力明显上升，资本技术密集型行业发展迅速，中国不但并未陷入所谓的“比较优势陷阱”，而且内生性比较优势的形成比美国还要快。[①] 中国自由贸易试验区更是成为人才、资本、技术和服务业集聚的新高地。上海自贸区成立五年后（截至 2018 年），累计新设企业超过 5.7 万户，新设企业数是前 20 年企业总数的 1.6 倍，绝大多数企业为高新技术和高端服务业企业。外资企业占比从自贸试验区挂牌初期的5%上升到20%左右。已有 56 家商业银行、财务公司和证券公司等金融机构直接接入自由贸易账户监测管理信息系统，开立自由贸易账户 71666 个，通过自由贸易账户获得本外币境外融资总额折合人民币 1.3 万亿元人民币。自贸区区内企业已成为上海最具活力的集群。上海自贸试验区以 1/10 的面积创造了浦东新区 3/4 的生产总值、70% 左右的外贸进出口总额，以 1/50 的面积创造了上海市 1/4 的生产总值、40% 左右的外贸进出口总额、70% 的对外投资额。

（三）中国自由贸易试验区的制度优势

制度创新之所以能构成竞争优势是因为制度创新具有优化资源配置效率的潜在可能性。企业生产需要两种不同的投入要素：一种是具有“私人物品”特征的投入要素，如资本、劳动力与中间品。该类产品由市场竞价获得；另一种是具有“公共产品”的投入要素，如制度，该类产品由政府提供。当企业进入国际市场时，企业竞争优势不仅体现于第一类要素的禀赋，还体现为第二类要素的提供质量。制度质量不但影响第一类要素的供给能力，而且还对企业竞争力提升产生了不同的激励和约束。因此，竞争优势一方面表现为企业参与国际竞争而建立起来的技术效率优势，另一方面取决于政府提供的制度质量。中国自由贸易试验区是推进供给侧改革的

① 裴长洪、刘洪愧：《习近平新时代对外开放思想的经济学分析》，《经济研究》2018 年第 2 期。

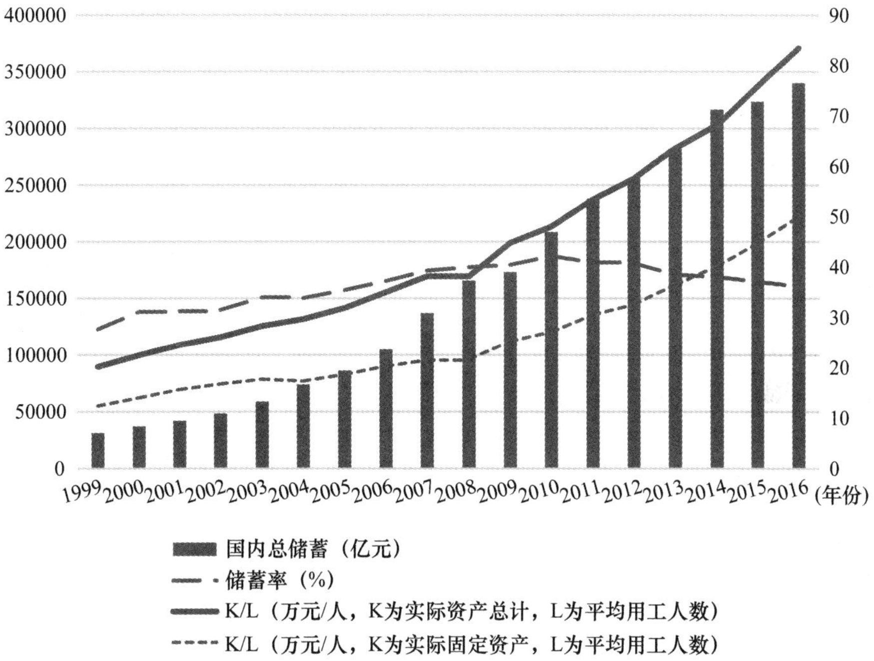

图 7－1　1999—2016 年中国总储蓄、储蓄率、资本劳动比变化趋势

资料来源：根据历年中国工业经济统计年鉴和中国统计年鉴数据整理计算所得。

注：实际资产总计与实际固定资产是运用 1999 年价格指数平减所得。

重要平台，已经具备了制度性比较优势。中国自由贸易试验区制度性创新主要体现于以下四个方面。

第一是贸易监管制度（如“单一窗口”）提升了贸易便利化程度。截至 2017 年，上海自贸试验区的海关特殊监管区域已实现一线进境货物当天入区，进出境时间较全关区平均水平分别缩短 78.5% 和 31.7%，物流成本平均降低约 10%。海关自动化作业率从挂牌初期的 12.8% 提升至 56.2%。天津通关时间平均每批货物节省 0.5 天，每标准箱节约物流成本 120 元，口岸快速放行率达 88%。广东南沙港进出口平均通关时间分别为 12.94 小时、0.84 小时，比 2016 年全国通关时间分别压缩 48.5%，53.3%，天津企业通过首都机场进出口货物的通关时间节约 8 小时，途中运费降低 30%；北京、河北企业通过天津海港口岸进出口货物通关时间缩短 3 天，通关成本减少近 30%。

第二是投资管理制度（如负面清单）降低了外资准入门槛。各自贸区 90% 左右的经济行业对外资实现了准入前国民待遇，超过 90% 的外商投资企业通过备案方式设立，办理时间由原来的 8 个工作日减少到 1 个工作日，申报材料由 10 份减少到 3 份。近 10 个部门的相关业务实现了“多证联办”。

第三是服务贸易扩大开放、特别是金融创新制度（如资本项目的可兑换）缓解了企业融资约束。如天津自贸区融资租赁保持全国领先地位，融资租赁公司总部超过 1000 家；租赁飞机累计达到 837 架，约占全国 90%；租赁船舶 104 艘，约占全国 80%。

第四是政府职能机制创新（如政府权力清单）明确了政企边界。各自贸区普遍实施以备案为主的投资管理制度，实行了市场主体名称登记便利化改革；简化了许可监管和税收监管；普遍建立了事中事后综合监管平台，对自然人流动，采取了外国人居留许可、就业证、外专证“一窗式”受理制度；纳税服务全程电子信息化，建立了企业年度报告和经营异常名录制度；全力实施“放管服”改革，促进了政府职能转变。

（四）中国自由贸易试验区三重优势叠加，复合优势开始形成。

上述三种比较优势并不是相互独立的，而是具有联动效应。第一是试验优势和制度优势相互叠加。一方面，制度创新需要更深入的前期试验，自贸区的先行先试可以为制度的复制推广做“压力测试”。小范围的政策试验可以测试政策的可行性和执行效果，完善改革方案，节约改革成本，降低改革风险。制度属于公共产品，具有非竞争性和非排他性特征，经试验验证的制度安排可以被广泛复制推广。另一方面，新业态的创新特别是颠覆式创新需要高昂的试错成本。企业创新试验的激励需要制度的稳定性和连贯性，中国政治制度一个突出特点就是中国共产党的领导体制是稳定的，政策是连续的，这在中国由经济特区到各类经济功能区再到自贸区的改革进程中体现得尤为明显。良好的制度环境可以扩展自贸区内企业的可“试验”的空间，降低了企业的试错成本，提高了企业的创新潜力。

第二是制度优势推动了资本技术等高端生产要素的再集聚，提高了分工效率。在全球价值链体系下，各经济主体为实现自身利益最大化，倾向于在良好的制度环境中配置资源，优质要素可以通过“用脚投票”（跨地区流动）进行制度选择。中国自由贸易试验区的制度优势会整合全球创新创业要素，形成人才、管理、技术、资本、服务等全球高端要素集聚优势。另外，制度优势可以有效解决资产专用性投资面临的“敲竹杠”风险。中国资本密集型行业具有明显的资产专用性特点。在自由贸易试验区的企业为了深度嵌入全球生产网络，大多数企业需要进行专用性投资。由于专用性资产投资是针对特定关系的投资，部分投资价值具有不可转移性，因而投资标的的真实价值无法得到有效证实，资产专用性投资方被“锁定”在关系中，在事后“再谈判”过程中，投资方面临着被合作伙伴“敲竹杠”的风险。由于合约是不完全的，交易双方的利益冲突不可能在交易前完全解决，进而会导致资产专用性的资源错配、投资不足和效率低下等问题。在此情景下，制度就会发挥很重要的作用，良好的制度环境可以减少或防止资本的资产专用性被“锁定”的风险，推动中国资本密集型行业的专业化分工进入一个更高的水平。当然，资本技术要素集聚产生的新业态也会反过来倒逼制度创新，制度优势和集聚优势相得益彰。

2018 年 4 月习近平总书记在庆祝海南建省办经济特区 30 周年大会上宣布明确提出“支持海南逐步探索、稳步推进中国特色自由贸易港建设，分步骤、分阶段建立自由贸易港政策和制度体系”。自由贸易港涉及了自贸区尚未实现和从未碰及的一系列海关与经济的特殊监管问题，以及生产、贸易、运输金融等新业态。自由贸易港建设将会把复合比较优势推进到更高水平。

第三节　西方国际贸易理论为什么解释不了中国奇迹

一　经济学理论需要辩证唯物主义和历史唯物主义方法论

怎样解释中国发生的故事？长期以来，我们只会用西方国际贸易理论来解释，特别是李嘉图的“比较优势”理论在中国经济学研究中更为流行，反而西方国际贸易理论并不完全认同它。“比较优势”理论也曾被批判为“比较利益陷阱”,[①] 然而中国的事实不支持“比较利益陷阱”的判断。怎样分析和评价人们长期顶礼膜拜的西方国际贸易理论？在当今中国的思想文化和社会科学领域，只有以马克思主义辩证唯物论和历史唯物主义立场、观点为准绳，才能一分为二、弃其精华、取其糟粕，得到与中国实践和占统治地位的主流意识相符合的认识和结论。离开马克思主义的立场、观点和基本方法，任何分析和辩论，都只能见仁见智，莫衷一是。

毛泽东说：“没有哲学家头脑的作家，要写出好的经济学来是不可能的。马克思能够写出《资本论》，列宁能够写出《帝国主义论》，因为他们同时是哲学家，有哲学家的头脑，有辩证法这个武器。”[②] 习近平说：“坚持实践第一的观点，不断推进实践基础上的理论创新。实践观点是马克思主义哲学的核心观点。实践决定认识，是认识的源泉和动力，也是认识的目的和归宿。认识对实践具有反作用，正确的认识推动正确的实践，错误的认识导致错误的实践。”[③] 辩证唯物主义和历史唯物主义，既是马克思写作《资本论》的世界观，又是方法论。其一，运用一切从最基本的经济事实出发分析问题的唯物论方法。一切从事实出发，而不是从抽象的概念出发，是唯物论的最基本的分析方法。其二，运用从具体到抽象，再从抽象到具体的综合分析方法。人的认识总是从认识一个一个的、具体的、活生生的事物开始，但又不能停留在具体的、表面的现象上，而是运用从具体到抽象又从抽象到具体的分析方法，透过现象抓住事物的本质。马克思从商品这个资本主义经济生活中最常见的现象入手，抽象出一系列科学概括事物本质的概念和范畴，再运用这些概念和范畴综合分析，从而揭示出资本主义的全部秘密。其三，运用唯物辩证法的矛盾分析方法。对立统一规律是宇宙间的根本规律，马克思运用对立统一观点观察资本主义社会，采取矛盾分析方法，从劳动两重性的内在矛盾分析入手，揭示了私有制条件下商品生产的基本矛盾——私人劳动与社会劳动的矛盾，从而揭示

① “比较利益陷阱”是指一国完全按照比较优势生产并出口初级产品和劳动密集型产品，则在与技术和资本密集型产品出口为主的经济发达国家的国际贸易中，虽能获得利益，但贸易结构不稳定，总是处在不利地位，从而落入“比较利益陷阱”。参见［美］安妮·克鲁格《发展中国家的贸易与就业》，上海人民出版社 1995 年版。

② 《毛泽东文集》第 8 卷，第 140 页。

③ 习近平：《辩证唯物主义是中国共产党人的世界观和方法论》，《求是》2019 年第 1 期。

出资本主义不可克服的内在矛盾。

二 西方国际贸易理论都缺乏辩证唯物主义和历史唯物主义哲学观

用马克思主义哲学反思和检讨西方国际贸易理论是我们今天必要的补课任务。西方古典国际贸易理论从亚当·斯密开始，他的“绝对优势理论”主要解释了在资本主义世界市场尚未占据统治地位时期，以互通有无为特征的国际贸易现象。它的历史意义在于把生产领域引入了经济学，提出了劳动创造价值的观点，并强调了分工对于提高劳动生产率的作用；但其局限性是明显的，因为世界上恰好有两个国家具有不同商品生产绝对优势的情况极为少见，这种假设的实践依据很勉强，而且亚当·斯密还错误认为分工是交换引起的，这个认识显然是对实践情况的本末倒置。因此它的理论在解释贸易为什么发生问题上的生命力和影响力都很有限。

1815 年英国政府为维护土地贵族阶级利益而修订实行了“谷物法”，“谷物法”颁布后，英国粮价上涨，地租猛增，工人工资上涨，严重地损害了工业资产阶级的利益，工业资产阶级迫切需要找到谷物自由贸易的理论依据，大卫·李嘉图“比较优势理论”应运而出，这个理论有一个最简明的表达方式，即在其代表作《政治经济学及赋税原理》第七章一个脚注中打了一个比方：甲乙二人都能制造鞋帽，甲制鞋胜于乙三分之一，而甲制帽仅胜于乙五分之一，若甲制鞋而乙制帽，并相互交换，则双方均获益。① 这就是被后人不断演绎神化的“两个国家、两个产品”的比较优势理论模型，以至于后人把这个脚注作为李嘉图政治经济学的核心理论。其实这个脚注不过是漫不经心并极其简单地从劳动生产率差异的角度解释国际分工和贸易发生的原因，但它为自由贸易提供的理论依据却令时人兴奋，因此它是自由贸易旗帜的一个理论标签，在这个意义上说，它具有进步性，也在古典经济学中占有一定地位。“比较优势理论”长期被中外经济学界所信奉。这种信奉，在西方学术界更大程度上是它的时代标签意义，而不完全是学术意义。对它的评价也有不少非议，西方经济学对它的质疑不仅有“比较利益陷阱”一说，而且连现代西方经济学大人物萨谬尔

---

① ［英］李嘉图：《政治经济学及赋税原理》，王亚南、郭大力译，商务印书馆 1972 年版，第 114 页。

森也质疑“比较优势理论”，认为其逻辑结果只能导致一方受益，而另一方受损。[①] 但这在中国的实践中并没有发生，因此这是一个悖论。李嘉图“比较优势理论”的缺陷，也曾被德国经济学家弗里德里希·李斯特批评，他认为其错误在于他的理论抽象只有世界（世界主义）和个人（个人主义），没有国家。用我们的话说，也是没有实践依据。但李斯特的批判，是基于他主张贸易保护主义，因为保护需要国家。

运用马克思主义的哲学观来考察，李嘉图的“比较优势理论”存在三方面的缺陷，因此它只是一个假说，而不具有科学理论的依据。首先，在基本方法论上，它提出的“两个国家、两个产品”交换的抽象概念就没有任何实践依据，世界上的国际贸易现象纷繁复杂，哪个国家的对外贸易是建立在这种只有“两个国家、两个产品”交换的假定之上？因此这种国际交换的理论模型不具有实践考察的基础，只是一种主观主义的想象，是唯心主义哲学观的产物。它与马克思《资本论》对资本主义经济的细胞——商品这一看得见、摸得着的大量存在的经济事物的科学抽象不同，它具有实践观察的基础和实践的可检验性，因此是科学意义的抽象。其次，在经济学逻辑分析上，李嘉图的国际交换假设难以用马克思的价值规律理论说得通。按照他的假设，一个落后国和另一个先进国都生产两种产品：生产工具和生活资料；落后国在两种产品生产中的劳动生产率都低于先进国，但落后国在生产工具生产中劳动生产率的低水平更甚于生活资料生产，因此落后国选择生活资料作为专业分工生产，因此获得专业分工效率和交换利益。乍一看似乎很有道理，但是，按照马克思的价值规律理论分析，交换价格是由社会平均必要劳动时间决定的，落后国在两种产品生产中的社会平均必要劳动时间都多，因此交换价格较高，当它通过国际交换引入先进国的生产工具产品时，落后国获得了先进国在价格上较便宜的生产工具，但是当它要出口价格高的生活资料产品给先进国时，先进国能够放弃较便宜的本国生活资料产品而扬短弃长吗？马克思分析过国际贸易的功能是：“对外贸易一方面使不变资本的要素变得便宜，一方面使可变资本转变成的必要生活资料变得便宜，就这一点说，它具有提高利润率的作用，

---

① Samuelson, P. A., "Where Ricardo and Mill Rebut and Confirm Arguments of Mainstream Economists Supporting Globalization", *Journal of Economic Perspectives*, Vol. 18, No. 3, 2004, pp. 135 - 146.

因为它使剩余价值率提高，使不变资本价值降低。”① 因此在逻辑演绎结果上，就产生了第三个缺陷，他的所谓自由贸易理论实际是宗主国与殖民地的不平等交换理论。在上述他的两个国家、两个产品的模型假设中，主导国际贸易的先进国绝不可能允许落后国用本国社会平均必要劳动时间决定的价格向先进国出售生活资料产品，而只能用等于、甚至低于先进国社会平均必要劳动时间决定的价格来出售产品。因此，由此鼓吹的“自由贸易”，实际是不平等贸易。在现实世界中，南北之间的国际贸易一直是一种不平等贸易。发达国家以高于本国社会平均必要劳动时间决定的价格向发展中国家出售工业产品，而以低于本国社会平均必要劳动时间决定的价格向发展中国家购买原材料和初级产品。这种“比较优势”理论实际上是为不公平的全球生产分工体系和贸易秩序进行辩护的工具。

赫克歇尔和俄林提出的“要素禀赋优势”理论②在某种意义上拯救了李嘉图“比较优势理论”的命运。要素禀赋确实是一种看得见、摸得着的现象和事实，在劳动生产率相同的情况下以及各种静态假设的前提条件下，要素禀赋因素确实对产品成本的多少产生了重要影响，尤其是在人力资本和科学技术尚未深入参与进生产过程的情况下，要素禀赋的影响程度更大。新古典经济学在发展过程中，有意无意地将要素禀赋理论与比较优势理论糅合在一起，甚至有的干脆把要素禀赋理论演绎成比较优势理论，因为无论从语义学上，还是从逻辑内容上，二者的糅合更符合人们的顺势思维，久而久之，非专业研究者事实上早已忘记李嘉图“两个国家、两个产品”假设的原意。当它传入中国并在非专业研究者中广泛流传的时候，它更是发生了戏剧性的变化。在我们的大众、媒体甚至政策语言中，使用频率很高的“比较优势”，与李嘉图的“比较优势”理论完全不同，前者说的是我与你比有什么优势，后者说的是我与你比都没有优势，但我在两种都不具备生产率优势的产品中可以选择劣势较少的某一产品来开展国际贸易，赢得专业分工的利益。而我们政策语言中的“比较优势”，实际上是一种思想启发和动员，包括发现“绝对优势”（你无我有），要素禀赋

---

① ［德］马克思：《资本论》第3卷，人民出版社2018年版，第264页。

② 该理论认为，各国会出口具有要素禀赋比较优势的商品，进口要素禀赋稀缺的商品。这成为对比较优势来源的一种新解释。

优势（你少我多），还包括创造竞争优势（你有我优、我廉）。因此，今天中国社会中被人们广泛使用的“比较优势”语境，已经是一种演绎和发挥，它的内容已经被改造，事实上已经成为“中国创造”，这绝对是李嘉图始料未及的。因此经济学研究要分清这二者的区别，就像分清马克思的“劳动价值论”与资产阶级古典经济学的“劳动价值论”的区别一样。

随着资本主义在世界市场中统治地位的确立，国际贸易新现象异彩纷呈，继新古典经济学走上历史舞台后，新自由主义贸易理论也纷纷登场，创立了不少贸易理论。其中，产业内贸易理论和弗农的“产品生命周期理论”分析了技术转移过程中产品随生命周期发生竞争力优势的变迁（Vernon，1966）；克鲁格曼的“垄断竞争优势理论”强调了规模经济对于竞争力的作用；而从规模经济中又引申出跨国公司的贸易理论，出现了公司内贸易、技术内部化、产业内和产品内分工和贸易等细分理论；并且强调了跨国企业组织结构对于竞争力的影响。[①] 从跨国公司贸易理论中再引申出中间品贸易理论和全球价值链理论，强调融入全球化的供应链对国际竞争力的作用，这个理论使西方国际贸易理论在 20 世纪 90 年代达到最高顶点。[②] 20 世纪 90 年代美国经济学家波特提出“国家竞争优势四因素”理论，[③] 在相当程度上拓展了新古典和新自由主义贸易理论的分析视野，带有一定的综合性。此后的“新新贸易理论”[④] 回归微观领域，强调企业生产率差异对于贸易的影响，但该理论关于“异质性企业”的解释范围很有限，在西方贸易理论中也没有太大影响力。

尽管新古典、新自由主义贸易理论对于国际贸易竞争力的解释具有某种程度实践观察意义和实证上的可检验性，均具有不同程度的合理成分，但它们都存在同一个问题，那就是都分别只强调事物的某一方面，而不是全面看问题，只是静态地看问题，而不是动态地看问题。毛泽东在《矛盾

---

① Krugman，P. R.，Obstfeld，M.，and Melitz M. J.，*International Economic*，10th Edition，Pearson，Boston，M. A.，2015.

② Gereffi，G.，Korzeniewicz，M.，*Commodity chains and global capitalism*，London：Praeger，1994.

③ Porter，M. E.，*The Competitive Advantage of Nations*，New York：Free Press，1990.

④ Melitz M. J.，“The Impact of Trade on Intra-Industry Reallocations and Aggregate Industry Productivity”，*Econometrica*，Vol. 71，No. 6，2003，pp. 1695 - 1725.

论》中说，研究问题，忌带主观性、片面性和表面性。所谓片面性，就是不知道全面地看问题，只了解过去一方，不了解将来一方，只了解个体一方，不了解总体一方，一句话，不了解矛盾各方的特点，这就叫做片面地看问题，只看见树木，不看见森林。① 在哲学上它们是机械唯物论和形而上学的世界观和方法论，而不是辩证唯物主义和历史唯物主义，在经济学逻辑分析中缺乏历史观与实践观的统一性。例如，在产品不同生命周期的技术转移过程中，实际上离不开要素禀赋的选择；规模经济优势离不开资本要素的集聚；跨国公司的组织结构和区位分布离不开不同地理区位的要素禀赋和其他条件；经济全球化中价值链供应链的形成更离不开各个经济体贸易自由化进程各种因素的影响；“国家竞争优势四因素”理论，则明显是静态分析，缺乏历史动态性的考察；即便是“异质性企业理论”，影响企业生产率的因素也绝不仅仅只有技术的单一因素。因此它们的基本失误，主要就表现在忽视了综合性和历史过程的“优势叠加”，忽视了对实践过程中具有典型特征的考察和对其他贸易理论的吸收和综合。总结中国故事的逻辑，应避免西方理论的世界观和方法论的谬误，应力图运用辩证唯物主义和历史唯物主义的基本方法论，这是我们进行理论创新的正确方向。

第四节 综合竞争合作优势：来自中国实践的理论总结

那么中国的故事应该用什么逻辑和规律来解释呢？这是需要中国学者自己回答的问题，而不能指望洋教师爷。新中国 70 多年，特别是改革开放 40 多年的实践说明，中国制造业持久不衰的优势来自各种优势叠加，是一种综合的竞争合作优势。按照实践逻辑和历史逻辑的顺序，中国制造业国际竞争力的优势叠加过程是：要素禀赋优势、开放合作优势、基础设施和产业集聚优势、大规模市场优势、技术创新潜力，这也是综合竞争合作优势的形成过程。

① 《毛泽东著作选读》，中共中央党校出版社 2002 年版，第 95 页。

一　单一要素禀赋优势阶段（劳动力要素禀赋）

改革开放前，中国贸易体制的主要特征是计划管理和国家统一经营，对外贸易功能局限于互通有无，调剂余缺，各个产品进出口额都非常少。从结构上看，凭借极低廉的劳动力成本，中国主要出口农产品和手工艺品等劳动密集型产品，初级产品出口占比超过50%（见表7-5）。总体而言，这一时期中国市场与国际市场基本是隔离的。该时期所面临的劳动力过剩问题非常突出，劳动力要素的禀赋优势无法得到充分体现。

表7-5　1957—1980年部分年份中国出口产品构成

年份	出口总额（亿美元）	初级产品	
		金额（亿美元）	比重（%）
1957	10.22	8.11	79.4
1970	22.6	12.1	53.5
1975	72.64	40.98	56.4
1980	181.2	91.1	50.3

资料来源：国家统计局。

二　双优势叠加阶段（要素禀赋、开放合作）

改革开放破除了长期以来困扰人们的一些思想藩篱，释放了要素互通与经济增长的活力。加工贸易是了解中国过去四十多年对外贸易奇迹的关键起步，加工贸易模式是对国外进口的原材料实行海关特殊监管，利用本国廉价劳动力，加工成成品后，销往国外市场。“来料、来件、来样加工装配”和“进料加工”这两种贸易方式是中国产品打开国际市场的先手棋，曾在中国进出口总额中占据“半壁江山”，“两头在外”的加工贸易占进出口总值的比重由改革开放初期的6%直线上升到1993年的41.2%（见表7-6）。在这一时期，制成品原料、中间品进口速度处于上升阶段。由于竞争力较低，中间品出口并不占主导地位。

表 7 - 6　1981—1993 年部分年份中国加工贸易情况　单位：亿美元

年份	加工贸易	贸易总额	比重（%）
1981	26.35	440.2	5.99
1983	42.16	436.2	9.67
1985	75.9	696	10.91
1987	191.85	826.5	23.21
1989	369.49	1116.8	33.08
1991	574.6	1357	42.34
1993	806.2	1957.1	41.19

资料来源：国家统计局。

在某种程度上，加工贸易的发展是要素禀赋与开放合作优势叠加的集中体现，在这其中，农村改革和对外开放发挥了至关重要的作用，若当时没有农村改革，允许劳动力自由流动，若没有开放外商投资，通过外商引进原材料和生产线，并利用国外市场（见表 7 - 7），中国劳动要素禀赋优势就无从发挥，仍然停留在农业经济时代。当然，这种开放合作优势的体现，也与当时国际市场分工重构密切相关，双优势叠加与全球产业大转移开启了中国贸易增长的原动力。

表 7 - 7　中国吸收外商投资流量及占世界直接投资流入量的比重

单位：百万美元

年份	世界直接投资流入量金额	中国吸收外商投资金额	中国占世界比重（%）
1981	69580.45708	2478.785582	3.56
1985	55830.83326	2030.399379	3.64
1990	204886.3514	8092.662298	3.95
1995	341522.5431	45295.0825	13.26
2000	1356613.064	100223.9377	7.39
2005	947705.9149	109332.1134	11.54
2010	1396203.266	190598.0792	13.65

续表

年份	世界直接投资流入量金额	中国吸收外商投资金额	中国占世界比重（%）
2015	2041769.72	313358.2132	15.35
2018	1495222.579	252876.0521	16.91
2019	1539879.663	219718.659	14.27
2020	1092000	144370	13.22

资料来源：https：//data. worldbank. org/，2020 年数据来自 https：//unctadstat. unctad. org/。

这里需要指出，中国利用外商投资和扩大对外贸易的收益不可能用李嘉图的比较优势理论来解释，只能用马克思主义政治经济学原理来解释。首先，利用外商投资扩大了资本品进口，正如马克思所说，它使不变资本变得便宜了。而且我国在鼓励外商投资政策中还规定，除了一部分限制类的外商投资，多数外商投资企业进口的自用设备、原材料都给予免征进口关税和进口增值税的优惠，这等于给予大多数资本品“自由贸易”的待遇。其次，虽然我国劳动力在外资企业中工作的报酬不可能按照世界平均社会必要劳动时间形成的价格来支付，甚至低于贸易对象国同类产品的社会平均必要劳动时间，但是，在外资企业工作的绝大多数劳动力都刚刚来自于农村，其工业劳动生产率远远高于农业部门，其个人所获报酬也高于农业部门，因此即便他们受到外资老板的“剥削”，收入仍然是增加的。大量劳动力进入工业生产部门所形成的国民收入，拉动了国内市场和国内经济循环，形成了国民经济的宏观收益。这是广大农民工踊跃进入外资工厂，各级地方政府热情招商引资的动因。最后，随着经济发展和人民收入提高，资本家不可能始终依靠绝对剩余价值生产来获利，而要通过提高技术装备水平来获取相对剩余价值。外资企业资本有机构成的提高，不仅有利于保障工人劳动力价格的实现，而且形成了技术外溢和产业链的前后项联系，促进了东道国产业的进步和升级。中国加工贸易中“来料加工”和“进料加工”两种贸易方式的变化现象就是一个最典型的例证。加工贸易是中国政府为了吸引外商投资、扩大出口而采取的一种海关特殊监管措施，它又分成“来料加工装配”和“进料加工”两种贸易方式。前者的投资者在中国境内设立的简单生产线，不具有企业法人资格，仅仅加工全部来自境外的、被海关特殊监管并保税的原料和半成品，加工后出口境外。工人所获得报酬的名称是“工缴费”，这是典型的绝对剩余价值生产。后一种贸易方式的投资者需要在中国境内注册登记，成为企业法人，所引进的设备也比前者先进，企业法人受到中国政府各种法律法规的约束，对工人比较有利；企业只部分进口来自境外的、被海关特殊监管并保税的原料和半成品，而另一部分由境内供应商配套。这有利于带动境内产业链发展。显然，这种贸易方式接近于相对剩余价值生产。我国从20世纪80年代初期开始在沿海地区吸引的外商投资多数都采用“来料加工装配”贸易方式，但是随着经济发展，“进料加工”贸易方式逐渐取代前者，到1989年它在整个加工贸易方式中已经占53.1%①，90年代后期，“来料加工装配”贸易方式日趋式微，到21世纪已经可以忽略不计。

三 三优势叠加阶段（要素禀赋、开放合作、工业化和产业集聚）

随着对外开放步伐的不断加快，中国对外贸易方式也在发生转变。入世后，中国开始全面融入全球价值链，并且在全球价值链中的地位开始攀升，一个很重要的指标就是中间品出口的大量增加，但中间品进口并未减速，“大进大出”的进出口模式是这一阶段的典型特点。说明中国本土工业产品的供给能力增强，开始逐步摆脱对进口原材料、中间品的严重依赖。在这一时期，我们可以观察到两个典型事实，一是中国工业化迅速普及，特别是乡镇工业大量发展，而且一些乡镇工业企业直接成为进出口贸易的重要微观主体；二是中国产业集聚效应开始显现。

首先，城市工业大量向农村扩展，乡镇工业的发展速度超过了城市工业，促进了中国工业化的普及。工业投资逐步成为中国固定资产投资中的主要部分；中国工业增加值增长速度进入快速通道，其中乡镇工业增加值的比重上升很快（见表7－8）。随着中国工业产品供给能力的增强，为进出口贸易配套的中间品贸易在20世纪90年代末期达到拐点。

---

① 裴长洪：《中国开放型经济建设40年》上册，中国社会科学出版社2018年，第153页。

表7-8　1990—2001年中国固定资产投资、乡镇工业发展情况统计表

单位：亿元，%

	全社会固定资产投资	工业增加值	乡镇工业增加值	乡镇工业增加值比重
1990	4517	6241	588	9.4
1991	5594.5	7703	687.6	8.9
1992	8080.1	9805	1044.1	10.6
1993	13072	12842.63	1965	15.3
1994	17042	14700	6380	43.4
1995	20019.3	24400	10804	44.3
1996	22974	29082.6	12627	43.4
1997	24941.1	31752.3	15036.5328	47.4
1998	28406.2	33541	15530.2725	46.3
1999	29854.7	21564.74	17374.1098	80.6
2000	32917.7	25394.8	18812.4115	74.1
2001	37213.5	28329.37	20314.6621	71.7

资料来源：《中国工业统计年鉴》各有关年份、《中国农业统计资料》各有关年份。

注：1990—1993年没有乡镇工业企业增加值数据，用利润额代替。

其次，产业集聚优势开始显现。产业园区是产业集聚的重要载体，在这一时期一个很重要的现象是，中国产业园区呈现“井喷式”增长。中国的产业园区经历了初始发展阶段（1984—1991年）后，进入21世纪的高速发展阶段（2000—2009年）。从园区类型来看，中国产业园区经历了出口加工区、经济产业园区、高科技产业园区、产业聚集功能区（如物流园区、软件园区等专属经济功能区）到保税区、综合保税区、临空经济区、临港经济区、陆港经济区、自贸区等各种形态的演变和升级（贺沛，2020）。截至2021年1月，中国共有国家级经济技术开发区219家。产业园区独有的配套优势、规模经济和营商环境促进了中国制造业国际竞争力的形成。

最后，中国工业结构的升级以及资本技术要素优势的形成，使中国工业制成品国际竞争力不断增强。2020年中国超越德国成机械出口冠军（见图7-2）。根据德国机械设备制造业联合会提供德国《世界报》网站的研

究，2020 年中国首次成为世界上最重要的机械设备和系统供应商。2020 年全球机械设备外贸总额约为 1.05 万亿欧元（约合 1.24 万亿美元），由于新冠疫情，这个数字比上年减少近 10%，中国在国际销售额中占比为 15.8%，而德国的市场份额占比为 15.5%，而在 2019 年德国供应商领先中国 1.4 个百分点。除德国外，其他重要机械设备和系统出口国的世界市场份额对比中国也呈下降趋势，但排名没有发生变化。位居第三的美国在全球的市场份额为9.1%，随后的日本8.6%，意大利6.7%。2010 年德国在俄罗斯的市场份额曾达到 25%，如今降为 15%，而中国的份额则超过 20%。①

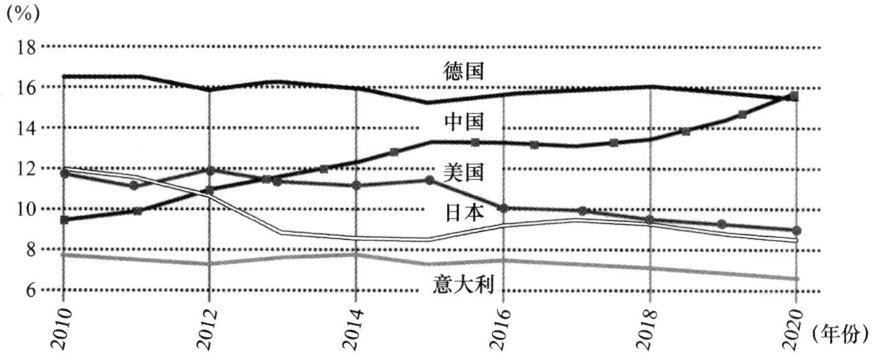

图 7-2　全球主要机械产品出口国市场份额（百分比）

资料来源：德国《世界报》，https://www.welt.de/wirtschaft/article232336193/Neuer-Export-weltmeister-China-ueberholt-Deutschland-im-Maschinenbau.html。

四　四优势叠加阶段（要素禀赋、开放合作、基础设施和产业集聚、大规模市场）

首先，基础设施存量迅猛增加，“基建狂魔”让世人惊叹。2001—2008 年，中国基础设施资本存量年均增长率高达 17%。2010 年跃升为第三位，仅次于美国和日本。若按购买力平价计算，当时中国基础设施存量实际上已经世界排名第一。在短短十多年间，中国基础设施如此超常规发展，这在世界基础设施建设史上实属罕见，堪称中国经济增长和贸易增长

① 《2020 年中国超越德国成机械出口冠军》，《参考消息》2021 年 7 月 9 日第 6 版。

背后的“奇迹”。中国基础设施增长的背后与前三阶段的开放成就有着直接的因果关系。中国从1994年开始摆脱了货物贸易逆差的历史，进入货物贸易顺差阶段，并在21世纪初期进入经常项目和资本项目双顺差阶段，在这个时期，中国的外汇储备迅速增长，在2007年达到3万亿美元以上。中国中央银行通过外汇占款形式增发了二十多万亿人民币（见表7-9），成为新增人民币流动性的主要渠道，这为中国这个时期的土地以及其他自然资源资产的货币化提供了重要条件，而土地和其他自然资源资产的货币化又极大带动了中国整个房地产以及基础设施的基本建设。正是在这一时期，中国逐渐形成了基础设施促进贸易发展的外部条件。

表7-9 **2000—2010年中国外汇储备增长、货币发行与基本建设投资增长情况** 单位：亿美元

年份	经常账户	资本和金融账户	外汇储备资产交易变动	人民币广义货币增长	固定资产投资（不含农户）建设总规模（亿元）	基本建设投资增长速度（%）
2000	205	19	109	12.6%	91641.68	7.8
2001	174	348	466	15.4%	106854.61	10.4
2002	354	323	742	19.9%	122413.69	19.2
2003	459	527	1168	19.6%	147038.73	29.7
2004	687	1107	2067	14.4%	192739.3	23.1
2005	1608	630	2089	18.0%	247510.31	22.3
2006	2499	100	2475	16.7%	299682.14	19.1
2007	3718	735	4619	16.7%	366270.26	14.7
2008	4261	190	4178	17.8%	462788.03	22.0
2009	2841	1091	4531	28.4%	600131.62	41.2
2010	3054	2260	4482	18.9%	769426.7	18.0

资料来源：国家统计局和国家外汇管理局。

其次，国内大规模市场开始形成。2012年党的十八大之后，随着扩内需、新型城镇化等政策的推进和居民收入水平的不断提升，中国大规模市场逐步形成。尽管这一时期中国整体GDP增速有所放缓，但该时期中国消

费市场规模仍以年均10%的增速增长，消费增长呈现出四个特点：一是城镇和乡村的消费同步增长；二是中西部地区消费增速较快；三是通信器材、家具、建材消费增速较快；四是网络购物、刷卡消费等快速增长。中国大规模市场的形成也在深刻改变着中国对外贸易结构。在这一时期，中国对外贸易呈现出三个基本特点。一是超大规模市场所引致的国内市场效用进一步提升了出口产品结构和竞争力（见表7－10），尽管这一时期，遭遇了全球化逆潮，但中间品出口仍然保持稳定，这与其他国家形成了鲜明对比。二是随着国内产品技术和质量的不断提升，进口替代效应开始显现，中间品进口进入迅速下降阶段。三是由于国内消费需求不断增大、消费结构不断升级，消费品和初级产品进口开始明显增加，2012年中国石油净进口量达到2.93亿吨，比上年增长7.9%；包括液化石油气和管道天然气在内的天然气总进口增长近三成，370亿立方米总进口量约占当年总消费量的25.1%；而大豆进口5838万吨，同比增长11.2%。①

表7－10 1992—2019年部分年份中国出口产品前五名变化情况

产品排名	1992年	2001年	2008年	2012年	2019年
1	非针织服装	电机、电气设备	电机、电气设备及其零件；录音机及放声机、电视图像、声音的录制和重放设备及其零件、附件	电机、电气设备及其零件；录音机及放声机、电视图像、声音的录制和重放设备及其零件、附件	电机、电气设备及其零件；录音机及放声机、电视图像、声音的录制和重放设备及其零件、附件
2	电机、电气设备	核反应堆、锅炉、机械等	核反应堆、锅炉、机械等	核反应堆、锅炉、机械等	核反应堆、锅炉、机械等
3	矿物燃料、矿物油及其蒸馏产品	非针织或非钩编的服装	针织或钩编的服装	针织或钩编的服装	家具；寝具、褥垫、弹簧床垫、软坐垫及类似的填充制品；未列名灯具及照明装置；发光标志、发光铭牌及类似品；活动房屋

① 资料来源：UN Comtrade Database。

续表

产品排名	1992年	2001年	2008年	2012年	2019年
4	针织服装	针织或钩编的服装	钢铁	家具；寝具、褥垫、弹簧床垫、软坐垫及类似的填充制品；未列名灯具及照明装置；发光标志、发光铭牌及类似品；活动房屋	塑料及其制品
5	鞋靴、护腿和类似品及其零件	鞋靴、护腿和类似品及其零件	非针织或非钩编的服装	光学、照相、电影、计量、检验、医疗或外科用仪器及设备、精密仪器及设备	车辆机器零件、附件，但铁道及电车道车辆除外

资料来源：UN Comtrade Database，产品使用的是HS两位编码。

五　五优势叠加阶段（要素禀赋、开放合作、基础设施和产业集聚、大规模市场、互联网技术运用与创新）

党的十九大以来，随着国家创新战略的推进和企业自主创新能力的提升，中国国际贸易新动能正在形成，中间品出口额保持稳定增长态势，中间品进口开始反弹，由于国内市场效用不断累积，国内市场对原材料进口、初级产品进口、消费品进口需求明显增加。新时期技术创新体现于两个方面，一是企业主体创新能力的提升，“中国制造”向“中国创造”演变，由世界知识产权组织发布的《2020年全球创新指数（GII）报告》显示，2019年在全球131个经济体的创新能力排名中，中国上升至第14位。2019年，中国R&D人员全时当量达480.1万人，保持全球第一。这一时期，劳动力要素禀赋优势已经开始由人口数量“红利”到人力资本“红利”过渡；二是互联网技术引致的贸易模式创新，跨境电商已成为中国对外贸易的新业态。2019年中国跨境电商市场规模已超10万亿元，占当年中国进出口总值31.54万亿元的33.29%；2019年通过海关跨境电商管理平台进出口1862.1亿元，同比增长38.3%，2016—2019年四年平均增速超过50%①。

正是五阶段优势的累积，中国制造业国际竞争力得到了稳步提升，国际贸易韧性持续增强，这一优势在2020年表现得尤为明显，面对新冠肺炎疫情的严重冲击和异常复杂的国际形势，中国进出口、出口规模均创历史新高，进出口总值32.16万亿元人民币，同比增长1.9%。其中，出口17.93万亿元，增长4%，成为全球唯一实现货物贸易正增长的主要经济体，国际市场份额大幅跃升，达到创纪录的13%，中国货物贸易第一大国地位更加巩固。②

第五节 市场化改革是竞争力培育的内在动力与体制保障

上述任一优势的发挥和叠加过程，都与中国市场化改革、对外开放进程相伴随，中国综合竞争合作优势的形成与发展是中国经济社会体制变迁的结果。对中国综合竞争合作优势起决定性影响的体制与政策变量有以下几方面。

一 外贸体制改革：从“放权”到“接轨”

中国贸易体制改革经历了由计划管理走向市场支配的过程。中国对外贸易体制改革虽然也存在贸易自由化的转变过程，但中国原先保护贸易体制的基础是计划经济体制，对外贸易自由化过程必须在经济体制从计划体制向市场体制的转变过程中完成。因此中国对外贸易体制改革就不是一个单纯的贸易自由化问题，而必须顺应总体经济体制改革的次序和步骤。

中国对外贸易体制改革的实践经验可以从两个维度来看，一是国内对外贸易法的制度性变迁；二是入世前后的“倒逼式”改革。这两个维度并不是割裂的，而是相互促进的。首先，《中国对外贸易法》及其后来的修订在很大程度上释放了劳动力要素禀赋优势，每次对外贸易法的修订都是

---

① 资料来源：艾媒数据中心，https://data.iimedia.cn/。

② 资料来源：中华人民共和国海关，http://www.customs.gov.cn/customs/302249/302274/302275/index.html。

中国对外贸易起飞的“助推器”。1994 年实施的《对外贸易法》是中国第一部比较系统的对外贸易基本法，由于初次接触国际市场，仅赋予具有条件的国有企业、物资企业和科研单位的外贸经营权，限于当时管理外贸活动的现实需要，对贸易经营者的主体资格限制具有一定意义。外贸经营权是外贸制度性开放的“晴雨表”，随着对外贸易交往的扩大，对经营主体的限制日益成为对外贸易发展的“掣肘”，2004 年修订后的《对外贸易法》规定从事贸易经营活动的法人、其他组织或者个人，均可以从事对外贸易活动，外贸主体真正实现了从国家到地方再到不同所有制企业的演进。2016 年依据新情况又对《对外贸易法》做了修订，进一步减少了行政审批，完善了外贸促进措施，并且依据国际贸易新变化，新增了知识产权条款、对外贸易调查和贸易救济措施，在某种程度上提高了企业的抗风险能力，保护了企业创新，有利于企业转型升级。其次入世谈判过程中和入世后的“衔接性”制度改进。从 1986 年开始，中国入世之路经历 15 年，入世谈判的过程，也是中国外贸体制改革不断加速的过程。为了与 WTO 规范相衔接，国家进一步减少进口计划的控制范围，削减直至取消行政性进口审批制度，完善许可证制度。2001 年入世后，中国继续与国际经贸规则深度接轨，2018 年平均关税降至 7.5%，非关税壁垒大幅削减，营商环境进一步改善，既超额完成了加入世贸承诺，也在最大程度上释放了对外贸易主体的活力。

二　外商投资管理体制改革：市场准入从“正面清单”到“负面清单”

中国外商投资管理体制变革主要沿着政策制定和法律制定两条主线推进，政策演进主要是从经济特区优惠政策到自由贸易试验区的“外商投资特别管理负面清单”、从“正面清单”到“负面清单”的过程，法律演进主要是从“外资三法”到《外商投资法》的过程。

中国引资目标的政策导向一直比较明确，主要经历了从“弥补资金缺口”，到“弥补技术缺口”，再到“与国际规则深度融合”三个阶段。

改革开放前和改革开放初期，国内经济增长的“资金缺口”较为突出，如何让更多外资进入中国市场以弥补经济增长的资金缺口成为政策制定的重要考量。在这一时期，外商投资管理体制在空间布局上逐步形成“经济特区—沿海开放城市—经济开发区”的开放格局，以 GDP 为核心目标的考核机制引发了各地方政府“招商引资锦标赛”，这一时期外资享受了“超国民待遇”。党的十四大明确提出建设社会主义市场经济，进一步鼓舞了外商投资者信心，原本依赖劳动力和土地等资源从事低端加工制造的经济功能区，凭借投资驱动实现了制造业转型升级。从“三来一补”的加工贸易起步，到深度嵌入全球产业链，逐步实现价值链“小步”攀升，高新技术产业也在这个阶段开始起步。随着中国自身投资能力的增强和外资大范围进入，国内资金缺口基本上得到填补，弥补技术缺口成为中国第二阶段招商引资的典型特征，“用市场换技术”是那个阶段的政策口号。在 1995 年颁布的第一版《外商投资产业指导目录》和《指导外商投资方向暂行规定》中，外资项目被分为鼓励、允许、限制和禁止四类，《外商投资产业指导目录》开始以“正面清单”（非允即禁）的形式引导外资有序进入中国市场。凭借要素、资金和技术的三重驱动，各种类型的产业集群开始形成。

2012 年至今，中国进入了“新发展阶段”，在资金和技术缺口基本得到解决的情况下，如何实现与国际规则的“深度融合”成为中国引资政策的重要目标。相较于 2015 年版目录，2017 年版目录纳入了之前在自由贸易试验区推行的外商投资准入产业负面清单管理模式，开启了“负面清单时代”。相较于 2017 年版目录，2019 年版目录继续将制造业作为鼓励外商投资的重点方向，支持外资更多投向高端制造、智能制造、绿色制造等领域。在此期间，中央政府分多批次批准了 21 个自由贸易试验区，对外开放“新高地”的建立形成了“1 + 3 + 7 + 1 + 6 + 3”的基本格局，促进了国内市场进一步开放。

法律制度是评价营商环境好坏的重要参数，为解决外商进入中国市场可能遭遇的法律纠纷，从 1979 年到 1988 年，全国人大审议通过了《中外合资经营企业法》《外资企业法》以及《中外合作经营企业法》，以法律形式充分保障不同类型的外资企业。2001 年中国入世后，进一步修订了“外资三法”，使之与 WTO 规则体系相适应，给予外资国民待遇、统一内外资立法、投资立法体系与国际接轨成为这次外资法改革的要点。实现内外资的“一视同仁”成为“外资三法”修订的最大亮点。随着国内形势变化，“外资三法”已不能满足新阶段的发展要求，为实现与国际规则的深度融合，实现投资便利化和优化营商环境成为法律新的着力点，2019 年

《外商投资法》应运而生，准入前国民待遇加负面清单管理在法律层面上首次得以明确，从而为招商引资提供更有力的法律保障。

三　人民币汇率制度改革：从“计划管控”到“有管理市场化”

汇率作为两种货币之间的兑换比率，对于国际贸易具有重要调节作用。中华人民共和国成立以来，人民币汇率体制经历了多次重要调整，对中国对外贸易发展具有重要意义。中国人民币汇率体制改革可分为五个阶段。

第一阶段是改革开放前实行的单一固定汇率制度。计划经济时期，国家进出口贸易和外汇管理都受国家计划管控，对外贸易由国家财政统收统支、统付盈亏，汇率体制表现为国家决定的单一固定汇率制度，人民币完全不可兑换。这一时期，由于国民经济基础薄弱，国家以进口替代战略为主，通过进口来获得经济发展需要的机器设备进行扩大生产，因此国家在汇率管控上主要是在直接标价法下压低汇率，降低中国的进口成本，对中国基础工业发展发挥了重要作用。

第二个阶段是引入汇率双轨制。改革开放初期面临着国际贸易逆差和外汇储备短缺的突出问题。因此，一方面国家采取限制进口措施，国家指定的国有外贸公司拥有进出口贸易权，以获得国内工业发展必需的机器设备和生产资料。另一方面国家鼓励企业出口创汇以解决外汇储备短缺。但此前汇率管理中存在的汇率高估使地方企业的出口业务受到亏损，打击了企业出口积极性。1979 年，国家宣布实行官方汇率与贸易外汇内部结算价并存（1981—1984）的双轨制。贸易内部结算价是基于出口换汇成本来确定的，降低了汇率高估的程度，与同年实行的外汇留成制度一起调动了企业出口创汇的积极性，国际收支状况逐步得到改善。

第三个阶段是形成以市场供求为基础、单一的、有管理的浮动汇率制度。随着对外开放步伐的不断加快，以“三来一补”和“进料加工”为代表的国内加工贸易方式得到快速发展，国家外贸战略从进口替代战略转变为出口导向战略。与此不相适应的是，汇率双轨制未能从根本上解决官方汇率高估的问题，且双轨制下外汇兑换比较困难，大大影响了外贸工作效率。1994 年中国人民银行宣布汇率并轨，实行以市场供求为基础、单一的、有管理的浮动汇率制度。同时建立全国统一银行间外汇交易市场，取消企业外汇留成制度，改行结售汇制度，实现经常项目下人民币的有条件兑换。一方面，汇改从根本上解决了此前存在的汇率高估问题，为企业带来更大成本优势，极大促进了出口和利用外资等外向型经济的快速发展。另一方面，汇改稳定了国家汇率水平，形成对人民币汇率的稳定预期，极大消除了进出口企业的不确定性，促进对外贸易迅速增长。

第四个阶段是参考一篮子货币有管理的浮动汇率制度。2001 年中国入世后，凭借劳动力等资源优势成为“世界工厂”，纺织、机电等劳动密集型产品出口规模快速增长，对原材料和中间产品的需求也大幅增长，表现出“大进大出”的外贸特征。同时，中国整体经济保持高速增长，经常账户和资本账户出现巨额顺差，过高流动性给中国带来较大外部不平衡压力，人民币面临较大的升值压力。2003 年《中共中央关于完善社会主义市场经济体制若干问题的决定》提出完善人民币汇率形成机制、逐步实现资本项目可兑换的决定。2005 年中国人民银行宣布实行以市场供求为基础、参考一篮子货币进行调节、有管理的浮动汇率制度，人民币汇率不再单一盯住美元。同时引入做市商制度和询价交易机制，扩大市场调节的空间。伴随着国内贸易自由化进程，汇率体制体现出逐步放宽贸易限制、为贸易提供更多便利化的趋势，提升了中国参与全球价值链的深度。

第五个阶段是完善人民币兑美元汇率中间价报价机制。国际金融危机以来，世界主要发达国家实行“再工业化”战略，并且随着中国劳动力成本和环境成本的上升，国内低端劳动密集型产业相继向发展中国家转移，全球价值链发生重构。2015 年汇率改革的主要内容是透明化人民币兑美元汇率、市场化中间价报价机制，使中间价更能反映市场供求，促进形成境内外一致的人民币汇率。2017 年人民币对美元汇率中间价报价模型引入逆周期因子，有效缓解了市场的顺周期行为，保证人民币的有序波动。

四 出口退税和出口保险政策制度化形成：从“促规模”到“调结构”

出口退税制度和出口信用保险制度是国际贸易中很重要的两个政策工具。这两个政策工具在不同时期不仅促进了中国对外贸易发展，同时也在引导产品转型升级。1949 年中华人民共和国成立后，为保护幼稚产业，中国实行对外贸易管制，这段时期出口退税政策以弥补出口企业亏损为主，退税范围比较有限。改革开放后，贸易体制逐渐摆脱了计划经济的管理模式，出口贸易增长使出口退税制度的必要性再次显现了出来。1985 年出口退税制度正式恢复，出口退税制度重新确立所带来的税收效应，增加了企业可支配收入，在替代效应和收入效应的共同作用下，企业出口积极性大大增长。在 1994 年的税制改革后对出口货物实行了“应退尽退”的中性原则，平均出口退税率达 16.13%。在这一政策激励下，中国出口增长在 1994 年和 1996 年突飞猛进。从 2005 年开始，出口退税从“应退尽退”的中性原则逐渐调整为“差别退税”，出口退税制度演变成为政府调整出口和产业结构的政策工具。2007 年为避免外贸顺差过大带来的贸易摩擦，对以服装、玩具和钢铁制品为代表的部分低附加值的商品调低了出口退税率。整体来看，国家财政中的出口退税额规模从 1995 年的 550 亿上升至 2001 年的 1080 亿，实现退税额翻番。入世后，规模进一步上升至 2007 年的 5605 亿，经历全球危机调整后，在 2012 年登上万亿台阶，达到 10429 亿。截至 2018 年，我国出口退税规模达到 16914 亿，较 1995 年增长近 28 倍。[①]

在政策工具不断优化下，中国出口产品的竞争力大幅上升。第一，“差别退税”原则不仅减轻了中央政府的财政压力，也释放了重要的政策信号，继而改善了中国出口商品的结构。在信号效应的驱使下，企业根据利益需求自发调整供给结构，工业化程度不断提高。机电产品自 1995 年起取代纺织品成为中国第一大类出口商品，中国也从劳动密集型经济体逐渐转变为资本密集型经济体。到 2000 年，工业制成品与初级产品之间比率高达 90∶10，超过了 OECD 国家 80∶20 的平均水平。劳动密集型和资源消耗型的低附加值产品出口占比大大降低，工业产品的出口保持线性增长的趋势，产业结构的调整使中国的贸易竞争力指数不断提高，资本密集型产品的竞争优势逐渐显现；第二，出口退税政策转变了出口贸易方式，有力支撑了出口外贸的高速增长。在政策实施初期，由于加工贸易以进料加工为主要模式，税率政策的调整进一步降低了进料加工的相对成本，在替代效用作用下，中国贸易方式开始由低档次一般贸易转变为加工贸易。后来，为了支持以高新技术产业为主的高附加值产品生产，低技术品的出口退税率有所降低，有效抑制了加工贸易产业“境内一日游”的问题，贸易方式转向

① 资料来源：国家统计局，http://www.stats.gov.cn/。

附加值更高的一般贸易，引导资金向高技术产业转移，促进了产业升级。

出口信用保险作为保障外汇收入和鼓励对外出口的政策性金融工具，具有事前预警和事后补偿功能，既可以作为调控宏观经济的工具，也可以被视为国际市场的稳定剂和风向标，与出口退税政策一同在国际贸易领域扮演着重要的角色。改革开放前，与外贸相关的保险制度发展十分滞后。由于民营企业普遍不具有外贸经营权，而国营企业受体制约束，普遍缺乏投保积极性。直到1989年，财政部为了鼓励机电产品出口，发展加工贸易，决定在小范围内试行针对机电产品的出口保险，并委托中国人民保险公司开展相关业务，出口保险制度由此确立。与此同时，市场经济的发展形成了多元化外贸经营主体结构，企业对贸易保险的需求日益上升，2001年成立的中国出口信用保险公司，为出口贸易的增长提供了更完善的信用保障。2002年中国信保全年实现保险金额仅27.5亿美元，而2019年中国信保全年实现保险及担保金额达到了6098亿美元，其中出口信用保险承保金额4988亿美元（见表7－11），占我国出口总额比重达到20%。[①]

表7－11　　2007—2019年中国信保保险和出口信用保险情况

单位：亿元、亿美元

年份	中国信保保险及担保金额	出口信用保险承保金额
2007	396.3	335.5
2008	627.5	391.1
2009	1166	951.8
2010	1964.3	1639.9
2011	2538.9	2162.4
2012	3256.5	2756.6
2013	3969.7	3274.4
2014	4456	3448
2015	4715.1	3856.4
2016	4731.2	3975.3
2017	5245.9	4366.6

① 资料来源：《中国出口信用保险公司年报》，https：//www.sinosure.com.cn/xwzx/ndbd/index.shtml。

续表

年份	中国信保保险及担保金额	出口信用保险承保金额
2018	6122.3	5049.5
2019	6097.9	4988.1

资料来源：《中国出口信用保险公司年报》，https://www.sinosure.com.cn/xwzx/ndbd/index.shtml。

五　扩大国际循环：从“走出去”战略到共建“一带一路”

2001年中国政府提出“走出去”战略，主要形式是通过企业对外投资，利用国内国外两个市场、两种资源，促进经济要素有序自由流动、资源高效配置和市场深度融合。“一带一路”倡议的成功实践是中国“走出去”战略的深化和伟大创举。依托政府支持和引导，中国企业对外投资在发展迅速的同时，还展现出与众不同的特点：即不仅在发展中国家投资，也在发达国家投资。不同于发达资本主义国家，中国企业对外投资的竞争优势是基于中国本土特征而形成的，主要表现为大型基础设施建设能力和较强的国际竞争力、大规模低成本生产、局部技术创新、市场定位能力、市场销售能力以及中国国家的特定优势等。这些中国独有的优势与发达国家主要以工业制成品的技术、品牌、管理、营销等对外投资的传统优势不同，并不能按照垄断优势论、国际生产折中论等传统国际直接投资理论解释的方式复制到对东道国直接投资的过程中，也不符合小规模技术理论、技术地方化理论、技术创新产业升级理论等发展中国家对外直接投资的理论。因此，尽管中国是发展中国家，但“走出去”战略下中国企业的对外投资不仅极大地促进了中国对外贸易的发展，而且还改写了以往全球贸易和价值链上发达国家主导对外投资、发展中国家提供资源、接受外资的国际投资史。

中国企业“走出去”战略的实施在某种意义上改变了国际贸易范式。首先，中国企业“走出去”战略扩大了中国国际贸易市场范围，改变了国际贸易伙伴的地理分布。以往中国贸易伙伴国集中在东亚、东南亚和美欧地区，地理分布相对集中，且相互贸易量大，使得中国对少数国家的外贸依存度较大，贸易不稳定性较高。中国企业“走出去”战略鼓励企业在全球范围内、依据自身的特定竞争优势而选择不同的国家和地区开展对外投资，促使中国对外贸易市场多元化发展。2019年中俄、中拉、中非的贸易额分别为1107.57亿美元、3173.7亿美元以及1068.32亿美元，[①] 分别是十年前的2.9倍、2.64倍以及1.17倍。其次，作为共建“一带一路”的“旗舰型”项目的中欧班列改写了对外贸易严重依赖海运的海洋贸易史。2020年中欧班列持续保持逆势增长和安全稳定畅通运行，全年开行1.24万列、发送113.5万标准箱，同比分别增长50%、56%。作为亚欧大陆的运输动脉，中欧班列连接了各国工业园区，形成了新的国际生产分工格局。中欧班列的大量开行、站点和海外仓库的建立，促进了中国跨境电商的发展，不仅开创了新陆地运输物流贸易方式，而且改变了以往“投资—生产—贸易”的传统经济合作形式，形成了“运输物流—贸易—生产—运输物流—贸易—生产”的新经济循环形式。最后，中国企业“走出去”战略激励企业创新。中国企业“走出去”不可避免面临着更激烈的国际竞争，为缩小生产和贸易成本、扩大自身产品的竞争力和市场份额，企业必定在生产、运输、质量、服务等方面进行创新，提高产品的附加值以培育新的竞争优势。进而通过与国内产业的关联辐射带动国内相关产业链条上的企业进行创新，从总体上使得外贸发展从以数量增长为主转变为以质量和服务增长为主。

第六节　结论与启示

在中国对外开放的长期实践中，中国共产党提出并创立了“开放型经济”理论，成为中国特色社会主义政治经济学的有机组成部分。它坚持马克思主义政治经济学的立场和基本观点，深深扎根于中国亿万人民的伟大实践，在批判吸收中西理论文化有益成分的基础上，创新发展了马克思主义世界市场理论和国际分工理论，为中国经济学界构建和完善中国特色开放型经济学奠定了理论基础和思想指导，而探索和总结中国制造业国际竞争力形成和发展的基本规律是建立中国开放型经济学理论的重要基石。

中国对外开放的历史进程为我们探索中国开放型经济的基本规律提供了难得的“自然实验”。改革开放前后两个历史时期的主线是一脉相承的，

---

① 数据来源：TWO数据库。

既包括改革开放40多年的实践过程，也包括中华人民共和国成立后的历史沉淀。在这波澜壮阔的70多年中，中国制造业国际竞争力的形成既不是“蛙跳式”跃进，更不是直升机式腾空；而是一种具有中国特色的“滚雪球”、螺旋式上升的前进模式，这正是中国跨越“比较优势陷阱”“中心—外围陷阱”的成功经验。劳动要素、开放合作、基础设施和产业配套、大规模市场与技术创新五种优势在改革开放历史演进中梯度递进、逐级叠加、螺旋上升，在前期优势形成过程中，下一期的优势也在不断孕育，两期优势“锯齿咬合”，多种优势集聚后的乘数效用形成了中国综合竞争合作优势。当然竞争优势的形成并不是自然发生的，而是根植于中国持续深化的市场化改革，贸易政策、投资政策与汇率政策制定的连续性和针对性是中国市场化改革成功的重要保障。在国际贸易具体实践中，中国市场化改革进程就是对国际贸易“硬约束”和“软约束”不断“解绑”的过程，在这其中不断发现新矛盾，依据时空和对象分解矛盾，进而持续增强对外贸易的动力。

如何继续保持中国国际贸易竞争力仍然是今后我们所要面临的重要课题，也是中国继续走向贸易强国的历史性课题。在未来的新发展格局中，如何进一步创新贸易发展方式，运用数字经济的科技成果，构建自主可控安全的全球产业链、价值链、供应链和服务链，并在完善开放型经济新体制中，开拓规则、规制、管理和标准的制度性开放新领域，获得参与全球经济治理、国际金融治理的新机遇，从而把中国开放型经济成功推向2035年现代化强国水平，这都是时代向我们提出的理论创新命题。

第八章　中国走向贸易强国的历史趋势

第一节　21 世纪贸易强国的内涵与类型

2010 年中国商务部正式提出到 2030 年要初步实现贸易强国目标。[①] 这是中国现代化建设目标的一个重要内容。中国“十三五”规划纲要重申要加快建设贸易强国，推进中国从“贸易大国迈向贸易强国”。中国“十四五”规划和 2035 年远景目标纲要再次重申“协同推进强大国内市场和贸易强国建设”，成为 2035 年中国基本实现现代化强国目标之一。

贸易强国是一个历史的、动态的概念，不同时代都有特定的时代内涵，体现这些内涵的国家也不同，既没有“日不落帝国”，也没有在所有商品和服务领域的“全能冠军”。随着国内国际形势的变化，贸易强国的内涵也应有新内容，对贸易强国的分类也应有新方法、新标准，对中国所追求的贸易强国目标也应该有新的路径辨析。

一　贸易强国内涵的新阐释

在当今全球经济、金融、贸易、生产和投资一体化时代，贸易强国应该是一个综合的概念，有更广泛的内涵。广义上来看，当今可进行国际贸易的不仅包括传统的商品和服务，还包括货币、规则、技术以及产品标准的贸易。后者属于全球公共品和地区公共品范畴，也必须纳入到贸易强国

① 商务部在广交会上举行全国转变外贸发展方式报告会，会上首次发布《后危机时代中国外贸发展战略》，提出到 2030 年要初步实现贸易强国目标，并提出中国推进贸易强国进程建设的数量、质量和评价指标，中国日报网，2010 年 4 月 18 日。

的评判标准中，并作为划分贸易强国分类体系的一部分。

第一，贸易强国不分大小。以往的惯性思维是，贸易强国必须具有世界排名靠前的贸易规模，依据此标准，贸易小国自然与贸易强国无缘。贸易小国囿于国内市场规模、资源要素数量等限制，不可能形成很大的贸易规模，但不排除它们在某些细分产品市场上具有强大的国际竞争力，也应该属于贸易强国。例如，从传统视角看，澳大利亚、新西兰等并不是贸易强国，但考虑到它们的农产品出口竞争力都很强，应属于农产品贸易强国。贸易强国应该具有层级结构分析，如果关注点在国家和行业层面，这适合于评判贸易大国；对于贸易小国，关注点应该细化到企业和产品层面。

第二，从全球价值链视角来看，贸易强国的内涵不同。以往的贸易强国概念一般指最终产品贸易强国。但随着国际生产分工由最终产品生产的分工转变为生产工序（任务）的分工，增加值贸易逐渐占主导，要想成为贸易强国，必须要有对 GVC 的管控和协调能力。所以能否占据 GVC 主导位置，能否在 GVC 某个生产工序（任务）上占有优势地位，则是 GVC 背景下贸易强国需要具备的品质。在 GVC 生产模式下，出现了一些传统贸易理论无法解释的现象。一是贸易规模与贸易增加值背离度越来越大。以贸易增加值核算，2007 年中国的外贸依存度将从官方统计的 68.02% 下降到 31.59%。[①] 二是国家发展水平与出口产品技术复杂度相关性变弱，例如中国在出口技术水平和出口结构方面与发达国家不断趋同。[②] 这些现象会使得对贸易强国的判断产生偏误，低估发达国家的贸易实力，而高估一些发展中国家的贸易实力。事实上，一些新兴的发展中国家只是由于参与 GVC 低端的加工组装环节，才得以很快提高其贸易规模，并在表面上出口高技术产品，但获取的增加值并不高。发达国家仍控制着 GVC 高端的研发和设计（R&D）、营销、售后服务等环节，并攫取了发展中国家出口的高技术产品的绝大部分增加值。因此，GVC 背景下的贸易强国更多地应该表现为对产品 GVC 的控制能力、关键零部件产品和生产性服务的生产能力以及相

---

① 李昕、徐滇庆：《中国外贸依存度和失衡度的重新估算：全球生产链中的增加值贸易》，《中国社会科学》2013 年第 1 期。

② 鞠建东、余心玎：《全球价值链上的中国角色：基于中国行业上游度和海关数据的研究》，《南开经济研究》2014 年第 3 期。

应的创造贸易增加值的能力。

第三，在全球范围内配置资源的能力。一国境内生产能力不等于国际交换能力，国际交换能力往往还取决于跨国生产能力、国际运输能力、国际营销能力等。没有这些能力，境内生产能力很难被国际消费市场所吸收，或者即使可以转化成国际消费，但是交易成本过大，必须支付很高比例的费用给国外生产要素、国外运输公司、国外营销网络等。跨国资本流动和跨国企业并购是形成国际化生产经营网络的重要途径，也是实现全球范围配置资源的主要形式。因此，国际投资、跨国公司的数量和作用是衡量一国在全球范围配置资源的能力和水平的重要尺度，也是贸易强国的重要标志。

第四，本国货币在世界的流通能力。国际交换与国内交换不同，国际交换中商品和服务的定价权不仅来自一国商品和服务的贸易量，而且还来自该国货币在世界的流通能力。除了黄金具有世界货币的天然属性之外，在金本位制结束后，纸币在世界上能否具有较强的流通能力，取决于三种功能，即贸易结算功能、投资工具功能和储蓄货币功能。不具备或不完全具备这些功能，流通能力必然不强，那么也就不可能取得商品和服务交换中的定价权。人们往往有疑问，为什么中国是某几种商品的大买主或大卖主，但没有定价权，问题就在于人民币的这三种功能，有的才刚刚开始具有，有的还完全没有。

第五，提供全球公共产品的能力。国际贸易必须在一定的全球经济治理框架下进行，同时也受这种治理框架的制约。依据经济学属性，全球经济治理是一种特殊类型的全球公共品，可归纳为以下四类。第一类是国际规则，这包括多边的国际规则和区域的国际规则。第二类是主权经济体为国际规则的执行所提供的运行载体、平台或其成本。例如，世界银行、IMF 和 G20 等。第三类是企业和私人机构对优化国际经济治理所承担的社会责任或服务。第四类是全球公共品，即跨国公司（或其行业协会）提供的产品和服务的技术标准、规范和准则。贸易自由化蕴含的本质是交换的公平竞争和保护消费者利益，因此国际贸易中必须有各国都遵循的技术质量标准，这既是商业规则，也是社会责任的体现。这种游戏规则的制订，既有历史延续的因素，也反映主要制订者的利益诉求。在制订这类游戏规则中，贸易强国一般都具有比较大的话语权。这几类全球公共品被所有参与国际贸易的国家所消费，但并不是每个国家都能提供。全球公共品的提供需要不菲的成本，既需要硬实力，还需要软实力。硬实力以政治、经济、金融、军事和重要资源为后盾，软实力则需要话语权以及自身的体制、机制的优势。事实上，全球公共品一般只有全球或者区域性的大国才能提供，对于某些公共品，如技术标准，则只有该领域的主导性跨国公司能够提供。由于搭便车行为，提供全球公共品似乎是一种非理性的行为，但事实并非如此。在无偿提供的表象背后，有着理性的利益考量。生产全球公共品的国家（地区）或者跨国公司将隐含地设计出有利于其自身利益的全球公共品，然后借此优势在国际贸易中取得强大竞争力。

二　贸易强国分类体系构建

国家有大有小，贸易规模也就有大有小。各国的资源、要素、文化、地理位置等因素迥异，这决定了各国在世界贸易中的位置是不一样的，分别发挥着其独特的功能。哪些国家可以归属于贸易强国，其层次划分标准是什么，有哪些具体的贸易强国类别，每一类贸易强国的典型特点是什么，每一类贸易强国的代表性国家有哪些。

（一）构建贸易强国的共性指标

贸易强国的共性是相对于非贸易强国而言的，指的是适用于评价所有贸易强国的标准。从结果标准来看，贸易强国应在一系列指标上优于非贸易强国。例如人均贸易额达到一定数量以上，在某几种产品或服务上有很强的国际竞争力。从形成过程来看，贸易强国也应该能够抓住时代机遇，发挥其比较优势或者培育新优势。例如，历史上的西班牙和荷兰利用其航海技术、地理位置优势发挥贸易枢纽的作用；英、美、德利用工业革命以来的先进科学技术迅速由农业国变成工业强国；韩国从 20 世纪 60 年代以来利用与美国的友好关系承接产业转移；爱尔兰利用语言优势积极参与软件等行业的外包。

然而，世界各贸易国纷繁复杂的表现掩盖了对贸易强国和其共性的识别。其中最显著的影响因素是贸易规模。贸易强国共性指的是：剔除掉国家经济总量、贸易规模和其他因素的影响后，贸易强国的共同点。最切实可行的办法是考察人均指标、细分行业指标和其他与总量无关的指标，第一，用规模变量除以人口总量，从而获得人均变量以剔除总量指标的影响。通过该方法，得到了人均贸易额、人均出口额、人均 OFDI（outward foreign direct investment，简称 OFDI）存量、人均专利技术出口额 4 个指标，试图检验贸易强国是否在这 4 个变量上有共性。第二，还有一些变量不受总量指标影响，但也是贸易强国的重要特征。选取出口产品相对单位价值，GVC 参与度（用出口的国外增加值率衡量，也称垂直专业化率，即 Vertical Specialization Share，简称 VSS）共 2 个变量。贸易规模大不一定意味着出口产品单位价值高，两者没有必然联系。GVC 参与度与贸易规模有一定程度的关系，但是两者并不呈现明显的相关关系。GVC 参与度总体上反映的是一国参与全球生产分工的程度，贸易强国通常积极参与全球生产分工。第三，通过考察细分行业的出口情况，也可以规避国家总贸易规模的影响。贸易强国应在其具有竞争优势的某一个或几个细分行业上具有强大的国际竞争力。我们选取每个国家的行业出口占其总出口比重前 5 位的 HS（Harmonized System，简称 HS）2 位码行业，称为主要出口行业，考察这 5 个行业的出口额有几个能够排在世界该行业出口的前 10 位。此外，对于至少在一个国家（地区）出口中排名前 5 的 HS2 位码所有行业（称之为世界主要出口行业），考察在这些行业的前 10 名出口国中，每个国家出现的次数。第四，某些质量指标也可以很好地规避规模变量的影响。贸易强国应该有多个世界 500 强企业，这是其组织全球生产分工的重要依托。对外投资也主要依托大型跨国企业来运作。综上，找出了贸易强国的共性指标（见表 8－1），接下来将用这些指标来筛选贸易强国并实证分析它们的共性。

表 8－1 **贸易强国共性指标**

一级指标	二级指标
人均指标	人均贸易额（包括出口额和进口额）
	人均出口额
	人均 OFDI 存量
	人均专利技术出口额
与规模变量无关的指标	出口产品相对单位价值
	GVC 参与度

续表

一级指标	二级指标
细分行业竞争力指标	主要出口行业出口占比排名世界前 10 的数量
	在世界主要出口行业前 10 名出口国中出现次数
质量指标	是否有多个世界 500 强企业

选取 2015 年货物与服务进出口排名前 30 位的所有国家（地区）以及世界其他国家和地区（Rest of the World，简称 RoW）进行分析。[①] 这 30 个国家（地区）包括主要的 OECD 国家、新兴市场国家（地区）和两个石油出口国，占世界总出比重的 80% 以上，具有极大的代表性，世界各类贸易强国大部分囊括在这些国家（地区）中。贸易强国的共性是：在与对外贸易、OFDI、专利技术出口等相关的人均指标上表现优异，且出口产品单位价值高，全球价值链参与度高，主要出口产品有很强的国际竞争力，且在全球范围内配置资源的能力强。此外，如果从历史演进角度考察，我们将发现能够充分发挥其自然资源、生产要素、历史文化、地理位置等禀赋优势的国家就可成为贸易强国。

（二）构建贸易强国特性指标

贸易强国特性指一类贸易强国不同于另一类贸易强国的特殊性，主要应从结果表现（以下前四点）和形成过程（最后一点）角度阐述贸易强国特性。第一，各贸易强国的贸易规模和对外投资规模不一样。这主要源于各国的人口、土地面积、自然资源等禀赋的差异。人口多、国土面积大、自然资源丰富的国家更倾向于有更大的贸易规模。贸易规模大的国家通常也有更大的国内生产总值，能够支撑得起更多的对外投资。第二，各贸易强国的贸易结构和优势产业不一样。这主要源于自然资源禀赋、地理位置和初始发展战略等方面的差异。一些天然更适宜发展农林渔牧业，在这些行业有规模优势和比较优势，相应产品的出口比较多。另一些更侧重于发展工业，在制成品出口上具有规模优势和比较优势。还有一些国家侧重于发展服务业，或者是传统的旅游和运输业，或者是现代生产性服务业，如

① 以 2015 年货物与服务出口排名为标准选取，发现所选 30 个国家（地区）与用进出口标准选取的一样。

通信业、软件外包业等。第三，各贸易强国的货币竞争力存在差异。事实上，大部分贸易强国只是单纯的货物和狭义的服务贸易强国，它们的货币在国际市场上并不一定有竞争力，因为维持这种竞争力不仅需要贸易规模大，还需其他方面的实力。因此，大部分贸易强国的货币在国际贸易结算、外汇交易市场以及各国外汇储备中的地位几乎可忽略不计。第四，各贸易强国提供全球公共品的能力差异巨大。把提供全球公共品纳入到对贸易强国的分析中是本文的一个重要特点。因为在当今社会，除了有形的货物和狭义服务贸易之外，倡导和制定国际议题的能力，制定产品标准和行业标准的能力，在国际组织和行业协会中的影响力也是提高外贸竞争力的重要手段；甚至可以把提供全球公共品看作一种广义上的服务贸易输出，其能间接地为全球公共品的提供国带来利益。因此，提供全球公共品也是贸易强国的重要指标，对于贸易大国更是如此。各贸易强国在这个方面表现出巨大的差异性。从经济学考虑，贸易小国不会去积极提供全球公共品，因为其所获得的利益远不如付出的成本，它们更倾向于搭便车。第五，各贸易强国的形成时间和具体过程存在差异。一些在很早时期就已经形成，利用的是当时的国际政治经济形势。另一些则在最近几十年才形成，利用的是最近阶段的国际政治经济背景。事实上，每个贸易强国的具体形成道路及国内外环境都不一样。

在以上分析基础上，贸易强国特性指标如表 8 - 2 所示。其中有 4 个一级指标：规模指标、贸易结构指标、货币竞争力指标、提供全球公共品指标，分别对应以上第一到第四个特性。每个一级指标又包含若干个二级指标。

（三）贸易强国类别及分析

贸易强国的分类方法如下：第一，按贸易规模排名，前 10 位为贸易大国，其他为贸易小国。贸易大国中属于贸易强国的称之为大型贸易强国，贸易小国中属于贸易强国的称之为小型贸易强国。第二，按贸易结构对各国进行分类，并假定美国的贸易结构较为平衡。具体的，以美国和世界平均的服务出口占总出口比重作为上下分界点，服务出口占总出口比重大于美国该比重的称为偏服务贸易强国；位于上下分界点之间的称为平衡发展型贸易强国；低于下分界点的称为偏货物贸易强国。需要提及的是，在进行这种分类时，也结合了各国货物出口占世界比重、服务出口占世界

表 8－2　　　　　　　　　　**贸易强国特性指标**

一级指标	二级指标	一级指标	二级指标
规模指标	货物与服务加总出口额（简称总出口）	货币竞争力指标	在全球贸易结算中的比重
	总出口占世界比重		在外汇交易市场中的比重
	OFDI 存量		在外汇交易市场中的世界排名
	OFDI 存量占世界比重		在世界各国外汇储备中的比重
	人口数量	提供全球公共品指标	向联合国各专属机构缴纳的会费及其占 GDP 比重
	人口数量占世界比重		向其他国际组织提供的经费及其比重
贸易结构指标	货物出口额		制定的行业标准和产品技术标准数
	货物出口占总出口比重		跨国公司数量
	货物出口占世界比重		
	服务出口额		
	服务出口占总出口比重		
	服务出口占世界比重		
	专利技术出口额		
	专利技术出口占世界比重		

比重的特征。在偏货物贸易强国中，澳大利亚农林渔牧业竞争力处于世界领先地位，在其对外贸易中占主导地位，所以称之为偏农产品贸易强国。第三，对于大型贸易强国，这里把贸易结构平衡发展、货币竞争力强、在全球经济治理中具有主导性力量的国家称为综合型贸易强国，这样的国家只有美国。对于除美国以外的大型贸易强国，即非综合型贸易强国，它们或者在贸易结构上有偏向性，或者货币竞争力较弱，或者在提供全球公共品方面不具有优势，甚至作用很小。这里把非综合型贸易强国划分为大型平衡发展型贸易强国、大型偏货物贸易强国，大型偏服务贸易强国三大类。第四，对于小型贸易强国，由于经济规模、市场规模、资源禀赋等的限制，它们只能根据其国内比较优势集中发展个别行业或者个别产品，在

这些特定产品上具有世界排名靠前的贸易规模和贸易地位。类似的，根据其贸易结构特点，可把小型贸易强国划分为小型平衡发展型贸易强国、小型偏货物贸易强国、小型偏服务贸易强国。第五，根据贸易强国形成的时间，即从历史发展和演进的视角，可以把贸易强国划分成老牌贸易强国和新兴贸易强国。它们形成的时代环境不一样，老牌贸易强国更多依靠战争、侵略、殖民而完成资本原始积累、扩大原材料和产品市场，在一定程度上是建立在对亚非拉国家剥削的基础上的。新兴贸易强国通常依靠加入老牌贸易强国主导的全球生产和贸易网络而快速发展形成，主要依靠劳动力成本优势、产业政策、对老牌贸易强国的技术引进和吸收。

三　当今都有哪些贸易强国：类型与分析

（1）综合型贸易强国，仅有美国。它需要强大的经济、政治、金融、军事、科技等实力作为支撑，世界上满足所有这些条件的基本上只有美国。根据中国人民银行网站数据，在 SDR（特别提款权）新货币篮子中，美元权重高达 41.73%。根据 WTO 网站数据，在 2012 年，美国向 WTO 缴纳的会费位列第一，为 2368.7 万瑞士法郎，远高于位列第二和第三的德国和中国。美国也是全球进行双边对外援助最多的国家，据美国国际开发署统计，2014 财年美国对外援助总额约为 520 亿美元，约占 2014 年美国 GDP 的 0.29%。

表 8－3　**贸易强国（地区）分类**

类型	大型贸易强国	中小型贸易强国
综合型贸易强国	美国	—
平衡发展型贸易强国	荷兰	新加坡、瑞士、比利时、奥地利
偏服务贸易强国（经济体）	英国、法国、中国香港	爱尔兰、瑞典
偏货物贸易强国	德国、日本、韩国、意大利	加拿大
偏农产品贸易强国	—	澳大利亚

（2）大型平衡发展型贸易强国，代表性国家为荷兰。荷兰是老牌贸易强国，在规模指标方面，2015 年，荷兰人口为 1693 万，占世界比重仅为

0. 23%，但总出口和 OFDI 存量分别位居世界第 7 和第 9，占世界比重高达 3. 13% 和 4. 29%。在贸易结构方面，货物和服务出口占世界比重分别为 2. 85% 和 3. 73%，分别位于世界第 8 和第 6；科技实力雄厚，其制造业竞争力居于全球领先地位。

（3）大型偏货物贸易强国，代表性国家有德国和日本。德国、日本、韩国和意大利都是大型货物贸易强国，以德日两国为例：第一，德国和日本以货物出口为主，服务出口占世界比重则较小，只有 5. 40% 和 3. 17%。虽然日本货物和服务出口占世界比重相差不大，但其专利出口占世界比重很大（12%），占其服务出口的 22. 7%，该项出口和制造业紧密相关，如果剔除，则会发现其货物和服务出口占世界比重相差较大。第二，海外资产多，截至 2015 年，德国和日本的 OFDI 存量分别达到 18. 12 和 12. 27 万亿美元，占世界比重分别为 7. 24% 和 4. 90%。另据外交部数据，截至 2015 年 2 月，日本外汇储备达 12511 亿美元；截至 2013 年底，日本拥有约 3. 06 万亿美元海外资产，是世界最大债权国。第三，两国工业创新能力突出，出口都以工业制造品为主，产品相似度大。第四，两国都是第二次世界大战战败国，在国际政治经济舞台上的作用较小。所以，这两国只能算作是纯粹经济意义上的贸易强国，在全球经济治理上的作用很有限。

（4）大型偏服务贸易强国，代表性国家有英国。英国、法国和中国香港地区是典型的大型服务贸易强国（地区），以英国为例：第一，2015 年，英国服务出口占总出口比重分别达到 44. 45%，位于该指标第 1 位，远高于世界平均水平。英国的服务出口占世界比重为 7. 22%，远大于其货物出口占世界比重 2. 71%。第二，英国的人口、贸易、对外投资规模都很大。2015 年，英国人口 6498 万；总出口位居世界第 4，占世界比重 3. 75%；OFDI 存量 15. 38 万亿，占世界 6. 14%，位居世界第 3。第三，英国服务出口以金融、旅游、保险与年金服务等为主，2014 年占本国服务出口比重分别达到 22. 40%、12. 90%、9. 15% 左右，占世界出口比重分别达到 19. 22%、3. 64% 和 25. 09%（根据 UNCTAD 数据计算得出）。英国伦敦是世界最早的金融中心，现在仍是世界最大外汇交易市场、最大保险市场、最大黄金现货交易市场、最大衍生品交易市场、全球第三大保险市场（外交部网站资料）。英国科研实力也很强，2014 年专利出口占世界 5. 92%，位居世界第 4。

（5）小型平衡发展型贸易强国，代表性国家为瑞士。按贸易规模和服务出口占总出口比重标准（见表 8－4、表 8－5），瑞士、比利时、新加坡和奥地利都是小型平衡发展型贸易强国。

（6）小型偏服务贸易强国，代表性国家有爱尔兰（见表 8－9）。瑞典和爱尔兰是典型的小型偏服务贸易强国，后者更有代表性。另外爱尔兰的专利技术出口、金融服务、保险和年金服务、其他服务业出口都位列世界前 10（根据 UNCTAD 数据计算得出）。

（7）偏农产品贸易强国，代表性国家为澳大利亚（见表 8－10）。可算做偏农产品贸易强国的代表。澳大利亚农牧业发达，自然资源丰富，盛产羊、牛、小麦和蔗糖，是世界上最大的羊毛和牛肉出口国（外交部网站资料）。

（8）新兴贸易强国，代表性国家有爱尔兰、新加坡和韩国。老牌贸易强国形成时期，国际贸易以最终品出口为主，而新兴贸易强国形成的背景是全球生产分工扩大时期。所以这两类贸易强国所抓住的时代机遇不一样。在当今 GVC 分工时期，新兴国家可以依靠切入到生产链的某一环节，而迅速地成为贸易强国。2015 年这 3 个国家出口的国外增加值率分别为 43.62%、41.82% 和 41.7%，参与 GVC 程度非常高，在 30 个国家（地区）中，分别位居第 1、3 和 4。

第二节　在“百年大变局”中推进贸易强国的挑战与机遇

2017 年 12 月习近平总书记接见驻外使节工作会议讲话中就指出：“放眼世界，我们面对的是百年未有之大变局。”[①] 2018 年 6 月，习近平总书记在中央外事工作会议上明确指出：“当前，我国处于近代以来最好的发展时期，世界处于百年未有之大变局，两者同步交织、相互激荡。”[②] 同年 12 月，中央经济工作会议重申了这个重大判断：“世界面临百年未有之大

① 《习近平谈治国理政》（第 3 卷），外文出版社 2020 年版，第 421 页。

② 习近平：《坚持以新时代中国特色社会主义外交思想为指导　努力开创中国特色大国外交新局面》，《人民日报》2018 年 6 月 24 日第 1 版。

变局，变局中危和机同生并存，这给中华民族伟大复兴带来重大机遇。要善于化危为机、转危为安。”① 这个重要论断为我们思考中国经济各领域的高质量发展以及经济潜在优势和发展前景的基本依据，

一 以“百年大变局”视野分析世界经济贸易环境的变化与挑战

（一）以百年历史眼光观察国际贸易发展阶段

以穿越百年历史的眼光来梳理国际贸易发展主要特征的脉络，它大体经历了三个大的发展阶段，分别是传统的最终产品贸易、全球价值链或供应链贸易、数字贸易。② 第一个阶段主要指 20 世纪 70 年代之前的最终产品贸易。随着国际航运技术的进步（如集装箱的广泛使用）、运输成本的下降以及关税和非关税贸易壁垒的降低，国家之间的最终品贸易往来获得空前发展。第二个阶段则是 20 世纪 70 年代左右开始的价值链贸易或供应链贸易，其中产品生产分工技术（如模块化生产方式的应用）使得同一产品的不同生产环节可以在多个国家同时进行，相应的中间产品和零部件贸易占据主导地位，使得贸易增速超过了 GDP 增速。但是，2008 年金融危机以来，全球价值链（GVC）贸易的高潮已经开始落下，世界银行撰写的《世界发展报告 2020》计算了 1970—2015 年 GVC 贸易占总贸易的比重（见图 8 - 1），可以发现该比重在 2008 年达到最高点之后就快速下降。而随着英国脱欧、美国发起贸易战等造成的不确定性，GVC 贸易比重未来可能继续下降。但随着 5G 通信、人工智能、物联网、区块链、3D 打印等数字技术的发展，以及相应的数字产品和服务不断涌现，未来的国际贸易发展将进入第三个阶段，即以数字贸易为重要特征的阶段。在这一新阶段，服务贸易及其全球生产分工将出现新特点，货物贸易也越来越依赖平台企业来实现，甚至一些货物贸易将被服务贸易所取代。

---

① 《中央经济工作会议在北京举行　习近平李克强作重要讲话》，《人民日报》2018 年 12 月 22 日第 1 版。

② Baldwin, R. E., “Trade and Industrialization after Globalization's 2nd Unbundling: How Building and Joining a Supply Chain are Different and Why it Matters”, *NBER Working Paper 17716*, 2011. Baldwin, R. E., *The Great Convergence: Information Technology and the New Globalization*, Belknap Press, Cambridge, 2016. López González, J. and M. Jouanjean, “Digital Trade: Developing a Framework for Analysis”, *OECD Trade Policy Papers*, No. 205, OECD Publishing, Paris, 2017. http://dx.doi.org/10.1787/524c8c83-en.

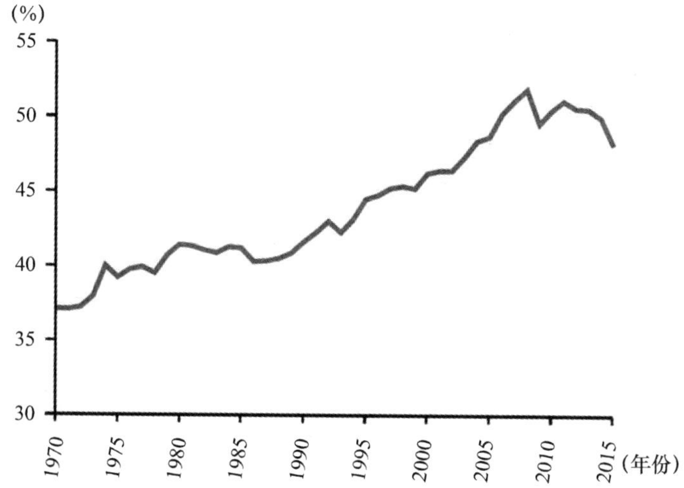

图 8－1　GVC 贸易占总贸易比重（单位:%）

资料来源：World Development Report 2020。其中 GVC 贸易指的是至少被统计两次的贸易额，也即至少跨越两次边境，具体计算方法可参考 Borin & Mancini（2015，2019）。

国际贸易百年发展史表明：技术和技术变革是推动贸易持续发展的最重要因素，每一次技术变革都改变了贸易方式、形成新的贸易产品，而且也重新塑造了每个国家的优势（例如自动化、工业机器人和人工智能的广泛运用使得劳动力成本优势不断弱化），进而引起各国贸易政策的变化以及贸易增速和结构的演变。现在以及未来一段时期，国际贸易正经历着从国际贸易发展的第二阶段向第三阶段转变的阵痛时期，这是百年未有之大变局在国际贸易史上又一次重大变化的深刻反映。

（二）世界贸易在历史转折中的若干重要现象

国际贸易发展阶段的重大变化导致了当前世界贸易发展的三个重要现象。

1. 世界货物贸易增长速度下降、贸易结构发生明显变化

全球价值链贸易发展已经落下高潮，而新的贸易形态尚未成熟和发展，导致世界货物贸易增长速度趋向下降。从表 8－4 可见，2000—2005 年，世界货物进出口年平均增速高于 11%，中国更是超过 26%，达到了一个历史巅峰阶段。但是，此后就开始下降，2005—2010 年，世界货物贸易年平均增速仅为 6% 左右，较前一阶段下降了一半，2010—2015 进一步

下降到 1.48%。2016—2018 年，世界货物进出口增速有所回升，但是仍没有达到 2005—2010 年的增速，更是远低于 2000—2005 年的增速。而随着 2018 年以来世界范围内贸易投资政策不确定性的加剧，未来贸易增速有可能继续降低。

表 8-4 **各类经济体的货物贸易增速（年均）** 单位：%

时间段	2000—2005 年	2005—2010 年	2010—2015 年	2016—2018 年
世界出口	11.42	6.27	1.48	5.56
世界进口	11.27	5.93	1.48	5.80
中国出口	26.73	13.54	7.50	3.03
中国进口	26.47	14.16	3.91	8.34
发达经济体出口	9.54	4.10	0.80	5.53
发达经济体进口	10.03	3.24	0.51	5.77
发展中经济体出口	14.37	9.21	2.69	5.35
发展中经济体进口	13.54	10.42	3.14	5.65

资料来源：根据 UNCTAD 统计数据库整理。

但与此同时，随着互联网技术在贸易领域的广泛应用和数字贸易雏形的涌现，与此相关的服务贸易取得更快发展，特别是信息通信服务、专利许可贸易以及金融服务等商务服务成为服务贸易发展的先导。虽然目前国际服务贸易还不能占据整个贸易的主体部分，但它的发展和上升是十分明显的。从世界范围来看，服务贸易增速明显更快，比重越来越高，制造业也越来越体现出服务化的特征。从 2007—2017 年，全球货物贸易复合年均增长率仅 2.4%，但是服务贸易增速达到了 3.9%，其中信息与通讯服务、知识产权服务的增速更是达到年均 7.8% 和 5.2%。[①] 另外，根据麦肯锡全球研究院（2019）的报告，早在 2014 年，全球贸易中的服务比重已经达到 23%，而从增加值贸易来看，服务贸易的比重已经高达 45%；2017 年，服务贸易只有 5.1 万亿美元，但是如果将未被统计到的服务贸易算进来，则调整后的服务贸易额将达到 13.4 万亿美元，其中嵌入到货物

① World Investment Report, 2018.

贸易中的服务为4.3万亿美元，提供给国外子公司的无形资产为0.8万亿美元，免费的跨境数字服务的估计市场价值3.2万亿美元，而同年的货物贸易增加值仅为13.0万亿美元。① 从几个典型国家来看，表8－5显示美国和欧盟15国服务出口占其外贸整体的比重已经达到30%以上，日本也达到20%以上。美欧服务贸易出口比重高于进口比重，已经成为其促进外贸发展、获取贸易顺差的重要源泉。

表8－5　　**世界主要经济体服务出口（进口）占自身总出口（进口）比重**

单位：%

年份	2009	2010	2011	2012	2013	2014	2015	2016	2017	2018
中国服务出口	9.87	10.77	10.01	9.27	8.79	8.90	9.26	9.53	9.33	9.94
中国服务进口	14.18	13.49	13.57	14.48	15.59	19.31	21.75	23.15	21.18	20.61
日本服务出口	18.12	15.48	15.13	15.00	16.29	18.97	20.73	21.68	21.30	20.70
日本服务进口	24.16	20.85	18.11	18.21	17.88	19.41	22.10	24.16	23.02	21.63
美国服务出口	32.39	30.37	29.50	29.56	30.53	31.18	33.32	34.24	33.93	33.10
美国服务进口	19.67	17.43	16.29	16.40	16.73	16.77	17.79	18.76	18.70	17.92
世界服务出口	22.73	20.87	19.75	19.97	20.63	21.78	23.44	24.25	23.73	23.40
世界服务进口	22.61	20.85	19.63	20.01	20.69	21.96	23.43	24.08	23.35	22.86
欧盟15国服务出口	28.69	26.95	26.25	26.95	27.84	29.07	30.13	30.45	30.25	30.10
欧盟15国服务进口	26.44	24.65	23.45	24.31	25.39	26.80	29.06	29.55	28.55	28.19

资料来源：根据UNCTAD统计数据库整理。

2. 货物贸易发展空间的缩小使贸易保护主义和贸易摩擦抬头并加剧

2018年以来，美国对世界打响贸易战、对中国的贸易摩擦不断升级。“美国优先”的贸易政策颠覆了贸易自由化的国际经贸体制与规则。美国是百年来贸易自由化和经济全球化的受益者，但是却成为了贸易保护主义和逆经济全球化的急先锋。这是百年未有之大变局在国际经贸领域中最突出、也是最重要的现象之一。

① McKinsey Global Institute（MGI），*Globalization in Transition: The Future of Trade and Value Chains*, 2019.

美国的保护主义措施产生了十分恶劣的影响，在美国的带动下，欧盟在2019年4月正式出台了《关于建立欧盟外国直接投资审查框架的条例》，同样是以安全或公共秩序为由加强了外资审查范围和力度，特别是对来自中国的投资。

3. 全球供应链正在发生变化和调整

全球供应链的变化和调整源于三个因素的叠加效应。第一个因素是中国自身的要素成本上升和部分产品生产环节竞争优势的弱化。第二个因素是上文提及的由技术变革导致的国际贸易发展阶段的转变。这两个因素都是客观的。第三个因素是世界经贸体系中美国角色的转变。

纵观20世纪90年代以来国际分工的细化，形成了以生产环节的国际分工和产品价值构成的国际衔接为主要特点的全球产业链和价值链，以生产消费为主要特点的全球供应链，以及相应的三大产业链和价值链区域。它们分别是：以美国为中心的北美产业链和价值链；以德国为中心的欧洲产业链和价值链；以中国、日本为中心的亚洲产业链和价值链。这三大区域的基本联系是，亚洲与北美、欧洲形成垂直型供应链关系；北美与欧洲形成水平型供应链关系。当然，在每个区域内部也存在区域性供应链联系。其中，亚洲产业链和价值链的特点是生产制造集中度很高，而且主要集中在中国，形成“世界工厂”。当前，在国际贸易发展呈现由第二阶段向第三阶段转变的过程中，全球供应链变化和调整的基本趋势是：亚洲产业链和价值链从生产制造的高度集中向一定程度的分散转变，亚洲新兴经济体、特别是东盟部分国家正在向生产制造型的货物贸易出口国转变；同时由于新兴经济体的经济增长和收入提高，消费能力增强，亚洲区域性供应链关系将日益发展。

（三）全球供应链的调整导致中国对外贸易结构变化

全球供应链的变化加速了亚洲产业链、价值链的调整，这种调整主要表现为以中国为中心的产业链、价值链被延伸，而且中国借此在价值链条攀升中提高了国际分工地位。这就导致了中国和东南亚一些国家的货物贸易结构的改变，即中国向东盟一些国家出口更多中间产品和零部件，而这些国家向北美、欧洲出口更多最终产品。近年来中国对越南出口占对东盟出口比重的四分之一左右，具有较大的代表性。从表8－6可知，一方面，中国对东盟和越南的制成品出口增速远高于对世界制成品出口增速，其中对越南的制成品出口增速也高于对东盟整体的增速。此外，中国对越南电子产品零部件的出口增速尤为快速，部分年份甚至高达 78.98%，无疑表明中国确实在一定程度上把东盟和越南纳入到了价值链体系中来。另一方面，从越南总出口和制成品出口来看，增速明显高于世界出口增速，即使在世界出口增速接近于零甚至为负的情况下，越南的出口增速仍能够达到 10%—26%。越南制成品出口增速更快，使得制成品出口比重由 2010 年的 63.95% 上升到 2018 年的 80.83%。

表 8－6　**中国对越南以及部分经济体出口增速**

单位：%

年份	2010	2011	2012	2013	2014	2015	2016	2017	2018
中国出口									
对越南制成品出口增速	44.37	26.64	19.62	44.19	32.78	2.55	-9.16	21.68	14.76
对世界制成品出口增速	31.28	19.95	8.66	7.91	5.99	-2.58	-8.29	7.70	9.86
对东盟制成品出口增速	28.66	23.74	22.42	18.20	11.50	3.41	-9.55	8.92	14.54
对越南电子产品零部件出口增速	24.13	23.23	49.67	78.57	29.83	3.14	1.53	78.98	-9.74
对世界电子产品零部件出口增速	31.09	15.05	12.21	16.81	1.30	5.88	-7.17	10.73	8.07
越南出口									
总出口增速	26.52	34.15	18.19	15.28	13.77	7.86	8.99	21.82	13.23
制成品出口增速	37.66	34.62	26.21	23.89	16.29	15.24	11.11	22.44	11.06
世界总出口增速	21.87	19.85	0.95	2.36	0.19	-12.89	-3.13	10.67	9.71
制成品出口比重	63.95	64.17	68.53	73.65	75.28	80.43	82.00	82.41	80.83

资料来源：根据 UNCTAD 统计数据库整理所得。

以上分析说明，亚洲产业链和价值链的变化和调整的趋向并不全是消极的，实质上它有积极的一面。总体来看，美国针对中国的贸易摩擦已经使亚洲与北美的供应链关系在某些产品的生产和消费联系中产生变化。其未来发展趋势有两种前途：一种是中国将继续扩大并优化在亚洲产业链和价值链中的分工作用，覆盖更多产品，因此即便亚洲与北美的供应链关系发生更多变化，也不能排除中国与北美间接的供应链关系，甚至这种关系更加扩大、更加紧密。另一种是中国无法引领亚洲产业链和价值链的变化与调整，甚至在某些产品上中断了与亚洲产业链、价值链的关系，那么就只能在亚洲与北美的供应链中被完全挤出。显然，为了应对挑战，我们要争取第一种前途。

二　从世界百年大变局中更深刻认识中国外贸的优势和机遇

（一）中国对外贸易已经形成和正在积累的优势

第一，在全球价值链贸易的尾声阶段，中国已经把自身优势提高到相应的新水平。这主要体现为中高技术制成品出口比重持续上升，而劳动密集型制成品出口比重不断下降。表8－7的数据表明，我国高技能电子产品零部件的出口比重由2009年的15.0%上升到2018年的17.17%；其他高技能制成品占比由2009年的9.74%上升到2018年的11.07%。中等技能和技术密集型制成品出口比重。2009年的22.1%上升到2018年的25.26%。而劳动和资源密集型制成品，特别是纺织、服装和鞋类制成品出口比重逐年下降，由2009年的16.57%下降到2018年的14.54%。值得提出的还有，我国高技能和技术密集型制成品比重总体有一定程度下降，但这主要反映的是加工组装的终端电子产品出口比重的下降，并不意味着出口竞争优势的下降，而是恰好从反向角度印证了比较优势的提升。

表8－7　**中国货物出口结构（各类产品出口占总出口比重）**　单位：%

年份	2009	2010	2011	2012	2013	2014	2015	2016	2017	2018
制成品	93.46	93.44	93.16	93.79	93.87	93.83	94.17	93.61	93.44	93.43
劳动和资源密集型制成品	22.73	21.86	21.91	21.94	22.45	22.28	22.50	22.15	20.99	21.49
纺织、服装和鞋类（Lall分类）	16.57	15.80	15.74	15.23	15.64	15.50	15.22	15.08	14.27	14.54
低技能和技术密集型制成品	10.06	10.91	11.43	10.67	9.74	10.33	10.59	9.82	9.77	10.28

续表

年份	2009	2010	2011	2012	2013	2014	2015	2016	2017	2018
中等技能和技术密集型制成品	22.10	21.90	22.44	22.94	23.19	23.69	24.38	25.24	25.66	25.26
中等技能电子产品（不含零部件）	1.72	1.65	1.57	1.58	1.61	1.62	1.63	1.73	1.57	1.67
中等技能电子产品零部件	1.66	1.72	1.66	1.71	1.65	1.71	1.78	1.87	1.86	1.78
其他中等技能产品	18.72	18.52	19.21	19.65	19.93	20.36	20.96	21.65	22.23	21.81
高技能和技术密集型制成品	38.57	38.77	37.38	38.24	38.49	37.52	36.72	36.39	37.01	36.39
高技能电子产品（不含零部件）	13.83	13.57	11.93	11.52	10.62	10.02	9.00	8.89	9.07	8.15
高技能电子产品零部件	15.00	14.91	14.24	14.82	16.25	15.40	16.88	16.91	17.41	17.17
其他高技能产品	9.74	10.29	11.21	11.90	11.61	12.11	10.83	10.60	10.53	11.07
其他：食品、矿产品、能源等	6.54	6.56	6.84	6.21	6.14	6.17	5.83	6.39	6.56	6.57

资料来源：根据 UNCTAD 统计数据库整理所得。其中，制成品为 SITC 5－8 减 667、68；劳动和资源密集型制成品为 SITC 6 和 8；中等技能电子产品（不含零部件）为 SITC 775；中等技能电子产品零部件为 SITC 772；高技能电子产品（不含零部件）为 SITC 751、752、761、762 和 763；高技能电子产品零部件为 SITC 759、764 和 776。

第二，互联网技术服务连接了广大中小企业，形成新的分工体系，使企业获得新的竞争力和竞争优势，也使得跨境电商蓬勃兴起。近几年来中国互联网综合服务平台企业的发展，给不同类型的中小微企业提供了进入国际市场的众多渠道，提供了广阔的商机，极大降低了企业开展国际贸易的门槛，同时带动了跨境电子商务蓬勃兴起。2010—2017 年，中国跨境电商交易额占货物贸易比重由 2010 年的 5.94% 快速上升到 2017 年的 27.35%，预计到 2020 年，这一比重将达到 40%。此外，中国跨境电商平台种类齐全，包括从事于 B2B 业务的阿里巴巴国际站、中国制造网、敦煌网等；专注于 B2C 业务的天猫国际、京东全球购、苏宁海外购等；从事 C2C 业务的淘宝全球购、小红书等。

第三，服务贸易增长比货物贸易更快，使得服务进出口比重呈上升趋势，预示着中国对外贸易正在积极贮备数字贸易发展的基础和条件。一方面，2015—2019年，我国服务出口增速明显加快，一直大于货物出口增速，2018年达到17%，位居世界第一。[①] 这使得服务出口比重从2014年以来一直呈上升趋势，2019年达到10.19%。另一方面，我国服务进口增速明显也快于货物进口增速，2014年高达30.94%，使得服务进口比重在2010—2016年持续上升，2016年达到23.15%，特别是我国商务服务出口占服务出口比重快速上升，其中通信、计算和信息服务占比上升势头尤为明显，比重由2009年的6.29%快速上升为2018年的17.64%，2018年的增速将近70%。另外，建筑、知识产权服务的出口占比也上升较快。“一带一路”建设以来，建筑服务出口占比由2013年的5.15%上升到2018年的9.96%。知识产权服务则由2009年的0.35%（几乎可以忽略不计）上升到2018年的2.08%。这几个细分服务行业是数字经济和数字贸易时代的重要行业，年均增速远高于货物贸易增速，未来有望发展成为我国服务出口的重点行业，成为新的比较优势行业。此外，其他商务服务（包括R&D、咨询、技术等专业化的商业服务）的出口占比也大幅度上升，由2009年的13.99%上升到2018年的26.2%（见表8-8），几乎增加了一倍。

表8-8 **中国服务出口结构（各细分服务业出口占服务总出口比重）** 单位:%

年份	2009	2010	2011	2012	2013	2014	2015	2016	2017	2018
与商品相关的服务	17.59	14.14	13.20	12.77	11.23	9.77	11.00	11.30	10.52	9.22
运输	19.23	19.18	17.69	19.30	18.19	17.45	17.65	16.14	16.27	15.85
旅游	32.37	25.69	24.11	24.82	24.96	20.10	20.57	21.20	17.01	14.79
其他服务	30.81	40.99	45.01	43.11	45.62	52.68	50.78	51.35	56.20	60.14
建筑	7.72	8.13	7.32	6.08	5.15	7.01	7.62	6.06	10.49	9.96
保险和年金服务	1.31	0.97	1.50	1.65	1.93	2.09	2.28	1.98	1.77	1.84
金融服务	0.29	0.75	0.42	0.94	1.54	2.07	1.07	1.53	1.62	1.30
知识产权服务	0.35	0.47	0.37	0.52	0.43	0.31	0.50	0.56	2.09	2.08
通信、计算和信息服务	6.29	5.87	6.92	8.06	8.26	9.21	11.79	12.66	12.17	17.64

① 资料来源：World Trade Statistical Review，2019。

续表

年份	2009	2010	2011	2012	2013	2014	2015	2016	2017	2018
通讯服务	0.98	0.68	0.86	0.89	0.81	0.59	0.76	0.81	0.78	0.79
计算服务	5.31	5.19	6.06	7.17	7.45	8.61	11.04	11.85	11.39	16.85
其他商业服务	13.99	—	28.04	25.31	27.65	31.44	26.71	27.63	26.98	26.20
个人、文化和娱乐	0.08	0.07	0.06	0.06	0.07	0.08	0.33	0.35	0.33	0.45
政府服务	0.77	0.54	0.37	0.49	0.59	0.48	0.49	0.58	0.75	0.66

资料来源：根据 UNCTAD 统计数据库整理。

（二）新机遇：中国对外贸易的地区结构更加多元化

总体来看，货物进出口的地区结构表现出更加多元化与分散化的特征，而且对发展中经济体的出口比重不断上升，特别是向东南亚和南亚的出口比重上升更多。在货物出口地区结构方面，表 8－9 显示早在 2011 年，对发展中经济体的出口比重已经超过发达经济体，到 2015 年，发展中经济体占比达到 53.77%，对发展中经济体的出口也更加平衡，表现为东亚经济体的比重不断下降，而东南亚和南亚国家的比重不断上升，特别是越南和印度的比重上升幅度较大；对拉丁美洲以及非洲的出口比重都上升较为明显。在货物进口方面，我国自发展中经济体的进口比重很早就超过从发达经济体的进口。从表 8－10 中也可以发现，在发达经济体中，我国从日本和韩国的进口比重不断下降；在发展中经济中，从东南亚、西亚和中亚、拉丁美洲、俄罗斯、东欧的进口比重上升较大。另外，我国从石油和矿产品出口国的进口比重上升较为明显。

表 8－9　**中国货物出口地区结构（各地区占总出口比重）**　单位：%

年份	2009	2010	2011	2012	2013	2014	2015	2016	2017	2018
发达经济体	50.47	49.51	47.87	45.07	42.72	42.92	43.62	44.72	45.63	45.69
美国	18.42	17.99	17.12	17.20	16.71	16.95	18.03	18.39	19.01	19.16
欧盟 15 国	17.43	17.47	16.60	14.37	13.41	13.85	13.73	14.05	14.21	14.04

续表

年份	2009	2010	2011	2012	2013	2014	2015	2016	2017	2018
日本和韩国	12.62	12.03	12.18	11.68	10.92	10.66	10.42	10.63	10.60	10.25
发展中经济体	46.23	47.03	48.54	51.19	53.45	53.36	53.77	52.22	51.15	51.02
东亚	28.55	28.12	28.58	29.70	30.59	28.54	27.33	26.57	25.22	24.86
东南亚	8.85	8.76	8.96	9.97	11.05	11.62	12.20	12.21	12.35	12.83
越南	1.36	1.46	1.53	1.67	2.20	2.72	2.90	2.91	3.16	3.36
南亚	4.14	4.35	4.53	4.00	4.04	4.70	4.93	5.35	5.56	5.27
印度	2.47	2.59	2.66	2.33	2.19	2.31	2.56	2.78	3.01	3.07
西亚和中亚	5.74	5.15	5.32	5.51	5.7	5.91	5.72	5.51	5.34	5.01
北美	19.89	19.42	18.47	18.59	18.04	18.24	19.34	19.70	20.40	20.59
拉丁美洲和加勒比地区	4.71	5.78	6.38	6.56	6.03	5.77	5.77	5.40	5.75	5.91
欧洲	22.07	22.53	21.76	19.32	18.34	18.72	17.72	18.55	18.93	19.02
大洋洲	2.07	2.09	2.15	2.19	2.02	1.99	2.22	2.26	2.26	2.29
非洲	3.96	3.79	3.84	4.16	4.19	4.52	4.76	4.39	4.18	4.20

资料来源：根据 UNCTAD 统计数据库整理。下表同。

表 8-10　**中国货物进口地区结构（各地区占总进口比重）**　单位：%

年份	2009	2010	2011	2012	2013	2014	2015	2016	2017	2018
发达经济体	39.99	39.45	38.59	36.65	37.49	38.17	39.01	39.80	39.63	40.36
美国	7.73	7.36	7.06	7.36	7.87	8.17	8.85	8.51	8.38	7.86
欧盟 15 国	12.08	11.38	11.36	10.91	10.52	11.61	11.59	12.17	12.29	12.61
日本和韩国	23.22	22.57	20.49	19.06	17.71	18.02	18.90	19.19	18.62	19.29
发展经济体	56.91	57.40	57.28	58.98	58.60	58.29	57.72	49.02	57.07	55.51
东亚	41.44	39.67	35.94	35.55	34.99	34.23	37.11	29.38	35.04	29.01
东南亚	10.61	11.08	11.07	10.77	10.23	10.63	11.58	12.36	12.80	13.55
南亚	2.83	2.96	3.24	2.61	2.38	2.43	1.97	1.87	2.06	2.23
西亚和中亚	5.14	6.11	7.36	8.18	8.31	8.11	6.19	5.41	6.03	7.9
北美	8.93	8.43	8.34	8.64	9.16	9.46	10.42	9.67	9.49	9.30

续表

年份	2009	2010	2011	2012	2013	2014	2015	2016	2017	2018
拉丁美洲和加勒比地区	6.38	6.53	6.81	6.88	6.48	6.43	6.13	6.45	6.90	7.92
欧洲	16.11	15.59	16.46	15.76	16.61	17.14	17.43	18.08	17.7	19.04
大洋洲	4.24	4.73	5.10	5.04	5.57	5.59	4.93	5.08	5.85	6.08
非洲	4.31	4.80	5.35	6.23	6.02	5.90	4.18	3.57	4.12	4.96
石油出口国	10.64	11.34	13.29	14.49	13.56	13.54	9.96	9.00	10.36	13.45
矿产品出口国	2.24	2.43	2.33	2.34	2.20	2.27	2.18	2.43	2.70	3.19

第三节　构建新发展格局和迈向“2035”远景目标的贸易强国趋势

一　中国迈向贸易强国的目标与类型定位

（一）客观看待中国与贸易强国的差距

从共性和特性指标看，我国与贸易强国的差距主要体现在以下几个方面。第一，我国人均出口额、人均 OFDI 存量、人均专利技术出口额非常低，甚至低于其他发展中国家，位居表 8 -2 的最后几位。但要合理看待人均指标的这种低值状态。事实上，如果考虑到人均出口额随人口增加而递减的规律，我国人均货物出口额已经比较高，主要是人均服务出口额比较低，随着近年来服务出口的快速增长，① 这种情况有望得到改善。因此，人均出口额已经不是我国与贸易强国差距的主要原因。我国主要的短板是人均 OFDI 存量以及人均专利出口额与贸易强国的差距太大。根据表 8 -2，2015 年，我国人均 OFDI 存量只有 734 美元，美国和日本分别是我国的 25 倍和 13.2 倍。而 2014 年我国人均专利技术出口则只有 0.49 美元，美国和日本分别是我国的 817 倍和 595 倍，与其他贸易强国的差距也在 100 倍以上。第二，我国出口产品相对单位价值也偏低，2015 年只有 0.9，比世界平均（等于 1）还要低，而大部分贸易强国都在 1.5 以上。这说明我国出

① 根据统计局数据，2013—2014 年的服务出口增速分别为 10.6%、7.6% 和 9.2%，均大于相应年份货物出口增速。

口产品主要是以量取胜，而不是以质取胜，它们或者是低单位价值产品，或者是高端产品中的低价产品。第三，我国出口产品国内增加值率较低。虽然我国出口大量高技术产品，但其核心零部件和生产性服务仍不能自给，导致出口国内增加值率不高，表明没有占据 GVC 的高端环节。2015年，中国出口国内增加值率为 67.84%，而美国和日本高达 84.97% 和 85.32%，巴西和印度也比我国高很多。第四，我国 OFDI 存量与出口规模极不相称，2015 年，前者占世界比重只有 4.03%，甚至低于瑞士、荷兰和加拿大等国，而后者占世界比重高达 11.59%，这表明我国在全球范围内配置资源的能力还比较低。第五，我国服务出口占总出口比重明显偏低，仅为 11.8%，远低于美国 44.45%，世界平均 23.08% 的水平。此外，2015 年，我国服务出口占世界比重只有 5.93%，而货物出口占世界比重却高达 13.3%，两者发展极不平衡。我国服务贸易长期处于逆差状态，反映大部分生产性服务都要依赖于进口，与贸易强国存在很大差距。第六，我国在全球经济治理中的作用还较低，提供全球公共品的量也不足。由于我国是经济和贸易大国，所以要想成为名副其实的贸易强国，我国货币在世界货币体系中的地位，对国际议题、规则、协议和标准的参与和制定都等都应具有突出贡献，这尤其是我们的短板。

（二）中国的贸易强国目标

1. 中国贸易强国标准的界定及目标

在对我国贸易强国标准进行界定时，必须考虑到我国的特殊国情。尤其需要注意的是，我国人口规模大，是任何已有贸易强国所无法比拟的，分别是人口最多的两个贸易强国，即美国和日本的 4.22 倍和 10.87 倍。人口规模大有利于出口规模的扩张，但却会限制人均出口额等人均指标的增长。

第一，不必以人均出口额为贸易强国的主要标准。事实上，在这些方面，中国达到已有贸易强国水平的难度很大。这难道意味着中国永远不可能成为贸易强国？当然不能这样推理。观察表 8－2，不难发现：对于人口规模小于 2000 万的贸易强国而言，人均出口额高于 50000 美元；而对于 2000 万到 8000 万人口规模的贸易强国，人均出口额骤降到大约 12000 美元；对于一亿人口以上的贸易强国（只有美国和日本），人均出口额只有 6000 美元，这说明贸易强国的出口额随人口规模的增加而成倍减少。对于中国这种人口多于 14 亿的国家，人均出口额只要能达到日本或者美国的一半（2900—3400 美元），就可以说在这项指标上已达到贸易强国标准。2020 年中国人均总进出口额已达 3295 美元，相当于美国的 28.4%，日本的 27%。据此，假定我国总出口增速保持在 5%—10%，人口稳定在当前水平，日本和美国的人均出口没有大的变动①，我国 2035 年之内有望在人均出口额上达到贸易强国水平。

第二，人均 OFDI 存量和人均专利技术出口额也可依上述的方法加以界定。对于我国这种后发国家，对外投资天然处于不利地位，所以对人均 OFDI 存量的要求也不能太高，只要超过世界平均水平，达到韩国 80% 的水平（3400—4000 美元）就可以。近年来中国对外投资增速在 20% 左右，只要保持这个增速，大约 10 年之后中国就可以满足贸易强国的要求。人均专利技术出口额反映的是一国出口产品的科技含量，也在一定程度上能够体现一国出口产品的质量，是贸易强国必备素质之一。2014 年，我国人均专利技术出口低至 0.49 美元，这将是制约我国成为贸易强国的关键。当然，中国香港、意大利和澳大利亚的人均专利技术出口也很低，只略微大于世界平均水平，所以我国短期内对这项指标也不能有过高要求，只要能达到世界平均水平即可。由于我国专利技术出口基数较小，未来增速保持较快增长的可能性比较大，如果能达到每年 30% 的增速，则人均专利技术出口在大约 15 年后能够达到贸易强国标准。

第三，从出口的质量来看，单位产品出口价值以及出口的国内增加值率也应该达到同类出口规模贸易强国的标准，例如美国和德国。由于中国和美国经济结构的差异，可以不必苛求中国的单位产品出口价值和出口的国内增加值率一定要达到美国的标准，但是至少应该跟德国的这两个指标值差不多，即分别达到 1.57% 和 74.5%。

第四，在规模指标上，鉴于我国是贸易大国，所以必须用衡量贸易大国的标准来评判规模指标应该达到的目标。我国 OFDI 存量已经较高，2015 年占世界比重为 4.03%，但是还有提高的余地，大概需要提高到 10% 才符合贸易强国要求。我国专利技术出口严重偏低，只占世界的

---

① 下文在类似情况下也对我国人口规模和其他国家（地区）的情况做了该假设，为避免累赘而不再明确提及。

0.22%，而美国和日本分别高达42.41%和12.0%，至少需要提高到德国的水平，也即4.5%左右才算合理。我国服务出口占世界比重相对货物出口偏低，需要提高到10%以上。

第五，人民币地位短期内能够赶上美元的可能性不大，但是赶超日元和英镑是有可能的，人民币有望成为除美元和欧元之外的第三大货币。可以考虑以此来评判我国在这项指标上成为贸易强国的标准。根据表8-6，2012—2016年，人民币在国际贸易结算中的比重由第15位（占比0.25%）上升到第6位（占比1.67%），增速比较快，如每年能够增长0.25%，则10年后能够超过日元比重。同样根据表8-6，在外汇交易市场中的比重，人民币由2010年的第17位（占比0.9%）增加到2016年的第8位（占比4.0%），若每年增长0.5%，则10年之内将赶超英镑。在世界官方储备中，还没有单独计算人民币资产，但是由于人民币已经纳入SDR货币篮子，未来达到和超过英镑和日元的可能性也比较大。

第六，在全球经济治理中的地位日益重要。未来在“一超多强”世界格局中，中国的作用必然日益增大，这是成为贸易强国的重要因素。未来可以统计中国主导建立的国际组织数量，提出的国际议题数量，倡导签订的国际协议数量，在国际组织的作用和话语权、跨国企业的数量、中国企业制定的行业和产品标准等，以此考察中国参与全球经济治理和提供全球公共品的能力。亚投行、金砖国家银行的创立以及“一带一路”倡议的提出初步表明我国已经在全球治理上向贸易强国跨出了一大步。

2. 我国贸易强国的类型定位

对世界贸易强国分类的方法论，同样也适用于分析我们自己。从整体上看，我国与小型贸易强国没有相似点，但是如果分省市来看，我国各省市分别与一些小型贸易强国有许多相似点。实际上我国的贸易强国类型定位可以分解为两个问题。

第一，在国家整体层面上的类型定位。当然这是随时间和发展阶段不断变化的，现阶段应主要朝着货物贸易强国发展，并把服务贸易发展提高到英国和荷兰的水平；最后才进一步提高人民币全球竞争力和全球经济治理水平，缩小与美国的差距，向综合型贸易强国靠拢。这里把以上发展过程称为我国贸易强国三步走战略，这也是符合贸易强国发展规律的。美国的贸易强国之路基本上也遵循这一发展规律。从建国到南北战争爆发的80

多年时间里，美国以出口农产品和原材料为主，1820 年，原材料出口占总出口的 59.6%，制成品只占 5.8%，[①] 甚至需要从当时的中国进口布匹。从内战结束到第一次世界大战爆发前，美国工业快速发展，对外贸易的产品结构也发生了较大变化，在 1904—1913 年这段时间，原材料出口比重已下降到 32.3%，制成品出口比重上升到 28.3%。[②] 从第一次世界大战爆发到第二次世界大战结束，借助两次世界大战的契机，美国工业迅猛发展，工业生产和出口能力已经远超英国和德国等老牌贸易强国；而且美国也完成了从资本净流入国到净流出国的转变。[③] 不过到第二次世界大战结束之前，美元在国际货币体系以及美国在全球经济治理中的主导性地位还没有完全形成，第二次世界大战后布雷顿森林体系以及由美国主导的国际组织（关贸总协定、世界银行和 IMF 等）的形成才标志着这两大任务的最终完成。我国从改革开放到现在的 40 多年时间，已经完成从主要出口原材料到主要出口工业制成品的转变，明显快于美国。今后出口产品需要从"以量取胜"到"以质取胜"转变，打造世界级品牌，[④] 构建全球范围内的自主生产经营网络。

第二，在省市层面上的类型定位。各省市需要根据其要素禀赋和竞争优势条件，力争达到某一类小型甚至大型贸易强国的水平。整体是由部分所组成的，所以建设贸易强国的实际措施在很大程度上在于贸易强省、贸易强市，中国只需要有三分之一左右的省市能根据自身竞争优势，达到表 8-8 中某一类贸易强国的水平，中国就必然成为贸易强国。所以需要形成贸易强国目标的总体空间布局，强调不同区域的特殊功能和发展目标。事实上，美国也不是所有州都发展制造业和现代服务业。只有纽约、芝加哥、波士顿等少数大城市发展金融、保险、咨询等现代服务业。美国的西部城市洛杉矶和西雅图则主要发展制造业和信息产业；电影业主要集中在好莱坞。美国大部分地区很重视农业，农业耕种面积很大，国际竞争力也

---

① 资料来源：Bureau of the Census，Historical Statistics，Series II-274-301。

② 资料来源：Bureau of the Census，Historical Statistics，Series II-274-301。

③ 美国 1900 年资本净流入量为 23.41 亿美元，1927 年资本净流出量为 152.35 亿美元。

④ 赵蓓文（2013）研究显示，根据世界品牌实验室公布的《世界品牌 500 强》榜单，2009—2011 年，中国入选世界品牌 500 强的企业只有 20 家左右，与美国和日本相差较大。且入选的品牌中，中国的排名比较靠后，反映中国品牌竞争力还有待于进一步提高的事实。

非常强。我国幅员广大，东中西部发展水平和产业结构不同，有的可以集中力量发展金融、保险、专利技术出口、航运业等高端服务业；有的区域工业基础扎实，可以像日本和德国一样，发展高端制造业；有的在电子商务方面有先发优势，可以优先发展跨境电子商务；等等。

二 站在历史高度前瞻中国外贸高质量发展的目标轮廓

如果以 2035 年为时间节点，中国外贸高质量发展和贸易强国目标应当努力的方向是：

第一，稳定货物贸易进出口增长速度，继续攀升贸易结构，保持合理水平的货物贸易顺差。在全球从价值链贸易转向数字贸易和服务贸易的历史转折关头，我国不必刻意追求货物贸易的高速增长，也不可能实现高速增长，但是要保持高于世界货物贸易平均增长速度的势头，争取到 2035 年中国货物出口占世界货物出口总额的 20% 左右。只有这样，才能有足够的基础条件保证继续攀升产品结构的档次，提高产品的国际分工水平。同时，我国要努力扩大货物进口规模，虽然不刻意追求贸易顺差，但也要保持合理的货物贸易顺差规模，因为在这个时期，我国将仍然难以改变服务贸易大额逆差的状态，而资本项目可能经常出现小规模逆差。因此，需要一定规模的货物贸易顺差来平衡国际收支，以保持外汇市场、人民币汇率和金融市场的稳定，保证“一带一路”建设的外汇资金供给。

第二，努力发展服务贸易，争取到 2035 年服务贸易出口占世界服务出口的 15% 以上。根据 UNCTAD 数据，2018 年我国服务出口占世界比重为 4.57%，比重还较低；根据国家统计局《2019 年国民经济和社会发展统计公报》数据，中国服务出口占本国总出口比重为 10.19%，也相对较低。但也意味着发展服务贸易的潜力和空间都很大，而且是奠定数字贸易发展的必要基础。从世界范围来看，云计算、3D 打印、信息通信服务、知识产权等新兴服务的发展较快，如 2017 年全球云计算市场价值已经达到 1200 亿美元，成为服务贸易中增长最快的行业之一。[①] 我国在计算、通讯、知识产权服务出口增速较快，未来要抓住这一轮新兴服务的发展契

---

① World Trade Report 2018, *The Future of World Trade: How Digital Technologies Are Transforming Global Commerce.*

机，大力发展服务贸易。

第三，抓住历史机遇，抢占数字贸易发展先机，成为全球数字贸易先进国家。数据显示，在全球范围内超过50%的服务贸易已实现数字化，超过12%的商品贸易是通过数字平台企业所实现的。[①] 经过将近40年的发展，制造业许多产品的国际分工过细、价值链条越来越长，从而使得交易成本越来越高，分工所需的成本已经大于收益，导致近年来全球生产分工放缓。数字技术和数字贸易的广泛运用可以显著降低制造业价值链的组织和协调成本，已经成为提高生产者收入的重要来源。发达国家的制造企业的服务收入占总营业收入比重已经超过30%，某些企业如美国通用电气公司甚至高达70%。[②] 例如，使用3D打印技术可以通过设计服务的数据信息传递，使许多货物生产环节的跨地区分工简单化，降低分工成本，提高价值链各环节的经济效益。麦肯锡全球研究院（2019）预计到2020年，全球跨境B2C销售额将达到1万亿美元，跨境B2B规模也将增长数倍。我国具有较好的数字贸易发展基础，其中互联网用户数由2000年的2150万增加到2019年的8.29亿，2018年电子商务零售额就达到1.1万亿美元，位居全球第一位，大约是美国的2倍。[③] 中国2019年的电子商务零售额预计达到1.99万亿美元，将占我国零售总额的35.3%，占全球的55.8%。[④] 所以，中国有基础、也有理由在2035年成为全球数字贸易的先进国家。

第四，画好共建“一带一路”的“工笔画”，继续开拓新市场，降低对传统欧美市场的依赖，形成新的国际供应链网络。随着世界经济多极化的发展，发展中经济体不仅不断积累了生产环节的优势，而且随着国民收入的增长，消费占世界比重也不断上升。从图8-2可知，从2007—2017年全球金融危机以来的10年间，发展中经济体占世界消费比重由26%提高到38%，其中中国、除中国以外的亚洲发展中经济体、美洲发展中经济

① 敦煌网：《把握数字贸易机遇助力中小企业出海——敦煌网梦想合伙人项目大力推动中小企业跨境电商拓展海外市场》，2017年2月23日，https://seller.dhgate.com/news/media/i258602.html#cms_把握数字贸易机遇助力中小企业出海-list-1。

② 经济日报记者黄鑫：《中国制造需要向服务化转型》，《经济日报》2017年3月31日。

③ Congressional Research Service, *Digital Trade and U.S. Trade Policy*, 2019, https://crsreports.congress.gov.

④ E-marketer, *China to Surpass US in Total Retail Sales*, 2019, 2020-01-10, https://www.emarketer.com/newsroom/index.php/2019-china-to-surpass-us-in-total-retail-sales/.

体、欧洲发展中经济体、世界其他发展中经济体的比重分别由4%、6%、7%、5%、4%上升到10%、8%、9%、5%、6%。预计到2030年，发展中经济体总体消费比重将达到51%，其中除中国之外的发展中经济体占世界消费比重将达到35%，亚洲的发展中经济体比重将达到26%，将超过美国和欧洲发达国家的消费比重。而且预计到2025年，新兴市场有望消费全球消费类制成品的三分之二。①

特别是东南亚、东亚和南亚经济体不仅有更快的经济增速，而且也拥有相对北美和欧洲更多的人口、更大的经济体量、更大的消费市场。这三大亚洲经济区域的人口总量位于世界第一，其中中国和印度都具有超过10亿的人口基数，有望发展成为世界经济总量第一和第二的国家。日本、印度尼西亚、巴基斯坦、孟加拉国也都有超过1亿的人口规模。此外，区域内各经济体呈现梯度发展格局，既有日本、韩国、中国台湾地区、香港、新加坡等发达经济体，也有处于不同发展程度的发展中经济体，可以形成有效的区域内价值链分工格局。而且，这三大经济区域在地理上连成一片，其大城市数量、人口规模和密度都处于世界第一，未来在共建“一带一路”带动下，有望打通陆上交通基础设施，经济一体化程度将更高。这将使中国的对外市场更具有广阔空间，不仅将弱化对欧美传统市场的依赖，而且将形成亚洲及中东欧在内新的国际产业链、价值链和供应链及三者合一的密切联系。

三 向“十四五”和“2035”远景目标迈进的新趋势

2021年中国将进入“十四五”发展规划和新发展阶段时期，围绕长远目标，中国迈向贸易强国已经展现出新的趋势。

（一）制造业转型升级，提升货物贸易竞争新优势

在任何时候，制造业都是一国开展国际贸易竞争的根基。美国等发达国家目前出现的一些困境也都说明了制造业空心化的后果。因此，我国在推动制造业部分环节转移国外，促进发展服务贸易的同时，需要注意控制产业跨国转移的程度以及制造业和服务业的均衡发展，避免产业空心化。

---

① McKinsey Global Institute（MGI），*Globalization in Transition: The Future of Trade and Value Chains*，2019.

第一，加快自主创新，加大在新一轮科学技术上的投入，从而真正实现从要素驱动向创新驱动发展。这部分是因为随着我国贸易产品结构不断向中高端推进，我国学习和吸收国外技术的限制因素越来越多，后发优势越来越少；而且，发达国家贸易和投资政策的不确定性也使得我国获取其先进技术的可能性越来越小。此外，构建以中国为中心的亚洲产业链、价值链的实践也需要我国自主创新能力的提高，从而不断供给高端中间产品。

第二，完善和提高以互联网技术平台为中心的外贸综合服务企业，带动更多中小微制造企业进入国际市场。我国人口数量庞大、中小微企业众多，这是既定状况并难以改变，大量中小微企业很难成为外国经济学家所描绘的那种“异质性企业”，需要创造中国自身经验的企业竞争优势。这就是通过互联网平台的综合服务形成的分工协作，降低交易成本，提高以平台企业为中心的企业群体竞争力。这是中国创造的经验，我们应倍加珍惜，并通过更完善的外部环境和内部技术提升来进一步增强国际竞争力。

第三，注重核心零部件和战略性新兴制造业的发展。虽然我国进口的制成品比重越来越低，但是在核心零部件上的进口比重仍在上升，如高端芯片和机器设备。近年来的贸易摩擦也表明，我国在这些关键零部件上受制于人，对国家产业发展形成了较大的负面作用。因此，未来需要更加注重核心零部件的研发，争取在一部分核心零部件生产和贸易中取得国际竞争优势，推动我国出口成品国际竞争优势从最终产品优势向核心零部分产品优势转变。另外，新一轮技术的成熟将催生出许多新兴产业，并将成为未来国际贸易和国家之间竞争的重点。目前来看，我国需要在工业机器人、电动汽车和自动驾驶汽车、6G 通信设备、量子通信设备、自动导航设备、民用飞机等领域加快研发和生产。

（二）充分利用数字技术和数字贸易，推动服务贸易高质量发展

数字贸易不仅将推动形成一系列新兴服务产品，而且将对传统服务产品进行改造，使其变得可贸易。总体来看，我国大多数服务业国际竞争力还较低，服务贸易比重也与发达国家存在很大差距。因此，我国要努力发展服务贸易，培育服务业的国际竞争力。

第一，努力减少运输、旅游服务的贸易逆差。要通过自由贸易试验区的先行改革，使一部分国内运输业务不再表现为国际收支，减少虚假的运

输服务的国际支出。同时，壮大中国自己的航运、铁路、航空货物运输企业的业务能力，提高竞争力，拓展国际业务，争取在“十四五”时期把运输服务的贸易逆差降低30%以上。此外，在旅游服务进口中，要防止借旅游为名向国外转移资金。对于伴随境外旅游而出现的大量海外购物和消费外溢，可以适当采取某些替代措施。例如，可通过中国（上海）进口博览会使得海外购物回流，也可以在境内增设更多免税购物区，现有的海南免税购物政策也可以更加大胆开放，取消购物金额的单次限制和每年的总额限制，丰富产品种类。

第二，减少对中国企业海外投资服务业的限制。在中国企业走出去过程中，服务业走出去占不小比重，这是提高海外商业存在和自然人流动的重要渠道，也是提高中国服务国际竞争力的必要过程。因此，不应当片面反对和限制非制造业和非生产性的海外投资，可适当放开房地产和其他服务业的海外投资，使其与其他投资共同发展。

第三，更加重视数字贸易，在国家层面提高其战略定位，借此努力增强新兴商务服务贸易的国际竞争力。重点要充分利用数字技术和数字贸易发展机遇来促进相关服务贸易的发展。一是，加快我国数字基础设施建设，特别是5G通信、物联网、云计算中心、互联网平台企业等。二是，充分利用我国人力资本优势，加快数字技术和数字产品的研发，如人工智能、3D打印、区块链、虚拟现实、导航和定位技术、自动驾驶，力图在新一轮数字技术竞争中取得一定优势，从而提高服务贸易特别是数字服务贸易的国际竞争力。我国的计算和信息服务出口增速较快，未来要继续加强这一比较优势。三是，要尽量推动在WTO框架下构建数字贸易国际通行规则，因为贸易发展实践表明我国是WTO的主要受益者，多边贸易规则更有利于减少贸易政策不确定性。四是，加快研究学习区域贸易协定（RTAs）中的国际数字贸易规则，特别是美加墨协定、《服务贸易协定》（TiSA）、《跨大西洋贸易与投资伙伴协议》（TTIP）等协定中的服务贸易和数字贸易条款。此外，可以在我国现有自贸试验区中试点若干数字贸易规则，也可在我国未来商谈的自贸协定（FTA）中纳入数字贸易条款，从而积累相关经验以应对未来的数字贸易国际规则制定。五是，要优化国内平台企业的发展，推动平台企业走出去，从而带动国内更多中小微企业发展。目前，我国平台企业的国际化程度还很低，如阿里巴巴的2016—2017

年的国际商务销售额仅占总销售额的 8%，远低于国际同行亚马逊。

（三）降低能源资源类产品对国外供给的过度依赖和风险集中

第一，初级产品的进口应进一步实现来源地多元化政策，并向掌握定价权方向努力。此外，完善能源产品的国家储备制度。第二，对于能源产品，除了多元化进口来源地，还要积极开发新能源及可再生能源，包括太阳能、风能、核能、水电等，最大程度提高能源的自给能力。事实上，各国特别是欧洲和日本的可再生能源的使用比重已经较高，我国需要加快相关技术的研究。

（四）构建以中国为主导的亚洲产业链、价值链和供应链

在共建“一带一路”中，中国处于主导地位，其中最重要的一点就是要主动调整中国与亚洲各国以及沿线国家的产业链、价值链和供应链关系。要继续利用国外的要素和资源主动将中国的产业链、价值链延伸到国外，在开辟新市场的基础上，创造新的供应链网络。特别是，鉴于东南亚和南亚的相对优势以及产业链、价值链的区域化发展趋势，要着力构建以中国为主导的亚洲供应链。

第一，积极进行国际产业布局，转移部分劳动密集型生产环节。就地理位置来看，东南亚和南亚是重点地区，其次是非洲，然后是其他地区。就具体的实现形式来看，在这些发展中国家，最好是通过海外产业园区（或特殊经济区）建设带动对外直接投资与贸易协调发展。国际组织也认为这是一个重要的经验，联合国贸发会议《2019 年世界投资报告》的主题便是聚焦特殊经济区（SEZ），发现它已经是发展中国家吸引外国直接投资、促进贸易和产业升级的重要方式。报告显示截至 2018 年底，全球共建成 5383 个特殊经济区；过去 5 年全球建成将近 1000 个；未来几年有望新建 500 多个。而且大部分已经建成、正在建设和计划建设的 SEZ 都位于发展中国家。通过中国主导的海外园区建设，可以推动中资企业批量化组团走出去，从而有效降低风险并取得规模效应。中国境内目前共有 2543 个特殊经济区，积累了丰富的园区建设经验，这种宝贵的经验也可以推广到其他发展中国家，既有利于我国海外产业发展，也有利于中国经验和中国发展模式的传播。此外，要对现有的海外园区建设经验和教训进行及时总结和提炼，使得海外园区建设更加规范化和科学化。

第二，发展国内和国外的“工厂内分工”。要科学评估和研究制造业生产环节海外转移的收益和风险，构建海外生产环节和国内生产环节的有

序对接，形成一个相对合理的闭环，两者不能脱离联系、各自为战。例如，要鼓励发展国内和国外的“工厂内分工”，形成母公司与海外子公司的生产分工，国内母公司主要进行研发、生产中高端零部件，海外子公司负责最终品的组装加工，熟悉所在国市场并做好产品的销售和售后服务。

第三，重点构建亚洲产业链、价值链和供应链。合理利用东道国优势进行产业链、价值链和供应链各环节的配置，特别要衡量我国起主导作用的成本与收益。其中，日本、韩国、中国香港、中国台湾、新加坡既可以起到沟通欧美供应链的作用，还可以作为亚洲供应链的末端。因此，中国大陆（内地）也需要加强与它们在高端研发服务、金融服务和零部件生产中的合作关系。而在东南亚的产业布局则要多点安排、均衡发展，中端生产环节可以放在泰国、马来西亚，中低端劳动密集型生产环节可以放在越南、柬埔寨、老挝、缅甸等地，但要进一步提高柬埔寨、老挝和缅甸在产业链和价值链中的地位。南亚地区的劳动力成本也非常低，但是要在更加谨慎评估相关风险的基础上转移部分劳动密集型生产环节。

第九章　中国参与构建开放型世界经济的实践与理论

第一节　中国企业海外投资与共建“一带一路”

一　2013—2020 年共建“一带一路”的务实性成就

2001 年中国政府正式提出企业“走出去战略”，中国企业对外投资开始起步，按照联合国贸发会议的统计，2001 年中国企业海外投资额为 304 亿美元，2013 年之后迅速增长，2016 年是最高年份，达到 2700 多亿美元。

表 9－1　　中国企业海外直接投流出量及占世界直接投资流出量比重

单位：百万美元

年份	世界直接投资流出量金额	中国企业海外投资金额	中国占世界比（%）
2001	683512. 3978	30431. 32052	4. 45
2005	833179. 2681	45352. 40932	5. 44
2010	1396034. 362	166191. 112	11. 90
2013	1421291. 297	204576. 0366	14. 39
2015	1708087. 545	231321. 2056	13. 54
2016	1543239. 425	272796. 6039	17. 68
2018	986351. 2562	243573. 702	24. 69
2019	1313769. 641	188100. 3794	14. 32
2020	758311. 00	109921. 81	14. 50

2020 年数据来源于 htpps//data. worldbank org；其余来源于 htpps//unctadstat. unctad. org。

中国企业海外投资迅速增长与共建“一带一路”有密切联系。自从习近平总书记2013年9月访问哈萨克斯坦提出共建“一带一路”重大倡议后，2015年3月28日，经国务院授权，中国国家发展改革委、外交部、商务部发布了《推动共建丝绸之路经济带和21世纪海上丝绸之路的愿景与行动》（简称《愿景与行动》），全文分：前言、时代背景、共建原则、框架思路、合作重点、合作机制、中国各地方开放态势、中国积极行动、共创美好未来九个部分，这是中国官方关于共建“一带一路”最完整、最权威的内涵阐释和政策宣示，指导并有效推动了中国与“一带一路”沿线国家开展共建活动的快速发展。“一带一路”沿线国家涵盖了东南亚、南亚、东亚、中亚、西亚北非、中东欧等地区65个国家，其地域面积占全球1/3以上，人口总量占全球六成以上。“一带一路”65个沿线国家按区域划分如图9-1所示。

表9-1　　**“一带一路”沿线65个国家按区域划分**

区域	国家
东亚（2国）	中国、蒙古国
东南亚（11国）	新加坡、泰国、越南、马来西亚、印度尼西亚、菲律宾、缅甸、柬埔寨、文莱、老挝、东帝汶
南亚（8国）	印度、孟加拉国、巴基斯坦、斯里兰卡、尼泊尔、阿富汗、马尔代夫、不丹
中亚（5国）	哈萨克斯坦、乌兹别克斯坦、土库曼斯坦、塔吉克斯坦、吉尔吉斯斯坦
西亚北非（19国）	阿联酋、沙特职权拉伯、土耳其、以色列、卡特尔、埃及、科威特、伊拉克、伊朗、约旦、阿塞拜疆、黎巴嫩、格鲁吉亚、也门、亚美尼亚、余利亚、巴勒斯坦
中东欧（20国）	俄罗斯、波兰、杰构、匈牙利、斯洛伐克、罗马尼亚、乌克兰、斯洛文尼亚、立陶宛、白俄罗斯、保加利亚、波墨、克罗地亚、爱沙尼亚、拉脱维亚、塞尔维亚、马其顿、阿尔巴尼亚、摩尔多瓦、黑山

资料来源：前瞻产业研究院整理。

中国政府的倡议，获得了世界上许多国家的热烈响应，各项经济贸易合作活动相继开展，截至2020年底获得了实质性进展。

（一）设施联通和国际大通道建设快速推进

"六廊六路、多国多港"的建设格局基本成型。其中，中老铁路、中路、雅万高铁、匈塞铁路等正在扎实推进，瓜达尔港、汉班托塔港、比雷埃夫斯港、哈利法港等项目进展顺利。电力、油气、核电、新能源、煤炭等领域的能源合作项目、跨境光缆信息通道建设等取得明显进展。共建基础设施带动了中国对外工程承包。2013—2019 年，中国在"一带一路"沿线国家承包工程新签合同额由 715.7 亿美元增至 1548.9 亿美元，年均增长 13.7%，完成营业额由 654 亿美元增至 979.8 亿美元，总计 7 年来新签合同额超过 8000 亿美元，完成营业额超过 5400 亿美元见图 9－2)，这两项均占中国对外承包工程额比重的 40% 以上。[①] 2020 年我国企业在"一带一路"沿线的 60 个国家新签对外承包工程新签合同额 2555.4 亿美元，折合人民币 1.76 万亿元，同比下降 1.81%；完成营业额 911.2 亿美元，同比下降 7%，占同期总额对外承包工程总额的 58.43%。对外劳务合作派出各类劳务人员 30 万人。[②]

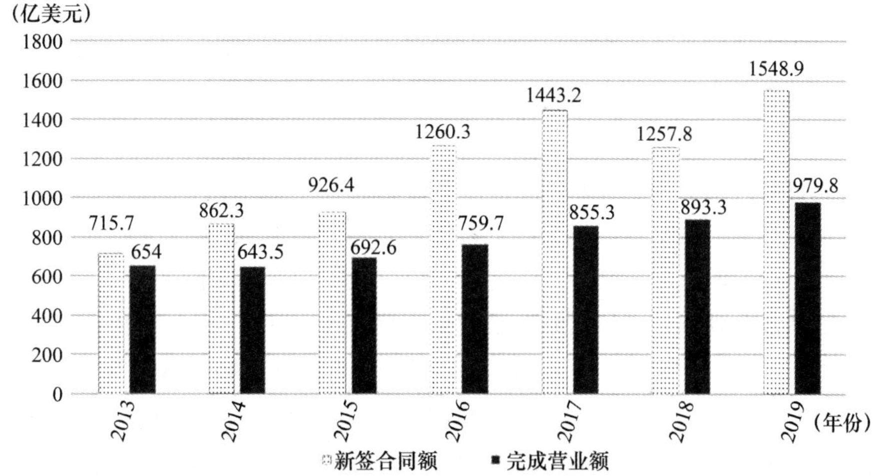

图 9－2　2013—2019 年中国在"一带一路"沿线国家承包工程情况

资料来源：中国商务部。

① 商务部国际贸易经济合作研究院：《中国"一带一路"贸易投资发展报告 2020》，2020 年 9 月，其有关数据主要来源于中国"一带一路"网发布的信息和公开资料。

② 资料来源：中国对外承包工程商会、智研咨询整理，产业网，行业频道，《2020 年疫情下中国对外承包工程业务完成情况与 2021 年发展展望》，2021 年 3 月 8 日。

基础设施建设的成功案例有：在吉布提，中吉共建的多哈雷多功能港设计年吞吐能力 708 万吨、集装箱 20 万标准箱，可停靠 10 万吨级船舶。以 5 万吨级粮食船舶为例，作业效率可从原来每天 2800 吨提升至 1 万吨，为吉布提成为未来的亚丁湾新转运中心奠定了基础。在柬埔寨，亚洲第一长坝——桑河二级水电站 5 号机组正式投产发电，产能占柬埔寨全国总装机容量 1/5 以上。在越南、菲律宾，中国发布的风云卫星国际用户防灾减灾应急保障机制，在帮助其应对超强台风“山竹”和“玉兔”的过程中提供了有力保障。蒙内铁路在其建设运营期间，共为肯尼亚创造超过 4.6 万个就业岗位。2017 年底，运营公司拥有肯方员工 1348 人，占比 72%。未来，蒙内铁路在运营中还将逐年减少中方人员比例，最终实现 2027 年本地化 90% 的目标。根据世界银行评估，通过基础设施互联互通，使沿线国家和地区货运时间平均减少 1.7%—3.2%，全球货运时间平均缩短 1.2%—2.5%，贸易总成本降低 1.1%—2.2%，“一带一路”沿线国家外国直接投资总额增加 4.97%。[①]

（二）贸易往来畅通

在货物贸易方面，2013—2019 年中国与“一带一路”沿线国家货物贸易进出口总额从 1.04 万亿美元增至 1.34 万亿美元，在中国货物贸易总额中的比重从 25.0% 升至 29.4%，7 年来累计超过 7.8 万亿美元（见图 9－3）。在服务贸易方面，截至 2019 年底，中国已经与 14 个国家建立了服务贸易双边合作机制，2019 年与沿线国家服务进出口总额为 1178.8 亿美元，其中服务出口 380.6 亿美元，服务进口 798.2 亿美元。当年中国与沿线国家离岸服务外包执行额 1249.5 亿元，同比增长 12.4%，比上年提高 4.4 个百分点。2020 年我国对“一带一路”沿线国家进出口总额 93696 亿元，比上年增长 1.0%。其中，出口 54263 亿元，增长 3.2%；进口 39433 亿元，下降 1.8%。[②]“丝路电商”异军突起，跨境电商已经覆盖所有“一带一路”沿线国家和地区，2019 年通过海关跨境电商管理平台的进出口总额达到 1862.1 亿元人民币，同比增长 38.3%，其中与“一带一路”沿线国

---

① World Bank, *Common Transport Infrastructure*, Policy Research Working Paper, 8801, April, 2019.

② 国家统计局网站，根据国家统计局 2021 年 2 月 28 日发布《中华人民共和国 2020 年国民经济和社会发展统计公报》。

家跨境电商交易额增速超过 20%。[①]

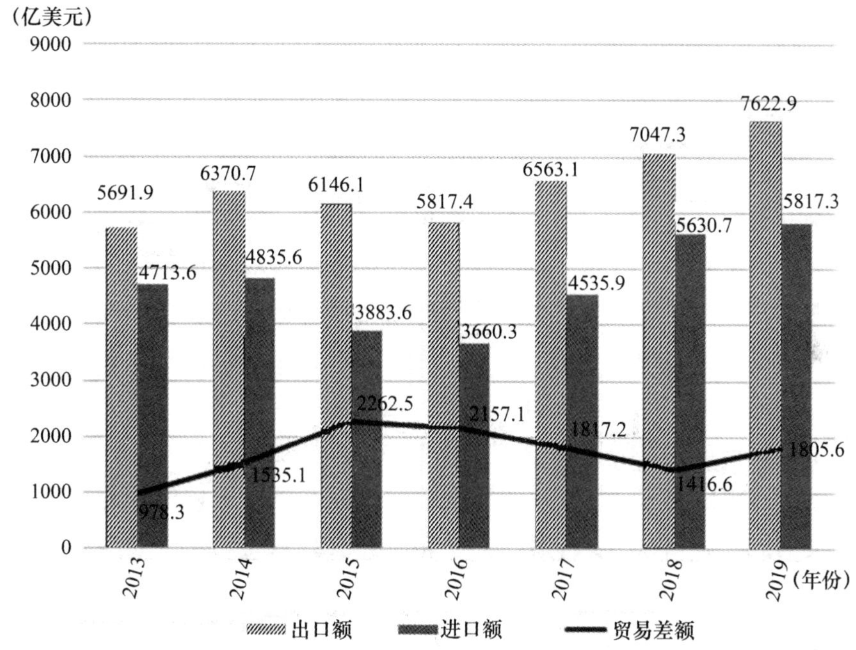

图 9－3　2013—2019 年中国与“一带一路”沿线国家货物贸易额

资料来源：中国商务部。

（三）中欧班列开行数量增长、质量提高

从 2011 年至 2018 年，中欧班列开行突破 7600 列，其中 2018 年去程班列为 3610 次，回程 2690 次；2019 年中欧班列开行 8225 列，同比增长 29%（见图 9－5），发运 72.5 万标箱、同比增长 34%，综合重箱率达到 94%。[②] 2020 年，中欧班列安全顺畅稳定运行，开行逆势上扬，开行数量迅猛增长，有力服务了新发展格局和国际防疫合作。全年中欧班列累计开行 1.24 万列、运送 113.5 万标箱，分别同比增长 50%、56%，综合重箱率达 98.4%，年度开行数量首次突破 1 万列，单月开行均稳定在 1000 列以上。

---

① 商务部国际贸易经济合作研究院：《中国“一带一路”贸易投资发展报告 2020》2020 年 9 月。

② 新华丝路网：大陆桥物流联盟，《中欧班列 2019 年开行数据总结分析》2020 年 1 月 10 日。

随着中欧班列开行规模持续扩大，2020 年国内累计开行超过百列的城市增至29 个，通达欧洲城市 90 多个，涉及20 余个国家，开行范围持续扩大；开行质量不断提高，去年中欧班列综合重箱率同比增长 4%，其中回程重箱率提升显著，同比增长 9%。目前中欧班列专用运行线增至 73 条；推出中欧班列定制产品，开行中俄精品快速班列 29 列。[①] 中欧班列不仅实现常态化运邮，而且还推出“门到门”运输，“班列超市”以及特种运输等新型服务业态，行业创新能力不断增强。班列开行范围拓宽，运送物品增多，中国生产的电视机、玻璃幕墙、服装等通过班列远销欧洲市场，俄罗斯的木材、德国的厨具、白俄罗斯的肉制品、荷兰的奶粉等许多商品通过班列出口中国。2020 年在新冠肺炎疫情困扰下，中欧班列成为唯一运输畅通的运输通道，大量抗疫物资从中国运送到欧洲和中亚。据统计，2020 年，中欧班列累计发送国际合作防疫物资 931 万件、7. 6 万吨，送往欧洲各个疫情震中的国家，为这些国家的疫情控制起到了关键的助力。满载抗疫物资的中欧班列，完美诠释了“一带一路”倡议是构建人类命运共同体的生动实践。[②]

（四）双向投资持续拓展

2013—2019 年中国对“一带一路”沿线国家累计直接投资 1173. 1 亿美元，年均增长 6. 7%，较同期全部对外投资增速高 2. 6 个百分点。其中，2019 年中国大陆企业在 63 个“一带一路”沿线国家直接投资（含金融类）186. 9 亿美元（见图 9 –4），占同期总额的 13. 7%，占比提高 1. 2 个百分点。2020 年全年中国对外非金融类直接投资额 7598 亿元，折 1102 亿美元，下降 0. 4%，但对“一带一路”沿线国家非金融类直接投资额 178 亿美元，增长 18. 3%。主要投向新加坡、印度尼西亚、越南、泰国、阿拉伯联合酋长国、老挝、马来西亚、哈萨克斯坦、柬埔寨等国。2013 年以来，“一带一路”沿线国家对华直接投资超过 500 亿美元，设立企业超过 2. 2 万家，其中 2019 年来华投资金额 84. 2 亿美元，同比增长 30. 6%；占同期中国实际吸引外商投资的 6. 1%。2020 年“一带一路”沿线国家对华

① 国家统计局网站，根据国家统计局 2021 年 2 月 28 日发布《中华人民共和国 2020 年国民经济和社会发展统计公报》。

② 高铁网：《中欧班列成为全球抗疫物资“生命线”》，2021 年 1 月 15 日。

直接投资（含通过部分自由港对华投资）新设立企业 4294 家，下降 23.2%；对华直接投资金额 574 亿元，下降 0.3%，折合 83 亿美元，下降 1.8%。[①]

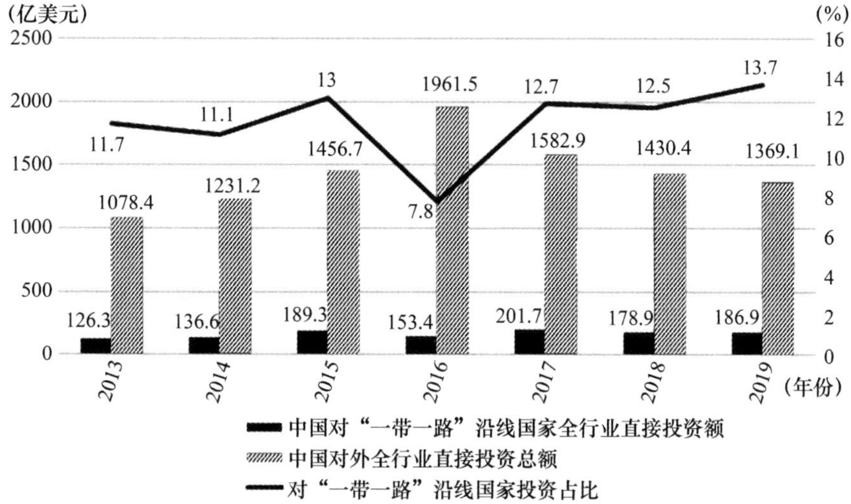

图 9-4　2013—2019 年中国对“一带一路”沿线国家全行业直接投资流量

资料来源：中国商务部。

（五）境外产能合作园区数量增加、规模扩大

截至 2020 年底，纳入商务部统计的境外合作园区累计投资 3094 亿元，吸引超过 4000 家企业入驻，为当地创造了 37.3 万个就业岗位。[②] 其中，在“一带一路”沿线国家建设的合作园区累计投资 350 亿美元，上缴东道国税收近 30 亿美元，为当地创造 33 万个就业岗位。截至 2019 年底，中国已建立 17 个边境经济合作区，中哈霍尔果斯国际边境合作中心、中老磨憨—磨丁经济合作区 2 个跨境经济合作区，推进建设中蒙二连浩特—扎门乌德经济合作区。

中白合资建设的吉利全散件乘用车制造厂是产能合作的成功案例，在

① 资料来源：国家统计局网站，根据国家统计局 2021 年 2 月 28 日发布《中华人民共和国 2020 年国民经济和社会发展统计公报》。

② 商务部网站：商务部 2020 年商务工作及运行情况新闻发布会，2020 年 12 月 29 日。

它正式投产之前，该国只能生产货车和农用车。对此，白俄罗斯总统卢卡申科称“该工厂的建成填补了白俄罗斯乘用车产业的空白”。在俄罗斯，中俄（滨海边疆区）农业产业合作区在23个行政村投资耕地6.8万公顷，设立9个农业园区，14个种植区，农业机械化率达100%。在秘鲁，中资企业开展的尾矿综合开发项目从废弃的铁尾矿中回收铜、锌、铁等有价元素，是秘鲁国内第一个资源循环利用项目。在南非，采用清洁生产技术的产能合作，项目是中国企业投资的曼巴水泥厂，它采用先进的污水处理和余热发电技术，节电40%，单位能耗远低于南非同行业平均水平。在埃塞俄比亚，中国援建的中埃皮革工业联合实验室采用中方自有知识产权的3项技术工艺和1项制革废水治理技术。减少99%以上的重金属排放，同时节约25%以上的铬鞣剂使用量，每年节约铬鞣剂及废水处理成本2000余万元人民币。既消除铬鞣废液对环境的污染，又变废为宝、增加效益，填补了埃塞俄比亚乃至整个非洲的空白。

二　共建“一带一路”的主要经验

总结2013至2020年8年来共建“一带一路”的实践，主要经验有：

第一，凝聚各国共识，多渠道开展政策与设计思路的沟通。自从中国政府公布共建“一带一路”的《愿景与行动》后，得到越来越多的响应，截至2020年8月底，中国政府已先后与138个国家，30个国际组织签署200份共建“一带一路”合作文件，涵盖互联壶通、贸易、投资、金融、科技、社会、人文、民生、海洋等领域，覆盖27个欧洲国家，37个亚洲国家、44个非洲国家、11个大洋洲国家、8个南美和11个北美国家。2019年有15个国家加入“一带一路”朋友圈，意大利成为第一个与中国签署“一带一路”合作文件的七国集团成员国。中国还与已经建交的10个太平洋岛国签署了合作文件。

努力将合作文件的共识具体化、机制化。截至2020年1月，中国与沙特阿拉伯、南非等国家新建了7个贸易畅通工作组，累计建立9个工作组；与吉尔吉斯斯坦、孟加拉国等国新建9个投资合作工作组，累计建立44个工作组。与韩国、缅甸、马来西亚、日本、奥地利、芬兰、希腊、捷克等国共同召开双边经贸联委会等机制性会议，共同商讨双边经贸合作问题。2017年5月在首届“一带一路”国际合作高峰论坛上，中国发起了

《推进“一带一路”贸易畅通合作倡议》，83 个国家和国际组织积极参与；此后，中国与沿线国家签署了 100 多项海关检验检疫合作文件，实现了 50 多种农产品的食品检疫准入。

第二，拓展区域次区域合作，巩固深化共建“一带一路”。2013 年以来，中国与东盟、新加坡、巴基斯坦、格鲁吉亚等多个国家和地区签署了或者升级了自由贸易协定。2019 年 4 月成立 7 年的中国—中东欧合作机制，迎来了第一位新成员，希腊作为正式成员加入“16 + 1 合作”。2019 年 10 月中国与欧亚经济联盟经贸合作协定正式生效。2020 年 11 月，历时 8 年后，中国成功签署了《区域全面经济伙伴关系协定》（RCEP），使之成为全球规模最大的自贸区。如期完成中欧投资协定谈判，并积极考虑加入《全面与进步跨太平洋伙伴关系协定》（CPTPP）。截至 2020 年底，中国已与 27 个国家和地区签署了 18 个自由贸易协定。

为助力共建“一带一路”，中国积极推进第三方市场合作。截至 2020 年底，中国与法国、日本、意大利、英国等 14 个国家签署了第三方市场合作文件。2019 年中国与奥地利第三方市场合作工作组举行第一次会议，与法国达成第三方合作具体项目的共识。同年中国国家发展改革委发布《第三方市场合作指南和案例》，涵盖铁路、化工、油气、电力、金融等 12 个领域的 21 个案例。中国人民银行与欧洲复兴开发银行签署加强第三方市场投融资合作谅解备忘录，中国进出口银行与瑞穗银行、渣打银行等签署“一带一路”项下第三方市场合作协议。通过第三方市场合作，将更多国家和更多资源吸引到公共产品建设中来，在“一带一路”沿线地区逐渐形成了区域性或区域间公共产品供应的新格局。

第三，努力共建投融资合作平台。2017 年中国与 27 国核准了《“一带一路”融资指导原则》，到 2020 年 7 月，核准方增至 29 个。8 年来中国人民银行与多边开发机构开展的联合融资已累计投资超过 100 个项目，覆盖了 70 多个国家和地区。中国—国际货币基金组织联合能力建设中心、“一带一路”财经发展研究中心挂牌成立。11 家中资银行在 28 个沿线国家设立 76 家一级机构，人民币跨境支付系统业务范围已经覆盖近 40 个沿线国家和地区。截至 2020 年 1 月，中国先后与 21 个沿线国家建立双边本币互换安排，与 7 个沿线国家建立了人民币清算安排，与 35 个沿线国家的金融监管当局签署合作文件。中国人民银行还批准 11 家金融机构开展人民币海外基金业务试点，截至 2019 年 6 月，人民币海外基金业务规模超过 3000 亿元，人民币国际支付、投资、交易、储备功能稳步提高，人民币跨境支付系统（CIPS）业务范围已覆盖 60 多个沿线国家和地区。

2018 年中国发起成立了亚洲基础设施投资银行，截至 2020 年 7 月成员总数已达 203 个，累计批准项目 87 个，项目投资额超过 196 亿美元，涵盖交通、能源、电信、城市发展等多个领域。截至 2020 年 1 月，丝路基金用股权与债券、贷款等组合的多元化融资方式，已签约 34 个项目。2019 年 4 月国家开发银行牵头成立中拉开发性金融合作机制；2019 年 5 月在中国倡导下成立了亚洲金融合作协会“一带一路”金融合作委员会。2019 年 10 中日韩—东盟成立 10 +3 银行联合体并签署合作谅解备忘录。从 2017 年首届“一带一路”国际合作高峰论坛召开以来，阿联酋阿布扎比投资局、中国投资有限责任公司等主权财富基金都显著增加了对“一带一路”沿线国家的投融资规模。

第四，促进民心相通，人员往来、增强文明互鉴。密切文化交流，2019 年 5 月中国举办亚洲文明对话大会，顺应了当代世界“文化多样性发展”大趋势；中国还与相关国家互办艺术节、电影节、音乐界、文物展、图书展等活动，合作开展图书广播影视精品作品互译互播。尤其重视教育合作，中国设立“丝绸之路”中国政府奖学金项目，香港、澳门特区政府还设立“一带一路”相关奖学金项目，中国已经与 30 个沿线国家签署高等教育学历学位互认协议，60 所中国高校在 23 个相关国家开展境外办学。截至 2019 年 8 月，“一带一路”人才发展项目共培养了来自全球 22 个国家 33 名国际公共管理硕士和中国法律硕士。中国商务部还举办了 6 期高级研修班，培训了来自 20 个国家和地区 240 名高级政府官员、企业高管、知名学者，中国医疗机构和企业还在 35 个沿线国家建立了中医药海外中心，建设了 43 个中医药国际合作基地，促进了“一带一路”民心相通。此外中国还为“一带一路”沿线国提供各类专业技能培训，包括减贫、农业、医疗卫生、教育等多个领域。中国还与丝绸之路沿线国家开展联合考古，2019 年中外联合考古项目达 46 个，包括赴外考古 38 项，外国考古团队在中国境内合作考古项目 8 个；延续性项目 33 项，新开展项目 33 项，涉及亚洲、非洲、欧洲、美洲 20 多国和地区，40 余家国外科研机构、博物馆、大学等。

扩大人员往来和旅游合作。截至 2020 年底，中国已与 14 个国家实现全面互免签证，15 个国家和地区单方面给予中国公民免签入境待遇，44 个国家和地区单方面给予中国公民落地签证便利。2020 年底中国公民持普通护照可免签或落地签证前往 72 个国家和地区。此外，中国还与 42 个国家达成 71 份简化签证手续的协定或安排。为了促进交通便利化，中国民航不断增加直航线路，2020 年中国已与“一带一路”沿线 45 个国家和地区开辟了直飞航班。

不断开拓完善“二轨”交流机制。通过政党、议会、智库、地方、民间、工商业、媒体、高校等“二轨”交流渠道，开展多种形式的沟通、对话、交流、合作。2019 年成立了国际智库合作委员会，为政府决策提供决策咨询提供重要平台；民间组织的合作网络成员达到 300 余家。特别是推进新闻界的联盟建设，联盟理事会来自 25 个国家 40 多家主流媒体，通过举办媒体论坛、合作拍片、联合采访等形式，提高了共建“一带一路”的国际传播能力。

第五，调动中国国内各方面的积极性。2013 年以来，中国各级地方政府纷纷响应中央政府的号召，积极参与“一带一路”建设，许多省、市、自治区出台了有关深入推进“一带一路”建设的实施意见、工作方案。不少地方还推出了贸易便利化和贸易新通道的具体操作举措。还有些地方根据本地特点出台措施与有关国家对接“一带一路”建设项目。从首次开行中欧班列以来，中国许多城市地方政府都给予高度重视和支持，中国境内已有 62 个城市与班列连通，开行的路线达到 68 条。开行百列以上的城市达到 29 个。现在从中国任何一个城市，都可以通过三个出口，西部的阿拉善口，东部的满洲里，中部的二连浩特，经过中亚，经过白俄罗斯、俄罗斯，到达欧洲任何一个国家。境内外运送的商品源源不断地奔跑在这条“钢铁驼队”上。①

在中国企业参与“一带一路”建设中，国有和民营企业都发挥了积极作用。2019 年，中国民营企业 500 强中，191 家企业参与了“一带一路”建设，。从 2015 年至 2019 年，中国民营企业 500 强参与“一带一路”建设的企业数量分别逐年增加。2020 年全国工商联发布的《2020 中国民营

① 国新网：国务院新闻办公室“中欧班列连通中国 62 个城市、欧洲 51 个城市”，2019 年 4 月 22 日。

企业500强调研分析报告》中预测，未来三年有意愿参与“一带一路”建设的中国民营企业500强数量为301家。[①] 在2019年4月24日举行的第二届“一带一路”国际合作高峰论坛企业家大会上的新闻发布会披露，目前中央企业在“一带一路”沿线共承担着3120个项目，这些项目分布在基础设施建设、能源资源开发，国际产能合作以及产业园区建设等各个领域，其中有一大批项目和工程具有示范性和引领性。中央企业充分发挥在基础设施领域积累的经验和优势，主动参与重大工程项目建设，实施高水平的运营管理，有力推动了沿线国家的互联互通和协同发展。目前，在已开工和计划开工的基础设施项目中，中央企业承担的项目数占比超过60%，合同金额占比接近80%。在深化国际产能合作方面，中央企业先后在20多个国家开展了60多个油气合作项目，在矿产资源开发中加强与合作方的技术交流和共享，有效提升了相关国家能源矿产资源开发的能力和水平。中央企业海外机构中，接近85%是本地员工，有的企业本地化率超过90%。其中，中国石油印尼公司、中国移动巴基斯坦公司的本地化率高达99%。

在货物贸易方面，民营企业发挥重要作用，2017年，民营企业与“一带一路”沿线国家的进出口总额为6199.8亿美元，占中国与“一带一路”沿线国家贸易额的43.0%，增速为12.1%。从出口看，民营企业对“一带一路”沿线国家的出口额达4325.4亿美元，占总额的55.9%，增速为8.9%；从进口看，民营企业对“一带一路”沿线国家进口额为1874.4亿美元，占总额的28.1%，增速为11.9%。根据全国工商联发布的民营企业500强研究报告显示，在2017年中国民营企业500强中，有274家参与了“一带一路”建设，占比超过50%。华为、吉利、TCL、三一重工、红豆等一批优秀的民营企业，立足国际视野，扎根当地发展，促进了东道国基础设施完善以及经济发展。目前中国已建立了113个境外经贸合作区，民营企业主导的占了大多数，形成了“产业生态，联动发展；市场运行，滚动发展”的宝贵经验，促进了园区与东道国、入园企业三方的可持续发展和合作共赢。[②]

---

① 新华网全国工商联《2020中国民营企业500强调研分析报告》，2020年9月10日。

② 《经济日报》中国经济网：《央企和民企在“一带一路”建设中力量有多大?》，2019年4月25日。

第二节　从共建“一带一路”实践中总结的理论

“多元平衡”是中国开放型经济学宏观理论的核心观点。党的十八大报告中明确提出要实现以“互利共赢、多元平衡、安全高效”为目标导向的开放模式。“多元平衡”突破了西方仅追求贸易平衡、过度运用汇率手段的局限性。在国际分工体系下，中国作为“世界工厂”的要素配置效率最高，是经济客观规律发展的必然性。“一带一路”倡议不仅遵从这个客观规律，而且按照这个客观规律辐射和带动周边经济体的产业分工和发展，促进双边、区域的贸易和投资，以期实现多元平衡。而且，“一带一路”倡议通过开辟陆路国际贸易和投资，避免中国出口市场的过度集中，减少贸易摩擦。与西方的平衡观不同，中国的多元平衡是通过扩大生产分工和开辟新的经济分工合作区域来平衡贸易盈余，是一种新的平衡观的创新实践。

一　开辟了陆路国际贸易通道，重塑了中国与沿线经济地理

首先，“一带一路”建设重塑了中国经济地理。改革开放40年以来，中国开放战略的重心是“向东开放”，沿海城市始终位于中国对外开放的最前沿，中西部内陆省份一直处于从属地位。尽管实施了“西部大开发”“中部崛起”“振兴东北”等一系列战略，但中国沿海与内陆的差距并未得到明显改观，最直接的原因是沿海地区具有内陆地区所没有的国际物流禀赋优势。沿海城市拥有便捷的远洋航线、优质的港口、完善的海运规则以及周全的制度安排。而内陆城市除极少数物品通过空运外，没有直连海外的便捷通道，必须经由陆运或水路的支线运输与远洋航线相衔接，内陆地区企业出口在成本和时间上的初始禀赋劣势显而易见，内陆地区生产分工体系无法与全球价值链体系直接相连。近年来，作为“一带一路”建设中的旗舰型项目中欧班列发展迅速（见图9－5），中欧班列始发站基本位于内陆地区，直达60多个的国内城市，也主要集中于内陆省份。“一带一路”建设促进了内陆城市的“口岸化”，为中国“向西开放”打开了“一扇窗”。中国“向西开放”有助于建立海陆贯通的新型贸易模式，进而实

现了“一带一路”沿线国家区域价值链和国内价值链的高度融合，最终形成以中国为核心的东西共济的全球价值链的一种“环流”。①

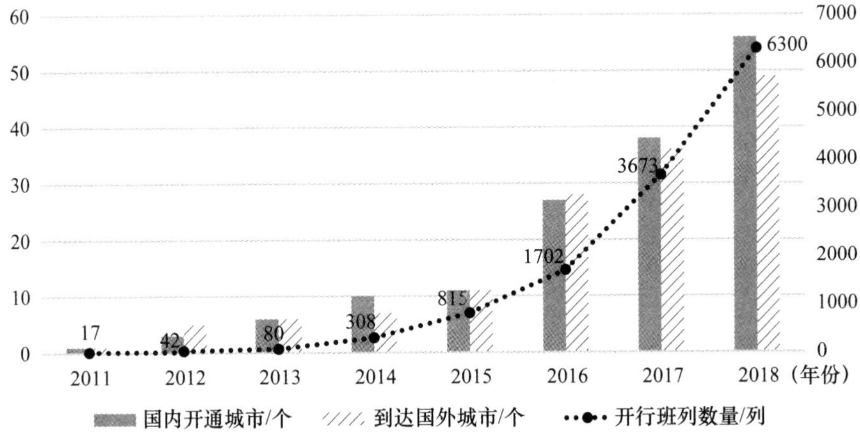

图9－5　2011—2018年中欧班列的开行情况

资料来源：《中欧班列贸易通道发展报告2019》、中国政务网、中欧班列协调运输委员会。http：//www. crct. com/index. php？ m = content&c = index&a = lists&catid = 22。

其次，“一带一路”建设重塑了境外沿线的经济地理。一直以来，海洋运输始终是全球生产分工和商品交换的主通道。近年来空运发展较快，但受制于运输成本和货物属性，但海洋运输依然是国际贸易的主要工具，承载了接近90%的国际贸易额。在某种意义上，海洋贸易开启并建立了垄断资本主义时代。跨国公司和少数发达经济体主导的沿海分工体系具有明显的弊端，全球价值链体系中的不同分工位置导致了国际生产分工的价值分配极其不均衡。全球生产分工从未实现真正意义上的全球价值链，而更多地表现为区域链。当前全球价值链主要由东亚、西欧和北美三大区域链构成，“一带一路”沿线中的大多数发展中国家和拉美、非洲国家基本被排除在全球生产分工体系之外，全球生产分工逐渐形成了“中心—外围”分工模式，并且这种分工模式在不断固化，有些经济学家甚至断言“全球生产分工的地理布局已经基本完成”。在某种意义上，共建“一带一路”

① 洪俊杰、商辉：《中国开放型经济的“共轭环流论”：理论与证据》，《中国社会科学》2019年第1期。

将更多发展中国家纳入到国际生产分工体系中，建立了海陆贯通的新型国际生产分工和贸易模式，进一步拓展了全球经济的地理范围。“一带一路”倡议不仅有助于真正实现全球价值链，而且在利益分配中将形成全球的“共赢链”。①

二　以资本输出平衡贸易盈余，构建中国与世界经济新平衡

一直以来，平衡国际收支逆差的主要方式是本币贬值或者强迫他国升值。从经济学意义上看，过度使用汇率工具作为实现国际收支平衡的主要途径，是一种低效率的平衡观，既损人也不利己。2018 年中美贸易摩擦，一向标榜“市场自由”的美国政府竟然试图让中国运用“计划经济”的手段去降低贸易顺差，这种平衡观更加可笑和无知。在国际经济分工下，中国作为“世界工厂”的要素配置效率最高，是国际贸易比较优势和竞争优势的具体体现，不存在“过度出口”的问题。中国制成品的贸易顺差的格局在相当长一个时期内是难以改变的，根本原因就是中国庞大的生产制造能力只能被少量替代，尽管中国的劳动力成本优势逐渐降低，但人力资本和生产率优势逐渐显现（见图 9－6），且由规模经济所形成的“先动优势”和由产业链形成的“配套优势”都是其他发展中国家短期内很难具备的。

传统国际收支平衡观一直在影响着全球治理机制和中国的贸易政策。在国际金融危机后，世界银行提出了“世界经济再平衡”治理理念，要求顺差国主动减少贸易顺差。在此期间，中国政府自己也一度提出了“减顺差”的贸易政策，但上述政策并未在根本上扭转国际收支失衡的趋势，反而愈发严重。近年来，中国创建了由贸易盈余到资本输出的多元平衡观。随着“一带一路”建设的不断推进，中国有可能从资本和经常账户“双顺差”时代转向资本账户“逆差”和经常账户“顺差”的再平衡时代。加入 WTO 后，中国经常账户顺差快速增加。与此同时，中国的对外投资步伐也不断加快。尽管在 2008 年金融危机后，中国经常账户顺差出现下降，但中国对外投资仍然保持高速增长，这一趋势一直持续到 2016 年（见图

① 戴翔：《“全球增长共赢链”的若干基本理论问题》，《中共中央党校（国家行政学院）学报》2019 年第 1 期。

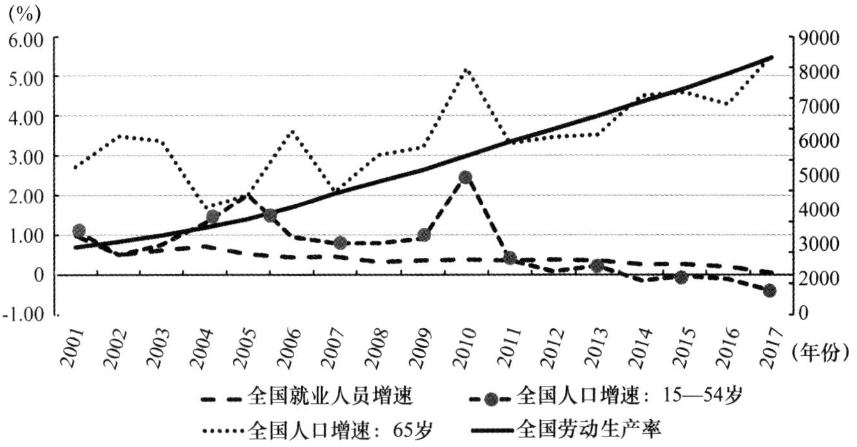

图9-6　2001—2017年中国人口增速、就业人员增速和劳动生产率变化趋势图

资料来源：世界银行。

9-7)。中国的贸易顺差通过转化为对外投资和基础设施建设的资本输出和产能输出，带动了更多的发展中国家融入经济全球化，这是一种经济效率最高、社会福利最广泛的世界经济平衡观，这种多元平衡观可以使多方受益。日本的“黑字环流”曾经有过一些尝试性做法，① 限于20世纪80年代初期的历史条件，其实践的力度、影响的广度都远远比不上今天中国“一带一路”倡议和建设的贡献。中国与伙伴国共建“一带一路”也与“马歇尔计划”的“冷战”意图和单方面输出不同，②“一带一路”建设是中国与沿线国共商、共建、共享，不附加任何政治条件，也不针对任何国际政治势力，它不仅比“马歇尔计划”的内涵丰富得多，更为重要的是它体现了人类命运共同体的人文价值观。当然，中国的资本输出并不仅仅针对“一带一路”沿线国家，中国也试图通过向美国等发达国家投资的方式平衡中美国际收支，但美国政府却以所谓“国家安全”为由设置了种种障碍以阻止中国企业对美投资。③ 这就充分暴露了美国政府鼓噪的美中贸易

① 20世纪80年代日本制定的“黑字环流”计划旨在利用本国贸易盈余推动日元国际化。

② 美国制定“马歇尔计划”主要目的是通过援助欧洲以对抗苏联。

③ 2018年特朗普政府通过了《外国投资风险评估现代化法案》，进一步加强对外资并购特别是对中国企业赴美投资的安全审查。2018年中国对美投资并购同比下降80%。

不平衡问题究竟有多少真实的经济含义，也说明“一带一路”建设所体现的国际经济平衡观才是经济客观规律的表现，具有持久和强大的生命力，将不断被世界各国有识之士所认识和认同。

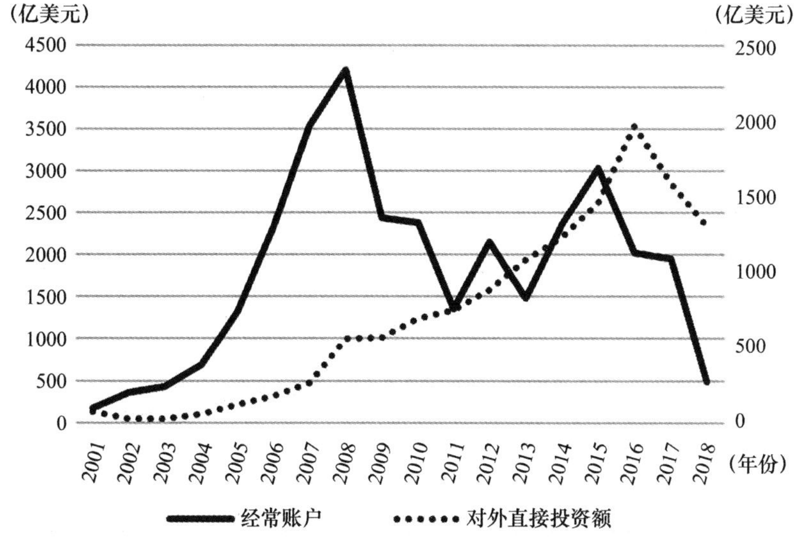

图9－7　2001—2018年中国经常账户与中国对外投资变化趋势图

资料来源：国家外汇管理局、UNCTAD。

三　“中欧班列”实践对贸易理论的贡献

（一）中欧班列弱化了海运作为国际贸易主通道的格局，逐步形成了海陆贯通的新型国际贸易模式

自从资本主义经济在世界建立统治地位以来，海运一直是国际贸易的主通道。在某种意义上说，海洋贸易催生了垄断资本主义。远洋贸易是获得高额利润最有效的途径。市场相隔越远，信息越不对称，产品的差价悬殊就越大，超额利润会越多。发达国家通过占据海洋运输的主导权进而控制着全球生产网络，跨国公司通过控制产品分销渠道进而占据国际生产分工的高端环节。资本主义主导的海洋贸易具有明显的弊端，价值分配的不平衡导致了国际贸易的长期失衡，经济全球化缺乏普惠性和共享性。中欧班列的诞生和发展打破了海洋贸易的垄断和理论范式，打破了国际贸易固有格局，改变了临海港口经济及其经济地理，形成了海陆并举、海陆贯通

的新型国际贸易模式。截至2020年底，中欧班列已形成以“三大通道、四大口岸、五个方向、六大线路”为特点的基本格局。[①] 中欧班列的运行不仅具有重要的现实意义，而且在某种程度上也改变了传统国际贸易理论体系。在资本主义海洋贸易基础上，资本主义世界诞生和发展了一整套成熟的、根植于海洋贸易的法律制度、海事规则、海关监管等法治体系；随着中欧班列的发展和成熟，也将出现国际性的基于铁路运输体系的陆路贸易的法律制度、运输规则和陆关监管的法治体系，成为新的国际公共品。

（二）中欧班列创造了海洋贸易模式中所没有的综合分销功能，提供了供应链新理论的实践依据

在传统国际贸易模式中，产品从国内生产商到国外最终消费者手中要经历多个环节，包括国内生产商、出口贸易中间商、进口商、国外批发商、国外零售商、国外消费者，每一个环节都会产生增加值。通常中国企业只负责加工制造，货物装船离港后，中国人在供应链中的任务随即结束，中国企业很少有机会能介入分销、零售等全球价值链中高附加值的服务环节。中欧班列初步改变了传统的国际贸易分工模式，使原来冗长的国际贸易价值链实现扁平化。中欧班列支持国内直发和海外仓发货等多种物流方式，拥有灵活多样的班列类型，包括定制班列（主要服务于大型出口企业）、公共班列（中转分拨为主要方向）、散发班列（货物随到随走）、拼箱业务（主要服务于中小企业）等多种类型。中欧班列的大量开行、国际陆港和海外仓库的建立不仅开创了新陆地物流运输的贸易方式，而且改变了以往“投资—生产—贸易”的传统经济合作形式，形成了“运输物流—贸易—生产—运输物流—贸易—生产”新的经济循环形式和国际分工格局。货物运输不再是单纯的空间位移，借助于发达的物流运输体系，中欧班列构建了完善的分销生态，通过运输链、供应链、价值链的一体化，实现了国内生产商和国外消费者的直接对接，掌握了产品出关后的定价权，不但提高了企业出口在运输环节的附加值，而且也提高了企业在分销环节

① “三大通道”分别是指中欧班列经新疆出境的西通道和经内蒙古出境的中、东通道。“四大口岸”分别是阿拉山口、满洲里、二连浩特、霍尔果斯。“五个方向”主要包括欧盟、俄罗斯等中东欧、中亚、中东、东南亚国家。“六大线路”是指成都、重庆、郑州、武汉、西安、苏州开行的线路。

的附加值。

第三节　“双循环”观是中国与世界经济动态平衡的理论创新

习近平总书记提出的“以国内大循环为主体，国内国际双循环相互促进”的理论观点，并不意味着自给自足的封闭经济，而是在关键核心技术和产品上能够自给，做到不受制于人，在此基础上，中国仍要积极参与国际分工和国际循环。过去，我们通过国际循环激发国内循环的活力、提升国内循环，是被动地参与国际循环；新发展格局的要求是，在高水平“国内大循环为主体”的基础上，主动参与国际循环，甚至引领某些产业、某些区域的国际循环，既为国内大循环增加新活力，又提供国际循环的新动力、新模式，从而促进国内国际双循环迈上新台阶。这就意味着“国内国际双循环相互促进”具有了世界性意义，实质上是提出了新的世界经济动态平衡观。

西方主流国际经济学提出的世界经济平衡观，机械地把新古典经济学的国内一般均衡理论延伸到世界经济分析，片面强调均衡汇率在世界经济平衡中的作用，其理论逻辑和实践逻辑都是错误的。从实践角度观察，其错误的根源不仅在于有意或无意忽略美元霸权地位及其造成的“特里芬”难题，而且明显滞后于历史发展。当今世界经济多极化，尤其是中国经济因素对世界的影响不断增大，这是西方理论界未看到也不情愿看到的。中国开放型经济理论提出了“多元平衡”观，而“国内国际双循环相互促进”更是在此基础上形成的动态平衡观。它表明中国经济与世界经济的宏观平衡不仅要建立在“多元平衡”基础上，还要推进不同发展阶段的动态平衡，从而进一步发展了世界经济平衡理论。改革开放以来，在贸易、投资、经济合作等各领域，中国与世界经济不断实现新的互动循环和相互促进，其主要表现是：

一　从“两头在外”逐步转向“两头内外并重”的贸易发展平衡

中国与世界经济动态平衡的首要表现就是中国的贸易模式从“两头在外”逐步转向“两头内外并重”。这对全球生产分工网络和消费格局产生了根本性影响，促进了世界经济近30年的高速发展。“两头在外、大进大出”的贸易模式是改革开放以来很长一段时间的现象。从1994年开始，中国扭转了货物贸易经常性逆差的历史，进入货物贸易持续顺差阶段。[①] 中国以轻纺、服装、鞋帽、箱包等为代表的劳动密集型产品逐渐具备了较强的出口竞争优势。而且随着国内工业化的发展，供应链逐步完善并带动中间品配套能力提高，使得中间品进口价值比重下降，开始出现了从原材料和市场的“两头在外”到“国内国际双循环”的新格局。数据显示，中国加工贸易占进出口总额的比重在1981年时仅为6%，“两头在外”贸易发展模式使其快速增长到1998年的53.4%，之后随着贸易结构调整和转型升级，加工贸易比重开始下降，由2012年的34.8%下降至2017年的29%，2019年进一步下降到25.2%[②]。出口的国内增加值比重则不断上升，由2005年的73.73%上升到2016年的83.35%（见表9-2），表明中国中间品供给能力的提高。

表9-2　**中国外贸（出口）依存度及其偏差**　单位：%

（1）年份	（2）出口占GDP比重	（3）进出口占GDP比重	（4）出口的国内增加值比重	（5）出口的国内增加值占GDP比重	（6）进出口占GDP比重的国外增加值部分	（7）进出口的国内增加值占GDP比重
2005	33.57	61.95	73.73	24.75	17.64	44.31
2006	35.71	64.16	74.10	26.46	18.50	45.66
2007	35.16	61.89	75.23	26.45	17.42	44.47
2008	32.21	57.17	77.05	24.82	14.79	42.38
2009	24.34	44.52	80.51	19.59	9.49	35.03
2010	27.21	50.76	78.92	21.48	11.47	39.29
2011	26.60	50.79	78.26	20.82	11.57	39.23
2012	25.49	48.27	79.16	20.18	10.63	37.64

① 根据国家统计局数据，1978—1993年之前，中国货物贸易仅在1982年、1983年、1990年、1991年和1992年为顺差，其余年份均为逆差，1994年以来一直保持顺差状态。

② 其中1981年、1998年、2012年、2017年的数据来自于国家统计局贸易外经司报告：《对外经贸跨越发展开放水平全面提升三》，http://www.stats.gov.cn/ztjc/ztfx/ggkf40n/201808/t20180830_1619861.html。2019年数据来自于商务部：《中国对外贸易形势报告（2020年春季）》。

续表

（1）年份	（2）出口占GDP比重	（3）进出口占GDP比重	（4）出口的国内增加值比重	（5）出口的国内增加值占GDP比重	（6）进出口占GDP比重的国外增加值部分	（7）进出口的国内增加值占GDP比重
2013	24.61	46.77	79.65	19.60	10.02	36.75
2014	23.59	45.07	80.47	18.99	9.22	35.85
2015	21.44	39.61	82.68	17.72	7.43	32.19
2016	19.74	37.28	83.35	16.46	6.57	30.70

资料来源：第（2）（3）列根据联合国贸易和发展会议（UNCTAD）统计数据计算得出；第（4）列来自于经济合作与发展组织贸易增加值（OECD TiVA）数据库；第（5）列为第（2）列乘以第（4）列所得；第（6）列为第（2）列减去第（5）列后乘以2所得，这是因为出口的国外增加值也包含在进口中，所以这部分国外增加值在进出口中被计算了2次；第（7）列为第（3）列减去第（6）列所得。

而且从中国的政策实践看，早在2006年和2011年制定的“十一五”规划和“十二五”规划就明确指出对“两头在外”的贸易模式进行调整，提出“立足扩大国内需求推动发展，把扩大国内需求特别是消费需求作为基本立足点”。2012年中央经济工作会议进一步提出，要从“简单纳入全球分工体系、扩大出口、加快投资”的传统模式转向以“扩大内需、提高创新能力、促进经济发展方式转变”①。2019年中央财经委员会第五次会议指出要“坚持独立自主和开放合作相促进，打好产业基础高级化、产业链现代化的攻坚战”②。这些政策都是发展方式转变的重要标志。

二　从输出商品、引进外资为主转向与扩大进口、对外投资并重平衡

2008年国际金融危机爆发以来，中国在对外贸易中越来越强调出口质量和结构的优化，而不刻意追求出口规模的扩张；积极扩大进口，特别是高质量资本品、消费品和资源能源产品的进口，用以更好满足生产和生活需要。这使得中国的进出口不断趋于平衡发展状态，贸易顺差逐渐降低。

① 人民日报社理论部编：《深入学习习近平同志重要论述》，人民出版社2013年版，第7页。

② 《中华人民共和国第十三届全国人民代表大会第三次会议文件汇编》，人民出版社2020年版，第54页。

从表9-3可知，2008年以来，中国进口与出口比值稳步上升，已经由2007年的0.76上升到2019年的0.92，2018年甚至达到0.95。未来随着中国扩大进口体制机制的继续完善，进口与出口比值将更加合理。

从投资角度看，吸收外资和对外投资都是“国内国际双循环相互促进”的重要手段。吸收外资是改革开放以来促进国内经济增长的重要经验，它补充了中国长期以来的资金短缺，也引入了国外先进的生产技术。同时，吸收外资给全球范围内的资金提供了新的投资地和获得高额收益的投资渠道。对外投资则是近年来中国主动促进“国内国际双循环”的努力，为发展中国家提供了新的资金来源和相应技术，也使得更多国家可以参与国际分工，共享中国经济发展成果。表9-3显示2007年以来，中国对外直接投资发展迅速，远快于吸收外商直接投资，二者比值由2007年的0.35稳步上升到2016年的1.56，虽然之后有所下降，但是2019年仍高达0.99。这说明中国吸收外资和对外投资趋向平衡发展，已经开始由引进外资为主逐步过渡到二者并重。

表9-3 **中国与世界的贸易和投资情况（2007—2019年）**

年份	出口（亿美元）	进口（亿美元）	进口与出口比值（%）	实际利用外资（FDI）（亿美元）	对外直接投资（OFDI）（亿美元）	OFDI与FDI比值（%）	对“一带一路”地区直接投资（亿美元）
2007	12482	9490	0.76	747.7	265.1	0.35	—
2008	14799	11465	0.77	923.9	559.1	0.61	—
2009	12417	10296	0.83	900.3	565.3	0.63	—
2010	16564	14334	0.87	1057.4	688.1	0.65	—
2011	20089	18269	0.91	1160.1	746.5	0.64	—
2012	21751	19432	0.89	1117.2	878.0	0.79	—
2013	23556	21202	0.90	1175.9	1078.4	0.92	126.3
2014	24629	22416	0.91	1195.6	1231.2	1.03	136.6
2015	23614	20021	0.85	1262.7	1456.7	1.15	189.3
2016	21990	19527	0.89	1260.0	1961.5	1.56	153.4

续表

年份	出口（亿美元）	进口（亿美元）	进口与出口比值（%）	实际利用外资（FDI）（亿美元）	对外直接投资（OFDI）（亿美元）	OFDI 与 FDI 比值（%）	对“一带一路”地区直接投资（亿美元）
2017	24443	22079	0.90	1310.4	1582.9	1.21	201.7
2018	26889	25474	0.95	1349.7	1430.4	1.06	178.9
2019	26822	24744	0.92	1381.4	1369.1	0.99	186.9

资料来源：进出口数据来源于 UNCTAD 统计数据库，中国对外直接投资（OFDI）和对“一带一路”地区的直接投资数据来源于《中国对外直接投资统计公报 2019》，实际利用外商直接投资（FDI）数据来源于国家统计局。

三　外汇储备从增强人民币信用为主转变为支持国际金融治理改革的因素

1994—2007 年，中国通过参与国际循环，曾出现经常项目和资本项目双顺差，累积了 1.5 万亿美元的巨额外汇储备。[①] 在此期间，它的基本功能是增强人民币的国内信用，成为中国人民银行货币发行之锚，通过外汇占款形式增发了 12 万亿人民币，从而为中国的资源性资产货币化以及国内大规模开发建设增加了资本信用。在国际金融危机后，中国通过外汇占款发行人民币以增加流动性的比重趋于下降，人民币增发工具主要转变为中央银行的再贷款和其他市场操作手段[②]。但是，巨额外汇储备为人民币贸易结算的扩大、双边本币互换、人民币“走出去”以及共建“一带一路”中的资金融通安排提供了强大的国家信用，也为国际金融治理体系改革奠定了基础。人民币国际化程度不断提高，如国际货币基金组织（IMF）已经将人民币纳入特别提款权新货币篮子，权重位列第三（10.92%），仅次于美元和欧元，高于日元和英镑[③]，这使得发展中国家有了更多国际信

---

① 根据国家外汇管理局数据，1994—2007 年，中国外汇储备由 516.2 亿美元增加到 15282.49 亿美元，增加约 1.5 万亿美元，同期美元兑人民币汇率平均约为 8.0，所以通过外汇占款形式增发的人民币约 12 万亿元。

② 《中国货币政策执行报告（2020 年第三季度）》明确指出：“近年来，我国央行摆脱了外汇占款增长导致的被动扩表模式，货币政策自主性明显增强，银行作为货币创造中枢的作用充分发挥。2020 年以来，中国人民银行主要运用降准和再贷款工具对冲新冠肺炎疫情影响。”

③ 参见《人民币正式纳入特别提款权（SDR）货币篮子》，中国人民银行网站，http://www.pbc.gov.cn/goutongjiaoliu/113456/113469/3154426/index.html。

用工具的选择。

中国不反对、也不试图颠覆现行以美元为主导的国际货币体系，但要求改革美元霸权的国际金融治理体制，缓解“特里芬”难题；全球金融治理的中国方案是建立多元、公正、高效的全球金融治理体系。中国倡导成立了“亚洲基础设施投资银行”“丝路基金”和“金砖国家新开发银行”，将大量外汇储备转变为发展中国家和“一带一路”的建设资金，并广泛吸引其他国家参与。这是一种“国内国际双循环相互促进”和多元平衡的全球金融治理方案。中国在人民币国际化过程中，将外汇储备作为国际金融体制改革的支持因素，倡导一种更加多元化的国际货币体系和全球金融治理方案。这将极大有助于推动建设开放型世界经济并构建人类命运共同体，形成更加紧密稳定的全球经济循环体系，促进各国共享全球化深入发展机遇和成果。

四　中国与世界经济互动循环、相互促进的多元平衡

中国与世界经济互动循环和相互促进的变化，不仅是中国经济自身发展的逻辑，也是世界经济发展的客观规律，这个规律已经被中国经济对世界经济日益增加的贡献所证明。

首先，进入21世纪以来，中国经济对世界经济增长的贡献度不断上升。改革开放以来，中国对世界经济的贡献明显加强，已经成为世界经济增长的最大推动因素。根据国家统计局数据，1961—1978年，中国对世界经济增长的年均贡献率仅为1.1%，但此后迅速提升，1979—2012年的年均贡献率已经达到15.9%，仅次于美国，位居世界第二位，2013—2018年的年均贡献率进一步提高，达到28.1%，稳居世界第一位。事实上自2006年以来，中国对世界经济增长的贡献率已经跃升世界第一并持续至今,[①] 2019年的贡献率达到了30%左右。[②] 特别是在2008年国际金融危机后，中国经济持续保持中高速增长，成为全球经济复苏和可持续发展不可或缺的发动机。

---

① 参见国家统计局报告《国际地位显著提高国际影响力持续增强》，http：//www. stats. gov. cn/ztjc/zthd/sjtjr/d10j/70cj/201909/t20190906_ 1696332. html。

② 参见国家统计局报告《稳中上台阶进中增福祉——〈2019年统计公报〉评读》，http：//www. stats. gov. cn/tjsj/sjjd/202002/t20200228_ 1728918. html。

其次，中国主导的共建“一带一路”，突破了原有国际分工的地理局限，为更多国家分享经济全球化红利创造了机遇。20 世纪 90 年代以后，经济全球化加速推进，国际产业链更多向发展中国家转移。其中，以交通运输设备（主要是汽车）和电子及通信设备（主要是笔记本电脑和手机）为代表的新产品成为跨国公司全球布局产业链的主要产业。在此过程中，基本形成了以美国、日本、欧盟控制三大产业核心技术和主要零部件生产，以新兴市场经济体生产一般零部件或进行组装为特点的垂直型国际分工网络，这也被学术界称作全球价值链。随着这三大产业技术可分性的增强，劳动分工也趋于细化，形成了覆盖北美、东亚、欧洲三大区域许多经济体的产业链、价值链和供应链体系。在国际贸易活动中，出现了产品内贸易逐渐取代以往的产业间贸易和产业内贸易，促使中间品贸易比重日益提高的新现象，国际学术界通常称之为“价值链贸易”。中国深度“嵌入”了这种价值链贸易。跨国公司在中国布局了大量汽车、笔记本电脑和移动通信设备的零部件生产和组装厂，而且随着技术外溢和生产的前后向关联的发展，带动了中国本土企业的投资和产品供给能力的增强。特别是电子产品的分工细化，给予了中国本土企业发展的广阔空间，中国“世界工厂”的地位因此被世界关注。这形成了从 90 年代中后期到 2008 年国际金融危机中国参与国际循环的重要内容。

国际金融危机后，世界经济之所以陷入停滞阶段，其重要的原因是，以交通运输设备和电子及通信设备为代表的三大产业和三大国际分工的构建基本结束，国际投资也基本完成，分工再细化和再投资的回旋余地已经很小，中间品和最终品的贸易增长也趋于回落。从世界经济发展视野看，需要寻找更广阔的经济地理空间，突破三大国际分工网络的空间局限，为以往曾经兴旺发达的各类产业塑造新的产业链、价值链和供应链。这正是共建“一带一路”的重要目的。中国对“一带一路”沿线地区的直接投资不断增长，由 2013 年的 126.3 亿美元增加到 2019 年的 186.9 亿美元，占中国对外直接投资比重由 11.71% 上升到 13.65%（见表 9－3）。特别是“中欧班列”大量开行，截至 2020 年底，中欧班列累计开行超过 3 万列，仅 2020 年就开行 1.24 万列，运送集装箱 113.5 万标箱，分别同比增长 50% 和 56%，往返综合重箱率达到 98.4%，通达欧洲 21 个国家、

92 个城市。[1] 共建“一带一路”和中欧班列的开行极大促进了中国内陆城市与境外的经济贸易合作，不仅使得世界经济地理更加平衡，也开创了全新的生产和分工模式。

共建“一带一路”还带动了中国与发展中国家的贸易发展，虽然中国与美、欧、日的双边贸易持续增长，但中国与其他国家的贸易，特别是与东盟国家、俄罗斯、非洲、拉美国家的双边贸易增长也很迅速，从而改变了中国对外贸易的区域结构，为更多国家增进了贸易福利。从表 9 - 4 可以看出 2000—2019 年中国出口地区结构变化：从六大洲占中国出口比重看，亚洲和北美洲的比重呈下降趋势，而欧洲、拉丁美洲和加勒比地区、大洋洲和非洲的比重表现出上升趋势，特别是拉丁美洲和加勒比地区以及非洲的比重上升了 2 倍以上。从更加细分的地区结构看，比较显著的变化是：东亚的比重下降较为明显，几乎下降一半，这主要因为中国对日本和韩国出口相对减少，但东南亚、南亚、中亚和西亚的比重不断上升，东南亚的上升幅度尤其大；美国占中国出口比重总体表现出下降趋势，但仍较大；西欧和北欧占中国出口比重有小幅度下降，而东欧和南欧的比重上升较为明显。总体来看，中国出口的地区结构不断优化，特别是对发展中国家和“一带一路”地区的出口比重不断上升，有利于世界经济更加平衡发展。

表 9 - 4 **中国出口的地区结构变化趋势** 单位：%

年份	2000	2004	2008	2012	2016	2017	2018	2019
亚洲	53.34	49.80	46.41	49.18	49.64	48.48	47.82	49.13
东亚	41.64	36.81	28.81	29.70	26.57	25.22	24.65	24.07
东南亚	6.96	7.23	7.99	9.97	12.21	12.35	12.86	14.39
南亚	1.81	2.32	3.67	4.00	5.35	5.56	5.29	4.97
中亚和西亚	2.93	3.44	5.94	5.51	5.50	5.34	5.01	5.69
北美洲	22.20	22.49	19.20	18.59	19.70	20.40	20.66	18.18
美国	20.93	21.09	17.67	17.20	18.39	19.01	19.23	16.71

① 参见《中欧班列跑出互利共赢“加速度”》，《人民日报》2020 年 12 月 4 日第 3 版。

续表

年份	2000	2004	2008	2012	2016	2017	2018	2019
拉丁美洲和加勒比地区	2. 86	3. 04	4. 98	6. 56	5. 40	5. 75	5. 94	6. 03
欧洲	18. 02	20. 64	24. 02	19. 32	18. 55	18. 93	19. 07	19. 84
西欧和北欧	13. 16	14. 57	15. 12	12. 46	11. 83	11. 96	11. 76	12. 18
东欧和南欧	4. 85	6. 07	8. 90	6. 86	6. 72	6. 96	7. 31	7. 66
大洋洲	1. 57	1. 71	1. 81	2. 19	2. 26	2. 26	2. 30	2. 31
非洲	2. 01	2. 31	3. 57	4. 16	4. 39	4. 18	4. 21	4. 51

资料来源：根据 UNCTAD 统计数据库计算所得。

最后，中国与美国经济的互动循环，对中美两大经济体都是双赢。中国与美国经济的互动循环是中国与世界经济互动循环中最重要的内容。可以毫不隐讳地承认，扩大中美两大经济体的贸易投资和经济合作，对中国是有利的，中国希望中美经贸关系继续向前向好发展。那么这种合作对美国是否有利，需要根据事实来判断。中国商务部于 2017 年 5 月 25 日发布了《关于中美经贸关系的研究报告》①，详尽披露和分析了中美经济互动循环的数据资料以及双方获得的经济利益，美国获益的事实可以从 5 个方面观察。

①货物贸易方面：除北美地区外，中国是美国最大的出口市场且增速非常快。2001—2016 年，美对华出口增长 5 倍，而美对全球出口仅增长 90%；2007—2016 年，美对华出口年均增速达到 11%，而同期美总出口年均增速仅 4%。中国已成为美国大宗农产品和高端制成品最大的海外市场之一。在全球价值链中，美国向中国“外包”加工组装和制造环节，并从中国进口最终产品，但美国依托其“链主”地位获取了绝大部分利润。例如，苹果手机 2009 年在美零售价为 500 美元，但中国出口组装企业仅赚取 6. 5 美元加工费，美国企业却获得 331. 7 美元。又如，美国企业通过从中国进口纺织服装和鞋帽等产品，可以赚取商品总利润的 90%。②服务贸易方面：美对华服务贸易一直保持顺差。2006—2016 年，美对华服务出口由 144 亿美元增长到 869 亿美元，2016 年顺差达到 557 亿美元，相比

① 《关于中美经贸关系的研究报告》的正式文本可从商务部网站下载，http：//www. mofcom. gov. cn/article/ae/ai/201705/20170502581448. shtml。下文美国从 5 个方面获益的数据均来自该报告。

2006年增长约40倍。③双向投资方面：美对华投资企业获益良多，且中国对美投资为美国创造了大量就业岗位。2015年，美在华企业共实现销售收入约5170亿美元，利润超过360亿美元。截至2016年底，中国对美投资累计约1090亿美元，为美国创造就业岗位超过14.1万个。④金融投资与服务方面：中国已成为美国金融机构和投资者进行资产配置和战略投资的重要市场，并获得了丰厚收益。美国的银行、保险、证券等金融机构大都在中国设立了分支机构或合资公司，也可通过合格境外机构投资者（QFII）资格投资中国金融市场。美国的会计事务所、律师事务所均有为中国企业和金融机构提供服务且获益颇丰。⑤中美经贸联系也为美国的经济增长、就业与消费者福利起到了重要促进作用。2015年，美对华出口和中美双向投资共为美国创造2160亿美元的GDP以及260万个就业岗位。中国为美国提供的物美价廉制成品则是美国几十年来维持低通胀率的主要原因，极大提高了美国中低收入阶层的实际购买力。

第四节　人民币汇率形成机制改革及其均衡目标

在新民主主义革命时期，中国共产党领导的苏区、陕甘宁边区以及后来的解放区都曾经有过发行货币的历史，1945年8月至1948年11月各解放区已经成立了13家银行。[①] 人民币的前身就是华北解放区政府华北银行发行的“边币”。1948年12月1日，中国人民银行在河北省石家庄市宣告成立，并发行“人民币”。[②] 以人民币作为未来新中国的本位币，统一各解放区的货币，根据各解放区生产和流通情况以及市场货币松紧程度，有计划、慎重地投入市场。在长达70多年时间里，人民币汇率形成机制大体经历了三个大的具有里程碑性质的历史阶段。

一　人民币汇率形成机制的三大历史阶段

（一）人民币汇率计划管理时期（1949—1994年）

1949年1月18日，中国人民银行天津分行首次公布了人民币对资本

① 尚明主编：《当代中国的金融事业》，中国社会科学出版社1989年版，第27页。

② 吴承明、董志凯主编：《中华人民共和国经济史（1949—1952）》，社会科学文献出版社2010年版，第87页。

主义国家货币的汇率，从此人民币开始有了对外汇率。1949 年 1 月 19 日天津分行挂牌 1 美元折合 600 元旧人民币，1950 年 3 月 13 日调为 1 美元兑换 42000 元（旧人民币）。当时，中央政府实施人民币与金银等贵金属脱钩以及外汇集中管理制度，人民币汇率的市场意义主要是用这个价格收兑侨胞以及民众手中的外汇和黄金，但国内市场禁止使用外汇，也不允许普通居民用人民币兑换外汇。1950 年底人民币汇率升值为 27500 元，1951 年 5 月 23 日再升值到 22380 元。为了奖励出口换取外汇，1952 年起，实行了奖出限入、照顾侨汇的人民币汇率政策。1951 年底人民币兑美元汇率下调为 26170 元，此后 1952 年到 1954 年，人民币兑美元汇率始终维持在 26170 元/美元的水平。1955 年国家实施货币改革，发行新的人民币，新旧币的兑换比率为 1∶10000。考虑到外贸部门已经完成社会主义改造，国营外贸企业对进出口贸易统负盈亏的特点，同时参照国内外消费物价的比值（即当时的购买力平价），即 1 美元约等于 1.43 元到 1.92 元人民币，最后确定新人民币和美元的汇率为 2.4618 元。由于实施绝对集中的外汇管理和人民币汇率的计划管理，人民币兑美元汇率始终稳定，此后 15 年时间都没有变化，一直到 1970 年，人民币兑美元的汇率一直是 2.4618 元。①

1971 年爆发了世界石油能源危机，世界经济震荡，第二次世界大战后西方国家确立的美元与黄金挂钩并实行固定汇率的布雷顿森林体制动摇，国际货币体系走向美元对其他货币的浮动汇率制度。当时，中国政府针对美元汇率的下跌趋势，也对人民币兑换美元汇率实施了调整：1971 年，人民币兑美元汇率上调为 2.2673 元；1972 年调为 2.2401 元；1973 年调为 2.0202 元；1974 年调为 1.8397 元；1975 年调为 1.9663 元；1976 年调为 1.8803 元；1977 年调为 1.7300 元；1978 年调为 1.5771 元；1979 年再上调为 1.4962 元。党的十一届三中全会后，中国掀起了改革开放大潮，人民币汇率形成机制从严格的计划管理开始走向双轨体制。

1980 年，为了促进出口贸易发展，我国开始对人民币进行“适度贬值”，人民币兑美元汇率下调为 1.53 元。从 1981 年到 1984 年，为适应外贸进出口业务发展，开始实施双重汇率制度，除官方汇率外，另行规定一

---

① 吴念鲁、陈全庚：《人民币汇率研究》，中国金融出版社 2002 年版，第 4、7、11、12 页。

种适用进出口贸易结算和外贸单位经济效益核算的贸易外汇价格，该价格根据当时的出口换汇成本，确定为一美元兑2.8元人民币。为了缩小与贸易外汇的价格差，官方汇率也逐步小幅度贬值，1981年官方汇率调整为1.7051元，1982年调整为1.8926元，1983年调整为1.9757元，1984年调整为2.3270元。由于官方汇率的实际作用越来越小，1985年1月，中央政府宣布取消双重汇率制，改为固定单一汇率制度，美元兑人民币汇率设定为2.3元，但到年底就下调为2.93元。在人民币汇率下调的同时，为了鼓励出口，国家提高了出口企业的外汇留成比例，按照进出口市场对人民币的供求状况，设定了一个外汇市场调剂汇率（见表9-6），这是中国最早的市场汇率。但实行官方汇率和调剂汇率，意味着中国依然实施更有市场化色彩的双重汇率制度。国家对出口企业的结汇，实行外汇全部上缴，然后，中央财政核算每一年出口企业的创汇总体成本，再按照这个成本给出口企业兑换成人民币。从这个意义上说，1985—1993年，中国其实存在着三重汇率制度：官方汇率；企业进口的调剂汇率；企业出口换汇的成本汇率（见表9-5）。

表9-5　**1985—1993年人民币汇率三重表现形式**　单位：元/美元

年份	官方汇率	外汇调剂汇率价格	修正出口换汇成本
1985	2.9367	3.08	2.8000
1986	3.4258	4.20	2.9933
1987	3.7221	4.20	3.1474
1988	3.7221	5.70	3.4802
1989	3.7651	5.70	3.9303
1990	4.7832	5.70	3.9509
1991	5.3234	5.70	4.1869
1992	5.5146	8.20	4.4478
1993	5.7620	8.70	5.4343

注：修正出口换汇成本=基期成本×（中国工业品出厂价格指数/美国物价批发指数）。

资料来源：IMF IFS Yearbook 2001，《中国统计年鉴》。

表 9－6　　1985—1993 年外汇调剂价格和人民币汇率　　单位：元/美元

调整年月	外汇调剂汇率价格	人民币汇率
1985 年 1 月	3.08	2.80
1985 年 10 月	4.20	3.20
1986 年 7 月	4.20	3.72
1988 年 3 月	5.70	3.72
1989 年 12 月		4.72
1990 年 11 月		5.20
1992 年 2 月	8.20	5.40
1993 年 12 月	8.70	5.80
1994 年 1 月	—	8.70

资料来源：许少强、朱真丽：《1949—2000 年的人民币汇率史》，上海财经大学出版社 2003 年版，第 118 页。

1993 年，中国人民银行发布了《关于进一步改革外汇管理体制的公告》，宣布实现汇率并轨，实行以市场供求为基础的、单一的、有管理的浮动汇率制。1993 年底，中国实施汇率并轨制改革，1994 年元旦人民币官方汇率瞬间贬值 46%，从 5.8 元变为 8.7 元，人民币与美元非正式挂钩。从此，中国实行了真正的单一汇率制度。

（二）有管理的银行间外汇市场时期（1994—2014 年）

1994 年人民币兑美元汇率，一开始确定为 8.7 元，后来又调整至 8.3 元，在接下来大约 10 年时间里，人民币兑美元只能在 8.27 元至 8.28 元非常窄的范围内浮动。在实施单一汇率制度的同时，政府也取消了企业外汇留成和上缴制度，转而实行强制结汇制度，中资出口企业必须将出口所得外汇悉数到银行进行结汇，然后，央行主导下在全国建立统一的、规范性的外汇市场——这个外汇市场不同于此前的外汇调剂市场，其交易主体是外汇指定银行。“企业部门—商业银行—央行”这样的结售汇闭环形成，使得央行对货币政策与贸易、汇率等的控制力大大加强，保证了汇率的稳定性。可以说，这是中国历史上最成功的一次汇率改革。从 1994 年开始，我国结束了对外贸易逆差的历史，从而转向持久的对外贸易顺差阶段。2001 年，我国加入 WTO，对外开放进入新阶段。中国很快成为“世界工厂”，出口迅速成长，外汇储备成倍增加，从1993年到2005年，中国外汇储备迅速由200亿美元增加到8200亿美元，成为当时全球第一大外汇储备国（见表9-7）。

表9-7　　**中国GDP、外汇储备以及人民币汇率变动情况**

年份	中国GDP（万亿美元）	美国GDP（万亿美元）	美国GDP/中国GDP	中国GDP全球排名	当年汇率（平均值）	外汇储备（亿美元）
1990	0.36	5.96	16.52	8	4.78	110.93
1991	0.38	6.16	16.06	8	5.32	217.12
1992	0.43	6.52	15.27	7	5.51	194.43
1993	0.44	6.86	15.42	7	5.76	211.99
1994	0.56	7.29	12.91	6	8.62	516.20
1995	0.73	7.64	10.40	6	8.35	735.97
1996	0.86	8.07	9.35	5	8.31	1050.29
1997	0.96	8.58	8.92	5	8.29	1398.90
1998	1.03	9.06	8.81	5	8.28	1449.59
1999	1.09	9.63	8.80	7	8.28	1546.75
2000	1.21	10.25	8.46	6	8.28	1655.74
2001	1.34	10.58	7.90	6	8.28	2121.65
2002	1.47	10.94	7.44	6	8.28	2864.07
2003	1.66	11.46	6.90	6	8.28	4032.51
2004	1.96	12.21	6.25	6	8.28	6099.32
2005	2.29	13.04	5.70	5	8.19	8188.72
2006	2.75	13.81	5.02	4	7.97	10663.44
2007	3.55	14.45	4.07	3	7.61	15282.49
2008	4.59	14.71	3.20	3	6.95	19460.30
2009	5.10	14.45	2.83	3	6.83	23991.52
2010	6.09	14.99	2.46	2	6.77	28473.38
2011	7.55	15.54	2.06	2	6.46	31811.48
2012	8.53	16.20	1.90	2	6.31	33115.89

续表

年份	中国 GDP（万亿美元）	美国 GDP（万亿美元）	美国 GDP/中国 GDP	中国 GDP 全球排名	当年汇率（平均值）	外汇储备（亿美元）
2013	9. 57	16. 78	1. 75	2	6. 20	38213. 15
2014	10. 48	17. 53	1. 67	2	6. 14	38430. 18
2015	11. 06	18. 24	1. 65	2	6. 23	33303. 62
2016	11. 23	18. 75	1. 67	2	6. 64	30105. 17
2017	12. 31	19. 54	1. 59	2	6. 76	31399. 49
2018	13. 89	20. 61	1. 48	2	6. 62	30727. 12
2019	14. 28	21. 43	1. 50	2	6. 91	31079. 24
2020	14. 72	20. 94	1. 42	2	6. 90	32165. 22

资料来源：世界银行、国际货币基金组织、国家外汇管理局。

随着我国外汇储备积累越来越多，2003 年以来，美国和欧洲方面通过经济、政治等形式向我国施压，要求人民币升值以改善中国与美国、欧洲的贸易不平衡。为了改善与国际社会的关系，同时也出于国内抑制通货膨胀的需要，2005 年 7 月 21 日，中国人民银行正式宣布废除原先盯住单一美元的汇率政策，开始实行以市场供求为基础、参考一篮子货币进行调节、有管理的浮动汇率制度，并在 2006 年引入询价交易方式和做市商制度，改进了人民币汇率中间价的形成方式。这是人民币汇率制度自 1994 年以来的一个重大变革。2008 年金融危机爆发后，原来参考一篮子货币的汇率改革设计停止了，中国事实上又恢复了盯住美元的汇率政策。尽管人民币兑美元汇率逐渐由 2005 年汇改前夕的 8. 3 元逐渐升值到 2010 年 6 月的 6. 83 元，但并没有阻止中国外汇储备的急剧增加，中国对欧美国家的贸易顺差仍然大幅增长。到了 2010 年 4 月，中国外汇储备已高达 2. 43 万亿美元，占到全世界各国政府外汇储备总和的 1/3。再次证明汇率并不是调节贸易平衡的有效手段。2010 年，中国经济总量超过日本，位居世界第二；同年，中国货物出口额超过德国，成为世界冠军；2013 年我国货物进出口总额为 4. 16 万亿美元，超过美国。这是 100 多年来发展中国家首次成为世界货物贸易冠军，也是中国继成为全球第二大经济体、最大外汇储备国和最大出口国之后又一大突破。

与汇率制度变革同步的是中国的基础货币发行变革。1994 年之前，中国长期依赖再贷款和再贴现发行基础货币，货币发行没有强有力的约束条件，发行量很容易失控，这进而导致了人民币信用不足。1994 年后，随着贸易顺差和外汇流入的大幅度增加，人民银行成功将人民币基础货币发行与外汇储备挂钩，将其变成最主要的货币发行途径。从 1995 年开始，再贷款、再贴现在基础货币发行中的比例持续下降，而外汇占款比例稳步上升，从最初的 30%，到 2013 年末已经上升到 83%（见图 9－8）。

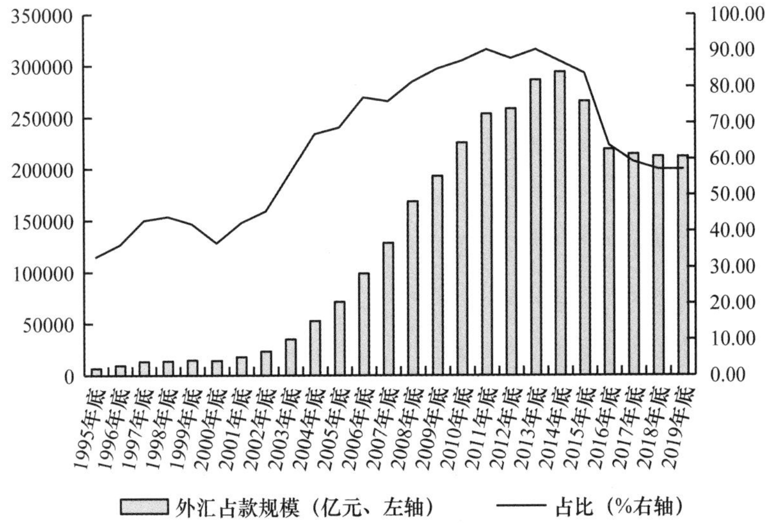

图 9－8　中国外汇占款规模及其与央行资产负债表规模对比

资料来源：《中国统计年鉴》《中国金融年鉴》、中国人民银行。

尽管人民币持续升值没有改变中国对外贸易的大额顺差和出口竞争力，但偏见比无知距离真理更加遥远，无视事实的西方政客没有改变对西方国际经济学教义的崇拜。2010 年以后，不仅欧美发达国家强烈要求人民币升值，巴西、印度、俄罗斯等与中国贸易有关的新兴国家也开始大声呼吁人民币升值。因此，2010 年 6 月 19 日中国人民银行宣布，进一步推进人民币汇率形成机制改革，增强人民币汇率弹性，坚持以市场供求为基础参考一篮子货币进行调节。到 2013 年底，人民币兑美元汇率已经升至 6. 1 左右，这成为人民币 1994 年汇改以来的最高点，而就在 2014 年中，中国外汇储备也达到历史顶点的 3.99 万亿美元。

（三）改革人民币汇率中间价形成时期（2014—2020 年）

2013 年底，美国开始改变量化宽松的货币政策，走上正常化进程，美元随之走强，由此带动人民币相对于全球其他主要货币有效汇率贬值，在此期间，中国经济增速也有所放缓，这使得市场对人民币汇率由升值预期转向贬值预期。2014 年随着中国企业对外投资的增加，外汇储备规模逐渐下降，增强了人民币贬值走势的市场预期。2015 年 8 月 11 日，中国人民银行顺势而为，宣布优化人民币对美元汇率中间价报价机制，同时央行在 8 月 11 日当天一次性将人民币兑美元汇率中间价贬值 1136 个基点，人民币汇率又是瞬间从 6.1 元左右下调到 6.3 元左右。此后人民币汇率进入一年半的贬值区间，与人民币贬值相对应的，是资本的大规模流出。在此期间，人民币汇率也受美元走强的影响，由对美元单边升值转为单边贬值，从 2014 年初的接近 6∶1，贬值至 2016 年底的接近 7∶1。期间资本流出加速，我国证券投资账户出现连续 5 个季度资本外流。

实际上，美联储对本国货币政策的操弄，影响全世界外汇市场和各国的货币汇率，在 2014 年美联储退出非常规货币政策期间大大提升了美元升值的预期，对非美货币形成贬值压力。美元指数自 2014 年下半年起进入快速上升的通道，从最低时的不到 80 点，一度升至 2015 年 3 月时的接近 100 点，9 个月内上涨达 25%。美联储开启持续加息后，美元指数在 2016 年底进一步升至 103.3。与之相对应的是欧元、日本以及新兴市场货币的普遍贬值，2014 年中至 2016 年底，欧元、印度卢比、巴西雷亚尔以及南非兰特对美元分别贬值 23%、13%、48%、29%。可见，要想稳定人民币汇率，需要探索能够抵消或熨平美联储货币政策操弄导致非美元货币汇率波动的措施。2017 年 1 月 1 日，中国央行出手干预外汇市场，在离岸外汇市场大笔买入人民币而卖出美元，由此造成人民币剧烈升值，从接近 7 元的水平，两天之内就升值到 6.8 元左右。2017 年 5 月 26 日，央行宣布，在汇率中间价定价机制中引入“逆周期因子”。逆周期因子反映市场供需情况的汇率变动，经过逆周期系数调整后得到，至此形成了现行的“上一交易日收盘价 + 一篮子货币汇率变化 + 逆周期因子”三个因素共同决定的汇率中间价形成机制。人民币汇率的单边贬值预期逐步化解并逆转，人民币汇率升值一直持续到 2018 年 4 月，此后由于美联储的加息预期等各种原因，美元一路走强，人民币再次进入贬值周期。由此可见，从2017年以来，人民币汇率形成机制的改革是围绕如何抵御和防范美联储货币政策操弄的溢出影响而进行的。

2018年美国挑起对华贸易战，人民币贬值预期增强，为了应对贸易战，中国中央政府事实上采取了容忍人民币一定程度贬值的态度。直到2018年12月，人民币的贬值预期降至全年低位。鉴于二十国集团（G20）领导人第十三次峰会所暂时达成的共识，离岸人民币对美元大涨近600点，截至2018年的最后一个交易日，美元对人民币收于6.87附近。2019年4月中下旬后，随着美元指数强势反弹，人民币兑美元汇率持续承压下挫，以较短时间抹平了2018年初以来的全部涨幅。9月26日美联储宣布年内第三次加息，中国央行未跟随加息而是选择灵活应对，人民币兑美元汇率随之承压走弱。由于美元指数处于高位，人民币即期汇率在10月底收于6.9734元的年内低位，11月人民币即期汇率稳定在6.90元关口。2020年3月，中国国家统计局发布的2019年国民经济和社会发展统计公报称，2019年末国家外汇储备31079亿美元，比上年末增加352亿美元。全年人民币平均汇率为1美元兑6.8985元人民币，比上年贬值4.1%。

进入2020年，在全球遭受新冠肺炎疫情影响下，由于我国疫情防控有力有效，稳步推动复工复产，对外贸易明显好于预期，货物进出口顺差增长，同时受全球疫情影响服务贸易逆差收窄。数据显示，2020年，我国银行结售汇呈现顺差，跨境资金双向波动。在银行结售汇方面，2020年，按美元计价，银行结汇20493亿美元，售汇18905亿美元，结售汇顺差1587亿美元。在银行代客涉外收付款方面，银行代客涉外收入44124亿美元，对外付款42955亿美元，涉外收付款顺差1169亿美元。从2020年全年综合来看，人民币对美元的汇率中间价平均值是6.8974，与2019年平均值基本持平。截至2020年末，我国外汇储备规模为32165亿美元，较2019年末上升1086亿美元。

自2020年6月起，人民币兑美元汇率震荡升值。进入2021年后，人民币兑美元汇率中间价和即期汇率双双突破6.5元关口，人民币CFETS指数也达到96.95的高位。短短几个月时间，人民币汇率发生戏剧性变化，其重要原因就是美国政府为了刺激经济所采取的新一轮量化宽松政策，导致2020年6月以来美元指数下行。2021年首个交易日（1月4日），人民币汇率惯性升破 6.50。到 1 月底，人民币汇率中间价较上年 5 月底上涨 10.2%，较 2019 年末上涨 7.8%。市场普遍预期 2021 年人民币会继续上涨。2021 年 9 月，美联储再次释放货币政策转向正常化的信号，这又将引起非美元货币汇率和资本流动的再次波动，人民币汇率形成机制改革再次面临新挑战和新课题。

二　人民币均衡汇率辨析

（一）人民币汇率被低估：西方均衡汇率的观点

一直以来，美国学者认为人民币汇率被低估，偏离均衡汇率程度较高。例如，美国关于人民币均衡汇率估算最有影响力的学者是彼得森国际经济研究所的 Cline 与 Williamson，他们从 2008 年起每年发布一期各国均衡汇率报告（基于 FEER 的面板分析）。2008 年至 2011 年，他们的研究指出，人民币实际有效汇率分别低估了 18.4%、21.4%、15.3% 与 17.6%。以至于美国彼得森国际经济研究所的 Williamson 就曾经向美国政府建议，要把中美汇率争端提交到 WTO 的框架下去解决。

什么是人民币均衡汇率？西方经济学讲的均衡汇率，是假定资本不流动条件下，出口等于进口状态下的内外货币价格的比率，也就是商品市场供给与需求平衡下的价格条件。这种汇率历史有过吗？均衡汇率实际上是一种假设，或者是各个市场主体，包括干预手段所要追求的目标。现实生活中，资本是流动的，商品供需与资本供需交织在一起，内外货币价格比率的均衡目标究竟是什么呢？是商品供需平衡，还是资本供需平衡？实现商品供需平衡而资本供需不平衡的汇率能叫均衡汇率吗？反过来说，实现资本供需平衡而商品供需不平衡的汇率又为什么是不均衡的呢？西方经济学没有解释这个问题。因此均衡汇率完全是一个论证不周全的假说，并不能得到验证。如果是完全没有干预的市场汇率，不仅贸易收支在影响市场汇率，资本项目收支也同样影响市场汇率，如果资本项目是开放的经济，本国货币利率也同样影响资本收支，在具有独立货币政策的主权国家里，货币政策的可调控性，决定了汇率政策的可调控性。所以，如果美国国会要指责哪国操纵汇率的话，最好先指责美联储操纵了联邦货币的基准利率。在现实世界经济中，即便是最自由的市场汇率，其上下波动的结果可能可以平衡国际收支，但永远无法做到让商品进出口的价值完全相等，因为货币利率不仅参与平衡国际收支，而且是可操纵的。所以，以贸易是否顺差来判断货币汇率高估还是低估，不仅是霸权主义的理论，而且在经济学理论上也是不能完全自圆其说的。[①]

汇率已经成为各国，特别是西方主要发达国家调控对外经济利益的手段，这已经人所共知。发达国家不仅调控本国货币汇率，而且还相互协商和要求别国调控汇率，实际上已经成为世界经济和跨国资本调整利益关系的重要工具。人民币汇率也是我国调控对外开放利益的重要工具，不应当、也不可能是完全自由浮动的汇率。国际金融危机已经引起人们对浮动汇率的反思，干预世界外汇市场的手段几乎都向稳定汇率偏移。

（二）人民币汇率的确有升值的内在因素

我国实行的人民币汇率事实上受到财政政策的干预。中央财政支出的出口退税额规模从 1995 年的 550 亿元上升至 2001 年的 1080 亿元，2007 年再上升到 5605 亿元，2012 年登上万亿台阶，达到 10429 亿元。截至 2018 年，我国出口退税规模达到 16914 亿元，较 1995 年增长近 28 倍。[②]设想，如果没有这么大量的出口退税支出，即时汇率将导致的出口贸易结果是什么？因此，现在如果说人民币汇率存在操纵问题的话，其操纵的方向是升值，而不是贬值；如果大幅度降低出口退税规模，也就是说不再操纵的话，人民币将出现大幅度贬值。因此出口退税实际上在稳定人民币汇率，避免其大幅度下滑，但美国人并不领情，反而指责中国操纵人民币汇率贬值。

财政政策干预手段的使用，说明人民币确实存在升值的内在动力，但人民币升值动力与人民币均衡汇率是两码事，前者说明它在市场机制下的内生方向，后者实际上是要说明政府调控的目标。人民币升值动力主要来自中国出口部门的劳动生产率。在这一点上，西方经济学是有合理成分的。巴拉萨—萨缪尔森效应（Balassa-Samuelson Effect，简称巴萨效应）指出，具有更快的制造业部门劳动生产率增速的国家将会面临实际汇率升值，且实际汇率升值将通过名义汇率升值或者更高的通货膨胀率来实现。按照马克思主义国际价值理论，劳动生产率提高更快的国家，不仅改变了

① 这个观点的详细论证参见裴长洪、郑文《中国视角：人民币汇率与贸易顺差关系的分析》，《金融评论》2010 年第 1 期。

② 资料来源：国家统计局，http：//www. stats. gov. cn/。

国际价值中包含的国际社会平均必要劳动时间量，而且改变了国际交换双方中劳动生产率提高更快一方在“等价交换”中实际用于交换的本国劳动数量，因此这一方确实具有本国货币升值的内在动力。但升值动力与均衡汇率的标准则是两码事情。把某两国贸易是否平衡作为均衡汇率的标准，不仅在理论上毫无依据，在实践上也被反复证明是错的。

（三）购买力平价是均衡汇率的目标吗?

中外专家都计算过购买力平价与人民币汇率的差距。根据相关汇率折算，1993 年人民币对美元的购买力平价汇率为 3. 143 元，同年人民币对美元的市场汇率为 5. 762 元（国家统计局国际统计信息中心，2003）[①]。郭熙保的计算表明 1994 年人民币对美元的购买力平价汇率为 2. 26 元，同年人民币对美元的市场汇率为 8. 619 元。[②] 国家统计局在 1999 年参加的 OECD 购买力平价国际合作项目的研究结果表明，1999 年人民币对美元的购买力平价汇率为 4. 67 元，同年人民币对美元的市场汇率为 8. 278 元[③]。陈学信的估算认为 2009 年人民币对美元的购买力平价汇率为 5. 49 元，同年人民币对美元的市场汇率为 6. 831 元。[④]

用中美两国不同货币在本国的购买力来衡量人民币对美元的汇率差距，并以美元购买力作为均衡汇率的锚定标准，这在理论上毫无道理，在实践上十分荒谬。按照马克思主义政治经济学原理，一国商品的价值是由其社会平均必要劳动时间决定的，价格是它的货币表现。在中美两国产业结构、经济结构和劳动生产率存在较大差异的情况下，中国经济创造的价值量明显低于美国，以货币表现的 GDP 总量和人均量都低于美国，但在不发生通货膨胀和供给稀缺的特殊情况下，社会总价格与所包含的价值量的背离空间相对较小，整个社会的物价总水平也相对较低，每一货币单位所包含的价值量相对较高。而美国恰恰与此相反，所以在现象上才出现了美元在本国购买力低于人民币在中国的购买力的情况。再加上中国政府以某

---

① 参见国家统计局国际统计信息中心《2003—2004 中国与世界经济发展回顾与展望》，中国统计出版社 2003 年版。

② 郭熙保：《购买力平均与我国收入水平估计》，《管理世界》1998 年第 4 期。

③ 余芳东、任若恩：《关于中国与 OECD 国家购买力平价比较研究结果及其评价》，《经济学季刊》2005 年第 3 期。

④ 陈学信：《国际购买力平价和简化净出口函数：中国实证》，《财经研究》2011 年第 8 期。

种程度公共消费的考虑对某些大众公共品价格给予财政补贴，例如高铁、地铁等运输价格，助推了人民币购买力在中国较高的现象。这种现象反映的是两国社会制度、经济结构的差异，特别是劳动生产率的差异，而不是人民币汇率与所谓均衡汇率的差距。即便把人民币汇率上调到购买力平价的水平，两国货币在本国不同的购买力水平依然存在。2016 年国家统计局发布的数据表明，近 20 年时间，与美国、欧元区、日本、印度和世界平均水平相比，我国劳动生产率增速是最快的。但同时，2015 年我国劳动生产率水平仅为世界平均水平的 40%，相当于美国劳动生产率的 7.4%（见表 9－8）。①

根据国家信息中心的研究报告，② 与美国相比，我国各行业劳动生产率都明显落后，但各行业落后程度不一。在 19 个大的行业门类中，我国文化体育娱乐业以及农林牧渔业劳动生产率与美国差距最大，2013 年人均增加值仅分别相当于美国的 9.2% 和 9.4%；居民服务修理和其他服务业、采矿业以及批发零售业的劳动生产率也与美国差距巨大，仅相当于美国的 11.7%、12.2% 和 14.8%。我国与美国劳动生产率差距最小的行业为教育和建筑业两个行业，2013 年人均增加值分别达到美国的 89.1% 和 61.4%。此外，我国的卫生和社会服务业以及科学研究和技术服务业相对劳动生产率也较高，分别达到美国的 49.7% 和 45.3%；在备受关注的制造业方面，2013 年我国劳动生产率仅相当于美国的 16.5%（见图 9－9）。

表 9－8　　**2013 年中美两国主要行业劳动生产率对比**　　单位：万美元/人

	中国	美国	中国/美国（%）
农林牧渔	0.42	4.51	9.4
采矿业	6.27	51.50	12.2
制造业	2.61	15.86	16.5
电力、热力、燃气及水生产供应业	7.22	47.36	15.2

① 参见《光明日报》2016 年 9 月 18 日报道。

② 耿德伟：《中美行业结构及劳动生产率差异比较研究》。国家信息中心经济预测部，2017 年 6 月 28 日，http://www.sic.gov.cn/News/455/8173.htm。

续表

	中国	美国	中国/美国（%）
建筑业	4.98	8.11	61.4
批发零售业	1.30	8.74	14.8
交通运输、仓储、邮政业	1.75	8.64	20.3
住宿餐饮业	1.18	3.57	33.0
信息传输、软件和信息技术服务业	3.11	17.05	18.2
文化、体育和娱乐业	1.56		9.2
金融业	7.22	18.16	39.7
房地产业	15.97	98.87	16.2
租赁和商务服务业	2.78	9.67	28.7
科学研究和技术服务业	4.38		45.3
教育	4.34	4.88	89.1
卫生和社会工作	3.06	6.16	49.7
水利、环境和公共设施管理业	2.07	8.89	23.2
居民服务、修理和其他服务业	1.04		11.7
公共管理、社会保障和社会组织	3.00		33.7

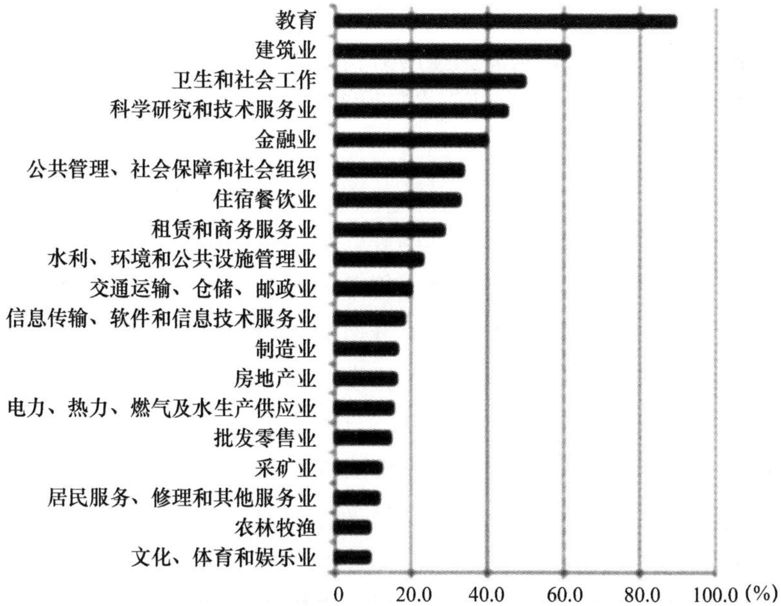

图9－9　2013年中美主要行业劳动生产率对比（中国/美国）

（四）什么是中国所要求的均衡汇率目标

我们所要求的均衡汇率目标，实质上是市场作用力方向与更好发挥政府调控力量综合的结果。而我们所要达到的“均衡汇率”，实际上人民币汇率与其他经济政策协调作用的优化定位。汇率工具使用的政策方向从来是有利于本国的经济战略利益。从我国利益最大化角度出发（同时兼顾贸易伙伴的合理关切），人民币汇率应当是具有商品出口竞争力的汇率，应当是保持较大规模贸易顺差的竞争性汇率。这就是人民币的均衡汇率，其经济含义是保护中国人民就业和收入福利的增长。2020年中国货物出口还只占世界份额14%左右，距离中国人口占世界18.6%的比重还有差距，未来中国货物出口占世界比重应与GDP占世界比重（2020年约为16%）相当才是合理的，才能保证中国经济高质量发展。背离这个实质问题奢谈所谓均衡汇率，不应该是中国学者的立场。外国人随便说说可以理解。当然也要兼顾海外投资和国际斗争的策略，但关键是要明白我们的利益所在和利益底线在哪里。

从上述认识出发，我们对历次的人民币汇率改革就有了实事求是评价的基础。除了1994年的人民币汇率改革外，后来的人民币汇改，究其初衷，在国际上是为了减轻贸易摩擦压力；在国内宏观经济上是为了减少贸易顺差的增长幅度以缓解银行资金流动性过多。国际上的让步和妥协在当初的决策可能是必要的。但是中国也为此付出了很大的代价。人民币汇率的大幅度升值，使国家持有的巨额美元资产同等幅度缩水，在以人民币计算价格的海外投资的美元资产存量同等幅度缩水。由此造成的国民收益损失来换取国际经贸环境的缓和，是不得已的，是一种博弈，只是国际经贸斗争中的策略选择，不应由于人民币升值的长期趋势而放弃不同阶段的调控目标。相反，应把人民币汇率基本稳定（即抑制升值节奏与幅度）作为我们的长期战略目标。

对于以美国为首的西方发达国家要求人民币升值以缓解日益增长的中国外贸顺差，其实无助于解决美国贸易逆差问题。因为，中国对美贸易顺差产品多数为劳动密集型生活必需品，人民币升值仅会产生“贸易转移”效应，而顺差只会转移到其他国家，对于缓解美国贸易逆差作用不大。即使中国人民币升值改善了美国的贸易收支状况，但只要美国国内经济结构不发生变化，只要国内储蓄显著低于国内投资，那么美国依然要通过经常项目账户赤字来获得融资，贸易逆差仍将出现，只不过那时针对的对象不再是中国，也许是东盟、巴西等，人民币升值对于改善美国经常项目收支而言缺乏经济意义，完全是政治性的。

从影响出口商品价格竞争力的角度看，出口退税和人民币汇率措施是基本的两个政策工具。在多年实践中，中央政府实际上采取了两种选择，一种是继续加强出口退税政策工具的使用，以财政资金来换取人民币汇率下调的效果；另一种是在适度上调出口退税率的同时，下调人民币汇率以减轻财政支出压力，并辅之以其他政策组合加强汇率工具和出口退税政策的效果。从2001年以来，中国出口退税规模逐渐加大，财政杠杆的使用空间已经很小（见表9－9）。

表9－9　**出口退税占财政收入和国内增值税比重**

年份	出口退税实数（亿元）	增长率（%）	财政收入（亿元）	增长率（%）	占财政收入（%）	占增值税（%）
2001	1071.5	32.3	16386	22.33	6.54	20
2002	1259.4	17.5	18904	15.36	6.66	20.4
2003	2039.0	61.9	21715	14.87	9.39	28.2
2004	2195.9	7.7	26396	21.56	8.32	24.4
2005	3371.6	53.5	31649	19.9	10.65	31.2
2006	4284.9	27.1	39344	24.3	10.89	33.2
2007	5635.0	31.5	51311	30.4	10.98	36.4
2008	5865.9	4.1	61317	19.5	9.6	32.4

资料来源：2001—2006年数据引自裴长洪等：《出口退税与中国对外贸易》，社会科学文献出版社，第54页，2007—2008年数据引自《中国统计年鉴2008》与财政部网站。

有一种担心是认为人民币贬值将引起国际资本流出，影响国际收支。一定程度上存在这种可能性，但实际上由于人民币尚未实现完全自由兑换，资本项目下的外汇管制仍然较严格，金融市场也未完全开放，因此人民币汇率波动对中国经济影响的范围和程度十分有限，而汇率政策也不是调节国际收支的唯一手段。因此，大胆使用汇率手段应成为促进外贸出口和增强商品竞争力的重要措施。

结论就是：从2001年以来，中国出口退税规模逐渐加大，2008年我国出口退税规模已达5866亿元人民币，而当年国内增值税实际征收只有18111亿元，按照17%出口退税率计算，出口退税规模只应为3079亿元，与出口退税实际发生额5866亿相差2787亿元，如果没有这笔超额支出，人民币汇率需贬值6.2%。

直至“十三五”时期，虽然出口退税额占国内增值税比重趋于下降，但实际出口退税额不断攀升，几乎达到2008年的3倍。

表9-10　2016—2020年全国出口退税额及其占国内增值税比重　单位：亿元

年份	出口退税额	国内增值税	出口退税占国内增值税比重（%）
2016	12154	40712	29.8
2017	13870	56378	24.6
2018	15913	61529	25.8
2019	16503	52346	26.0
2020	14549	56791	25.6

资料来源：中华人民共和国财政部网站。

如果2020年我国出口退税率仍按17%计算，实际退税超额支出达到4884亿元。理论上说，按照2008年水平，人民币汇率每升值1%，需要付出450亿财政资金代价。因此，现在所谓稳定的人民币汇率，实际是出口退税超额支付的汇率。[①] 未来，为了减少中央财政支出的压力，同时考虑国际货币体系在后疫情时期的特点，人民币汇率应实行主要盯住美元但又参考一篮子货币、有根据市场供需浮动的、但又有国家调控的竞争性汇率，即形成发挥市场机制作用的、又有管理的汇率更为符合我国的长远发展利益，也更符合构建开放型世界经济的长远利益。对于我国来说，国际收支平衡的基本思路应当适应开放型经济的发展而转换。我国经常项目持久的大额顺差与扩大资本流出相结合是未来的长期趋势。坚持与完善企业

① 裴长洪：《外需、汇率与贸易融资——当前促进我国出口贸易增长的三个关键问题》，《中国经贸导刊》2009年第9期。

走出去战略和共建“一带一路”是平衡国际收支的重要措施。树立以国内大循环为主体，国内国际双循环相互促进的战略思路，树立统筹国内外两个市场、两种资源、两个生产经营体系为基础的国际收支新理念，并在全球资源配置中实现国际收支平衡。

第十章　中国开放型经济治理体系的构建与完善

从政治经济学的分析视角看，本章要讨论的问题实质是：随着中国开放型经济和生产力的发展，中国的生产关系和上层建筑发生了哪些改革和变化，这种改革和变化与世界经济体系的生产关系和上层建筑有哪些联系，哪些改革和变化是吸收了世界生产力发展的制度与规则的文明，哪些改革和变化是属于中国自己坚持的制度与规则的底色，从而形成了中国特色的开放型经济治理体系。

改革开放以来，伴随中国开放型经济发展，对外经济贸易的法律、规章制度、体制和政策不断发生变化。特别是在 2001 年加入世界贸易组织前后，在与国际经贸规则接轨过程中，中国对外经贸的规则、制度、体制发生了深刻的历史性变化，开辟了构建和完善开放型经济治理体系的进程。2008 年国际金融危机后，世界经济发生深度调整，全球经济治理面临许多新情况、新问题，同时也给中国开放型经济治理体系的完善带来新机遇和新挑战。2013 年 11 月党的十八届三中全会提出“构建开放型经济新体制”；2019 年 10 月党的十九届四中全会作出了坚持和完善中国特色社会主义制度、推进国家治理体系和治理能力现代化的重大决定，并在开放型经济领域，提出建设更高水平开放型经济新体制，推动规则、规制、管理、标准等制度型开放；2020 年 10 月党的十九届五中全会提出“建设更高水平开放型经济新体制”。总结以往中国构建和完善开放型经济治理的基本实践和基本经验，不仅是丰富和发展中国开放型经济理论的需要，也是推进中国开放型经济治理体系和治理能力现代化的重大课题。

第一节　西方经济治理的含义与全球经济治理体制的双重性

开放型经济治理与全球经济治理体系有着密不可分的联系。中国参与经济全球化过程，不可避免要融入全球经济治理的现实环境，并在此约束条件下建设和完善自己的开放型经济治理体系。因此，要运用马克思辩证唯物主义和历史唯物主义的方法论对全球经济治理的“双重性”本质予以揭示，才能更深刻理解中国开放型经济治理的基本经验和逻辑。

一　开放型经济治理的内涵界定

西方的“治理”概念最初是指对地方事务的管理，后被运用到公共领域、国家层面及全球范围，逐步延伸为国家治理、国家经济治理、全球治理、全球经济治理等概念，属于发展经济学与政治学的跨学科术语。联合国全球治理委员会（Commission on Global Governance）1995 年发布报告《我们的全球伙伴关系》（Our Global Neighborhood）将治理定义为：“治理是个人和公共或私人机构管理其公共事务的诸多方式的总和。既包括有权迫使人们服从的正式制度和规则，也包括人民和机构同意的或以为符合其利益的各种非正式的制度安排。”[①] James. N. Rosenau（1995）说，治理是一整套规则体系，该体系既依赖于正式的宪法和规章，也依赖于多数人认可的价值意义体系。其着重强调了治理（governance）与统治（government）的区别，即治理是一种只有被大多数人接受才能发生作用的规则体系；而统治是即使面临普遍反对也依然能够运作的规则体系。[②] 西方治理理论强调，协调经济社会发展秩序的集体行动参与方，以共同价值取向为纽带，通过正式及非正式的制度安排，达到平衡解决社会经济问题的目标。西方治理理论在某些方面具有一定的积极意义，如强调社会管理力量多元化格局；强调政府干预的有效性；强调网络管理体系是政府与各类社

---

① COMMISSION ON GLOBAL GOVERNANCE, *Our Global Neighborhood*: *The Report of the Commission on Global Governance*, Oxford University Press, 1995.

② ROSENAU JN, CZEMPIEL EO, *Governance without Government*: *Order and Change in World Politics*, Cambridge University Press, 1995, pp. 4 –5.

会组织群体共同构成的相互依存的治理体系，突出治理体系的运作逻辑是以协商谈判为基础，减少强制性和非民主性等。[①] 但西方治理理论把统治与治理完全割裂开来，则具有欺骗性和虚假性。不仅违反世间事物对立统一的马克思主义辩证唯物主义以及经济基础决定上层建筑的历史唯物主义基本观点，而且也与西方国家，特别是霸权国家的大量行为并不吻合。在垄断资本统治下的世界，所谓“治理”也不过是统治的一种手段，其根本目的是一致的。

开放型经济是相对于封闭型经济而言的，是指主权国家（或经济体）之间经济交往。自从资本主义开辟世界市场以来，资本主义先进国家的经济治理，必然就与开放经济的治理结合起来了。按照西方经济学基本关系，开放型经济基本模型为：$Y = C + I + G + (EX - IM)$。在封闭型经济条件下，国民储蓄等于投资，一国只能依靠自身积累资本进行投资来增加财富，而在开放型经济条件下，一国能够依靠外部资本进行扩大生产。西方《国际经济学》教科书是研究开放型经济的“标准范本”，主要包含了贸易所得、贸易模式、贸易保护、国际收支平衡、汇率决定、国际资本市场、国际政策协调七大主题。[②] 其学术范式可以概括和归纳为开放经济的微观部分（国际贸易理论），主要讨论微观主体在世界范围内资源配置；宏观部分（国际金融理论），主要研究世界范围资源利用效率及决定因素，宏观经济平衡及国际传递机制（主要是汇率、利率传导机制）等问题。开放型经济条件下，进出口何种商品服务（贸易所得、贸易模式等）；商品、要素流动存在各类障碍（贸易保护、贸易壁垒等）；不同国家货币兑换以及宏观经济平衡（汇率决定、国际收支平衡等）；国际收支失衡调整（国际资本市场、国际政策协调等）等问题需要理论与政策视角的价值判断。面对这些问题，一国需要根据本国实际情况，制定法律、法规和具体的规则体系进行调节，这就涉及开放型经济治理问题。

开放型经济治理是开放条件下的国家经济治理体系，是国家治理体系

---

① 政府在社会公共管理网络中的功能作用，被视为“同辈中的长者”，承担着建立指导社会组织行为者行动的共同准则和确立有利于稳定主要行为主体的大方向和行为准则的重任。详见赵景来《关于治理理论若干问题讨论综述》，《世界经济与政治》2002 年第 3 期。

② 保罗·克鲁格曼、茅瑞斯·奥伯斯法尔德：《国际经济学》第 4 版，中国人民大学出版社 1998 年版。

不可分割的重要部分。国家治理体系是由政治权力系统、社会组织系统、市场经济系统、宪法法律系统、思想文化系统等构成的有机整体，包括治理理念、治理制度、治理组织和治理方式。因此，我们可以将开放型经济治理定义为，在开放经济条件下，规范政府管理经济活动、有效配置市场资源的一系列体制机制、规则及程序，以实现在开放经济中增进国民福祉并保障国家安全。这个体制机制包括治理主体、开放治理理念、治理制度、治理方式及配套机构等。

二　全球经济治理体制的双重性及其内在矛盾

第二次世界大战后，美国在经济、军事、科技以及综合国力等方面在西方世界占有压倒性优势，从而成为西方世界霸主。在它一手导演下，建立了全球经济治理体系的基本框架：包括国际货币基金组织（简称 IMF）、世界银行（简称 WB）、关贸总协定（GATT）在内的“布雷顿森林体系”——以美元为中心的国际货币体系。20 世纪 70 年代，随着欧洲、日本战后重建的完成，西方主要资本主义国家的矛盾开始变得尖锐。1973—1974 年，西方经历了第二次世界大战以后最严重经济衰退，为应对经济危机，西方各国协调宏观经济政策的必要性进一步增强。为此产生了七国首脑会议（G-7 Summit），简称 G7 峰会，[①] 它客观上有助于探索全球化背景下主要大国的国际政策协调和全球经济治理新的机制。

20 世纪 80 年代以来，构建全球贸易治理体制的呼声开始升高，西方国家希望通过扩大多边贸易谈判的范围推动各国在贸易领域的开放。为此，1986 年 5 月，GATT 部长会议决定发起乌拉圭回合谈判，经过将近十年谈判，各成员国最终签订了《建立世界贸易组织协定》，创立世界贸易组织来协调、监督和执行乌拉圭回合的谈判成果。

1995 年世界贸易组织成立时，其成员已达到 128 个，包括了世界上发达、欠发达和最不发达的成员。与其他国际组织相比，世界贸易组织的独特之处是它不设立类似于“董事会”的权力机构，它的秘书处本身对各成

① 1975 年 11 月由法国倡议，在巴黎召开了西方主要工业国家首脑会议。首次会议有六国首脑参加，1976 年起加拿大首脑参加后变为七国经济最高级会议。1977 年起，欧洲共同体委员会主席也应邀参加。首脑会议每年举行一次，轮流在各国召开。

员没有约束力，其决策机制不是通过投票，所有协议都是经过协商一致后取得的。这种机制使弱者和少数人的利益得到较充分的保护。显然，这种协商一致的决策机制对美国的霸主地位是明显的否定。但在20世纪90年代美国垄断资本在全世界开疆拓土，凯歌行进的年代，这并没有引起美国当权派的警觉，他们认为由美国高举的贸易自由化旗帜足以号召全世界，而且世界贸易组织的高度民主决策机制与美国自我标榜的民主价值观并无矛盾，难以对此持否定态度。全球贸易治理由此开拓了民主进步的明显空间，这是全球经济治理体制进步的一面。但是，它与美国霸权主义的本质是矛盾的。“美国利益至上”是美式经济治理的基本原则，这是全球经济治理体制的内在矛盾，也是其双重性的另一面。

三　美国霸权治理的法律和工具

早在1794年，美国国会就授权总统，当外国不公平地歧视美国时，可以对该国实行贸易禁运或禁止进口。尽管美国《1930年关税法》鼓吹自由主义的自由贸易体制，但仍然赋予总统对贸易伙伴国实施贸易制裁的权利。美国《1962年贸易扩展法》在继续宣扬自由贸易的同时，仍然以第252节规定了对贸易伙伴实行报复的权利。美国于1974年出台了《贸易改革法》。法案强调“公平贸易”立场，为此制订了301条款，赋予美国行政当局对贸易伙伴实施报复的广泛权利。美国《1988年综合贸易与竞争法案》出台后变本加厉，对所谓不公平贸易做法、保护知识产权、实行进口限制等诸多领域进行了全面修改，强调对等开放，完善了针对贸易伙伴各项不公平贸易政策的报复手段，如防止贸易损害的201条款、维护国家安全的232条款、对不公平贸易实施报复的301条款及超级301条款、保护知识产权的337条款，等等。尽管美国是多边贸易体制谈判的始作俑者并大力推动，尽管美国在成立世界贸易组织时，承诺全体协商一致的原则，尽管美国知识精英一再鼓吹成立世界贸易组织是各国国家主权的某种让渡，但是美国从来都是把体现“美国利益至上”的美国国内法看作高于对外签订的协议和自己的承诺，从来是把国内法凌驾于对外关系准则之上。这也就合理解释了自世贸组织成立后，但凡美国贸易受损超过“容忍”限度，美国即抛开世贸组织争端解决等机制，依据国内法律授权执法部门肆意开展贸易调查和报复行为；这也就合理解释了

2017—2020 年美国政府在“美国优先”旗帜下，对外发动一系列贸易战的行为。

为了维护和捍卫“美国利益至上”的经济治理原则，美国的经济治理体系赋予了美国立法机构和行政当局很广泛的自由裁量权。美国国会享有一定对外贸易的管理权，通过制定法律、批准条约、决定征税以及政府预算开支用途等方式对贸易进行管辖。总统内阁行政部门根据分工负责贸易政策的制定执行，主要包括三个重要机构：（1）贸易代表办公室：负责制定和实施贸易政策；处理与世贸组织相关事务；负责其他多边机构中涉及贸易问题的有关事项和其他多边与双边贸易协定谈判；负责对外国不正当贸易做法进行调查与报复；负责“301”条款调查与执行等。（2）商务部：负责出口促进事务并进行进口管理；负责制定出口管制清单并监督执行；负责监督国外不公平贸易竞争，进行反补贴和反倾销调查等；负责国际经济政策协调，旨在降低阻碍美国对外贸易和投资的外国政府壁垒，协调美国贸易代表办公室谈判立场；支持科学技术成果应用，制定技术发展政策等。（3）国际贸易委员会：根据美国国会授权，国际贸易委员会拥有与贸易有关事务的广泛调查权，负责反倾销、反补贴、保障措施等产业损害调查、特保案件调查、337 调查以及 332 调查，执行美国贸易救济法；负责收集和分析贸易、产业数据，并提供给美国行政和立法部门，为制定贸易政策提供依据等。其他如财政部、农业部、能源部、国防部等也具备各自领域一定外贸管理权限，此外美国海关和边境保护署负责进出口关税征收，执行出口管制，制止非法进出口贸易行为等。另外，外国投资管理领域，主要有美国外商投资委员会（CFIUS）以及美国司法部。前者主要负责《外国投资风险评估现代化法案 2018》等与外国投资有关的法律政策监督实施、审核外国投资项目等；后者主要负责外国投资的反垄断调查等。这种经济治理机制表明，具有较大民主性色彩的全球多边贸易体制实际上将受到美国霸权治理的严重干扰，一旦美国当权派认为全球多边贸易体制不符合美国优先的利益，它就必然置自己的国际义务与责任于不顾，实行单边主义。

第二节　中国开放型经济治理体系建设的探索阶段

从中国探索开放型经济的建设进程来看，建立和完善开放型经济治理体系的实践经历了三个重要阶段，其中党的十八届三中全会前是两个重要的探索阶段。

一　1978—2001 年：积极吸收全球经济治理规则的阶段

这个阶段的主要目标是改革高度集中和僵硬的外贸管理体制，使之适应发展进出口贸易，特别是促进出口贸易和吸引外商投资的需要，为实现经济规模翻两番的小康社会目标做贡献。这个阶段在开放型经济治理方面的标志性事件有两件：一是制定“外资三法”，中国利用外资法律制度初步建立。1978 年，邓小平提出利用外资搞中外合资经营企业后，香港爱国人士廖瑶珠大律师提出，只有合资经营企业的章程和合同还不够，还应当有法源，要制定中外合资经营企业法。她的这一意见引起中央领导的高度重视。为了制定出一部好的合资法，起草小组参考了 30 多个国家的有关法律，广泛听取了国内经济部门、研究机构和法律专家的意见，经过紧张高效的工作，《中外合资经营企业法（草案）》于 1979 年 7 月 1 日获得五届全国人大二次会议审议通过，7 月 8 日颁布施行。1986 年，六届全国人大四次会议通过了《外资企业法》；1988 年，七届全国人大一次会议通过了《中外合作经营企业法》，共同组成了利用外资的三部基本法律（统称“外资三法”）。二是制定了第一部对外贸易法，对外贸易治理制度初步建立。党的十四届三中全会决定明确了中国改革的方向是建立社会主义市场经济体制后，在发展开放型经济领域，首要目标是要大力发展对外贸易，建立贸易秩序。因此 1994 年 5 月 11 日八届全国人大通过了《中华人民共和国对外贸易法》，揭开了中国对外贸易法制化进程。随后《中华人民共和国反倾销和反补贴条例》《出口商品管理暂行办法》等多部法律法规连续出台，外贸法律体系逐渐完备，逐步向世贸法律体系规范内容方向靠拢。

1994 年的对外贸易法，是在总结中国 15 年发展对外贸易经验基础上的贸易治理认识和制度设计。这一时期的经验是摸着石头过河，围绕“搞活”“试验”“外向”，对外贸经营体制、外贸管理体制、外向型经济进行初步探索，打破高度集中的外贸计划体制坚冰。1979—1986 年，实施以外贸经营权下放为主要内容的外贸体制改革探索：下放外贸进出口总公司经营权，扩大地方外贸经营权；成立地方外贸公司，增加自营业务；成立 19 家专业进出口公司；扩大广东、福建两省外贸经营权；批准大型生产企业、外商合资企业经营本企业产品出口和有关原材料进口经营权。为配合外贸经营权改革，陆续实施工贸结合试点、推行进出口代理制、外贸企业财务改革等举措，特别是外汇留存制度和分类经营办法，极大提高了中央、地方、外贸经营主体各方积极性。1987—1993 年，推行外贸经营承包责任制深化外贸经营体制改革。1988 年 2 月，国务院发布《关于加快和深化对外贸易体制改革若干问题的规定》，全面推行对外贸易承包经营责任制，建立自负盈亏、放开经营、工贸结合、推行代理制的外贸经营体制深化改革。由地方政府、外贸总公司分别向国家承包出口收汇，上缴中央外汇，各承包单位盈亏自负，承包基数 3 年保持不变。改革外汇管理体制，取消原有使用外汇的控制指标，对于留存外汇允许自由使用。外贸公司和出口生产企业可以在外汇调剂市场买卖外汇，外汇调剂价格实施有管理的浮动，形成外汇双轨管理体制。实行政企分开，综合运用经济、法律手段及行政手段调节外贸企业经营行为，对外贸企业进出口实行指令性计划、指导性计划、市场调节分类管理，并逐步扩大指导性计划和市场调节范围。1991 年，在总结前三年实行外贸承包经营责任制经验基础上，进一步改革和完善外贸体制。取消国家财政对出口的补贴；改变按地方实行不同外汇留存比例，实行按不同商品大类统一比例留存制度；进一步缩减国家管理的商品范围，取消出口商品分类经营的规定，除个别类商品由国家统一联合经营外，放开经营。

1994 年以后，中国外贸体制改革明显加快，实施了与此相配套的四项制度改革和建设：首先是外汇制度的市场化改革。1994 年 1 月 1 日起，实行“以市场供求为基础的、单一的、有管理的浮动汇率制度”，取消外汇留成，统一结售汇制度，逐步建立统一规范的外汇市场，实现人民币经常项目下的有条件可兑换。其次是实行了出口退税制度。1994 年中国税制改革确立了增值税的主体地位，为了保障出口企业在世界市场上获得公平竞争的地位，对企业国内增值税部分实行出口退税制度，明确“征多少，退多少，不征不退”的退税原则。1995 年和 1996 年形成了不同档次的退税率。再次是启动了关税制度改革，1996 年 4 月中国首次关税制度改革震动了世界。此次进口关税总水平从 35.9% 降至 23%，同时取消 170 余项配额许可证和进口控制措施，占当时控管商品的 30%。此后直至 2001 年底，中国关税总水平下降到 15.3%。最后是建立了贸易救济制度。为了保障中国市场的公平竞争，学习和遵循国际通行规则，1997 年国务院颁布了《中华人民共和国反倾销和反补贴条例》。1997 年 12 月，中国对原产于美国、加拿大、韩国的新闻纸进行反倾销立案调查，这是中国贸易救济制度建立以后的首案。

二　2002—2013 年 11 月：从学习运用到成熟运用国际规则的阶段

这个阶段的前六七年是经济全球化加速推进，国际垄断资本加快产业转移步伐，国际贸易投资活跃、世界经济繁荣的阶段。2002 年 10 月党的十六大报告指出：21 世纪头 20 年，是我们必须紧紧抓住并且可以大有作为的重要战略机遇期，提出了全面建设小康社会和经济总量再次翻两番的新目标。在对外开放领域，提出了积极参与经济全球化，努力学习运用世界贸易组织规则，完善开放型经济治理的目标。

在制度建设和治理体系上，全面实行与世贸组织规则接轨。一是全面履行开放承诺。大幅降低进口关税。截至 2010 年，中国货物降税承诺全部履行完毕，关税总水平由 2001 年的 15.3% 降至 9.8%。其中，工业品平均税率由 14.8% 降至 8.9%；农产品平均税率由 23.2% 降至 15.2%。截至 2005 年 1 月，全部取消了进口配额、进口许可证和特定招标等非关税措施，涉及汽车等 424 个税号产品；对小麦、玉米、大米等关系国计民生的大宗商品实行关税配额管理。广泛开放服务市场。在世贸组织分类的 12 大类服务部门的 160 个分部门中，中国承诺开放 9 大类的 100 个分部门，接近发达成员平均承诺开放 108 个分部门的水平。截至 2007 年，中国服务贸易领域开放承诺已全部履行完毕。[①] 二是完善基于世贸规则的经贸法律法规。2004 年 4 月，修订《对外贸易法》，对履行与世贸规则有关的条

① 中华人民共和国国务院新闻办公室：《中国与世界贸易组织白皮书》（2018—6）。

款进行修改，对区域贸易协定、出口管制、贸易救济等开放新情况、新问题做出规定。制定《对外贸易经营者备案登记办法》，鼓励非公有制经济进入外贸经营领域，取消对所有外贸经营主体外贸经营权审批，改为备案登记制。根据《TRIPs 协定》对所有与知识产权保护有关的法律和法规进行了修订，构建起符合世贸组织规则和中国国情的知识产权法律体系。此外，大规模开展法律法规清理修订工作。在行政管理体制方面，2003 年组建商务部，2010 年 8 月，商务部设立国际贸易谈判代表，负责对外经济贸易领域的重大多、双边谈判工作，同时协调国内谈判立场并签署有关文件。三是全面履行透明度义务。法律、行政法规和规章草案须按有关规定应公开征求公众意见。商务部在《中国对外经济贸易文告》中定期发布贸易政策。按照要求履行世贸组织通报义务，定期向世贸组织通报国内相关法律、法规和具体措施的修订调整和实施情况。2006 年，中国第一次参加世贸组织贸易政策审议，提交政策报告，并认真回答成员国有关贸易政策咨询。通过参与世贸组织贸易政策审议，对发达国家开放型经济治理经验进行了学习借鉴，对国际规则的运用逐渐成熟。四是学习利用 WTO 争端解决机制解决贸易争端。2002 年 6 月 24 日，第一次利用世贸组织争端解决机构，申请成立专家小组审议与美国的钢铁纠纷。2003 年 11 月 10 日，世贸组织上诉机构发布上诉的裁决报告，裁定美国对某些进口钢铁产品实施最终保障措施而与世贸组织保障措施协议和 1994 年关贸总协定不符。

第三节　党的十八届三中全会以来构建开放型经济新体制的进展

一　中国特色开放型经济治理体系初步定型阶段

从 2013 年 11 月至 2021 年是中国特色开放型经济治理体系的初步定型阶段。与前两个阶段相比，这个阶段的条件、环境和目标都发生了重大变化。2010 年中国的 GDP 达到了 6.1 万亿美元，超过了日本的 5.7 万亿美元，成为世界第二大经济体；2012 年中国已经成为货物出口第一大国，占世界总量比重的 11.2%，货物进口第二大国，占世界总量比重的 9.8%，是世界第二大货物进出口国、服务贸易出口第四大国、服务贸易进口第三大国，国际旅游外汇收入居世界第五位。2013 年中国公民出境游客超过

9700 万人次，居世界第二位；1979 年至 2012 年，累计使用外商直接投资超过 12761 亿美元，累计实际使用外资居世界第二位；2003—2012 年，累计对外直接投资 5319 亿美元。这是中国空前开放的时代，也是中国影响世界空前的时代。在国际环境方面，经过 2008 年国际金融危机的冲击，世界经济仍然处于深度调整，全球旧的产业分工高潮已经落下，新产业的国际分工尚未形成，世界贸易和投资增速处于下滑通道，世界贸易组织成立后的多哈回合谈判长期无果。美国奥巴马政府开始把中国视为战略竞争对手，并对全球多边贸易体制逐渐失去兴趣，开始寻找能够更大程度实现美国利益、排他性的全球多边机制。除了在应对国际金融危机中产生的二十国领导人会晤平台外，美国试图通过 TPP（即跨太平洋伙伴关系协议）来取代世界贸易组织并阻止中国在全球多边贸易治理中地位的上升。跨太平洋伙伴关系协议将突破传统的自由贸易协定（FTA）模式，达成包括所有商品和服务在内的综合性自由贸易协议，是比世界贸易组织成立时达成的贸易投资开放程度更高的多边协议。在亚太地区，日本与韩国两个重要经济体分别于 2011 年 11 月 10 日和 2013 年 9 月 10 日加入 TPP 谈判。美国试图用开放水平的高台阶孤立中国。与此同时，2013 年 6 月美欧启动了跨大西洋贸易与投资伙伴协定（TTIP）即美欧双边自由贸易协定的谈判，议题涉及服务贸易、政府采购、原产地规则、技术性贸易壁垒、农业、海关和贸易便利化等。

2013 年 11 月 2 日党的十八届三中全会通过了《中共中央关于全面深化改革若干重大问题的决定》，其中第七个问题是“构建开放型经济新体制”。其基本路径和目标是，内外开放结合，引进来与走出去结合，国际国内要素有序流动，市场深度融合，加快培育国际竞争合作新优势，以开放促改革。具体内容：（1）放宽投资准入，扩大金融等服务业开放。统一内外资法律法规；扩大企业和个人对外投资。加快同有关国家和地区商签投资协定。（2）在上海自由贸易试验区基础上，增加若干自由贸易园（港）区；同时坚持双边、多边、区域次区域开放合作，加快自由贸易区建设。扩大对港澳台开放合作。（3）扩大内陆沿边开放。支持内陆城市增开国际客货运航线，形成横贯东中西、连接南北方的对外经济走廊。建立开放性金融机构，加快与周边国家和区域基础设施互联互通，推进“一带一路”建设。2014 年，制订进一步加强贸易政策合规工作的政策文件，要求各级政府在拟定贸易政策的过程中，对照世贸组织协定及中国加入承诺进行合规性评估。2016 年，建立规范性文件合法性审查机制，进一步清理规范性文件，增强公共政策制定透明度和公众参与度。

二　八年来（2013—2021 年）的重大举措和实践行动

（一）大幅度放宽外商投资准入

第一，在 2011 年修订的《外商投资产业指导目录》基础上，连续三次修订，分别出台了该《目录》的 2015 年版、2017 年版和 2019 年版。2015 年版目录将限制性措施由 2011 年版的 180 条减少到 93 条，2017 年版目录进一步将限制性措施减少到 63 条，比 2011 年版总计缩减 65%。而 2019 年版新修订的目录主要是扩大了 2017 年版中鼓励类的目录，所以该版的正式名称为《鼓励外商投资产业目录（2019 年版）》。

第二，汽车制造业放宽外商投资股权比例限制。2018 年 5 月国家发改委宣布，汽车行业将分类型放宽外资股比限制，并公布了开放时间步骤：2018 年取消专用车、新能源汽车外资股比限制；2020 年取消商用车外资股比限制；2022 年取消乘用车外资股比限制，同时取消合资企业不超过两家的限制。

第三，连续出台金融业扩大外资准入举措。2014 年国务院总理李克强签署第 657 号国务院令，公布《国务院关于修改〈中华人民共和国外资银行管理条例〉的决定》，自 2015 年 1 月 1 日起施行。该《决定》对外商独资银行、中外合资银行在中国境内设立的分行，不再规定其总行无偿拨给营运资金的最低限额。外商独资银行、中外合资银行可以根据自身的实际业务需求，在其分行之间有效配置营运资金。同时，不再将已经在中国境内设立代表处作为外国银行（外国金融机构）在中国境内设立外商独资银行、中外合资银行，以及外国银行在中国境内初次设立分行的条件。取消这一条件后，外国银行（外国金融机构）在中国境内设立营业性机构可以自主选择是否先行设立代表处。在放宽外资银行营业性机构申请经营人民币业务的条件方面，《决定》将外资银行营业性机构在中国境内的开业年限要求由 3 年以上改为 1 年以上，不再要求提出申请前 2 年连续盈利，并规定外国银行的 1 家分行已获准经营人民币业务的，该外国银行的其他分行申请经营人民币业务不受开业时间的限制。

2018 年 3 月国务院总理在《政府工作报告》中宣布，进一步放宽外资进入金融业的限制，放宽商业银行、证券公司以及其他金融机构外资持有股份的上限，把它提高到 51%。上述措施实施 3 年后，投资比例不受限制；将取消对中资银行和金融资产管理公司的外资单一持股不超过 20%、合计持股不超过 25% 的持股比例限制，实施内外一致的银行业股权投资比例规则；三年后将单个或多个外国投资者投资设立经营人身保险业务的保险公司的投资比例放宽至 51%，五年后投资比例不受限制。2018 年以来，在国务院、金融委的统筹协调下，人民银行、银保监会等部门先后宣布并推动实施了 50 余条具体开放措施，取消银行、证券、基金管理、期货、人身险领域的外资持股比例限制，大幅扩大外资金融机构业务范围，降低资产规模、经营年限以及股东资质等方面的限制。全面取消合格境外机构投资者（QFII）和人民币合格境外机构投资者（RQFII）投资额度限制。放宽境外机构投资者本外币汇出比例限制，在粤港澳大湾区开展“跨境理财通”业务试点。2018 年以来，银保监会共批准外资银行和保险公司来华设立近 100 家各类机构。

2019 年 7 月 20 日国务院发布 11 条金融对外开放措施：（1）允许外资机构在华开展信用评级业务时，可以对银行间债券市场和交易所债券市场的所有种类债券评级。（2）鼓励境外金融机构参与设立、投资入股商业银行理财子公司。（3）允许境外资产管理机构与中资银行或保险公司的子公司合资设立由外方控股的理财公司。（4）允许境外金融机构投资设立、参股养老金管理公司。（5）支持外资全资设立或参股货币经纪公司。（6）人身险外资股比限制从 51% 提高至 100% 的过渡期，由原定 2021 年提前到 2020 年。（7）取消境内保险公司合计持有保险资产管理公司的股份不得低于 75% 的规定，允许境外投资者持有股份超过 25%。（8）放宽外资保险公司准入条件，取消 30 年经营年限要求。（9）将原定于 2021 年取消证券公司、基金管理公司和期货公司外资股比限制的时点提前到 2020 年。（10）允许外资机构获得银行间债券市场 A 类主承销牌照。（11）进一步便利境外机构投资者投资银行间债券市场。

2020 年 4 月公布的《中共中央国务院关于构建更加完善的要素市场化配置体制机制的意见》明确提出，稳步推进人民币国际化和人民币资本项目可兑换。逐步推进证券、基金行业对内对外双向开放，有序推进期货市场对外开放。逐步放宽外资金融机构准入条件，推进境内金融机构参与国际金融市场交易。

（二）促进中国企业和个人对外投资

2013 年 12 月，国务院发布了《政府核准的投资项目目录（2013 年版）》（简称《核准目录》）规定："国内企业在境外投资开办企业（金融企业除外）事项，涉及敏感国家和地区、敏感行业的，由商务部核准；其他情形的，中央管理企业报商务部备案，地方企业报省级政府备案"。根据中央和国务院的要求，结合新形势发展，商务部启动了对 2009 年发布的《境外投资管理办法》的修订完善工作。2014 年 9 月，中国商务部颁布了新修订的《境外投资管理办法》并于 10 月 6 日开始实施。该《办法》确立了"备案为主、核准为辅"的新型管理模式，进一步推进了境外投资的便利化进程。

（三）我国自主设立的自由贸易试验区大面积铺开

中国（上海）自由贸易试验区于 2013 年 9 月 30 日挂牌，并公布了"2013 年外商投资准入特别管理措施"。2015 年 4 月在广东、天津、福建设立第二批三个自由贸易试验区。同时决定上海自由贸易试验区面积扩区。2016 年 8 月决定在辽宁省、浙江省、河南省、湖北省、重庆市、四川省、陕西省新设立 7 个自贸试验区。2018 年 4 月 30 日，习近平总书记在海南建省 30 周年大会上宣布，中央决定在海南全省设立自由贸易试验区，并探索建设中国特色的自由贸易港。2019 年 8 月决定在上海临港设立上海自由贸易试验区新片区，规划面积 873 平方千米。2019 年 8 月 26 日批准在山东、江苏、广西、河北、云南、黑龙江六省设立新一批自由贸易试验区总体方案。2020 年 6 月 1 日，党中央、国务院决定在海南设立自由贸易港及其改革方案。2020 年 9 月，国务院批准设立北京、湖南、安徽三省自由贸易试验区。累计从 2013 年至 2020 年，我国共在 21 个省市自治区设立了自由贸易试验区（其中 1 个自贸港）。试验区面积将近 4 万平方千米。

（四）扩大双边、多边、区域次区域开放合作

累计从 2014 年至 2020 年，我国与贸易伙伴共签署了六项自由贸易区协议，另外还签署了三项已有自由贸易区协议的升级版。按照时间序列，六项协议分别是：中国—韩国、中国—澳大利亚、中国—格鲁吉亚、中国—马尔代夫、中国—毛里求斯、中国—柬埔寨。三项自由贸易区协议的升

级版分别是：中国—智利（升级版）、中国—新加坡（升级版）、中国—巴基斯坦（第二阶段）。2019 年 4 月我国与各合作伙伴结束了区域全面经济伙伴关系协定（RCEP）的文本谈判，2020 年主要是与各个伙伴携手推进各国对文本完成法律审核，致力于年内签署协定，使得 RCEP 进入实施阶段。2021 年 9 月 16 日中国政府正式提出申请加入《全面与进步跨太平洋伙伴关系协定》（CPTPP）。

此外，2019 年 2 月，中共中央、国务院正式公布了《粤港澳大湾区发展规划纲要》，成为推进粤港澳大湾区建设，扩大对港澳台开放合作的有力举措。

（五）扩大内陆沿边开放，推进“一带一路”建设

自从习近平总书记 2013 年 9 月访问哈萨克斯坦提出共建“一带一路”重大倡议后，2015 年 3 月 28 日，经国务院授权，中国国家发展改革委、外交部、商务部发布了《推动共建丝绸之路经济带和 21 世纪海上丝绸之路的愿景与行动》（以下简称《愿景与行动》）。全文分：前言、时代背景、共建原则、框架思路、合作重点、合作机制、中国各地方开放态势、中国积极行动、共创美好未来几个部分，这是中国官方关于共建“一带一路”最完整、最权威的内涵阐释和政策宣示，指导并有效推动了中国与“一带一路”沿线国家开展共建活动的快速发展。

首先是与“一带一路”沿线国家取得共识，实现政策沟通。7 年来已与 150 多个国家和国际组织签署了 170 多份合作文件，其中包括中蒙俄、中哈、中柬、中老、中捷、中匈、中国文莱等多双边合作规划。其次是通过开行中欧班列加强中国内陆城市与地区与“一带一路”沿线国家的经济贸易合作。截至 2020 年底，中欧班列累计开行超过 30000 列。其中，2018 年开行 6363 列，超过前几年开行数量总和。2019 年 1—10 月已开行 6714 列。国内开行中欧班列累计超过 100 列的城市有 22 个，通达 17 个国家 56 个城市。大大促进了我国内陆城市与境外的经济贸易合作。

（六）推进教育服务开放，中外合作办学规模扩大

2014 年 10 月 29 日国务院常务会议决定“扩大中外合作办学”，2016 年 4 月中共中央办公厅、国务院办公厅印发《关于做好新时期教育对外开放工作的若干意见》，进一步推动了中外合作办学。截至 2019 年 9 月，全国共有通过复核和依据《中外合作办学条例》及其实施办法批准设立和举

办的本科及以上层次非独立法人中外合作办学机构 96 家，较 2018 年 9 月统计数据增加了 14 家。在 140 所“双一流”建设高校中已有 41.43% 的院校设立了中外合作办学机构，而在 42 所“双一流”大学中设立中外合作办学机构的院校比例达到 42.85%。中外合作办学机构在校生人数已超过 10 万人。

三　开放业绩、制度建设及开放型经济治理体系的完善

（一）上述措施有力吸引了境外投资进入，特别是服务领域外商投资的进入

国际金融危机爆发前的 2007 年，我国吸收外国直接投资比重仅占全世界外国投资流量的 4.4%，2013 年提高到 8.5%，此后多年占比超过 9%。表 10－1 是 2007 年、2013—2019 年世界直接投资流量、中国吸收外国直接投资（FDI）流量以及占世界比重。

表 10－1　　**世界直接投资流量、中国吸收 FDI 流量以及占世界比重**

单位：百万美元、%

经济体	中国		世界	
年份	吸收 FDI 流量	占世界比重	吸收 FDI 流量	占世界比重
2007	83521	4.41511	1891708.26	100
2013	123911	8.508482	1456323.183	100
2014	128502	9.153447	1403864.586	100
2015	135577	6.640171	2041769.72	100
2016	133711	6.74124	1983477.912	100
2017	136315	8.016325	1700467.556	100
2018	138305	9.249793	1495222.579	100
2019	141225	9.171171	1539879.663	100

资料来源：联合国贸发会（UNCTAD）统计数据库。

而且，新的开放举措还促进了我国服务业吸收外商投资，我国吸收外商投资中的服务业外资比重明显上升。2007 年服务业外资占比不足 50%，2013 年以后呈现不断上升趋势（见表 10－2）。

表 10－2　**中国实际利用外商直接投资额、服务业吸收外资额及比重**

单位：百万美元

年份	实际利用外商直接投资金额	制造业实际利用外商直接投资金额	服务业实际利用外商直接投资金额	服务业实际利用外商直接投资比重（%）
2007	74768	40864. 8	32489. 7	43. 45
2013	117586	45555	69866	59. 42
2014	119562	39938. 7	77538. 8	64. 85
2015	126267	39542. 9	84947. 3	67. 28
2016	126001	35492. 3	88514. 7	70. 25
2017	131035	33506. 2	95151. 9	72. 62
2018	134965. 9	41174. 2	91762	67. 99
2019	138135	37298	100040	72. 70

资料来源：国家统计局。2019 年为商务部数据。

（二）中国企业和个人对外投资大幅度增长

2007 年中国企业和个人对外投资只有 265 亿美元左右，2013 年突破千亿美元。2016 年大幅度增长到近 2000 亿美元。为了规范对外投资秩序、优化投资结构，国家采取了鼓励与指导相结合的措施，2017 年后投资热度有所下降，但仍然保持在 1300 亿美元以上（见表 10－3）。

表 10－3　**中国对外直接投资流量、对“一带一路”沿线国家投资流量及比重**

单位：亿美元

年份	中国对外直接投资流量	对“一带一路”沿线国家直接投资流量	对“一带一路”沿线国家直接投资占比（%）
2007	265. 1	—	—
2013	1078. 4	126. 3	11. 71
2014	1231. 2	136. 6	11. 09
2015	1456. 7	189. 3	13. 00
2016	1961. 5	153. 4	7. 82
2017	1582. 9	201. 7	12. 74
2018	1430. 4	178. 9	12. 51
2019	1369. 1	186. 9	13. 65

资料来源：商务部等，《中国对外直接投资统计公报 2019》。

（三）与“一带一路”沿线国家经贸合作、人文交流取得显著进展

首先是设施连通出现许多早期成果。六大国际经济合作走廊正在稳步推进。为了构建高效畅通的亚欧大市场，中老铁路、中泰铁路、雅万高铁、匈塞铁路等正在扎实推进，瓜达尔港、汉班托塔港、比雷埃夫斯港、哈利法港等项目进展顺利。电力、油气、核电、新能源、煤炭等领域的能源合作项目、跨境光缆信息通道建设等取得明显进展。基础设施建设初见成效。在吉布提，中吉共建的多哈雷多功能港设计年吞吐能力 708 万吨、集装箱 20 万标准箱，可停靠 10 万吨级船舶。以 5 万吨级粮食船舶为例，作业效率可从原来每天 2800 吨提升至 1 万吨，为吉布提成为未来的亚丁湾新转运中心奠定了基础。在柬埔寨，亚洲第一长坝——桑河二级水电站 5 号机组正式投产发电，产能占柬埔寨全国总装机容量 1/5 以上。在越南、菲律宾，中国发布的风云卫星国际用户防灾减灾应急保障机制，在帮助其应对超强台风“山竹”和“玉兔”的过程中提供了有力保障。

其次是投资与双向贸易快速增长。2013—2019 年，中国企业对“一带一路”沿线国家直接投资超过 1170 亿美元，在沿线国家完成对外承包工程营业额超过 4980 亿美元。中国企业在 24 个共建国家推进建设 82 个境外经贸合作区，累计投资超过 364.8 亿美元，入区企业超过 4000 家，上缴东道国税收近 24 亿美元，为当地创造 26.5 万个就业岗位。中国的对外投资已成为拉动全球对外直接投资增长的重要引擎。2014 年到 2019 年中国与“一带一路”国家进出口贸易值累计超过 44 万亿元，年均增长达到 6.1%，中国已经成为沿线 25 个国家最大的贸易伙伴。其中 2019 年，中国与“一带一路”沿线国家进出口总值是 9.27 万亿元，增长了 10.8%，高出整体外贸增速 7.4 个百分点，占进出口总值将近 30%，占进出口总值的比重比 2018 年提升了 2 个百分点。

再次是资金融通运营活跃。亚洲基础设施投资银行于 2016 年 1 月正式运营，截至 2019 年 4 月底，亚投行成员已达到 93 个，已经批准了 15 个国家的 39 个贷款或投资项目，总额达到 79.4 亿美元。同时，中国与 27 国核准了《“一带一路”融资指导原则》。中国人民银行与多边开发机构开展的联合融资已累计投资超过 100 个项目，覆盖了 70 多个国家和地区。中国—国际货币基金组织联合能力建设中心、“一带一路”财经发展研究中心挂牌成立。11 家中资银行在 28 个沿线国家设立 76 家一级机构，人民币

跨境支付系统业务范围已经覆盖近40个沿线国家和地区。金融机构运营活跃：丝路基金已签署28个项目，承诺投资额约110亿美元。同时，共建“一带一路”还通过第三方合作，将更多国家和更多资源吸引到公共产品建设中来，在“一带一路”沿线地区逐渐形成了区域性或区域间公共产品供应的新格局。

最后是人文交流促进民心相通。中国设立“丝绸之路”中国政府奖学金项目，与24个沿线国家签署高等教育学历学位互认协议。中国与57个沿线国家缔结了涵盖不同护照种类的互免签证协定，与15个国家达成了19份简化签证手续的协定和安排。在35个沿线国家建立了中医药海外中心，建设了43个中医药国际合作基地。

（四）自贸试验区改革经验被广泛复制

沪、津、粤、闽四省市自由贸易试验区最早预定的改革试验任务已经基本完成，而且创造了许多可复制、可推广的改革经验。例如，中国海关总署根据自由贸易试验区的改革经验，要求从2017年开始全国海关普遍推广自贸区创造“单一贸易窗口”的经验，并提出全国各地海关都要压缩货物通关时间的1/3的目标。又如，“货物状态分类监管”经验也已经广泛复制。它是指允许非保税货物以非报关方式进入特殊区域，与保税货物集拼、分拨后，实际离境出口或出区返回境内的海关监管制度。这是2014年上海海关根据国务院《中国（上海）自由贸易试验区总体方案》在洋山保税港区首创试点的一项制度。该政策有效地促进和带动了长三角地区企业对接国际国内两个市场，效果彰显。因此，2016年国务院将“货物状态分类监管”制度复制推广到了全国各海关特殊监管区域。

在国内改革中参照自贸区经验，各类所有制企业在市场准入方面采取负面清单制度，并在企业的市场监管也将从事前审批转变为事中和事后的监管。同时推广自由贸易试验区的政府职能改革经验，实施以备案为主的投资管理制度，全力实施“放管服”改革，促进政府职能转变。2016年以来，累计由国务院及五部委发文在全国复制推广了四批72项创新经验，加上由有关部委推荐的创新操作案例，几年来累计复制推广223项。

（五）在制度建设中创造了开放型经济治理体系完善的经验

在党的十八届三中全会决定的指导下，国务院及其所属各有关部门，如国家发改委、商务部、海关总署、人民银行、银保监会等，根据党的方针、政策，制订了相关的政府部门的法规和规章制度，如上述修订的《外商投资投资产业指导目录》、新修订的《境外投资管理办法》、人民银行、银保监会等部门先后宣布并推动实施的50余条具体开放措施等，具体落实了党的十八届三中全会决定中的各项任务，最后在实践的基础上于2019年制订出台了新的《外商投资法》，而在《外商投资法》的精神和原则框架下，各地积极出台适合本地区的法律、法规，既与上位法相衔接，又更切合本地实际，接地气，如上海市于2020年11月市人大常委会通过了上海市的《外商投资条例》。从而形成了由党的方针、政策指引、中央政府以及有关部门制定规章制度、并在实践中反复修订并上升到法律高度，进而由地方人大制订更切合本地实际的法律、法规和地方政府的规章制度，形成上下一体的制度体系和中国特色开放型经济治理体系。

我国自主设立的自由贸易试验区，也是在党的方针、政策指引下，由全国人大常委会授权国务院，在试验区内停止实行原来的法律和部门规章，同时制定可供开展试验的政策，如对外商投资的准入前国民待遇，以及外商投资的负面清单等管理措施。2014年1月，在上海版外商投资负面请单政策基础上，国务院批准了《中国（上海）自由贸易试验区外商投资准入特别管理措施（负面清单）（2014年修订）》。此后，《外商投资准入特别管理措施（负面清单）》经过了2017年、2018年、2019年、2020年四次修改，产生了四个修订版。这些修订版的产生，都是与实践活动互动的结果。而这些规章制度的修订，为全国性法律的诞生提供了丰富的法治实践依据。由此可以看出，中国开放型经济的制度建设和治理体系构建的基本规律是，由党的方针、政策，中央政府及其各部门规章制度和地方性法律法规、地方政府规章制度三位一体上下衔接贯通共同形成，而且在与实践互动中不断演进发展。而这种制度体系和治理体系的完善，既离不开党的方针、政策的指导，更离不开开放经济具体实践活动的校正和补充。而科学立法和依法治国的精神，不仅需要严格执行既定的法律法规和规章制度，也要认真观察和科学思考它所体现的党的方针、政策所能贯彻落实的深度和广度，更需要接受实践活动的检验、识别和矫正。

中国既面对美国试图用开放水平更高的多边贸易规则打压中国的挑战，又需要向世界做出第二大经济体对世界经济应当承担更大责任的开放举措。这就是这个阶段中国完善开放型经济体制和新治理体系不同于前两个阶段的重要特征。这就需要中国更大广度和深度开放市场，更多采用制度和规则的开放措施来接纳各国，既汇聚全球资源要素，又提供搭乘中国快车的机会以及各类公共产品。这个阶段新的治理规则和制度建设包括：

第一，制定了扩大开放投资市场的新法规、新法律。在2011年修订的《外商投资产业指导目录》基础上，2015年、2017年和2019年连续3次修订。特别是引入了西方发达国家实行的准入前国民待遇加负面清单的投资管理制度。2020年1月1日起施行《中华人民共和国外商投资法》，同时废止外资“三法”。2020年6月23日，《外商投资准入特别管理措施（负面清单）（2020年版）》和《自由贸易试验区外商投资准入特别管理措施（负面清单）（2020年版）》分别发布，进一步压缩准入限制。其中，全国外商投资准入负面清单由40条减至33条，自贸试验区外商投资准入负面清单由37条减至30条。2020年12月，《海南自由贸易港外商投资准入特别管理措施（负面清单）（2020年版）》发布，自由贸易港负面清单共27条。2019年6月，第8次修订《鼓励外商投资产业目录（2019年版）》发布，包括全国鼓励外商投资产业目录和中西部地区外商投资优势产业目录2部分。至此，1部部门基本法，4张管理清单构成中国外商投资治理体系的主体框架。其最大的特点就是将外商投资市场准入与投资促进、先行先试与普遍适用分别管理，既保持与国际通行惯例接轨的同时，又体现中国开放治理的成功经验。

第二，设立自由贸易试验（港）区，专注于制度创新和复制推广。截至2020年底，中国共在21个省市自治区设立了20个自由贸易试验区以及1个自贸港。其中，沪、津、粤、闽四省市自由贸易试验区最早预定的改革试验任务已经基本完成，而且创造了许多可复制、可推广的制度性、管理性、标准性的开放经验。2016年以来累计由国务院及五部委发文在全国复制推广了四批72项创新经验，加上由有关部委推荐的创新操作案例，几年来累计复制推广223项。

第三，在扩大多双边、区域次区域合作中获得更深入的制度性开放共识。从2014年至2020年，中国与贸易伙伴共签署了6项自由贸易区协议，另外还签署了三项已有自由贸易区协议的升级版。加上原有的自贸区协议，累计达到21项。在已签署的自贸协定中，零关税覆盖的产品范围基本超过90%，承诺开放的服务部门已从加入世贸组织时的100个增至近

120 个。2020 年 11 月 15 日，《区域全面经济伙伴关系协定》（RCEP）签署，涵盖货物、服务、投资等全面的市场准入承诺。货物贸易整体自由化水平达到 90% 以上；服务贸易承诺显著高于原有的“10 + 1”自贸协定水平，采用负面清单模式做出市场开放承诺，规则领域纳入了较高水平的贸易便利化、知识产权、电子商务、竞争政策、政府采购等内容。

第四，开创了陆路贸易新历史、探索新时代陆路贸易新规则。资本主义时代以来的国际贸易史一直是海洋贸易史，自从中国推进共建“一带一路”以来，中国内陆地区加快与周边国家和区域基础设施互联互通，形成横贯东中西、连接南北方的对外经济走廊。截至 2020 年 11 月 15 日，中欧班列累计开行超过 3 万列。仅 2020 年运送集装箱 92. 7 万标箱，同比增长 54%，往返综合重箱率达到 98. 3%，通达欧洲 21 个国家、92 个城市，国内开行中欧班列累计超过 100 列的城市有 22 个。大大促进了中国内陆城市与境外的经济贸易合作。六大国际经济合作走廊正在稳步推进。为了构建高效畅通的亚欧大市场，中老铁路、中泰铁路、雅万高铁、匈塞铁路等正在扎实推进。这一进程不仅改写了资本主义海洋贸易的历史，而且开辟了新时代陆路贸易国际规则、国际运输、贸易、投资治理的新领域。

第五，积极推进世贸组织改革、设置新议题、主动参与全球经济治理。面对美国单边主义肆意破坏多边贸易体系，中国坚定维护世贸组织的权威和规则秩序，提出关于世贸组织改革的三个基本原则和五点主张，强调维护多边贸易体制的核心，保障发展中成员的发展利益，优先处理上诉机构成员遴选问题，解决贸易规则的公平问题，发展中成员的特殊与差别待遇等。① 积极推动贸易便利化、农业出口竞争等多项议题达成协议，推动多边贸易体制不断完善。2015 年，中国成为接受《贸易便利化协定》议定书的第 16 个世贸组织成员。在促进世贸组织设置新议题方面，推动世贸组织积极回应投资便利化、中小微企业、电子商务等新议题并展开讨论。发起成立“投资便利化之友”，引导 70 多个成员达成《关于投资便利化的部长联合声明》。加入“中小微企业之友”，推介中国在世贸组织相关提案中关于支持中小微企业的内容。加入“电子商务发展之友”，积极推

---

① 商务部：《中国关于世贸组织改革的立场文件》，（2018 - 11 - 23）［2019 - 5 - 15］，http：//chinawto. mofcom. gov. cn/article/ap/p/201905/20190502863273. shtml。

动世贸组织电子商务议题多边讨论，分享经验做法。此外，应对数字经济兴起，2020 年 9 月，国务委员兼外长王毅发出《全球数据安全倡议》，聚焦当前重大数据安全问题，就政府和企业在数据安全领域行为规范提出建设性的解决思路与方案，为制定全球规则提供蓝本。

第六，积极为全球提供公共产品。举办中国国际进口博览会，为世界各国提供进入中国市场的机会。2018 年 11 月首届中国国际进口博览会成功举办，是全球首个以进口为主题的国际博览会。2020 年 5 月 18 日，习近平总书记宣布，在华设立全球人道主义应急仓库和枢纽，努力确保抗疫物资供应链，并建立运输和清关绿色通道。中国新冠疫苗研发完成并投入使用后，将作为全球公共产品，为实现疫苗在发展中国家的可及性和可担负性做出中国贡献。

第四节　中国开放型经济治理的主要经验与基本规律

在构建和完善开放型经济治理体系过程中，积累 42 年长期实践的认识，始终坚持党对经济工作的全面领导的治理主体地位；坚持中国特色社会主义基本经济制度的治理制度约束；坚持问题导向的渐进式开放的治理路径选择；坚持以人民为中心的治理动力源泉，开放型经济治理体系已初步定型。具体可以总结出以下主要经验。

一　要有一个坚强有力的治理主体

但凡治理比较好的国家，或者处在比较好的治理时期，都离不开国家治理主体的坚强有力，世界上所有国家概莫能外。中国政府作为治理主体，其坚强有力的原因更具有外国政府所不具有的优势。中国的政治优势在于中国共产党是中国治理主体的核心力量。中国共产党是一个高度组织化、纪律严明并经过长期战争考验的庞大政党，由她组织的中国中央和各级地方政府，也同样是高度组织化的政府，并且得到法律和纪律的保障。她使中国的治理体系上下之间具有高度协调性、严密性和步调一致。

坚强有力的治理主体保障了中国能够实行独立自主的经济治理方针，而不需要依附任何外国。实行独立自主、自力更生的经济建设方针，以及在处理涉外经济事务中始终保持独立自主性，是中国共产党一贯秉持的、毫不动摇的建设理念。中国开放型经济治理体系的建设也同样需要坚持独立自主性，这才能保证在与国际规则接轨中不丧失自我，保证对我有利、互利共赢；才能保证在参与全球经济治理中，既接受民主、协商、合理的理念和规则，又有理、有利、有节地开展对霸权治理、单边主义、保护主义的斗争，在斗争中求合作。

坚强有力的治理主体保障了它能够贯彻民主集中制。民主集中制度是中国经济治理的基本决策形式。它突破了、解决了西方治理理论中关于统治与治理之间的矛盾，西方治理理论把统治（绝对服从）、治理（协商一致）割裂开来是一种形而上学的教条。治理主体的权威性与决策过程的民主性对立统一、相反相成，这是中国共产党的哲学。它要求尊重人民群众和基层组织的首创精神和合理意见，吸收和采纳来自实践第一线的认识，形成民主决策、科学决策的过程；它又强调中央政府的权威，强调一经形成中央政府的统一决策之后，必须达到法令畅通、政令畅通，不允许上有政策，下有对策。

二　要有社会主义基本经济制度的优势保障

中国公有制为主体、多种所有制经济共同发展；按劳分配为主、多种分配形式并存；实行社会主义市场经济的基本经济制度，是开放型经济安全的制度保障，也是开放型经济治理的重要力量来源。开放型经济与世界经济联系密切，易受外部风险的冲击，西方世界中一旦一个重要经济体发生经济金融危机，往往波及许多国家，造成严重影响，除了它们之间在市场和金融制度上的更多相似性，更基本的原因在于它们的基本经济制度，即生产资料私有制的相同性，这是资本主义不可克服的制度性缺陷。反观中国改革开放的历史进程，虽然也受到世界经济波动的冲击，但由制度优势所构筑的“防火墙”使中国在应对“输入型”经济危机中表现出强劲韧性和抵抗力，从而能够把负面影响降低到最低限度，这已经被 1997 年和 1998 年亚洲金融危机以及 2008 年和 2009 年美国次贷危机引发的国际金融危机的世界经济史所证明。世界各国在建立自己的开放型经济治理架构中，防范风险、保障自身经济金融安全都是治理的重要内容，但他们所依赖的手段都往往只有短期的宏观经济政策和调控措施，如财政、货币和外汇政策等。而中国不仅可以采取这些相似的手段，还有强大的硬实力支撑。这些硬实力为中国开放型经济治理架构的建立和完善提供了难以计量并难以为其他国家复制的正外部性。例如，中国的中央和地方国有企业控制着国民经济命脉，在履行经济职能的同时，肩负稳定和增加就业、保障社会福利和提供公共服务等社会功能，承担保证社会公平、实现全民共享发展成果的重任。近年来各地划转部分国有资本充实社保基金的做法，就是中国特色的国家治理模式，不可能被西方治理理论所解释。在开放型经济治理体系建设过程中，国家投资和国有企业的硬实力支撑表现为大量的基础设施和公共服务建设，为各类市场主体提供了大量有效的正外部性，特别是不断降低的用电、运输、网络及公共服务价格，在极大促进非公有制企业发展的同时，也为制度性开放，吸收和采用国际规则、规制、管理和标准提供了重要物质技术基础。试想，在基础设施和公共服务普遍落后的发展中国家，即使开放程度再高，先进的国际规则、规制、管理和标准能够得到采用吗?

不仅如此，采取制度性开放，与先进的国际规则、规制、管理和标准接轨，还需要有足够的人力资本支撑。中国的国有部门为这种人力资本培育了大量人才，也为非公有制企业输送了大量人才。每年几十万财经、法律类大学生、研究生毕业走上工作岗位；20 世纪 90 年代，全国掀起了一股公职人员辞职下海潮。人力资源和社会保障部数据显示，仅 1992 年，就有 12 万公职人员辞职下海，1000 多万公职人员停薪留职。当前，以跨国公司为代表的国际垄断资本在传统及新兴的行业国际竞争中，拥有先进技术以及全球供应链网络，只有国有企业有力量与国际垄断资本相抗衡，这也是改革开放以来，国际垄断资本未能控制中国产业金融经济命脉的主要原因，国有企业发挥的“防波堤”及“蓄水池”作用是中国开放型经济治理的又一重要特征。

三　要探索科学、高效的治理路径

科学和高效的治理路径来自实践经验的总结和对客观规律的认识，而实践经验来自问题导向和渐进式摸索。刚开始改革开放，我们面临的主要问题是怎么“搞活”对外贸易，政策的着力点在松绑外贸企业，引入三资企业、乡镇企业搞“三来一补”，激发各类外贸企业的活力。党的十八大之前，我们面临的问题是如何进一步促进商品、要素自由流动，在世界范围扩大资源优化配置，促进中国经济又好又快发展。开放型经济治理的内涵主要是体现这个目标上。党的十八大以后，我们面临的主要问题如何促进制度性开放，不仅汇聚全球资源为我所用，还要与贸易伙伴互利共赢，为世界经济发展做出更大贡献。制度开放，规则、规制、管理、标准的开放是我们现在追寻的目标导向。由于中国的开放型经济建设主要是围绕三对关系、六条线索展开：即行业开放与区域开放；对居民开放和对非居民开放；边境开放与边境后开放。在这个过程中，由于开放速度、节奏不同，在开始阶段，每对关系中的两条线索之间的开放程度呈现分离，但随着开放逐步深入，二者不断趋近甚至融合，形成由封闭转向开放，实现渐进式制度变迁的客观规律。因此，开放型经济的治理架构也必然要围绕这三对关系、六条线索进行搭建。例如，一方面在行业开放领域，制订了渐进式关税制度改革、渐进式人民币汇率制度改革、渐进式外商投资市场准入的法律、法规和部门规章制度；另一方面在不同年代在某些特定区域制订了经济特区、海关特殊监管的保税区，以及出口加工区、保税港区，综合保税区，直到现在的21个自由贸易试验区（港）等特殊治理规则、条例和政策，通过不断扩大两者的覆盖面，最终一步一步使之走向接近和融合。又如，在对居民和非居民的开放上，两者的开放速度和节奏也不同，治理架构的搭建也有不同时差和特点，对居民的开放主要是不断扩大非公有制经济的市场准入，这是一个渐进的过程；对非居民在投资和金融领域的开放，更是不断积累经验的长期过程，各自的治理规则从很不相同逐步向缩小差别方向发展，最终实现部分融合。再如，边境开放与边境后开放，前者主要涉及货物，后者主要涉及服务。前者的治理规则主要体现在海关管理规则和关税制度，以及计划管理制度；而后者的治理规则不仅涉及许多经济部门的规章制度，而且涉及教育、卫生、科技、人力资源、公共安全等许多部门的规则、规制、管理和标准。这两个规则体系开始也是有很大的距离，但也正在探索不断趋近的路径。例如在金融领域，通过设立自由贸易账户，实行电子围栏的监管制度，从而突破了边境开放与边境后开放的分割状态。可以肯定，随着开放的扩大和深入，这两套规则制度将在更多领域实现趋近或融合。在三对关系、六条线索的不同制度设计和规则运行中，一旦出现了大范围、深层次的接近或融合现象，制度、规则、管理、标准的集成创新时机也就成熟，演化成为更高级形态的治理标准的基础和前提。

四 要紧紧依靠人民群众这一最广泛、最深厚的治理力量

任何治理体系不仅需要一套法律、规则和规章制度，而且还需要有人去执行，以及在执行中的社会响应情况。治理体系的完善与否、治理能力的现代化与否，不仅取决于法律、法规和规章制度的成熟性，也取决于执行者的知识、工作经验和技术手段，还取决于全社会对治理的认知和认同情况。中国开放型经济治理体系的建设，不可能一蹴而就，它是一个不断完善的过程，治理的成效如何，取决于执行者的素质和社会的认同与支持。以中国共产党党员为骨干的各级治理执行者，是落实中国经济治理制度的关键因素，以中国共产党党员为骨干的社会各个阶层和群体，既是经济治理制度的支持者，也是经济治理制度的监督者，在中国社会高度组织化的状态下，榜样具有动员人民群众的巨大号召力，这是中国经济治理制度最深厚的伟大力量，它往往使中国开放型经济治理的实现水平超过治理规则、规制、管理、标准的预期值。这是解释中国开放 42 年从未被境外经济金融危机、公共卫生安全危机所击倒的不可忽略的因素。

积累 42 年中国经济治理的经验，构建开放型经济治理体系的基本规律是：党的方针政策指引，这是构建所有治理规则的指导思想；全国性的法律制度，这是制定实施治理的具体部门法规、规章制度的依据；根据上位法的地方立法以及地方政府根据上级政府部门法规、规章制度所制订的细则和落地管理措施，是治理体系的毛细血管，这构成了上下贯通、三位一体的中国特色的经济治理体系。这个体系在实践中不断互动并演进，不断发育。党的方针政策来源于以往经验的总结以及人民群众的首创精神。由于立法和制订规章制度都有一定的滞后性，而人民群众的实践是鲜活的，生动的，往往具有超前性，党及时总结人民群众的实践经验，在“法无禁止”的情况下，党的政策可以率先指导人民群众的实践，既避免了无政府主义，也保护了人民群众的首创精神和积极性。在实践经验成熟基础上制订的法律、法规以及规章制度就具有了更明显的可行性和科学性。党的方针政策、一切法律、法规和规章制度也都需要接受实践的检验，而对实践的反应最敏感、最容易得到矫正的又往往是党的方针政策，因此它始

终是所有治理规则、规章制度进行修订和修正的指南。这既是中国经济治理体系建设的优势，也是它的基本规律。

第五节　未来新发展格局提出的新课题、新任务

党的十九届五中全会关于“十四五”规划以及2035年现代化远景目标的建议，不仅是未来新发展格局的建设蓝图，也指明了未来完善开放型经济治理体系的新课题、新任务。当前，中国开放型经济治理体系已初步成型，未来要围绕这些新课题、新任务，依靠基本经验和规律逐步形成制度性创新成果，使中国开放型经济治理体系到2035年更加成熟定型。

一　积累自由贸易试验区（港）中制度创新和集成的成果

赋予自由贸易试验区更大的改革自主权应当解决三个主要问题：一是进一步降低通关费用，提高贸易便利化水平。二是逐步解决准入不准营的现象。应按照先易后难，解决主体准入与经营准入的不同步和政策不协调问题。逐步使这些领域从“证照分离”“先照后证”走向“证照合一”，“照中含证”。三是加强和完善政府各部门的协调。由于服务贸易的开放涉及许多公共产品和公共服务部门，因此，政策协调的部门范围需要扩大，如交通、通信、市政管理、卫生医疗、教育、文化、传媒、体育、科技、社会保险等各个部门。目前把自贸区的政策协调仅限于商务、经济金融等部门显然是很不够的。应当扩大政策协调的范围，同时也要加强和完善地方政府部门协调和监管责任。这样才能有利于不同部门与上下级政府之间的制度创新集成。

海南自贸港建设的治理架构包括：贸易投资自由化程度更高的制度与规则；“一线管住、二线放开”的监管措施；零关税的制度设计；原产地规则的设计与监管；海南自由贸易港与境外资金自由便利流动的政策框架；高端产业人才实行更加开放的人才和居留政策；更加自由开放的航运制度以及航空航权制度；数据安全有序流动的规则与监管；等等。

二　在共建“一带一路”中积累区域开放治理共识与新成果

要明确高质量发展的衡量标准，这主要体现为六统一：长远发展与早

期收获相统一，由于基础设施互联互通、产能合作都是长远收益，容易忽视企业市场化运作，因此要提倡早期收获与长远发展统一，要贯彻市场化运作，通过早期收获鼓励东道方居民以及共建双方的信心。产业链供应链市场配置与安全可控相统一，2020 年发生的全球公共卫生灾害，向世界经济发出了警报，全球资源配置不能不考虑人类面临的各种突发性灾害，国际分工网络既需要经济上的合理性，也需要安全可靠；交通运输既需要便捷，也需要抗干扰；产业链供应链需要稳定可靠。共建项目的双方经济效益、社会效益和生态效益三者统一，特别要强调建设“绿色一带一路”，落实碳减排的国际义务。投资计划与国家安全战略相统一，“十四五规划”提出的粮食、能源资源和金融三大国家安全战略应当在共建“一带一路”中得到体现。共建双方在经贸活动发展与政策沟通、规则、规制、管理、标准取得共识方面统一，要把维护和保障中国企业的海外合法权益作为共建“一带一路”取得成效的重要标志，把这个标志纳入共建双方制度建设的内容。突出中欧班列陆上新通道的纽带作用，围绕中欧班列建设物流枢纽、生产中心、集散中心，并探索陆地贸易的国际新规则，以及与此相关的投资、分销、物流、电子商务等规制、管理、标准的“共建共治共享”。构建新发展格局与共建“一带一路”相统一，应当把自由贸易试验区作为落实“国内大循环为主体，国内国际双循环相互促进”的抓手和典范，构建高水平自立自强的产业体系，把国内国际双循环提高到新的水平。

三　推进贸易创新，设计数字贸易特殊监管试验制度

跨境电商是数字贸易的新业态、新模式，应依托政策优势和相对低廉运营成本，扶持跨境电商企业做大做强。着手开展海关数字贸易特殊监管试验，选取代表性行业开展离岸数据业务，赋予若干规模以上数据中心、云服务商、数据平台等作为海关特殊监管委托代理，为数字贸易监管政策制度创新积累经验。

四　从提高服务业开放水平中推进制度性开放

服务业领域的扩大开放仍然有很大的提升空间，而且服务业开放涉及较多的边境后的制度性开放，对于规则、规制、管理和标准的开放治理要求也更高。以往文化、医疗、教育等服务业领域的开放已经获得很大进

展，但还需要更具有问题导向的顶层设计和实际步骤。例如，文化走出去亟须实现从量到质的提升；医疗领域的开放也需要有新的路径突破。需要统筹解决开放和国内改革配套问题。统筹考虑医疗器械、药品采购制度、医护人员流动和医保覆盖范围的制度性开放。教育领域的开放，应在职业技术、技能培训服务迈开更大步伐，形成竞争性市场并提高教育开放的治理水平。

五　稳慎推进人民币国际化，深度参与国际金融治理

坚持市场驱动和企业自主选择，营造以人民币自由使用为基础的新型互利合作关系；人民币国际化实行两条腿走路方针。一方面，人民币继续融入以美元为中心的国际货币体系，并设计与国际货币体系接轨的制度、规则、管理设计以及监管措施；另一方面，建立在底线思维基础上，突破美国在国际货币体系的完全垄断局面，创新国际货币体系，建立人民币资金国际支付系统作为补充。扶持建立具有根服务器的跨境运作的大型数字企业，利用中国自主建立的国际信息系统，推动人民币国际资金支付系统的建立，并在此基础上与合作伙伴共同建构相应的规则和治理体系。

六　在参与多双边区域经贸合作机制中探索国际经济治理新经验

2020 年 12 月《区域全面经济伙伴关系协定（RCEP）》签署，RCEP 进入实施阶段。2020 年 11 月 20 日，习近平主席以视频方式出席亚太经合组织（APEC）领导人非正式会议时表示，中方将积极考虑加入全面与进步跨太平洋伙伴关系协定。2020 年 12 月 30 日，中欧领导人共同宣布如期完成中欧投资协定谈判，协定将为中欧企业相互投资提供更为便利的市场准入、更为友好的营商环境。中国加入这些多双边合作机制必然获得更多参与国际经济治理的机遇，并在实践中取得更多经验，从而进一步推动中国开放型经济治理体系的完善和治理能力的现代化。2021 年 9 月 16 日中国政府正式提出申请加入《全面与进步跨太平洋伙伴关系协定》（CPTPP），这既表明中国扩大开放和支持区域多边合作的态度，同时也是中国对适应和吸收新的国际经济治理规则具有充分信心的表现。

第十一章　全球经济治理的中国方案与历史使命

全球经济治理是开放型世界经济的上层建筑领域，它是否适应当今世界经济体系的经济基础，适应贸易投资自由化、金融和数据信息开放条件下形成的全球产业链、价值链、供应链、服务链的生产方式、分配方式；现存世界经济体系及其治理的弊病和缺陷有哪些，如何进行改革和完善以及中国主张的方案是什么，这就是本章要讨论的主题，同时它也是中国开放型经济理论的题中应有之义。

1995 年世界贸易组织成立，标志着全球多边贸易体制建构完成，在其制度规则精神指引和参照下，双边和区域自由贸易安排蓬勃发展，共同形成了当今多边体制主导、双边和区域安排补充的全球贸易治理体系。2001 年 12 月 11 日中国正式加入世界贸易组织，与世界各成员一起，共同把世界贸易、贸易自由化和经济全球化推向了 21 世纪头十几年的鼎盛阶段。但是特朗普入主美国白宫后，竭力推行单边主义和贸易保护主义，阻挠世界贸易组织的正常运行，并不断从世界各多边组织“退群”。2020 年新冠肺炎疫情肆虐全球，世界经济深度衰退，经济全球化遭遇逆流，多边贸易体制和全球贸易治理面临严峻挑战。多边贸易体制和全球贸易治理向何处去、世界贸易组织如何改革，是中国在加入世界贸易组织 20 周年之后，需要深入思考和回答的重大问题。

第一节　全球多边贸易体制产生与改革的历史必然性

一　全球多边贸易体制的产生

1948 年《关税和贸易总协定》（General Agreement on Tariff and Trade，GATT）的实施标志着全球贸易治理体系构建的开始。在接下来的近半个世纪里，一系列有利因素推动着全球多边贸易体制走向成熟。

（一）全球贸易治理体制建立的历史必然性

第二次世界大战后，美国成为头号资本主义强国，在工业生产、对外贸易以及资本输出等方面均位列全球第一。在工业生产方面，1948 年美国工业产值占全球工业产值比重高达 45%，较 1937 年提高了 28.57%。[①] 在对外贸易方面，1948 年美国货物出口额为 1265.3 亿美元，占全球货物总出口额比重高达 21.59%；同期美国进口额为 808.1 亿美元，占全球总进口额比重为 13.79%，[②] 进出口贸易的显著差异使得美国成为当时唯一拥有大量贸易盈余的国家。在资本输出方面，美国成为最主要的资本输出国家，1945—1960 年主要资本主义国家新增投资额为 720 亿美元，其中 70% 的新增投资来自美国。[③] 作为第二次世界大战后首屈一指的经济强国，实现自由贸易、提高自己产品的国际市场占有率是符合美国最大利益的。因此，美国倡议并发起了关税和贸易总协定。尽管 GATT 被视为美国借以实现经济扩张和维持全球贸易秩序的工具，但其建立的以非歧视原则为基石的多边贸易谈判机制，为全球贸易治理体系搭建了重要的制度框架，在削减关税和取消非关税壁垒方面发挥了至关重要的作用。关税减让谈判主要在进口大国和出口大国之间进行，然后基于最惠国原则，未参与谈判的其他国家自动享有关税减让协议所带来的好处。截至 1994 年，GATT 主持的 8 轮贸易谈判使得发达国家平均加权关税从 1947 年的 35% 削减至 1994

---

① 资料来源：［日］宫崎犀一等编《近代国际经济要览》，陈小洪等译，中国财政经济出版社 1990 年版，第 21 页。

② 资料来源：根据 UNCTAD 统计数据库整理得出。

③ 王鼎咏：《论关税及贸易总协定》，《中国社会科学》1993 年第 1 期。

年的4%左右，同期发展中国家的平均税率下降至12%左右。[①]

（二）20世纪80年代后经济全球化加速为建立全球多边贸易体制提供了经济基础

20世纪80年代后经济全球化加速，资本的全球扩张迎来了两大利好条件。首先，大多数国家放松了对国际资本流动的限制，为资本的全球扩张奠定了制度基础。发达国家从20世纪70年代便开始逐步取消对跨国流动资本的限制，而到了90年代中期基本取消了对国际资本流动的外汇管制。与此同时，广大发展中国家开始认识到外资对本国经济发展的重要性，纷纷采取措施放宽对资本流动的限制。其次，20世纪80年代以来的信息技术革命为金融创新提供了技术基础，金融创新下各种金融衍生品的发展加强了各国金融市场的联系。跨国公司主导的全球分工体系是推动经济全球化的另一个重要动力。在跨国公司主导的这种分工体系下，交换价值因中间产品和服务产品的交换不断增加而不断叠加，这不仅使得国际贸易增速曾在较长时间里远高于全球经济增速，而且使得全球各国经济相互依赖、相互渗透日益加深。

此外，经济全球化加速还得益于以交通运输和信息通信技术为代表的基础设施的改善。交通运输和信息通信技术的变革降低了成本，提高了效率。根据Hummels的估计，空运和快速远洋船舶的发展，相当于将1950—1998年制造业的关税水平从32%降至9%。[②] 纽约和伦敦之间3分钟电话费从1930年的250美元下降至目前的2美分，若一方使用网络电话，这个成本几乎为0。[③]

（三）美国当时符合金德尔伯格描述的“霸权稳定论”地位并愿意供给全球公共品

“霸权稳定论”是西方全球经济治理理论的基础，该理论认为，为了避免世界经济危机和国际秩序失控，需要一个霸主地位的强国来掌控全球治理。第二次世界大战后，美国满足“霸权稳定论”所描述的霸权地位，主要体现在：一方面，在第二次世界大战后的一段时间内，美国在军事、

---

① 参见宋永明《WTO的由来与运作》，中国财政经济出版社2001年版。

② HUMMELS, D. Time as a Trade Barrier [M]. Purdue University, 2001.

③ WTO, *World Trade Report* 2018: *The Future of World Trade*: *How Digital Technologies are Transforming Global Commerce*, World Trade Organization, 2018.

经济、政治等方面具有压倒性优势，并在国际政治体系中享有至高的威望和地位；另一方面，出于自身的政治、经济甚至意识形态上的利益需求，美国愿意提供体现自由经济的公共产品，包括国际货币体系、关税和贸易总协定、国际安全等。由于这些公共物品在很大程度上满足了美国盟友要求自由贸易和资本流动的愿望，因而得到了这些国家的支持。

（四）各国的贸易自由化政策

第二次世界大战前，资本主义国家采取的许多贸易保护政策，给世界经济发展带来了很大阻力，各国也为此付出了沉重代价。第二次世界大战后，主要资本主义国家以史为鉴，纷纷推行贸易自由化政策。除了美国为实现对外经济扩张，积极倡导和推动关税贸易总协定外，其他国家或地区也采取了旨在推动贸易自由化的政策和措施。例如，日本在 1960 年《贸易·外汇自由化计划大纲》中承诺，将贸易自由化率从 1960 年 4 月的 41% 提高至 1963 年 6 月的 80%。[①] 欧洲共同体于 1968 年全部取消关税和贸易限制。20 世纪 80 年代至 90 代初，广大发展中国家放弃幼稚工业保护政策，转而推行贸易自由化政策。在此期间，一向严格奉行进口限制的国家（如印度和巴基斯坦）也开始采取较为自由化经济改革措施；中国在 1979 年开始了改革开放；随着东欧剧变和苏联解体，原属于社会主义阵营的成员国纷纷放弃计划经济体制，转向市场经济体制，如俄罗斯、越南等。

归根结底，全球多边贸易体制的形成是在社会生产力不断发展的条件下，生产力发展引起国际分工和交换的深化，要求生产要素和货物在全球范围内自由流动的生产方式和分配方式建立起来后的必然结果。然而在这种国际分工下，各国既具有合作的动机，也存在以邻为壑、单方面增加各自收益的动机，即国际贸易关系也具有“囚徒困境”的特征。因此，需要建立一个致力于稳定全球贸易秩序，从而实现全球资源合理配置的一系列制度和非制度安排——全球多边贸易体制。

二　当今全球贸易治理体系面临的挑战

1995 年 1 月 1 日，世界贸易组织（WTO）的成立标志着全球多边贸易

① 裴长洪主编：《国际贸易学》，中国社会科学出版社 2007 年版，第 151 页。

体制构建的完成。以 WTO（GATT）为基础的全球贸易治理体系在国际经济生活中影响显著，其作用主要体现在：首先，确立了全球多边贸易秩序的治理主体与规则制度。在各国公平让渡各自部分主权基础上建立的世界贸易组织，是全球多边贸易秩序的治理主体，而非某一个主权国家；其制订的贸易规则制度为各成员国所必须遵循，从而使全球经济贸易活动从无序转为有序。其次，为缓和缔约国间的贸易纠纷提供了场所和“对话窗口”。WTO（GATT）提供了一整套磋商和争端解决程序，能够比较公正、公平地解决成员国之间的贸易纠纷问题，在很大程度上避免了成员国之间相互报复、进而引发贸易战和关税战的情况。再次，促进了全球经济的增长。WTO 建立的多边贸易谈判机制，在关税削减和一些非关税壁垒消除方面发挥了重要作用，从而促进了全球的贸易增长。第二次世界大战以来，全球贸易增速长期高于全球经济增速，尤其在 1990—2007 年，前者的平均增速是后者的 2 倍以上。可见，国际贸易已经成为全球经济增长的“压舱石”和“推进器”。最后，提升了发展中国家在国际贸易中的地位。越来越多发展中国家加入 WTO 使其在全球贸易中的比重从 1986 年的 21.55% 提高到 2018 年 43.26%，而发达国家所占比重从 73.67% 下降至 54.77%。发展中国家在国际贸易中地位的提升对于维护自身利益和全球多边贸易体系起到了积极作用。

然而毋庸讳言，以 WTO 为基础的全球贸易治理体系主要反映的仍然是以美国为首的西方资本主义国家在国际贸易方面的利益与需求。随着发展中国家在国际贸易中地位的提升和全球价值链的深入发展，这个体系面临的挑战日益严峻。

第一，它没有克服经济全球化及市场经济扩张所必然产生的利益不平衡甚至两极分化。全球价值链（Global Value Chains，GVCs）生产活动是当前经济全球化深入发展的显著特征。据世界银行发布的《全球贸易观察：2016 年贸易发展》报告，全球价值链参与率每提升 10%，生产率就会提升 1.7%。特别是对那些不具备完整产品生产能力的发展中国家而言，全球价值链生产活动为它们融入全球经济提供了新的机会。但是，全球价值链的扩张也带来了收益分配不均的问题，主要体现在国家与国家之间和国家内部的分配不平衡。就国家之间而言，这种分配不均发生在发达国家与发展中国家之间，生产网络中心区与生产网络外围区之间。在当前的全球价值链分工体系中，发达国家长期占据价值链的高附加值环节，即占据着“微笑曲线”的两端，它们所获得的收益远远高于处于“微笑曲线”低端的发展中国家所获得的收益。一个很典型的例子就是中国出口一台苹果手机只赚了其出口价格的3.6%。此外，全球价值链生产活动并不是无选择的直线贯通的产业链条，而是由中心和外围区域构成的生产网络。目前，北美、西欧以及东亚构成了全球三大区域生产网络，[①] 那些处在生产网络中心位置的国家（如美国、德国）往往凭借着高端制造业、服务业以及创新活动获得高额收益，而那些处于生产网络边缘或远离生产网络的国家（非洲和拉美国家）因全球价值链参与度低而获益较少。这些被边缘化的国家甚至陷入“贫困化增长陷阱”。

收益分配的国内不平衡主要体现在区域发展不平衡和劳动者收入不平衡。因为全球价值链生产活动是企业层面的生产活动，所以企业往往选择那些基础设施条件好的大城市进行价值创造活动。这往往使得一部分地区的发展因参与全球分工企业的集聚而快于其他地区。全球价值链生产活动还拉大了高技能与低技能劳动者间的收入差距。对于发达国家而言，制造业外流减少了低技能劳动者的就业机会，从而恶化了这部分群体的收入状况。对于中低收入的发展中国家而言，嵌入全球价值链企业的资本有机构成的提高降低了对低技能劳动者的需求。全球价值链企业的资本密集度往往高于国内其他类型的企业。[②] 随着资本密集度的提升，低技能劳动比高技能劳动更容易被资本设备所替代。原因在于物质资本与技能型劳动的互补性高于物质资本与非技能型劳动的互补性。

第二，近年来，基于网络信息技术的服务贸易和数字贸易的兴起，全球贸易治理面临新课题、新对象、新内容。20世纪80年代以来，由于信息通信技术的发展、运输成本的下降以及以WTO（GATT）为基础的多边贸易体制所带来的贸易壁垒的显著下降，中间品贸易快速发展并在总贸易中的比重长期保持在三分之二以上。快速增长的中间品贸易使得全球贸易增速能够引领全球经济增速。然而，自国际金融危机后，全球贸易增长速

---

① WORLD BANK, *Global value chain development report* 2017: *Measuring and Analyzing the Impact of GVCs on Economic Development*, World Bank Publications, 2017.

② WORLD BANK, *World Development Report* 2020: *Trading for Development in the Age of Global Value Chains*, The World Bank Group, 2020.

度明显放缓。从表 11－1 中可看出，全球货物贸易增速在 2000—2005 年达到了顶峰，年平均增速高达 11.35%。但是，此后增速明显放缓，尤其是在 2010—2015 年，年平均增速已经下降到 1.53%。近年来的全球货物贸易增速放缓是由中间品贸易增速放缓引起的。2000—2008 年，全球中间品出口贸易年均增速为 13.2%，而到了 2009—2014 年，该增速已经大幅滑落至 3.93%。[①] 引起中间品贸易增速下滑的因素有很多，但最主要的因素在于全球垂直专业化分工已经到了足够深的地步，每一单位的分工深化能够带来中间品贸易增长的动能在不断减弱。因此，通过国际垂直分工深化推动国际贸易增长的阶段即将告一段落，需要迎接新的动力以继续驱动国际贸易的发展。

表 11－1 **各类经济体货物贸易增速** 单位：%

	全球		发达经济体		发展中经济体	
时间段	进口	出口	进口	出口	进口	出口
1995—2000 年	4.03	3.64	4.62	2.79	3.13	5.76
2000—2005 年	11.27	11.42	10.02	9.54	13.54	14.37
2005—2010 年	5.93	6.27	3.24	4.10	10.42	9.21
2010—2015 年	1.58	1.48	0.51	0.81	3.18	2.73
2015—2019 年	0.58	0.27	0.72	0.53	0.48	0.14

资料来源：根据 UNCTAD 数据库整理得出。

幸运的是，这个新动力的雏形已经浮现。近年来，服务贸易特别是以数字技术为基础的服务贸易和数字贸易发展加快。尽管目前服务贸易在全球总贸易中的比重约为 23%（见表 11－2），但是在 2005—2017 年，服务贸易的年均增速为 5.4%，明显高于同期的货物贸易增速（4.6%）。[②] 而特定领域服务（如电信、IT 服务等）增速甚至是货物增速的 2—3 倍。[③] 服

① 资料来源：根据世界投入产出数据库（WIOD）测算得出。

② WTO, *World Trade Report 2019: The Future of Service Trade*, World Trade Organization, 2019.

③ MCKINSEY GLOBAL INSTITUTE, *Globalization in Transition: The Future of Trade and Value Chains*, Mckinsey Global Institute, 2019.

务贸易快速发展，一方面得益于数字技术、互联网技术的发展以及贸易壁垒下降带来的贸易成本明显下降。服务贸易的成本几乎是货物贸易成本的2倍，但在2000—2017年下降了9%[①]。另一方面得益于数字技术发展，原本只能面对面提供的不可贸易的服务能够打破时空限制，成为高度可贸易的服务。目前，50%以上的全球服务贸易是通过数字化交付实现的（见图11－1），12%的跨境货物是通过数字化平台实现的。[②] 随着越来越多的服务可数字化，基础设施的改善以及贸易壁垒的下降，服务贸易在全球贸易中的比重将进一步提升；根据WTO的全球贸易模型估算，到2040年全球服务贸易将增长50%，即在全球总贸易的比重将超过1/3。可见，服务贸易特别是数字化的服务贸易和数字贸易将成为全球贸易的新引擎。

表11－2　**全球主要国家（地区）服务贸易占其进出口总额的比重**　单位:%

年份	2008	2009	2010	2011	2012	2013	2014	2015	2016	2017	2018
全球	20.28	22.67	20.84	19.68	20.02	20.72	21.92	23.49	24.22	23.60	23.18
中国	11.49	11.82	12.03	11.70	11.73	12.01	13.86	14.99	15.94	14.95	15.14
美国	21.45	25.34	23.14	22.13	22.27	23.00	23.30	24.79	25.72	25.51	24.68
日本	18.12	21.09	18.04	16.65	16.69	17.14	19.21	21.42	22.89	22.14	21.16
欧盟	24.14	26.69	24.94	24.01	24.89	25.89	27.05	28.58	28.98	28.39	28.14

资料来源：根据UNCTAD数据库整理得出。

然而，数字化的服务和数字贸易的蓬勃发展使全球贸易治理面临新问题、新内容。具体体现在：

1. 数据跨境流动问题。数字贸易的快速发展是建立在数据能够跨境自由流动的基础上，然而各国出于自身利益和国家安全等因素的考虑，对数据自由流动的态度有明显差异。美国极力主张数字流动自由，希望将《美墨加协定》（USMCA）中有关数据自由流动的规则能够在全球范围内铺开，以获得更大的经济利益。美国的数字经济和数字贸易处于全球领先地位，数字贸易顺差从2005年的745.93亿美元增长至2019年的2233.28亿

① 资料来源：WTO，世界贸易报告2019。

② 中国信息通信研究院：《中国数字经济发展与就业白皮书》2019年4月。

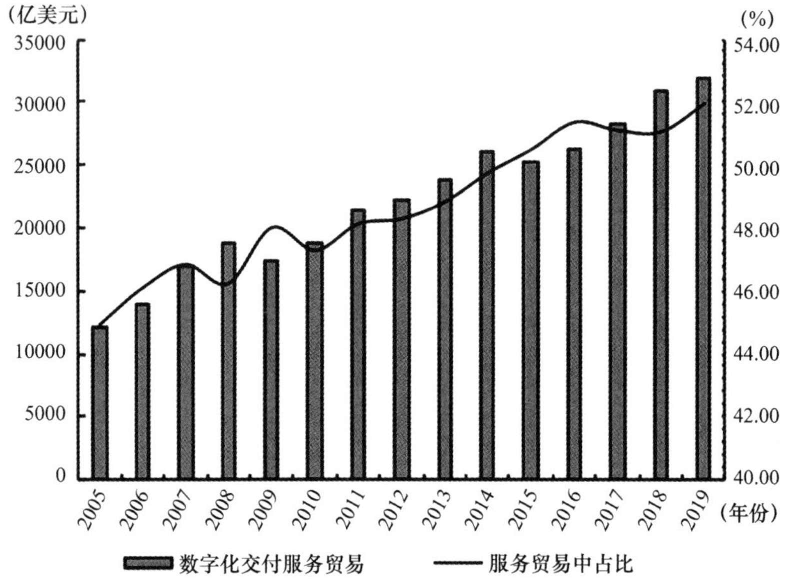

图 11－1　数字服务贸易规模与占比（2005—2019 年）

资料来源：根据 UNCTAD 数据库整体得出。

美元。与美国的积极态度相反，俄罗斯和欧盟则采取严格的数据流动政策。根据欧洲国际政治经济研究中心（ECIPE）发布的《数字贸易限制指数 2018》报告，俄罗斯的“数据政策”指数在 65 个国家中排名第一，这表明俄罗斯对于数据流动的管控政策最为严厉。《俄罗斯联邦个人数据法》和《关于信息、信息技术和信息保护法》是俄罗斯专门进行数据保护的两部法律。例如，《俄罗斯联邦个人数据法》规定在数据进行跨境转交前，处理者有义务确认数据转交的其他国家保证对个人数据主体的权利进行同等保护。[①] 欧盟也加强了对数据跨境流动的管理，如 2018 年实施的《通用数据保护条例》（CDPR）确立了“长臂管辖”原则，可以对任何向欧盟居民提供服务的企业进行监管，这明显提高了企业的合规成本。因此，如何在数据跨境流动和国家利益、安全之间找到一个平衡点，是数字贸易治理面临的一个大问题。

---

① 何波：《俄罗斯跨境数据流动立法规则与执法实践》，《大数据》2016 年第 6 期。

2. 数据存储本地化问题。数据存储本地化就是要求数据被存储在数据来源国境内。美国反对数据存储本地化，认为数据本地化存储是一种数字贸易壁垒。除了美国外，欧盟、中国、俄罗斯、巴西、印度、印尼等国家纷纷制定法律法规，要求数据的本地存储。例如，中国于 2016 年颁布的《网络安全法》明确规定了在中国境内搜集或产生的数据应存储在中国境内。俄罗斯在《关于“进一步明确互联网个人数据处理规范”对俄罗斯联邦系列法律修正案》中指出：“对俄罗斯公民的个人数据进行搜索、记录、整理、保存、核对（更新、变动）、提取的数据存放于俄罗斯境内”。根据 ECIPE 发布的报告，2000 年全球实施数据本地化的国家数量为 19 个，然而在“棱镜门”事件后，这一数据急剧上升，到 2016 年增长到 85 个左右。对于境外企业而言，数据存储本地化要求提高了全球信息流动的成本，从而打消了一些企业在特定国家提供服务的念头。[①] Bauer 等人的研究发现，若对中国、欧盟、印度等 7 个国家施行数据本地化限制，那么这些国家的 GDP 将下降 0.7—1.1 个百分点，投资将下降 0.5—4.2 个百分点。[②]

3. 知识产权保护有待加强。数字化服务贸易和数字贸易的核心是数据的跨境流动，然而数据能够以几乎为零的成本进行复制，这为数字盗版和数字侵权在全球范围内的猖獗提供了便利。由于数字化的产品和服务具有虚拟性，监管难度大，以及各国在知识产权保护力度方面的差异，数字盗版问题已经成为阻碍当前数字贸易发展的一大问题。数字盗版现象在电影电视和音乐行业最为普遍。据盗版监测公司 Muso 给出的数据，新冠肺炎疫情期间数字电影泛滥到了前所未有的水平。据统计，2020 年 3 月，盗版网站浏览量在美国、俄罗斯、印度以及法国分别达到了 11 亿次、7.27 亿次、5.81 亿次和 3.94 亿次。[③] 尽管目前数字盗版给各国带来的经济损失还没有统一的数据，但根据美国国会研究室（Congressional Research Service）

---

① USITC, *Global Digital Trade 1: Market opportunities and Key Foreign Trade Restrictions*, U. S. International Trade Commission, 2017.

② BAUER M, LEE-MAKIYAM H, MAREL E, VERSCHELDE B., *The Costs of Data Localization: Friendly Fire on Economic Recovery*, ECIPE occasional paper, No. 3, 2014.

③ https://variety.com/2020/film/news/digital-film-piracy-surges-unprecedented-levels-coronavirus-lockdown-muso-research-1234590451/.

的研究，当前数字盗版音乐、电影和软件给美国造成的经济损失已经高达2130亿美元，并且预计2022年将达3840—8560亿美元。[①] 因此，加强知识产权保护需要各国携手同行，共同构建广泛认可的多边知识产权国际制度，为数字贸易发展保驾护航。

第三，美国从经济全球化的积极推动者转变为逆流先锋，从全球多边贸易体制的构建者成为反对者。首任WTO总干事鲁杰罗说："全球贸易体系在过去50年中始终如一的特征就是美国的领导地位。"[②] 美国也从其构建的多边贸易体系中获得了巨大利益。然而，国际金融危机以来，特别是特朗普入主白宫以来，美国从多边主义自由贸易的鼓吹者转向单边主义的急先锋。美国奉行"美国优先"原则，采取一系列单边主义的行径严重破坏了基于多边主义原则的国际经济秩序。首先，在法律上，美国将国内法凌驾于国际法之上，是对国际规则、准则的恶意践踏。美国以国家安全为由，援引301、232等条款单方面提高来自中国、欧盟等国家（地区）出口货物的关税，这种行径严重违反了WTO的非歧视原则和自由贸易原则。其后果是中美贸易摩擦和欧美贸易摩擦不断升级，给全球贸易和投资带来了巨大的不确定性。其次，在行动上，采取贸易保护措施，阻挠上诉机构"法官"的遴选，退出多个国际组织。2009—2018年，美国针对其他国家共采取了1913项贸易保护主义措施，居各国之首。[③] 美国以WTO存在的系统性风险未得到解决为由，屡次拒绝其他成员国要求启动遴选上诉机构成员的建议，导致WTO争端解决机制面临前所未有的危机。2017年以来，美国退出TPP、《巴黎气候协定》、联合国教科文组织、《伊朗核协议》《全球移民协议》《中导条约》以及决定退出WHO等国际组织。其单方面"退群"使得国际法的权威性和约束力遭到前所未有的削弱，给多边主义进程带来了诸多负面影响。

---

① CONGRESSIONAL RESEARCH SERVICE, *Digital Trade and US Trade Policy*, Congressional Research Service, 2019.

② Renato Ruggiero, Keynote Opening Address, In Jeffrey J. Schott (ed), *Launching New Global Trade Talks: An action Agenda*, Washington, D. C.: Institute for International Economies, 1998.

③ 徐秀军：《经济全球化时代的国家、市场与治理赤字的政策根源》，《世界经济与政治》2019年第10期。

三　经济全球化历史趋势没有改变，全球治理仍是世界共同需要

怎样看待当前问题？首先，经济全球化虽然遭遇逆流，但它的历史趋势没有发生改变。经济全球化是社会生产力发展的客观要求和科技进步的必然结果，是不以人的意志为转移的。正如美国记者乔治·帕克曾经说过，“拒绝全球化就是拒绝太阳东升”。纵观人类经济全球化进程，逆全球化现象只是该进程中的“一段小插曲”，从未改变也不可能改变经济全球化发展方向。当前，虽然经济全球化因保护主义和单边主义的兴起而进展放缓，但其前进的动力依然存在：（1）服务贸易成为推动国际贸易的重要动力。根据 Mckinsey Global Institute 发布的报告，在过去 10 年间服务贸易的增速比商品贸易快 60%。[①] 若将商业存在纳入服务贸易统计范围，2017 年的服务贸易额从 5.1 万亿美元跃升至 13.3 万亿美元（WTO，2019），[②] 而同期的货物贸易总额为 17.3 万亿美元。（2）中国和东盟国家是吸引外商直接投资（FDI）的重要目的地，生产性服务业是吸引外商直接投资的重要产业。受到逆全球化、美国税制改革等因素的影响，全球外商直接投资（FDI）在 2016—2018 年持续下降，2018 年更是下滑了 13%，[③] 不过下降主要集中在发达经济体，而流入发展中经济体的却有所增长，特别是流入亚洲的发展中经济体。2018 年，亚洲发展中经济体吸收外国直接投资增长了 4%，增长主要来自中国、中国香港、新加坡等东盟国家，其中，中国吸收外资增长了 4%，达到创纪录的 1490 亿美元。此外，尽管整体上的 FDI 下降，但生产性服务业 FDI 却逆势增长。表 11－3 给出了近年来全球主要生产性服务业 FDI 增长情况，从表 11－3 中可看出，2016—2018 年全球前 4 的生产性服务业 FDI 年均增长了 17.70%，值得注意的是，在此期间贸易服务的 FDI 增长率高达 48.07%。（3）跨境数据流释放了经济全球化向前发展的信号。麦肯锡全球研究院（Mckinsey Global Institute）的一份

---

① MCKINSEY GLOBAL INSTITUTE, *Globalization in Transition: The Future of Trade and Value Chains*, Mckinsey Global Institute, 2019.

② WTO, *World Trade Report 2019: The Future of Service Trade*, World Trade Organization, 2019.

③ UNCTAD, *World Investment Report 2019*, United States Publication, 2019.

报告指出，2005—2017 年全球跨境宽带使用量增长了 148 倍[①]，同时目前全球已有 12% 的跨境货物贸易通过电子商务完成，50% 以上的服务业贸易实现了数字化。伴随着数字化程度的日益提高，跨境数据流动成为推动经济全球化的重要引擎。根据美国布鲁金斯学会的相关研究，在 2009—2018 年，全球跨境数据流动对全球经济增长的贡献度超过了 10%。[②]（4）区域贸易自由化加速。尽管自多哈回合谈判以来，WTO 框架下的多边贸易体制谈判陷入停滞状态，但是国家间的区域贸易协定（RTAs）数仍不断增加，且新增自贸区往往具有规模大、参与国家多的特点。如 2018 年 3 月 8 日，原 TPP 协议 11 国（除了美国）在智力圣地亚哥签订了《全面与进步跨太平洋伙伴关系协议》（CPTPP）；2019 年 7 月非盟 54 个成员（除了厄立特里亚）组织成立了非洲大陆自由贸易区（AFCFTA）；2019 年 10 月美国与墨西哥、加拿大签订了《美国—墨西哥—加拿大协定》（USMCA）。此外，由一国单独设置的自由贸易试验区也越来越多，截至 2020 年，中国已经设立了 21 个自由贸易试验区，并将海南打造成世界级的自由贸易港。不断增加的自由贸易区、自由贸易试验区以及自由贸易港，使得各国之间的联系日益紧密，从而推动经济全球化。（5）高铁和航空更加普及。近年来，高铁和航空运输的快速发展极大地推动了各个国家间的人员和货物往来，加强了世界各地的经济、文化联系。根据国际铁路联盟（UIC）发布的数据，截至 2020 年 2 月，全球高铁已经投入营运的里程为 5.25 万千米，在建里程为 1.20 万千米。图 11 - 2 是 2009—2017 年全球高铁营运里程数。另外，国际航空运输越来越普遍。表 11 - 4 显示了 2009—2017 年国际航空运输量，无论是旅客量还是货物和快递量都呈现明显的上升趋势。近年来国际电子商务的蓬勃发展推动了航空业的发展，2017 年近 90% 的 B2C 电子商务货物是通过航空运输完成的，较 2010 年的 16% 有了非常显著的提升。[③] International Transport Forum 预测，航空运输将继续保持增长，预

---

① Mckinsey Global Institute, *Globalization in Transition: The Future of Trade and Value Chains*, 2019.

② 张茉楠：《跨境数据流动：全球态势与中国对策》，《开放导报》2020 年第 2 期。

③ INTERNATIONAL AIR TRANSPORT ASSOCIATION, *IATA Annual Review 2018*, International Air Transport Association, 2018.

计到2050年航空货物运输量将会是2017年的4.7倍。①

表11－3　　**全球4大生产性服务业FDI概况**（2016—2018）　单位：亿美元,%

年份	跨国并购				绿地投资				跨国并购和绿地投资			
	2016	2017	2018	年增长率	2016	2017	2018	年增长率	2016	2017	2018	年增长率
所有行业	8869	6940	8157	5.50	8084	6991	9825	11.23	16953	13930	17982	8.27
贸易服务业	503	120	346	112.23	141	205	242	19.64	645	326	588	48.07
运输与仓储	441	223	464	29.70	487	371	441	6.91	928	594	904	14.74
金融服务业	971	589	1084	13.65	220	207	244	0.38	1191	796	1328	18.8
信息与通信	444	783	1161	51.79	631	620	759	6.9	1075	1403	1920	17.64
四类服务业加总	2360	1714	3055	26.30	1479	1403	1685	6.57	3839	3117	4739	17.07

资料来源：UNCTAD cross-border M&A Database。

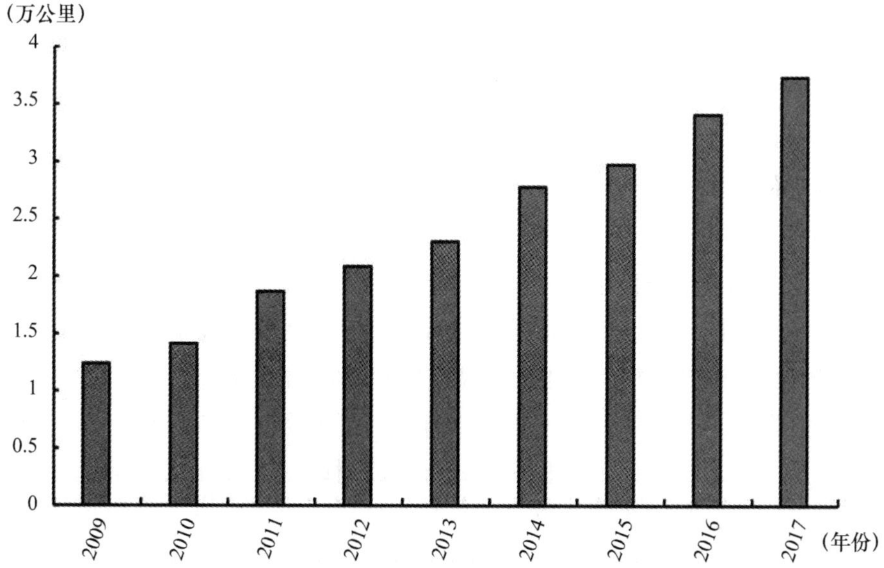

图11－2　全球高铁里程数（2009—2017）

资料来源：国际铁路联盟（UIC）。

① INTERNATIONAL TRANSPORT FORUM, *ITF Transport Outlook 2019*, OECD Publishing, Paris, 2019.

表 11－4　**国际航空运输量（2008—2017 年）**

年份	国际旅客运输（10 亿人千米）	国际货物运输（10 亿吨千米）	国际快递（10 亿吨千米）
2008	4608.47	171.16	4.89
2009	4559.94	155.97	4.63
2010	4922.63	186.81	4.86
2011	5246.44	187.37	5.01
2012	5527.09	185.41	5.20
2013	5830.68	186.15	5.59
2014	6179.18	194.82	6.08
2015	6642.51	197.32	6.56
2016	7133.46	204.38	6.69
2017	7699.42	223.73	7.49

资料来源：ICAO（2018），Annual Report of the Council。

其次，美国需要的是能够实现其霸权的贸易治理结构，而不是民主的贸易治理体系。虽然当前美国仍是全球唯一的超级大国，但其经济统治力在不断下降，具体表现在对全球经济贡献率和全球经济增长贡献率双下降。随着其经济统治力的相对下降，美国由伪善的霸主转向掠夺性霸主。一方面，近年来美国提供国际公共产品的意愿明显降低，国际公共产品供给质量显著下降。[①] 以联合国会费为例，长期以来美国都是“欠费大户”。据统计，截止到 2019 年 1 月，美国拖欠联合国常规预算费和维和经费共 11.56 亿美元，成为拖欠会费最多的国家。美国拖欠会费的行为不仅给其他国家树立了坏的榜样，而且使得联合国因财政困难而无法正常发挥其职能。另一方面，尽管美国为全球提供公共品的意愿在下降，但其仍想维系国际经济治理的话语权，继续充当全球霸主的角色。不过，美国这种想法遭到群体性崛起的发展中国家的反对。当前的国际公共品主要由美国提供，可供其他国家选择的并不多，且主要体现美国的意志和利益。随着发展中国家国际地位的不断提升，它们主张增加发展中国家在全球治理、经

① 裴长洪：《全球经济治理、公共品与中国扩大开放》，《经济研究》2014 年第 3 期。

济治理中的话语权，以推动国际治理体系朝更公平、民主方向发展。然而，美国认为更公平、民主的全球治理体系无法让其获得“超额利润”，同时因其霸权的衰落无法扭转这一局面，遂肆意破坏多边规则和秩序，甚至冒天下之大不韪退出多个国际组织，走到了它一手建立的多边主义对立面。美国的“退群”并不意味着它放弃了霸权贸易治理要求，而恰恰说明了它想重新建立一个能维持其霸权地位的贸易治理体系，这是美国一方面极力削弱全球多边贸易体制，另一方面积极推动由其主导的区域贸易自由安排的真正原因。美国凭借其强大的经济实力和最广阔的国内市场，采取威慑和诱惑并重的策略，通过一个个的双边谈判，以实现其单边标准的双边化，并通过设置高标准、歧视性规则试图阻止一些新兴市场国家进入和其缔约国的市场，最终构建由其霸权主导，投入最小、内部开放程度最高但对外排斥的贸易治理体系，从而最终虚化全球多边贸易体制的目的。美国的意图在《美国—墨西哥—加拿大协议》中体现得淋漓极致，并极有可能继续体现在其未来同欧盟、日本以及英国的谈判中。

可见，以全球多边贸易体制为基础的贸易治理体系仍然是我们这个世界的共同需要，只不过是个别国家想要继续在其霸权主义理念下主导全球贸易治理体系，而广大发展中国家追求的是民主化全球治理体系而已。然而，霸权主义下的全球治理体系已经造成了公共产品供给与需求不匹配，贫富差距拉大，局部地区冲突不断等诸多问题。因此，提升发展中国家在全球贸易治理中的话语权，推动全球贸易治理向平等参与、互利共赢的民主型特征方向转变是解决上述问题的关键。

第二节　中国因素和力量在全球贸易治理体系中的历史性变化

一　中国是多边贸易体制的受益者

中国加入世界贸易组织，成为多边贸易体制的受益者，主要体现在：第一，进出口贸易规模快速扩大，经济规模稳居全球第二位。2001 年我国货物进出口总额为 0. 51 万亿美元，2019 年这一数字为 4. 58 万亿美元，约为入世前的 9 倍，占全球货物进出口总额比重从 4. 04% 攀升至 12% 。我国的 GDP 从 2001 年的 1. 34 万亿美元增长至 2019 年的 14. 34 万亿美元，占全球 GDP 的比重从 4.01% 提高至 16.34%。[①] 2010 年我国 GDP 超越日本，成为全球第二大经济体。第二，贸易自由化促进了我国产业结构升级。2000—2018 年，我国初级产品在总出口中的份额从 11.56% 下降至 6.43%，而工业制成品的比重从 87.98% 提升到 93.43%（见表 11 – 5）。工业制成品出口结构得到进一步优化，主要表现为劳动和资源密集型制成品出口比重的持续下降，而中高技术制成品出口比重的不断上升。表 11 – 5 的数据显示，我国劳动和资源密集型制成品出口比重从 2000 年的 31.48% 下降至 21.49%，与此同时，中等技能和技术密集型制成品比重由 2000 年的 20.15% 增加到 2018 年的 25.26%，高技能电子产品零部件出口占比从 2000 年的 9.56% 上升至 2018 年的 17.17%。值得注意的是，近年来，高技能和技能密集型制成品尤其是高技能电子产品的出口占比呈现出下降趋势，主要是由加工组装的电子产品出口占比下降引起的。第三，人民群众的收入和生活水平显著提升。一方面，入世后我国出口规模的显著提升创造出大量的就业岗位。例如，根据有关测算，中国对美国货物出口为中国创造了约 1750 万个就业岗位。[②] 另一方面，随着入世后我国关税水平大幅度削减，海量廉价产品进入中国市场，人民群众从中获得许多实实在在的实惠。因此，中国加入世界贸易组织给自己带来的好处是显而易见的。

表 11 – 5　**中国出口货物结构（各类产品出口占总出口比重）**　单位:%

年份	2000	2002	2004	2006	2008	2010	2012	2014	2016	2018
初级产品	11.56	9.94	8.40	7.34	6.82	6.32	5.97	5.90	6.01	6.43
制成品	87.98	89.61	91.18	92.22	92.90	93.44	93.79	93.83	93.61	93.43
劳动和资源密集型制成品	31.48	29.13	24.89	23.38	20.99	21.86	21.94	22.28	22.15	21.49
低技能和技术密集型制成品	9.72	8.42	9.52	10.47	12.80	10.91	10.67	10.33	9.82	10.28

① 资料来源：UNCTAD 和 World Bank 数据库。

② 隆国强：《理性认识当前的中美贸易摩擦》，《人民日报》2018 年 8 月 29 日第 7 版。

续表

年份	2000	2002	2004	2006	2008	2010	2012	2014	2016	2018
中等技能和技术密集型制成品	20.15	20.57	19.41	20.25	22.48	21.90	22.94	23.69	25.24	25.26
中等技能电子产品（不含零部件）	1.52	1.79	1.72	1.67	1.59	1.65	1.58	1.62	1.73	1.67
高技能和技术密集型制成品	26.64	31.49	37.36	38.12	36.62	38.77	38.24	37.52	36.39	36.39
高技能电子产品（不含零部件）	7.90	10.51	14.59	14.29	12.84	13.57	11.52	10.02	8.89	8.15
高技能电子零部件	9.56	12.69	14.36	15.36	13.88	14.91	14.82	15.40	16.91	17.17

资料来源：根据 UNCTAD 数据库计算得出。

二　中国也是多边体制的贡献者、全球贸易转型的推动者

中国不仅是多边贸易体制的受益者，更是贡献者。首先，中国是多边贸易规则的履行者和捍卫者。2001 年加入 WTO 以来，中国认真履行承诺，大幅度降低进口关税，广泛开放服务市场，主动加强知识产权保护，同时积极完善社会主义市场经济体制，清除与多边贸易规则相冲突的法律法规，以自身重承诺、守信用、担责任的实际行动推动了多边贸易体制向前发展。世界贸易组织每两年对中国进行一次贸易政策审议，到 2018 年 7 月共进行了 7 次贸易政策审议，每次均对中国的贸易开放给予积极肯定。第 7 次审议会议主席、贝宁常驻世贸组织大使埃卢瓦·劳鲁总结表示，在审议中，世贸组织成员对于最近几年来中国对全球经济增长所作的重要贡献给予高度评价，对中国在世贸组织所发挥的积极作用表示赞赏，并对中国最近发布的旨在促进改革、扩大市场准入和投资机会及旨在促进贸易和投资便利化的举措予以肯定。①

面对国际金融危机以来的贸易保护主义和单边主义愈演愈烈的态势，一方面，中国积极利用 WTO 规则进行反击，维护自身的合法权益。另一方面，中国顺应经济全球化潮流和历史发展大势，主动采取了一系列开放

① 《世贸组织对中国第七次贸易政策审议结束》，《新华网》2018 年 7 月 14 日。

措施，形成了多层次、全方位、宽领域的全面开放格局。党的十八大以来，中国提出共建“一带一路”倡议，设立21个自由贸易试验区（港），举办中国国际进口博览会，颁布《外商投资法》，建设海南自由贸易港等一系列重大举措，为全球贸易治理注入了新的活力，并向世界展示了中国对外开放力度会越来越大的决心。除了作为多边贸易规则的履行者和捍卫者外，中国还是多边贸易机制的重要建设者。入世以来，中国多次单独或联合其他成员向WTO提交提案，为推动多边体制改革作出了积极贡献。例如，关于反倾销的日落条款提案、关于贸易便利化提案、中欧关于WTO改革联合提案等得到了广大成员国的支持与赞赏。

其次，中国是全球贸易转型的积极参与者和推动者。一方面，中国加入WTO加快推动了国际垂直分工的发展。自加入WTO，中国严格按照WTO规则要求对国内经济体制和法律体系进行改革，极大促进了中国国际贸易尤其是中间品贸易的发展。2002年中国中间品进口额为0.34万亿美元，到2011年这一数据变为2.07万亿美元，年平均增长率为23.21%。①得益于中间品贸易的快速发展，中国中间品贸易占全球中间品贸易的份额呈不断上升趋势。从表11－6可以看出，中国中间品进口占比从2000年4.84%上升到2018年的14.8%，并在2009年超越美国，成为全球最大的中间品进口国。中国中间品出口占比从2000年的2.78%上升到11.73%，并在2012年超越美国，成为全球最大的中间品出口国。中国中间品贸易的规模和增速将20世纪80年代兴起的垂直型产业内分工和全球价值链贸易推向了历史顶点。从图11－3可看出，全球中间品贸易占最终品贸易的比重在2011年达到最高点后开始下滑，虽然近年来占比有所提升，但仍明显低于2011年的水平。

表11－6　**主要国家中间品进出口占全球中间品进出口比重**　单位:%

国家	中国		美国		日本		韩国		德国		印度	
年份	进口	出口	进口	出口	进口	出口	进口	出口	进口	出口	进口	出口
2000	4.84	2.78	16.05	13.55	6.17	7.20	3.39	2.78	6.92	2.78	1.26	0.67

① 资料来源：根据UNCTAD数据库整理计算得出。

续表

国家	中国		美国		日本		韩国		德国		印度	
年份	进口	出口	进口	出口	进口	出口	进口	出口	进口	出口	进口	出口
2001	5. 30	3. 17	15. 11	13. 14	5. 86	6. 38	3. 11	2. 34	7. 68	2. 34	1. 26	0. 71
2002	6. 12	3. 77	14. 87	12. 06	5. 42	6. 24	3. 14	2. 44	7. 44	2. 44	1. 34	0. 81
2003	7. 31	4. 31	14. 15	11. 01	5. 43	6. 22	3. 17	2. 56	7. 53	2. 56	1. 43	0. 83
2004	8. 02	4. 92	13. 91	9. 54	5. 29	6. 11	3. 22	2. 75	7. 22	2. 75	1. 57	0. 86
2005	8. 50	5. 63	14. 35	9. 16	5. 45	5. 78	3. 32	2. 74	7. 41	2. 74	1. 93	1. 00
2006	8. 73	6. 17	13. 86	9. 17	5. 49	5. 21	3. 39	2. 60	7. 67	2. 60	2. 02	0. 96
2007	9. 17	6. 79	12. 43	8. 81	5. 19	4. 93	3. 37	2. 60	7. 51	2. 60	2. 15	1. 02
2008	9. 18	7. 08	11. 99	8. 46	5. 66	4. 58	3. 59	2. 44	7. 58	2. 44	2. 57	1. 07
2009	11. 15	7. 12	10. 83	8. 49	5. 00	4. 94	3. 51	2. 82	7. 45	2. 82	3. 09	1. 22
2010	12. 10	7. 66	10. 92	8. 27	5. 14	5. 08	3. 62	2. 99	6. 92	2. 99	3. 29	1. 34
2011	12. 25	7. 71	10. 79	7. 78	5. 27	4. 46	3. 76	2. 87	6. 97	2. 87	3. 66	1. 36
2012	12. 66	8. 31	10. 86	7. 96	5. 37	4. 41	3. 72	2. 95	6. 37	2. 95	3. 86	1. 35
2013	13. 21	8. 76	10. 27	7. 60	4. 95	3. 79	3. 57	2. 95	6. 32	2. 95	3. 64	1. 49
2014	13. 48	9. 55	10. 69	7. 99	4. 87	3. 71	3. 58	3. 16	6. 43	3. 16	3. 61	1. 38
2015	14. 17	11. 36	11. 02	8. 84	4. 03	3. 91	3. 38	3. 55	6. 40	3. 55	3. 46	1. 47
2016	13. 77	10. 79	10. 91	8. 83	3. 97	4. 11	3. 18	3. 56	6. 41	3. 56	3. 24	1. 51
2017	14. 25	10. 82	10. 62	8. 71	3. 99	3. 99	3. 28	3. 84	6. 37	3. 84	3. 70	1. 57
2018	14. 80	11. 17	10. 63	8. 70	4. 12	3. 80	3. 36	3. 92	6. 44	3. 92	3. 88	1. 57

资料来源：根据 Uncomtrade 数据库整理计算得出。

另一方面，中国在数字贸易领域的快速发展推动了全球贸易转型。目前各国对数字贸易尚未形成统一的认识，数字贸易强调的是信息通信技术在促成传统货物和数字化服务（Digitally-enabled service）高效率交换方面的作用，故数字贸易的对象包括在电商平台交易的传统货物和通过互联网传递的数字产品、信息和数据等。我国电子商务虽然起步晚，但是发展迅速，目前我国电子商务市场规模稳居全球第一。2018 年我国电子商务零售

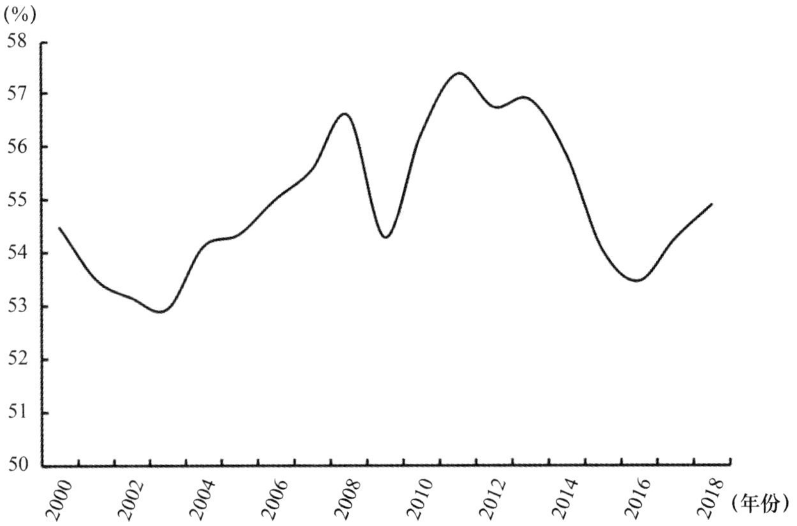

图 11 - 3　全球中间品贸易占总贸易比重（2000—2018 年）

资料来源：根据 Uncomtrade 数据库计算整理得出。

额为 1.1 万亿美元，位居全球第一，约为美国的 2 倍，[①] 2019 年预计可达到 1.99 万亿美元，占我国零售总额比重为 35.3%，占全球的比重为 55.8%[②]。在国内电商快速发展的推动下，近年来，我国跨境电商呈现出“爆发式”增长态势，交易规模从 2013 年的 2.9 万亿元迅速增加至 2018 年的 9.1 万亿元，预计 2020 年将达到 12.7 万亿元（见图 11 - 4）。跨境电商交易额占货物贸易的比重不断上升，从 2013 年的 11.23% 上升到 2019 年的 34.24%，根据阿里研究院的预测，2020 年这比重将接近 40%。而且，跨境电商平台强大的基础设施降低了国际贸易门槛，使得海量中小企业拥有同大企业相同的能力，将产品销售到全球各地。2011 年以来，在跨境电商平台注册的企业中，中小企业与个体户数量占比超过 90%。可见，中小企业已经成为中国对外贸易的新主体。

① CONGRESSIONAL RESEARCH SERVICE, *Digital Trade and US Trade Policy*, Congressional Research Service, 2019.

② E-marketer, China to Surpass US in Total Retail Sales, 2019. https://www.emarketer.com/content/china-to-surpass-us-in-total-retail-sales.

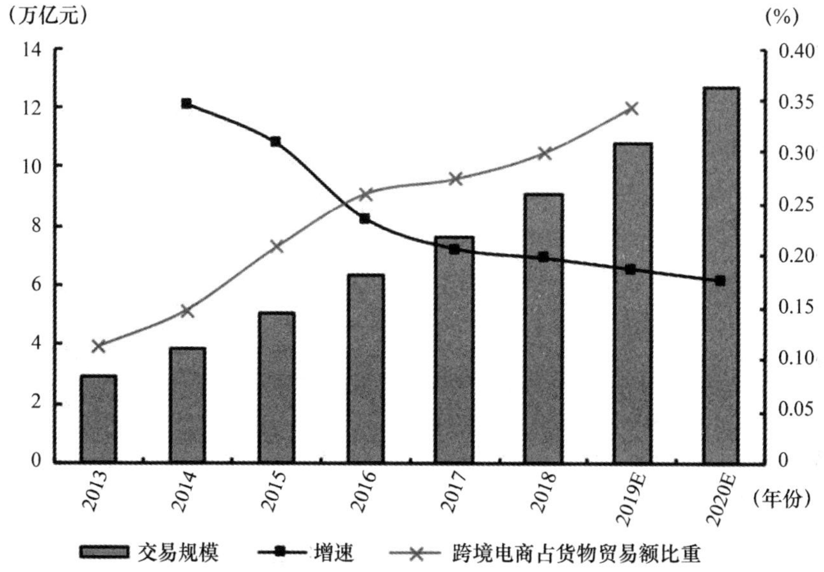

图 11－4　中国跨境电商交易及增速（2013—2020 年）

资料来源：根据艾媒咨询《2019 中国跨境电子商务发展趋势专题研究报告》和商务部公布的数据整理得出。

另外，虽然较之美国、英国，我国的数字化服务贸易规模较小，但发展迅速。UNCTAD 数据库的数据显示，2009—2019 年我国数字化服务出口规模从 273.44 亿美元增长至 1435.48 亿美元，年均增速高达 18.08%，在全球数字化服务出口中的比重从 1.57% 攀升至 4.5%（见图 11－5）。鉴于我国拥有良好的数字经济发展基础，截至 2019 年 3 月，我国互联网用户规模达到 8.29 亿人，跨境数据流动带宽居全球前 6，[①] 拥有 4 亿多中等收入群体，未来数字化服务出口比重有望继续快速上升。因此，中国跨境电子商务和数字化服务贸易的快速发展，有力推动了全球贸易转型。

三　中国经济发展是全球治理走向民主化的重要力量

中国经济规模的快速上升，是世界经济多极化的历史必然，也是全球

① 资料来源：Mckinsey Global Institute，*China's Digital Economy-A Leading Global Force*，Discussion Paper，2017。

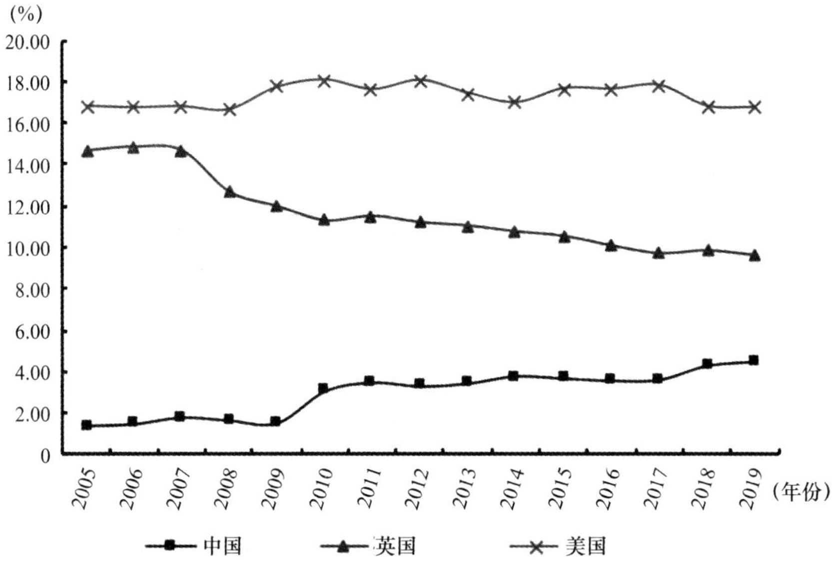

图 11－5　中、美、英三国数字化服务出口占全球数字化服务总出口比重

资料来源：根据 UNCTAD 数据库整理得出。

经济治理体系从霸权治理走向民主治理的重要经济基础。经过多年的快速发展，以中国为代表的一些新兴经济体和发展中国家的经济地位和国际影响力持续提升，使得国际经济格局进一步朝着多极化方向发展。国际经济格局的显著变化，使得国际公共品只能由某一个国家单独提供的时代一去不复返了，事实上一个国家也无法为每个国家提供满意的公共品，就连处于鼎盛时期的美国所构建的布雷顿森林体系同样广受诟病。全球公共品的供给应当是所有国家共同的责任，只是这个责任的承担因各国经济社会发展程度的不同而有所差异而已。因此，全球贸易治理改革应当是，也只能是从这个最重要的经济事实出发；中国应当是，也只能是在这个历史客观必然性中发挥自己的作用，推动全球贸易治理体系走向更进一步的民主化改革。

中国在自己成为全球化受益者的经验中，也充分认识到市场机制的扩大并不能解决所有的发展问题，中国自身经济发展不平衡和曾经存在几千万贫困人口就是一个事实。因此，中国致力于全球贸易体系改革的一个重要任务就是要为纠正不平等、不均衡、不能互利共赢的贸易秩序而努力。中国提出“人类命运共同体”的概念，不是一句空洞的口号，它的实践依据就是国际秩序的民主化和国际经济交往的互利共赢，简单说，民主与公平就是人类命运共同体的真实内容。“一带一路”倡议是构建人类命运共同体的范例。首先，共建“一带一路”为消除当前全球治理赤字提供了解决方案。全球治理赤字主要源于公共产品的供需结构性不匹配，具体表现在一方面是国际公共产品的供给和需求不匹配，另一方面是公共产品提供在全球性和区域性之间的矛盾。这种供需不匹配矛盾在很大程度上可通过中国同沿线国家的共商、共建的方式来解决。例如，中国发起建立的亚洲基础设施投资银行和丝路基金，有效弥补了亚洲发展中国家在基础设施投资领域的巨大缺口，改善了它们的基础设施条件，为它们更好地融入世界经济奠定了基础。其次，共建“一带一路”重塑了沿线国家经济地理。由于远离全球三大分工网络，沿线的一些亚非拉国家被排除在全球生产分工体系之外。“一带一路”基础设施互联互通建设，增强了沿线国家之间及沿线国家同三大分工和生产网络之间的联系，在很大程度上促成了沿线国家融入全球产业链、价值链和供应链，拓展了全球经济地理范围。

第三节　多边体制暨世界贸易组织改革的方向与目标

一　维护全球多边体制的基本原则

维护全球多边贸易体制，即维护世界贸易组织在全球贸易治理体系中的主导地位，就是践行国际经济关系民主化的基本出发点和现实基础。这主要包括：第一是维护 WTO 非歧视原则。该原则使得广大发展中国家从被迫卷入世界市场向积极主动参与国际分工转变，促进了其贸易和经济增长。1995—2018 年，全球货物贸易额从 10.41 万亿美元跃升至 39.28 万亿美元。同期，发展中国家在全球货物贸易中的比重从 28.23% 增加到 43.26%。[①] 通过积极参与国际分工，发展中经济体经济增速明显高于发达经济体增速，两大经济体之间的收入差距有所收敛。按照汇率计算人均收

① 资料来源：根据 UNCTAD 数据库整理计算得出。

入，WTO 成员间基尼系数从 1995 年的 0.76 下降至 2015 年的 0.63，按 PPP 计算则从 0.58 下降至 0.47。[①] 第二是维护 WTO 的“特殊与差别待遇”（Special and Different Treatment）原则。该原则充分考虑到发展中国家与发达国家之间的发展差异，赋予发展中国家一些特殊权利，并要求发达国家履行给予发展中国家优惠的义务。该原则为发展中国家能够平等参与全球经济提供了重要制度保障，体现了多边贸易体制的包容性和对实质平等的追求，有利于推动全球经济朝着更加包容、开放、普惠、平衡和共赢方向发展。第三是维护 WTO 的争端解决机制。争端解决机制为维护多边贸易体制的稳定与权威性起到了关键作用，正如首任 WTO 总干事雷纳多·鲁杰罗指出：“如果不提及争端解决机制，任何对 WTO 成就的评论都是不完整的。”[②] 争端解决机制运行 20 多年来，在解决 WTO 成员贸易摩擦和争端方面扮演着至关重要的角色，越来越多的发展中成员诉诸该机制成功维护了自身权益。总之，世界贸易组织成立的包容性原则、民主化原则及其在 20 多年中的实践成果弥足珍贵，应当保持和发扬。

二　落实在多边体制基础上的重要改革议题

（1）全球贸易治理除了要继续在扩大市场机制方面进行努力，例如继续推动贸易和投资自由化、继续降低关税和废除非关税壁垒等阻碍贸易自由化的因素，全球贸易治理还应当关注发展水平较低的国家，关注贫困人民和群体。当前，全球生产分工从未实现真正意义上的全球价值链的生产与交换，而更多地表现为区域链。那些远离东亚、西欧和北美区域链的国家和地区（如非洲、拉丁美洲）因轻度参与或没有参与全球价值链分工而变得愈加贫困。据世界银行统计，按照每天生活支出低于 1.9 美元（2011 年 PPP）计算，尽管较 1990 的 18.99 亿人有了明显的下降，2015 年全球仍有 7.37 亿极端贫困人口。同期中国贫困人口从 7.52 亿人下降至 1000 万人，为全球减贫做出了巨大贡献。然而，同期撒哈拉以南的非洲极端贫困人口不但没有下降反而上升，从 2.78 亿人增加至 4.13 亿人。[③] 庞大的贫

---

① 卢锋、李双双：《多边贸易体制应变求新：WTO 改革新进展》，《学术研究》2020 年第 5 期。

② 宋永明：《WTO 的由来与运作》，中国财政经济出版社 2001 年版，第 150 页。

③ 资料来源：http：//povertydata. worldbank. org/poverty/region/SSF。

困人口规模，使得实现联合国消除贫困目标仍有很长的路要走。所以全球贸易治理应当有更多的公共品惠及这些人群，应当有更多这方面的发展和援助议题和共同行动。例如，鉴于中国在脱贫方面取得的巨大成就，中国扶贫经验和做法值得广大发展中国家学习与借鉴。除了关注贫困问题外，全球贸易治理还需要关注与贸易有关的生态环境问题。发展中国家通过参与国际分工来促进其经济增长的同时，也因出口大量资源密集型初级产品和接纳发达国家污染密集型产业的转移，面临生态破坏和环境污染的严峻挑战。因此，应当加强国际合作，推动发达国家防污、治污先进技术和经验向发展中国家转移，以平衡其经济增长与环境保护。

（2）鉴于2020年全球面临新型肺炎疫病流行的共同挑战，全球贸易治理应当引入应对突发公共卫生紧急事件的全球治理议题和措施。突如其来的新冠肺炎疫情导致全球各国相继采取封城、封航、封国等一系列措施，对全球产业链和供应链造成严重冲击。疫情对全球供应链的冲击可以分为两个阶段：在第一阶段，全球疫情暴发的早期，中国的停工、停产一方面使得中国国内供应链遭受极大冲击，如根据全球最大的商业平台Tradeshift的统计分析，2020年2月16日开始的一周，本土企业间的订单下降了60%，另一方面使得中间品（如汽车零部件）出口延期，从而导致国外下游企业生产陷入瘫痪。例如，因来自中国汽车零部件供给中断，日本汽车不得不暂停九州工厂首条生产线；在第二阶段，在中国抗击疫情取得关键性胜利时，欧美国家却成为疫情的“震中”，这一方面使得中国一些企业因境外中间品供给短缺而陷入能复工但不能复产的尴尬局面，另一方面使得中国出口因海外需求萎缩而遭到较大冲击。同时，疫情的全球肆虐暴露了当今全球供应链的脆弱性，一些发达国家和跨国公司意识到战略性产业供应链回归本土的重要性。例如，日本计划从经济刺激计划中拿出2200亿日元将日资企业的生产线搬回日本本土。因此，全球贸易治理体系应当考虑全球产业链和供应链的安全与稳定，考虑在突发紧急事件情况下，各国的协作和共同应对措施，对各国保障产业链、供应链安全的国家战略以及跨国公司保障自身供应链安全的方案进行评估并提出不违背贸易投资自由化原则的边界。

（3）设立以网络信息技术应用为基础的服务贸易、数字贸易新议题，构建新规则。近年来，快速发展的数字服务贸易、数字贸易已经成为推动国际贸易发展的新动力。特别是2020年新冠肺炎疫情改变了人们的生产生活方式，催生了“非接触型经济”，使得数字贸易在全球范围内发展提速。然而，WTO并没有针对数字贸易出台专门的规则，仅仅在WTO框架下的一些协议文本及其附件中做了相关规定，但是随着数字经济和数字贸易的快速发展，这些规定已经远远落后于实践。各国立足自身利益和数字贸易发展情况，竞相争夺数字贸易规则制定的主导权。例如，美国凭借其作为全球互联网和数字技术最为发达的国家，在数字技术上具有绝对的垄断优势，极力主张允许数据跨境流动、数据存储非强制本地化、不得强制公开源代码，这些核心主张集中体现在美墨加协定（USMCA）的数字贸易章节中。而中国在电子商务方面具有绝对优势，因此更加注重推动跨境货物贸易便利化、强化微观主体从事电子商务信息等的相关规则。[①] 同时，中国国内法关于数据存储本地化、开放代码源及对加密技术的限制等要求与美国核心诉求存在较大的分歧。事实上，除了中国，巴西、俄罗斯、印度、印度尼西亚等60多个国家均对数字本地化存储作了不同程度的要求。可见，数字贸易规则的制定已经成为新一轮国际贸易规则竞争的焦点。数字贸易规则的制定，一方面既要体现市场机制扩张的需要，也要体现各国保障自身安全的需要，提出处理二者关系的原则和基本边界。另一方面既要借鉴以美国为代表的欧美国家主张的合理成分，又要考虑到各个国家在数字贸易方面发展的差异，尽可能协调各方面的利益，推动数字贸易规则朝着满足大多数成员利益方向发展。

（4）全球多边贸易治理虽然缺乏强制执行机制，但应当设立道义奖惩机制，在世界贸易组织中应当有明确的道义奖惩条约。由于全球层面缺乏一个具有强制力的联合政府，全球多边贸易秩序的维护是通过国家间友好协商和谈判的方式来实现。通过这种方式来维持国际贸易秩序，某一成员国家因采取以邻为壑的单边主义行径很难受到强制性惩罚，即便具有“国际贸易最高法院”之称的上诉机构所做出的最严厉的惩罚，也只不过是授权利益受损方采取对等报复措施而已。因此，WTO其他成员除了积极利用国际规则对采取单边主义、保护主义并一意孤行的成员进行反击外，还要

① 周念利、陈寰琦、黄建伟：《全球数字贸易规制体系构建的中美博弈分析》，《亚太经济》2017年第4期。

联合起来对该成员给予明确而又严厉的道义谴责，而对于遵守世界贸易组织规则的成员应当给予道义支持和褒奖。

第四节　完善多边主导、双边区域安排重要补充的全球贸易治理体系

一　多边主导，多双边区域安排补充，而不是相互替代

全球多边贸易体制的建立并不排斥各成员自愿结合的双边以及区域性贸易自由化安排，相反，在全球多边贸易体制主导下和样板参照下建立的各种双边以及区域性贸易自由化安排与全球多边贸易体制共同构成了当今现实的全球贸易治理体系。各种双边以及区域性贸易自由化安排也为完善全球多边贸易体制提供了新的活力和经验，并成为全球贸易治理体系的重要补充。尽管如此，全球多边贸易体制依然是不可替代的，它为所有成员提供公共品，能够提供这样公共品的国家并不多。美国经济学家金德尔伯格（Kindleberger）说，这样的国家必须具有霸权国家的所有属性，[①] 尽管他主观上存在为美国称霸世界提供借口之嫌，但是客观上也说明了这种全球性的公共品不是一般国家能够提供的。同时，公共品提供避免不了“搭便车”问题，更打消了一些国家提供这种公共品的意愿。对全球性公共品的共同需求，是全球多边贸易体制持续存在的顽强生命力所在。双边和区域贸易治理结构提供的是区域成员共同需要的区域公共品。区域内成员数量相对较少，产生“搭便车”现象会少些，加上它们间的经济联系更加紧密，故而它们提供区域公共物品的意愿更加强烈些。这使得一些成员转向区域合作以实现其经济利益目标。20 世纪 90 年代以来，每年新增的区域贸易协定数明显增加，截至 2020 年 6 月，全球累计生效的区域贸易协定数多达 304 个（见图 11－6）。

尽管全球多边贸易治理体制和区域贸易治理结构都存在明显的不同，如前者提供全球公共品，维护全球贸易秩序，而后者提供区域公共品，维护区域贸易秩序，但是二者追求的根本目标和遵循的原则是一致的，只是

---

① KINDLEBERGER C., *The World in Depression, 1929－1939*, Berkley University of California Press, 1973.

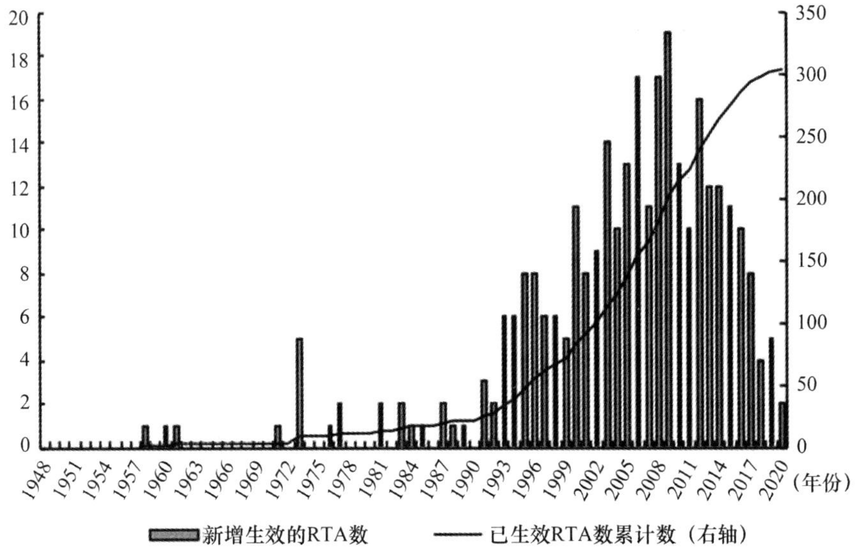

图 11－6　全球区域贸易协定发展情况（1948—2020 年）

资料来源：根据 WTO 的 RTA 数据库整理得出。

注：统计数据截止到 2020 年 6 月 30 日。

在不同的区域范围内朝着相同的根本目标前进而已。因此，二者之间不存在绝对的难以逾越的界限，通常是相互促进、相互补充的关系。一方面，区域贸易自由化安排通常是建立在全球多边贸易治理体制的规则制度之上的。GATT 第 24 条第 5 款规定“关税同盟或自由贸易区的目的应是为便利成员领土之间的贸易，而非提高其他成员与此区域性组织之间的贸易壁垒”“参与方应在最大限度内避免对其他 WTO 成员的贸易造成不利影响”。这意味着区域贸易协议提出的标准高于 WTO 现有协议中做出的承诺。在这些高标准中，有许多是建立在 WTO 规则之上的条款，称之为 WTO-plus 条款。例如，工业品和农产品减让程度超过在 WTO 下已经做出的承诺。[①] 另一方面，区域贸易治理推动全球多边贸易治理体制不断完善。区域贸易协定一般在地缘政治、经济发展水平接近或者经贸利益互补性强的国家和地区间进行，因此能够较容易协调各个成员的立场和利益，使得成员在多

① 叶斌：《欧盟贸易协定政策的变化和影响——法律的视角》，《欧洲研究》2014 年第 3 期。

边体系下达不成的协议，能够在小范围内得以实现。这些协议在贸易、投资以及金融便利化程度方面，往往高于多边体制下的水平，在一定程度上能够激励区域外的成员采取类似的举措或行为，从而推动了多边贸易体制的发展。例如，APEC 在推动 WTO 通过《信息技术协议》（ITA）方面发挥着重要作用。此外，尽管日益增加的区域贸易协议使得“意大利面碗效应”现象突出，但是有很多国家因同时参与多个区域贸易协定而成为连接不同区域组织间的桥梁，从而推动了多边贸易谈判与合作。因此，鉴于全球多边贸易体制和区域贸易结构具有相同的根本目标、存在相互促进的关系，应当允许和鼓励二者共同发展、融合发展，并鼓励和支持两者建立联络和交流机制。

二 鼓励区域安排的开放性，反对区域安排的排外性

但不可否认的是，区域性的自由贸易大多具有封闭性和排外性特征。区域贸易协定使得区域内部的各个成员之间相互减免关税和非关税壁垒，促进了货物、服务和资本、人员等生产要素的自由流动，而对于区域外的非成员国给予不同程度的关税减免或者干脆不给予这种优惠。这种对于区域内和区域外成员提供不同待遇的行为，违背了 WTO 的非歧视原则。由于区域性自由贸易目的是为实现在多边体系下无法实现的高度贸易自由化，封闭性和排外性特征理当不应该是其本应具有的特征。只要区域外成员愿意接受区域贸易规则，那么区域性自由贸易对外保持开放有利于区域内成员和多边贸易体制的发展。一方面，市场范围的扩大和更大范围的生产要素自由流动有利于区域内成员的经济发展。另一方面，当区域贸易规则被越来越多的外部成员所接受时，区域自由贸易的范围将不断扩展，这有助于多边贸易体制向更深层次发展。因此，区域性贸易自由化应当鼓励采取基于区域成员，但不限于该区域的开放式安排取向；旗帜鲜明地反对以区域安排的借口和方式实行排外和变相的保护主义；尤其应当反对以区域安排来拉帮结派，搞小圈子，以遏制经济全球化发展潮流的图谋。

第五节 结论与启示

第二次世界大战以来，以规则为基础的多边贸易体制为全球贸易运行

的稳定性和可预见性做出了重大贡献，从而极大地促进了全球经济和贸易的增长，加速了经济全球化进程。以全球多边贸易体制为基础、为主导的全球贸易治理体系既有持续存在的顽强生命力，也具有改革的历史必然性。今天，中国在全球经济贸易中的地位已经发生历史性变化，中国应当对全球经济治理承担更大的历史性责任，为全球贸易治理体系的改革和完善作出更多的贡献。中国对全球贸易治理秉持的基本立场是："我们要站在历史正确的一边，坚持多边主义和国际关系民主化，以开放、合作、共赢胸怀谋划发展，坚定不移推动经济全球化朝着开放、包容、普惠、平衡、共赢的方向发展，推动建设开放型世界经济。"① 由此结论出发我们还可以得到如下启示：

1. 经济全球化潮流不可逆转

经济全球化是生产力和科学技术发展的必然结果，是不可逆转的历史发展大势。服务贸易增速明显高于货物贸易增速，流入中国和一些东盟国家的 FDI 仍呈小幅上升趋势，运输与仓储服务业、金融服务业等服务业的 FDI 呈明显上升趋势，跨境数据流量的爆发式增长，区域贸易协定数量不断增加以及航空和高铁更加普及等事实均释放出经济全球化向前发展的积极信号。

2. 以全球产业链、价值链、供应链、服务链为基础的世界生产方式和分配方式及其世界经济体系决定了世界仍需要全球多边贸易体制以维持国际经济贸易秩序

以往的国际贸易治理体系是由美国主导构建的，主要反映的是以美国为首的发达国家在国际贸易方面的利益与诉求。尽管美国因霸权地位的削弱而对霸权治理方式力不从心，但是它企图以削弱全球多边贸易体制和推行一些由它主导并维护其利益的区域贸易安排的方式极力维护其霸权治理。这是违背历史潮流的，不符合广大发展中国家群体性崛起并要求全球贸易治理进一步民主化发展的利益与诉求。因此，维持全球多边贸易体制不仅仍然必要，而且其生命力需要民主化改革加以强化。

3. 中国在全球贸易治理体系中的地位正在发生历史性变化

中国一开始是多边贸易规则的学习者和遵守者，继而逐渐成为该规则

① 习近平：《在政协经济界委员联组会上的重要讲话》，《人民日报》2020 年 5 月 24 日第 1 版。

的捍卫者和建设者。随着中国在全球经济贸易中地位的明显改变以及全球经济多极化力量的发展，在全球贸易治理体系向民主化改革方向前进的大潮流中，中国的方案和声音已经成为这个民主改革潮流的推进者和引领者。

4. 全球多边贸易体制和双边、区域贸易自由化安排应当共同存在、相互促进

全球多边贸易体制和双边、区域贸易自由化安排的根本目标是一致的，只是在不同的区域范围朝着这个目标迈进。一方面，全球多边贸易体制是区域贸易自由化安排的基础，并为双边、区域贸易安排提供参照。另一方面，双边和区域贸易自由化安排也为全球贸易治理体系提供新的活力和新的经验，进而推动全球多边贸易体制的改革和完善。因此，应当允许和鼓励二者之间相互借鉴、共同发展；国际社会也应当呼吁双边、区域贸易自由化安排，应当朝着更广泛开放、更具有包容性的方向前进。

第十二章　习近平开放发展理念是中国共产党百年对外开放观的继承发展

中国开放型经济理论是中国特色社会主义理论体系的组成部分，它是中国共产党百年理论创新在对外开放领域的重要成果。中国共产党的先进性有种种因素，其中一个重要因素就是她不仅牢牢扎根中华民族深厚的历史文化传统，而且还包容、吸收和消化世界上的一切先进事物。中华民族几千年的历史纵深感和海纳百川的全球视野，使她站到了人类思想文化的巅峰，梳理中国共产党百年对外开放观的演进，是深刻认识习近平开放发展新理念继承与创新关系的必要功课。

第一节　中国共产党百年对外开放观的历史脉络

一百年来中国共产党之所以能代表先进文化发展的方向，在于她不仅立足本来，而且善于吸收外来，面向未来。

一　怎样吸收消化外来先进思想文化

1895 年由清王朝主宰的庞大而衰老的中华封建帝国在甲午战争中惨败，被中国封建士大夫视为蕞尔小邦的日本成为亚洲霸主，极大地刺激了中国知识分子和思想界。越来越多只懂四书五经的读书人睁眼看世界、吸收外来的思想文化，向西方寻找真理。这是一个觉醒的年代，一批先进的读书人开始批判几千年在中国思想文化领域奉为经典的儒家学说及其封建政治制度，并饥渴地介绍、传播和吸收来自日本和欧美的民主政治制度和理论学说。

新文化运动打击和动摇了封建正统思想的统治地位，打开了科学与民主的大门，为中国思想界引进了新鲜空气，为马克思主义在中国的传播创造了有利条件，为中国先进分子吸收消化外来先进思想文化积累了新的经验和教训。新文化运动直接点燃了“五四”爱国运动的导火线，一大批青年知识分子以救国救民、改造社会为己任，纷纷撰写文章、创办刊物或成立社团，介绍、传播和研究国外各种新思潮，鼓吹新思潮的刊物如雨后春笋般涌现，达400多种。在新思潮和新学说中，各式各样的社会主义学说扑面而来，依照各种社会主义学说的改造社会的方案也纷至沓来。但是这些学说和方案都是空想社会主义和改良主义，并没有提出能够实现改造中国社会的真实途径。十月革命一声炮响，给中国送来了马克思主义，送来了实现社会改造现实途径的经验。马克思主义高度的科学性和革命性强烈地吸引了越来越多的中国先进分子，涌现了以李大钊、陈独秀为代表的早期马克思主义者。他们在与胡适的“问题”与“主义”的论争、与张东荪、梁启超等的社会主义是否符合中国国情的论争、与无政府主义的论争中，得出了三个最重要的结论：马克思主义可以适用于中国国情；中国的出路只能是社会主义；要实现中国社会改造，必须建立中国共产党。这个阶段中国社会的觉醒，为中国共产党诞生，提供了必要的思想准备和队伍准备。因此中国共产党的诞生，既是中国社会近代生产力发展和无产阶级登上历史舞台的客观要求，也是外来的马克思主义理论和苏联十月革命经验直接催生的结果。

在共产国际指导下，1921年7月中国共产党召开了第一次全国代表大会，确定了党的名称、通过了党的章程，选举了党的中央领导机构。党的一大通过的纲领是夺取政权、实行无产阶级专政、消灭社会阶级区分。①但是，怎样用马克思列宁主义来指导中国革命的实践行动，早期的共产党人并没有成熟的答案。马克思揭露了资本剥削的秘密，分析了资本主义生产方式的内在矛盾和社会主义革命的历史趋势，列宁分析了资本主义最高阶段即垄断资本主义的经济特征，以及资本主义经济政治发展不平衡的规律，提出了社会主义革命可以在一个国家首先胜利的理论。但是中国社会

---

① 中共中央党史研究室：《中国共产党历史》（第1卷1921—1949，上册），中共党史出版社2002年版，第68页。

的现实与马克思、列宁关于资本主义社会的理论分析有巨大的差距，年幼的中国共产党需要依据马克思主义理论的立场和基本观点回答两个基本问题，第一、中国应当进行什么样的社会革命？第二、怎样进行这样的社会革命？第一个问题要求中国共产党人创立中国化的马克思主义政治经济学理论来回答；第二个问题要求中国共产党人创立中国化的马克思主义政治理论、军事理论来回答。

毛泽东根据马克思主义历史唯物主义和政治经济学原理科学分析了中国社会各阶级的经济状况及其政治立场，分析了中国社会的性质和主要矛盾，指出了中国革命的对象、中国革命的动力、中国革命发展的不同阶段以及与此相对应的中国社会经济政治发展的阶段性特征，创立了新民主主义政治经济学和新民主主义理论，实现了马克思主义政治经济学在中国的创造性发展，成为指导中国新民主主义革命的基本理论。毛泽东“山沟里的马克思主义”还突出表现在回答中国革命武装斗争道路的具体途径，创造性地发展了中国化的马克思主义军事理论和政治理论。毛泽东认为俄国十月革命采取的城市工人、士兵的武装暴动不适合中国国情，中国革命武装斗争应当走农村包围城市、不断扩大红色政权割据并开展统一战线的道路，从而把中国革命的三大法宝，党的领导、武装斗争、统一战线科学化、具体化了。

在不同时期，毛泽东都十分重视研究和总结中国共产党学习吸收和运用马克思列宁主义的经验教训，为中国共产党和中华民族怎样吸收消化外来先进思想文化提供了科学指导。首先他强调学习的根本任务是掌握马克思主义的立场、观点和方法。针对以往我党教条主义的历史教训，强调指出“我们的学说不是教条而是行动的指南”，但是一些同志“偏偏忘记这句最重要最重要的话”。① 什么是党的行动，他联系了党的宗旨和任务，说明掌握马克思主义的立场就是要把马克思主义学说与中国共产党的宗旨与任务密切联系，这就是我们的立场。马克思主义的基本观点就是辩证唯物主义和历史唯物主义，基本的方法论是唯物辩证法，这是马克思主义的精髓，是学习和吸收的主要内容，而不是教条式地重复马克思主义经典作家的个别词句，因此创造性的发展是马克思主义理论的自身逻辑。“要分清

---

① 《毛泽东选集》第3卷，人民出版社1991年版，第820页。

创造性的马克思主义和教条式的马克思主义”,① 他坚决反对党在幼年时期曾经流行过把马克思主义教条化、把苏联经验绝对化和共产国际指示神圣化的错误倾向，提出了马克思主义在中国具体化，使之在其每一表现中必须带有中国特性的主张,② 后来，他进一步把马克思主义中国化解释为学习与独创的结合，他说，“学习有两种方法：一种是专门模仿；一种是有独创精神，学习与独创结合。”③ 他还阐明了继承的必要性与发展的必要性关系，“马克思这些老祖宗的书，必须读，他们的基本原理必须遵守，这是第一。但是，任何国家的共产党，任何国家的思想界，都要创造新的理论，写出新的著作，产生自己的理论家，来为当前的政治服务，单靠老祖宗是不行的。”④

其次，他强调学习吸收马克思主义要从中国的实际出发、理论联系实际。所谓实际这里包含三个方面，第一是中国的基本国情。从内部看，有中国各地区、各民族的人口、资源、自然环境和风土人情、风俗习惯（包括宗教信仰）等的状况。但主要是指中国社会的性质，包括社会的经济结构和上层建筑，社会的主要矛盾和其他矛盾及其特点，社会的阶级阶层结构和社会各阶级阶层的经济地位、政治态度及其相互关系，等等。同时，也是指当前运动、当前工作的特点及其规律性；经济、社会、政治、军事、文化、党务各方面的动态；等等。从外部看，还要考虑中国所处的时代条件及其特点，考虑它在整个国际格局中所处的地位，考虑它与世界上各种力量的关系，等等。科学认识和把握上述情况，是正确理解和处理中国革命和建设问题、进行理论创新的基础和前提。第二主要是指中国人民革命和建设的具体实践以及在这种实践的基础上所积累的经验。他说：“在抗日战争前夜和抗日战争时期，我写了一些论文，例如《中国革命战争的战略问题》、《论持久战》、《新民主主义论》、《〈共产党人〉发刊词》，替中央起草过一些关于政策、策略的文件，都是革命经验的总结。

---

① 《毛泽东文集》第 2 卷，人民出版社年 1993 年版，第 373 页。

② 《毛泽东选集》第 2 卷，人民出版社 1991 年版，第 534 页。这是毛泽东在 1938 年 10 月党的六届六中全会上在《抗日民族战争与抗日民族统一战线的新阶段》（11 月在《解放》第 57 期发表时，题为《论新阶段》）中提出来的。

③ 《毛泽东文集》第 7 卷，人民出版社 1999 年版，第 366 页。

④ 《毛泽东文集》第 8 卷，人民出版社 1999 年版，第 109 页。

那些论文和文件，只有在那个时候才能产生，在以前不可能，因为没有经过大风大浪，没有两次胜利和两次失败的比较，还没有充分的经验，还不能充分认识中国革命的规律。”[①] 只有科学总结正反两方面的经验教训，才能吸收消化马克思主义理论，才可能在此基础上进行新的理论创造。第三是指中国的历史文化。包括中国社会的经济史、政治史、军事史以及中国人民在这个过程中所积累的阶级斗争、生产斗争等方面的经验，也包括国家治乱兴衰的教训，等等。这里所说的文化，主要是指从事理论创造必须批判地加以继承的优秀文化遗产，必须有选择地加以利用的以往的思想遗产。1943 年 5 月，中共中央在一个决定中就明确提出了，要使得马克思列宁主义这一革命科学更进一步地和中国革命实践、中国历史、中国文化深相结合起来的发展方向，成为推进马克思主义中国化的一个重要条件。

最后，他强调把调查研究作为理论与实际相联系的中间环节。进行调查研究，就是向实践学习、向群众学习的过程。只有经过调查研究这个中间环节，我们才能把马克思主义和中国实际正确地结合起来，从而“创造新的理论”。脱离实际，闭门造车，或者简单抄袭外国经验，必然产生主观主义的错误。毛泽东把主观主义作为共产党的大敌加以反对，他在延安整风中要求：“在全党推行调查研究的计划，是转变党的作风的基础一环。”[②] 在总结“大跃进”教训时他又说，“过去这几年犯错误，首先是因为情况不明”，“不做调查研究了”。为了解决问题，就“要做系统的由历史到现状的调查研究”。[③]

中华人民共和国成立以后，党的历代领导人对怎样认识外来思想文化都有不少重要论述，但从一个宽广的视角，在世界和中国的大历史中去观察认识当代中国哲学社会科学的是习近平。2016 年 5 月 17 日他在哲学社会科学座谈会上的重要讲话，是当代中国哲学社会科学发展的顶层设计，是马克思主义的经典文献。在认识和总结中国吸收消化外来思想文化问题方面，[④] 他首先指出：从洋务运动到新文化运动，中国人开始用现代社会科学方法研究中国社会问题是由于西方哲学社会科学被翻译和引进；但

---

① 《毛泽东文集》第 8 卷，人民出版社 1999 年版，第 299 页。

② 《毛泽东选集》第 3 卷，人民出版社 1991 年版，第 802 页。

③ 《毛泽东文集》第 8 卷，人民出版社 1999 年版，第 253—254 页。

④ 《习近平在哲学社会科学工作座谈会上的讲话》，《人民日报》2016 年 5 月 19 日第 2 版。

是，十月革命一声炮响，给中国送来了马克思列宁主义。许多进步学者运用马克思主义进行哲学社会科学研究。在长期实践探索中，产生了一大批名家大师，他们进行了开拓性努力。可以说，当代中国哲学社会科学是以马克思主义进入我国为起点的，是在马克思主义指导下逐步发展起来的。其次，当代世界范围内思想文化的新形势是交流交融交锋。中国哲学社会科学的目标和任务是加快建设社会主义文化强国、增强文化软实力、提高我国在国际上的话语权。当代中国伟大的社会变革，没有现成的教科书，中国哲学社会科学要构建新理论，形成独立的、充分体现中国特色、中国风格、中国气派的学科体系、学术体系、话语体系。最后，中国哲学社会科学发展的总体思路是立足本来、吸收外来、面向未来，借鉴国外，挖掘历史、把握当代，关怀人类。要融通古今中外各种资源，除了马克思主义的资源和中华优秀传统文化资源外，还要用好国外哲学社会科学的资源，包括世界所有国家哲学社会科学取得的积极成果，使之成为中国特色哲学社会科学的有益滋养。对国外的理论、概念、话语、方法，要有分析、有鉴别，适用的就拿来用，不适用的就不要生搬硬套。不断推进知识创新、理论创新、方法创新。

二　怎样学习和总结别国社会主义经济建设的经验教训

在中华人民共和国成立前夕，毛泽东强调全党工作的中心将从农村转向城市、从军事斗争为主转向生产建设和经济工作为主。他说我们将从过去熟悉的环境和工作转向不熟悉的环境和工作，因此要学习借鉴苏联的经验。在这种学习过程中同时也发展了与苏联和东欧社会主义国家的经济贸易关系。

相对而言，新中国前 30 年我国与西方发达国家处于相互封闭的状态。这与建国前后美国对华政策有极大的关系，新中国不是不愿意，而是外部条件不允许我们与西方国家建立正常的经济贸易关系。新中国要在保持政治独立的前提下发展对外经济贸易关系，只能主要与社会主义国家建立联系。在发展与苏联、东欧社会主义国家的经济贸易关系中，中国获取了资金、技术的援助以及管理企业和国民经济的经验，同时也学习复制了单一公有制和国民经济计划管理的体制机制、国有工商业企业的管理制度和运行机制。

对于中国争取外援并学习别国社会主义经济建设的经验，中国共产党并不是一味盲目的。首先，中国共产党确立的经济建设的基本方针是“独立自主、自力更生”。同时在这个前提下发展对外经济贸易合作。毛泽东说：“我们这类国家，如中国和苏联，主要依靠国内市场，而不是国外市场。这并不是说不要国外联系，不做生意。不，需要联系，需要做生意，不要孤立。”[①] 这个方针成为中国共产党一贯秉持的、毫不动摇的建设理念。

其次，不迷信和盲从苏联的经济发展模式，特别是它的计划经济体制，要探索中国自己的道路。尽管在新中国前30年历史中，苏联的计划体制被我们模仿和运用，但中国共产党领导人，包括毛泽东本人以及中国经济理论界都对苏联经济发展模式提出过质疑和讨论，毛泽东关于按照农、轻、重为序安排国民经济计划的思想、关于商品生产和价值规律的作用、对苏联社会主义政治经济学教科书的评价等理论问题，毛泽东都有许多精辟的论述。同时，中国经济学界也就经济理论有关问题，如两大部类生产、积累与消费的比例关系展开过热烈讨论。这与当时的苏联的经济理论界和西方主流经济学相比，中国人对自己在怎样建设现代化国家问题上的认识都是独到和空前深刻的，从而为20世纪80年代后中国改革开放的思想解放以及所采取的改革开放政策提供了必要的思想基础和政策储备。

三 怎样从发展经贸关系走向建设开放型经济

邓小平在年改革开放初期提出要大胆利用外资，其思想和理论依据来自毛泽东。早在1945年，毛泽东就在中共七大提出：“为着发展工业，需要大批资本。从什么地方来呢？不外两方面：主要地依靠中国人民自己积累资本，同时借助于外援。在服从中国政府法令、有益中国经济的条件之下，外国投资是我们所欢迎的。”[②] 1946年5月中共中央指示山东解放区，在不被垄断、不受控制、互惠互利的前提下，可以与外国商人、政府签订经济合同，吸收外资建工厂、发展交通和贸易。[③] 至于新中国与外国发展

① 《毛泽东文集》第6卷，人民出版社1999年版，第340页。

② 《毛泽东著作专题摘编》，中央文献出版社2003年版，第493页。

③ 《中共中央文件选集》第16册，中共中央党校出版社1992年版，第151—152页。

经济贸易关系，中国共产党的态度早就很明确。1949 年 9 月新政协制订的《共同纲领》就明确规定中华人民共和国在平等互利基础上与各国政府和人民恢复并发展通商贸易关系。旧中国留下来的对外经济贸易底子是非常薄弱的，而且原有的较大对外贸易公司都被帝国主义国家控制，中国民族企业规模都很小。截至 1978 年，全国的进出口贸易总额达到 206 亿美元，是中华人民共和国成立初 1950 年的 18 倍左右。[①]

中国对西方国家的开放是从 20 世纪 70 年代初期开始的。1974 年毛泽东根据世界大势，提出了三个世界划分的理论，这是中国领导人对世界形势的新判断，影响了整个世界，引导了中美建交、中日建交，创造了中国与美国改善关系和发展经济贸易的可能性。从 1972 年至 1977 年，中国连续从西方国家引进了一大批成化纤、化肥、钢铁、石油冶炼等成套技术装备，至 1982 年全部投产，成为 20 世纪 80 年代中国经济发展的重要基础。

20 世纪 80 年代，邓小平对世界形势作出了新的判断，他认为和平与发展是世界的主流，在东西方“冷战”中，局部冲突不可避免，但大的战争威胁不存在。世界潮流是和平发展，要抓住这个难得的历史性机遇搞经济建设，而且有条件搞对外开放。进入 90 年代以后，江泽民、胡锦涛等党的领导人对世界形势的判断是，以美国为首的西方国家，为了扩大跨国垄断资本的全球势力和利益，极力鼓吹和推动贸易自由化，各国从自身的利益考虑也都纷纷参与以西方国家为主导的经济全球化。这个新的世界大潮流给予了中国更大的战略机遇，中国只有把开放的大门开得更大并积极参与经济全球化，才能够赢得更大的开放红利。1993 年 11 月党的十四届三中全会“决定”首次提出了“发展开放型经济”的新理念。党的十五大报告重复了这个提法，自此以后，我国就把扩大对外开放，拓展对外经济贸易关系等活动都与开放型经济相联系，并且不断丰富其内容，不仅使之成为在党和国家重要文献中高频率出现的提法，而且赋予了涵盖生产力和生产关系、经济基础和上层建筑领域的成熟的经济概念和范畴。

从 2001 年 12 月中国顺势而为加入世界贸易组织后，进一步推动了全

---

① 1950 年中国进出口贸易额为 11.3 亿美元，数据来源于国研网：世界贸易组织数据；1978 年中国进出口贸易额数据来源于《中国对外经济贸易年鉴 1986》，中国对外经济贸易出版社 1986 年版。

方位的对外开放，把中国开放型经济建设成功推向更辉煌的新阶段。2013年我国货物进出口总额达到4.16万亿美元，超过美国。这是100多年来发展中国家首次成为世界货物贸易冠军，也是中国继成为全球第二大经济体、最大外汇储备国和最大出口国之后又一大突破。之后，中国在吸收外商投资和对外投资两方面都位居世界第二。中国已经形成了全方位对外开放格局，覆盖了绝大多数产业部门和东、中、西部各区域，形成了完整的全国范围的新体系。

第二节　习近平开放发展理念的时代背景

一　技术变革与新的生产方式的趋势性变化

党的十九大报告指出：中国特色社会主义进入了新时代，这是我国发展的新的历史方位。分析这一新的历史起点是理解习近平对外开放新发展理念的基础。

（一）中国经济正在从高速度增长转向高质量发展

改革开放之后的30多年时间里，中国经济曾高速增长，2012年之前经济增速通常都在8%以上，2012年和2013年中国经济增长速度连续两年降到了7.9%和7.8%。2014年习近平总书记做出了中国经济进入“新常态”的判断，2014年12月中央经济工作会议解释了什么是中国经济新常态，对进入经济发展新阶段的趋势性变化作了系统分析。

由于劳动年龄人口从2012年开始转向负增长和工资增长幅度加大，城镇化呈现减速趋势，大众化、排浪式消费热潮转向个性化、多样化消费，资本回报率趋于下降，出现了产能过剩和企业设备平均利用率下降的现象。中国经济的潜在增长率下降，导致速度“换挡”，从高速转向中高速成为不可逆转的趋势。但是，增长速度换挡并不是新发展阶段的唯一特点，更重要的特点是，新发展阶段将伴随着经济结构的优化和增长动力的转换，这构成了经济高质量发展的主要内涵。从2014年到2018年这5年，中国经济发展的大轨迹已经明显呈现：经济形态正在向更高级、分工更复杂的形态转化、产业结构、需求结构、要素投入结构和能源结构都向更合理的阶段演化，经济发展方式正在转向质量效率型的集约增长，经济发展动力正在转向新动能驱动和新的增长点。技术变革和新的生产力日益成为高质量发展的重要物质基础。生产力发展水平是划分不同时代的基本依据。生产力范畴中，劳动资料是最重要的概念之一。科学技术的发展则是劳动生产力发展的决定性要素，通过改进旧有的劳动资料，创造新的劳动资料，包括新的生产工具、新的资本形式和新的生产要素等，形成新的生产力。

（二）技术变革与新的生产力

1. 以互联网技术为核心的新突破，正在开拓网络经济的新空间，生产的国别界限更加弱化

截至2017年6月，全球网民总数达38.9亿，普及率为51.7%。[①] 更为快捷的移动互联网用户不断增加，截至2017年6月已达77.2亿（全球移动供应商协会数据，GSA）。新一代互联网技术正在不断成熟并得到运用。以物联网、工业互联网、云计算、大数据、人工智能等为代表的第四代信息技术高速发展。从而改变全球范围的生产和消费模式。根据英国《金融时报》网站2017年12月20日文章：一个与众多快递公司相连的大数据平台，每天能处理9万亿条信息，并调动170万名物流及配送人员；中国有数百万家公路运输企业，其中95%都是个体户或小公司，缺乏透明的实时行程信息意味着公路运输的空载率约为40%，与德国美国的10%—15%的空载率差距甚大，但效率提升的潜力也极大。美国苹果公司CEO库克说，自苹果公司进入中国以来，为中国创造了500万个工作岗位，180万中国软件开发商通过AppStore获得了1120亿元人民币收入。[②] 数据信息成为互联网经济的最重要生产要素，数字经济成为与生物经济、地质经济、化学物理经济相对应的新经济形态。研究表明，目前全球22%的GDP与涵盖技能与资本的数字经济紧密相关，到2025年，全球经济总值增量的一半将来自数字经济。[③] 互联网技术的运用和大数据的开发，使生产、流通、消费的链条更加国际化，

2. 机器人和智能制造将极大扩张工业化的版图

机器人替代人工生产已经成为未来制造业重要的发展趋势，中国是世

---

① 中国网络空间研究院编：《世界互联网发展报告2017》，2017。

② 转引自《新闻周刊》2017年12月11日，第13页。

③ 埃森哲战略：《数字化颠覆：实现乘数效应的增长》，2016年1月。

界最大的机器人市场，年度增长见图 12 - 1。机器人的广泛使用，将满足当前生产方式向柔性、智能、精细转变，构建以智能制造为根本特征的新型制造体系已经在全球工业国家中普遍出现。

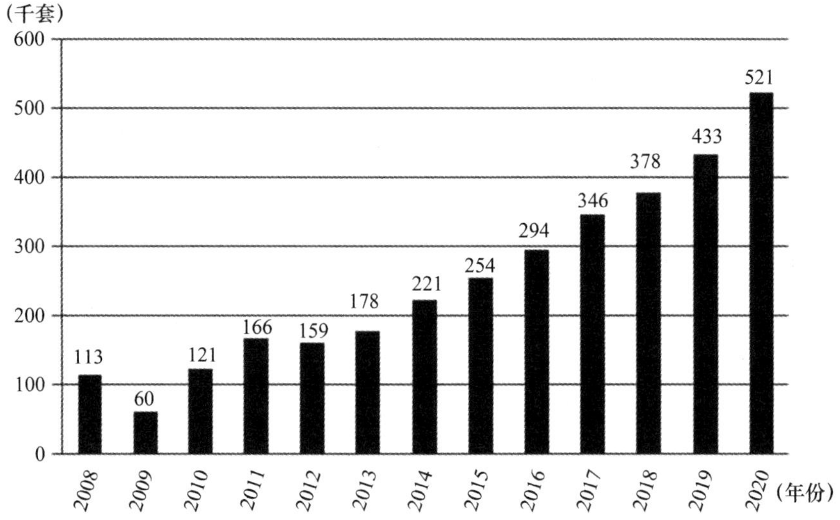

图 12 - 1　世界范围内工业机器人销售量（2008—2020 年）

资料来源：International Federation of Robotics（IFR）：《World Robotics Report 2017》，2017。

注：2017—2020 年为预测值。

3. 高速运输技术引发新产业形态并将影响未来的贸易版图和产业布局

近年来，由航空运输、高速铁路运输（简称高铁）、城市地铁，以及把它们连为一体的换乘服务网络所组成的高速运输技术快速发展。截至 2017 年 4 月，中国、日本已投入运营的高铁里程排名全球前两位。其中中国已投入运营里程高达 2. 39 万千米，在建里程达 1. 07 万千米，全球占比分别为 57. 87% 和 97. 72%。截至 2017 年 4 月，全球已投入运营和在建高铁总里程达 5. 32 万千米，其中已投入运营里程和在建里程分别达 3. 73 万千米和 1. 59 万千米。城市地铁与轻轨交通技术的普及、提升和扩展了城市发展空间与城市群，把城市的经济集聚功能提升到空前水平，特别是把城市的公共产品生产和公共服务功能的意义提升到前所未有的水平，从而改变了现代化城市的内涵和条件。

4. 能源新技术重大突破带来能源生产与消费的革命

根据彭博社（Bloomberg）《新能源展望报告 2017》公布的数据，2017—2040 年，全球将有 10.2 万亿美元资金投入到新能源生产上，其中 72% 将投入到可再生能源上，主要包括太阳能和风能。2017—2040 年，风能和太阳能占全球总装机容量比重将从 12% 增加到 48%，占电力供应比重将从 5% 上升到 34%。新能源技术与电网的改造、能源与云计算、大数据、物联网和移动通讯等新技术的结合，将催生“数字能源”新业态，推动传统“一对多”的集中供能模式转变为“多对多”网络互动供能模式，并衍生出虚拟能源货币等新型能源消费模式，使每个能源消费者成为潜在的能源供给者。

（三）新产品、新业态与新的社会化生产

从经济学意义上说，新时代生产力变化的重要标志不仅是弱化了生产者与消费者的界限，而且还表现为：生产过程中的投入品、中间品从物质产品向数据信息产品转变；产业形态从物质商品生产向各类公共产品生产和供给转变；生产集聚从产品生产协作集聚向生产性服务集聚、公共服务集聚转变。因此，新产品不仅包括有形的物质资料产品，更重要的是无形的数字信息产品，其中后者更是具有划时代意义。数字信息产品不仅是必不可少的中间产品，也是越来越常见的直接消费品。随着人类物质商品生产能力的极大提高，制约人类生活质量提高的关键因素已经转变为公共产品和服务，如医疗卫生、继续教育、健身养老、城市公园、文化艺术、体育娱乐等领域。随着生产集聚告一段落，新的社会化生产表现为生产性服务集聚和公共服务集聚。

最值得关注的是数字经济，它不仅是新的产业形态，更是新的社会化生产方式（见表 12 -1）。李克强总理早在 2017 年两会工作报告中就提及过数字经济，党的十九大报告再次出现数字经济的新提法。数字经济包括互联网、电子商务、机器人、人工智能、物联网、云计算、大数据、3D 打印、数字支付系统等。以物联网为例，根据国际数据公司（IDC）的最新物联网报告，全球物联网投资在 2017 年预计将超过 8000 亿美元，企业针对物联网所需的硬件、软件、服务和连接的投资也将接近 1.4 万亿美元。在人类发展历史中，首先出现了农业生产和农业产品，体现为农业经济并表现为自然科学意义上的生物经济；之后出现了工业产品和工业生产，体现为工业经济，表现为自然科学意义上的地质经济（矿物生产）、物理化学经济；再之后出现了服务生产和服务劳动产品，体现为服务业和服务劳动经济。当今及未来一段时间，随着数据信息产品的生产和信息化产品的快速发展，产业经济学原有的三类产业划分面临挑战，数字经济和第四产业将成为社会化大生产的重要组成部分。经济学需要解释这样一种现象：一种产品的生产，主要不依靠固定资本投入，而主要依靠无形资本投入；主要不依靠有形市场交换，而主要依靠虚拟市场交换；主要不依靠线下消费，而主要依靠线上消费，这可能就是未来的第四产业。

表 12－1　**全球数字经济发展指标**

指标	表现
ICT 商品和服务的生产（2016 年）	全球 GDP 的 6.5%
ICT 服务部门雇佣人数（2016 年）	1 亿人
ICT 商品贸易额（2015 年）	2 万亿美元
ICT 服务出口上升百分比（2010—2015 年）	40%（2015 年已达 4670 亿美元）
全球电子商务销售额（2015 年）	25.3 万亿美元（2013 年才 16 万亿美元）
跨境 B2C 电子商务交易额（2015 年）	70 亿美元
海外网站购买人次（2015 年）	3.8 亿人次
全球互联网通讯使用流量	2019 年将是 2005 年的 66 倍

资料来源：UNCTAD（2017b），《信息经济报告 2017——数字化、贸易与发展》。

根据《中国经济周刊》2017 年第 49 期采集的数据，2016 年，中国数字经济规模高达 22.58 万亿元，占 GDP 比重 30.3%，位列全球第二（见表 12－2）；中国电商交易额占全球比重超过 40%；中国个人消费移动支付额 7900 亿美元。到 2020 年，中国信息产品消费将达到 6 万亿元，电商交易额达到 38 亿元。数字化解决替代中间商；分解：汽车和不动产等大件商品被分解重新包装或服务；虚拟化：网络消费的兴起。这种力量到 2030 年将转移和创造中国 10% 到 45% 的产业收入，这是一种大规模的创造性破坏。

表 12－2　　世界主要国家数字经济发展指标（2015 年）

国家	互联网使用人数（百万人）	国家（地区）	ICT 服务增加值（十亿美元）	占 GDP 比重（%）	国家	电子商务规模（十亿美元）	占 GDP 比重（%）
中国	705	美国	1106	6.2	美国	7055	39
印度	333	欧盟	697	4.3	日本	2495	60
美国	242	中国	284	2.6	中国	1991	18
巴西	120	日本	223	5.4	韩国	1161	84
日本	118	印度	92	4.5	德国（2014）	1037	27
俄罗斯	104	加拿大	65	4.2	英国	845	30
尼日利亚	87	巴西	54	3.0	法国（2014）	661	23
德国	72	韩国	48	3.5	加拿大（2014）	470	26
墨西哥	72	澳大利亚	32	2.4	西班牙	242	20
英国	59	印度尼西亚	30	3.5	澳大利亚	216	16

资料来源：根据 UNCTAD（2017b），《信息经济报告 2017——数字化、贸易与发展》相关数据整理。

（四）分工与交换的变化

根据马克思主义政治经济学，技术和生产力的变化，必然带来分工的深化和交换的扩大。分工反过来又促进了生产效率的提高。进入新时代，上述新的技术进步和生产力的发展，直接促进了新的交换方式的出现和扩大，并深刻地影响一国经济和世界经济。

第一，跨境电子商务、数字贸易改变了传统国际贸易的业务形式，从而改变了分工、交换、金融服务等形式，海外仓库的普遍建立改变了跨国公司布局全球价值链的传统经营方式。跨境电子商务迅猛发展，根据《2015 年全球电子商务发展指数》数据，2015—2018 年，全球跨境电子商务将实现两位数增长。UNCTAD 则估计 2015 年的跨境 B2C 规模达到 1890 亿美元，有 3.8 亿人次的消费者有海外网站购买经历。

第二，贸易新模式新业态的发展。跨境电子商务、一站式仓储运输、市场采购贸易等对外贸易新业态、新模式蓬勃发展。目前我国已经培育一批电商龙头企业，搭建了覆盖范围广、系统稳定性强的大型电子商务平台，通过连接金融、物流、电商平台、外贸综合服务企业等，为外贸企业和个人提供物流、金融等供应链配套服务，大幅缩短了外贸流通时间，提高了外贸企业的效率。市场采购贸易方式作为新的外贸模式，有关机构可以在经认定的市场集聚区采购商品，由符合条件的经营者在采购地办理出口通关手续，简化了市场采购出口商品增值税征、退管理方式，提高了市场采购出口商品通关便利，推进了商品国际贸易汇兑制度创新。

（五）新的社会交换关系

新的社会交换关系雏形呈现。一是传统城乡关系被颠覆，工业生产与农业生产的对立，物理化学经济与生物经济的对立，曾是传统城乡生产交换以及城乡关系的基本内容。但这种格局已经被日益改变：乡镇中小城市以及非经济核心区域则以工农业生产、生物和物理化学经济为主，大城市和经济核心区以科技研发、服务经济、数据信息、数字经济与公共品生产为主，从而形成新型的城乡关系和区域关系。二是新型社会交换关系也将深刻影响国际社会，传统“中心—外围”论描述的国际经济关系也必然发生变革。数字经济的发展，将使得生产者之间、消费者之间、生产者与消费者之间发生更为直接的交换，中小企业可以借助平台企业服务于全世界的市场主体，从而使得传统的发达国家依托跨国公司，组织全球化生产、交换和消费，而发展中国家附属于发达国家的生产交换关系发生根本性变革。这种生产力范畴的变革进而会影响国际生产关系变革，朝着网状型、平等型国际经济关系转变。当然，这种变化将是世纪性的持续过程。

（六）微观主体的变化与共享经济

这里的微观主体包括社会生产交换关系的组织主体和消费主体，它们是社会生产力的形成者和消费者。首先，生产交换关系的组织主体的创新。以往是依托大公司，如经济全球化主要依托大型跨国公司，但它难以承担普惠性和共享性的使命。随着互联网和数字经济的发展，平台企业将逐渐成为新的生产交换关系的组织主体。截至 2017 年 3 月 31 日，全球市值前 6 位企业中，平台企业占 5 家，分别是苹果公司、谷歌、微软、亚马逊和 Facebook。平台企业能够连接各类中小企业和消费者，降低它们之间的交易成本，使得社会交换更快进行，从而使中小企业更好地参与社会化生产和交换，更具有普惠性和共享性。因此，平台企业将主导未来的新经济业态，是继跨国公司之后又一个新经济现象。大平台将带来大市场，同时也要求交易规则的创新和环境的改善。

其次，非平台类生产主体变得更加小型化、专业化。例如，互联网平台中的众多小微型企业更加专业化，临空经济中航空运输物流企业更加小型化、个性化、网络化，人工智能化的各类生产经营组织更加专业化和智能化。最后，消费主体的变化，主要是数字家庭的出现，家庭变得更加网络化、智能化。

表 12－3　　**平台型企业数量、市值及雇佣人数（2015 年）**

地区	数量（个）	市值（十亿美元）	雇佣人数（百万人）
北美	64	3123	82
美国	63		
亚洲	82	930	35.2
中国	64		
印度	8		
日本	5		
欧洲	27	181	10.9
英国	9		
德国	5		
俄罗斯	3		
法国	2		
非洲和拉丁美洲	3	69	2.7
总和	176	4303	130.8

资料来源：全球企业中心（CGE）《平台型企业的崛起——全球调查》报告，2015 年。

平台企业不断取代跨国公司，具有更大共享性，中小企业可以直接与消费者对接。从经济学意义上概括，共享经济的含义是：生产方式较少依赖对固定生产条件的占有（如平台企业），或对生产条件的共同利用更有效率；而较多依赖生产者的智力、技术和数据，人力资本比物化资本更重要，在一定程度上摆脱了“死劳动对活劳动的统治”；生产过程中的分工与协作较少带有强制性，而更多体现个性化的意愿与参与；在分配中，人力资本和各类无形资产在虚拟空间中的报酬所得要高于物化资本的所得。

人力资本成长、无形资产和新的社会交换关系将促进共享经济的发展。城市的集聚和城市群、公共产品生产的集聚，高速交通运输的便利性，为人力资本成长提供了前所未有的有利因素。城市间的“通勤”现象，实际是服务贸易便利化的突出表现，“通勤”成为技术、信息、教育、医疗、文化等各种服务贸易的常见形式。人的“通勤”背后体现的是服务的“通勤”，其实质就是共享经济。

新型微观主体的勃兴和共享经济特征继续发展的另一个重要表现是全球无形资本投入的增长。2017 年 12 月 5 日世界知识产权组织发布了《2017 年世界知识产权报告：全球价值链中的无形资本》，由于在全球范围内还难以有无形资本投入的统一标准和统计，因此该报告实际是采用无形资本在产品销售份额中的比重来显示无形资本投入的重要性不断上升。报告显示，2000 年无形资本平均占销售制成品总值的 27.8%，2014 年上升到 30.4%；同期，无形资本收入实际增长了 75%，2014 年达到 5.9 万亿美元，其中，食品、机动车和纺织品这三大类产品占全球制造业价值链中无形资本总收入的 50%。该组织总干事弗郎西斯·高锐说，当今全球价值链中，无形资本将逐渐决定企业的命运和财富，它隐蔽在产品的外观、感受、功能和整体的吸引力中，决定了产品在市场上的成功率，而知识产权是企业维持无形资产竞争优势的手段。无形资本与有形资产具有许多不同，它可以反复出售，具有延展性和溢出性，其独占性特征比较固定资产弱；它还具有协同性，因而也更具有共同开发、共同使用和占有的特性。无形资本投入的不断发展也将使传统经济学面临严峻挑战。传统经济学经济增长理论中的投资概念，主要是指固定资本投资，增长的投资需求是指“固定资本形成”。无形资本投入不断增长的现实，正在颠覆传统经济增长理论逻辑，需要统计学和经济学重新研究资本投入的概念和经济增长的逻辑。

（七）社会主要矛盾变化提出了更多社会需求

社会主要矛盾的变化为经济高质量发展提供了更大的社会市场需求。党的十九大报告指出：中国特色社会主义进入新时代，我国社会主要矛盾已经转化为人民日益增长的美好生活的需要和发展不平衡、不充分的矛盾。社会主要矛盾的划分既是中国特色社会主义发展阶段的重要依据，也是经济发展水平从低到高的依据。人民日益增长的对美好生活的需要与发展不平衡不充分成为主要矛盾，从而也成为更大的社会市场需求。

解决发展不平衡问题，习近平指出："农村贫困人口全部脱贫，是一个标志性指标。"① 从经济意义上说，贫困人口的减少同时也意味着市场需求的增长。人民群众日益增长的对美好生活的需要还表现为对公平、环境以及各种公共产品、公共服务的需求更加强烈。发展的不充分主要表现在公共产品和公共服务不足、不优。所谓公共产品，大体是两类，第一类是交通通信、城市基础设施、水电气热、环境卫生；第二类是科、教、文、卫、体险（保险），这些产品短缺或供给不足、质量不优，满足不了大家对美好生活的需求。满足这些需求需要继续深化体制机制改革，引入市场机制和竞争机制，增加社会资本投资，进一步解放和发展生产力，增加公共产品和服务的有效供给，从而使高质量发展获得更大的市场需求和发展动力。

（八）中国日益走近世界舞台中心的挑战与机遇

中国经济对世界贡献增大，碰撞也增多，推进高水平对外开放，以构建开放型世界经济应对各种挑战成为必然选择和趋势。2018 年中国经济总量超过 90 万亿元人民币，约占美国经济总量的 65%，当年工业增加值超过 30 万亿元人民币，是世界第一工业大国。中国对全球经济和全球事务的影响日益增大，这是难以逆转的客观规律。自从 2013 年中国成为货物贸易的世界冠军后，这个位置难以撼动。而在 2018 年，排名第二的美国，其货物贸易总值为 4. 278 万亿美元，占全球份额 10. 87%，其余依次是德国 2. 847 万亿美元，占 7. 23%，日本 1. 487 万亿美元，占 3. 8%，荷兰 1. 369 万亿美元，占 3. 48%。随着中国企业"走出去"，中国在海外的资产存量也日益增多。

当中国经济日益壮大并不断扩大世界市场，必然与世界各贸易伙伴发生双重的产业重合，以及由此而来的双重摩擦：一方面，在低端的轻工、纺织等领域，中国的竞争优势正在消减，但并未培育出高端品牌，无法实现差异化竞争，因而遭遇到来自发展中国家的贸易摩擦；另一方面，随着产业结构的调整升级，在光伏、机电等产业领域，中国和发达国家的产业

---

① 中共中央文献研究室编：《习近平关于社会主义经济建设论述摘编》，中央文献出版社 2017 年版，第 213 页。

结构也要从互补变为交叉，甚至重叠，因而在产能过剩和高端产业领域遭遇到贸易壁垒。2017 年中国共遭遇 21 个国家（地区）发起贸易救济调查 75 起，涉案金额 110 亿美元。中国已连续 23 年成为全球遭遇反倾销调查最多的国家，连续 12 年成为全球遭遇反补贴调查最多的国家。2018 年美国从贸易、投资、金融、知识产权保护、服务贸易等多个方面与中国、欧盟等主要贸易伙伴打响了贸易战，推行了一系列“美国优先”的贸易保护主义政策。

如何应对这种新的形势，是中国在新的发展阶段如何提升对外开放水平的新课题。中国新一轮的对外开放需要服务于中国自身的高质量发展，同时服务于开放型世界经济的需要。新的开放既要让各国分享中国发展和中国市场的机会，同时还要进一步提升自己配置全球资源和要素的能力，只有这样，才能弱化中国与不同国家的产业重合，弱化贸易摩擦的概率。

二　对中国发展规律认识的新飞跃

以人民为中心和创新、协调、绿色、开放、共享发展的五个新发展理念是习近平新时代中国特色社会主义经济思想的重要内容。什么是以人民为中心？邓小平指出，社会主义阶段的最根本任务就是发展生产力。社会主义的优越性归根到底要体现在它的生产力比资本主义发展得更快一些、更高一些，并且在发展生产力的基础上不断改善人民的物质文化生活。[①] 习近平指出，这就点明了中国特色社会主义政治经济学的核心。[②] 由此可以看出，以人民为中心的发展思想是中国共产党一以贯之的治国理念，是代代相承的。那么，习近平新时代中国特色社会主义经济思想中的新发展理念，究竟与过去有什么不同，它究竟“新”在哪里呢？

（一）新发展理念的内涵及其理论创新

以人民为中心是一句口号，世界上无论什么政党都喜欢用这个口号。真正的区别在于，确立什么样可实现的目标、用什么样的途径和方法去实现这个目标，才是具有实践意义的发展理念。而我党在不同时期提出的发

---

① 《邓小平文选》第 3 卷，人民出版社 1993 年版，第 63 页。

② 中共中央文献研究室编：《习近平关于社会主义经济建设论述摘编》，中央文献出版社 2017 年版，第 10 页。

展理念，都是具有开创性实践意义的。改革开放初期，我国社会面临的是“一大二公”的所有制体制和吃“大锅饭”的分配制度，由此导致人民的普遍贫穷。怎样突破这个僵局，怎样才能把以人民为中心的发展真正落到实处？邓小平大胆地、开创性地提出了分三步走的发展目标以及让一部分人、一部分地区先富起来，带动所有人民共同富裕的新理念，有了这种新理念的指导，中国才有可能推开从单一公有制向公有制为主体、多种所有制经济共同发展；从计划经济运行向社会主义市场经济运行；从政府掌控资源配置向市场决定资源配置转变的各项前所未有的改革，从而使中国经济出现了勃勃生机。邓小平理论回答了当时的中国需要什么样的发展目标，以及怎样实现发展的途径和方法，即初步阶段的小康社会目标和“先富、后富”的途径和方法，成为当时的发展理念的创新。

中国特色社会主义事业进入新的世纪以后，伴随中国经济 20 多年高速增长的一些新问题、新矛盾开始出现。经济增长过度依赖外延扩张、资源耗费和环境污染问题开始凸显，收入分配不合理现象引起了人民群众不满，资产价格过快上涨导致财富分配的不公平。因此在党的十六大前后，党先后提出了“三个代表”重要思想、科学发展观和构建和谐社会的新理念，并且制定了全面实现小康社会的目标。在实现发展的途径和方法上，也提出了一系列关于转变经济增长方式和经济发展方式的具体措施，提出了构建和谐社会的理论和方法，成为发展理念的又一次创新。

国际金融危机之后，我国经济发展已迈过低收入阶段，正处于由中等收入国家向高收入国家迈进的发展阶段。党的十八大以后，我国经济发展进入新常态，新的发展阶段也面临新的矛盾与挑战：长期以来依靠资源投入的发展动力衰减，经济结构失衡；环境破坏严重、自然资源约束趋紧带来的可持续发展的问题；经济全球化和科技产业革命带来的国际竞争日益激烈，我国产业结构面临转型升级的挑战；经济发展带来收入差距的不断拉大，公平公正等问题日益突出。能否解决这些问题，关系到我国能否跨越“中等收入陷阱”，实现经济持续发展的根本利益。因此，回答我国未来的发展目标，以及寻找实现这种目标的途径和方法，就成为对中国发展理念的又一次新考问。党的十九大报告提出了从 2020 年到 21 世纪中叶我国分两个阶段的发展目标，并且描绘了到 2035 年基本实现社会主义现代化的目标内容，并且明确提出了树立新的发展理念。2015 年 10 月习近平再次强调，以新发展理念引领发展，坚持创新发展、协调发展、绿色发展、开放发展、共享发展，是关系我国发展全局的一场深刻变革。①

创新、协调、绿色、开放、共享这五大新发展理念，是新时代落实以人民为中心发展的具有实践意义的发展理念。它的创新之处就在于，回答了在确立新的发展目标的前提下，满足中国人民对美好生活需要的实现途径和基本方法，是改革开放以来中国发展理念的再次创新。对比改革开放以来前两次的发展理念创新，新时代新的发展理念具有两个鲜明的特点：第一是历史站位更高，第二是对中国经济社会发展的规律性认识更深入。

站得高，看得远。新时代发展理念的提出，正是我国处于全面决胜小康社会的前夜，改革开放走过了40多年的历程，中国的发展成就足以使中国共产党领袖有条件站在人类社会发展的制高点回望中国的历史轨迹和俯瞰世界的发展经验和教训。回望历史的深邃眼光和一览世界的广阔视野，赋予了新时代发展理念的历史穿透力和世界发展的洞察力。40多年的历史，中国特色社会主义市场经济体制更加成熟，经济社会发展中的矛盾也暴露得更加充分，对中国特色社会主义发展道路的规律性认识也更加深入。改革开放以来，中国的道路，即中国特色社会主义道路，成为中国共产党全部理论和实践的主题。我们的基本经验从改革开放初期提出坚持党的基本路线，以经济建设为中心，坚持四项基本原则，坚持改革开放，自力更生、艰苦奋斗，进而发展到统筹推进经济建设、政治建设、文化建设、社会建设、生态文明建设的“五位一体”总体布局和协调推进“四个全面”战略布局，深刻体现了对中国特色社会主义事业发展规律的认识。新的发展理念就是这种规律性认识在发展问题上的体现。它具有针对性准确、综合联动性强的特点，从而更具有对实践的指导意义。例如创新理念是要寻求发展的新动力，协调理念是强调解决发展中的各种不平衡，绿色理念关注人与自然和谐，开放理念要求提升开放型经济水平，共享理念注重解决社会公平正义。而这五个理念相辅相成，不可互相割裂，构成完整的统一体，在理念上它是统一的，在实践上它需要统筹兼顾。因此它也是更高水平的发展理念。

---

① 中共中央文献研究室编：《习近平关于社会主义经济建设论述摘编》，中央文献出版社2017年版，第26页。

（二）发展问题认识对经济学理论的影响

经济学是人们认识和分析经济活动、经济现象的理论总结和工具，其中的发展理念则是对经济发展的解释和主张。第二次世界大战后，许多发展中国家取得政治独立或摆脱半殖民地地位，开始追求现代化，由于这个需要，一些西方学者把目光转向回答落后国家的发展问题，从而产生了发展经济学，并使之成为从现代经济学中独立出来的分支学科。当时无论发达国家、还是发展中国家的学者普遍认为，对于发展中国家而言，只要把解释发达国家成功经验的理论加以应用，就能帮助发展中国家实现现代化。但是事与愿违，世界银行曾有一项研究表明，在第二次世界大战后的200多个发展中经济体中，从1950年到2008年，只有两个从低收入进入中等收入，再发展成高收入，一个是韩国，一个是中国台湾。1960年时有101个中等收入经济体，到2008年，只有13个进入高收入阶段，其中8个是西欧周边的欧洲国家，其余是石油生产国，另外5个是日本和亚洲"四小龙"。由此可见，经过70多年的努力，第二次世界大战后200多个发展中经济体中至少有180个仍未能摆脱中等收入陷阱或低收入陷阱。一个基本事实是：即至今没有一个发展中经济体按照西方的发展理论制定政策，能够实现赶上发达国家的愿望；少数几个发展绩效较好的经济体，其推行的主要政策从西方发展理论来看是错误的。①

解释发展的理论当然不仅只有发展经济学，更具有影响并占据西方经济学主导地位的是新古典经济学的"均衡"理论和新凯恩斯经济学的"非均衡"理论。新古典主义的一般均衡理论，以微观主体为基础，以完备的数理形式构建了经济学的分析范式。用于解释微观主体的经济活动，它也许能够自圆其说。但一旦用于解释一个经济体或一个地区的发展，它的简单观念和静态分析方法，就与研究对象的客观现实距离太大，无法解释现实的经济发展过程，从而无法为区域发展问题找到出路。这就给"非均衡"理论提供了生长的空间。

凯恩斯经济学实质上是一种非均衡的宏观经济学，从这个源头发展到20世纪80年代，西方经济学出现了"非均衡"理论的分析体系。非均衡

---

①　参见林毅夫《我还没见过哪个发展中经济体按照西方道路获得成功》，《济南大学学报》（社会科学版）2018年第1期。

发展主张首先发展一类或几类具有带动性的部门，通过这几个部门的发展带动其他部门的发展。非均衡发展理论衍生出的增长极理论、不平衡增长论和梯度转移理论都倾向于认为无论处在经济发展的哪个阶段，进一步的增长总要求打破原有的均衡。而倒“U”形理论则强调经济发展程度较高时期增长对均衡的依赖。新凯恩斯主义经济学的代表人物斯蒂格里茨对“非均衡”理论做了这样的总结：由于存在不完全竞争和不充分信息，市场经济不可能自发实现帕累托效率改进。如果政府干预能够反映宏观经济的内在联系，那么它的干预有助于解决市场失灵。如果它的干预能够促进制度变革、促进市场信息流动和培育市场竞争，那么它是有利于经济发展的。① 可见，解释和认识发展现象，提出发展主张，一直是西方经济学关注的重要研究对象和领域。

西方经济学关于发展问题的认识，无论是失败的，还是具有一定的合理成分，都给予我们思考和启发的价值。但是很显然，我们既不可能完全移植西方的理论成为中国的理论，也不可能简单套用他们的理论来解释中国的发展。这是因为：首先，就研究对象而言，中国发展的目标是多元的，不是单一的经济效率问题，不可能仅仅使用帕累托效率改进来衡量其得失。多元目标多元关系，难以用抽象的“均衡”和“非均衡”来囊括，也难以在单一的市场经济运行的框架内做出完整的刻画和分析。它需要的不是一般的发展理论，而是国家治理的政治经济学理论。其次，就研究方法论而言，建立在机械的、线性思维逻辑上的数理分析方法，在多数情况下，难以应对复杂多元的变量关系，精致的数学逻辑实际上只能分析回答简单的因果关系。相反，中国风格和中国气派的方法论，富有哲理性和中国文化底蕴，它对纷繁复杂的经验事实的概括往往具有纲举目张的逻辑力量。中国的发展理论主要应当建立在这样的方法论基础上。最后，在话语表达上，现代经济学研究固然应当引进西方经济学的许多术语和概念，但是也不能把中国的学术话语变成“洋泾浜”。真理是朴素的，“大道至简”。毛泽东的游击战争理论只有十六个字，但它是能打胜仗的军事理论；习近平的新发展理念只有十个字，但它是中国改革开放 40 年发展经验的

---

① 参见［美］约瑟夫·斯蒂格里茨《社会主义向何处去》（中译本），吉林人民出版社 1998 年版。

结晶和认识升华。

毫无疑问，习近平的新发展理念对于构建中国特色社会主义政治经济学具有重大影响和指导意义。具体而言，新发展理念中的创新理念，大大拓展了创新的内涵和外延，它涵盖了科学技术、企业组织、商业模式、经营管理、体制机制、企业文化等各个层面，是一个总体的创新理念，创新领域的延伸，实际是生产力概念的延伸，这是对马克思主义生产力理论的发展。协调发展从来就是社会化大生产的理念。马克思、恩格斯曾对社会化大生产条件下的协调发展做过系统分析，在《资本论》中，他们对资本的循环和周转、社会化大生产中两大部类生产的平衡与衔接的分析就是协调发展的理论源头，而习近平新发展理念中的协调发展，是在当代生产力水平基础上更高层次的综合整体观的协调理念，它覆盖区域协调、城乡协调、物质文明和精神文明协调、经济建设和生态文明建设、经济建设和社会建设、经济建设和国防建设等各个方面的协调，是马克思主义理论结合中国特色社会主义经济发展的具体实践形成的创新理论成果。绿色发展理念，把生态与环境经济学融入发展问题，本身就是一种理论创新。按照传统的学科划分，生态与环境经济学只是一个或两个子学科，① 虽然它是可持续发展战略的理论基础，但它只是主流经济学的分支学科。绿色发展理念提升了生态与环境经济学的学科地位，使之成为中国特色社会主义政治经济学的重要内容之一。对外开放并不是新的概念，把它融入新发展理念，不仅是为了突出新时代对外开放的新要求和新任务，而且是为了彰显开放理念在理论总结中不可或缺的地位。开放和世界市场从来都是政治经济学（包括西方经济学）必不可少的内容。中国特色开放型经济理论必然要成为中国特色社会主义政治经济学的组成部分，而新发展理念中的开放理念就是这二者联系在一起的逻辑纽带。共享发展在实践中要解决的是社会公平正义问题，在理论上它是中国特色社会主义政治经济学的核心。它包含全民共享、全面共享、共建共享、渐进共享四个层次内容，即发展成果由全民共享、全面共享；人民既是共享主体，也是共建主体。在我国社会主义经济发展的不同阶段，共享发展既有相同的本质要求，也有一个从低到高的提升过程，但它的目标始终是明确的，就是实现共同富裕。正如

① 有些学者主张生态经济学与环境经济学是不同的两个分支学科。

习近平指出的“共享发展的实质就是坚持以人民为中心的发展思想，体现的是逐步实现共同富裕的要求”。[①] 共享发展融入新发展理念，深刻体现了习近平新时代中国特色社会主义经济思想的精神追求和价值导向。

第三节　立足新时代历史站位的新理念、新观点、新贡献

一　习近平开放发展理念的主要观点

第一，提出了开放型经济的制度性建设和治理体系建设新目标。2013年4月，习近平提出中国将在更大范围、更宽领域、更深层次上提高开放型经济水平；[②] 2013年10月，指出要完善互利共赢、多元平衡、安全高效的开放型经济体系；[③] 2013年11月，习近平主持制定的党的十八届三中全会《决定》提出要“构建开放型经济新体制”。要求扩大投资领域和服务业领域的开放，把对外开放从边境开放引向边境后开放、从商品要素流动的开放引向规则、管理、标准等制度性开放的更高层次；党的十九届四中全会的《决定》明确了坚持和完善中国特色社会主义制度，推进国家治理体系和治理能力现代化的各项任务，在开放型经济治理体系建设，提出了建设更高水平开放型经济新体制，推动规则、规制、管理、标准等制度型开放，完善涉外经贸法律和规则体系等各项新要求、新任务。

第二，提出了建设开放型世界经济与经济全球化新观点。2013年习近平第一次提出了“共同维护和发展开放型世界经济”的新观点，[④] 党的十九大《报告》中更明确提出：“支持多边贸易体制，促进自由贸易区建设，推动建设开放型世界经济。”针对近些年国际社会掀起的一股逆全球化思潮，习近平发表了一系列重要论述，他指出：“当前，围绕经济全球化有

① 中共中央文献研究室编：《习近平关于社会主义经济建设论述摘编》，中央文献出版社2017年版，第41页。

② 习近平：《在同出席博鳌亚洲论坛二〇一三年年会的中外企业家代表座谈时的讲话》，《人民日报》2013年4月9日。

③ 习近平：《深化改革开放共创美好亚太——在亚太经合组织工商领导人峰会上的演讲》，《人民日报》2013年10月8日。

④ 习近平：《共同维护和发展开放型世界经济——在二十国集团领导人峰会第一阶段会议上关于世界经济形势的发言》，《人民日报》2013年9月6日。

很多讨论，支持者有之，质疑者亦有之。总体而言，经济全球化符合经济规律，符合各方利益。同时，经济全球化是一把双刃剑，既为全球发展提供强劲动能，也带来一些新情况新挑战，需要认真面对。新一轮科技和产业革命正孕育兴起，国际分工体系加速演变，全球价值链深度重塑，这些都给经济全球化赋予新的内涵。……同时，全球化也提出需要深入研究的新问题，我们要积极引导经济全球化发展方向，着力解决公平公正问题，让经济全球化进程更有活力、更加包容、更可持续。”[①] 习近平的这种经济全球化新观点在 2017 年 1 月的联合国演讲中得到更加精炼表达：“建设一个开放、包容、普惠、平衡、共赢的经济全球化”[②]，并被写进党的十九大《报告》，表述为：“同舟共济，促进贸易和投资自由化便利化，推动经济全球化朝着更加开放、包容、普惠、平衡、共赢的方向发展。”

第三，提出了改革全球经济治理体系的新构想。2013 年 4 月，习近平就提出，“要稳步推进国际经济金融体系改革，完善全球治理机制”。[③] 2015 年 7 月，习近平提出了全球经济治理改革的主要目标：“完善全球经济治理，加强新兴市场国家和发展中国家在国际经济金融事务中的代表性和话语权，让世界银行、国际货币基金组织等传统国际金融机构取得新进展，焕发新活力”。[④] 此后，习近平在许多国际场合都发表了有关论述和演讲。党的十九大《报告》把习近平十八大以来所形成的全球经济治理新思想凝练为“中国秉持共商共建共享的全球治理观，倡导国际关系民主化，积极参与全球治理体系改革和建设”。

第四，提出了构建人类命运共同体的全球价值观。这是习近平提出的一个新理念。2013 年 3 月 23 日，习近平担任中国国家主席后第一次出访的第一站，便提出“人类生活在同一个地球村里，生活在历史和现实交汇

---

① 习近平：《深化伙伴关系　增强发展动力——在亚太经合组织工商领导人峰会上的主旨演讲》，《人民日报》2016 年 11 月 21 日。

② 习近平：《共同构建人类命运共同体——在联合国日内瓦总部的演讲》，《人民日报》2017 年 1 月 20 日。

③ 习近平：《共同创造亚洲和世界的美好未来——在博鳌亚洲论坛 2013 年年会上的主旨演讲》，《人民日报》2013 年 4 月 8 日。

④ 习近平：《共建伙伴关系　共创美好未来——在金砖国家领导人第七次会晤上的讲话》，《人民日报》2015 年 7 月 10 日。

的同一个时空里，越来越成为你中有我、我中有你的命运共同体。”① 此后，习近平在各种场合反复提及和阐述该概念，对“命运共同体”的思考不断发展和成熟。2015 年 9 月 28 日，在第七十届联合国大会一般性辩论时的讲话中，习近平倡导：“和平、发展、公平、正义、民主、自由，是全人类的共同价值，也是联合国的崇高目标。当今世界，各国相互依存、休戚与共，我们要继承和弘扬联合国宪章宗旨和原则，构建以合作共赢为核心的新型国际关系，打造人类命运共同体。”② 这是习近平在具有世界性影响的场合倡导构建人类命运共同体，并且把它和联合国甚至全人类的共同价值结合起来，详细阐述了人类命运共同体内涵及其重要性。习近平关于人类命运共同体的新理念在党的十九大《报告》中得到进一步丰富和完善，出现达 6 次之多。在阐述新时代中国特色社会主义思想时，习近平指出“明确中国特色大国外交要推动构建新型国际关系，推动构建人类命运共同体”。党的十九大《报告》甚至把坚持推动构建人类命运共同体作为新时代中国特色社会主义思想和基本方略之一。

二　习近平开放发展理念的贡献

从改革开放以来，对外开放就成为我国基本国策，党和国家领导人以及重要文献都有大量论述，与以往相比，新时代习近平开放发展理念有什么不同？最主要的不同就是历史站位的高低所产生的区别。过去我们经济落后，处于为实现小康社会和全面小康社会的艰难爬坡阶段，对外开放的视野还主要是站在中国经济发展的立足点上考虑如何利用国外的资源与市场，推动国内经济贸易体制改革以适应国际经贸体制的关系。虽然也注重统筹国内国外两个大局，但努力地被动适应和追随国际经济贸易潮流和国际经贸体制是主要特点。今天我们已经成长为经济贸易投资大国、站在全面建成小康社会和全面建设社会主义现代化强国的历史交汇点，比历史上任何时期都更接近中华民族伟大复兴中国梦新的历史起点上，这样的历史站位赋予了习近平开放发展理念全新的内涵。今天，我们已经有条件站在

---

① 习近平：《顺应时代前进潮流　促进世界和平发展——在莫斯科国际关系学院的演讲》，《人民日报》2013 年 3 月 24 日。

② 习近平：《携手构建合作共赢新伙伴　同心打造人类命运共同体——在第七十届联合国大会一般性辩论时的讲话》，《人民日报》2015 年 9 月 29 日。

全球视野和全人类命运的高度来观察和审视中国的改革开放大业，有条件、有责任、也有义务站在世界经济持续健康发展、世界各国人民福祉的高度来部署中国的对外开放举措，来引领世界经济潮流、来塑造和完善国际经济体制。“不谋全局者不足以谋一域，不谋大势者不足以谋一时”已成为新时代谋划中国扩大开放的新要求，习近平的开放新发展理念就是这个历史要求的时代产物。它的历史性贡献主要是：

1. 为中国开放型经济与开放型世界经济的内外联动提供了中国方案

“一带一路”建设是习近平最先提出的倡议，对中国而言，这个战略是要形成陆海内外联动、东西双向互济的开放格局。解决中国自身对外开放不平衡、不充分的空间布局问题；更重要的是，“一带一路”倡议中特别强调的基础设施互联互通，实际是着眼于世界经济增长的大局。正如习近平所说，“我们要下大气力发展全球互联互通，让世界各国实现联动增长，走向共同繁荣。”① 增长联动、利益融合是“一带一路”倡议的初心，也是开放型世界经济的内在要求。同时，我国先后设立的21个自由贸易试验区（港），一方面是要解决我国改革开放的深化与扩大问题，为更广泛的地区提供可复制、可推广的改革经验；另一方面，是要为开放型世界经济探索发展创新的经验，提供汇聚各方利益共同点的试验场所，探索自由贸易港建设更进一步深化了全球利益融合的发展潜力。这就是习近平总书记所指出的，“努力塑造各国发展创新、增长联动、利益融合的世界经济，坚定维护和发展开放型世界经济”。②

2. 科学总结了以往经济全球化正反两方面的经验教训，为世界各国提供了基于中国经验的重要启示

怎样总结经济全球化的经验教训，习近平作出了三个重大判断：首先，经济全球化符合经济规律，符合各方利益。这当然已经为近40年世界经济多极化，特别是新兴市场经济和多数发展中国家经济的发展所证明。其次，深刻认识经济全球化进程的大潮流，历史是曲折发展的，暂时的倒退可能发生，但方向不可能改变。毋庸讳言，我国过去是经济全球化

---

① 习近平：《共担时代责任 共促全球发展——在世界经济论坛2017年年会开幕式上的主旨演讲》，《人民日报》2017年1月18日。

② 习近平：《共同维护和发展开放型世界经济——在二十国集团领导人峰会第一阶段会议上关于世界经济形势的发言》，《人民日报》2013年9月6日。

的最大受益者之一，经济全球化向何处去，关乎我国是否还有战略机遇期，关乎我国扩大开放的战略部署是否具有前瞻性、科学性。习近平总书记的判断坚定了中国和世界各国顺应贸易投资自由化潮流的信心。最后，经济全球化进程正进入再平衡并展现新趋势的新阶段。他说，我们要主动作为、适度管理，实现经济全球化进程再平衡；还要准确把握经济全球化新趋势。这个新趋势就是，顺应大势、结合国情，正确选择融入经济全球化的路径和节奏；讲求效率、注重公平，让不同国家、不同阶层、不同人群共享经济全球化的好处。习近平总书记关于经济全球化的许多重要论述以及中国融入经济全球化的生动实践，给予了国际社会一些重要的启示：

首先，世界各国应顺应大势、结合国情，正确选择融入经济全球化的路径和节奏。在融入经济全球化进程中，中国选择了社会主义市场经济。但中国走的是渐进式改革道路，这是因为“有效市场”的建立不可能一蹴而就，既需要与产权制度和价格体制等最主要领域的改革相匹配、相适应，还需要与中国特定时期、特定地区、特定产业的要素禀赋结构相匹配、相适应。而且，“有效市场”必定需要“有为政府”与之相伴，而所有这些事物又都是具体的和动态变化着的。中国并没有输出自己发展模式的意图，也不可能被别国完全复制，但中国故事是可以借鉴和参考的，中国领导人的总结是值得重视的。

其次，要讲求效率、注重公平，让不同国家、不同阶层、不同人群共享经济全球化的好处。效率与公平的关系一直以来是经济学研究和争论的重要命题。现代西方经济学在微观主体和产业层面，在初次分配领域，从来只讲效率优先；而只有在宏观的再分配层面才有福利经济学的概念，在国际经济中有外国援助的概念。但对于广大发展中国家的人民来说，不讲微观层面和制度层面的机会公平，社会福利既有限也很难落到实处；发达国家的援助也往往带有政治上的附加条件，事实上也是不公平的。怎样把效率与公平结合好，一直是经济学家探讨的理论问题和实践问题。习近平提出的“发展创新、增长联动、利益融合”的新理念，指明了解决这一长期困扰经济学研究的新方向。发展创新不仅仅是科技创新，也包括制度安排、企业组织、商业模式以及运营管理等一系列创新，它有助于保障微观层面效率与公平的结合；增长联动与利益融合，则是宏观层面通过对国际经济活动的适度管理，再次实现效率与公平的结合。这种朴实无华的语言，其实包含了生机勃勃的经济学逻辑新思维。

3. 指出了世界经济的新目标，必然是建设一个开放、包容、普惠、平衡、共赢的经济全球化

经济全球化前面的5个副词，当然是一种愿景，也是一种价值观。经济学逻辑虽然讨论的是客观的社会化生产活动和蕴含其中的客观规律，但也都以特定的价值观为前提条件，如社会化生产目的、经济人假设、竞争规则、优胜劣汰，等等，这些都涉及价值观问题。国际经济学中讨论的商品、服务、资本、技术和人员的跨国流动，照样也脱离不了以特定的价值观为导向。一种价值观被普遍认可，它将影响交易规则制定和参与经济活动的人的观念，最终对经济实践发生重要影响。这就是精神变物质。因此，经济学研究不能没有价值观的探讨和剖析。然而，习近平新时代开放新发展理念并不仅仅是一种愿景，而是具有强大的物质力量和丰富的实践依据，是在实际经济活动大量出现的基础上做出的理论判断。

4. 阐明了互利共赢、多边机制汇聚利益共同点和谋求最大公约数的国际经济学逻辑

现代西方经济学依以构建的逻辑体系是以“经济人假设”和充分自由竞争为前提的，弱肉强食的丛林法则被认为是天经地义的事情；零和博弈的商业游戏规则以及工业品与原料品交换中的主权利益不平等是国际经济关系的普遍现象。因此，着力解决公平公正问题是国际经济关系的重大课题。习近平总书记主张，要维护新兴市场国家和发展中国家的正当权益，确保各国在国际经贸活动中机会平等、规则平等、权利平等。合作共赢、互利共赢，成为中国对外经济关系的鲜明理念，正如习近平总书记所说，巴比伦塔，毁于无法协力。身处“一荣俱荣、一损俱损”的全球化时代，协调合作才是必然选择，互利共赢才是发展之道，正是秉持这样的信念，中国希望与各国一起做大共同利益的蛋糕，不断寻求各国利益交汇的最大公约数。英国剑桥大学马丁·雅克教授认为：“中国提供了一种‘新的可能’，这就是摒弃丛林法则、不搞强权独霸、超越零和博弈，开辟一条合作共赢、共建共享的文明发展新道路。这是前无古人的伟大创举，也是改变世界的伟大创造。”①

① 转引自刘宏《“中国方案”为世界发展注入新内涵》，人民论坛网，2017年12月12日。

5. 揭示了实现中国梦的发展道路必须与人类命运共同体紧密相连的历史必然性

依靠殖民扩张和掠夺，依靠“中心—外围”关系的不平等交换，甚至依靠帝国主义战争对战利品的瓜分，这曾经是西方大国崛起走过的道路。历史没有给中国这样选择的机会，中国共产党人的价值观也不允许自己选择这样的崛起道路。中国要实现中华民族伟大复兴的中国梦，中国的崛起只能走和平发展道路。这样一条发展道路的外部环境只能是“以合作共赢为核心的新型国际关系和人类命运共同体”，以及“和平、发展、公平、正义、民主、自由的全人类共同价值”。因此，人类命运共同体是中国自身的需要，是中国探寻一条与西方列强截然不同崛起道路的需要，是中国最大的利益，也是实现伟大中国梦的历史必然性。2017 年 2 月，“构建人类命运共同体”的理念已被写入联合国决议，说明这已经成为世界各国的共识。

第四节　习近平开放发展理念蕴含的马克思主义政治经济学逻辑

从马克思主义政治经济学原理出发，在全球视野中思考中华民族伟大复兴的历史使命着眼，分析当代生产力与生产关系、经济基础与上层建筑在国际范围的矛盾运动、分析当代中国人民、世界人民与国际垄断资本的矛盾运动，从中国改革开放的伟大实践中总结中揭示中国开放型经济在新发展阶段的客观要求与规律，揭示世界历史走向的客观必然性以及世界人民的根本利益诉求，是习近平开放发展理念中蕴含的政治经济学的基本逻辑。它体现在以下几个方面。

一　深刻理解“世界百年未有之大变局”的科学判断

这是习近平总书记对一百年来生产力与生产关系、经济基础与上层建筑在国际范围的矛盾运动、一百年来中国人民、世界人民与国际垄断资本的阶级矛盾运动得出的科学判断。

（一）中国经济崛起与世界各国的利益矛盾

它反映了中国生产力快速发展与世界经济（世界生产力）相互依存又相互矛盾的关系。中国经济的崛起，改变了世界历史发展的进程、改变了中国人民的命运、也改变了国际经济政治格局和未来走向。这一方面壮大了世界和平的力量，另一方面也加剧了中国与国际垄断资本控制世界市场的矛盾。在现象上表现为中国与某些大国或发展中国家在市场、资源问题上的矛盾日益增多，成为百年未遇的希望与挑战。

（二）文明单一与文明多样的矛盾

它反映了中国开放型的经济基础与世界旧有的意识形态的矛盾。现代化文明和发展道路从单一美国模式改变为包括中国道路在内的多种文明模式。美国梦不再是发展中国家追求现代化的唯一途径，中国的发展道路越来越引起世界的关注，特别是引起正在追求经济现代化发展的许多发展中国家的强烈兴趣。正如习近平总书记在党的十九大报告所指出，中国特色社会主义进入新时代，意味着中国特色社会主义道路、理论、制度、文化不断发展，拓展了发展中国家走向现代化的途径，给世界上那些既希望加快发展又希望保持自身独立性的国家和民族提供了全新选择，为解决人类问题贡献了中国智慧和中国方案，从而加速了国际经济政治格局东升西降的发展趋势。这种百年未有的变化对于美国右翼政客和知识精英来说，很刺激、很震撼，也很受伤。他们出于极端狭隘的种族主义和极端的意识形态偏见，感到以美国梦和美国道路为代表的西方文明受到了挑战，他们的价值观和意识形态受到了前所未有的撼动，从而激化了中国现代化发展道路与西方意识形态的矛盾，挑动了民粹主义的意识和骚乱，进一步激化了世界范围内的各种社会矛盾。

（三）新一代科技优势的竞争矛盾

它反映了中国科技发展要求世界合作开放与国际垄断资本控制技术的矛盾，是中国生产力发展与旧的世界生产关系矛盾的新形式。新一代信息技术、生命科学技术和新产业革命将深刻影响和改变世界经济、政治、文化和安全。在百年来历史上曾经发生过的前三次科技革命和产业革命当中，中国由于自身的落后，始终都处于学习、模仿和追赶的努力状态中，在世界科技力量的对比中，中国并不引起世界的很多关注，参与世界竞争的领域也很有限，与西方大国的矛盾相对也比较少。但是在近 20 年时间里，中国的科技力量日益壮大，在越来越多的领域参与世界竞争，特别是在高铁技术、5G 通信技术、数字技术、人工智能技术等方面，走在了世界科技力量的第一方阵，与一些西方大国展开了激烈的竞争与角逐，出现了百年未有之奇观，同时也成为国际垄断资本打压的对象。

在2020年疫情期间，中美两国涌现大量创新型企业，推动全球同类企业数量超过700家。根据美国调查公司CB Insights最新统计，截至2021年6月24日，全球独角兽企业数量达729家。与上年7月1日478家相比，增加了251家，增幅达53%。“独角兽”企业是指成立不到10年，但估值在10亿美元以上的未上市的创新型科技企业。截至2021年6月底，中国的字节跳动以1400亿美元估值雄踞全球企业榜首。排名第11的是中国的猿辅导和第12名的大疆创新，估值分别为155亿美元和150亿美元（见表12－4）。①

表12－4 **2021年上半年全球独角兽企业估值前10名**

企业	估值（亿美元）	类型	国家
字节跳动	1400	人工智能	中国
Stripe	950	金融科技	美国
太空探索	740	商业航天	美国
科拉纳	456	金融科技	瑞典
Instacart	390	供应链	美国
Nubank	300	金融科技	巴西
EpicGanes	287	游戏开发	美国
Databricks	280	数据分析	美国
Rivian	276	电动车	美国
BYJU's	165	教育科技	印度

资料来源：CB Insights，《全球独角兽企业“含水量”知多少》，《环球时报》2021年7月9日第11版。

（四）全球治理向何处去？成为世界之疑问

这是开放型世界经济与旧的世界上层建筑的矛盾。西方大国霸权治理的接力棒从英国传到美国已历百年，在世界多极化趋势和中国等新兴发展中国家登上世界历史舞台后，美国能否放弃独家霸权治理转向与各国“共建共治共享”的民主化治理，美国能否放弃“冷战”思维，与中国以及其他发展中国家平等协商谈判，达成共识，成为全球治理的焦点。实际上，

① 《全球独角兽企业“含水量”知多少》，《环球时报》2021年7月9日第11版。

在当今世界，没有中国与美国两个大国的平等对话协商和共识，全球治理只能是空话，这是当今包括美国在内的所有西方大国必须承认的现实。但是很遗憾，这种百年未有之现实，要让西方大国心甘情愿地承认，还需要相当一个过程。

（五）经济全球化向何处去？也成为世界之疑问

这是对世界性生产力与生产关系、经济基础与上层建筑矛盾运动历史趋势的最终判断。广义的经济全球化超越百年历史，中间多次遭遇波折和逆流，但青山遮不住，毕竟东流去。第二次世界大战后在以美国为主导的经济全球化过程中，经济全球化的“双刃剑”的效果日益显现，许多国家和人民被边缘化，难以分享经济全球化的成果。这为美国特朗普政府挑起贸易保护主义、单边主义和“逆全球化”思潮和行动提供了条件，2020年全球新冠肺炎疫情又为全球阻隔和保持距离提供了客观条件，世界进入“逆全球化”的暂时倒退阶段。在这个历史关头，习近平指出，我们要站在历史正确的一边，顺应经济全球化的客观规律，积极推动经济全球化朝着历史的新方向向前发展。中国倡导的以开放、包容、普惠、平衡、共赢为特征的经济全球化新方向，成为新的历史潮流。这两种历史观深刻反映了历史唯物主义与历史唯心主义的再一次较量。

以上世界百年大变局突出矛盾的时代特点与“冷战”时代的美苏矛盾不同，美苏是两个政治、经济、军事体系的矛盾，其相互关系是切割的，虽然矛盾尖锐，但不复杂；虽然也可能爆发军事冲突，但被“冷冻”是常态；虽然谈判也可能达成暂时妥协，但这种妥协只是回到原点，并无前进的意义。今天中国与世界、特别是与美国为首的西方大国的矛盾，是在中国经济已经深度融入世界经济体系之中、中国开放型经济的生产力已经与世界的生产力融为一体、中国的开放型经济体制与世界经济体系的生产方式、分配方式融为一体下产生的矛盾，实质上它已经是开放型的世界经济与原有的国际关系、国际经济秩序、全球经济治理的矛盾，也是世界历史观的矛盾；它比以往民族国家之间的矛盾更复杂，更容易被热炒，谈判妥协的难度更大、更不容易，但它又极大地关乎世界历史的发展和人类命运前途。因此，争取在不对抗、不冲突的前提下，改革与开放型世界经济不适应的世界性生产关系和上层建筑将成为我国努力争取的首要目标。

科学认识世界百年大变局变化规律是我们把握当前中国伟大复兴事业

的历史方位、构建新发展格局的重要依据。2021年是我国全面建成小康社会并开启全面建设现代化国家新征程，同时是中国共产党成立一百年并进入为实现中华人民共和国成立一百年奋斗目标的历史交汇点，我国从此开始实施“十四五”和2035年远景目标规划，我们仍然处于可以大有作为的战略机遇期。站在这样一个历史节点上，我们必须立足新发展阶段，贯彻新发展理念，构建新发展格局。新发展格局的指导思想就是形成以国内大循环为主体，国内国际双循环相互促进的新局面。这就是“百年未有之大变局”中政治经济学逻辑的必然结论。

二 深刻认识中国开放型经济发展新阶段的客观规律

如何继续完善开放型的生产关系、上层建筑，这是在新的生产力发展阶段、新的开放型经济发展阶段的客观要求，也是新阶段发展的客观规律。党的十八届三中全会提出的构建开放型经济新体制、党的十九届四中全会提出的经济治理体系和治理能力现代化，实质上是提出了，在开放型经济发展的新阶段，中国开放型经济的生产力与生产关系、经济基础与上层建筑，既相适应又不相适应以及深化改革的新目标和新任务。也是建立在对中国开放型经济发展客观规律认识基础上提出的目标和任务。开放型经济发展的初步阶段主要是通过货物贸易的开放以及与货物贸易有关的投资开放来实现开放促改革、促发展的目的。这方面的体制和政策改变，主要表现为直接为生产力发展提供保障，在经济监管领域表现为边境和口岸的开放措施，从而促进了商品、技术和资本要素的流动，促进了中国对外贸易和国民经济的增长。随着开放的深入，新发展阶段对开放型经济提出了新要求。这个新要求就是要推动规则、规制、管理、标准等制度型开放。从而照收世界上符合社会化、国际化大生产规律的商业文明，是我国开放型经济高质量发展的客观要求和必然趋势。这不仅是我国完善开放型经济治理体系自身需要，也是参与构建开放型世界经济的规则和治理体系的需要。为此要是把开放型经济更多引向服务贸易领域，特别是以“商业存在”形式的服务贸易，因此需要放宽投资准入，吸引更多的国外创新要素和资源，以促进国民经济高质量发展。从经济监管角度看，要求从边境上的开放延伸到边境后的开放，这是第一大任务。第二大任务是，利用自由贸易试验区（港）的设立，吸引创新要素和资源，同时要把规则、规制、管理、标准等制度性的开放创新措施加以集成，形成开放型经济的治理体系，一方面向全国逐渐复制推广，另一方面为中国开放型经济治理体系的完善提供法律、法规等制度性基础。第三大任务是，扩大内陆沿边开放和推进共建“一带一路”，目的是打破原有的北美、欧洲、东亚三大区域国际分工格局的局限，开辟新的世界经济地理，塑造新的国际分工格局，为世界经济注入新的活力，承担中国构建开放型世界经济的大国责任。中国开放型经济发展新阶段的三大任务，是习近平开放发展理念的核心内容，也是中国开放型经济发展新阶段的政治经济学逻辑。

三　“双循环相互促进”是中国与世界经济互动的科学答案

“以国内大循环为主体、国内国际双循环相互促进”的理论观点科学回答了中国开放型经济与世界经济政治关系基本走向和逻辑，是马克思主义政治经济学的运用和发展。为什么要以国内大循环为主体？这个思想渊源，只能从马克思主义政治经济学理论中去寻找。回到马克思主义经典著作，特别是《资本论》的理论逻辑上来，是理解和阐释这一理论来源的基本途径。《资本论》中关于资本主义经济生产、分配、流通、消费的整个社会化再生产，都是建立在资本主义经济国内循环基础上的。资本主义经济的生产过程本质上是剩余价值的生产。“绝对剩余价值的生产构成资本主义制度的一般基础，并且是相对剩余价值生产的起点。”① 绝对剩余价值既依靠延长劳动力的工作时间和强度，又依靠剥削更多劳动力，因此它需要不断迫使农村自给自足生产方式破产，使农民成为无产者，从而为城市工业生产输送更多劳动力。城市中越来越多的人口集聚，又反过来扩大了资本主义生产的国内循环基础。绝对剩余价值的生产不仅会遭到工人阶级对延长工作日的强烈抵制和反抗，而且也受到农村向城市转移劳动力数量增长的限制，这决定了绝对剩余价值的提高程度是有限的，而且无法持续。而相对剩余价值的生产是以技术进步和提高生产率为前提，可以在不延长工人劳动时间条件下，获取更多的剩余劳动时间和相应的剩余价值。伴随着劳动生产率的不断提高，相对剩余价值也不断增加，构成了资本积累和社会扩大再生产的必要条件。

---

① ［德］马克思：《资本论》第1卷，人民出版社2018年版，第583页。

在资本主义原始积累阶段，海外殖民掠夺也起到了非常重要的作用，但是资本主义生产方式在一个经济体占据统治地位必然是先以民族国家的国内市场为基础，然后再扩展到海外市场。对于任何独立成熟的经济体，国内循环都是其经济发展的基础。直至当代，“以国内大循环为主体”仍是一些资本主义发达大国经济的明显特征，对研究大国经济发展规律具有启示意义，有关历史数据可验证这一点。以美国和德国各类需求对经济增长的贡献率来考察，美国国民经济分析局的数据显示在1929—2011年，对美国经济增长贡献率最高的一直是国内私人消费，其次是政府消费和投资，然后是国内私人投资，最后才是净出口。即使在美国外贸顺差比较大的“黄金时期”（1946—1970年），其净出口对经济增长的贡献率仍非常低，1947年最高时仅4.4%。虽然德国一直以贸易强国著称，且保持有较大的贸易顺差，但同样的规律可在其经济增长历史数据中发现。根据世界银行的世界发展指标数据，1970—2019年，德国经济增长的三大贡献者依次是最终消费支出、固定资本形成和净出口。从20世纪70年代到90年代初期，德国净出口对经济增长贡献率一直为负，直到2000年之后才转正。[①] 中国、美国和德国都是当今世界经济和贸易总量排名前四的国家，具有较强的可类比性。这说明内需注定是发达大国经济增长的一般规律。

马克思建立在资本主义经济基础上的“国内大循环为主体”的社会化大生产理论，其经济学分析范式和演绎逻辑同样适用于分析中国社会主义市场经济的运行与循环。当然，社会主义经济与资本主义经济有本质区别，资本主义经济的本质是剩余价值生产，并且被资本家所剥削和掠夺；社会主义生产也需要积累剩余劳动和剩余产品，但归劳动人民所有，通过人民当家作主的国家进行分配，并发展各种社会事业以造福人民。按照马克思主义唯物辩证法，任何自然现象和社会事物都是对立统一的，都具有双重性，资本主义剩余价值生产，既具有资本主义经济所固有的剥削的特殊性，也具有现代市场经济的一般属性，可以被社会主义经济所利用。在考察其一般属性下，资本和剩余价值等概念就有了公共性和社会性的另一重含义。因此，借助这些概念和逻辑来分析现代市场经济规律，包括社会主义市场经济循环，是完全符合马克思主义立场和观点的。

---

① 参见裴长洪、刘洪愧《构建新发展格局科学内涵研究》，《中国工业经济》2021年第6期。

从中国的发展实际看，农村剩余劳动力不断向城市转移，为工业化生产提供了源源不断动力。1978—2019 年，中国常住人口城镇化率由 17.9% 上升到 60.6%，提高 42.7 个百分点；城镇常住人口数量由 1.7 亿提高到 8.5 亿人，增加 6.8 亿人①。另外，技术改良、新工艺和新技术的应用提高了工业生产的劳动生产率，其提高速度在 2000 年之前均高于工人实际工资的上升速度。但是，通过最低工资制度和劳动保障制度的建立和完善，中国城镇居民人均实际工资和人均可支配收入在 21 世纪以来不断提高，农村农民收入也得到改善。这些都极大提高了国内需求并开拓了国内市场，形成了国内循环的基础。随着产业结构的变迁，中国经济逐渐向服务业转移，其就业人口比重明显上升，工资水平随着城市化进程提升最快，已成为平均工资最高的行业②，帮助创造了世界上最大的中等收入群体，进一步为“以国内大循环为主体”奠定了坚实基础。

但是中国经济以国内大循环为主体并不意味着封闭，它始终是对外开放的，其理论依据依然是马克思主义政治经济学。随着经济发展和生产力提高，与之相适应的较高资本有机构成会使数量越来越少的劳动者推动数量越来越大的生产资料。在资本主义生产中，“这种活劳动中对象化为剩余价值的无酬部分同所使用的总资本的价值量相比，也必然不断减少。而剩余价值量和所使用的总资本价值的比率就是利润率，因而利润率必然不断下降”。③ 国内平均利润率的下降是资本追逐海外市场和扩张经济领土的最基本动因。世界市场的开拓是资本主义生产方式的必然产物。正如马克思所说，“大工业便把世界各国人民互相联系起来，把所有地方性的小市场联合成为一个世界市场”④。世界市场的开拓使国际贸易得到长足发展，

---

① 1978 年数据来自于《国家新型城镇化规划（2014—2020 年）》，2019 年数据来自于《中华人民共和国 2019 年国民经济和社会发展统计公报》。

② 1978—2018 年，中国服务业就业比重由 12.2% 上升到 46.3%，达到 3.59 亿人，成为吸纳就业最多的产业，参见国家统计局报告：《服务业风雨砥砺七十载　新时代踏浪潮头领航行》，http://www.stats.gov.cn/tjsj/zxfb/201907/t20190722_1679700.html。另外，2019 年中国全行业平均工资为 75229 元，制造业为 70494 元，而服务业达到 87529 元，是三大行业中最高的，参见国家统计局报告：《2019 年规模以上企业分岗位就业人员年平均工资情况》，http://www.stats.gov.cn/tjsj/zxfb/202005/t20200515_1745762.html。

③ ［德］马克思：《资本论》第 3 卷，人民出版社 2018 年版，第 237 页。

④ 中共中央马克思恩格斯列宁斯大林著作编译局：《马克思恩格斯选集》第 1 卷，人民出版社 1995 年版，第 234 页。

它把国内价值发展为国际价值，使得剩余价值可在世界范围内实现，从而提高利润率。因此，“对外贸易一方面使不变资本的要素变得便宜，一方面使可变资本转变成的必要生活资料变得便宜，就这一点说，它具有提高利润率的作用，因为它使剩余价值率提高，使不变资本价值降低。”①

马克思关于经济循环的基本原理和一般规律虽然是以资本主义为对象，但它对社会主义市场经济也适用，从而揭示了社会主义国家在经济建设中利用国内国际两个市场、两种资源发展本国经济的可能性。从中国经济建设和对外开放的实践看，国内大循环为主、国内国际循环相互促进是一个动态的，从初级阶段到中高级阶段的发展过程。改革开放前，中国基本是国内循环为主，国内国际双循环的作用很小。改革开放后，国内国际双循环的作用不断增大，但并没有改变国内循环为主的基本格局。同时，随着国内循环的质量和水平的不断提高，国内国际双循环的质量和水平也同步提高，这是一个客观规律。因此习近平总书记要求，国内大循环，关键是要实现高水平的自立自强，② 这样才能带动国内国际双循环提高质量，达到新水平，形成由中国企业参与直至主导的国内国际相互促进的产业循环。这就是习近平构建新发展格局重要论述对马克思主义政治经济学运用与创新发展的实践依据和发展前景。

四　人类命运共同体是与开放型世界经济相适应的意识形态

要构建开放型的世界经济，需要构建与之相适应的世界共识，这就是上层建筑要适应和保护新的经济基础的要求。构建人类命运共同体不仅是一种新的文明形态和价值观，也是团结世界各国人民、反对霸权主义、保护主义的鲜明旗帜。从当代世界范围的阶级关系和社会矛盾来看，构建人类命运共同体是当代世界各国现实性的需要，这就是世界和平与发展的需要。习近平总书记说：“我们积极推动建设开放型世界经济、构建人类命运共同体，促进全球治理体系变革，旗帜鲜明反对霸权主义和强权政治，为世界和平与发展不断贡献中国智慧、中国方案、中国力量。”③ 对于怎样

---

① ［德］马克思：《资本论》第3卷，人民出版社2018年版，第264页。

② 习近平：《把握新发展阶段、贯彻新发展理念、构建新发展格局》，《求是》2021年5月1日。

③ 习近平：《在庆祝改革开放40周年大会上的讲话》，人民出版社2018年版，第17页。

实现命运共同体的追求目标，习近平总书记明确提出了四个坚持：坚持各国相互尊重、平等相待，坚持合作共赢、共同发展，坚持实现共同、综合、合作、可持续的安全，坚持不同文明兼容并蓄、交流互鉴。[①] 这是中国共产党处理当今世界性基本矛盾、处理世界性生产力与生产关系矛盾、经济与政治矛盾的基本方法论和指导原则，是马克思主义政治经济学在新时代的具体运用。

构建人类命运共同体与共产党人的共产主义远大理想是紧密联系在一起的。构建人类命运共同体是新时代中国共产党着眼于为人类作出更大贡献而提出的重大战略构想和行动方案。中国共产党人从来都不把共产主义理想看作是虚无缥缈的宗教，而看作是现实的符合人类社会利益的、具有一个一个行动方案的阶段性目标。在抗日战争期间，毛泽东提出了现实的人类利益就是反对德国日本发动的法西斯战争、争取世界和平。习近平总书记在党的十九大报告指出，中国共产党是为中国人民谋幸福的政党，也是为人类进步事业而奋斗的政党。中国共产党不仅要担负起实现中华民族伟大复兴的历史使命，还要“把为人类作出新的更大的贡献作为自己的使命”。当前，世界正处于大发展大变革大调整时期，“人类向何处去”成为时代之问，答案就是：“各国人民同心协力，构建人类命运共同体，建设持久和平、普遍安全、共同繁荣、开放包容、清洁美丽的世界。”[②]

构建人类命运共同体也是马克思主义理论的创新发展。马克思主义认为，随着物质生产方式的发展，民族国家和人类社会逐渐发展，随着共产主义生产方式的发展，将促使民族国家界限逐渐消亡，形成世界范围的人类共同体。人类命运共同体思想意味着整个人类在全球化、信息化时代已经成为一种日益紧密的共同体，只有确立人类命运共同体的中心地位，才能真正把握世界的本质和未来，也才具备向共产主义社会即人类大同社会过渡的基本条件。人类命运共同体还是一种新的价值观。它强调全人类的共同体本位，而不是以个人本位和国家本位为中心；强调你中有我、我中有你，一荣俱荣、一损俱损。从这个意义上来说，人类命运共同体思想是对西方中心论的超越。这一思想是多中心的现代化理论，其着眼点是整个

---

① 卢黎歌主编：《新时代推进构建人类命运共同体研究》，人民出版社 2019 年版，第 115 页。

② 《习近平谈治国理政》第 3 卷，外文出版社 2020 年版，第 46 页。

人类的现代化而不是某一部分人的现代化，是一种超越民族国家和意识形态的“全球观”，它强调以人类为中心，不是旧时代的以血缘联系为中心，也不是现代的以地域和民族国家为中心。人类命运共同体还是一种新的制度安排，它从整体意识、全球思维和人类观念出发，强调对现有制度体系进行改革，推动现有国际体系和国际秩序向着公正合理的方向发展。强调对话而不对抗、结伴但不结盟；重视求同存异、聚同化异；主张合作共赢、共同发展；强调综合安全、共同安全、合作安全和可持续安全；强调包容开放、交流互鉴。人类命运共同体还是一种新的经济全球化发展道路，它是针对以往西方国家单独现代化道路、以垄断资本利益为中心的经济全球化模式的扬弃和超越，它强调一方面要顺应经济全球化带来的利益相互交融的趋势，促进各国经济的发展，另一方面还要推动人类走向共同发展、协调发展、均衡发展和普惠发展，找到人类普遍利益的公约数，确立共享美好未来的利益汇合点，在推动经济全球化向新方向前进中使全人类都得到发展实惠。

参考文献

第一章

薛荣久、樊 瑛：《国际经贸理论通鉴：国际经贸理论当代卷》，对外经济贸易大学出版社2013年版。

王林生：《蹉跎与求索——国际经贸问题研究文集》（上册），人民出版社2021年版。

杨圣明执行主编：《马克思国际价值理论研究》，中央编译出版社2010年版。

裴长洪主编：《国际贸易学》，第三章《马克思主义的世界市场理论》，中国社会科学出版社2007年版。

第二章

中共中央党史研究室：《中国共产党历史》第1、2卷，中共党史出版社2002年版。

《联共（布）党史简明教程》，人民出版社1975年版。

裴长洪主编：《共和国对外贸易60年》，人民出版社2009年版。

陆南泉等：《苏联国民经济发展七十年》，机械工业出版社1988年版。

裴长洪、许光伟：《习近平重要论述与新中国70年经济理论问题纲要》，《教学与研究》2019年第10期。

第三章

王林生：《蹉跎与求索——国际经贸问题研究文选》（下册），人民出版社2021年版。

裴长洪：《中国开放型经济建设40年》（上册），第一篇《风云激荡40

年：对外经济贸易体制改革轨迹》，中国社会科学出版社 2018 年版。
谢益显：《中国当代外交史》，中国青年出版社 2009 年版。

第四章

世界贸易组织：《世界贸易报告》，中译本，有关各年，上海人民出版社。
联合国贸易发展会议：《世界投资报告》，中译本，有关各年。
裴长洪、赵忠秀、彭磊：《经济全球化与当代国际贸易》，社会科学文献出版社 2007 年版。
裴长洪、刘洪愧：《习近平经济全球化思想学习与研究》，《经济学动态》2018 年第 4 期。

第五章

裴长洪、彭磊：《后危机时代中国开放型经济研究》，社会科学文献出版社 2010 年版。
薛荣久：《世界贸易组织（WTO）确立与发展的基础》，《经济经纬》2004 年第 1 期。
杨春学、李实主编：《近现代经济学之演进》，经济科学出版社 2002 年版。
裴长洪：《全球经济治理、公共品与中国扩大开放》，《经济研究》2014 年第 3 期。
[美] 保罗·克鲁格曼：《克鲁格曼国际贸易新理论》，黄胜强译，中国社会科学出版社 2001 年版。
[美] 保罗·克鲁格曼等：《国际经济学》第八版，黄卫平等译，中国人民大学出版社 2011 年版。
Melitz, M. J., "The Impact of Trade on Intra-industry Reallocations and Aggregate Industry Productivity", *Econometrica*, Vol. 71, No. 6, 2003.

第六章

裴长洪：《中国特色开放型经济理论研究纲要》，《经济研究》2016 年第 4 期。
裴长洪：《"十三五"：迈向更高层次开放型经济》，《经济学动态》2016 年第 1 期。

裴长洪、王万山：《中国对外贸易体制与实践（1949—2019）》，社会科学文献出版社 2020 年版。

裴长洪、刘斌：《中国开放型经济学：构建阐释中国开放成就的经济理论》，《中国社会科学》2020 年第 2 期。

第七章

隆国强：《理性认识当前的中美贸易摩擦》，《人民日报》2018 年 8 月 29 日第 7 版。

裴长洪：《为维护全球多边贸易规则和秩序而战》，《经济日报》2018 年 8 月 23 日。

裴长洪：《美国对华贸易战的本质是打压中国制度与道路》，《财经智库》2018 年第 6 期。

裴长洪、刘斌：《中国对外贸易的动能转换与国际竞争新优势的形成》，《经济研究》2019 年第 5 期。

裴长洪、刘斌、杨志远：《综合竞争合作优势：中国制造业国际竞争力持久不衰的理论解释》，《财贸经济》2021 年第 5 期。

Samuelson, P. A., "Where Ricardo and Mill Rebut and Confirm Arguments of Mainstream Economists Supporting Globalization", *Journal of Economic Perspectives*, Vol. 18, No. 3, 2004.

Melitz M. J., "The Impact of Trade on Intra-Industry Reallocations and Aggregate Industry Productivity", *Econometrica*, Vol. 71, No. 6, 2003.

第八章

钟山主编：《中国外贸强国发展战略研究：国际金融危机之后的新视角》，中国商务出版社 2012 年版。

盛斌：《建设国际经贸强国的经验与方略》，《国际贸易》2015 年第 10 期。

张亚斌、李峰、曾铮：《贸易强国的评判体系构建及其指标化——基于 GPNS 的实证分析》，《世界经济研究》2007 年第 10 期。

赵蓓文：《实现中国对外贸易的战略升级：从贸易大国到贸易强国》，《世界经济研究》2013 年第 4 期。

李昕、徐滇庆：《中国外贸依存度和失衡度的重新估算：全球生产链中的增加值贸易》,《中国社会科学》2013 年第 1 期。
裴长洪、郑文:《我国制成品出口规模的理论分析:1985—2030》,《经济研究》2012 年第 11 期。
裴长洪:《进口贸易结构与经济增长:规律与启示》,《经济研究》2013 年第 7 期。
裴长洪、刘洪愧:《中国怎样迈向贸易强国:一个新的分析思路》,《经济研究》2017 年第 5 期。
裴长洪、刘洪愧:《中国外贸高质量发展:基于习近平百年大变局重要论断的思考》,《经济研究》2020 年第 5 期。

第九章

裴长洪等:《共建“一带一路”:从大写意到工笔画》,中国商务出版社 2020 年版。
裴长洪:《“十四五”时期推动共建“一带一路”高质量发展的思路、策略与重要举措》,《经济纵横》2021 年第 6 期。
洪俊杰、商辉:《中国开放型经济的“共轭环流论”:理论与证据》,《中国社会科学》2019 年第 1 期。
裴长洪、刘洪愧:《构建新发展格局科学内涵研究》,《中国工业经济》2021 年第 6 期。
裴长洪、郑文:《中国视角:人民币汇率与贸易顺差关系的分析》,《金融评论》2010 年第 1 期。

第十章

裴长洪、郑文:《中国开放型经济新体制的基本目标和主要特征》,《经济学动态》2014 年第 4 期。
裴长洪:《十八届三中全会以来构建开放型经济新体制的实践进展与理论认识》,《国际贸易》2020 年第 12 期。
裴长洪、彭磊:《中国开放型经济治理体系的建立与完善》,《改革》2021 年第 4 期。
裴长洪:《建设高水平开放型经济新体制的新目标》,《财贸经济》2020 年第 12 期。

第十一章

宋永明:《WTO 的由来与运作》,中国财政经济出版社 2001 年版。

徐秀军:《经济全球化时代的国家、市场与治理赤字的政策根源》,《世界经济与政治》2019 年第 10 期。

裴长洪:《全球经济治理、公共品与中国扩大开放》,《经济研究》2014 年第 3 期。

裴长洪、倪江飞:《坚持与改革全球多边贸易体制的历史使命——写在世界贸易组织成立 20 周年之际》,《改革》2020 年第 11 期。

第十二章

习近平:《论坚持推动构建人类命运共同体》,中央文献出版社出版 2018 年版。

阿里夫·德里克:《世界体系分析和全球资本主义——对现代化理论的一种检讨》,俞可平译,《战略与管理》1993 年第 1 期。

裴长洪、赵伟洪:《习近平中国特色社会主义经济思想的时代背景与理论创新》,《经济学动态》2019 年第 4 期。

裴长洪、刘洪愧:《习近平新时代对外开放思想的经济学分析》,《经济研究》2018 年第 2 期,

裴长洪、刘洪愧:《习近平经济全球化思想学习与研究》,《经济学动态》2018 年第 4 期,

裴长洪、倪江飞:《论习近平新时代中国特色社会主义经济思想的主题》,《财贸经济》2019 年 12 期。

裴长洪:《融合世界一切先进事物推进人类共命运—中国共产党百年对外开放观》,《教学与研究》2021 年第 6 期。

裴长洪、刘洪愧:《构建新发展格局科学内涵研究》,《中国工业经济》2021 年第 6 期。

后　记

从2015年开始，我就着手研究中国开放型经济理论问题，《经济研究》杂志2016年第4期发表了我的文章《中国开放型经济理论研究纲要》，是一个提纲性的结构；《中国社会科学》2020年第2期发表了我和刘斌教授合写的《中国开放型经济学：构建阐释中国开放成就的经济理论》，此外还陆续发表了一些专题性研究成果。这些前期研究使我对于该学科体系的构建已经有比较成熟的思考。引发写成专著的契机是2020年3月初全国两会期间，我向全国政协提交了呼吁组织编写中国经济学教材的提案，被正式立案后转给了教育部教材局。之后我应邀参加了教育部教材局在2020年内组织的四次专家论证会。论证会最后确定第一批组织编写9本教材，分别是：（1）中国特色社会主义政治经济学，（2）中国宏观经济学，（3）中国微观经济学，（4）中国发展经济学，（5）中国开放型经济学，（6）中国财政学，（7）中国金融学，（8）中国区域经济学，（9）中华人民共和国经济史。在论证会上我主张把原来按照学科分类命名的"国际贸易学"改为"中国开放型经济学"；主张每一本教材不应当只由一家（或一个学校）编写，应采取一本多家的办法，形成竞争选择。

虽然我很遗憾没有运气参与这套教材的编撰，但对于教育主管当局和学界接受了"中国经济学教材"这一重大事件仍然感到欣慰。我既然参与了这件事情的发起，就应当抱积极态度身体力行。较多前期积累，为我撰写"中国开放型经济学"这本专著奠定了较为厚实的基础。当然，这得益于之前的许多专题性研究，曾经跟我做博士后研究工作的刘洪愧、刘斌、彭磊、倪江飞等年轻学者都与我共同做过专题性研究，他们的合作支持对本书形成是不可或缺的贡献。

在写作过程中，我受到老领导、中国社会科学院原院长王伟光教授的鼓励和支持，当完成这部书稿后，他提议把这本书纳入“21世纪马克思主义文库”的出版计划。2021年12月27日，南开大学、中国社会科学院大学的21世纪马克思主义研究院第十三次院务会审议通过把我的专著《中国开放型经济学》纳入出版计划并提供出版资助。中国社会科学出版社赵剑英社长、王茵副总编对本书的出版给予了热情支持；张潜编辑、党旺旺编辑等为本书出版付出了许多辛劳，在此谨向他们表示我真诚的感谢。

裴长洪

2022年1月1日